不法行為法

民法を学ぶ

第2版

窪田充見

著

有斐閣
yuhikaku

第2版のはしがき

　本書の初版が2007年に刊行されてから，10年以上が経過した。今さらながら，若気の至りだった……という気もしないではない冒険的なスタイルのものであったが，幸いなことに温かく迎えられて，多くの方に使って頂くことができた。

　もっとも，継続的に判例によって形成されていく不法行為法という法分野の性質上，常に，そのアップデートが求められる。さらに，2017年の債権法改正は，主として契約法を対象とするものであったが，不法行為法との関係でも消滅時効，連帯債務等，その改正をふまえた改訂が必要となっていた。第2版は，この間の学説における議論状況もふまえつつ，新たな判例や法改正を取り込んだものである。

　実際には，この改訂作業は思った以上に難渋し，幾度かにわたって作業を進めては中断するということの繰り返しとなった。このように長期間にわたる作業となったが，その最初から最後の仕上げの段階まで神奈川大学法学部准教授の遠藤史啓君が，その作業を親身になって助けてくれた。遠藤君は，単にチェックするという以上に，本書の内容に踏み込んだ検討をしてくれて，そのおかげで時には退屈なものともなりかねない改訂作業は，筆者にとって知的刺激の多いものとなった。また，神戸大学法科大学院の教え子である大矢（實原）佳奈さん，工藤拓人君，敏森彩さんにも，改訂作業を手伝って頂いた。これらの諸君に心から御礼を申し上げたい。

　また，改訂作業に時間がかかったこともあり，当初は，有斐閣書籍編集部の中野亜樹さんに，その後は，京都支店の栁澤雅俊君にお世話になった。最終段階では文献のチェック等を含めて，栁澤君には大変なご負担をかけることになった。中野さんも栁澤君も，注文ばかり多いくせに，仕事が遅いばかりではなく，それについての愚にもつかない言い訳を重ね，さらに都合が悪くなると死んだふりをする！　という筆者に手を焼き，目に涙をためて編集作業に当たったことではないかと推測している。その分，こちらとしては気持ちよく仕事が

i

できたわけであるが（人間性が疑われる！），お二人に御礼を申し上げるととも
に，せめて今後の幸せを祈ることにしたい。

2018 年 2 月 22 日

窪 田 充 見

は し が き（初版）

　本書は，不法行為法の基本的な教科書として書いたものであるが，その基礎となったのは，神戸大学法科大学院における授業（債権各論・家族法を主たる内容とする未修者向けの「民法Ⅱ」，既修者向けの「対話型演習・不法行為法」）において教材として配布した講義案である。

　未修者コースの学生向けの教材としても利用することを企図したものであったために，その講義案の内容は，アドバンストな不法行為法の体系書といったものではなく，これから不法行為法を学んでいく初学者にとっても理解できることを心がけたものであった。本書においても，その基本的な性格は維持されている。

　そのために，本書の特色がかりにあるとすれば，以下のような点になるだろう。

　第1に，不法行為法の基本的な構造を理解できることを優先させた。そのために，あらゆる論点や学説をカバーするというよりは，基本的な事項について言葉を尽くして説明することを企図しており，これらの基本的な事項についての説明はかなり詳しいものとなっている。すでにある程度不法行為法を学んでいる諸君の目から見れば，あきらかに説明が冗長であると感じられるところも少なくないと思う。また，説明が重複しているという印象を与える部分もあるかもしれない。ただ，本書の基本的な性格からも，「行間を読む」といったことを読者に求めるのではないものにしたいと考えた。同様の趣旨から，本書の中での相互引用については，ややうるさいほどに詳しく示している。もちろん，あらゆる理論や論点を示すことが主たる目的ではないといっても，重要な問題をできるだけカバーすることが求められるのは当然である。不法行為法だけで500頁近いボリュームの教科書である以上，司法試験を含む各種の国家試験にも，対応できる情報は提供したつもりである。

　第2に，上記の本書の基本的な性格とも関係するが，参考文献として示した

のは，原則として，学生諸君がデータベース等を通じてすぐにアクセスできるものに限定しており，基本的に他の教科書や論文等の引用はしていない。本書においても，先行する数多くの業績にその内容を負っている以上，この点は学問的には問題があるものと自覚しているが，ご海容を頂ければ幸いである。同様に，読みやすさを優先するという趣旨から，大審院判決や法典調査会からの引用は，意味の変更を生じない範囲で，ひらがなに変更して，濁点や句読点を追加した。また，判決文についても，必要に応じて傍点を付している。これについては，そのつどの断り書きは入れていない。

　第3に，損害賠償をめぐる具体的な問題やその処理については，できるだけ実際のイメージが理解できるようなものであることを心がけた。逸失利益の算定を含め，損害賠償額をめぐる説明は，おそらく一般的な教科書よりは，かなり詳しいが，それは単に抽象的な理論としてではなく，賠償額を決めるプロセスをできるだけ具体的に理解して貰うことを企図したためである。

　ただ，以上のような意図や方法が実際に成功しているのかは，本書を実際に利用された方々の評価を待つほかはない。すでに多くの良書が存在する不法行為法の世界において，本書がいくらかでもその存在意義を見出すことができれば，望外の幸せである。

　本書は，以下のように，いくつかの部分からなっている。

　本文は，問題点ごとのブロックとして書いている。このブロックについては，階層構造とはせず，順次，前から読み進んでいくようになっている。

　また，事例研究では，比較的重要と思われる事件について，事案と判旨をやや詳しく説明している。不法行為法に限らず，民法のルールを理解していくうえでは，判決を正確に読むことが不可欠である。そのために，この事例研究として示した部分についても，読み飛ばさずに，是非，本文とあわせて読んで，理解してほしい。

　コラムは，授業の中であれば，脱線ということになるかもしれない。コラムの中では，本文で示したことをやや別の角度から取り上げている。少し深い内容のもの，それほどではないもの，かなり浅いものと色々があるが，本文とあわせて読んで貰えれば，理解を助けてくれたり，あるいは，別の問題の存在

に気づくのではないかと思っている。実は，コラムが書いていて一番楽しかったが，これは，授業中に脱線する楽しさだったのだろう。

　なお，本書は，「民法を学ぶ」というシリーズの１冊として書いたものである。民法全体をカバーすることができるのか，まだ見通しが立っていないが，できるだけ間をあけずに，『家族法』と『契約法』の２冊をまとめたいと思っている。

　本書がなるにあたっては，数多くの人のお力添えがあったことは言うまでもない。

　神戸大学大学院法学研究科博士後期課程の舩越優子さんと，同前期課程の杉山蘭房君は，講義案の段階から原稿を何度も読んで，内容や全体の構成についても多くの具体的な提案をしてくれた。いずれも，私の能力の許す範囲で，反映をさせて頂いた。また，同様に，神戸大学法科大学院の３年生諸君にもおおいに助けて頂いた。厳しい時間的状況の中で，本書の原稿を丁寧に読んでくれた市橋隆昌君，岩本雄太君，岡田次弘君，笠松航平君，木村裕介君，竹内彰君，武政祥子さん，蝶野弘治君，塚口毅君，寺山倫代さん，中嶋俊明君，長崎良太君，名倉大貴君，水野将也君，森下文恵さん，山田祥也君に心からのお礼を申し上げたい。

　神戸大学の同僚諸氏，特に，民法の同僚である安永正昭教授，磯村保教授，山田誠一教授，山本顯治教授，手嶋豊教授，浦野由紀子教授にも，心からの感謝を記しておきたい。神戸大学に赴任して以来，錚々たる同僚からの強い刺激を受けてきたからこそ，そして，同僚に対する尊敬と畏怖の中で過ごしてきたからこそ，非才の自分が曲がりなりにも研究者としてやってくることができたことを痛感している。同時に，あまりに居心地がよかったがために，本書の執筆が遅れてしまったということもあるのだが，研究者として幸せであると思えることは，きっと何より幸せなのだと思う。

　また，本書に少しでも意味があるとすれば，その多くは，筆者の学生時代からの恩師である，京都大学名誉教授（現在，同志社大学法科大学院教授）の前田達明先生から得たものに違いない。前田先生のもとで勉強をする機会を与えられたことにあらためて感謝し，心からの御礼を申し上げたい。

はしがき（初版）　v

最後に，本書の編集を担当して下さった有斐閣書籍編集第1部の田顔繁実さん，植田朝美さんにも，心からのお礼を申し上げたい。通常の教科書とはかなりスタイルが異なる部分もあり，とまどう部分が多かったのではないかと思うが，最後まで気持ちよく仕事をさせて下さったことに，深く感謝している。

　2007年3月

窪　田　充　見

目　　次

は し が き

第Ⅰ部　不法行為総論　　1

第1章　不法行為法の意味と役割　1

　　1　不法行為法とは何か　1　　2　責任負担のための原理　5　　3　不法行為法の機能と役割　18　　4　不法行為法とは何か？　25

第2章　複数の救済方法の相互の関係　30

第Ⅱ部　不法行為の成立要件　　35

第1章　自己の行為に基づく責任（不法行為責任の基本型）　35

　第1節　基本的な考え方と責任の枠組み　35

　第2節　故意と過失　37

　　1　故意の意義　37　　2　過失の意義　44　　3　過失の判断基準　51　　4　過失の前提となる行為義務　58　　5　過失の種類　71　　6　法人の過失　74　　7　故意と過失の関係　78　　8　過失の立証　81

　第3節　権利侵害と違法性　85

　　1　権利侵害要件の意味——権利侵害から違法性へ　85　　2　行為義務違反としての過失と違法性との関係　94　　3　権利と保護法益の観点からの分析　101　　3.1　財産上の利益——財産権　103　　3.2　生命・身体・健康　113　　3.3　名誉・プライバシー　114　　3.4　著作権等の知的財産権とその周辺的な利益　140　　3.5　生成途上の権利または生成途上にある法的に保護された利益　149　　4　法的に保護されるべき利益の判断　160

　第4節　損害の発生と因果関係（不法行為と損害との関連）　161

　　1　損害の意味　161　　2　成立要件としての因果関係　171

　第5節　責 任 能 力　176

　　1　責任能力の意味と適用範囲　176　　2　未成年者の責任能力（712条）　181　　3　精神上の障害による責任無能力者（713条）　186

vii

第2章　他人の不法行為に基づく責任　188

第1節　基本的な考え方と責任の枠組み　188

第2節　責任無能力者の監督義務者の責任（714条）　190

1 監督義務者の責任の意義　190　　*2* 監督義務者の責任の要件　190
3 709条に基づく監督義務者の責任　201

第3節　使用者責任（715条）　203

1 使用者責任の意義　203　　*2* 使用者責任の要件　206　　*3* 使用者責任の効果　221　　*4* 使用者責任と共同不法行為責任　227　　*5* 注文者の責任と使用者責任　228

第4節　代表者の行為についての法人の責任　229

第5節　公務員の不法行為についての公共団体の責任　231

1 国賠法1条に基づく責任の意義　231　　*2* 国賠法1条の責任の要件　232
3 国賠法1条の効果　233

第3章　物の危険の実現に基づく責任　239

第1節　基本的な考え方と責任の枠組み　239

第2節　工作物責任（717条）　240

第3節　動物保有者責任（718条）　252

第4節　営造物責任（国賠法2条）　254

第5節　自動車運行供用者の責任（自賠法3条）　256

第6節　製造物に関する責任（製造物責任法3条）　266

第4章　責任の阻却事由　274

1 問題の所在　274　　*2* 責任能力　275　　*3* 正当防衛，緊急避難　276
4 被害者の承諾，免責約款　280　　*5* その他　288

第5章　各種の事件類型における不法行為の成立をめぐる問題　290

1 医療過誤　290　　*2* 取引の場面における不法行為責任　301
3 安全配慮義務　305　　*4* 家族関係と不法行為責任　309

第III部　不法行為の効果　317

第1章　概　観　317

1 基本的な枠組み　317　　*2* 損害賠償における基本的な問題　317　　*3* その

viii　目　次

他の救済措置　319

第2章　損害賠償請求の主体　320

1　被害者となり得る者　320　　*2*　いわゆる間接被害者をめぐる問題　322

3　損害賠償請求権の相続　327　　*4*　遺族の損害　335

第3章　損害賠償の範囲と額の決定　338

第1節　損害賠償の範囲（賠償されるべき損害の決定）　338

1　相当因果関係説——伝統的な見解　338　　*2*　相当因果関係説に対する批判　344

第2節　事実的因果関係　349

1　事実的因果関係の基本的な考え方　349　　*2*　事実的因果関係をめぐる問題　352

第3節　保護範囲　362

1　保護範囲説（義務射程説）　362　　*2*　危険性関連説（後続の損害について）　367　　*3*　具体的問題の検討　368　　*4*　被害者の行為の介在と賠償責任の判断　371

第4節　賠償されるべき損害の金銭的評価　372

1　問題の位置づけ　372　　*2*　従来の実務における損害の金銭的評価　372　　*2.1*　負傷による損害の金銭的評価　373　　*2.2*　死亡による損害の金銭的評価　392　　*2.3*　物の滅失・毀損における損害の金銭的評価　394　　*3*　死傷損害をめぐる別のアプローチ　396　　*4*　損害の金銭的評価の手法の検討　402　　*5*　損害の金銭的評価をめぐる特殊な問題　403

第5節　賠償額の調整（賠償されるべき金額の最終的な決定プロセス）　413

1　損益相殺（併行給付をめぐる問題）　415　　*2*　過失相殺　422　　*3*　過失相殺の類推適用　442　　*4*　因果関係の競合　448

第4章　その他の効果（非金銭的救済）　452

第1節　名誉毀損の場合の原状回復　452

第2節　差止請求　454

第IV部　複数の賠償義務者をめぐる法律関係　459

第1章　基本的な考え方と責任の枠組み　459

第2章　共同不法行為　471

目　次　ix

1 719条の概観 *471*　　*2* 共同不法行為の要件——関連共同性（719条1項前段）*471*　　*3* その他の共同不法行為（719条1項後段，719条2項）*483*
4 共同不法行為と過失相殺 *487*　　*5* 共同不法行為と使用者責任 *493*

第V部　消滅時効 *499*

1 主観的起算点からの消滅時効（短期消滅時効）*500*　　*2* 不法行為の時（客観点起算点）からの消滅時効（長期消滅時効）*502*　　*3* 生命・身体の侵害についての消滅時効の特則 *507*

第VI部　訴訟における不法行為法 *509*

1 請求原因 *513*　　*2* 抗弁 *517*　　*3* 不法行為に関する要件事実の今後の方向 *522*

事 項 索 引 *527*
判 例 索 引 *537*
あ と が き *542*

本書のコピー，スキャン，デジタル化等の無断複製は著作権法上での例外を除き禁じられています。本書を代行業者等の第三者に依頼してスキャンやデジタル化することは，たとえ個人や家庭内での利用でも著作権法違反です。

コラム一覧

第Ⅰ部　不法行為総論

第1章　不法行為法の意味と役割

* 交通事故の防ぎ方（11）
* 立証責任と盟神探湯（15）
* 不法行為法の学び方（28）

第Ⅱ部　不法行為の成立要件

第1章　自己の行為に基づく責任

* 未必の故意と違法性の認識（40）
* 信頼責任と「信頼の原則」（50）
* 「規範的」という言葉（52）
* 専門家の過失と不法行為によって保護される利益（55）
* 結果回避義務として何が求められるのか（60）
* 肖像，プライバシー等と受忍限度（61）
* 信玄公が旗をかけなかった旗掛松──信玄公旗掛松事件外伝（64）
* 違法性論と国家賠償法（国賠法）1条（92）
* 違法性阻却事由の意義──立証責任の観点から（99）
* 目的物の二重譲渡と不法行為責任（109）
* なぜ権利なのか？（112）
* いわゆるロス疑惑と名誉毀損（125）
* 不法行為責任の判断と自主規制（128）
* 社会的評価を低下させる事実の摘示によるプライバシー侵害（131）
* 原審と最高裁のいずれが表現の自由を厚く保護するのか？（135）
* 利益のとらえ方──2つの視点（144）
* 無断使用と損害賠償（147）
* 看板──「無断駐車禁止・駐車した場合には金〇〇円を申し受けます」（166）
* 因果関係を要件としない責任の合理性──コースの定理と「法と経済学」（172）
* 責任能力と行為適格（180）

第2章　他人の不法行為に基づく責任

- * 責任能力と監督義務者の責任についての制度設計（194）
- * 未成年者の責任と監督責任についての制度（198）
- * 「少年店員豊太郎事件」と「光清撃つぞ事件」（204）
- * 使用者責任における「事業」（212）
- * 失火責任法の適用と監督義務者責任，使用者責任（225）
- * 白い巨塔と国賠法1条（237）

第3章　物の危険の実現に基づく責任
- * 妻は他人か？（259）
- * 事故補償システム（262）
- * 自転車による事故（265）

第4章　責任の阻却事由
- * カルネアデスの板（278）
- * 高瀬舟（282）
- * 看板——「ボールに注意！　ボールに当たった場合でも当方は責任を負いません」（287）

第5章　各種の事件類型における不法行為の成立をめぐる問題
- * 地域基幹病院から開業医への転送（295）

第III部　不法行為の効果

第2章　損害賠償請求の主体
- * 間接被害者についての説明の仕方——義務か因果関係か（326）
- * 残された問題と解決の方法（331）

第3章　損害賠償の範囲と額の決定
- * モリネウスとモムゼン（345）
- * 不作為の因果関係（351）
- * 市場占有率による責任（359）
- * 逸失利益という財産的損害（389）
- * 慰謝料の意味と機能（390）
- * 定期金賠償の可能性（406）
- * 不法行為後の事情と損害事実説（410）
- * 反倫理的行為と損益相殺の主張——ヤミ金の例（421）
- * 被害者側の過失のもうひとつの側面（433）
- * 割合的因果関係と部分的因果関係（451）

第IV部　複数の賠償義務者をめぐる法律関係

第2章　共同不法行為

* 医療過誤における医師の責任と交通事故における運転者の責任（479）

第VI部　訴訟における不法行為法

* 不法行為法の答案の書き方（518）

凡　例

①　判例ほか

大判大正 5 年 12 月 22 日　　　→　大審院大正 5 年 12 月 22 日判決

最大判昭和 61 年 6 月 11 日　　→　最高裁判所昭和 61 年 6 月 11 日大法廷判決

東京高判平成 13 年 8 月 20 日　→　東京高等裁判所平成 13 年 8 月 20 日判決

津地判昭和 54 年 2 月 25 日　　→　津地方裁判所昭和 54 年 2 月 25 日判決

＊　　　＊　　　＊

民　録　　　大審院民事判決録

刑　録　　　大審院刑事判決録

民　集　　　大審院民事判例集，最高裁判所民事判例集

高民集　　　高等裁判所民事判例集

下民集　　　下級裁判所民事裁判例集

交通民集　　交通事故民事裁判例集

不法下民　　不法行為に関する下級裁判所民事裁判例集

家　月　　　家庭裁判月報

訟　月　　　訟務月報

新　聞　　　法律新聞

判決全集　　大審院判決全集

②　主な法令

国賠法　　　国家賠償法

失火責任法　失火ノ責任ニ関スル法律

児童虐待防止法　　児童虐待の防止等に関する法律

自賠法　　　自動車損害賠償保障法

精神保健福祉法　　精神保健及び精神障害者福祉に関する法律

DV 防止法　　配偶者からの暴力の防止及び被害者の保護等に関する法律

民訴法　　　民事訴訟法

③　文献略語

重　判　　　重要判例解説

判　時	判例時報
判　タ	判例タイムズ
法　教	法学教室
リマークス	私法判例リマークス
続百選	続判例百選
百　選	民法判例百選
アメリカ百選	アメリカ法判例百選
医事百選	医事法判例百選
経済百選	経済法判例・審決百選
憲法百選	憲法判例百選
交通百選	交通事故判例百選
国際私法百選	国際私法判例百選
社保百選	社会保障判例百選
消費者百選	消費者法判例百選
損害保険百選	損害保険判例百選
不動産百選	不動産取引判例百選
保険百選	保険法判例百選
民訴百選	民事訴訟法判例百選
メディア百選	メディア判例百選

参 考 文 献

【教科書・体系書】

不法行為法に関する教科書・体系書について，代表的なものとして，以下のものが挙げられる。

① 内 田　貴『民法Ⅱ　債権各論』第 3 版・2011 年，東京大学出版会
② 近 江 幸 治『民法講義Ⅵ　事務管理・不当利得・不法行為』第 2 版，2007 年，成文堂
③ 大 村 敦 志『新基本民法 6　不法行為編──法定債権の法』2015 年，有斐閣
④ 幾 代　通（徳本伸一補訂）『不法行為法』1993 年，有斐閣
⑤ 加 藤 一 郎『不法行為法』増補版・1974 年，有斐閣
⑥ 加 藤 雅 信『新民法大系Ⅴ　事務管理・不当利得・不法行為』第 2 版・2005 年，有斐閣
⑦ 川 井　健『民法教室　不法行為法』第 2 版・1988 年，日本評論社
⑧ 北川善太郎『民法講要Ⅳ　債権各論』第 3 版・2003 年，有斐閣
⑨ 澤 井　裕『テキストブック事務管理・不当利得・不法行為』第 3 版・2001 年，有斐閣
⑩ 潮 見 佳 男『不法行為法Ⅰ・Ⅱ』第 2 版・2009・2011 年，信山社
⑪ 潮 見 佳 男『基本講義　債権各論Ⅱ　不法行為法』第 3 版・2017 年，新世社
⑫ 四 宮 和 夫『事務管理・不当利得・不法行為』1985 年，青林書院
⑬ 円 谷　峻『不法行為法・事務管理・不当利得──判例による法形成』第 3 版・2016 年，成文堂
⑭ 橋本佳幸＝大久保邦彦＝小池泰『民法Ⅴ　事務管理・不当利得・不法行為』2011 年，有斐閣
⑮ 平 井 宜 雄『債権各論Ⅱ　不法行為』1992 年，弘文堂
⑯ 広 中 俊 雄『債権各論講義』第 6 版・1994 年，有斐閣
⑰ 藤 岡 康 宏『民法講義Ⅴ　不法行為法』2013 年，信山社
⑱ 前 田 達 明『民法Ⅵ₂（不法行為法）』1980 年，青林書院新社
⑲ 森 島 昭 夫『不法行為法講義』1987 年，有斐閣
⑳ 吉 田 邦 彦『不法行為等講義録』2008 年，信山社
㉑ 吉 村 良 一『不法行為法』第 5 版・2017 年，有斐閣
㉒ 我 妻　栄『事務管理・不当利得・不法行為』1937 年，日本評論社

これらの教科書の位置づけについて，ごく簡単なコメントを加えておきたい。

なお，こうしたコメントは，あくまで筆者の理解するものであり，客観的な正しさが保証されているわけではない。

歴史的な流れの中での位置づけ

この中，㉒は非常に古い本であるが，わが国における不法行為法理論を体系的に確立したものであり，本書の中でも伝統的見解としてしばしば言及する立場の出発点となったものである。復刻版も出版されており，図書館で利用することはそれほど難しくはないはずである。㉒によって骨組みが作られた伝統的な不法行為法理論は，⑤によって完成されたと言える。それに対して，行為義務違反説や保護範囲説を基本的な中核として新たな不法行為法の潮流を生み出したのが，⑱⑮である。その後の教科書・体系書のほとんどは，こうした新たな動きをふまえたものとなっている。

本 の 性 格

上記の各書は，いずれもすぐれたものであり，それぞれが魅力的なテキストである。ただ，性格には若干の違いがある。特に，⑩⑫⑰は，すぐれた教科書であるというだけではなく，体系書としての性格も強く有しており，その情報量は大変に多い。本書は，「はしがき」にも書いたとおり，細部にわたる議論までを細かく紹介分析するものではない。その意味でも，本書において十分ではないと感じられた部分について，こうした体系書に当たることによって，不法行為法のより深い理解が可能となるだろう。

ただ，それ以外の教科書においても，本書と違う視点で書かれている部分も多い。同じ問題について別の教科書がどのように説明しているのかを見ることによって，その問題をより容易に理解することができるという場合も少なくないだろう。本書の説明が晦渋だと感じられる場合には，これらのテキストを参考にして頂きたい。

【講座・注釈書】

いわゆる講座もの，注釈書としては，以下のものが挙げられる。

㉓　有泉 亨 編集代表『現代損害賠償法講座』全8巻・1972–1976年，日本評論社

㉔　山田卓生編集代表『新・現代損害賠償法講座』全6巻・1997-1998年，日本評論社
㉕　星野英一編集代表『民法講座』全9巻・1984-1990年，有斐閣
㉖　広中俊雄＝星野英一編『民法典の百年』全4巻・1998年，有斐閣
㉗　加藤一郎編『注釈民法（19）』1965年，有斐閣
㉘　窪田充見編『新注釈民法（15）』2017年，有斐閣

　　この中，㉓㉔は，損害賠償に関するさまざまな問題を取り上げたもので，代表的な問題について，それぞれの執筆者による質の高い論文が提供されている。各問題を掘り下げて理解をしたい場合に，有用な手がかりとなるだろう。
　　また，㉕㉖は，民法全体にわたるものであるが，㉕の第6巻と別巻の第2巻，㉖の第3巻が，不法行為法に直接関係する問題を取り上げている。ただし，不法行為法の勉強をしていくうえでも，法律行為や物権変動の知識が求められる場面は少なくない。該当の巻だけではなく，他の巻で取り上げられている内容も，興味を持った場合には，是非，参照してほしい。
　　㉗㉘は，注釈民法の中の不法行為に関する巻である。㉘は，一般的不法行為を中心とするものであり（特殊的不法行為を中心とする続巻の刊行が予定されている），最新の議論状況を学ぶことができるだろう。㉗と㉘の間には，ほぼ半世紀の間があるが，同じ問題点についての両者における説明の相違等は，この間の不法行為法をめぐる理論の展開を端的に示しているものと言えるだろう。

【その他】
㉙　大村敦志『不法行為判例に学ぶ──社会と法の接点』2011年，有斐閣

　　判例法としての性格が強い不法行為法では多くの判例を正しく知ることが求められるが，それと同時に，それぞれの判決を深く理解することも必要である。㉙は不法行為法において特に重要な判例を取り上げて，当時の社会的背景なども視野に入れて深く掘り下げた分析を行ったものである。本書は，判決をどのように読むのかを教えてくれるとともに，不法行為法の性格を考えるうえでも，貴重な手がかりを与えてくれる。

第Ⅰ部　不法行為総論

第1章　不法行為法の意味と役割

1　不法行為法とは何か

> **設例Ⅰ-1**　自動車を運転していたＹは，運転中わき見運転をしていたために，赤信号になっていることに気づかず交差点に進入し，横断歩道をわたっていた歩行者Ｘをはねてしまった。Ｘは，その事故で負傷したために入院し，その間働くことができず，収入を得られなかった。

不法行為法の意義と特徴　**設例Ⅰ-1**の場合，Ｙは，過失運転致傷罪（自動車の運転により人を死傷させる行為等の処罰に関する法律5条）等の刑事責任を追及されるだけではなく，Ｘに対して，入院費や治療費，収入の喪失，さらには負傷による苦痛などのＢに生じた損害を賠償しなければならない。こうしたＹの損害賠償責任を規律するのが，不法行為法である。

　もう少し詳しく説明すると，①どのような場合に（不法行為責任の成立をめぐる問題），②どのような責任が生じるのか（不法行為の効果をめぐる問題），を決めるのが，不法行為法だということになる。

　それでは，そうしたルールを定める不法行為法とは，どのような意義を持っており，どのような特徴を有しているのだろうか。このことをあらかじめ確認して，それによってこれから何を学ぶのかを理解しておくことにしよう。

本人損害負担の原則と損害転嫁のルールとしての不法行為法　　冒頭に示した事故の場合，いったい誰が損害を負担するのが原則なのだろうか。不法行為法は，法律という人為的に設定されたルールであるが，こうしたルールがない場合には，誰が損害を負担するのだろうか。そうしたルールがなくても，その負担に関するルールは変わらないのだろうか。

　この場合，出発点となるのは，「所有者が危険を負担する casum sentit dominus」という考え方である。もっとも危険の負担といっても，双務契約の場合の履行不能のリスクを契約当事者のいずれが負担するのかという危険負担（対価危険をめぐる問題。ただし，2017年の債権法改正で，一方債務が履行不能によって消滅した場合の他方債務の消滅の有無という意味での危険負担の問題は実質的に解消されることになった。この点については，契約法の教科書等を参照してほしい）のはなしとは違う。また，所有者という概念も所有権（206条）の所在といったような議論に結びつくようなものではない。むしろ，「本人が自ら損害を負担する」という程度の意味である（本人損害負担の原則）。もっとも，これは，こうした法原理があるというより，法が何も存在しなければ，そうならざるを得ないということを示しているだけである。つまり，損害賠償や補償といった制度がない場合には，ケガをしたり，お金を盗られたりしたとしても，被害者はその被害を甘受せざるを得ない。つまり，自分で勝手にころんでケガをしたという場合と同じだということになる。

　しかし，この当たり前のことを確認しておくことが重要である。なぜなら，この点をふまえてこそ，「誰が損害を負担するのか」に言及する不法行為法が，まさしく特別なルールを定めるものであるという性格が明確に示されるからである。つまり，不法行為法というのは，損害賠償という形で，本人（被害者）に生じた損害を他人（加害者）に転嫁する制度（しくみ）なのである。

　もっとも，他人に損害を転嫁するということは，理由もなしに，いつでも認められるわけではない。「なぜ」→【責任負担のための原理】5頁，「どのような場合に」→《第Ⅱ部　不法行為の成立要件》35頁，「どの程度の」→《第Ⅲ部　不法行為の効果》317頁転嫁が認められるのかということを明らかにすることが，不法行為法の役割なのである。

　ところで，現代のわれわれの社会においては不法行為法が存在する。しかし，本人損害負担の原則は依然として生き続けており，それは折りに触れて姿を現す。

設例Ⅰ-1 の場合，加害者 Y が X に対して損害賠償責任を負担しなくてはならないということは，常識的にも導かれる結論だろう。しかし，Y が「損害を賠償しなければならない」というのは，Y が実際に「損害を賠償した」ということを意味するわけではない。ひょっとすると，Y には賠償を支払うだけのお金がないかもしれない。あるいは賠償を支払うだけの資力があったとしても全財産を持ったまま逃げてしまったかもしれない。そうなると，X は，Y に対して損害賠償請求ができるといっても，実際に，その損害を塡補すべき金銭の支払いはなされないということになる。

あるいは，設例Ⅰ-1 では，「わき見運転」や「信号無視」という状況があったが，すべての交通事故においてそうした状況が認められるわけでもない。たとえば，Y は交通法規を遵守してきわめて慎重に運転していたが，X が不注意で車の前に飛び出してしまったという場合，運転者には損害賠償責任は生じないかもしれない。

損害賠償責任がなければ，あるいは，責任は認められるとしても実際の賠償がなされなければ，結局，被害者は，入院費や治療費を自分で負担せざるを得ないし，働けずに失った収入を回復することもできない。その意味で，「本人が自ら損害を負担する」という原理は，今日の社会においても依然として存在するのである。それを前提としたうえで，不法行為法は，どのような場合に，どのような範囲で，本人の損害を他人（加害者）に転嫁することができるかを示しているのである。

責任が成立しない範囲では，依然として本人損害負担の原則が支配しているのであるし，さらに，責任が成立する場合であっても，それが損害の塡補をただちに意味するものではない以上，なお本人損害負担の原則の支配を完全には免れているわけではないということになる。

契約を前提としない法律関係　　上述の例で，X と Y は，それまで何の関係もなかった他人どうしというのが通常であろう。もちろん，X と Y が，たまたま友人どうしであったり，教師と生徒であったりする場合もないわけではないが，その場合でも不法行為責任をめぐる基本的な関係は同じである。つまり，それによって賠償責任が成立したり，しなかったり，あるいは，賠償額が変わるということは，原則としてない（「原則として」というと例外があることに

1　不法行為法とは何か　　3

なるが，これについては別途説明する→【被害者の承諾，免責約款】280頁，【好意同乗】258頁）。

　したがって，YがXに対して負担する賠償責任は，あらかじめXY間に契約があったから生じるわけではなく（売買契約を締結したから，その契約に基づいて代金を支払わなければならないという関係とは異なる），事故それ自体によって生じるものだといえる。したがって，不法行為法は，契約などを前提とすることなしに，一定の出来事（事故）に基づいて民事責任を生じさせる制度だということになる。

　なお，契約関係にある者どうしの間で相手方を害するような行為があった場合，不法行為責任が問題となると同時に，契約責任も問題となる。こうした両方の責任が成立する場合に，両者の関係がどうなるのかという点については，別途説明する→【複数の救済方法の相互の関係】30頁。

賠償と補償　設例Ⅰ-1 に関する説明の中で，「損害賠償や補償といった制度がない場合，誰にも損害を転嫁することができない」と述べた。この賠償と補償という言葉について，簡単に説明をしておくことにしよう。

　この2つの言葉は，日常の生活の中では，それほど厳密に区別されているわけではない。しかし，法律学の世界では，おおむね，次のような使い方をする。

　まず，賠償というのは，他人に加えた損害を償（つぐな）うことであり，通常は，債務不履行や不法行為といった違法な行為によって他人に加えた損害について責任を負担することを意味する。他方，補償というのは，損失等を補うことを意味するだけであり，「違法な行為をしたのだから責任を負え」といったニュアンスを含まない。

　つまり，補償は，賠償との関係では，責任を負うべき非難可能性といったものがないにもかかわらず，填補の責任を負担することを意味する。したがって，不注意で事故を起こした者は，被害者に対して「賠償」責任を負う。他方，独自の不法行為責任や債務不履行責任が認められるわけではないにもかかわらず，これと並行して，あるいは，加害者が支払うことができない部分について，国などが被害者の損害を填補するための金銭的な給付を行うという場合，これは補償だということになる。

　賠償か補償かという区別がかなり神経質に扱われる場合もある。たとえば，

4　第Ⅰ部　不法行為総論／第1章　不法行為法の意味と役割

薬害や公害などにおける和解においては，メーカーが被害者に一定の金額を給付するという合意は得られても，それが賠償か否かという文言をめぐって争いになることがある。この場合，メーカーは，賠償であるということを認めると，その前提としての不法行為の存在，違法性や有責性を認めることになるのではないかという点を懸念するために，このような状況が生じることになる。

　もっとも，損害賠償制度といっても，その中には，過失責任のほか，過失を要件としない無過失責任（717条の工作物所有者の責任）や，事実上無過失責任化している中間責任（714条の監督義務者の責任や715条の使用者責任）→【中間責任】13頁も含まれる。したがって，非難可能性の有無を基準とする両者の区別は，実質的にそれほど明確なわけではない。また，広義の損害賠償制度を理解するためには，各種の補償制度も視野に入れて勉強していく必要がある。その意味で，本書においては，この区別にあまり神経質にならずに，事故における賠償制度・補償制度についても，必要な範囲で説明することにしよう。

2　責任負担のための原理

　損害の転嫁と帰責原理　　不法行為法は，被害者に生じた損害を他人（加害者）に転嫁する制度だと説明した。それでは，そうした損害の転嫁はなぜ正当化されるのだろうか。これは，加害者の側から見れば，「なぜ損害賠償責任を負担しなければならないのか」という問題となる。

　これまでの例では，なぜ責任を負担しなければならないのか，ということについては触れずにきた。この「なぜ責任を負担しなければならないのか」を，ちょっと難しい言葉だが，《帰責原理》と呼ぶ。

　帰責原理としてよく知られているのは，過失責任主義であるが，それ以外の帰責原理も存在する。以下では，まず最も基本的な過失責任主義の意味を説明したうえで，その他の帰責原理としてどのようなものがあるかを概観して，民法典との関係で，それらがどのように説明されるのかを確認していく。

　過失責任主義の2つの側面　　民法は，過失責任主義を採用しているとされる。その過失責任主義というのは，以下の2つの側面を有している。

① 過失責任主義の積極的側面

過失責任主義は，その基本的な側面として，「過失があれば損害賠償責任を負担する」ということを内容とする。ここでは，「過失がある」ということが，責任を基礎づける根拠として位置づけられることになる。

② 過失責任主義の消極的側面

過失責任主義のもうひとつの顔が，「過失がなければ損害賠償責任を負担しない」というものである。ここでは，「過失がない」ということが，責任を否定する根拠として位置づけられることになる。

この中，積極的な帰責原理，責任負担の説明として機能しているのは，積極的側面の方である。つまり，過失責任主義を採用する以上，「過失があるのだから，責任を負いなさい」とされるのである。これは，歴史的にも，地域的にも，ほぼ普遍的に認められる考え方であり，われわれの常識にも合致している。もっとも，それでは，「過失とはいったい何なのか」，「どんな場合に過失があるとされるのか」ということになると，急に難しい問題となり，さまざまな考え方が対立している。これについては，あらためて，《第Ⅱ部　不法行為の成立要件》の中で詳しく説明する。

他方，過失責任主義の意味として従来強調されてきたのは，むしろ，その消極的側面である。教科書の中には，この消極的側面のみを過失責任主義として説明するものもある。

ところで，念のために確認しておくと，「過失があれば責任を負う」というのと，「過失がなければ責任を負わない」という命題は同じではない。後にあらためて説明するように，帰責原理としては，過失責任主義以外の考え方もある。前者のような「過失があれば責任を負う」という命題は，こうした他の帰責原理，たとえば「所有者であれば責任を負う」といった考え方を排除するものではない。つまり，そうしたさまざまな帰責原理とならぶひとつの帰責原理として位置づけられるのである。他方，後者のような「過失がなければ責任を負わない」という命題を強調するのであれば，他の帰責原理に対して，より否定的な態度をとることが考えられる。そこでは，「過失がない以上，責任を負わない」という免責の機能が重視されるからである。その意味で，過失責任主義の消極的側面は，その積極的側面と単に論理的な表裏の関係にあるというわ

けではなく，さらに踏み込んだ意味（他の帰責原理を否定するという意味）を持っているということになる。

過失責任主義の積極的側面は，歴史的にも，地域的にも，普遍的に認められると述べたが，その消極的側面が強調されたのは，歴史的にはむしろ限定されており，強い産業政策的な意味を有する。

すなわち，近代における各国は，自国の産業を発展育成させるという政策的な課題を実現しなければならないという状況に直面した。そこでは，各種の経済活動，産業活動の活発化によって，それまで以上に社会の構成員相互の複雑で広範囲にわたる接触やあらたなタイプの損害発生をもたらすことが予想される。そうした活動からさまざまな責任が生じるということは，あらたな経済活動の萎縮をもたらし，発展を阻害する可能性がある。そうした中で強調されたのが，「過失がなければ責任を負わない」という過失責任主義の消極的側面だったのである。過失がないにもかかわらず，他の理由で責任を負うことを容易に認めると，この消極的側面が企図する目的（「注意さえしていれば，賠償責任を心配する必要はない」）は達成されないことになる。こうした政策的な性格を有する「過失責任主義」は，後述するいわゆる無過失責任に対して基本的に否定的な態度をとることになる。過失責任主義の消極的側面にどの程度の重みを置くのかは，こうした消極的側面を重視した歴史的背景を含めて考える必要がある。

民法典と過失責任主義　　過失責任主義には，2つの側面が認められると述べたが，それでは，民法典にはどう書いてあるのだろうか。

不法行為法の中で最も包括的な規定である709条は，「故意又は過失によって他人の権利又は法律上保護される利益を侵害した者は，これによって生じた損害を賠償する責任を負う」と規定する。ここでは，故意または過失を要件として賠償責任を認めているのであるから，「過失があれば責任を負う」（積極的側面）と「過失がなければ責任を負わない」（消極的側面）の両方が認められる。したがって，709条だけを見れば，消極的側面を含む過失責任主義が示されているということになる。

しかし，不法行為責任を規定するのは，709条だけではない。それ以外にも，

後に見るようなさまざまな規定が存在しており，そこでは，必ずしも，不法行為責任の要件としての過失は維持されていない。たとえば，717条1項ただし書における所有者の責任は，瑕疵のある工作物の占有者が注意を尽くしたために責任を負わないということが要件となっているだけであり，所有者自身の過失が要件となっているわけではない。もっとも，民法典に規定された不法行為法だけを対象とすれば，この717条の所有者責任以外の責任は，すべて何らかの形での過失が要件とされており（過失の立証責任の転換と免責立証の困難化を通じた事実上の無過失責任の拡張現象はみられる→【*中間責任*】*13頁*），規定の構造上は，消極的側面を含む過失責任主義が，比較的きちんと維持されていると評価することができるかもしれない。

しかし，民法典の外にも目を向ければ，過失を要件としない責任は少なくない（たとえば，自賠法3条の運行供用者の責任や製造物責任法3条の製造業者等の責任）。したがって，709条以外のこうした準則を含む不法行為法（特別法まで含めて，「民事責任法」と呼ぶのが適切だろう）というレベルで見れば，過失責任主義の消極的側面は，貫徹されているわけではない。つまり，過失がなくても，事故を理由として損害賠償責任を負う可能性が認められるのである。

現行法は，消極的側面を含む過失責任主義を重視しつつ（最も基本的な構成要件である709条における採用），それを完全に貫徹するものではなく，個別に例外を定める形で，その消極的側面を緩和しているというのが，ほぼ中立的な説明だといえるだろう。

現代社会における過失責任主義の意義　　以上述べたことは，形式的に，現在の法制度の中で，過失責任がどのように示されているのかということであった。次に，現代社会における過失責任主義，特に，消極的側面について，もう少し実質的に検討を加えてみることにしたい。

この点は，すでに述べたように，無過失責任に対してどのようなスタンスをとるのかという場面で，違いをもたらす。過失責任主義の消極的側面が，現代社会においても積極的に維持されるべきものだと考えるのであれば，すでに説明したように，無過失責任に対しては慎重な態度がとられる。たとえば，無過失責任を規定するような立法に対しても慎重であるべきだし，解釈論としても過失責任要件の緩和には抑制的であるべきだということになる。他方，現代社

会における消極的側面の意義を自明のものとしないのであれば，必ずしも，上記のようなことにはならない。

　これを考える材料となるのが，すでに述べた過失責任主義の消極的側面を強調する立場の有する歴史的意義である。

　この消極的側面は，自由主義の考え方をベースにしつつ，直接的には，産業保護，市場経済の育成という政策的目的から重視されたものである。過失責任主義の消極的側面を背後から支える自由主義の理念自体は，今日の社会においても失われていない。したがって，その消極的側面は，自由な活動を基本的に支えるという一定の意義を有している。

　しかし，損害賠償責任の制限を通じて，産業保護や市場経済の育成を図るという政策の正当性は，今日では，むしろ疑わしいものとなっている。今日の多くの無過失責任立法が対応しようとしているのは，まさしく著しく発展した産業が莫大な損害をもたらすという状況に対してである。すなわち，今日の立法では，「産業の発展が莫大な損害のリスクを生み出すから責任を負わなくて済むようにしよう」というのとはまったく逆に，産業の発展がもたらすリスクを産業活動の担い手に負担させるという考え方がとられているのである。近代の産業の発展を支えるという目的を有していた過失責任主義の消極的側面は，産業の発展それ自体によって克服されるべき運命にあったという，皮肉な見方もできるかもしれない。

　以上，述べてきたところをふまえると，過失責任主義の有する重要性を意識しつつ，その他の帰責原理についても必要に応じて寛容な態度で臨むことが，現代の不法行為法を理解するためには必要だということになろう。

その他の帰責原理——危険責任や報償責任　　過失責任に対比して，「無過失責任」という表現が用いられることがある（本書の中でも用いている）。しかし，無過失責任というのは，それ自体としては，帰責原理ではなく（「過失がないから責任を負え」ということはあり得ない！），単に，過失がなくても責任を負担する場合の総称にすぎない。

　それでは，過失がないにもかかわらず，責任が認められるのはなぜなのだろうか。こうした帰責原理としては，複数のものが考えられるが，以下の2つが

代表的な考え方である。

① 危 険 責 任

ひとつは，危険責任と呼ばれる考え方で，危険な物を作り出したり，保有あるいは所有したりしている者に責任を負わせようという考え方である。「危険な物を作り出したり，保有したりすること自体が過失ではないか」と思われるかもしれないし，実際，そう考える余地もある。しかし，何らの行為を伴わずに所有者になるという場合もある。たとえば，相続によって危険な工作物の所有者となる場合が挙げられる。こうした場合に，無理に過失をどこかでつかまえるより，端的に危険に基づく責任といったものを承認する方が簡単であり，717条などの条文の説明としても適合的である。なお，特定の条文を過失責任から理解するか（危険な物を保持しているという行為に過失を認めるか），無過失責任のひとつとしての危険責任から理解するか（危険な物の所有者であるという状態が責任を基礎づけると考えるか）によって，具体的な結論が変わってくることがあり得る（危険な施設の所有者や保有者にとって回避可能性がない場合の扱い）。これについては，工作物責任の中で説明することにしよう→ 【工作物責任】240頁。

② 報 償 責 任

もうひとつは，報償責任と呼ばれる考え方である。一定の結果が実現したという場合，その結果を生み出すような活動から利益を得ている者がいるとすれば，その者が損害についても負担すべきであるという考え方である。たとえば，使用者は，被用者を用いることによって利益（プラスの結果）を得るのだから，被用者の不法行為による損害というマイナスの結果についても責任を負うべきであるというのである。この考え方は，常識的にも，比較的わかりやすいのではないかと思う。もっとも，この場合，実際に利益を得ているかどうかはそれほど重要ではない。焦点が当てられるのは，利益を得るような地位にあったかどうかという点である。たとえば，被用者が勤務初日に事故を起こしたという場合，使用者は被用者の活動によってまだ何ら利益を受けていないかもしれないが，利益を取得し得る地位にあったということで，賠償責任を負担することが正当化されるのである。

なお，危険責任と報償責任というのは，実際には，重複して損害賠償責任の負担を正当化するということが少なくないし，むしろ，それが一般的である。たとえば，企業活動として，物を作り出して流通させる者が，その物から生じた結果について賠償責任を負担するということは，危険責任と報償責任の両方から正当化され得る。

　不可抗力　　このように現代の社会においては，過失を要件としない責任も，重要な位置をしめる。しかし，そうした責任の場合であっても，結果が「不可抗力」(act of God, vis major, force majeure, höhere Gewalt) によって生じたと評価される場合には，責任は否定される。その意味で，これらの無過失責任についても，不可抗力が，責任の外延を画することになる。

　こうした不可抗力について明文で規定しているものもあるが（鉱業法113条，水質汚濁防止法20条の2，大気汚染防止法25条の3等。いずれも損害賠償責任の有無及び賠償額について不可抗力をしんしゃく事由とする），そうした明文の規定がない場合でも，不可抗力は免責事由になると理解されている。

　ただ，不可抗力の意味については，かなり幅がある。本来の不可抗力は，自然災害や戦争など，外部から生じた危険で，人間がコントロールできないようなものを意味していたが（"act of God" という言葉の持つニュアンス），単に，債務者の責めに帰すことができない事情を幅広く指す場合もある。しかし，後者のような意味での不可抗力は，単に過失がないというレベルのものであり，過失責任についてはあらためて免責事由として挙げるまでもない。また，無過失責任の場合には，それを免責事由とした場合，無過失責任としての意義を失わせてしまう。したがって，免責事由として機能するのは，前者のような限定的な意味のものと理解すべきであろう。

> **コラム**　*交通事故の防ぎ方*
>
> 　日本における交通事故による死者の数は，以前よりかなり減少したが（「交通戦争」と呼ばれた時期のピークである1970年には1万6000人を超えた），現在でも，年間4000人前後である（ただし，統計で扱われているのは，事故から24時間以内に死亡した人数である）。交通事故は余りにも当たり前のことになっていて，よほど大量の死傷者が出たり，悪質な事故であったりしない限り，大きく報道されることはないが，4000人の死者というのは，きわめて莫大な被害である。このような損害を回避するためにはどのようにしたらよいで

2 責任負担のための原理　11

あろうか。

　ドライバーの意識を高める，救急医療体制を整える等々，さまざまなアイデアがあるだろう。学校における交通安全教育や免許更新時の講習，さらには，高速道路の種々の掲示等，すでになされていることも多い。もちろん，それらが無意味だとは言わない。しかし，それによって減少する数はどの程度であろうか。残念だが，一定の割合を超えることはないのではないだろうか（もっとも，自動運転システムが高度に発展すれば，状況は大きく変わるかもしれない）。しかし，交通事故による死者の数を減らすにはもっと劇的な方法が存在する。まず，自動車の利用を禁止するということが考えられる。不法行為法に引きつけて考えれば，そんな危険な物を利用するということ自体が過失であり，非難されるべきであるという考え方である。もちろん，これは余りにも過激な解決であろう。もう少し穏やかな方法もあるかもしれない。制限速度の設定をより厳しいものと変えることである。歩行者事故を引き起こす可能性がある一般道は，時速10キロ，他方，自動車専用道路は，ずっと緩やかな規制で時速20キロ。坂道を高速で走り下りてきた自転車との衝突事故等を除けば，よほどのことがない限り，これによって死亡事故の発生は回避できるだろう。つまり，自動車を全面的に禁止しなくても，交通事故による死者を劇的に減少させることは可能なのである。

　こんなことは容易にわかることである。それではなぜ，こうした選択をしないのだろうか。「いや，車が本当に必要な場合はある。救急車が時速10キロや20キロでは，助かる人も助からなくなるではないか」という反論もあるかもしれない。それに対する再反論は簡単である。そうした緊急車両についてのみ，制限速度を緩めればよいのである（江戸時代にも，出産のために急ぐ産婆だけは大名行列を横切ってよいとされていた）。現代の社会において自動車が担っている役割は，それなりに意味のあるものだろうが，個々的にみれば人の生命に値するほどのものはほとんどないはずである。にもかかわらず，われわれは高度の蓋然性で死者が生じるシステム（自動車の運行が許されるというシステム）を採用しているのである。

　このことは，われわれに2つの問題を投げかけているように思われる。

　ひとつは，過失責任とはどのように決まるのであろうかという問題である。つまり，自動車を運転すること自体は，過失ではないとしても，そのことが過失ではないということはどのように説明されるのであろうか。誰もが自動車に乗らなければ，年間4000人程度の死者ならびにそれをはるかに上回る多数の負傷者をなくすことが確実に実現できるのである。結果は明瞭であるのに，それをしない理由に何があるのかという点では，たとえば，社会的利益といったものが考えられることになろう。つまり，損害賠償責任の有無というのは加害者と被害者との二当事者間の関係であるが，その関係を考える場合には，その二当事者に解消されない社会的な判断が取り込まれているということになる。

これは，そのような社会的な判断を不法行為法に取り込むべきか否かという当否の問題ではない。それを自覚するか否かにかかわらず，現にある不法行為法がそうなっているのである。

　もうひとつは，こうした場面において過失責任によらない賠償制度や補償制度を導入する必要性をめぐる問題である。つまり，社会的な利益といったような観点から自動車の運行そのものは認めるとしても，そうした運行から生じるいわば不可避的な性格も有する事故について，常に，運転者の不注意（過失）に焦点を当てた過失責任主義を維持するのか，それとも，運行は認めるが，そこから生じる危険については過失を問わず，車の運転者や所有者にリスクを負担させるのかという問題である。こうした場面において，危険責任（車の保有者にリスクを負担させる）や報償責任（車の運行によって利益を得る者がリスクも負担する）が，そうした過失責任以外の責任を正当化するものとして用いられることになる。

中間責任──立証責任の転換による過失責任の厳格化　今まで説明してきた過失責任，危険責任，報償責任といった概念は，「なぜ責任を負担するのか」を説明するものである。それに対して，やや性格の異なるものとして，「中間責任」という言葉がある。これは，それ自体としては本来，帰責原理を示す言葉ではない。しかし，ここであわせて説明しておくことが適当だろう。

　まず，中間責任の「中間」であるが，何と何との中間なのであろうか。ここでの「中間」は，過失責任と無過失責任（過失を要件としない責任）の中間を意味する。つまり，中間責任とは，過失責任に比べると責任負担者（加害者）に不利であるが，無過失責任（過失を要件としない責任）ほどには責任負担者に厳しくはないという責任である。

　もう少し丁寧に説明しよう。通常の過失責任の場合（たとえば709条），被害者の側で加害者に「過失があった」ということを立証しなければならない（このことを，「被害者が過失の立証責任を負う」と言う）。それに対して，中間責任では，自分に「過失がなかった」ということを加害者の側で立証しなければならない（このことを，「加害者が無過失の立証責任を負う」と言う）。

　「なぁんだ，簡単じゃあないか。結局，加害者は過失があれば責任を負うし，過失がなければ責任を負わないだけじゃないか」と言わないでほしい。われわれが全知全能であれば，この2つに違いはない。まさしく，過失があれば責任を負い，過失がなければ責任を負わないというだけのことである。しかし，全

知全能ではないわれわれにとっては，結局，過失があるかないかがわからない という場合もあるだろう。そのように過失があるか否かがはっきりしないという う場合，（過失の立証責任を被害者が負担する）通常の過失責任であれば，「過失 があった」ということを積極的に立証できない以上，過失はなかったものとし て扱われ，責任は否定されることになる。他方，中間責任では，「過失がなか った」ということの立証に成功しなかった以上，過失があった（つまり無過失 がなかった）として責任が認められることになるのである。「エーイ，ややこし い！」と思われるかもしれないが，こうした立証責任は，過失に限って問題と なるわけではなく，事実の有無が法律上の効果の有無にかかわるような場合， 常に，そうした事実について問題とされる，重要な概念なのである→ コラム 立 証責任と盟神探湯 15 頁。

　さて，冒頭の 設例Ⅰ-1 に即して説明すると，もし Y の責任が通常の過失責 任であるとすれば，X は Y の賠償責任を追及するために，Y に過失があった ということを立証しなくてはならない。もし，Y の過失があるかないかわか らなかった場合には，「過失があった」ということを立証できない以上，Y に は過失はなかったものとして扱われることになり，賠償責任は認められない。 他方，Y の責任が中間責任だとすれば，Y の側で，自分には過失がなかった ということを立証しなくてはならない。そして，「過失がなかった」というこ とを積極的に立証できない限り，Y に過失があったものとされ，賠償責任を 負わされるのである。

　このように，中間責任という概念それ自体は，あくまで過失があると扱われ る場合の責任を定めたものであり，過失責任主義を前提としたものだというこ とになる。こうした中間責任の具体例としては，後述の責任無能力者の監督義 務者の責任（714 条）や使用者責任（715 条），工作物占有者の責任（717 条）等 が挙げられる。

　こうした中間責任を理解するうえでは，2 つのポイントがある。

　第 1 に，中間責任は，立証責任の転換によって，事実上，通常の過失責任より りも，加害者にとってより厳しいものとなっているということであり，これに ついては説明したとおりである。

　第 2 に，なぜこのように事実上責任が厳しくなることが正当化されるのかと

いう問題である。中間責任を基本的に支えるのは，過失責任の考え方である。しかしながら，中間責任が採用される場面では通常の過失責任より厳しいものとなる以上，なぜそうした厳しい責任を負わなくてはならないのかということは，過失責任主義そのものからは説明できない。さらに，わが国の判例では，使用者責任などにおける無過失の免責の主張・立証は容易には認められていない。たとえば，715条1項によって立証責任が転換された使用者は，「選任監督についての過失がなかったこと」を立証しないと責任を免れないが，このような立証はまず認められないのである→【*中間責任としての性格と実質的な無過失責任化*】*205頁*。したがって，中間責任と過失責任の相違は実際上も大きく，単に，過失の有無がはっきりしない場合に限った相違という以上のものがあると考えられる。

　こうした状況は，中間責任という形をとる使用者責任が，単なる過失責任ではなく，むしろ，他の帰責原理とあわせて理解することが必要であるということを示している。つまり中間責任では過失の立証責任が転換されているとしても，過失が要件となっている責任である以上，その帰責のための基本的な原理が過失責任主義にあることは否定できない。しかし，立証責任を転換するという加害者に不利な状況を正当化しているのは，過失責任主義とは別の帰責原理だということになる。たとえば，715条では，使用者は，被用者を利用することによって利益を得るという地位にあるのであり，そうした利益が帰属する以上，責任も負担すべきであるといった説明（これは，報償責任の考え方による説明である）によって，加害者の厳格な責任が正当化されるのである。そして，報償責任や危険責任のような別の帰責原理によって支えられているからこそ，無過失の立証による免責についても慎重な態度がとられるのであり，他の帰責原理による説明がより説得的になされるほど，中間責任の実質的性格は，無過失責任に近づいていくことになる。

> **コラム**　*立証責任と盟神探湯*（くがたち）
> 　立証責任というのは，ある事実が存在する（または存在しない）ということについて立証ができなかった場合に，誰がそのリスクを負担するのかということである。したがって，立証しなければならないという意味での責任を示す行為規範ではない。もちろん，多くの場合には，そうしたリスクを負担する者が，リスクを回避するために積極的に立証をしていくということになる（なお，証明責任や主張責任をどのように理解するかについては，さまざまな議論がある。この点については，民事訴訟法の教科書を見てほしい）。

2　責任負担のための原理

ところで，歴史の教科書で，「盟神探湯」という言葉を教わった人も多いのではないかと思う。盟神探湯というのは，「神明裁判の一種。古代，真偽正邪を裁くのに神に誓って手で熱湯を探らせたこと。正しい者はただれず，邪な者はただれるとする。」（広辞苑第7版）と説明される。これは，裁判において一定の事実があるか否かの証明のひとつの方法である。この種の証明方法は，洋の東西問わず，具体例は枚挙にいとまがない。こうしたものを見ると，「古代や中世の人々はずいぶんと野蛮で，原始的だったのだなぁ」という印象を受ける。現代では，こんな野蛮な方法は，もちろん採用されていない。しかし，だからといって，盟神探湯が扱ったような問題が存在しなくなっているわけではない。結局，人が全知全能ではない限り，事実の存否の立証ができないという問題は必ず残る。この問題を解決するための手段が立証責任なのである。ある事実の存在については，一方に立証責任が負わされる。したがって，立証できない限り，その事実は存在しないということになる。ここで，でも待てよと，少し考えてほしい。もし，一方に立証責任があるということが何らの根拠なく決まるのであれば，実は，そこで行われているのは盟神探湯と同じではないかということになる（中世の魔女裁判では，異端ではないことの証明責任を疑われた者に負わせるという手法があった）。結局は，全知全能でない限り，完全には排除できないリスクを誰に負わすのかという問題が，そこで決まってしまうからである。

　現在の立証責任の考え方は，さまざまな経験的な知識を前提とするものであるといえるが，こうしたいわば経験に基づいて正当化される立証責任の配分が合理的なものであるということが説明されて，はじめて盟神探湯との違いが正当化されるのである。単に，「立証責任というものがあります。当該事実が立証できなかった場合，立証責任を負担する者がそのリスクを負います」というだけでは，実は，野蛮で原始的な盟神探湯と本質的には違いがないのである。

過失の立証責任　　中間責任の説明をふまえたうえで，過失の立証責任について，少し整理しておくことにしよう。

　まず，立証責任というのは，当該事実について立証がなされない場合に，いずれの当事者がそのリスクを負担するのかということである。もう少し厳密にいえば，裁判所がある事実の存否について確定できない場合に，判決の前提としてその事実の存在または不存在を擬制することが必要となるが，そのような擬制の結果，当事者の一方が被る不利益が立証責任である。中間責任の説明の中で触れたように，709条の不法行為責任を追及する場合には，損害賠償責任を追及する原告側（被害者側）が立証責任を負担する，と一般的に考えられている。つまり，過失があったということを積極的に立証できない限り，過失は

なかったと扱われ，賠償責任は成立しない。他方，中間責任では，被告側が無過失の立証責任を負担すると考えられており，無過失を立証できない限り，過失があったと扱われることになる。

　しかし，このことはどこに書いてあるのだろうか。誰が立証責任を負担するのかということについては，個別に明示的に規定されているわけではない。また，立証責任がどのように配分されるのかについても，かなり難しい議論がある。ここでは，概略だけ，確認しておくことにしよう。現在の判例通説は，原則として，法典がどのように法律効果を規定しているのかに即して，立証責任の基本的な分配がなされると理解している（法律要件分類説）。

　709条では，その法律効果である損害賠償を求める者が，その要件（請求原因事実）を立証しなくてはならないのであり，過失は，被害者の側が立証しなくてはならないということになる。

　他方，監督義務者や使用者の賠償責任を定める714条1項本文や715条1項本文では，過失について言及しておらず，「ただし，監督義務者がその義務を怠らなかったとき，又はその義務を怠らなくても損害が生ずべきであったときは，この限りでない」（714条1項ただし書），「ただし，使用者が被用者の選任及びその事業の監督について相当の注意をしたとき，又は相当の注意をしても損害が生ずべきであったときは，この限りでない」（715条1項ただし書）というように，ただし書の中で，無過失による免責を規定しているにすぎない。このような場合には，ただし書の適用によって免責という効果を求める者，つまり，監督義務者や使用者が無過失の立証責任を負うとされるのである。

過失の立証の意味　ところで，過失というのは，たとえば，「代金を支払った」（弁済）とか，「契約書が取り交わされた」（契約の成立要件としての意思表示の合致）というのと同じレベルでの事実とはいえない。過失というのは，むしろ一定の事実に対する法的評価である。過失の立証という場合にも，そのことを意識しておく必要がある。

　たとえば，被告が「自動車を時速60キロで運転していた」という事実は，それだけでは過失の有無をめぐる問題を解決するうえで十分ではない。制限速度が40キロの市街地の中の道路の場合であれば，その事実は過失と評価されることになるだろうし，専用自動車道路であれば，60キロでの走行は，それ

自体として過失として評価されるわけではないだろう。つまり，過失の有無を判断するためには，一定の法的な評価がまず必要となる。そうした法的評価は裁判官が判断すべきことであり，当事者の立証責任が問題となるようなものではない。

　立証責任の対象となるのは，こうした法的評価（たとえば，「事故現場のような市街地においては，時速40キロを超えない範囲で，周囲の歩行者に十分に注意を払った運転が求められる」といった法的判断）を前提として過失と認定される事実（たとえば，「時速60キロで運転していた」という事実）の有無なのである。もちろん，実際の紛争において，事実の存否と法的評価をそれほど截然と区別できるわけではなく，前提となる法的な義務の有無自体も，当事者間の紛争において重要な位置を占めるということは，ごく一般的に生じる。これらの点については，民事訴訟法の教科書を参照してほしい。なお，不法行為責任の各要件の立証責任をめぐる問題については，それぞれの要件の中で説明していくことにする→【過失の立証】81頁，【医療過誤における因果関係の立証】297頁。また，不法行為訴訟の流れとその特徴については，不法行為法全体を学んだうえで，最後に，あらためて確認することにしよう→《第Ⅵ部　訴訟における不法行為法》509頁。

3　不法行為法の機能と役割

　損害塡補機能　　不法行為法の機能とは何だろうか。まず挙げられるのは，被害者に生じた損害を塡補するということである。これを「損害塡補機能」と呼ぶ。不法行為法が，こうした損害塡補機能を有することについては，争いはない。

　しかし，厳密にいうと，損害塡補機能と呼ばれるものについても，いくつかのニュアンスの違いがある。ドイツ民法249条1項は，「損害賠償の義務を負う者は，賠償を義務づける事情が生じなかったとすればあったであろう状態を回復しなければならない」と規定しており，原状回復（不法行為以前に実際にあった状態の回復）を一次的な目的としたうえで，人身侵害又は物の毀損の場合には，それに代えて損害賠償を求めることができること（同条2項），原状回復が不可能な場合には損害賠償が命じられること（251条）を規定している。それに対して，わが国の民法709条は，最初から，端的に金銭による損害の賠償

を法律効果としている（722条1項，417条）。

　ただ，いずれのアプローチであっても，不法行為法（損害賠償法）が，生じた損害を填補するという機能を有するという基本的な部分については違いがない。そして，こうした損害填補機能が，不法行為法の最も重要な目的であり，果たしている機能であるという点については，異論がない。

　制裁機能，予防機能　　不法行為責任のそれ以外の機能としては，加害者に対する制裁や類似の結果を回避するための予防（当該加害者についての特別予防と一般的な抑止としての一般予防）も問題となる。ここでは，不法行為責任が現実にどのような機能を有するのかという機能の側面と，どのような役割を果たすべきかという目的の側面とを区別して，考える必要がある。

　①　不法行為法の機能としての制裁

　まず，不法行為法が，損害賠償責任を課することの反射的機能として，加害者に対する制裁として働くことについては，ほとんど異論がないだろう。

　実際，損害賠償責任が，刑事責任以上の重さで，加害者に対する制裁（負担）として働く場合は，少なくない。たとえば，刑事事件での罰金を損害賠償額が大幅に上回り，加害者にとっての大きな負担となるということは日常的に生じることである。

　②　不法行為法の目的としての制裁

　一方，制裁を不法行為法の目的とすることについては，現在のわが国においては，一般的に消極的な見解がとられている。

　諸外国（英米法）においては，こうした制裁を前面に出した損害賠償として懲罰的損害賠償を認めるものもあり，たとえば，実際の損害を1000万円であると認定したうえで，その3倍とか5倍とかの賠償責任を課するということが認められる（ただし，そうした国においても，あらゆる不法行為について常に懲罰的損害賠償が認められるわけではない）。

　こうした懲罰的損害賠償について，最判平成9年7月11日民集51巻6号2573頁→ *重判H.9［国私3］・櫻田嘉章，民訴百選（3版）［A54］・小室百合，国際私法百選（2版）［111］・横山潤*は，加害者に懲罰的損害賠償の支払いを命じたアメリカ・カリフォルニア

州の判決のわが国における効力を否定した。すなわち，最高裁は，「我が国の不法行為に基づく損害賠償制度は，被害者に生じた現実の損害を金銭的に評価し，加害者にこれを賠償させることにより，被害者が被った不利益を補てんして，不法行為がなかったときの状態に回復させることを目的とするものであり……，加害者に対する制裁や，将来における同様の行為の抑止，すなわち一般予防を目的とするものではない。もっとも加害者に対して損害賠償義務を課することによって，結果的に加害者に対する制裁ないし一般予防の効果を生じることがあるとしても，それは被害者が被った不利益を回復するために加害者に対し損害賠償義務を負わせたことの反射的，副次的な効果にすぎず，加害者に対する制裁及び一般予防を本来的な目的とする懲罰的損害賠償の制度とは本質的に異なる」とし，日本法によれば，被害者は，加害者に対して，実際に生じた損害を超える懲罰的損害賠償を請求することはできないと判示して，懲罰的損害賠償を認めるカリフォルニア州の判決のわが国における執行力を否定したのである。

　もっとも，不法行為法が制裁や非難という目的を有さない純粋な損害塡補制度であるかというと，そうではない。なぜなら，不法行為責任の成立要件についても，被害者のみに焦点を当てて，「被害者がいかなる場合に救済されるべきなのか？」と問題設定をするのであれば，その要件は，原則として，被害者にかかるものになるはずだからである。別の言い方をすれば，被害者に焦点を当てた要件を立てることが，被害者の救済という目的には最も適合しているはずである。しかし，不法行為法は，709条に典型的に示されているように，「いかなる場合に損害賠償責任を負担するのか？」というように，むしろ加害者に焦点を当てたものとなっている。つまり，不法行為法においては，被害者の救済は，被害者自身とは関わりがない事情（加害者の責任の有無）によって，左右されることになるのである。その意味では，不法行為法は本質的に制裁法としての性格を有しているのであり，その役割を損害の塡補，被害者の救済という視点からのみ理解するのは，制度理解として十分ではないということになりそうである。

フリーライド型の不法行為（利益追求型不法行為）と損害賠償法　　多くの不

20　　第Ⅰ部　不法行為総論／第1章　不法行為法の意味と役割

法行為の事案においては，不法行為法が損害塡補機能を目的としつつ，制裁機能や予防機能も間接的にせよ認められる。たとえば，交通事故や医療事故などにおいては，単に損害が発生するだけなのであり，そうした事故によって利益が生じるわけではない。そうした損害を賠償しなくてはならないということは，加害者にとっては，一定の負担として機能する。そして，そうした負担は，刑事罰と並んで，加害行為を抑止することにつながるのである。

　しかし，不法行為の中には，権利侵害によって利益が生じる，あるいは，利益取得を目的として権利侵害がなされるというケースも存在する。こうしたケースにおいては，予防機能は十分には機能しない。なぜなら，不法行為によって得られる利益の方が賠償責任として課される賠償額よりも大きいとすれば，不法行為をするというのは経済的に合理的な選択なのであって，不法行為をしないということに向けたインセンティブは働かないからである。こうした不法行為の例としては，たとえば，①他人の土地を無断で駐車場として利用する場合（他人の土地所有権を侵害して，使用利益を取得する），②他人の知的財産権を利用して利益を獲得する（海賊版タイプ），③扇情的な報道によって他人の名誉やプライバシーを侵害して利益を取得する（マスメディア・タイプ）といった場合が考えられる。

　こうしたケースは，伝統的にはいわば例外的なケースとして位置づけられ，準事務管理（自己の利益のために他人の権利などを利用する場合に，事務管理の規定を用いて，得た利益の引渡し等を認めさせるという考え方。債権各論の教科書を参照）や侵害不当利得（債権各論の教科書を参照）による処理が考えられてきたが，まさしくこうした不正な権利侵害行為に対して，不法行為法が何の対応もできないというのは，奇妙な印象を与える。この点については，不法行為法による救済の障害となってきた損害の意味を考え直すことによって，一定の対応が可能となると考えられるが，これについてはあらためて説明することにしよう→【*加害者の利益と被害者の損害*】*411 頁*。

　いずれにしても，こうしたフリーライド型（利益追求型）の不法行為は，今後，注目されるべき不法行為類型だといえる。

不法行為責任と保険　　現実の不法行為責任を考える場合には，責任保険との関係を十分に考慮に入れておく必要がある。この点について，簡単に説明し

ておく。

　責任保険というのは，損害賠償責任を負担しなければならない事態が生じる
のに備えて，あらかじめ保険料を支払っておき，保険事故（この場合は賠償責任
を負担するような状況）が生じた場合に，その支払いの全部または一部を保険に
よってカバーするというものである。身近なところで最も普及しているのは，
自動車事故に関する責任保険であろう（自動車保険に関しては，後に詳しく説明す
る）。

　こうした責任保険は，賠償責任を負担することに備えたものであり，直接的
には，（潜在的）加害者の利益を目的とする（形式的には，責任保険は加害者のた
めの保険である）。しかし，加害者が賠償責任を履行する能力があるということは，
最終的には，それによって被害者の救済も現実化されることを意味する。した
がって，責任保険は，間接的には被害者のためにも機能する。

　なお，被害者が加害者に対して賠償を求めていく場合，すでに述べたとおり，
そこには，2つの障害がある。第1に，まず当該加害者の責任の成立を認めさ
せることであり，第2に，その損害賠償責任を実際に履行させることである。
責任保険は，この第2の障害を緩和するものである。なお，自動車事故に関し
ては，自動車損害賠償保障法（自賠法）が，加害者の責任を厳格化することで
→【*自動車運行供用者の責任*】*256頁*，第1の障害を緩和し，強制保険を導入することで→
【*強制保険の内容*】*260頁*，第2の障害も緩和している。これらの障害の克服を徹底し，
一定の事故から生じた損害はすべて公的な基金が補償するという制度を採用し
た国もあるが，わが国の自動車事故に関する制度は，そこまで徹底したものと
はなっていない。つまり，加害者の責任は厳格化されてはいるが，あらゆる交
通事故が常にその責任によってカバーされるわけではなく（つまり加害者の責任
という概念は，実質的にも存続している），加害者の責任のすべてが強制保険によ
ってカバーされるわけではない（自賠責保険によって支払われる金額が定まってお
り，加害者の責任と保険による塡補が一致しない）。

　なお，責任保険により，加害者は，賠償責任の負担を免れることになる。こ
のことは，不法行為法の制裁機能や予防機能を減ずることにつながる。しかし，
この点は，不法行為法のそうした機能は，被害者の損害の回復という不法行為
法の最も中心的な役割には劣後するものだということから，説明されるだろう。

不法行為法と刑法　　不法行為法と刑法の役割についての最も古典的な理解は，不法行為法は被害者の救済（損害の塡補）を目的とし，制裁は刑法の役割であるというものである。歴史的には，両者が分化していない未開の時代があり，それが近代になって分化したというように歴史的な発展という観点から肯定的に説明することも多い。つまり，不法行為法と刑法が分化していない前近代的な状況が克服されて，現代においては民事法としての不法行為法と刑罰法規としての刑法が峻別されるという理解である。その結果，わが国でも，不法行為法と刑法は，まったく別のものとして，取り扱われることになる。

具体的には，以下のようないくつかの点で，相互に無関係のものとされる。

①　民事手続と刑事手続は別のものである。刑事責任を追及するか否かの判断は検察官に委ねられているが（起訴便宜主義。刑事訴訟法 248 条），民事責任の追及は当事者（被害者）に委ねられている。

②　民事裁判の結果と刑事裁判の結果も，相互に影響を与えない。民事責任で「ある行為をした」という事実認定をして，刑事責任では「していない」という事実認定をすることも，また，その逆も可能である（交通事故における過失の有無について最判昭和 34 年 11 月 26 日民集 13 巻 12 号 1573 頁）。もちろん，刑事責任の事実認定の方が厳格であるということから，民事訴訟では犯罪に該当するような行為を「した」と認定しつつ，刑事訴訟では，「した」とは認定できないという場合があることは，一般的に予想できる。しかし，それぞれの訴訟が独立のものである以上，その逆もあり得るのであり，実際にも，そうしたケースが見出される。

③　実体法上も別の責任であるとされる以上，責任の消長も，相互に影響を与えない。たとえば，殺人罪（刑法 199 条）の場合，公訴時効はない（刑訴法 250 条）。他方，不法行為法では，損害の発生と加害者を知った時から 3 年間で消滅するし（民法 724 条。ただし，人の生命又は身体を害する不法行為については 5 年間。同 724 条の 2），遅くても，不法行為の時から 20 年間で消滅時効にかかる → 《第Ⅴ部　消滅時効》499 頁。したがって，不法行為責任が消滅時効によって追及できない場合でも，刑事責任が追及される可能性は残される。他方，公訴時効がもっと短い犯罪については，この逆の状況が生じる。

しかし，比較法的にみれば，両者はそこまで完全に峻別されているわけでは

ない。フランス法やその影響を受けた地域（フランス法圏）では，附帯私訴と
言って，刑事手続の中で，被害者が損害賠償を求めるというシステムを用意し
ているところもある。こうしたシステムでは，事実認定についても一定の共通
の判断を確保するというしくみになっており，不法行為訴訟を独立に提起して
も（附帯私訴を利用しない場合でも），同じ事実について刑事訴訟が始まった場合
には，民事訴訟は停止する。また，刑事手続の中で損害回復を認めるというし
くみは，ドイツ法においても用意されている（ドイツ刑法 56b 条）。

　また，やはりフランス法圏の国の中には，民事責任の消滅時効は，公訴時効
が完成しない限り到来しないといったしくみを用意しているものもある。

　さらに，すでに言及した英米法において認められる懲罰的損害賠償（ただし，
懲罰的損害賠償をどの程度認めるのかは，地域によってかなり大きな差がある）は，制
裁と賠償の両方の側面を有しているのであり，民事責任は損害の塡補を目的と
し，制裁は刑事責任に委ねるというだけでは理解できない。そこでは，むしろ，
私人である原告がイニシアティブをとる制裁（法の実現）という性格を濃厚に
有している。

　したがって，そもそも，冒頭に述べたような，民事責任と刑事責任の峻別が
近代法の到達点だという歴史的な認識自体，再検討の余地がある。むしろ，現
在の日本法は，ある時期のヨーロッパのある地域における考え方が強く影響を
与えたものであり，比較法的に見ても，まれなほどに両者を峻別するしくみと
なっているということを確認しておく必要があるだろう。

　このような民事責任と刑事責任の峻別については，両方の側から見直しの動
きが見られる。

　まず，最近の刑法学における動きとして，刑法の役割の中に，加害者と被害
者あるいはコミュニティとの関係の修復に焦点を当てた「修復的司法」を強調
するものが有力となってきている。そうした見解においては，単に刑罰を与え
れば刑法の役割は終わると考えるのではなく，被害者の損害回復なども刑事責
任の役割のひとつとして考えていこうという提案がなされている。そこでは，
刑法を，国家対加害者（被告人）という図式のみで考えるのではなく，むしろ，
刑事法における当事者として被害者を位置づけるという見方を見出すことがで
きる。また，刑事手続における被害者参加制度（刑事訴訟法 316 条の 33 以下），

24　第Ⅰ部　不法行為総論／第1章　不法行為法の意味と役割

損害賠償命令制度（犯罪被害者等の権利利益の保護を図るための刑事手続に付随する措置に関する法律23条以下）が導入され，刑事手続における被害者の位置づけについては見直しが図られている。

　他方，不法行為法の領域においても，社会における行為規範を形成する手段のひとつとして不法行為法をとらえていこうとする動きがある。そこでは，「民事責任＝損害の塡補」，「刑事責任＝制裁」という役割分担を所与のものとするのではなく，民事責任も，制裁法のひとつとして同じ目的に向けた機能を分担し得るという認識が出発点となる。もちろん，不法行為法では，損害が発生していることが前提となるのであり，その制約は残るが（したがって，ただちに懲罰的損害賠償の承認に向かうわけではない），こうした基本的な制度理解は，損害概念の理解や損害賠償の範囲の決定等，さまざまな場面で解釈論にも影響を与えていくことが考えられる。

　今後の動きとして，注目をしておくべきところであろう。

4　不法行為法とは何か？

ふたたび不法行為法とは何か　ここまで説明してきて，いまさら「不法行為法とは何か？」と言っても，ピンとこないかもしれない。実は，ここまで，不法行為法の役割や特徴については個別的に説明してきたが，いったい不法行為法は何かということについてはきちんと説明してきていない。なぜかといえば，それがきわめて難しい問題だからである。正直にいうと，この本を書いている私にもよくわからないのである。ここでは，なぜそれが難しいのかを簡単に説明したうえで，この本でどこまでを説明するのかを確認しておくことにする。

不法行為法の定義　本書の冒頭で，YがXをはねたという設例を挙げて，不法行為法の概要を説明してきた。しかし，こうした交通事故以外にも，不法行為の事例は数多く存在している。医療過誤，製造物責任，学校事故，公害，殺人や傷害，詐欺的な商法等々である。こうしたさまざまな不法行為に共通の要素が何かあるのかというと，すべての不法行為に共通の要素を見出すというのは困難である（というより，不可能ではないかと思う）。

不法行為に共通するファクターを取り出そうとする試みは，いままでにもなされてきている。

　たとえば，「過失」に注目する説明である。しかし，過失は，過失を要件とする不法行為についてのみの共通要素であって，それがカバーするのは，せいぜい中間責任までである。所有者の工作物責任においては，過失は要件とはされていない（工作物の瑕疵を過失と読み替えることによって説明しようとする見解もあるが，なぜ読み替える必要があるのか不明であるし，得られる結論も妥当とは思われない。これについては，工作物責任で説明する→*【工作物責任】240頁*）。

　また，「行為」に注目する説明もある。たしかに，民法典第3編第5章の表題は，「不法行為」であるが，しかし，やはり，所有者の工作物責任については妥当しない。また，行為概念自体が明確ではないことや→*【行為という要件の必要性】36頁*，行為によって生じる責任のすべてが不法行為責任ではないことに照らせば，不法行為責任を特徴づける共通の要素として，行為が適当であるとも思われない。

　さらには，あるいは不法行為法のメルクマールとして「違法」に注目する考え方もあり得る。しかし違法は，不法行為法特有のものではない。たとえば，物権法でも違法という概念は論じられる（物権的請求権など）。かりに不法行為法を統合的に説明する要素が不法行為法上の違法であるとすれば，それは単なるトートロジーということになろう。

　それではどうすればいいのだろうか。このように共通の要素を考え，体系的にひとつの原理に支えられた不法行為法を追究するという方向ではなく，むしろ，不法行為法自体が，複数の原理を有する複合的なルールのセットであると理解し，それを整理していくことが，より生産的であるし，何より，わが国の民法典の構造にも，現実の社会における不法行為法（判例等によって形成された不法行為法のルール）にも適合的なのではないかと思われる。

　本書では，以上のような視点に立ったうえで，まず，どのような事態から責任が生じるのかという観点から，①自己の行為に基づく責任→*《第Ⅱ部第1章》35頁*，②他人の不法行為に基づく責任→*《第Ⅱ部第2章》188頁*，③物の危険の実現に基づく責任→*《第Ⅱ部第3章》239頁*の3種類のタイプに分けて，それぞれに含まれる規定を説明していくことにする。そのうえで，④事件類型（たとえば交通事故や公害，医療過誤）ごとに以上で説明したルールを適用する場合の問題を横断的に検討

することにしよう→《第II部第5章》290頁。なお，このカテゴリーは，論理的なものというより，単に現象に即してルールを理解していくためのものにすぎない。

不法行為の要件　以下では，上に述べたとおり，3つのタイプに分けて，不法行為の要件を説明していくが，その3つのタイプにおいて，それぞれ異なるのは，なぜ責任を負担するのか（帰責原理）に対応する要件の部分である。

他方，要件の中，被害者側に関するもの，つまり権利侵害や不法行為法上保護されるべき利益については，いずれの類型においても原則として違いはない。また，不法行為と損害との因果関係についても，基本的な枠組みはいずれのタイプにおいても共通する。したがって，以下の説明では，これらの点を含めて，第II部の「第1章　自己の行為に基づく責任」（35頁以下）の中で説明するが，それらは，同「第2章　他人の不法行為に基づく責任」（188頁以下）ならびに「第3章　物の危険の実現に基づく責任」（239頁以下）の中でも妥当するものと思ってほしい。

不法行為法の対象となる法律　不法行為法の意味については，ひとまず上記のように理解するとして，ここで勉強する対象となる法律は何なのかという問題が残る。民法典の中には，「第3編債権　第5章不法行為」という709条以下の条文があり，これが対象となることは当然である。それでは，これがすべてだろうか。つまり，この本を読む際に手元に置くのは，民法典だけでいいのだろうか，それとももう少し他の法律も入った六法が必要なのだろうか。

これについても定義と同じで，まじめに考えるとかなり難しい。なぜなら，民法典で不法行為法だと明示されたもの以外の特別法については，そうした特別法による民事責任が不法行為責任なのかどうかを判断するためには，厳密には，不法行為法の定義を前提とせざるを得ないからである。

しかし，この種の抽象的議論にあまり固執しても仕方がないので，特別法による責任であっても，それが契約を前提とするものではなく，また，不当利得のように法律上の原因のない利益の返還という性格を有するものでなければ，すべて広義の不法行為法に含まれるということを前提にして考えていくことにしよう。そうした観点から，本書では，民法典の中の不法行為の規定だけではなく，特別法によって扱われる問題も必要に応じて取り上げることにする。ま

4　不法行為法とは何か？　27

た，それによって，一定の事故が生じた場合に，どのような解決がなされるのかという全体像が示されることになろう。

> **コラム** *不法行為法の学び方*
>
> 勉強の仕方について，あまり抽象的な説明をしても仕方がなく，また，精神訓話は眠くなるだけである。ただ，それぞれの領域に応じた学び方の特徴のようなものはあるように思われる。そうした特徴を理解したうえで学んでいくことは，勉強全体の見通しをよくするかもしれない。
>
> ここでは，少しだけ，そんな観点から，不法行為法の特徴と学び方の作法を考えてみることにしよう。
>
> ① 簡単な不法行為法
>
> 不法行為法を学び始めた人の多くが，不法行為法の条文が他に比較して，著しく少ないということに気がつくだろう。たとえば，担保物権法や債権総則を勉強する場合，そこには多くの条文があり，場合によっては，1つの条文が，かなり複雑に規定されている。それに対して，不法行為法は，民法だけについていえば，たかだか 709 条から 724 条までの 16 ケ条しかない。そのうえ，教科書等の大半の説明は，709 条にさかれている。本書においても，分量的に，3 分の 2 程度は，709 条の説明，または，709 条を前提とする事案や問題の説明である。177 条や 415 条のように，他の領域でも，詳しく説明される条文はあるが，これほど極端ではない。おまけに，709 条の条文を見てほしい。そこに出てくる言葉は，ほとんど日常用語で使われるものであり，根抵当のように，意味どころか，読み方すらもわからないような言葉は出てこない。その意味で，「不法行為法の勉強は，ほかに比べて，はるかに楽だ！」といえる。こんなに楽に理解することができて，使い道は多いのだから（709 条に関する事案は，民事事件で圧倒的に多い），こんなに美味しい勉強はないということになる。
>
> ② 難しい不法行為法
>
> さて，不法行為法の勉強が楽だし，難しくないというのは，上に述べたとおりで，まずそのように思ってもらうことが何より大事なのだが，いざ勉強をし始めると，他の領域とやや違う難しさのようなものを感じるかもしれない。それは，不法行為法の勉強が簡単だという理由，つまり条文が簡単だということの裏の側面である。つまり，こんなに用いる場面が多いのに，条文があまりに簡単であるために，それらの条文をめぐって，かなり基本的な対立があり，多くの場合には，言葉や概念についてすら完全には共通していないからである。特に，過失について A 説と B 説が対立している，権利侵害については C 説と D 説が対立しているというようなものだとまだいいのだが，甲説は過失の問題だといい，乙説は権利侵害の問題だという，あるいは，丙説は因果関係の問題

だという。そのように，そもそもどの要件についての問題なのかというレベルにおいても，議論が対立するような状況が見られるのである。これは，最初に学び始めたときにかなりとまどうところではないかと思うし，あまりにも多くの見解を理解し，覚えなければならないということに自信を失うかもしれない。

　しかし，あまり心配しないでいい。その理由は，いくつかある。まず，学説を全部覚える必要などない……と，思う。不法行為法の学説のバリエーションは，現在では，あまりに多くなってしまい，おそらく，専門家でも，「それを網羅的に理解，記憶している人などいない！」というのが，おそらくやはり専門家の１人ではないかという（気がしている）私の率直な感想である。また，理論の違いにとまどうとしても，それらに対しては，ひとつの対応の仕方がある。基本的には，どの理論を用いても，実際の結論がさほど異なるわけではない。もちろん，少し勉強した人なら，「そんなことはない」と多くの例を挙げるかもしれないが，そうした例の大半は，いわば不法行為法理論の最前線におけるものであり，それ以外の大半の事案において理論構成による説明の差はあっても，実際の結論が大きく異なるということはむしろまれである。だから，極端な言い方をすれば（研究者としての生きざま，態度を疑われそうだが），どの理論をとってもまずはいいのではないかと思う。その基本的な枠組みをふまえたうえで，他の理論との関係をみていくということが，全体の見通しを確保するのである。不法行為法は，上記のとおり，そもそも問題をどのように構成するのかという最も基本的な部分での対立がある。そのために，多くの学説を並行して学んでいこうとすると，全体として混乱し，論理的に一貫した説明ができないといった懸念がある。その意味で，まず，ひとつの理論的な枠組み，基本的な概念を学んで，修得することが，不法行為法を理解するための最も近道であると考えている。

　その意味で，（こうした書き方は，多くの場合に私自身はあまり好きではないのだが）「本書の立場」ということで，筆者自身の考えを示している。まず，それをきちんと理解してほしい。そのうえで，違う考え方があるのではないか，そうした違う考え方をとった場合，その部分だけでなく，他の部分でどのように考え方が変化してくるのかといったことを考えていってほしい。

　以上，（やっぱり）今日の精神訓話でした。あぁ，眠い……。

4　不法行為法とは何か？

第2章　複数の救済方法の相互の関係

1つの事故による複数の損害賠償？　　いままで説明してきたように，事故があった場合，特定の者に対する損害賠償請求が認められるかどうかを決めるのが不法行為法だと言うことができる。もっとも，その特定の損害賠償責任を基礎づける理由は，ひとつであるとは限らない。

　ここでは，そうした場合について，簡単な説明をしておくことにしよう。

> **設例 I -2**　　X は，古い温泉街にある Y が経営する旅館に宿泊した。川べりに位置する風情のある木造建物の旅館の 2 階のベランダは心地よく，X はそのベランダにテーブルを持ち出して，ノートパソコンで，以前に書いた本の改訂作業を行っていた。しかし，風情のありすぎたベランダは，十分な強度を欠いており，急に傾いて，X は，ノートパソコンともども落下した。ベランダから転落した X は負傷して 180 万円の損害が生じるとともに，ノートパソコンも壊れて 20 万円の損害が発生した。

　この **設例 I -2** において，X が Y に対して，損害賠償を求めるという場合，どのような理由が考えられるであろうか。まだ説明をしていないことを含むが，少なくとも，次の 3 つは考えられそうである。なお，① ② ③のそれぞれの説明は，ここで扱う内容を説明するためのごくおおざっぱなものである。あまり神経質にはならず，そんなものかと思う程度に理解してくれれば足りる。

　①　民法 415 条に基づく損害賠償（債務不履行責任）　　X と Y は，宿泊を目的とする契約を締結しており，Y は X に安全な宿泊環境を提供しなくてはならない。ベランダが安全な状態になかったということは，そうした環境を提供すべき Y の債務の不履行を意味し，Y は債務不履行を理由として，415 条に基づく損害賠償責任を負担する。

　②　民法 709 条に基づく損害賠償（過失不法行為責任）　　Y が注意をしていればベランダが危険であるということに気がつき，修繕することができた，あ

るいはベランダを利用できないようにするといった対応ができたと考えられる場合，Yに過失が認められる。そうしたYの過失によって，第三者であるXに損害が発生した以上，それについてYは，709条に基づく損害賠償責任を負わなくてはならない。

③　民法717条に基づく損害賠償（工作物責任）　Yが，そのベランダを含む建物の占有者，所有者であった場合，建物（工作物）の設置または管理の瑕疵によって，第三者たるXに生じた損害を，717条に基づいて賠償しなくてはならない→*【工作物責任】240頁*。

さて，このように3つも（！）理由が考えられるとしても，それは，その分，Yの責任の範囲が重くなることを意味するわけではない。Xに認められる損害賠償額が，200万円×3で，600万円になるわけではないということは当然である。Xには，200万円の損害しか発生していないのであり，理由が複数だからと言って，実際に生じた損害を超えて賠償するいわれがないのは自明である。Xが，どれかの請求によって200万円の賠償を実際に得られたのであれば，もはや他の理由によって請求することはできない。

法律構成の優先関係──請求権競合説と法条競合説　ところで，このように複数の法律構成が考えられる場合，つまり，ひとつのできごとが複数の法律構成のそれぞれの要件を満たす場合，そもそも，それらの複数の法律構成による効果が認められるのかが問題となる。上記の場合，415条，709条，717条の損害賠償請求権というのは，いずれも成立するのだろうか。それとも，この中のひとつしか成立しないのだろうか。

判例を含む現在の一般的な考え方は，このいずれもが成立すると考える（大判大正6年10月20日民録23輯1821頁）。これを「請求権競合説」と呼ぶ。比較法的には，これと異なる立場もある。たとえば，フランス法によれば，**設例Ⅰ-2**においては，①の債務不履行責任による損害賠償請求権のみが成立する。これは，不法行為法が一般法であるのに対して，契約法（債務不履行法）は契約当事者間でのみ適用される特別法であるという理解を前提としている。つまり，ひとつのできごとが，一般法と特別法の両方の要件を満たすとしても，特別法が一般法に優先して適用されるのだから，特別法による請求権のみが認め

られることになる。こうした考え方を「法条競合説」と呼ぶ。わが国においても，一時期，有力に主張されたことがあるが，今日では，法条競合説を正面から採用する見解はない。

さて，請求権競合説を前提とすると，以上のとおり，①②③のいずれもが認められるということになるが，この相互の関係はどうなるのだろうか。それぞれを使う順番は決まっているのだろうか。これについては，決まっていないというのが，一般的な考え方である。したがって，Xは，①②③の中から自分の好きなものを選んで請求すればいいし（3つの理由があるからといって，全部を理由として用いる必要はない），複数の理由を挙げる場合にも，その順番は好きに並べればいい。つまり，①②③という順番で検討してもらうように求めてもいいし，③②①という順番でも，②③①という順番でもいいのである。

複数の法律構成の相互の関係　請求権競合説は，①②③について優先関係を認めないと同時に，相互の影響も否定する。つまり，①は①として独自に要件も効果も判断され，②は②で，③は③で判断されるのである。

①②③は，それぞれ示したとおり，415条，709条，717条という条文に示された要件によって責任の成否が判断されることになる。

①②③の違いは，それだけではない。一般的には，①の損害賠償請求権は債権者が権利を行使することができることを知った時から5年間，権利を行使することができる時から10年の消滅時効にかかるのに対して（166条1項），②③の損害賠償請求権は加害者・損害を知った時から3年間または不法行為の時から20年間の消滅時効にかかる（724条）。したがって，債務不履行と不法行為では，消滅時効の期間が異なっている。もっとも，人の生命又は身体の侵害による損害賠償請求権については，特則が用意されている。すなわち，短期の消滅時効は5年間（724条の2），長期の消滅時効は20年となるので（167条），Xの負傷については，消滅時効の違いは実質的にはないことになる。他方，ノートパソコンの破損については，こうした特則がないので，上記の消滅時効の相違はそのまま反映される（損害賠償を請求したのが，事故から4年後であったという場合，5年間の短期消滅時効が完成していない①の債務不履行を理由とする損害賠償請求はなし得るのに対して，②や③の損害賠償請求権についてはすでに3年間の短期消滅時効が完成している可能性がある。詳しくは，第Ⅴ部を参照）。また，遺族

固有の慰謝料に関する711条のような規定は，債務不履行責任については用意されていない（判例は，安全配慮義務違反の場合には遺族固有の慰謝料は認められないとする→*【安全配慮義務違反による損害賠償責任と不法行為責任】306頁*。もっとも，一般的に債務不履行責任において遺族固有の慰謝料請求権が認められないのかという点については議論がある。詳しくは債権総論の教科書を参照してほしい）。このように異なる要件，効果を，それぞれの法律構成ごとに判断していくということが，請求権競合説のもうひとつの側面である。

　なお，請求権競合説を前提としつつも，こうした個別の相違を実体法上の解釈論のレベルで解消していこうという試みもある。しかし，どのように統一，調整していくのかということについて単純で利用可能な手がかりがあるわけではなく，一般に受け入れられるには至っていない。

債務不履行と不法行為が典型的に問題となる場面　　このような請求権競合が典型的に問題となるのは，契約関係を認めることができる場合（あるいはそれに準ずるような場合）において，事故があったときである。

　たとえば，運送や宿泊に関する契約があり，運送品や旅客，宿泊客に被害が生じるような事故があった場合，債務不履行責任と同時に，不法行為責任が問題となることは少なくない。学校事故などにおいても，同様の状況が認められる。また，医療事故においては，ほとんどの場面で債務不履行責任と不法行為責任の両方が問題となる→*【契約責任と不法行為責任】290頁*。さらに，安全配慮義務違反が問題となる事案→*【安全配慮義務】305頁*においても，この両方が問題となる。

　これらの各事案において，不法行為責任と債務不履行責任がどのような関係に立つのかについては，そのつど，説明していくことにしよう。ここでは，1つのできごと（事故）が損害賠償を基礎づける複数の法律要件に該当する場合，それらの複数の法律構成相互には優先関係がなく，原則として，相互に影響を与えないという原則を確認しておくにとどめることにする。

第Ⅱ部　不法行為の成立要件

第1章　自己の行為に基づく責任（不法行為責任の基本型）
―――民法709条―――

第1節　基本的な考え方と責任の枠組み

自己の行為に基づく責任を論じるための要件　　自分の行為が，他人に不利益をもたらすということはさまざまな場面で考えられ得る。たとえば，すでに他の人が書店を経営している横に大型の書店を開設すれば，その行為は以前からあった書店に営業上の打撃を与えるであろうし，あるいは，合格者の人数が決まっている試験において合格することは，他の人の不合格をもたらすことになる。

　しかし，これらがすべて損害賠償責任をもたらすものではないことは当然だろう。自己の行為によって他人に不利益が生じた場合に責任が生じるのは，一定の要件を充足した場合だけである。この一定の要件を定める709条は，「《故意又は過失》に《よって》《他人の権利又は法律上保護される利益を侵害》した者は，これに《よって》生じた《損害》を賠償する責任を負う」と規定している。伝統的な見解は，この《　》でくくられた文言にあわせる形で不法行為責任の要件を考えてきている。すなわち，①故意または過失，②権利侵害，③損害の発生，④因果関係という要件が充足されているかによって不法行為責任が成立するかを検討するのである。

　もっとも，その後の判例や学説の展開は，こうした要件を，その字義通りに

は扱うことができないほどに，かなり複雑な状況をもたらしている。以下では，こうした要件について少し丁寧に見ていくことにしよう。

行為という要件（行為適格）の必要性　ところで，上記のような709条の文言に即した要件のほか，「行為」ということについては，どのように考えたらよいのだろうか。つまり，自己の「行為」と言ったが，「行為」であるということ自体は，不法行為責任の要件なのであろうか。これは，そもそも「行為とは何なのか？」ということとも関連して，かなり難しい問題である。そこで，ここでは，ごくかいつまんで従来の議論の概況を確認したうえで，本書の方針を示しておく。

まず，行為が何であるのかということについては，従来から，特に刑法では詳細に議論されてきた。そこでは，基本的に，①身体の物理的動静と把握する見解（因果的行為論）と②目的的に支配された身体の動静という見解が対立している。後者は，目的的行為論と呼ばれる考え方で，身体の動静をただちに行為と見るのではなく，そうした身体の動静が意思的に一定の目的に向けてコントロールされているものであることを要求する。民法学においては，刑法学におけるほど意識的な議論はなされていないが，行為については，やはり両方の見方が存在している。

もっとも，行為が何であるのかという問題は，行為が不法行為責任の要件であるならば，非常に重要な問題であるが，そもそも行為であるということが不法行為責任を認めるうえでの要件であるのかということ自体が，あまりはっきりしていない。というのも，709条は，文言としては，「故意又は過失」とするだけで，前提として行為であるかどうかについて明確に言及しているわけではないからである。

もちろん，自然人の場合には，何らかの身体の動静といったものを考えることは容易である。無意識でなされた行為（寝ている最中の身体の動き）といった例外的な場面を除くと，行為の有無が問題として顕在化することはない。

行為が不法行為の要件として本当に必要なのかということが問題として意識されるのは，法人のような身体を持たない組織についてである。つまり，行為適格という要件を認めるか否かという問題は，法人の不法行為という場面で，顕在化することになる。

これについては，過失をそもそもどのように理解するのかという点とも関連して議論する必要性があるので，過失の意味を扱ったうえで，それとの関連で，特に法人の不法行為責任に焦点を当てる形で論ずることにしよう→【*法人の過失*】74頁。ここでは，行為であるということを不法行為責任の要件とする見解もあるものの，条文上は自明の要件ではないということ，したがって，過失の意義等との関連で論ずべき事柄であり，当然に不法行為の独立の要件とされているわけではないということのみを確認しておくことにしよう。その意味では，行為とは何を意味するのかという冒頭の議論も，不法行為法の議論においては独立して検討をする必要はなく，過失等の判断の中で検討をしていけば足りるというのが本書の立場である。

第2節　故意と過失

1　故意の意義

不法行為法における故意と過失　　不法行為法の分野において，過失という言葉は，2つの意味で使われている。そこで，故意と過失の説明に入る前に，その点について簡単に確認をしておこう。

　第1に，709条の文言の中での文字どおりの過失の意味で使われる場合である（故意又は「過失」における過失）。ここでは故意とは区別された過失の意味で用いられる。この過失が何を意味するかについては，後に詳しく検討する。

　第2に「故意又は過失」を全体として，過失という言葉で呼ぶ場合がある（「故意又は過失」としての「過失」）。たとえば，すでに説明した「過失責任主義」という言葉における過失は，第1の狭い意味の過失だけではなく，故意を含めた意味で用いられている。もっとも，故意と過失が同じ意味での帰責原理であるかについては，現在の議論は流動的である→【*故意責任における帰責原理*】43頁。

　故意も過失も意思的な要素，主観的な心理状態として帰責原因となるのだという理解に立てば，過失責任主義において故意と過失とを一元的に表現することには積極的な意味がある。他方，故意責任と過失責任を異なる性質の責任であると理解する場合には，こうした一元的な表現をする意義は乏しい。そのため，後者のように理解する場合，709条の条文は，故意または過失を要件とし

ているので，それを一括して呼ぶという程度の意味に限定される。

不法行為法における故意の意義　従来，不法行為法においては，刑法の場合とは異なり，故意の議論はあまり重視されてこなかった。これには，それなりの理由がある。

第1に，故意と過失によって法律効果に違いがないという点である。これは刑法において，加害者が故意を有していたか否かがきわめて重要な意味を有するのとは，状況が異なる。

たとえば，同じように加害者の行為によって人が死亡したとしても，加害者に故意があれば殺人罪（刑法199条。死刑又は無期若しくは5年以上の懲役）になり，他方，単に過失しかなければ，過失致死罪（刑法210条。50万円以下の罰金）を構成するにすぎないというように，科される刑罰において重大な差異が生じる。また，物を壊したという場合，故意があれば器物損壊罪（刑法261条。3年以下の懲役又は30万円以下の罰金若しくは科料）を構成するが，単に過失しかなければ刑事責任は追及されない。このように，刑法上，故意があるか否かは，適用される構成要件の違いという決定的な相違をもたらすことになるので，故意をどのように定義するかということは重要な問題となる。

他方，民法においては，709条は，「故意又は過失によって」としており，そこから生じる法律効果は，「これによって生じた損害を賠償する」というだけである。したがって，故意と過失で責任の内容に違いはない（本当に効果に違いがないのかについては，後述する）。そして，故意と過失の両者を比較すれば，故意の立証より過失の立証の方が一般的に容易である。そのために，立証の容易な要件である過失によっても同じ効果が認められるのであれば，わざわざより困難な要件である故意を理由として責任を追及する必要はないし，故意と過失の境界を論じる意味も乏しいということになる。

第2に，故意不法行為は，例外的で，件数も少なく，民事的救済も実際には意味が乏しいという認識もあったと思われる。たとえば，民事上も，殺人が重大な不法行為を形成することは間違いない。しかし，これは，過失行為による被害者の死亡に比べればはるかに件数が少ない。しかも，殺人犯や強盗犯に賠償を求めても，その責任追及が実際に意味を有する場合は多くはないだろう。そのために，不法行為法において，過失とは別に，ことさら故意を取り上げる

38　第Ⅱ部　不法行為の成立要件／第1章　自己の行為に基づく責任

必要性は乏しいと考えられてきたのである（なお，犯罪被害者等給付金の支給等による犯罪被害者等の支援に関する法律による給付制度は，まさしく故意による犯罪を対象として，被害者を救済するしくみである）。

故意不法行為と過失不法行為の違い　　たしかに，不法行為法において故意不法行為が占める位置は大きくない。しかしながら，この点については，以下のような点を確認しておく必要がある。

まず，上記の第1の説明であるが，故意であっても，過失であっても，法律効果は異ならないということを前提としている。なるほど，709条の条文自体は，形式的に両者を区別していない。しかし，この前提が当てはまらないという状況があり得る。これには，2つのタイプがある。

まず，(1)判例によって，故意の場合にのみ責任を認めるという責任類型が存在している。たとえば，その妥当性についての議論はあるが，一定の債権侵害については故意による侵害の場合についてのみ責任を認めるという考え方が有力である。ここでは，故意か過失かは重要な意義を有する。

さらに，(2)同じように損害賠償といっても，故意不法行為の場合と過失不法行為の場合とでは，賠償範囲が異なるのではないかという議論がある。つまり，故意の場合には，加害者は原則として因果関係が及ぶすべての損害について責任を負担するのに対して，過失の場合については，より限定的な基準で賠償範囲を決定するという考え方が有力に主張されている。この見解によるならば，損害賠償という抽象的な効果は同じでも，その中身は異なるということになる。

次に，第2の説明についてである。なるほど，故意で人を殺すよりは，過失で死亡させてしまう方がずっと多そうであるし，殺人を犯すような者に損害賠償を求めても，実際に賠償金が支払われる可能性は低そうだというのも，何となくわかる。しかし，こうした認識は，人の死亡や負傷，所有物の毀損といった事実行為による不法行為を想定した場合に当てはまるものにすぎない。実際の不法行為の中には，むしろ，故意による侵害を主体としており，また，加害者に支払能力がないわけではないものもある。たとえば，財産がAからBに移動するというようなタイプの不法行為においては，多くの場合，Bの財産騙取の意図が存在し，騙取された財産がBの手元に残っているのであれば，それを取り戻すということには実際的な意義がある。この場合に，追及しても意

第2節　故意と過失／**1**　故意の意義　　39

味がないだろうと片づけることは，騙取者が儲け得になることを承認してしまうことにほかならない。従来は，社会的に見るとトータルで損失のみが存在するというケースが，もっぱら不法行為法の世界で念頭に置かれてきたが，すでに見たように，故意または過失による他人の権利の侵害が，必ずしもそうしたトータルでマイナスという状況に必然的につながるものではないことには，注意が必要である→*【フリーライド型の不法行為と損害賠償法】21頁*。

なお，財産の移動については，不当利得法による解決も考えられるが，それは不法行為法による解決の対象とならないということを当然には意味するものではない→*【複数の救済方法の相互の関係】30頁*。

故意の定義　上記の説明の中では，故意や過失の意義を特に定義してきていない。過失の意義は，後述するとおり，それ自体として非常に激しい議論の対象となったが，故意についてはどうなのだろうか。不法行為法の教科書を見ても，故意については定義をしていないものも少なくない。その背景には，すでに言及したとおり，故意不法行為というのは，不法行為法の中でそれほど大きな意義を有するわけではなく，かりに，故意ではなく，過失にすぎないとしても基本的に損害賠償という法律効果は同じだということがある。ここでは，刑法の議論を参照し，故意とは，「他人の利益を害する結果の発生を認識し，かつ，認容すること」として，ひとまず理解しておくことにしよう（最判昭和32年3月5日民集11巻3号395頁は，他人の権利を害することの認識があれば足り，特定の者の権利を侵害することまでの認識は不要だとする）。

コラム　*未必の故意と違法性の認識*

刑法を勉強していると，比較的早い段階で学ぶポイントのひとつに「未必の故意」と「認識ある過失」がある。未必の故意というのは，「結果発生の可能性を認識しながらこれを認容した場合」（認容説）または「最終的に結果が発生すると考えながら行為に出た場合」（動機説）であり，他方，認識ある過失とは，過失のうち，「認識した結果発生を認容しなかった場合」（認容説）または「行為者が結果発生の可能性を認識しても，最終的に結果が発生しないと考えて行為に出た場合」（動機説）である（有斐閣法律学小辞典）。これだけでは，ピンとこないかもしれないが，歩行者がたくさんいる道路に車を乗り入れて，誰かにぶつかることがあり得るかもしれないと認識しつつ（結果発生があり得ると認識しつつ），それでも構わないということであれば未必の故意となるし，

自分の運転技術をもってすればそのようなことは生じないと考えていれば認識ある過失となる。刑法の場合，故意と過失とでは，まったく法律効果が異なるのが通常である。すでに触れたように，人が死亡した場合でも，それが故意によるものであれば殺人であり，過失によるものであれば過失致死や業務上過失致死等にしかならない。したがって，刑法の分野においては，未必の故意か認識ある過失かは，重要な違いをもたらす。

　他方，709 条は，「故意又は過失」が要件となるとしており，両者の区別を明示的に予定しているわけではないから，両者の区別は，少なくとも賠償責任の成否においては影響を与えないし，また，賠償範囲についても明文の違いがあるわけではない（と一般的に考えられている）。そのために，この両者の区別は，不法行為法の世界では，それほど神経質に議論されることはなかった。

　ただ，民事法の世界でも両者の区別が問題となる場面が存在しないわけではない。責任保険の免責条項については，故意の自招行為については，保険はカバーしないと定められるのが普通である。したがって，当該行為が故意の自招行為であるか否かは，責任保険の支払いにおいては重要な意味を有する。そうした場面において，免責条項のいう「故意」に未必の故意が含まれるか否かといったことが問題となる余地はある（最判平成 4 年 12 月 18 日判時 1446 号 147 頁）。もっとも，これは，厳密にいえば，709 条の解釈の問題ではなく，あくまで当該免責条項の解釈問題だということになろう。

故意不法行為と客観的な行為態様の評価　　少し先の方の議論を先取りすることになるが，過失不法行為においては，主観的要件としての過失と客観的行為態様としての違法性を区別しないという見解が，現在では有力である。本書でも，基本的にそうした立場から説明をしている。したがって，過失があるとされれば，原則として，それ以外に違法性を議論する必要はないということになる。

　それでは故意の場合にはどうなるのであろうか。

　故意においては，過失・違法性の一元論に立つ見解においても，上記のように，主観的な性格を有するものとして，故意の説明をするのが通常である。この場合に，客観的な行為態様に関する要件が不要となるのかが問題となる。次のようなケースを材料にして考えてみよう。

設例Ⅱ-1　　右翼団体 A は，書店を営む B が新聞に投稿した内容が不謹慎であると主張し，街宣車で B の書店前で軍歌を流し続け，書店の売

> 上げは著しく減少した。
>
> **設例Ⅱ-2** 大型書店チェーンを営むＣは，新興住宅地に出店を計画した。予定地の近くには，Ｄが以前より零細な書店を営んでいたが，Ｃは，Ｄが競争相手としては弱小であり脅威はないことを確認したうえ，出店した。Ｄの売上げは著しく減少した。

　この場合，いずれのケースにおいても，営業上の不利益が生じることについての故意（ＢやＤの書店において営業上の不利益が生じるという結果についての認識と認容）を認めることは，それほど困難ではない。

　もし，故意不法行為においては，主観的な認識や認容だけが基準となるのであり，客観的な行為態様は問題とされないのであれば，いずれの場合においても，責任が成立するということになる。これは，やや奇異な印象を与える結論である。この奇妙な結論を避けるための説明の仕方は，2通りあるように思われる。

　ひとつは，伝統的な主観的要件と客観的要件の区別は，過失の場合と異なり，故意不法行為では維持されるという説明である（客観的要件としての違法性については，あらためて説明する→**【権利侵害と違法性】** *85頁*）。これによれば，**設例Ⅱ-1** では，主観的要件としての故意と客観的要件としての違法性が両方とも認められるのに対して（刑法234条の威力業務妨害罪の構成要件に該当するような行為である），**設例Ⅱ-2** では，営業上の損害という結果の認識，認容があり，主観的要件としての故意は認められるとしても，そこでの客観的な行為態様は社会的に認容されたものであり（自由競争の原理に立つ社会において，正当な自由競争の結果，競争相手に不利益が生じることは認められている），違法性を欠くといった説明がなされることになろう。

　もうひとつは，故意不法行為においても，有責性と違法性を区別しないという観点から，たとえば，「故意不法行為」という一元的な要件を設定し，その中で，上記と同様の客観的な行為態様の評価を取り込むという立場である。もっとも，一元的に説明するといっても，結局，その一元的な要件の中に，結果の認識，認容といった主観的な部分と，客観的な行為態様の評価という部分があることには変わりがない。過失不法行為においては，いわば主観的側面を切り捨てることで，客観的要件への統合が可能となったのだが，故意不法行為においては，依然として主観的要件と客観的要件の区別は実質的に維持されると

もいえる。

故意責任における帰責原理　過失責任主義という表題の下で，すでにある程度は言及しているが，最後に，なぜ故意があると責任を負担するのかという点について説明をしておこう。

故意責任をなぜ負担するのかについては，伝統的な通説は，意思に基づく責任として説明をしてきている。また，過失責任を客観的な責任ととらえるあらたな見解においても，故意責任については，意思責任として説明しており，基本的な立場は異ならない。

もっとも，この意思に基づく責任という説明がこれで十分かについては，疑問も残る。

まず，故意不法行為者の意思の内容である。なるほど，故意不法行為者には，結果に対する認識や認容があり，結果発生に向けた意思がある。しかし，そこでの意思は，権利侵害や損害に向けられた意思であって，責任を負担するということに向けた意思ではない。むしろ，多くの故意不法行為者においては，結果を発生させる強い意欲があるとしても，その結果についての責任はいささかも負いたくないという方が通常であろう。そうだとすれば，結果について責任を負担するということ自体は，意思そのものではなく，そうした権利侵害や損害に向けた意思がある場合には，本人の意思と関わりなく結果を負担させるという法秩序の命令にすぎないということになる。

次に，権利侵害や損害に対する認識や認容があっても，それが正当な行為としてなされる場合には，不法行為責任が生じるわけではない。先ほど見たように，責任の成否を決定するものとして，客観的な行為態様の相当性がある。そうだとすれば，結局，当該責任を正当化するのは，客観的な行為態様に対する否定的な評価と，それを前提としたうえでの結果に向けた認識と認容ということであって，単に，意思に基づく責任とするだけでは十分ではないということになろう。

第2節　故意と過失／**1**　故意の意義　　43

2　過失の意義

> **設例Ⅱ-3**　Ｙは，運転中に携帯電話でメールを読んでいて，前方不注意により，前を走るＸの車に追突した。

過失の意義をめぐる議論──心理状態か客観的な行為態様か？　不法行為責任の要件たる過失がいったい何を意味するのかは，戦後の不法行為法学の最も重大なトピックであった。ここでは，その議論をごくかいつまんで見ておくことにしよう。細かいバリエーションはあるが，基本的な立場はおおむね，2つに整理することができる。

心理的な不注意としての過失概念──伝統的見解　過失についての伝統的な見解は，過失とは，予見義務違反であるとする（予見義務違反説，主観説）。こうした予見義務に焦点を当てた過失の定義には，2つの側面がある。

① 　加害者の主観的態様としての過失

まず，それが客観的な行為態様ではなく，予見という加害者のいわば主観的な要素に焦点を当てたものであるという側面である。後述の大学湯事件→【*大学湯事件*】*87頁*を経て，戦前から戦後にかけての通説としての地位を確立した見解は，不法行為責任の要件として，客観的な違法性と主観的な有責性を挙げる。

条文上は，この違法性に対応するのが，「他人の権利又は法律上保護される利益を侵害」するという要件であり→【*権利侵害要件の違法性への読替え*】*90頁*，有責性に対応するのが，「故意又は過失」であるとする。つまり，このような全体構造を前提とする以上，過失というのは，加害者の主観的な状態に焦点を当てたものでなくてはならないのである。

② 　故意と連続する主観的要件としての過失

さらに，こうした過失の定義によって，故意と過失は連続するものとして理解されることになる。すでに述べたように，故意は，結果に対する認識と認容である。一方，過失は，まさしくそうした認識や認容はなくても，結果を予見すべきであったのに予見しなかったという心理状態であるとされる。ここでは，

44　　第Ⅱ部　不法行為の成立要件／第1章　自己の行為に基づく責任

故意と過失は，いずれも結果に対する主観的な態様として，連続して把握されることになる。

　この見解によれば，設例Ⅱ-3における過失とは，携帯電話でメールを読んでいたがために，追突に至るという結果を予見しなければならなかったのに予見しなかったこと，つまり，そうした心理状態（緊張の欠如）であるということになる。

　伝統的見解に対する批判　　しかし，こうした伝統的な過失概念は，その後，きわめて厳しい批判にさらされることになる。これらの批判は，過失概念を心理状態として把握することに向けられると同時に，「客観的要件としての違法性」と「主観的要件としての過失」とを峻別することにも向けられていた。そうした批判のいくつかを取り上げてみよう。

　①　客観的要件と主観的要件の峻別についての問題
　まず，客観的要件と主観的要件の峻別ができるのかという体系的な問題がある。後述するように，伝統的な見解は，客観的要件としての違法性と主観的要件としての過失を峻別する。その峻別を前提としたうえで，伝統的見解を代表する相関関係理論→**【違法性の内容】91頁**は，違法性の判断に際して，刑罰法規に違反するかどうか等の基準を挙げる。
　しかし，刑罰法規に違反するかどうかは，たとえば故意の有無によっても決まるのであり，違法性の判断に主観的な要素が入り込むということを否定できない。そのほかにも，相関関係理論では，権利濫用が違法性の判断基準として挙げられるが，権利濫用においても，他人の利益を害することのみを目的とした権利の行使が禁止されるという類型があり（シカーネの禁止）→**【権利濫用の禁止】62頁**，そこでは行為者の意図を抜きにして，客観的に違法性を語ることはできないのである。

　②　標準人を基準とした過失判断（過失の客観的な判断基準）
　次に，伝統的見解は，過失を主観的な心理状態であるとしながら，過失の有無の判断に際しては，標準人（合理人 reasonable man）が基準となるとする（後

述の抽象的過失）点に問題をかかえる。意思や心理状態といったものであるとしながら、そうしたものが、当該具体的な加害者ではなく、標準人といった抽象的基準で判断するということ自体、一貫しないとして、批判されるのである。そうやって判断される過失は、もはや主観的なものではないし、意思に連続するようなものでもないということになろう。

③　判例における過失判断

　さらに、実際の裁判例においても、過失の有無に際して焦点が当てられているのは、加害者の行為態様であって、内心の状態ではないということが指摘されてきている。つまり、過失を心理状態であると理解する見解は、客観的な違法性と主観的な過失を峻別するという体系を出発点として、その中に過失を位置づけたものであり、実際の紛争解決のあり方にも合致していないといえる（過失を客観的な結果回避義務違反として理解する嚆矢となる判例とされているのが、大判大正5年12月22日民録22輯2474頁「大阪アルカリ事件」→ <u>百選Ⅱ（8版）[83]・窪田充見, 環境百選（2版）[1]・潮見佳男</u>である。もっとも、同判決の当時は、上記で説明したような過失概念をめぐる議論の対立が存在していたわけではなく、過失と峻別される違法性概念すら成立していなかった。その点では、現在から見れば、同判決は行為義務違反説をとったものだと理解されるのである。特に、古い判決については、当時の理論状況のほか、その社会的背景も含めて理解することが必要であろう。大阪アルカリ事件については、大村『不法行為判例に学ぶ』7頁以下を是非参照してほしい）。

　客観的な行為態様としての過失──現在の一般的な考え方　　上記のような批判をふまえたうえで、現在では、むしろ多数説といえるのが、過失を客観的な行為態様として理解しようとする見解である（行為義務違反説、結果回避義務違反説、客観説）。この見解は、結果発生を回避するための行為義務を考え、それに違反したということを過失とする。

　これによれば、 設例Ⅱ-3 においては、前方不注意によって前を走る車に追突したという行為態様が過失だということになり、そこに至る経過や心理状態そのものは、客観的な義務違反たる過失に至る背景事情にすぎないと位置づけられることになる。

過失概念をめぐる見解の対立と具体的な相違点　　法律学においては，しばしば，法律構成からもたらされる結論の違いに焦点を当てて，その法律構成の当否を論ずる場合がある。もっとも，その結論の当否を論ずることは，複数の価値判断が存在する以上，それを十分にふまえた形でなされなくてはならない。したがって，「A説の方が，被害者が救済されやすいからB説よりすぐれている」というのは，満足のいく説明ではない（立場を変えれば，A説によれば被告に不当な責任が課されるという評価もあり得る）。しかし，そのことを十分にふまえたうえで，法律構成によってもたらされる結論の相違を意識することは意味があるだろう。A説によるのであれ，B説によるのであれ，結論がまったく変わらないのであれば，A説とB説の対立というのは，議論のための議論ということになり，実践的な意義に乏しい。

　さて，過失概念をめぐっては，以上，述べてきたように，かなり異なる考え方が対立している。この2つの考え方は，その他の法律要件の位置づけの違いなどももたらすものであるが，さて，結論，つまり責任の成否はどのように異なってくるのであろうか。それとも異ならないのであろうか。

　①　法人の過失が認められるかという問題

　まず，両者の立場の違いが関係すると考えられるのが，法人の過失についての態度である。主観的な過失概念を維持する場合には，法人について自然人と同様の心理状態を観念することはできないので，「法人の過失」は認められないか，あるいは認めるとしても，それは「自然人の過失」とは異なるものであると考えざるを得ない。他方，過失を客観的な行為義務違反と理解する場合には，法人についても過失を肯定するうえで論理的な障害はない→*【法人の過失】74頁*。ただし，客観的な行為義務違反説をとる立場でも，行為適格要件を置く立場では法人の固有の不法行為を否定する→*【行為という要件の必要性】36頁*。また，過失について伝統的な見解をとる立場でも，法人については特別に過失を考えて，709条責任を肯定するものもある。

　②　いずれが被害者に有利なのかという問題

　次に，一時期，主観的な過失論の方が被害者に有利であると主張されたことがある。しかし，この点は疑わしい。

第2節　故意と過失／**2**　過失の意義　　47

まず，有利だと主張された背景であるが，大気汚染による被害が問題となった前掲の大阪アルカリ事件（大判大正5年12月22日民録22輯2474頁）で，大審院が，「化学工業に従事する会社（が）……損害を予防するがため右事業の性質に従い相当なる設備を施した」以上は責任を負わないとして，被告の責任を肯定した原審判決を破棄したことに由来する。

大阪アルカリ事件は，すでに言及したように，過失を結果回避義務違反として理解するリーディングケースとして位置づけられているが，その評価をめぐる議論の中では，結果回避義務違反説の方が被害者に不利であるといった主張もあった。すなわち，大阪アルカリ事件では，このような結果回避義務違反を問題としたために過失が否定されたが，過失を予見義務違反であるとするのであれば，予見可能性が認められる以上，過失を肯定することができたはずで，予見義務違反説の方が被害者に有利であるという説明である。もっとも，この場合でも，（大阪アルカリ事件当時は，過失と峻別される違法性概念は成立していなかったが）結果回避義務違反に相当する内容を違法性で問題とするのであれば，結局，結論は同じになるはずである。こうした見解の背後には，健康等の絶対権の侵害はそれだけで違法であり，且つ，予見可能性が認められれば過失も肯定され，当然に責任が成立するという見方があったものと思われる。しかしながら，絶対権の侵害となる結果が予見できるのであれば，行為の妥当性をまったく問わずに不法行為責任が成立するという前提は，それ自体の妥当性が疑問である→*【行為違法と結果違法】93頁*。

大阪アルカリ事件の問題は，予見義務違反か結果回避義務違反かというレベルにあったのではなく，結果回避義務の認定の仕方（できることをすればそれだけで足りると考えるのか，企業活動の停止も含めて結果回避義務を考えるのか）にあったと思われる。結果回避義務違反を過失とする場合でも，予見可能性は結果回避義務の設定の中で考慮されるのであり，他方，過失と違法性を峻別したとしても，その違法性の中で結果回避義務を問題とするのであれば，両者の考え方の相違は，構造的に結論の違いをもたらすわけではないと理解すべきである。

このように見てくると，一方が他方に比べて，被害者に有利だとか不利だとかとは単純にはいえないということになる。その意味では，こうしたレベルでの差異を両者に求めることは，あまり意味のあることではない。むしろ，この

2つの見解をめぐっては，いずれがより整合的に結論に至る過程を説明することができるのかという点にポイントがあると理解すべきである。

過失責任における帰責原理　故意責任においても触れたが，過失責任を負担するということを正当化するものはいったい何なのだろうか。実は，この種の議論が正面から取り上げられるようになったのは，故意と過失を区別する立場が有力になってからである（というより，これと並行してという方が適切かもしれない）。

かつての通説においては，帰責原理のレベルでは，過失責任主義（ここでの過失は，故意も過失も含む）は，意思自治のバリエーションのひとつであるとされ，それ以上の説明はほとんどなされなかった。

しかし，故意責任と過失責任とが性格の異なるものであるという理解に立つと，この点についてあらたな説明を求められることになる。なぜなら，故意という主観的要件を維持する故意責任においては，従来の説明が妥当するとしても（もっとも，それほど単純ではないだろうということについては，すでに触れた→*【故意不法行為と客観的な行為態様の評価】41頁*），客観的な行為態様のみを問題とすることになる過失責任においては，別の観点から説明することが必要となるからである。

この問題はきわめて難しいが，そのひとつの説明として，「信頼責任」という考え方が示されている。なお，信頼責任という言葉は，民法総則の法律行為をめぐる議論の中でも出てくるが，そこでは，信頼を醸成した者はそれについて責任を負担するといった意味で用いられている。たとえば，表見代理責任の説明においては，(1)代理権の授与等によって代理権があるかのような外形が作り出された，(2)相手方は代理権の存在を信頼したという2つの部分から正当化されるというかたちで，信頼責任という概念が用いられている。つまり，ここでの信頼責任においては，外形の作出という本人への帰責を基礎づける事情と相手方の正当な信頼の保護の必要性という2つが柱となっているのである。

それに対して，従来の不法行為法の議論において信頼責任という言葉が用いられる場合には，もっぱら，「信頼を裏切った」という，上記の(2)に相当する部分にのみ焦点が当てられている。つまり，われわれの社会においては，それぞれが義務を遵守することを前提としており，それに違反することはその信頼

第2節　故意と過失／**2**　過失の意義　　49

を裏切ることであり，ひいては社会的なマイナスをもたらすといったとらえ方をするのである。もっとも，この信頼責任という説明は，必ずしも，なぜ責任を負うのかということについての十分な説明とはなっていない。なぜなら，信頼の対象は，義務を遵守するということであるが，信頼責任からは，なぜ義務を遵守しなくてはならないのかということが説明されないからである。

　このような問題は，われわれの社会においては，他人を害さないために一定の義務を相互が負担しているということを，所与の前提として考えざるを得ないのではないだろうかという次の疑問につながる。それならば，その所与の前提はどのように正当化されるのだろうか。それ以上，さかのぼって考えることは，結局，終わりのない問いに向かうことになるように思われる。

コラム　**信頼責任と「信頼の原則」**

　信頼責任とよく似た言葉に「信頼の原則」がある。これは，刑法でもっぱら用いられる概念であるが，民法においてもこれを用いて結論を導いている判決が若干ではあるが存在する。信頼責任と信頼の原則はどのような関係にあるのだろうか。結論から先に述べれば，両者には有機的な関係は存在しないと考えるべきである。

　まず，不法行為法で論じられている信頼責任というのは，過失（結果回避義務違反）があった場合になぜ責任を負わなくてはならないのかという説明の理論である。なぜ，このような理由づけが必要とされるかといえば，過失の客観化とともに意思主義と決別した新しい過失概念を採用する場合，意思責任による説明をとることができない以上，なぜ過失によって責任が生じるのかという説明をあらたになす必要が求められたからである。

　一方，信頼の原則というのは，他者が一定の行為をなすことを信頼した場合には，そうした信頼をなしたことを正当化するものであり，過失（有責性）が存在しないということを導くためのものである。このような説明は，過失概念をいかに採用するかということとは無関係に利用され得る。すなわち，他の者がそのような違法な行為をするとは予想しなかったということは，行為義務違反説を前提とすれば，結果回避義務違反の判断の中で考慮することが可能であるし，予見義務違反説（主観説）においては，過失としての予見可能性の判断の中で考慮することができよう。もっとも，そうであれば，わざわざ信頼の原則などと言わなくても，過失がないといえば足りるではないかということになる。まさしくそのとおりで，裁判例でこの概念を用いるものはわずかにすぎないということも，そこから説明される。

本書の立場　　以上のような基本的な見解の対立があることをふまえたうえ

50　　第Ⅱ部　不法行為の成立要件／第1章　自己の行為に基づく責任

で，本書においては，基本的に，行為義務違反説（結果回避義務違反説）の立場に立って，以下では説明をしていくことにしよう。伝統的な見解による過失の定義が，主観的要件としての性質を強調しながら，標準人を基準として過失の有無を判断するという論理的に克服が困難な矛盾をかかえていること，そして，現在の判例が基本的に行為義務違反という観点から過失を把握していると考えられることが，その主たる理由である。そして，その場合の過失の帰責原理は，他人を害さないことに向けて設定された法的規範たる行為義務に違反したことが非難可能であるという点に求められると理解することにしよう。

　不法行為法においては，さまざまな概念が相互に絡み合っている。そのために，最も基本的な概念については，そのさまざまなバリエーションのカタログを作ることより，まずは，ひとつの見解を前提として，どのように説明されていくのかを十分に理解する必要がある。そうした状況にも照らして，行為義務違反説による過失理解を前提として，説明を続けていく。ただし，心理主義的な過失によって結論や説明の仕方が大きく異なると思われる場面においては，必要に応じて，そうした違いについて，簡単に説明することにしよう。

3　過失の判断基準

　過失判断の基準となる人──抽象的過失と具体的過失　　すでに少し触れたが，過失を判断する場合には，誰を基準として判断するのかという問題がある。すなわち，「○○であればこうしたであろう（行為態様としての過失概念）」，あるいは，「○○であれば予見できたであろう（予見義務違反としての過失概念）」という○○の中に誰を入れるのかという問題である。このような過失判断の基準をどのように考えるのかという問題は，行為義務違反説であっても，予見義務違反説であっても答えなければならない問題である。

　判断基準を誰に求めるかという問題は，同時に，過失の種類の問題でもある。

　ここで言葉の説明をしておくと，合理的な人（標準人）を基準として判断される過失を「抽象的過失」と呼び，問題となっている当該の者を基準とする過失を「具体的過失」と呼ぶ。

　過失の概念をいかに把握するのかにかかわらず，709条の過失が，抽象的過失であることについては異論がない（もっとも，過失とは内心の心理状態であると

第2節　故意と過失／**3**　過失の判断基準　　51

しながら，標準人を基準とする抽象的過失を採用することが整合的であるかという問題についてはすでに触れた）。709条に限らず，民法典の中で，特段の断りなく過失という言葉が用いられている場合には，この抽象的過失を意味する。具体的過失が問題となる場面としては，たとえば，無償寄託（報酬を受け取らないで他人の物を預かる契約）がある。そこでは，「無報酬の受寄者は，自己の財産に対するのと同一の注意をもって，寄託物を保管する義務を負う」と規定されている（659条）。ここで求められる「自己の財産に対するのと同一の注意」を前提とするのが，具体的過失である。つまり，ここでは，合理的な人がどのように保管するかにかかわらず，自分の物を管理するのと同程度の注意でよいということになる。したがって，自分の物を著しくずさんに管理しているような者の場合，預かった他人の物の管理が，同程度にずさんであったとしても，具体的過失は否定されることになる。

ところで，抽象的過失の基準となる者については，標準人や合理人という表現のほか，平均人と呼ばれる場合もあるが，これは適当ではないだろう。なぜなら，ここで基準となる標準人とは，規範的な判断（あるべき人）であって，現実に存在する者の平均を求めて，平均に達しなければ過失がある，達していれば過失がないという趣旨ではないからである。こうした抽象的過失の判断においては，平均的な者であればそのようなことをしていないということ，さらには誰もが不注意に行動しているのであり，誰もそんなことはしていないということは，過失がないということを基礎づけることにはならない。なお，400条は，特定物の引渡しにおける債務者の注意義務について，「契約その他の債権の発生原因及び取引上の社会通念に照らして定まる善良な管理者の注意をもって，その物を保存しなければならない」と規定するが，この「善良なる管理者」というのも，注意義務の基準を示す規範的な概念であり，不法行為法で標準人や合理人として述べるところと同一である。

> **コラム**　「規範的」という言葉
> 　法律学のテキストを読んでいくと，しばしば「規範的」という言葉にぶつかる。本書の中でも，かなり頻繁に出てくるし（実際に数えてみた。このコラム以外で62回出てくる），すでにいままでの説明の中でも何度も使っている。こ

の「規範的」という言葉は，法律学の世界では，ごく基本的なものであるにもかかわらず，初学者にとってはなじみにくい，あるいは理解しにくい言葉だろう。

さて，この「規範的」であるが，「『……であるべき』，『……しなくてはならない』という観点から判断すると」といった意味だと思ってもらえれば，おおむね正しく理解できるのではないかと思う。この規範的という概念を理解するうえでは，たぶん2つのポイントがある。

第1のポイントは，事実の問題としてではなく，あるべきものを基準として考えるということである。たとえば，クラスの平均点が48点だったとしよう。これは，規範的なものではなく，単に事実の問題である。他方，合格ラインは，60点だとする。ここでは，「合格するには60点に達しなければならない」という規範的な基準によって判断されることになる。全員が60点を超えている幸せなこともあれば，誰も超えることができなかったという不幸な場合もあるかもしれないが，それは直接には規範的な判断に影響を与えるわけではない。過失というのも，まさしくそうした規範的な概念として，一定のあるべき人を前提として，その有無を判断するものだということになる。

第2のポイントは，そうした規範的な判断がどのように支えられているのかという点である。最も単純なのは，そうした規範的判断を支えるルールが明確に存在する場合だろう。たとえば，「赤信号で道路を横断してはいけない」，「時速60キロ以上の速度で運行してはいけない」というようなルールが明確に規定されている場合，赤信号なのに道路を横断する行為や時速80キロで走行する行為は，こうしたルールに違反する行為だという規範的な評価を受けることになる。もっとも，こうしたルール違反が当然に不法行為法上の過失を意味するのかどうかという点については，議論の余地がある→【*取締法規の違反と不法行為責任*】*95頁*。また，不法行為責任が実際に問題となる多くの事案では，むしろこうした個別的なルールがない場合の方が多いかもしれない。709条は，過失が不法行為責任の要件となることを規定しているが，その過失が何を基準として決まるのかということについては明言しているわけではない。これについてはさまざまな考え方があるが，いずれも，不法行為法の解釈として，このように理解すべきだという主張をしているにすぎない。もっとも，ここでの主張は，弁論大会での「新成人の主張」といったものとは違って，自分の思いを主張するというようなものではない。あくまで，「法はこのようなものであると解釈する」という主張なのである。そのために，条文との整合性，制度全体のしくみ，制度形成の目的，問題解決の妥当性等々を手がかりにして，不法行為法を解釈するという作業なのである。法の解釈学というのはそうしたものであり，諸君はそれを学んでいくということになる。

さて，最後に解釈の意味にまで広がってしまったが，このコラムを読んで，いま諸君が学んでいることがいったい何なのかということが実感してもらえれ

ばなによりである。

専門家の過失　ところで，過失の判断基準を誰に置くのかという問題との関係では，専門家の過失が問題となる。上記で，標準人というのが，規範的な概念であって，単に平均を意味するものではないと述べたが，そこでの標準人は，さらに，当該加害者類型における標準人を意味する。この標準人とは，ある場面における過失の判断の前提となるものである以上，その具体的な状況において考えられる標準的な者だからである。したがって，単に，一般的な「標準人であれば……」という思考テストを行うのではなく，「合理的な運転者であれば……」，「合理的な医師であれば……」という当該状況に即した判断を行うことになる（建築士の過失について，最判平成 15 年 11 月 14 日民集 57 巻 10 号 1561 頁，最判平成 19 年 7 月 6 日民集 61 巻 5 号 1769 頁→*百選Ⅱ（8 版）［85］・山本周平，百選Ⅱ（6 版）［79］・橋本佳幸*）。

したがって，専門家の過失という問題も，こうした標準人としてどのようなカテゴリーを考えるのかという問題の中に位置づけられることになる。専門家としては，医師や弁護士のほか，弁理士も専門家に含まれるのか，宅建業者はどうかといったことが議論される場合もあるが，そこでは専門家と呼ぶことが社会的な理解として定着しているかが重要なのではなく，そのカテゴリーにおける標準人を過失判断の前提とすることが，損害賠償法上合理的か否かという点が重要なのである。

なお，専門家の責任という場合には，これにとどまらない意味を込めて議論がなされる場合もある。つまり，専門家集団として，その集団の自律的なコントロールがなされている場合，そうした専門家集団の判断を尊重すべきではないかという観点から「専門家の責任」という概念が論じられる場合もある（アメリカ法における professional liability には，そうした意味が含まれている）。この場合，重要なのは，専門家としての社会的評価が定着しているかどうかといったことではなく，その専門家集団が自律的な規範設定をしているのか，それを法も尊重すべきかということである。わが国においても，医療水準という言葉がそうしたニュアンスで語られるということもあったが，現在のわが国の法律状態において，そうした独自の意味を有する専門家責任という概念が確立しているとはいえない。なお，医療の場面における過失判断については，あらためて

54　第Ⅱ部　不法行為の成立要件／第 1 章　自己の行為に基づく責任

説明する→【医師の過失と医療水準論】291頁。

コラム *専門家の過失と不法行為によって保護される利益*

　専門家として，一定の高い水準での注意義務が求められるということ自体については争いはない。前掲最判平成19年7月6日も，「建物の建築に携わる設計者，施工者及び工事監理者……は，建物の建築に当たり，契約関係にない居住者等に対する関係でも，当該建物に建物としての基本的な安全性が欠けることがないように配慮すべき注意義務を負う」とするが，この点も理解ができるものである。設計や施工にミスがあったために，建物が崩れて，そこに住む者や近隣住民が負傷したという場合，それらの被害者が設計や施工に関わる契約の当事者ではなかったとしても，そうしたミスをした設計者や施工者に民法709条の責任を追及することができるというのは当然だろう。

　もっとも，この事件では，最終的に，「当該瑕疵の修補費用相当額」の損害賠償が認められている（本件の差戻上告審）。実際に支出したわけではない，こうした修補費用相当額の賠償を認めるということについては，不法行為法がどこまでを救済の対象としているのか，修補費用相当額の分，自分の取得した建物の価値が低いものであったということが損害賠償として認められるのかという問題にもつながる（この点については，橋本教授の前掲本件評釈を参照されたい。橋本教授が，「総体財産の減少までを当然に，その保護目的に含むものではない」とするのは，その点に関する指摘である）。実際，同判決の解決を前提とした場合，修補費用相当額の損害賠償を得た建物所有者が，修補をせず，当該建物にそうした瑕疵があることを告げずに，別の者に売却したという場合にどうなるのか，といった問題が考えられそうである。売主に対する債務不履行責任を追及すればよいといっても，それは，同判決の事案でも同じようにいえるはずである。すでに「修補費用相当額の損害賠償」を支払った設計者や施行者が二重に責任を負担させられるのは明らかにおかしいとしても，それをどのように説明するのか等，筆者には，なお課題の多い解決だったように思われる。

不法行為責任と契約責任における注意義務の基準　　隣人訴訟として知られる事件に以下のようなものがある（津地判昭和58年2月25日判時1083号125頁。ただし，以下の設例では説明のために内容を変更している）。注意義務の水準を考えるとともに，不法行為責任と契約責任の関係を考えるうえでも検討すべき部分の多い問題である。

　設例Ⅱ-4　　Aは，自分の子Bを，隣家のCに預けた。Bは，Cの子供Dと

一緒に遊んでいたが，Bのみが近くのため池に落ちて死亡した。Cは，BとDの両方に，そのため池には近づかないように注意していた。

このケースにおいて，Aは，Bの死亡について，契約責任と不法行為責任の両方をCに追及する可能性がある。すなわち，子供を預けるというのは，準委任契約（656条）であり，Cには，その準委任契約上の義務違反があったとして，損害賠償を求める可能性がある。また，Aは，Cが過失によってBの権利（生命）を侵害したとして，不法行為に基づく損害賠償を求めることも考えられる。

準委任契約で準用される委任に関する規定では，「受任者は，委任の本旨に従い，善良な管理者の注意をもって，委任事務を処理する義務を負う」（644条）とされており，有償か無償かで区別されてはいない。したがって，Cは，自分の子供であるDに対しても同じ対応をしていたということは考慮されず，善良なる管理者としていかに振る舞うべきだったかのみが問題とされることになる。

また，不法行為責任を判断する場合の標準人も，上記の善良なる管理者と同じものであり，自分の子供にどう接したかは関係がなく，あるべき標準人として行動したか否かによって責任が判断されることになる。

実際の訴訟において，第1審判決は，こうした観点から，Cの責任を肯定した。もっとも，社会的にも議論を呼んだこの事件においては，判決後も，原告に対する嫌がらせ等が続き，結局，原告が訴訟を取り下げるという不幸な結果となっている。

それでは，他の法律構成は考えられないのだろうか。ここでは，寄託について，まず通常のケースを考えてみることにしよう。

> **設例Ⅱ-5**　Aは，飼い犬甲を，隣家のCに預けた。預かっている間，Cは，甲を自分の飼い犬乙と一緒に散歩させたが，その際に，甲は，道ばたに落ちていたねずみ採り用の毒の入ったものを食べて死んだ。Cは，普段から，乙を散歩させる際にも，その種のことには特に注意を払っていなかった。

この場合，甲を預かるという行為が無償でなされたのならば，これは無償寄託である。したがって，Cは，自己の財産に対するのと同一の注意をもって甲を管理すれば足りる。この場合，Cは，甲と乙を同一の注意をもって管理したのであるから，具体的過失はなく，寄託契約に基づく損害賠償責任は負わない。

　それでは，不法行為責任については，どうなのだろうか。すでに述べたように，不法行為責任を判断する場合の標準人とは，善良なる管理者と同じであり，また，有償か無償かでの区別も存在しない。それぞれの法律構成が相互に影響を与えない請求権競合を前提とするのであれば，この場合，寄託契約に基づく請求はできないが，不法行為による請求は認められるということになりそうである。しかし，そうなると，無償で預かった者について，その責任を軽減しようとする趣旨がいかされないことになってしまう。むしろ，無償寄託に関する注意義務の軽減の規定については，不法行為責任もカバーしているものだと考えるべきであろう。そのように考えると，設例Ⅱ-5 においては，契約責任も不法行為責任も認められないということになる。

　設例Ⅱ-4 のケースは，社会的な関心を呼び，また，法律家の目からも注意をひいたのは，単にご近所のおつき合いということで子供を預かったにすぎないCにも，善良なる管理者の注意義務が負わされるのかという問題であった。この点は，無償寄託とまったく同様である。それでは，設例Ⅱ-4 の事案を，そうした観点から解決することはできなかったのだろうか。これについては，いくつかの方法が考えられるだろう。

　ひとつは，まさしく無償寄託の規定を準用または類推適用するという方法である。設例Ⅱ-5 について述べたように，これによって不法行為責任の成立も阻止されることになる。

　もうひとつの方法は，当事者間に注意義務の軽減の特約を認めるというものである。委任に関する民法の規定は，有償無償を問わず，受任者に善良なる管理者の注意義務を課しているが，それは任意規定である。したがって，当事者間の合理的な意思解釈として，注意義務の軽減を読み取ることができるのであれば，それによって契約責任が軽減されることになる。そして，かりにそうした特約が認められるのであれば，その注意義務の軽減は不法行為責任にも及ぶと考えられ，不法行為責任についても同様に扱われることになる→【免責約款の意味

第2節　故意と過失／3　過失の判断基準　　57

<u>と不法行為責任の減免】282頁</u>。

4　過失の前提となる行為義務

過失の前提となる行為義務を決定する基準——ハンドの公式　　以上より，過失の判断について標準人が基準となるということは示されたが，しかし，これだけでは，過失を判断するための材料としては，なお十分ではない。なぜなら，社会的な事実としての平均を求めるのであれば，事実の問題だから，それだけで過失判断の枠組みはできあがることになるが（それが容易であるかはともかく），規範的判断であるとすれば，その規範的判断をいかになすべきかが問題となるからである。先のテストの例でいえば→ コラム 『<u>規範的』という言葉52頁</u>，60点という合理的水準はどのように定まるのかという問題である。

　これに対するひとつの有力な考え方として提唱されているのが，ハンドの公式である（ちなみに，ハンドというのは，アメリカの裁判官の名前で，フレミングの左手ないし右手の法則とは関係がない。ハンド裁判官がどのような判断を示したのかについては，アメリカ百選［82］・芹澤英明参照）。

　ハンドの公式では，まず，過失判断のために，次の３つのファクターが挙げられる。

---

　①　危険が生じる蓋然性
　②　危険が実現した場合の損害の重大性
　③　十分な予防措置をとることによる負担

　この中，①②は，それが大きければ大きいほど過失を認定する方向に働く。他方，③は，それが大きければ大きいほど過失の前提となる義務の遂行を要求することが困難となる。つまり，①×②と③が比較され，①×②がより大きければ義務の設定が肯定され過失が認められることになる，他方，③の方が大きい場合にはその義務は否定され，過失が否定される。

　いくつかの具体例に則して，これを説明しよう。

　まず，「赤信号で交差点に進入してはいけない」という義務を，自動車運転者に課す場合を考えてみよう。この場合，赤信号であるにもかかわらず交差点

58　　第Ⅱ部　不法行為の成立要件／第1章　自己の行為に基づく責任

積極的　←　　　　　　　義務の設定　　　　　　　→　消極的	
①危険が生じる蓋然性 × ②損害の重大性	③義務の設定によるコスト

に進入すれば，事故が発生する可能性が大きく（①），且つ，事故が生じた場合の歩行者や他の運転者等に生じる被害も重大である（②）。一方，赤信号で交差点に進入してはならないという義務を課しても，それによって生じる不利益は，赤信号の間，交差点の手前で待たなくてはならないということだけで，そのコストは大きくない。したがって，「赤信号で交差点に進入してはならない」という義務を設定して，それに違反した場合には，その義務違反を過失と認定することができる。

　他方，「青信号の場合であっても，交差点にただちに進入してはならない」という義務を課した場合，それによって，赤信号であっても横断する歩行者や赤信号であるにもかかわらず交差点に進入してくる自動車との事故は避けることができるかもしれない。しかし，その蓋然性はあまり大きいものではない（①は小さい）。他方，このような義務を課した場合，青信号であっても，交差点に入っていいものかどうかの判断をそのつど求められることになるので，その判断に伴う負担は大きいし，さらに，それによって円滑な交通の流れも阻害されることになるだろう（③は非常に大きい）。したがって，「青信号であっても，交差点にただちに進入してはならない」という義務を前提として過失を判断することは適当ではないということになる。

　しかし，こうしたハンドの公式については，さまざまな問題点も指摘されている。①②③自体，それほど客観的に判断できるものではないし（①×②を③と比較するといっても，上の説明に示されるとおり，比喩的なものにすぎない），特に，③において，義務を設定することによる社会的不利益を大きく評価すると，社会的な有用性さえ認められれば不法行為責任を排除するという方向に働きかねないといったことを問題点として指摘する見解もある。社会的な有用性という視点によって当然のように個人の法益の侵害を正当化するということは，個人を尊重するという現代の社会においてただちに受け入れることはできず，③の

第2節　故意と過失／**4**　過失の前提となる行為義務　　59

評価が安易になされるべきではないことはたしかである。しかしながら，不法行為法は，本来，行為に対する社会的評価といったものと完全に切り離すことはできないということも事実である→ コラム 交通事故の防ぎ方11頁。また，かりにそうした問題があるとしても，ハンドの公式に代わる説得力を有する他の基準は，現時点では確立しておらず，過失の前提となる義務を考える場合の重要な判断枠組みとして位置づけるべきであろう。

コラム *結果回避義務として何が求められるのか*

　すでに言及したように，過失を結果回避義務違反として理解する嚆矢となった大阪アルカリ事件は，「化学工業に従事する会社其他の者が其目的たる事業に因りて生ずることあるべき損害を予防するがため右事業の性質に従い相当なる設備を施したる以上」不法行為責任を負わないとしているのに対して，新潟地判昭和46年9月29日判時642号96頁「新潟水俣病事件」は，「結果回避のための具体的方法は，その有害物質の性質，排出程度等から予測される実害との関連で相対的に決められるべきであるが，最高技術の設備をもつてしてもなお人の生命，身体に危害が及ぶおそれがあるような場合には，企業の操業短縮はもちろん操業停止までが要請されることもある」とする。

　これは結果回避義務違反を過失として理解するとしても，具体的にどのような行為が求められるかが機械的に決まるわけではないことを示している。大阪アルカリ事件判決では，企業活動の適法性を前提として一定の予防措置がとられていれば，それで足りるというニュアンスが強いのに対して→【過失責任主義の二つの側面】5頁，【現代社会における過失責任主義の意義】8頁（その点で，後述の権利濫用と評価されてはじめて不法行為となるという判断と共通する側面がある），新潟水俣病事件判決は，過失の前提となる行為義務が衡量によって決まることをふまえつつ，予想される危険との関係では，操業停止までが行為義務の内容になることを示していると理解できる（その点で，ハンドの公式の判断枠組みにより適合的である）。

　受忍限度論　　公害などにおいて展開された受忍限度という考え方がある。これは，社会生活において受忍することが一般的に相当であるとされる限度（受忍限度）を基準として，差止めや損害賠償を考えていこうとするものであり，この受忍限度は，被害の性質や地域環境等のほか，そうした活動の公益性を考慮して定まるとされる（最大判昭和56年12月16日民集35巻10号1369頁「大阪国際空港公害訴訟」，最判平成7年7月7日民集49巻7号2599頁「国道43号線訴訟」→ 事例研究 457頁）。

この受忍限度論には，2つの性格が認められる。ひとつは，受忍限度内の被害であれば，法的救済の対象とならないという基準としての側面であり，他方，受忍限度を超える場合には，過失等を問題とせずに，法的救済を認めるという無過失責任の導入という側面であった。しかし，実際に受忍限度という言葉が用いられる場合に，常にこの両方の側面が重視されているわけではなく，前者の意味でのみ受忍限度という言葉が使われる場合も少なくない。

　本書のように違法性と過失を区別せず，且つ，過失の前提となる行為義務を原則としてハンドの公式で決定するという枠組みを採用する場合，この受忍限度論で扱われている問題は，基本的には，過失の判断の問題と位置づけられることになろう（なお，差止めと損害賠償とで判断基準が異なることが考えられるが，それについてはあらためて説明する→*差止めと損害賠償* 454頁）。

> ### コラム　肖像，プライバシー等と受忍限度
> 　本文で説明したように，受忍限度論が展開されたのは，特に公害などの領域である。しかし，それ以外にも，プライバシー侵害型の訴訟において，類似の表現が使われるケースがある。
> 　最判平成6年2月8日民集48巻2号149頁「『ノンフィクション逆転』事件」→事例研究 *132頁* では，「事件それ自体を公表することに歴史的又は社会的な意義が認められるような場合には，事件の当事者についても，その実名を明らかにすることが許されないとはいえない。また，その者の社会的活動の性質あるいはこれを通じて社会に及ぼす影響力の程度などのいかんによっては，その社会的活動に対する批判あるいは評価の一資料として，右の前科等にかかわる事実が公表されることを受忍しなければならない場合もあるといわなければならない」とし，また，最判平成17年11月10日民集59巻9号2428頁→事例研究 *133頁* は，「人の容ぼう等の撮影が正当な取材行為等として許されるべき場合もあるのであって，ある者の容ぼう等をその承諾なく撮影することが不法行為法上違法となるかどうかは，被撮影者の社会的地位，撮影された被撮影者の活動内容，撮影の場所，撮影の目的，撮影の態様，撮影の必要性等を総合考慮して，被撮影者の上記人格的利益の侵害が社会生活上受忍の限度を超えるものといえるかどうかを判断して決すべきである」とする。
> 　ここでは，受忍限度という言葉は，被害者の利益の要保護性という視点だけではなく，いずれも表現行為の正当性という視点を取り込んで位置づけられている点に注目される。そこには，地域環境等を考慮しながら，被害者の利益の要保護性を判断していくという受忍限度の基本的な考え方と共通視点を見出すことができるだろう。

第2節　故意と過失／**4**　過失の前提となる行為義務　　61

権利濫用の禁止　　類似の問題として，権利濫用の禁止の問題がある（1条3項）。行為義務を考えるうえでのひとつの材料となるので，簡単に説明しておこう。権利濫用は，現在では，信義則（1条2項）とならんで，法律行為をめぐる問題などでもしばしば用いられる。しかしながら，その出発点となったのは，権利の行使が不法行為となるかどうかという問題であった（なお，1条3項は，昭和22年に追加されたものであり，それまでは学説と判例によって，「権利濫用の禁止」の法理が展開された）。この点を考える著名な事件が，次の事件である。

> **事例研究**　**大判大正8年3月3日民録25輯356頁「信玄公旗掛松事件」→ 百選Ⅰ（8版）[2]・長野史寛**
>
> 　汽車の煤煙によって，原告が，その所有していた「信玄公旗掛松」として知られる松が枯れてしまったため，鉄道を運行していた国を被告として，損害賠償を求めた。損害賠償責任を認めた控訴審の判決に対して，被告は，自らが所有する線路・汽車を使っての権利行使である以上，その権利を適切，且つ通常の方法で行使するのであれば，不法行為にはならないと主張した。
>
> 　この主張に対し，大審院は，「権利の行使といえども，法律において認められたる適当の範囲内において之を為すことを要するものなれば，権利を行使する場合において，故意又は過失により其適当なる範囲を超越し失当なる方法を行いたるがため，他人の権利を侵害したるときは，侵害の程度において不法行為が成立する」として，被告からの上告を退けた。

　もっとも，今日では，なぜこれが「権利濫用の禁止」の問題として取り上げられるのか疑問に思う読者も少なくないだろう。たとえば，工場が有害な煤煙を排出して周辺住民の健康や資産に被害が生じた場合，他人の権利を侵害したのだから不法行為になるといえば，それで足りるはずである。わざわざ権利の行使であるが，適当な範囲を逸脱しているから権利の濫用であり，不法行為になると説明する必要はない。実際，本書で述べてきた説明にしたがっても，ここで扱われているような問題は，ハンドの公式によって十分説明可能であり，権利の濫用といった概念をはさむ必要はない。

　それでは，なぜ信玄公旗掛松事件は，権利の濫用の問題として取り上げられたのだろうか。この背景には，「自己の権利を行使する者は何人も害するものではない」というローマ法に由来する考え方があったとされる。つまり，この法諺を前提として，鉄道の運行というものを権利行使と考えるところから出発すれば，不法行為責任を認めるためには，権利の濫用という，もうひとつの概念が必要とされたのである。

62　　第Ⅱ部　不法行為の成立要件／第1章　自己の行為に基づく責任

しかしながら，すでに言及したように，今日では，こうした問題について，そのような説明はしていない。それは，「自己の権利を行使する者は何人も害するものではない」という前提自体が，もはや共有されていないからである。不法行為の要件というのは，すでに見てきたとおり，被害者の権利や利益の侵害に焦点を当てている。そうした権利や利益が害された場合，そうした結果を避けるためにどのようなことが可能であり，何をすべきであったのかという問題の立て方をするのであり，権利行使である以上，他人に害は生じないのだというような権利絶対のドグマは，どこにも出てこない。ごく身近なところに目をやればすぐにわかるように，われわれの社会には，無数の権利が存在し，それがときに衝突したりしながら，ひしめきあっている。そうした状況においては，もはや権利の行使であれば誰も害さないというようなドグマを前提とすることはできないのである。

このように考えてくると，信玄公旗掛松事件におけるようなタイプの権利濫用の禁止の法理は，それが克服すべき前提（つまり，「自己の権利を行使する者は何人も害するものではない」という考え方）が失われた今日では，すでにその意味を失っているとみてよい。

もっとも，だからといって，権利濫用の法理がその役割をすべて失ってしまったわけではない。権利濫用についてのやはり古典的な事件として，宇奈月温泉事件（大判昭和 10 年 10 月 5 日民集 14 巻 1965 頁→ *百選 I（8 版）[1]・大村敦志*）がある。

この事件の当時，宇奈月温泉は，温泉源から引湯管で湯を引いて営業をしていた。X は，この引湯管が通る土地を，引湯管の存在を知りながら購入し，温泉業を営む Y に対して，その土地ならびに隣接する土地の買取りを求め，Y が拒否すると，引湯管の撤去等を求めた。この X の請求に対し，第 1 審・控訴審とも，X の請求を棄却した。大審院も，X が不当な利益を図ったものであり，この請求は，「単に所有権の行使たる外形を構えるにとどまり真に権利を救済せんとするにあらず」として，その請求を退けた。

この事件は，信玄公旗掛松事件と異なり，権利行使者は，原告である。それに対して，被告は，物権法上は単なる無権利者であって，そこには，権利の衝突といったものはない。それにもかかわらず，原告の権利行使が，その他の事情を考慮して，権利濫用であるとして認められなかったのである。ここで問題

となっている権利濫用の禁止は，そもそも不法行為法の問題ではない。このように権利者の権利行使を一定の範囲で制約するという側面が，権利濫用の法理にはある。こうした権利濫用の法理は，依然として重要な役割を担っているといえる（なお，信玄公旗掛松事件と宇奈月温泉事件における権利濫用論の展開については，大村『不法行為判例に学ぶ』52頁以下を参照してほしい）。

コラム ***信玄公が旗をかけなかった旗掛松──信玄公旗掛松事件外伝***

　信玄公旗掛松事件の概要は，本文で説明したとおりであるが，この「信玄公旗掛松」がなぜ知られていたかといえば，その名前が示すとおり，武田信玄が旗を掛けた松という伝承が残っていたからである。もっとも，この事件では，枯死してしまった松は，その後，年輪を調べてみたところ，武田信玄がいた頃にはまだ生えていなかったというオチがついている。

　さて，このことが明らかになったら，不法行為責任の成否や賠償範囲には何らかの影響があるのだろうか。「結局，ただの松だったんじゃないか」という見方もできるかもしれない。信玄公旗掛松の価値が，武田信玄が旗を掛けたのか否かという歴史的事実にのみによって決まるのであれば，そうなるかもしれない。しかし，一方で，煤煙によって枯死するまで，その松は，そうした伝承に基づく，社会的価値を持っていたはずである。伝承が科学的に正しいか否かということとは別に，そうした伝承による社会的価値を考えることは不可能ではない。信玄公旗掛松事件は，不法行為責任の範囲や賠償額を考えるうえでのもうひとつの問題を示している。

適法とされる権利行使と不法行為の成立　　信玄公旗掛松事件における煤煙の排出は，そもそもはじめから不法行為として評価することが可能であったと考えられるが（その点で，権利濫用の禁止は，積極的な意義を現在では有さないが），本来，他人に不利益を生じさせるものであっても適法とされる行為が，不法行為となるのかという問題がある。たとえば，債務の取立ては，それによって弁済という不利益が債務者に生ずるとしても，それ自体は，債権の行使として当然に法的に許容されたものであり，不法行為とはなり得ない。しかし，そのように抽象的には法的に許容された行為であっても，不法行為となる場合は存在する。

　すなわち，債務の取立てにおいて，人通りの多い道路に面する玄関に支払いを求める張り紙をするような行為は債権回収の方法として許される範囲を逸脱して，不法行為が成立する（新潟地判昭和57年7月29日判時1057号117頁）。ま

た，請求が暴行強迫を伴う場合はもちろん，法律上の根拠がないことを認識し，または容易に認識できるのに請求するなど，社会通念に照らして著しく相当性を欠く場合についても，不法行為が成立する（最判平成 21 年 9 月 4 日民集 63 巻 7 号 1445 頁→ *重判 H. 21 [民 11]・加藤雅信*）。ここでは，法的に正当なものとして許容される取立行為としてどこまでの行為が許容されているのかが問題とされ，それを逸脱した場合に不法行為が成立することになる。

　また，原告による民事訴訟の提起が，被告にとって応訴の負担等を生じさせるものであることは確かであるが，最判昭和 63 年 1 月 26 日民集 42 巻 1 号 1 頁→ *民訴百選 (4 版) [36]・西川佳代*は，不法行為が成立する可能性は認めつつ，不法行為となるのは，「当該訴訟において提訴者の主張した権利又は法律関係……が事実的，法律的根拠を欠くものであるうえ，提訴者が，そのことを知りながら又は通常人であれば容易にそのことを知りえたといえるのにあえて訴えを提起したなど，訴えの提起が裁判制度の趣旨目的に照らして著しく相当性を欠くと認められるときに限られる」とする。これは，法治国家として裁判を受ける権利が最大限尊重されなければならないことを理由とする。同様に，弁護士法に基づく弁護士の懲戒処分の申立てについても，それが事実上または法律上の根拠を欠く場合に，そのことを知りながら，または通常人であれば普通の注意を払うことによりそのことを知り得たのに，あえて懲戒を請求する場合に，不法行為の成立が認められる（最判平成 19 年 4 月 24 日民集 61 巻 3 号 1102 頁→ *重判 H. 19 [民 12]・前田陽一*）。その他，不当に確定判決を得て強制執行した場合に，不法行為の成立を認めたものとして，最判昭和 44 年 7 月 8 日民集 23 巻 8 号 1407 頁。懲戒請求を呼び掛ける行為が不法行為となるかについて，最判平成 23 年 7 月 15 日民集 65 巻 5 号 2362 頁→ *重判 H. 23 [民 11]・水野謙，リマークス 46 [11]・前田陽一*）。

　これらの問題においては，たしかに権利濫用で扱われるのと類似の性格を見出すことは可能である。しかし，そこで不法行為の成否の判断の際に衡量されるのは，当該行為が適法な権利行使として許容されている具体的な趣旨とそれをふまえての衡量であり，権利濫用というキーワードによって判断がより明確になるわけではなく（結局は，権利行使の範囲を逸脱しているかが問題とされるのであり，それは権利濫用という概念を追加しても変わらない），権利濫用として論ずることの必要性は乏しいといえるだろう（実際に，上記の各判決でも，権利濫用についての言及はない）。

第 2 節　故意と過失／**4**　過失の前提となる行為義務　65

客観的行為態様としての過失と予見可能性　　過失を客観的な行為態様として把握するという場合，かつての通説において過失概念の中核となっていた予見可能性はどのように位置づけられるのであろうか。あるいは，予見可能性は，こうしたあらたな過失概念の中にはそもそも取り込まれていないのだろうか。

基本的には，一定の予見可能性が存在することは，行為義務を設定するうえで前提となっている。したがって，行為義務違反説を前提とする場合にも，予見可能性がまったく問題とされないわけではない。過失が一定の行為に対する非難である以上，何人にも予見できないような結果を前提として行為義務を設定することはできないからである（東京地判昭和53年8月3日判時899号48頁「東京スモン事件」）。次のような設例で，考えてみよう。

> **設例Ⅱ-6**　　Yが運転する車両は，交差点において，Xの運転する車両と衝突した。事故当時，Yの走行してきた側の信号が赤であった。しかし，道路の管理に不備があり，街路樹が生い茂っていたために，Yの側から，その場所に信号があることを認識することは何人であっても不可能であった。

信号がなかったとしても，交差点に進入する場合には一定の注意が求められるし，自動車運転者には高度の注意義務が課されるはずだということは，ひとまずおいて，このような場合のYの行為態様の評価について考えてみよう。

主観的な態様と客観的な態様を完全に峻別する考え方ならば，こうした場面においても，赤信号で進入しているという客観的な状況がある以上，客観的な態様の評価としては違法であり，他方，主観的な態様の評価については何人であっても，そこに信号機があるということは予見できなかったのだとして主観的な態様の評価としての過失を否定するということが考えられる。このような峻別論においては，客観的な態様の評価（この場合であれば赤信号であるにもかかわらず交差点に入ったのは違法であるという評価）には実現可能性（この場合に信号を遵守することができたのかという可能性）といったことは考慮されないのであり（権利侵害という結果あるいは客観的な態様自体が違法だというのであり，そこに至る経過は問題としない），そうした点に峻別論の意義を認める立場もある。

しかしながら，何人にとっても遵守不可能な義務を前提として客観的な態様を評価するということ自体が，合理性を欠くのではないだろうか。こうした客

観的な態様の評価も，加害者の損害負担を正当化する論理の一部を構成するものであり，損害負担を説明し得るようなものでなくてはならないからである。 設例Ⅱ-6 のような場合，信号機が存在するということの予見可能性がまったく存在しなかったとすれば，少なくとも，信号を遵守しなかったということを行為義務違反と評価することはできないと理解すべきである。このような意味で，過失の前提となる行為義務の設定は，予見可能性という要素を内包するものであり，予見義務と行為義務を峻別するということに積極的な意義は認められない。

予見可能性の幅　このように予見可能性は，その位置づけが異なるとしても，主観的過失論（予見義務違反説）と客観的過失論（行為義務違反説）のいずれにおいても，一定の意義が付与されることになる。

　もっとも，予見可能性というのは，対象をどの程度抽象化あるいは具体化するかによって，その判断は大きく異なる。たとえば，自動車を運転したら事故によって誰かを傷つけるかもしれないという抽象的な予見可能性もあるし（これをまったく不合理だということはできないだろう），他方，自動車事故によって○○さんを傷つけるといったような具体的な予見可能性もある。前者によれば，ほとんどの場合に予見可能性は肯定され，後者によれば，ほとんどの場合に予見可能性を肯定することはできない。この点は，過失に関する予見可能性説をとった場合に，より端的に問題が顕在化するが，行為義務違反説をとった場合でも，その前提として予見可能性を考えるのであれば，同様の問題が存在することになる。

　いずれの立場においても，要件とされる予見可能性が，「誰かを何らかの形で傷つけるかもしれない」という漠然としたものではなく，ある程度の具体性を持ったものでなくてはならないということについては一致している。しかし，そこでの具体性をどの程度まで求めるのかについては必ずしも明確な判断基準があるわけではない。予見可能性を検討する場合，このように予見可能性が一定の幅を持ったものであるという点は，十分に意識されなくてはならない。

規範的評価としての予見可能性　なお，予見可能性というのは，単純に予見についての可能性が存在したか否かという事実の問題ではない。むしろ，そ

の具体的な加害者ではなく，合理的な者を基準として予見可能性を判断するということ自体，それが規範的な性質を有することを示している。すなわち，予見できたかというのは，単に予見の可能性についての事実的な評価なのではなく，予見すべきだったといえるのかという評価の問題なのである。

　事実としての予見可能性は，当事者の知識や持っている資料，あるいは，能力が低くなることによって減少する。しかしながら，予見可能性がこうした規範的な性格を有するものである以上，そこには，予見に向けて何をすべきであったかということも含まれる。したがって，当該行為をする前に，その行為に伴って，何らかの重大な結果が発生しないかどうかを調べるということも含まれるのである（調査義務）。容易に調べることができるにもかかわらず，それを怠った場合に（たとえば，新薬についての試験等），それを理由として予見可能性を否定することはできない。なお，この場合，①事前のテストをしていれば予見できたということを前提に，予見可能性を肯定したうえで，当該行為（たとえば薬の販売）を過失と見るのか，②事前のテストをしなかったこと自体を過失と見るかは，両方とも可能性があるだろう。なお，ひとつのできごとに対して複数の過失をつかまえることには問題がなく，②の可能性があるということは，①を否定する理由とはならない。

　予見可能性とハンドの公式　　予見可能性が行為義務違反としての過失判断との関係でどのように作用するのかについて，以下のような例で考えてみよう。

> **設例Ⅱ-7**　　金物店を営むＡは，Ｂに包丁を売った。Ｂは，その包丁を使って，Ｃを殺害した。
>
> **設例Ⅱ-8**　　Ｂが金物店に行き，「これからＣの奴を刺し殺してやるんだ」と言って，包丁を求めた。Ａは，Ｂに包丁を売り，Ｂは，その包丁を使って，Ｃを殺害した。

　この中，**設例Ⅱ-7** で，Ｃの死亡についてのＡの不法行為責任が成立しないことは，常識的に考えても明らかであろう。それに対して，**設例Ⅱ-8** では，Ａの不法行為責任が成立する余地があるようにも思われる。このことは，どのように説明できるのだろうか。

　まず，**設例Ⅱ-7** における過失の有無は，以下のように判断される。そこ

68　　第Ⅱ部　不法行為の成立要件／第1章　自己の行為に基づく責任

では，①包丁の販売が人の死傷を生ぜしめる蓋然性，②包丁によって生じる権利侵害（死傷）の重大性が，一方のはかりに置かれる。他方のはかりには，③包丁の販売を禁止することによって生じる不利益が置かれる。なるほど，ホームセンターなどで販売されている包丁や大工道具が人を傷つける道具として使われるということはあるだろう。その可能性を単純に否定することはできない。その意味で結果に向けた予見可能性がまったくないわけではない。しかし，それはきわめて抽象的であり，また，蓋然性という点でもその値は小さい。したがって，①はごく小さいということになる。他方，一律に包丁の販売を禁止した場合には，それによって生じる不利益は著しく大きい。したがって，③はきわめて大きい。 設例Ⅱ-7 においては，ハンドの公式からは，Ａの包丁の販売行為それ自体を不法行為（過失）と評価することはできないということになる。

　他方， 設例Ⅱ-8 の場合はどうだろうか。この場合，予想されるのは，自分が販売した包丁がどこかで誰かを傷つけるといった漠然としたものではない。その包丁が，誰かを（Ｃであるということはそれほど重要ではない）傷つけることに使われるというより具体的な結果である。そのことは，①の値をより大きなものとする。一方，③については，ここで求められているのは，包丁の販売一般を禁止するといったことではなく，具体的に危険な行為をしようとしていることが明らかな者に対する販売の禁止だけである。したがって， 設例Ⅱ-7 に比べると，その禁止によって生じる社会的不利益は小さい。

　上記の２つのケースに対する対応の違いは，このような観点から説明することが可能であるように思われる。もちろん，だからといって，当然に， 設例Ⅱ-8 のような場合には，常に不法行為責任が成立するということを意味するわけではない。特に，③の社会的不利益においてはさまざまな要素が考慮される。買主が危険であるかどうかという判断を売主に対して求めること自体が，大きな社会的不利益であると考えるのであれば，なお，③の値は大きいのであり，不法行為責任は成立しないということも考えられる。ここで重要なのは，同じような販売行為であっても，当該具体的状況によって，過失としての判断は異なってくる可能性があるし，そこでの違いを基礎づける事情のひとつとして結果に対する予見可能性の相違があるのだという点である。

第2節　故意と過失／**4**　過失の前提となる行為義務　　69

なお，上記の 設例Ⅱ-7 と 設例Ⅱ-8 については，まったく別のアプローチも
存在するかもしれない。
　刑法とは異なり，民法ではあまり活躍していないが，民法にも，教唆・幇助
に関する規定がある。すなわち，719条2項は，「行為者を教唆した者及び幇
助した者は，共同行為者とみなして，前項の規定を適用する」と規定する。こ
の規定は，それ自体としては，直接の不法行為（権利侵害行為）といえない場
合であっても，直接の不法行為者を教唆した者や幇助した者には損害賠償責任
を認める規定である。
　この規定を使うと， 設例Ⅱ-7 のように包丁の販売行為それ自体は不法行為
とはいえないということを前提としたうえで，個別具体的な事情から，幇助と
評価することができるような場合に限って，不法行為の成立を認めるという説
明ができる。幇助については，従来，それほど詳しい議論が積み重ねられてき
ているわけではないが，それ自体は，幇助の意思を要求するものであろう。そ
うだとすると，そうした幇助の意思，つまり，結果発生に向けた故意が認定さ
れる場合に限って，損害賠償責任は認められるということになる。買主の危険
性の判断を売主がしなければならないということが一定の社会的負担をもたら
すものであるとするならば，このように，故意が認められる場合に限って不法
行為責任を認めるというのは，ひとつの考えられ得る選択かもしれない。

　以上のような説明を参考に，次の2つのケースを考えてみよう。さて，諸君
は，この2つをどのように説明するだろうか。

> 設例Ⅱ-9 　Aは，同級生のBに，カッターナイフを貸してくれと言った。
> Bが，Aにナイフを貸したところ，Aは，「これで，Cの奴を刺
> してやる」と言って，教室を出て行き，廊下にいたCを刺した。
> 設例Ⅱ-10 　Aは，同級生のBに，「Cの奴に痛い思いをさせてやる。カッ
> ターナイフを貸してくれ」と言った。Bが，Aにナイフを貸した
> ところ，Aは，教室を出て行き，廊下にいたCを刺した。

　Bにも不法行為責任が成立するとすれば，その場合に，不法行為と評価され
るのは具体的にどの行為なのか。その行為を不法行為と評価するためには，前
提としてどのような義務が考えられ，そして，それはハンドの公式を通じて適
切に説明されるのかということを考えてほしい。

5 過失の種類

重過失と軽過失　　今まで説明してきたのは，過失の中で「軽過失」と呼ばれるものである。過失にはほかに，「重過失」と呼ばれるものがある。何をもって重過失と呼ぶかは，結局，過失の意味をどのように理解するのかに依拠する。予見義務違反説（主観説）によれば，「著しい心理状態の弛緩」ということになるし，行為義務違反説（客観説）によれば，「著しい行為義務違反」ということになる。

　ほとんどの不法行為は軽過失で責任が成立するが，場合によって，重過失が必要とされる場面がある。過失というだけで特に何も説明がない場合には，その過失は，軽過失を意味する。他方，重過失が責任の成立等の要件となる場合には，「重過失」と特に示される。重過失が実際に問題となるのは，失火ノ責任ニ関スル法律（失火責任法）と責任の免除に関する場面である。

失火責任法　　失火責任法は，失火の場合の損害賠償責任について規定するたった１つの条文から成る法律である。その１つの条文は，「民法第709条ノ規定ハ失火ノ場合ニハ之ヲ適用セス但シ失火者ニ重大ナル過失アリタルトキハ此ノ限ニ在ラス」と規定する。

　かなりわかりにくい規定の仕方であるが，結論として，失火の場合に限って，709条を「重過失によって他人の権利又は法律上保護される利益を侵害した者は」と読み替えることになる。つまり，通常は，軽過失があれば損害賠償責任を負担することになるのに，失火の場合だけは，重過失がある場合に限って，責任を負うのであり，責任が軽減されていることになる（なお，放火のように，故意がある場合は，失火ではないから，失火責任法の適用はなく，709条によって当然に責任を負う）。

　このように失火責任法が失火の場合の責任を軽減している背景には，わが国では木造家屋が多く，一度出火すると大規模な延焼をもたらし，重大な結果を生ぜしめるということがあるとされる。つまり，軽過失であるにもかかわらず，そうした重大な結果について責任を負わせることは適当ではないという考え方である。

　もっとも，こうした失火責任法の考え方については，立法論的には批判も強

い。

　まず，重大な結果をもたらすからという理由であるが，そうした重大な結果を生じる可能性があるからこそ，より高度な注意を要求するというまったく反対の考え方もあり得るだろう。つまり，重大な結果が発生する可能性があることは，責任を軽減することを必然的に求めることにはならないとも考えられるのである。

　また，わが国では木造家屋が多く，延焼が生じやすいという，前提となる認識自体，現在では，すでに統計的に見ても妥当していない。実際，江戸時代の大火に遡るまでもなく，戦前は，各地で町の大半を消失せしめるような火災が発生しているが，建物の耐火性が高まり，消防の機能もより高度化した現在では，そうした状況は存在しない。こうした点からも，失火責任法の妥当性については検討の余地が残されているといえる。

　さて，失火責任法が，責任要件を重過失に軽減していることは，次の2つの応用問題をもたらす。

　第1に，賃借人が，賃借目的物たる家屋を失火で焼失し，さらに，隣家に延焼した場合，どのような法律関係が生じるかという問題がある。隣家に対する関係では，直接の契約関係に立たない賃借人の責任は，不法行為責任のみである。したがって，失火責任法によって軽減された責任のみを負担し，軽過失しかなければ責任を負わない。他方，賃貸人に対する関係では，債務不履行責任（目的物を過失で焼失せしめてしまい，返還することができなくなった責任）と不法行為責任の両方が考えられる（請求権競合）。不法行為責任については，失火責任が適用され，軽過失のみでは責任を負わないとしても，債務不履行責任についてはどうなるのであろうか。

　判例は，債務不履行責任と不法行為責任が競合する場合，両者は，それぞれの要件によって判断されるという立場を前提として→【複数の救済方法の相互の関係】30頁，709条の内容の変更のみを規定する失火責任法は，債務不履行責任には適用がなく，したがって，賃借人は，軽過失しかない場合にも，債務不履行責任を免れないとする。この結果，軽過失で家屋を焼失した賃借人は，賃貸人に対しては損害賠償責任を負う一方，延焼で焼失した隣家の所有者に対しては責任を負わないことになる。失火を生ぜしめた者に建物を貸していた者が賠償請求

権を有し，他方で，より純粋な被害者ともいえる隣家の者が賠償請求権を有さないというのは，必ずしも一般的な法感情に合致しないとも思われるが，現在の請求権競合論を前提とすれば，このような結論となる。

第2に，監督者責任（714条），使用者責任（715条）との関係が問題となる。つまり，子どもや被用者が失火を生ぜしめ，その監督者や使用者の責任が追及される場合，重過失が問題となるのは，監督者／使用者か，それとも直接の加害者である子ども／被用者なのか，あるいは，その両方ともに重過失が必要となるのかという問題である。これらについては，監督者責任や使用者責任の性質をふまえたうえで検討する方が，わかりやすいので，その部分であらためて説明を行うことにしよう→ コラム *失火責任法の適用と監督義務者責任，使用者責任225頁*。

重過失と免責条項等　　　重過失は，責任を基礎づけるというより，むしろ，いかなる場合に責任を免除できないかという場面で問題となることが多い。

たとえば，消費者契約法は，当事者間における免責条項の有効性について規定するが，そこでは，「消費者契約における事業者の債務の履行に際してされた当該事業者の不法行為（当該事業者，その代表者又はその使用する者の故意又は重大な過失によるものに限る。）により消費者に生じた損害を賠償する民法の規定による責任の一部を免除する条項」は無効であるとする（消費者契約法8条1項4号）。ややわかりにくいが，故意または重過失による責任については，一部免除であっても免責条項の効力を認めないという趣旨である。

その他の責任要件が緩和された不法行為　　　一定の不法行為類型については，条文には関わりなく，責任成立要件の限定が主張されている。たとえば，ある種の不法行為については，故意でなければ成立しないとされている→*【債権侵害の類型】106頁*。

こうした場面においては，軽過失では責任が生じないが，重過失であれば責任が認められる可能性がある。重過失は，「著しい過失」という側面と，「故意に準じた重大な責任原因」という側面があるとされるが，損害賠償責任においては，「故意又は重過失」というように，責任を軽減する場合にも，重過失は故意に準じて扱うのが一般的である。

第2節　故意と過失／*5*　過失の種類　　73

6 法人の過失

企業を主体とする民法709条の過失　過失のいわば応用問題として，法人や企業の過失について考えてみよう。

今日の社会において，企業が不法行為責任を追及される場合は少なくない。たとえば，企業が有害物質を排出して，それによって健康被害が生じた場合（公害），製品に欠陥があり購入者が被害を受けた（製造物責任）等，さまざまな場合がある。こうした場合，企業の責任を追及するにはいくつかの方法がある。

ひとつは，後に説明するように，被用者に過失があったことを理由として，使用者たる企業の責任を追及するというものである。715条が規定する使用者責任が，そのまま使われることになる→*【使用者責任】203頁*。自然人であれ，法人であれ，使用者にはなり得るのであるから，こうした使用者責任の追及に関しては，基本的に企業だからといって，特段の問題はない（もっとも，厳密にいえば，715条は，中間責任で，立証責任が転換された「選任・監督の過失」を責任要件としている。しかし，この点については，ここでは立ち入らない）。

もうひとつが，企業自体に過失を認めるというアプローチである。これを認めれば，何も被用者の不法行為といったことを問題にしないでも，直接，企業に対して，709条（715条ではなく）の責任を追及することが可能となる。しかし，こうした企業を主体とする過失を認容するかどうかは，議論の対象となっている。この点は，過失の意味を考えるうえでも，ひとつの典型的な材料となる。過失の意義についての説明を思い出してほしい。

主観的過失概念を前提とする法人の不法行為責任　行為者の心理的な緊張の弛緩といったものを過失と理解する場合（予見義務違反説），心理状態といったものを観念し得ない企業については，過失や，同様に心理的な性格を有する故意は考えることができない。伝統的な見解とされる主観的過失論（もっとも，伝統的な通説が，どこまで主観的な心理状態という考え方を徹底させていたかは疑問の余地はあるが）によれば，企業に対して，直接，709条の責任を追及することはできないことになる。

客観的過失概念を前提とする法人の不法行為責任　他方，客観的過失概念，

つまり，結果回避に向けた行為義務の違反を過失と把握する理解によれば，どうだろうか。この見解による場合，もはや心理状態は，過失を論ずる前提ではない。結果回避に向けた行為を観念できるかどうかが決定的なのであり，法人についても，過失を考えることができそうである。実際，このような客観的過失概念を前提として，法人の709条責任を認める見解が有力である。

一方，客観的過失概念を前提としながら，法人の709条責任を否定する見解もある。この見解は，法人については，行為を観念することができないということを理由とする。しかしながら，不法行為責任を問ううえで，行為は，少なくとも明文上の要件ではないこと，さらに，不法行為責任とその実質がほとんど異ならない安全配慮義務違反→【安全配慮義務】305頁などについては法人の責任が成立し得ることが当然の前提とされることに照らせば，わざわざ行為要件によって，法人の709条責任を否定するということの合理性は疑わしい→【行為という要件の必要性】36頁。

なお，裁判例の中には，この点を検討したうえで，709条責任を否定したものもある。しかしながら，むしろこの点を検討するまでもなく，法人の709条責任を肯定するものも少なくはない。その点からは，これを明示的に論じて709条責任を否定した判決だけを取り上げて，裁判例の動向を議論することは適切ではない。

判例の過失理解と企業の過失　　以上で，主観的過失概念と客観的過失概念のそれぞれによる企業の過失の論じ方の基本的枠組みを説明したが，最後に，判例が採用する過失の説明との関係で，補足をしておこう。

かなり多くの判例が，過失を「予見可能性を前提とした結果回避義務の違反」としている。この予見可能性の部分を強調すると，判例は，いわば主観的過失と客観的過失を融合させたような過失論をとっているという印象を与えるかもしれない。そして，主観的過失としての部分が取り込まれる以上，心理状態を観念できない企業については，過失を問題とし得ないということになりかねない。しかし，ここでは以下の点がポイントになる。

まず，予見可能性というのは，当該加害者についての心理状態としての予見可能性といったものではない。むしろ，標準人，合理人であれば予見できたかという規範的なものにすぎない。したがって，この予見可能性を論じる場合に，

当該具体的加害者がどのような者であるかは重要ではない。当該加害者の立場に標準人があったとすれば，どのように判断したかという仮定的な問題にすぎない。したがって，実際の加害者が企業であったか，自然人であったかは，この問題を左右するものではない。そうなると，判例が，予見可能性を過失判断に際して重視しているからといって，主観的過失論を前提とするような説明となる必然性はない。

　さらに，行為義務違反としての過失ということになれば，一定の行為があったかどうかが問題である。この場合，それが「人の行為」であるかどうかは重要ではない。なぜなら，ここで問題とされているのは，結果を回避するために必要な措置がとられていたのか否かという客観的な態様にすぎないからである。こうした義務違反は，法人の場合にも観念することができる。その何より端的な具体例は債務不履行責任における判断であろう。たとえば，判例は，安全配慮義務とは，「ある法律関係に基づいて特別な社会的接触の関係に入った当事者間において，当該法律関係の付随義務として当事者の一方又は双方が相手方に対して信義則上負う義務」であるとし，その具体的内容は，「国が公務遂行のために設置すべき場所，施設もしくは器具等の設置管理又は公務員が国もしくは上司の指示のもとに遂行する公務の管理にあたって，公務員の生命及び健康等を危険から保護するよう配慮すべき義務」（最判昭和50年2月25日民集29巻2号143頁→百選II（8版）[2]・吉政知広）だとする。そして，こうした安全配慮義務の違反があったかどうかを国や使用者たる法人について検討しているのである。つまり，客観的な態様としての義務違反は，性質上，自然人に限らず，法人についても観念することが可能であり，判断できるのである。

　それでは，実際の判例においては，この点は，どのように判断されているのだろうか。クロロキン薬害事件控訴審判決（東京高判昭和63年3月11日判時1271号3頁）は，企業自体の過失を論ずることはできないとして（そこで前提として言及する過失は，最も古典的な心理状態としての過失にほかならない），709条責任を否定している（ただし，715条に基づく責任を容認している）。こうした判決をもって，裁判例においては法人それ自体の過失が認められていないということを強調する見解もみられる。しかし，企業の709条責任の是非が問題となった裁判例の中でも，これを肯定するものも少なくはなく（熊本地判昭和48年3月20日判時695号15頁「熊本水俣病事件」，福岡地判昭和52年10月5日判時866号21

頁「カネミ油症事件」），さらには，こうした点を意識的に問題とするまでもなく，被用者の過失を問題とせずに，企業の709条に基づく責任を認めた判例は，数多く存在する（特に，名誉毀損，プライバシー侵害関係）。

こうした状況に照らすと，すでに述べたとおり，上記のクロロキン控訴審判決などのみに焦点を当てて判例を論ずることは，現実の法律状態を見誤ることになろう。

企業自体の過失を認めるか否かの実質的相違点　　企業自体の過失を認めるか否かは，実質的に，どのような違いをもたらすのであろうか。もし，実質的な違いがなく，形式的に，715条のみによるか，それに加えて709条による追及を認めるのかというだけであれば，この議論は，あまり実践的意義のないものとなる。この点を少し検討してみよう。

両者の相違点の最も大きな部分は，被用者の不法行為を中間項として媒介させる必要がないという点にある。これは，さらに，いくつかの個別的な相違点につながる。

第1に，具体的な被用者の不法行為を問題とする必要がない以上，立証責任が緩和される。もっとも，715条の責任を追及するうえでは，被用者の特定は不要であり，被用者の誰かの不法行為が立証されれば足りるとするならば，この点の差異はなくならないまでも，小さくなる。

第2に，被用者自体への不法行為責任の追及を回避することが可能となる。たとえば，企業の活動の中で，その歯車のひとつとしての被用者の行動の中にミスがあったという場合，被害者としては，そうした被用者の責任を追及するのではなく，むしろ，全体の活動を行っている企業の責任を追及することを望むという場合も少なくない。しかし，代位責任としての715条→*【代位責任】204頁*を前提とすると，企業の責任を追及するためには，その不可欠の要素として，被用者の個人的なレベルでのミスを追及せざるを得ない（実際に被用者を被告として訴えを提起することは必要ではない）。これが問題の本質に合致しないということがあり得る。

第3に，「組織過失」と呼ばれる問題がある。これは，組織の構造自体を過失として把握するというものである。もちろん，組織というのは放っておいてもできるものではなく，そうした構造を伴った組織ができるにあたっては，何

らかの人為的な決定があっただろう。しかし，そうした過失をつかまえること
は，実際には，困難な場合が少なくない。最も極端な例を考えれば，最初に作
られた組織が，相互にミスをチェックし合うようなことや，設備の欠陥をチェ
ックするようなしくみがまったく存在しない，きわめて無責任な構造であった
としよう（フェイルセーフとはまったく対照的な組織構造）。こうした組織が何十年
にもわたって，たまたま幸いに事故を起こさずにやってきたが，その後，設備
の欠陥のために，事故を起こしたという場合，組織のしくみとしては，そうし
た欠陥について誰も責任者がいないという状況があり得る。そうした組織を作
ったのが悪いと言っても，創設者は，とっくに引退し，死亡しているかもしれ
ない。あるいは，組織を変更すべきであったという判断を前提に，現在の取締
役等の責任を追及するということも考えられないではない。しかしながら，そ
こでは，かなり間接的な形での責任の追及とならざるを得ない。それより，端
的に，ミスや欠陥を放置したままでなされた企業の活動自体を不法行為として
把握する方が，問題の本質にも合致するのではないか。こうした組織過失は，
まさしく法人そのものの過失を観念することができるという前提に立って，こ
れを承認することが可能となるのである。

　以上のような検討からは，企業自体に 709 条に基づく責任を追及する可能性
は，否定されるべきではない。

7　故意と過失の関係

　故意責任の性格　　かつての通説は，故意と過失をいずれも加害者の心理状
態としてとらえていた。したがって，いずれも心理状態という点では性質上異
ならず，両者の差は単に程度の違いとされた。他方，行為義務違反説を前提と
するのであれば，行為の外形に着目した過失に対して，故意がどのように位置
づけられるのかという問題が生じる。「故意」という言葉は，明らかに心理状
態を問題としている。したがって，行為義務違反というような外形的なものと
して理解することは適切ではなく，むしろ，まさしく心理状態に基づく責任と
いうことになる。行為義務違反説によれば，両者は，性格の異なる責任である
ということになる。

　もっとも，それでは，故意責任というのは，客観的な行為態様を問題とせず，

78　　第 II 部　不法行為の成立要件／第 1 章　自己の行為に基づく責任

結果発生の認識と認容という意思のみで成立するのかといえば，そうではないということについては，すでに説明した→**【故意不法行為と客観的な行為態様の評価】41頁**。この点を，以下の例で再度確認しておく。

> **設例Ⅱ-2**　　大型書店チェーンを営むCは，新興住宅地に出店を計画した。予定地の近くには，Dが以前より零細な書店を営んでいたが，Cは，Dが競争相手としては弱小であり脅威はないことを確認したうえ，出店した。Dの売上げは著しく減少した。

設例Ⅱ-2 では，Cには，Dの売上げの減少という結果についての認識も認容もあるだろう。そして，実際，そうした結果が発生しているのである。しかし，Cは，Dに対して不法行為責任を負うものではない。その説明の仕方としては，Cの行為が正当な行為である，DにはCの行為に対して保護されるべき利益がない→**【営業上の利益】111頁**といったいくつかの説明が考えられるが，いずれにしても，客観的な行為態様が何らかの形で問題とされている。つまり，結果の認識と認容があったというだけでは，責任を基礎づけるには十分ではないのである。

そのため，故意の場合であっても，何らかの行為態様に対する評価は必要だということになる。

故意責任の前提となる行為評価と過失責任における行為評価　　それでは，故意責任の場合も過失責任の場合も，前提となる行為評価は同一なのであろうか。そうだとすると，故意不法行為が成立する客観的行為態様は，常に，過失不法行為も成立させるということになる。しかし，必ずしもそうではなさそうである。実際，判例や学説においても，債権侵害のように，故意の場合にのみ責任が生じるという不法行為類型が認められてきた→**【債権侵害の類型】106頁**。そのため，これをどのように説明するのかが問題となる。

これについては，「過失の場合には侵害が許されるが（不法行為責任は成立しないが），故意の場合には侵害を許さない」という行為規範が存在するとして，説明することが考えられる。このような義務を観念することは不合理ではない。なぜなら，この目的物についてすでに債権者がいるかどうかといった判断を取引に際して求めるということは，それ自体として多くのコストを必要とするか

第2節　故意と過失／**7**　故意と過失の関係　　**79**

らである。したがって，ハンドの公式を前提として，「債権者の存在の有無を確認して，それから契約をせよ」といった義務を措定することはできない。しかしながら，すでに債権者の存在を知っているという場合に，そうしたすでに存在する債権者の利益を害さないように行動することを求めるのは，それほど困難なことではないし，取引一般に対する影響というものも大きくはない。したがって，故意責任において行為義務を観念するとしても，それがただちに過失判断の前提となる行為義務と同一になるわけではないのである。

故意責任と過失責任における効果の違い　それでは，行為義務違反説を前提とする2つの責任の性格の違いは，効果の点でも違いをもたらすのであろうか。刑事責任の場合であれば，人を故意で殺せば殺人罪に当たるし，過失で人を死に至らしめた場合には過失致死罪になるにすぎず，両者の結論の違いは非常に大きい。それに対して，709条であれば，「故意又は過失」のいずれによっても損害賠償責任が生じるだけであり，故意と過失によって効果が異なるということは特に示されていない。その点で，不法行為法における故意責任と過失責任の区別は，刑法におけるほどは大きな意味を有していないということは否定できない。

ただ，そのうえで，現在の判例に照らしてみた場合，いくつかの相違は残っている。

まず，故意などの侵害者の主観的態様は，慰謝料額の決定に際しての考量要素となるとされている。なぜ慰謝料額の決定に主観的態様が影響を与えるのかということはそれほど自明ではなく，理論的には困難な問題があるが→【*慰謝料*】*390頁*，現在の法律状態としてそうなっているということをまず確認しておこう。

次に，被害者が損害の発生拡大に関与した場合に，それを理由として賠償額を縮減するという過失相殺の適用にあたって，侵害者が故意であったか否かは影響を与えるとされている。当然，故意責任の場合には，過失相殺の適用については消極的となる。ただし，故意責任の場合であっても故意であるということだけを理由として当然に過失相殺が全面的に排除されるわけではなく，当該故意内容と不法行為の性格に照らして判断をしていくことになる→【*加害者の帰責事由と過失相殺*】*429頁*。

最後に，損害賠償の範囲の問題がある。まず，一定の不利益の発生を狙って

他人の利益を侵害したという場合，そうした不利益は損害賠償の範囲に含まれる。他方，過失不法行為の場合であれば，当該行為から，そうした結果が当然には予想されない場合，損害賠償の対象には含まれないということもあり得る。これは，損害賠償の範囲がどのように決まるのかという問題に関わるが→【*保護範囲*】*362頁*，たとえば，故意不法行為と過失不法行為のいずれについても予見可能性という共通の基準を採用する場合であっても，故意不法行為者については，個別具体的な事案で予見していたことを認めて，その損害賠償の範囲が異なるということが導かれ得る。

　もっとも，損害賠償の範囲については，より構造的な区別を主張する見解もある。その見解によれば，たとえば，過失不法行為の場合には，予見可能性が損害賠償の範囲を決定する基準となるが，故意不法行為の場合には，因果関係が及ぶ損害がすべて損害賠償の対象となるというように，損害賠償の範囲を決定する基準自体，別のものを採用すべきことが提案されている。故意不法行為といってもさまざまなタイプのものがあり，ただちにこのような基準自体の区別を採用することができるかについては，なお検討の余地があると思われる。しかし，たとえば，故意不法行為であるということが認定された場合には，被告（加害者）の側で，当該損害については予見可能性がなかったということを立証しなければならないというように，立証責任の転換を介して，損害賠償の範囲を修正するというようなアプローチは考えられるのではないだろうか。その他，一定の損害の金銭的評価のレベルでも故意と過失で区別をなすということは考えられるが，この点については，あらためて説明する→【*賠償されるべき損害の金銭的評価*】*372頁*。

8　過失の立証

　過失の立証の意味　　過失の立証については，すでに中間責任の説明の中で簡単に触れた。そこでは，過失の立証責任を加害者側に転換した（加害者側に過失がないことの立証責任を負わせた）ものが中間責任だと述べた。しかし，「過失の立証」とは何を意味するのだろうか。過失について，いままで説明をしてきたことをふまえて，ここで整理をしておくことにしよう。

　まず，過失を結果回避に向けた行為義務違反と理解するにせよ，予見義務違

反と理解するにせよ，こうした「過失」については厳密な意味での立証というのは当てはまらない。なぜなら，一定の内容を伴った結果回避義務や一定の内容についての予見義務というのは法的判断であって，そもそも立証の対象となるようなものではないからである。厳密にいえば，立証の対象となるのは，そうした行為義務違反に該当する事実の部分である。つまり，「当該手術の前には，○○の検査をしなくてはならないのに，それを怠った」等の義務に違反したという事実について立証が語られるのである。

　もっとも，そうは言っても，「○○をしなくてはならない」という法的評価と「○○をしなかった」という立証の対象たる事実が，密接な関係に立つことは明らかである。不法行為法上の義務というのは，自明なものとして存在しているわけではない。ハンドの公式を手がかりとしたり，あるいは，医療過誤の場合であれば，医療水準→*【医師の過失と医療水準論】291頁*を手がかりとしたりしながら，具体的義務の有無を検討していくことになるのである。

　原告が過失を立証するという場合，実際には，こうした具体的な法的義務を加害者が負担するということを裁判官に納得させるという作業と，その義務に違反する事実があったということを立証するという作業の2つが含まれていると見ることができる。この2つの中，厳密な意味で立証責任を語ることができるのは後者だけである→*【過失の立証の意味】17頁*。しかし，義務の存否自体が自明なものとして存在しているわけではない不法行為法の世界においては，この前者についての当事者によって行われる活動を軽視することはできない。むしろ，多くの不法行為訴訟においては，まさしく被告に当該義務がそもそも課せられていたのかをめぐって，当事者間が主張をぶつけ合うという形になるのである。

過失の立証責任──不法行為責任と契約責任（債務不履行責任）　すでに債務不履行責任と不法行為責任の関係については，簡単に説明した→*【複数の救済方法の相互の関係】30頁*。両者は基本的に独立のものとして存在し，要件や効果についてもそれぞれ独立に考えるということを説明した。

　さて，伝統的な議論の中では，こうした両者の違いの中で，過失の立証責任が異なるとされ，債務不履行責任の方が過失の立証責任が容易であるという説明がなされてきた。この点について，ここで簡単に見ておくことにしよう。これ自体，争いがないわけではないが，伝統的な見解は，過失等の立証について，

以下のように説明してきた。

①　債務不履行
　　債務不履行の事実については，債権者（被害者）に立証責任が
　あるが，過失については債務者（加害者）に立証責任があり，
　債務者の側で自らに過失がなかったことを立証しないと責任が
　認められるというのが，従来の一般的な理解であった（なお，
　2017 年改正による債務不履行に基づく損害賠償責任について帰責事由
　が要件とされるのかをめぐる議論がある。改正された民法 415 条 1 項
　は，「ただし，その債務の不履行が契約その他の債務の発生原因及び取
　引上の社会通念に照らして債務者の責めに帰することができない事由
　によるものであるときは，この限りでない」と規定しており，このた
　だし書の意味にも関わる。詳しくは，債権総論の教科書を参照しても
　らうとして，ここでは「過失」に関する立証責任について，債務不履
　行と不法行為で実質的に異なるのかという点に絞って検討を行うこと
　にする）。
②　不法行為
　　加害者に過失があったことの立証責任を，被害者が負担する。

　このように見てくれば，過失についての立証責任は明らかに異なり，債務不
履行は，いわば中間責任と同じであり，その分，被害者に有利だということに
なる。
　もっとも，こうした見方は，今日では，必ずしも正しくないとされている。
たしかに，「○月○日に目的物を引き渡す」というような債務においては，債
務不履行の事実を立証するのは容易であろう。しかし，こうした債務不履行が
問題となる場面では，当然に，不法行為責任が成立するわけではない。むしろ，
不法行為責任が同時に問題とされるような債務不履行とは，安全配慮義務違反
や医療過誤などであり，これらの事案においては，そもそも債務者の具体的な
債務（義務）の内容が自明なわけではない。債務不履行責任を追及するために，
債務不履行の事実を立証するというのは，結局，債務者が結果を回避するため
にどのような義務を負担していたかを明らかにし，さらにその義務の違反があ

ったという事実を証明するということである。しかし，これをひるがえって不法行為法の側から見るのであれば，行為義務違反説を前提とする過失の立証にほかならない。したがって，債務不履行と不法行為の両方の責任が競合するような場面における立証責任の差というのは，ほとんど存在しないと見てよい→【*安全配慮義務*】*305頁*。

過失の一応の推定　　過失の立証責任は，上記のとおり，原告が負担するが，過失の立証というのは，実際には容易ではない場合が少なくない。たとえば，医療過誤において被告である医者がどのような対応をしていたのか，あるいは，夜間の交通事故においてどのような経緯で事故が発生したのかがはっきりしないという場合もあるだろう。このような場合に，原告に厳格な意味での過失の立証を求めることは，きわめて困難なことを要求することになる。

　実際の訴訟においては，経験則上，一定の推移が通常だとされるような場合，それをふまえて，過失があると推認されるような状況を証明すれば（医師の具体的な対応のすべてや事故発生の経緯全体を立証する必要はない），それによって過失が「一応推定された」とされる（最判昭和51年9月30日民集30巻8号816頁→*百選II（2版）[76]・淡路剛久*）。このような一応の推定は，過失以外にも，因果関係などでも用いられる。こうした一応の推定は，事実上の推定のひとつの場合であるというのが，一般的な理解である。

当事者の態様による立証責任の転換等　　立証責任は，当事者の対応によって変化するということもあり得る。これは過失の立証責任に限ったことではなく，因果関係等，その他の要件においても考えられるが→【*医療過誤における因果関係の立証*】*297頁*，こうした当事者の対応による立証責任の変化について，ここでまとめて説明しておくことにしよう。

　まず，医療過誤のような場合を考えてみよう。ここでは，医師が，どのような治療等をすべきであったかが問題となるとともに（過失の前提となる義務の判断であり，法的な問題），実際にそうした措置がとられていたのかが問題となる。後者が過失に該当する事実の有無についての立証の問題である。

　このような場合，重要な手がかりとなるのがカルテである。カルテを見ることによって，どのような経緯で診察や治療がなされたのかが明らかになる。し

84　　第II部　不法行為の成立要件／第1章　自己の行為に基づく責任

かし，こうしたカルテは医師の側にあり，原告にとって，その入手は困難である。そして，カルテを手に入れることができなければ，過失の立証はきわめて困難なものとなる。こうした原告の困難を緩和するために，このような場合，原告の申立てによって，裁判所がカルテの提出を被告に命じることができる（文書提出命令。民訴法223条）。そして，被告がこれに従わない場合やその使用を妨げることを目的として文書を廃棄したような場合，「裁判所は，当該文書の記載に関する相手方の主張を真実と認めることができる」（民訴法224条1項，2項）。こうした文書提出命令を通じて，過失の立証が変化することになる。

　また，こうした文書提出義務を前提として，立証妨害の法理を認めるという考え方もある。もっとも，こうした立証妨害から導かれる結論については，必ずしも一致しているわけではない。立証妨害があった場合には，立証責任が転換されるという見解もあるが，立証妨害があった場合，それに応じて，立証責任を負担している者について求められる立証の水準が緩和されるにとどまるという見解も有力である。

第3節　権利侵害と違法性

1　権利侵害要件の意味——権利侵害から違法性へ

　権利侵害の要件　709条は，「故意又は過失によって他人の権利又は法律上保護される利益を侵害した者は，これによって生じた損害を賠償する責任を負う」と規定する。

　この条文は，2005年に施行された改正までは，「故意又ハ過失ニ因リテ他人ノ権利ヲ侵害シタル者ハ之ニ因リテ生シタル損害ヲ賠償スル責ニ任ス」という文言であった。つまり，以前の条文では「他人ノ権利」となっていた部分が，改正によって，「他人の権利又は法律上保護される利益」に変わったのである。この点は，わが国における不法行為法理論の最も大きなトピックにも関係する。改正前の条文について，どのような議論や判例の展開があったのか，それを受けて，なぜそのような改正がなされたのかを考えてみることにしよう。

　立法者の考え方　709条の条文には，最初から，権利侵害という要件が置

かれていた。これはどのような理由によって規定されたのだろうか。これについては，709条を起草する際の議論において，単なる利益侵害とすると，ありとあらゆる利益の侵害が不法行為を成立させることになり，歯止めがなくなってしまうということが，その理由として挙げられていた。たとえば，Ａのもとに書生Ｂ（書生といってもピンとこないかもしれないが，「他人の家に世話になり，家事を手伝いながら学問する者」〔広辞苑〕である。現在では，死語になってしまった）がいて，Ａの経済的な支援を受けつつ，勉強をしていた。その場合，Ａが他人の故意または過失によって死亡したりすると，Ｂの書生としての利益も害されることはたしかである。しかし，こうしたＢにも不法行為に基づく損害賠償請求を認める必要があるのか，それでは不法行為の成立する範囲が広がりすぎるのではないかと懸念されたのである。

したがって，権利侵害という要件は，最初から，不法行為の成立を一定の範囲に限定するという目的で設けられていたことになる。しかし，その一方で，立法者は，権利を厳格に解するといったことは述べていない。つまり，ありとあらゆる利益の侵害が不法行為となるわけではないが，一方で，厳格な○○権の侵害といったものを要件として考えていたわけでもない。

しかしながら，このように設けられた権利侵害要件は，ひとつの自然な方向として，ひとり歩きしていくことになる。そして，それが権利侵害要件の意味を考えさせる契機となった。

以下では，こうした一連の動きを代表する2つの大審院判決を取り上げることにしよう。

桃中軒雲右衛門事件　　まず，桃中軒雲右衛門事件（大判大正3年7月4日刑録20輯1360頁）の事案は，Ｙが，桃中軒雲右衛門という当時非常に有名だった浪曲師のレコードの海賊版を作り，それを販売した。それに対して，元になったレコードを販売していたレコード会社Ｘが，Ｙに対して損害賠償を求めたというものである（したがって，雲右衛門さんは，必ず名前が出るのに，当事者になっていたわけではない）。

さて，この事件において，大審院は，以下のように述べている。少し長いが，引用することにしよう。すなわち，「著作権の目的たるべき創意は創意者の主観において固定性と持久可能性とを具備することを要し，瞬間的創作にして創

作者において之を反覆するの意思なく，また其手段方法を有せざるものはこの性質を欠如するをもって著作権を発生することを得ざる」として，音楽的著作権の意義を論ずる。そのうえで，「本件雲右衛門の創意にかかる浪花節の楽曲にして，前示のごとく確固たる旋律に依りたるものと認むべき事蹟の存せざる以上は，瞬間創作の範囲を脱することを得ざるものにして，これを目して著作権法に所謂音楽的著作物と言うことを得ず」としたのである。つまり，雲右衛門の創意による浪花節は，歌うたびに節回しも変わるような瞬間芸（！）にすぎず，音楽的著作権が認められないとしたのである。そして，本件の Y の行為が「正義の観念に反するは論を待たざるところなり」と言いつつも，不法行為は成立しないとしたのである。

ここでの結論を導いているのは，以下の 2 つである。

> ① 709 条の権利に当たるかどうかは，それを権利と認定する法律があるかどうか，その法律（この場合には著作権法）によって権利と認定されるかどうかによって決まる。
> ② 浪曲のような瞬間芸について著作権は成立しない。

この大審院判決は社会的にもきわめて評判の悪い判決であったが，その評判の悪さは，基本的には②に焦点が当てられていた（大衆文化を馬鹿にした俗物根性！）。しかしながら，不法行為法にとってより根本的な問題は，①の部分にある。つまり，不法行為責任を認めるためには，すでに権利として確立している利益の侵害が要件となるということの妥当性であった（桃中軒雲右衛門事件について，詳しくは，大村『不法行為判例に学ぶ』80 頁以下を参照。特に，92 頁以下に示された社会的背景は，同事件の意義を考えるうえでも意義があるだろう）。

大学湯事件　桃中軒雲右衛門事件において示された権利侵害を厳格に解するという大審院の立場は，それから長い時間を経ずに，大学湯事件（大判大正14 年 11 月 28 日民集 4 巻 670 頁→*百選Ⅱ（初版）[76]・前田達明*）において，大審院自身の手によって覆される。

事案は，賃借人 X が大学湯という老舗を有していたのに，賃貸人 Y が賃貸借の解除に際して営業に補償を払わず，家屋を他人に賃貸して同じ「大学湯」

という名称で湯屋を営ませているのは不法行為だとして，XがYに対して，損害賠償を求めたものである。桃中軒雲右衛門事件での説明に即するならば，この場合，Xにはどのような権利が存在するのかということが問題になりそうであるが，大審院は，この事件では，そうしたとらえ方をしなかった。

　大審院は，709条は，「故意又は過失によりて法規違反の行為に出て，もって他人を侵害したる者は，これに因りて生じたる損害を賠償する責めに任ず」といった広汎な意味を有するものだとして，その侵害の対象は，所有権のように具体的な権利の場合もあれば，いまだ権利とはいえないが，法律上保護された利益という場合もあり，名称は関係がないとする。そして，「当該法条に『他人ノ権利』とあるの故をもって，必ずやこれをその具体的権利の場合と同様の意味における権利の義なりと解し，不法行為ありと言うべきときは，まずその侵害せられたる何権なりやとの詮索に腐心し，吾人の法律観念に照らして大局の上より考察するの用意を忘れ，求めて自ら不法行為の救済を局限するが如きは，思はざるもまたはなはだしと言うべきなり」とするのである。ここでは，桃中軒雲右衛門事件の上記①の思考方法が激しく指弾されるのである。

　大学湯事件によって，権利侵害要件をめぐる議論は，大きく動き出すことになる。

2つの判決の相違点——役場にて　　この2つの判決の違いは何なのだろうか。こんな説明はどうだろうか。不法行為による損害賠償請求権を認めてもらうためには，役場に行って，窓口で承認のハンコを貰わなくてはならないという仮想の世界を考えてほしい。賠償責任を認めてもらうための書類には，「故意又は過失」，「権利侵害」等のいくつかの欄があり，そこにハンコを貰って，全部揃うと，賠償請求権が認められるのである。

　さて，桃中軒雲右衛門時代の役場でのできごとである。不法行為責任担当の民709番窓口に行って，「この書類に賠償請求権を承認するハンコを押してください」と頼んだところ，「あぁ，この『権利侵害』の欄ね。こりゃ，うちの窓口の管轄じゃありません。他の窓口でハンコを貰ってきてください」。「他の窓口ってどこですか？」。「民206番窓口→*民法206条：所有権の内容*とか，民369番窓口→*民法369条：抵当権の内容*とか，著17番窓口→*著作権法17条：著作者の権利*とかですよ。色々あるでしょ。わからなかったら，入り口に案内があるから，そこで聞いて

88　　第Ⅱ部　不法行為の成立要件／第1章　自己の行為に基づく責任

よ」。「あ，あのぉ，窓口がなかったらどうするんですか？」，「じゃ，駄目です。この窓口では，その欄にはハンコを押せないんですよ」。少々長くなったが，これが桃中軒雲右衛門事件での大審院の立場ということになる。つまり，709条は，権利侵害があれば賠償責任が成立するということは規定しているが，問題となっている侵害された利益が権利か否かということについては一言も語っていない。それを決めるのは，各種の権利について規定する法律だという考え方である。

　他方，大学湯事件は，この仮想世界での役場の民709番窓口で，「権利侵害」の欄にもハンコを押せるとしたのである。「ちょっと待て。そんなものに著作権は認められないぞ！」と著17番窓口の担当者からクレームがついたら，どうだろう。「いいの，いいの。うちで権利侵害というのは，709条の損害賠償が認められるかどうかの話をしているだけで，結局，ここでは不法行為法上保護に値する利益があるかを見ているだけなんだから。一般的に著作権が成立するかを判断しているわけじゃないんだからさぁ，あんまり気にしないでよ」と民709番窓口の担当者は答えることになろう。

　大学湯事件の意味　　上記の説明を見れば，桃中軒雲右衛門事件より，大学湯事件（の役場）の方が，被害者（役場を訪れた者）にとって，フレンドリーであることは間違いない。ようやく時間を見つけて，役所に行ったところ，必要な書類が足りない，その書類はここでは出せないと言われて，果てしない絶望感に襲われたことは，われわれも，少なからず（私は年がら年中）経験するところである。

　もっとも，大学湯事件での著17番窓口担当者のクレームに対する民709番窓口担当者の説明は，ちょっとおかしなところがある。「権利侵害」は，不法行為責任の成立要件である。したがって，権利侵害の有無が判断されて，その後に（他の要件の有無ともあわせて）不法行為責任の成否が判断されるはずなのに，不法行為責任の成否という観点から権利侵害要件の有無を考えるということになれば，権利侵害には要件としての意味はないことになる。不法行為責任が成立する場合には権利侵害があるというだけであれば，わざわざ権利侵害を論じるまでもないからである。

　そのため，このように権利侵害要件を実質的に外したという部分のみに目を

向けてしまうと，大学湯事件の意義を見誤ることになる。なぜなら，大学湯事件で，大審院は，上記の点とカウンターバランスをとる形で，条文にはない別の要件を持ち出してきたからである。すなわち，大審院は，ここで，「故意又は過失により法規違反の行為に出て，もって他人を侵害したる」と述べており，なるほど，他人の権利の侵害という要件は，「他人を侵害したる」と簡略化されているが，その代わりに，民法の条文にはない「法規違反の行為」という文言が付け加わっているのである。つまり，大学湯事件判決は，権利侵害要件を緩和すると同時に，法規違反という別の要件を持ち出してきているのである。法規違反というと，非常に限定的なイメージであるが，この要件が，違法性を要件のひとつに据える不法行為法の再構成につながっていくことになる。

権利侵害から違法性へ——伝統的通説の確立　　大学湯事件判決が持ち出した法規違反という要件は，不法行為の一般的な要件として洗練されたものとはいえないが，この法規違反という表現は，違法性概念の登場によって，よりエレガントな形で，不法行為法の一般理論の中に組み込まれていき，伝統的通説が確立されることになる。

　この伝統的通説の確立に際しては，2つのポイントがある。ひとつは，民法の条文に規定されていない違法性という概念をどのようにして要件として組み込むのかという問題であり，もうひとつは，その違法性の中身である。この2つの問題は，当時の不法行為法理論の東西の横綱といえる末川 博博士と我妻栄博士によって解決されていくことになる。

権利侵害要件の違法性への読替え——違法性理論の導入　　まず，末川博士は，条文上は，違法性という言葉は入っていないが，そこで示される権利侵害というのは，違法性が最も端的に示される場合を示したものであり，違法性の徴表であると説明する。つまり，立法当時は，違法性概念が十分に知られていなかったために，立法者は，違法性が明らかなひとつの場合だけを規定してしまったとするのである。そうであるとすれば，要件として大切なのは，徴表としての権利侵害そのものではなく，その背後にある違法性であるということになる。つまり，権利侵害という言葉を違法性という言葉に読み替えるというのは，709条に関する立法的な不備を補うものなのだとする。これによって，大学湯

事件で示された厳格な権利侵害要件の放棄と法規違反の追加という2つが，整合的に説明されることになる。

違法性の内容——相関関係理論　もっとも，上記の説明だけでは，違法性とは何か，違法性はどのように判断されるのかということは示されていない。なるほど，権利侵害が違法性を示す一つの場合であるということは示されるが，それ以外の残りの部分については明らかではない。

　こうした問題に対応したのが，我妻博士の「相関関係理論」である。これは，結果と行為態様の両方の相関関係で違法性を判断しようとするものである。たとえば，行為態様としてはそれほど不相当ではないとしても結果が重大な場合には，違法性が肯定される。他方，行為態様が著しく不相当であるような場合，結果が軽微なものであるとしても，やはり，違法性が肯定されることになる。行為態様が著しく不相当で，結果も重大である場合，違法性が肯定されることは当然である。

　相関関係理論は，行為態様のカタログとして，不相当な順に，①刑罰法規違反，②禁止命令法規違反，③公序良俗違反，④権利濫用を挙げている。したがって，不法行為責任を成立させるために必要な最低限の結果の重大性は，これとは逆の順番に並ぶことになる。

　なお，相関関係理論は，あくまで客観的な態様としての違法性を判断するための基準であり，しばしば誤解されるところであるが，主観的な要件との相関で責任を決定するという立場ではない。すなわち，故意であれば軽微な結果でも責任が成立し，過失であればより重大な結果を必要とするといった内容を含むものではない。なぜなら，相関関係理論が同時に前提としているのは，主観的要件としての有責性と客観的要件としての違法性の峻別であり，相関関係理論は，違法性を判断する手法にすぎないからである。この点については，注意が必要である。

伝統的見解における違法性と過失　伝統的見解は，以上に見たとおり，709条の権利侵害を違法性と読み替える。一方，すでに言及した通り，過失については，心理状態であると理解する立場をとっていた。これによって，不法行為は，心理的な状態に焦点を当てた主観的要件である過失と客観的な態様に

焦点を当てた客観的要件である違法性によって支えられるという見解が確立した。末川博士が先鞭をつけ，我妻博士がそれを完成させたといえる，こうした不法行為法理論が，わが国においてきわめて長期間にわたり，確固たる通説の位置を占めることになったのである。

コラム *違法性論と国家賠償法（国賠法）1 条*

　法律の条文も，永遠に不変的なものではなく，時代を反映したものである。それを端的に示しているのが，国賠法 1 条である。同条は，公務員が，「故意又は過失によって違法に他人に損害を加えたとき」に国または公共団体が賠償責任を負うことを規定する。引用部分は，公務員が不法行為をなしたということを意味する部分であるが，その文言は，民法 709 条と異なり，《権利侵害》という文言を欠き，その代わりに，「違法に損害を加える」となっている。国賠法は，昭和 22 年につくられた法律であるが，まさしく，当時の「権利侵害から違法性へ」というキャッチフレーズを反映したものとなっている。

　しかし，その後の不法行為法での議論では，《過失》と《違法性》が区別されないようになってきているのは，本文で以下に論じるとおりである。こうした状況の中で，国賠法 1 条を今後どのように解釈していくのかというのは，ひとつの問題であろう。ただ，同条の文言自体，民法 709 条との違いを強調するために，上記のような表現となったのではなく，当時の民法 709 条の一般的解釈を前提としたものであることに照らせば，民法 709 条と国賠法 1 条において，その文言のみに引きずられて違法性や過失といった概念について異なる理解をすることは適当ではないだろう。

伝統的見解に対する批判と違法性と有責性の一元論　　本書で前提とする立場とは異なるが，こうした伝統的な見解は，それなりに完成度の高いものである。不法行為責任を決定する基本的要件として，主観的要件（心理状態としての過失）と客観的要件（違法性。条文上の権利侵害に手がかりを求める）を挙げて，考えていこうとすることも，それなりにわかりやすい。

　もっとも，こうした主観的要件と客観的要件の峻別論は，過失概念の見直しの中で，激しい批判にさらされることになった。つまり，過失を心理主義的な主観的要件とすることに対する批判が優勢となり，客観的な行為態様（結果回避に向けた行為義務の違反）であるという見方が一般的となっていくのである。こうした過失をめぐる問題は，ひとえに過失にとどまるものではなく，同時に，違法性をめぐる議論にも影響を与えることになる。なぜなら，過失が客観的な行為義務違反であるとすれば，そうした過失と違法性との区別が問題となるか

らである。これについては，項目をあらためて説明することにしよう。

民法709条の改正　　以上の流れで，709条の2004年の改正によるひとつの意味は，おおむねつかめたのではないかと思う。つまり，この改正によって，「他人ノ権利」とされていたものが，「他人の権利又は法律上保護される利益」に変更されたことで，桃中軒雲右衛門事件に代表されるような厳格な権利要件を採用しないことが，条文上も明らかにされたと見てよい。もっとも，「法律上保護される利益」というと，何らかの制定法を必要とするようであるが，これまでの経緯に照らすのであれば，こうした制定法準拠型の利益判断ではないことは明らかである。

　同時に，かつての通説において重要な役割を果たした違法性に関する文言は取り込まれなかった。この点は，違法性概念の採用をしなかったというより，理論上争いのない点のみ，文言に盛り込むという2004年の改正の趣旨からして当然であったといえる。

行為違法と結果違法　　最後に，違法性の意味について，若干の補足をしておくことにしよう。後述するように，過失を結果回避に向けた義務違反だと理解する場合，違法性との関係が問題となる。そのためには，まず違法性がどのように判断されるのかについて説明をしておく必要がある。

　違法性要件を厳格に維持する見解は，現在では，むしろ少数となっているが，そうした見解においては，おおむね複合的な違法性概念がとられている。すなわち，結果回避に向けた義務の違反としての違法性と特定の権利侵害それ自体を違法だとするレベルでの違法性である。当然のことだが，前者は，結果回避義務違反としての過失との関係が問題となる。それに対して，違法性要件を維持する見解が強調するのは，もうひとつの違法性，つまり特定の権利（絶対権）の侵害は，行為態様のいかんにかかわらず違法だとする点であり，そこに違法性の独自性が見出されるのである。

　もっとも，こうした違法性（結果違法）が，果たして損害賠償法としての不法行為法において，その積極的な意義を有するものかは疑問である。

　生命や身体のような絶対権の侵害（死亡や負傷）が生じたとしても，それを生じさせた行為の態様を問題とすることなく，それだけで不法行為が成立する

第3節　権利侵害と違法性／**1**　権利侵害要件の意味　　93

わけではない。これらの場合においても，行為態様を検討したうえで，侵害者の不法行為責任が認められたり，認められなかったりする。絶対権侵害はそれだけで違法だという見解においても，それによって生ずる不都合な結果を違法性阻却事由の導入によって緩和しようとした。すなわち，正当防衛や緊急避難，正当業務行為や社会的妥当性といったものによって行為の正当性が認められる場合には，違法性が阻却され，不法行為責任が否定されたのである。そうだとすれば，本書のように過失を一定の行為義務違反だと理解する立場においては，まさしく過失の問題として，それを取り上げればよいということになる。

　また，違法性概念を，物権的請求権や差止めにおける要件と接合していこうという観点から，こうした要件に積極的意義を認めるという説明もある。しかしながら，こうしたさまざまな法律効果に向けたものを一元的に説明する必要があるのかということ自体，明らかではない。むしろ，法律効果が異なる以上，それぞれの法律効果に対応した形で要件を考えていけばいいだけのように思われる。さらに，この違法性論においては，最も重要なのは，何が絶対権なのかという問題であるが，これを判断する基準についても一般的な了解は存在していない。

　そうした観点から，以下では，ひとまず，そうした結果不法的な違法性概念は視野に入れず，客観的な行為態様としての違法性に焦点を当てて，過失との関係を考えていくことにしよう。

2　行為義務違反としての過失と違法性との関係

過失と違法性の一元化　　過失要件に関しては，すでに述べたように行為義務違反説が主流となっている。他方，709 条の権利侵害の要件は，大学湯事件以後の展開の中で違法性と読み替えられることになった。違法性については，いわゆる結果違法的な考え方も存在しているが，むしろその主流は行為違法的なアプローチにあると言ってよい。そうなると，両方の展開をふまえた現時点において，過失と違法性の関係をどのようにとらえるのかということが問題となる。

　最初に考えられるアプローチは，これらの 2 つの要件の中，いずれか一方に収斂させてしまうというものである。新過失論（過失だけを論ずれば足り，違法

94　　第Ⅱ部　不法行為の成立要件／第 1 章　自己の行為に基づく責任

性は独立の要件としての意味を持たない），違法性一元論（過失の問題を含めて違法性で一元的に論じる）は，このいずれに収斂させるかということが異なるものの，どちらも，このアプローチに属する。

本書においては，すでに過失について結果回避に向けた義務の違反としてとらえる立場を前提としてきているが，それだけではなく，民法の条文自体が示している要件であるということからも，基本的に，加害者の行為態様をめぐる問題は，過失に一元化して論じていくことにしよう。

違法性が残る場面　　もっとも，違法性という用語や概念を用いた方が説明しやすい場合があることも否定できない。すでに説明したとおり，過失の前提となる行為義務を考えるための手がかりとしてハンドの公式がある。過失の判断においては，こうした手がかりを通じて，行為義務が措定される。そして，そうした作業は，基本的に裁判官によってなされる。

しかし，一方，立法者によって義務が措定され，それが直接的に不法行為の成否の判断につながると考えられる場合も存在する。特に，必ずしも保護に値することが明確ではない利益（たとえば物理的な侵害を伴わない経済的利益。純粋財産損害）において，そうした状況が見られる。このような立法者によって示された制定法上のルールの違反に対しては，違法性という言葉が従来からも用いられてきたし，用語としても適切であろう。ただ，この場合も注意すべきは，こうした違法性によって不法行為の成否を判断する場合，これとは別に，過失要件を論じるわけではないということである。つまり，この場合にも，違法性と過失は，別の側ではあるが，一元化していると見るべきである。以下では，こうしたタイプの不法行為について，概観しておくことにしよう。

取締法規の違反と不法行為責任　　われわれの社会生活を規律するのは，当然ながら，民法だけではない。数多くの法律が，われわれの社会においては存在する。たとえば，身近なものとして，道路交通法などがあり，一定の行為に対しては，刑罰や反則金といったサンクションが用意されている。それでは，こうした取締法規で一定の行為が禁止されているということは，不法行為責任との関係では，どのような意味を有するのであろうか。この問題は，いくつかのレベルで考えられる。

第3節　権利侵害と違法性／**2**　行為義務違反としての過失と違法性との関係　　95

まず，不法行為責任との関係で，取締法規に違反したということがどのような意味を有するかである。これについては，①違反したということが過失である，②取締法規の違反は過失を推定する，③取締法規の違反は不法行為責任の成否と直接の関係はない，といった関係が考えられる。もっとも，取締法規の内容を問題とせずに，この種の議論を行うことにはあまり意味がない。

取締法規の目的　まず，取締法規がいったい何を目的としているかである。取締法規が不法行為責任において問題とされている当該利益侵害に関して，まさしくそうした利益を守ることを目的として用意されているのであれば，そうした取締法規の違反が，不法行為責任の成立の判断に影響（責任が成立するという方向での影響）を与えるということは十分に考えられる。

他方，そうした取締法規が不法行為において問題となっている利益を直接保護するようなものでないならば，そうした取締法規に違反したということが不法行為責任の成否に影響を与えるということは考えられない。

たとえば，交差点で自動車が歩行者をはねたという事故が発生した場合を考えてみよう。当該自動車が，赤信号であるにもかかわらず交差点に進入してきたという取締法規違反（信号遵守義務の違反），あるいは，必要な一時停止をせずに交差点に入ったという取締法規違反（一時停止義務違反）があり，事故に至ったという場合，そうした取締法規は交差点における事故の発生を防止することに向けられているのであるから，当該事故における運転手の不法行為責任を基礎づけるものとして意味を有すると考えられる。他方，その運転手は，こうした義務を遵守していたが，たまたま事故が発生したとき，免許証を携帯していなかったという取締法規違反（免許携帯義務の違反）は，不法行為責任の成否に直接関係があるとは考えられないだろう。なぜなら，免許の携帯は，交通秩序を維持するうえで意味のあるものだとしても，免許を携帯していない場合には交通事故が起こりやすいといったことはなく，具体的な事故発生の防止を直接の目的とするものではないからである。

したがって，取締法規が，問題となっている利益の侵害を直接防止しようとするものではない場合には，取締法規の違反といっても，不法行為責任との関係では無関係であるということがいえる。

それでは，取締法規が，まさしくそうした利益侵害の発生を防止することを目的としていた場合にはどうなるのであろうか。これについては，上記の①と②の２つの方向が考えられる。一般的には，取締法規違反そのものが過失と評価されるわけではなく，②のように，過失を事実上推定するにすぎないと理解されている。こうした背景には，取締法規は公法であり，民事責任の成否に直接は関係しないという基本的な理解がある。

　しかし，まさしく一定の利益の侵害を防止することを目的として一定の行為規範が用意されている場合，その違反をもって不法行為責任を基礎づける結果回避に向けた行為義務の違反（過失）と認定することには，何ら障害がないと思われる。この場合にまで，ハンドの公式を持ち出して，その過失認定の枠組みの中で，その考慮要素として理解するということに積極的な意味はないだろう。ハンドの公式は，それ自体抽象的なものであり，具体的な義務がどのようなものとなるかということは，個別の事案を通じて判断され，そしてそれが一定の内容を有する行為規範として確立していく。一定の利益侵害を防止しようとする行政上の行為規範は，まさしく，定型的な危険に対して，そうした行為規範を提供するものなのであり，こうした行為規範が法秩序によって明示されている場合には，それを不法行為責任の判断においても直接採用するということは，十分に合理的である。

　もっとも，実際の取締法規や特別法が，どのような目的を有しているかということは，多くの場合に，それほど明確ではない。実際には，ひとつの取締法規が複数の目的を有しているということは少なくないからである。ただ，ここでは，当該取締法規の複数の目的をすべて明らかにすることが必要なのではなく，その目的に，問題となっているような利益侵害を防止するということが含まれているのか否かということが，判断の出発点となると考えられる（独占禁止法等の競争法は，競争秩序を維持することとともに，取引相手や消費者の利益を保護している。最判平成元年12月8日民集43巻11号1259頁「鶴岡灯油訴訟」→*経済百選（2版）〔112②〕・窪田充見*は，独禁法違反の行為による民法709条に基づく損害賠償請求の可能性を認める。ただし，賠償責任については損害が立証されていないと判断した）。

　なお，このような取締法規の違反については，過失という用語がなじみにくく，むしろ違法性という表現が適しているということはあるだろう。すでに述べたように，こうした場面に限って，法秩序の明示的な命令に違反するという

意味で，違法性という言葉を用いるということは考えられる。ただ，その場合，上記のように取締法規の違反が実質的に過失を意味するのであれば，あらためて過失を独立に要求する必要はないということになる。

取締法規の遵守と不法行為責任　　一方，定型的な危険を防止するために，一定の行為が禁止されているという場合に，まさしくそうした危険が実現し，被害者の利益が侵害されたが，行為者は，取締法規は遵守していたという場合，不法行為責任はどのように判断されるのであろうか。

　まず，取締法規の遵守それ自体は，当然に不法行為責任の成立を否定するものではない。なぜなら，取締法規は，一定の定型的に危険な行為を防止しようとするだけであり，その定型的な行為以外には危険がないとか，定型的な行為以外はいかなる側面においても許容されるということを意味するものではないからである。取締法規は，その性質上も，一定の謙抑的な姿勢が求められる。したがって，そうした取締法規を遵守していたということだけでは，不法行為責任との関係では，責任を否定する十分な合理性は認められない。この場面においては，なお一般的な不法行為責任の判断枠組みによって，その責任の成否が検討されることになる。

違法性と有責性の一元論と違法性阻却事由等　　過失と違法性を一元化するという立場をとった場合，用語の点で（実は，概念的な位置づけの点で）問題となるのが，従来，「違法性阻却事由」と呼ばれてきた領域である。

　具体的には，720条に規定される正当防衛，緊急避難のほか，被害者の承諾や正当業務行為といったものが違法性阻却事由として挙げられてきた。もっとも，これらは条文を有する場合においても（720条），「違法性阻却事由」と表示されているわけではない。

　これが，違法性阻却事由と呼ばれたのは，以下のような論理の流れの中でのことである。すなわち，違法性が不法行為責任の要件とされてからも，権利侵害が違法性を徴表するという枠組みは維持されてきた。末川理論におけるこの論理は，「……徴表する。しかし，要件として重要な違法性が認められるのは，権利侵害がある場合だけではない」と続くのであるが，権利侵害の違法性徴表機能というのは，一貫して，伝統的見解の中では維持されてきた。ここで権利

侵害というのは，生命，身体，所有権といった最も基本的で絶対的に保護されるべき権利である（絶対権，絶対的保護法益と呼ばれる）。そうなると，相手が攻撃してきたときに，その防御のために（正当防衛），相手の身体を傷つけた場合にも，（違法性の徴表としての）権利侵害自体は客観的に存在するから，違法性は肯定されることになる。他方，相手方の権利を侵害する認識，認容，予見可能性が肯定されれば，主観的要件としての有責性も肯定されることになる（防衛のためだとしても，これらが否定されるわけではない）。これでは不都合だということで，権利侵害があるにもかかわらず違法性を例外的に阻却するというのが，「違法性阻却事由」なのである。

　もっとも，すでに触れたように，条文上は，正当防衛や緊急避難を，違法性阻却事由と呼んでいるわけではない。また，本書の立場を前提とすれば，一定の権利の侵害があったから当然に責任が肯定されるというわけではなく，当該権利に対する関係で，他の者にはどのような義務が認められるのか，当該加害者はそうした義務違反をおかしたのかが問題となる。720条のような条文がなくても，たとえば被害者自身の承諾がある場合には，そうした利益を害してはならないという義務は前提とならず，そもそも過失が認められないということで，不法行為責任を負担しないことの説明は容易に可能である。権利をどのように保護していくべきか，相互の権利の衝突の中でそれぞれをどのように調整していくべきかということに，困難な問題を伴うことは否定できない。また，生命，身体，所有権等がきわめて重要な権利であるということも，明らかである。しかし，だからといって，それが侵害された経過をまったく顧慮せずに，結果のみをもって違法とするということにどれだけの実質的な意味があるかは疑問であろう→*【行為違法と結果違法】93頁*。その意味でも，違法性阻却事由で扱われてきた問題やそこでの議論の蓄積を過失の成否等において活かしていくということが必要だとしても，それらを体系的に違法性阻却事由として位置づける必要はないと考えられる。

> （コラム）　**違法性阻却事由の意義——立証責任の観点から**
> 　本文で述べたとおり，絶対権の侵害があれば違法性が徴表されるとし，そのうえで違法性阻却事由を論じるか，まさしく違法性阻却事由で論じられるような観点も取り込んで行為態様に焦点を当てた違法性を判断するかは，実体法的には，それほど大きな違いはない。

それでは，両者は，実質的にもまったく違いはないのであろうか。この点を検討するうえでは，立証責任の配分が問題となる。すなわち，絶対権侵害によって自動的に違法性が徴表されるとすれば，その後，実は違法性がないということを，加害者の側で立証しなくてはならないことになる。他方，行為態様も含む違法性を考える場合には，そうした違法性については被害者が立証責任を負担することになる。したがって，違法性という枠組みを維持する場合には，《違法性の立証責任についてのみいえば》，両者の違いは大きいことになる。

　しかし，それでは，かつての通説では，実際に，そのように大きな負担が加害者に生じていたのであろうか。そうではないだろう。多くの場合には，期待されるようなことをすることができなかったというレベルの話は，（違法性と区別される）過失において論じられることになり，且つ，過失の立証責任は被害者が負担していたのである。回り回っての説明という感じであるが，結果的に，違法性と有責性を分けつつ，絶対権侵害＝違法性／違法性阻却事由という２段階の枠組みをとっても，過失一元論で考えても，実質的な相違はそれほど大きくないというのが，本書の結論である。

違法性と有責性の一元論と権利侵害要件の意義　違法性と有責性を区別しないというあらたな，そして，本書も依拠する見解は，709条の条文にない違法性という言葉を要件として排除することになった（一元化するという場合に，過失にではなく，違法性に一元化するという選択もあり得るが，この場合の違法性は，709条の過失に置き換わるものなので，やはり，過失を要件としつつ，それとは別に認められる要件としての違法性を意味しているわけではない）。問題は，それでは，709条の文言に含まれている権利侵害という要件はどのように扱われるのかという点である。

　まず，伝統的見解を退けたからといって，権利侵害要件が，桃中軒雲右衛門当時のものに復活するわけではないということを確認しておくべきだろう。むしろ，大学湯事件が示した２つのポイントの中，権利侵害要件の緩和は，過失で一元的に説明する見解においても維持され，もうひとつのポイントである行為態様に焦点を当てた要件は，伝統的見解と異なり，違法性ではなく，過失の中で実現されていると見るべきである。

　そして，本書のような立場を前提とすれば，過失の前提となる行為義務をどのように設定するのかという場面で，相手方の利益の重要性等が考慮されて，判断されることになるのである。もちろん，その際に前提とされる利益には，生命や身体，所有権のように，権利として確立しており，法的保護の必要性が

高い利益もあれば，必ずしも権利として確立していないもの，保護の必要性が必ずしも高くない利益も考えられるが，まさしくそうした利益の性格に応じて，過失の前提となる行為義務が決定されることになる（なお，利益が法的保護に値するか否かついての規範的判断については別途説明する→【*法的に保護されるべき利益の判断*】*160頁*）。

　　不法行為法の権利生成機能　　違法性や過失についてどのような立場をとるかにかかわらず，権利侵害要件を緩和する場合には，結果的に，不法行為法が，権利生成機能を有することになる。これについては，むしろ逆の説明がなされる場合もある。権利侵害要件を厳格に維持するからこそ，○○権という権利を生み出さなくてはならないのであり，その利益が権利であるということを承認させるための努力がなされるといった説明である。ひとつの説明であろうが，しかし，権利侵害要件を厳格に維持しないとしても，結果的に，不法行為法は，権利生成機能を営むはずである。

　　むしろ，権利としての生成の緒についたばかりの利益は，多くの場合，権利としてのあらゆる属性が承認されるわけではない。そうした利益に対しても，不法行為法は，損害賠償による保護を与えることが可能である。そして，そうした保護が積み重ねられていくにしたがって，当該利益が権利として承認されていくという状況があり得るし，そうした不法行為法の権利生成機能を軽視すべきではない。

　　こうした生成途上の権利については，後に具体的に取り上げることにしよう→【*生成途上の権利と不法行為法の役割*】*149頁*。

3　権利と保護法益の観点からの分析

　　権利侵害要件の柔軟性　　大学湯事件に始まる一連の流れを経て，権利を不法行為法以外においてすでに権利として承認されているものと理解する考え方は，基本的に克服された。近時は，《権利侵害から違法性へ》という図式とそこで形成された伝統的見解に対しては批判がなされているが（本書も伝統的な見解は採用していない），そうした伝統的見解を批判する立場においても，所与的に決まった権利を保護すれば足り，不法行為法が権利創設に関与しないという

ような主張がなされているわけではない。

不法行為法上保護される利益の確定　　以上の認識を前提とすれば，不法行為法上の保護を論ずるために，侵害された利益が「○○権」といった名称を有するか否かは重要ではないといえる。しかし，名称がどうであるかにかかわらず，一定の利益について法的な保護に値するか否かという問題が存在することは否定できない。

　ハンドの公式は，これについても，②法益侵害の重大性と③義務設定による不利益の衡量→【過失の前提となる行為義務を決定する基準】58頁を通じて，一定の考慮をしているとすることはできる。もっとも，これだけで，議論が尽くされるわけではない。ハンドの公式の前提にある一定の法益の重要性をどのように判断するのかの基準は，ハンドの公式それ自体からは出てこないからである。権利という名称を有するか否か，法秩序がすでに権利性を承認しているか否かは，法的保護に値するかを決める基準ではないとすれば，その重要性を決定するものは，当該利益に対する社会的な評価ということにならざるを得ない。法律の規定自体は直接修正されなくても，特定の利益についての社会的な評価が変遷していくことは十分に考えられる（もちろん，反対に，法律の規定の修正が社会的評価の変化をもたらすという状況も考えられる）。

　こうした法益の保護の必要性という観点から特に問題とされるのは，権利として生成途上にあると考えられるような利益，外延が明確に確定されていない利益等である。

侵害された利益と生じる損害　　不法行為法上保護される権利ないし利益には，さまざまなものがある。

　民法典が，損害賠償に関連して言及する法益は，身体（710条），自由（710条），名誉（710条，723条），生命（711条），財産権（710条）だけであるが，不法行為法上保護される利益がこれらに限定されないことは，すでに述べたところからも明らかであるし，また，条文の体裁からも，これらの法益に限定されるものではない。

　こうした不法行為法上保護される利益は，大きく財産的な権利（利益）と非財産的な権利（利益）に分けることが可能である。しかしながら，ここで注意

が必要なのは，侵害された利益の種類と生じる損害の種類→【損害の種類】167頁とは必ずしも一致しないということである。

たとえば，生命や身体というそれ自体としては非財産的な権利が侵害された場合であっても，そこからは，非財産的損害（慰謝料）とともに，財産的損害（治療費などの積極損害と逸失利益などの消極損害）も生じ得る。他方，物（たとえばペット）が害されたという場合，交換価値や利用価値によってはかられる財産的損害以外に，その物に対する愛好利益といった非財産的な損害が生じる場合もある。

この点をふまえたうえで，さまざまな利益が不法行為法上，どのように保護されているかを確認しておく必要がある。以下では，権利としての地位が確立している利益から，順次見ていくことにしよう。

なお，特にあらたに生成してくる保護法益については，利益自体を抽象的に取り上げるのではなく，その対象としようとする利益が，どのような場面で，どのような形で保護されるのかを見ていく必要がある。これについては，不法行為の類型に即した考察の中で詳しく説明し，ここでは簡単に内容を確認することにとどめる。なお，すでに繰り返し説明したとおり，不法行為法上保護される利益は，特に限定されているわけではない。ここで取り上げるのも，代表的な利益のカタログというだけであって，網羅的なものではないし，ここに取り上げられていない利益は不法行為法上保護されないというようなものではないことを確認しておきたい。

3.1 財産上の利益──財産権

物権　まず，所有権等の物権について，不法行為法上の保護が認められることは明らかである。

もっとも，利用していない土地に車をとめたというような場合に，土地所有者に対する不法行為が成立するかについては争いがないではない。特に差額説を前提とする損害概念→【損害の伝統的なとらえ方】162頁をとった場合，こうしたケースでは，損害がないとも考えられる。なぜなら，不法行為があってもなくても，土地所有者の財産状態に変化はないからである。しかしながら，損害は，権利者に不利益をもたらす事実それ自体であるとするという立場を前提とするなら

ば，この場合にも，自らの所有権が侵害されている以上，損害があると見てよい。そのうえで，どれだけの損害賠償がなされるのかという問題は残るが，それは，当該損害をどのように金銭的に評価するのかという問題であり，不法行為の効果に関するものであるということになる。

担保物権　もっとも，物権の中でも，担保物権の侵害については，それほど単純ではない。というのも，所有権やその他の用益物権と異なり，担保という観点から目的物の価値の把握を目的としている担保権においては，目的物を侵害したということが，ただちに担保権の侵害を意味するわけではなく，目的物の侵害が，担保的利益の侵害を意味するのか否かが問われるからである。たとえば，抵当目的物の滅失毀損など，担保目的物の価値を滅失減少させたような場合を考えてみよう。

この場合でも，債務者には十分な資産がある，あるいは，他の担保によって債権はなお十分に担保されているという場合には，債権者に固有の損害賠償を認める必要はないと考えられる。

他方，目的物の侵害によって，債権者が抵当目的物による被担保債権の満足を得られなくなるような場合，目的物所有者が所有権侵害を理由とする損害賠償請求権を持つのと並んで，担保権者についても，不法行為による損害賠償請求権を認めるというのが，一般的な理解である。

もっとも，抵当権について，目的物に対する価値支配権であるということを前提とするのであれば，所有権侵害と担保権侵害との関係が問題とならざるを得ない。そのため，所有権侵害の不法行為のみを観念し，担保権者については，物上代位（372条，304条）を通じた救済のみを認めるという見解も有力である。しかし，かりにそのような見解をとるとしても，加害者が，まさしく担保権者の担保的な利益を侵害することを企図して目的物を侵害した場合には，それ自体を不法行為として評価し，担保的利益の侵害によって生じた不利益の損害賠償を認めてよいと考えられる（ただし，物上代位による救済が認められる場面においては，その実質的意義は乏しい）。

債権——問題の出発点　不法行為法上保護される利益であるか否かが早くから問題とされたのは債権である（もっぱら債権総論の債権の意義の部分で論じら

れてきた）。債権は，文字どおり，「○○権」に該当するという意味では，権利性は明確である。

　しかし，一方で，債権の定義においては，《特定の者に対して特定の行為を請求する権利》であって，不特定多数の者に向けられているわけではないということが一般的に強調される。このような債権の性質を債権の相対性，対人性と呼ぶ。ここから，債権を侵害することができるのは，その債権の行使の相手方，つまり，債務者だけではないかということが考えられる。実際，当初は，そのように考えられていた。

　つまり，「債務者に対して目的物の引渡しを求めることができる権利」を侵害することができるのは，その権利に対応した義務を負担している債務者だけであり，そもそも，そうした義務を負担していない第三者は，それを害することはできないというわけである。

　もう少し詳しく説明すると，この場合，「目的物自体に対する権利」と考えると，それは第三者によっても侵害されるように思われる。しかし，ここで問題とされているのは，目的物それ自体ではなく，「債務者に対して目的物の引渡しを求める権利」（目的物の引渡しという債務者の行為を求める権利）なのである。債務者が目的物についての正当な権原を有さないために，そもそも，債権者が，目的物を得ることは不可能であるとしても，「債務者に対して求める権利」は存在するわけであるし，それが債権なのである。正当な権原を有する債務者の手元から目的物が奪われたとしても，同様に，「債務者に対して目的物の引渡しを求める権利」は存続し得るのである。

　債権侵害に関する不法行為責任が難しい問題として位置づけられてきた出発点には，まずこのような債権の理解があった。

債権侵害についての伝統的な見解　　かりに，上記のとおり，債権が第三者によっては論理的に侵害され得ないものであるとするならば，不法行為責任はそもそも成立する余地がないことになる。第三者は，債権という権利を侵害し得ない以上，不法行為責任も成立することはあり得ないからである。しかしながら，伝統的な見解は，こうした債権侵害による不法行為の成立を認めた。

　そもそも，第三者による債権侵害はあり得ないという点については，債権も財産権のひとつである以上，第三者との関係でも保護されるものであり（「権

利の不可侵性」），債権侵害の不法行為もあり得るとする（大判大正4年3月10日
刑録21輯279頁→ *百選II（8版）〔19〕・新堂明子*）。この説明は，上記のような出発点と
しての問題に十分に答えているわけではない。しかし，まずは，債権侵害とい
う不法行為の成立の可能性を承認したのである。

債権侵害の類型　　債権侵害といっても，さまざまなタイプのものが存在す
る。伝統的な見解においては，以下のような債権侵害の類型が示されてきた。

> ① 債権の帰属の侵害　　債権者でないにもかかわらず弁済を受けて，
>   債権を消滅させる場合（478条）等
> ② 債権の目的である給付の侵害　　債権の目的物の侵奪や債務者自
>   身の拘束によって債権の実現を妨げる場合等
> ③ 債務者の一般財産を減少させることによる債権侵害
> ④ 二重譲渡型の債権侵害

　伝統的な見解は，この①②では，過失によっても債権侵害が成立すること
を認めるが，他方で，その他の類型においては，故意が必要であり，且つ，単
に債権の存在とその侵害を知っているだけではなく，債務者を教唆するか，少
なくとも債務者と通謀することが必要であるとしている。
　このように，伝統的な見解は，債権侵害が論理的に成立する可能性そのもの
は承認しつつ，類型に応じてであるが，その主観的要件を加重することによっ
て，不法行為の成立を限定しようとしている。もっとも，709条は，故意また
は過失を要件とするだけであるのに，なぜこのような主観的要件の限定が認め
られるのであろうか。これについては，第三者による積極的な関与がない場合，
債権者は当該債務者に対してその責任を追及することで満足すべきであるとい
った説明がなされている。ここには，依然として，債権の相対性という性格が
残されており，そうした性格やそれに対応した価値判断としての説明であると
いえる。

　本書の立場　　本書においては，債権は第三者によって侵害されないという
ドグマは否定し，その他の権利や利益と同様であるということを前提としたう

えで，以下のような基本的な視点に立って考えていくことにしよう。

① 債権の帰属の侵害

債権の帰属の侵害型においては，債権という財産権が直接的に害されていると評価することができるのであり，他人の財産権を害してはならないという一般的な法命題を前提として，義務を措定し，不法行為責任を考えていくことができるだろう。その意味で，従来考えてきたとおり，このカテゴリーにおいては，不法行為の成立を特に制限的に考える必要はない。したがって，過失の場合であっても，不法行為は成立する（ただし，主観的要件を問題とするまでもなく，不当利得法によって同様の救済を実現することは可能であろう）。

② 債務者の権利等の侵害

まず，債務者自身や債務者の権利が不法行為によって侵害され，それによって，債権者に不利益が生じたという場合，これは基本的に，いわゆる間接被害者をめぐる問題に位置づけられる→【いわゆる*間接被害者をめぐる問題*】322頁。もっとも，後に説明するように，間接被害者という問題領域は，それほど明確なものとして存在しているわけではない。そこでの基準は，結局，間接被害者とされる者に対する不法行為を法的に観念することができるのかによって決まる。

そして，従来認められてきたように，加害者の意図が，まさしく債権を侵害するということにあった場合，結果発生の認識と認容が，そうした債権侵害に及んでいる以上，直接の不法行為の成立を認めることは容易であろう。

他方，問題となるのは，過失による責任の成立を認めるかどうかである。この点については，単に予見可能性が認められるにすぎない場合，そうした予見可能性を前提として，間接被害者とされる者を害さないようにするという義務が認められるか否かによって決まることになる。現代社会においては，それぞれの社会構成員がさまざまにまじわりあってネットワークを構成している。それを前提とした場合，そうした抽象的な可能性だけで，誰かに対する義務を観念し，それを前提として不法行為責任を考えることは過度に重い責任を認めることになろう（責任の重さは，ハンドの公式を通じて評価される）。債権侵害の不法行為を認めることに慎重であった従来の立場が，債権者を害することを企図していた場合に限って不法行為の成立を認めてきたことは，このような視点から

第3節　権利侵害と違法性／**3.1**　財産上の利益　107

正当化することができるのではないだろうか。

③ 二 重 取 引

　次に，二重取引型のケースである。目的物の二重譲渡が典型的であるが，それ以外にも，時間が重なるような出演の依頼等，後からの取引が，すでに存在した契約関係を害するという状況はある。こうした場合，第2契約の締結によって，先行する第1契約の当事者の利益が害されたとして，不法行為が成立するかが問題となる。709条をそのまま適用するのであれば，この場合にも，第2契約を締結した者に故意または過失があれば賠償責任が認められる。

　もっとも，契約を締結する場合，それと両立しないような契約がすでに締結されているかをそのつど調査しなければならないという義務を当事者に課すことは適当とは思われない。なぜなら，後からの契約が先行する契約と両立しないものであるかどうかを最もわかっているのは，先行する第1契約の当事者である。その当事者の一方が，後からの契約がより有利であるとの認識に立って，契約を締結した場合，その者に，より有利な契約の障害となる事情を明らかにするということを合理的に期待することはできないであろう。このような状況において，契約を締結しようとする者に積極的な調査義務を課するということは，実践的にあまり意味があるとは思われないし，契約のつど，こうしたことを調査しなければならないということ自体，取引にかかわるコストを増大させる。このような観点からは，現に第1契約の存在を知っている場合に限って，それと抵触するような契約を締結するということを不法行為とすることが適切であると考えられる。

　このことは，故意と過失との性質を峻別したうえで，故意による責任のみを認めるというのではなく，ハンドの公式に示される衡量の枠組みの中で，「第1契約の存在を認識している場合には，その第1契約を害するような取引をしてはならない」という義務を設定するものだと理解される。

　なお，こうした局面において，自由競争の原理を持ち出して説明する場合もあるが，自由競争というのは，契約締結に向けての競争を想定しているのであって（競売やオークションが典型的に考えられる），すでに締結されている契約を上回る有利な条件で取引をすることによって，先行する契約を害するようなことは含まれていないのであり，適切な説明とはいえない。なぜなら，第1契約

の当事者は，すでに締結された契約に拘束されているのであり，あらためてその相手方に，より有利な条件を提示することは求められていないからである。

> **コラム**　**目的物の二重譲渡と不法行為責任**
>
> 　不動産の二重譲渡において，本文で述べたような不法行為責任と対抗問題とは，どのような関係になるのであろうか。Aが，目的物を第1譲受人に譲渡し，その後，同一の目的物を第2譲受人に譲渡したという場合を考えてみよう。
>
> 　まず，対抗問題として見た場合，目的物が不動産であれば，177条によって，登記を有さない者は，自己の所有権を第三者に対抗できない。したがって，登記の取得がこの問題を決定することになる。そのうえで，第2譲受人が背信的悪意者である場合には，第1譲受人は登記がなくても所有権を対抗できるというのが，従来の理解である。
>
> 　さて，不法行為責任との関係では，第2譲受人が背信的悪意者であるような場合，不法行為責任を認めるということは理論的にはあまり障害がない。すなわち，対抗問題のレベルでも保護されない背信的悪意者たる第2譲受人の行為は，不法行為法の領域においても正当化されることのない行為である。もちろん，第2譲受人が背信的悪意者であるならば，第1譲受人は所有権を取得できるのであり，結局，損害は生じないとは考えられる。しかし，対抗問題としては争わず賠償責任を追及するという余地もあるし，また，対抗問題として争ったうえで第1譲受人が勝ったとしても，その紛争に伴う費用等を不法行為による損害賠償として請求する可能性はあるだろう。
>
> 　他方，より実践的な問題として考えられるのが，第2譲受人が単純悪意であったような場合である。この場合には，通説判例によれば，第2譲受人は，なお登記を対抗することが認められる（もっとも，判例は，対抗問題において，実は単純悪意を基準としているのではないかという指摘もある）。他方，本文で述べたような理解からは，第1契約の存在について認識があるのであれば，不法行為責任が成立することが認められる。こうした局面については，2つの方向があるように思われる。ひとつは，こうした対抗問題と性格決定される場面では，不法行為責任の成否もそれと合わせるという方向である。つまり，対抗問題のレベルにおいて，第2譲受人が単純悪意というだけでは登記の対抗力が排除されないとすれば，それに合わせて不法行為責任も否定すべきであり，不法行為責任が認められるのは，背信的悪意の場合に限定されるという考え方である。対抗問題において不当とされなかった行為は，不法行為法においても不当としないという立場である。他方，もうひとつの考え方は，不法行為責任の成否は，対抗問題とは切り離して考えればよいというものである。つまり，単純悪意の第2譲受人は，対抗問題では，第1譲受人に対して登記を対抗でき，所有権を取得することができるが，しかし，第1譲受人の権利を害したというレベルでの不法行為責任は免れないということになる。

第3節　権利侵害と違法性／**3.1**　財産上の利益　　109

従来は，前者の考え方が前提とされてきたように思われる（最判昭和30年
5月31日民集9巻6号774頁は，先行する売買を知って不動産を買い受けた
場合でも，それだけでは第1譲受人に対する不法行為は成立しないとする）。
そこで大きく機能していたのは，自由競争の原理による説明であった。しかし，
本文で述べたように，自由競争の原理は，すでに締結された契約関係を害する
ということまでも含んでいる原理ではない。また，所有権の所在を確定すると
いう第三者との関係も伴うような問題と，第1譲受人と第2譲受人との間の損
害賠償責任の成否とを連結しなければならないという積極的な理由も存在しな
いように思われる。単純悪意の第2譲受人は，所有権の取得という点では，第
1譲受人に優先するが，なお不法行為責任は残るという理解は十分にあり得る
のではないだろうか。

④　雇用関係における債権侵害

　債権侵害の類型としては，さらに，労働者の引抜きや，労働争議が問題とさ
れている。

　労働者の引抜きについては，引抜きの対象となった被用者によって従前の雇
用主の顧客との間の契約が害されるという場面での債権侵害，あるいは，引抜
きによる雇用関係の侵害としての債権侵害が問題とされる。前者の問題におい
ては，特に，引き抜かれた労働者が，どこまでの競業避止義務を負うのかが問
題となるが，このような競業避止義務を特約で定めている場合においても，そ
の有効性は合理的な範囲内に制限される。これは，労働者自身の職業選択の自
由や営業の自由との衡量が必要とされるからである。同様に，引き抜いた側に
ついても，その営業の自由等との衡量が必要とされる。引き抜いた側の損害賠
償責任を安易に肯定することは，（引き抜かれる労働者の）職業選択の自由も，
結果的に制約することになり，その点に対する配慮も求められるだろう。最終
的に，労働者や引き抜いた側の損害賠償については，単に，従前の雇用主の債
権等の利益を害するという認識があるだけでは足りず，当該行為が客観的に見
て，一定の不当性を帯びていることが必要とされよう（最判平成22年3月25日
民集64巻2号562頁→*重判H. 22［民10］・山口成樹*）。

　労働争議についても，それによって雇用主の債権を含む利益が害されるとし
ても，それが制度上認められた労働争議に伴うものであるのであれば，損害賠
償責任をもたらすものではないことは当然である。したがって，客観的に違法
性を帯びていることが，賠償の前提となる。

第Ⅱ部　不法行為の成立要件／第1章　自己の行為に基づく責任

なお，これらの類型において，かりに損害賠償責任が認められる場合，その損害賠償額をどのように算定するのかという点については，必ずしも明確ではない。

営業上の利益──営業権？　営業上の利益については，「営業権」という権利を観念して説明する考え方もある。

しかしながら，不法行為法上の損害賠償責任に限っていえば，このような営業権という権利概念を措定することの必要性ないし妥当性については，検討する必要があるだろう。

その理由を説明すると，まず，損害賠償責任を考えるだけであれば，○○権という名称や概念は不要なのであるから→*【権利侵害要件の意味】85頁*，営業権を措定する必要はないということがある。

次に，営業上の利益は，果たして他の権利と同様に，それ自体として権利としての性格を明確に有しているかが疑問だということも理由として挙げられる。すでに，扱っている設例を手がかりに考えてみよう。

> **設例Ⅱ-1**　右翼団体Ａは，書店を営むＢが新聞に投稿した内容が不謹慎であると主張し，街宣車でＢの書店前で軍歌を流し続け，書店の売上げは著しく減少した。
>
> **設例Ⅱ-2**　大型書店チェーンを営むＣは，新興住宅地に出店を計画した。予定地の近くには，Ｄが以前より零細な書店を営んでいたが，Ｃは，Ｄが競争相手としては弱小であり脅威はないことを確認したうえ，出店した。Ｄの売上げは著しく減少した。

この2つの事例については，**設例Ⅱ-1**では損害賠償責任が認められ，**設例Ⅱ-2**では否定されることが考えられ，その説明の仕方としてはいくつかのものがあるということについてすでに説明した→*【故意不法行為と客観的な行為態様の評価】41頁*。そこでは，いずれの説明によっても，行為としての妥当性に焦点を当てて，損害賠償責任の成否が判断された。行為の妥当性に問題がない**設例Ⅱ-2**では，不法行為責任は認められないわけである。

さて，**設例Ⅱ-2**のような場合，営業権侵害はあるが，侵害行為が妥当であるから不法行為責任は認められないのだろうか。もうひとつの説明の仕方として，そもそも自由な営業活動が認められ，そこで自由に競争するというシステ

ムを採用しているわれわれの社会においては，自由な競争に対する関係で保護されるべき営業上の利益は存在していないという見方もできるのではないだろうか。このようなとらえ方をした場合には，設例Ⅱ-2 は，そもそも権利侵害が存在しない事案ということになる。

　もっとも，このように営業上の利益を不法行為法の保護対象から外すということになると，設例Ⅱ-1 においても，同様に損害賠償が認められないということになってしまいそうである。この点は，どのように説明されるのであろうか。

　そもそも，自由競争を前提とした社会であっても，不当な競争や不当な妨害行為までを許容しているわけではない。そのため，そうした不当な行為に対しては，保護されなくてはならない。設例Ⅱ-1 は，刑法上も威力業務妨害に該当するような事案である。したがって，そうした行為に対して，Ｂの利益は守られなくてはならないのであり，それが損害賠償責任を正当化すると考えられる。あるいは，不正競争防止法によって禁止された行為についても，同様に，そうした違法と評価される行為に対する関係では，営業上の利益が保護されると考えることができるだろう。

　このように，営業上の利益が問題となっている場面では，結局，利益に焦点を当てるといっても，利益そのものだけを見て，抽象的に判断しているわけではなく，侵害行為の態様との関係で考えざるを得ないということになろう。判例においても，営業上の利益については，侵害行為の態様や意図（風俗営業に関する規制を利用して競業者の出店を阻止する意図でなされる児童遊園用地の寄附。最判平成 19 年 3 月 20 日判時 1968 号 124 頁），前提となる当事者間の関係（最判昭和 56 年 1 月 27 日民集 35 巻 1 号 35 頁，最判平成 18 年 9 月 4 日判時 1949 号 30 頁）をふまえて，不法行為責任の成否が判断されている。

コラム　なぜ権利なのか？

　不法行為法の議論では，このように一定の権利を承認するかどうかが問題とされる場面が少なくない。ただ，本文で述べたように，わが国の 709 条に照らすならば，すでに大学湯事件で〇〇権という名称や概念は不要となったのだから，なぜ，こうしたことが問題となるのだろうという疑問があるかもしれない。

　〇〇権をめぐる議論には，少なくとも 2 つの背景がある。

　ひとつは，〇〇権という概念を通じて，差止めの問題に結びつけていくという問題である。差止めについては後述するが→【差止請求】454 頁，たしかに，単

112　第Ⅱ部　不法行為の成立要件／第1章　自己の行為に基づく責任

に損害賠償責任を認めるという場合と異なり，一定の権利性を承認することが，差止めを基礎づける説明において重要な役割を果たすことは否定できない。したがって，こうした観点から，権利性を議論することには実践的な意味もある。

　もうひとつは，日本の不法行為法に与えたドイツ法の強い影響との関係である。不法行為理論に関する伝統的な見解（末川・違法性理論や我妻・相関関係理論に代表される見解）は，ドイツ法のきわめて強い影響の下で展開された。もっとも，ドイツの不法行為法の条文が，わが国の条文と大きく異なっている。そこでは，不法行為の基本的な構成要件は，3種類存在する。すなわち，①絶対的な権利（生命，身体，健康，自由，所有権その他の権利）を故意または過失で侵害した場合，②その他の利益を保護法規に違反して侵害した場合，③公序良俗違反の利益侵害の3つである。つまり，単なる利益の侵害は，保護法規の違反や公序良俗違反という加重要件の下でのみ賠償が認められるのであって，単なる過失による侵害では賠償が認められないのである。そのため，①で扱うためには，○○権であり，それが絶対権であるという説明（①の「その他の権利」に含まれるという説明）が必要となるのである。しかし，わが国では，こと損害賠償責任に関しては，そのような制約は存在しない。したがって，この種の○○権にはこだわる必要がないだろう。

3.2　生命・身体・健康

身体・健康　　身体や健康も，それについて身体権とか，健康権といった呼び方がなされるわけではないが，権利であることは明らかである（憲法25条）。

　したがって，故意または過失によって身体や健康が害された場合，不法行為を理由とする損害賠償責任が認められる。現在の判例によれば，これらが侵害された場合，①治療費などの積極損害，②働けなくなったことにより収入を得られないなどの逸失利益（消極損害），③慰謝料についての損害賠償が認められる。この内容については，不法行為の効果の中で詳しく説明する→【*負傷による損害の金銭的評価*】*373頁*。

　なお，健康との関連では，日照権等の環境に関する利益も問題となるが，これについては，別途説明する→【*環境に関する利益*】*157頁*。

生　命　　人の生命が，所有権やその他の財産権，あるいは，身体や健康以上に重要な権利であるということ自体については，異論はないであろう。にも

かかわらず，身体や健康を論じた後に，生命についての法律状態を説明することには，理由がある。

というのも，生命侵害を理由とする損害賠償というのは，身体・健康の侵害とは異なる，特殊な問題を伴うからである。身体・健康の侵害の場合，損害賠償請求をするのは負傷した被害者自身であるから，基本的な枠組みにまったく問題はない。他方，生命侵害の場合には，生命侵害の被害者はすでに存在しないのであり，「誰が」，「どのような損害賠償を求めるのか」という問題を必然的に伴うのである。

現在の判例は，健康侵害の場合と同様に，①治療費などの積極損害，②逸失利益（消極損害），③慰謝料という被害者自身の損害賠償請求権があり，それを遺族が相続するということを認め，且つ，これ以外に，④葬儀費用，⑤遺族固有の慰謝料請求権（711条）を認めている。この点についても，不法行為の効果の中であらためて説明する→【*損害賠償請求権の相続*】*327頁，*【*死亡による損害の金銭的評価*】*392頁*。

3.3 名誉・プライバシー

名　誉　名誉については，710条，723条が言及しており，それが不法行為法上保護されることは明らかである。もっとも，名誉とはそもそも何なのかということ自体，それほど明確なわけではない。

現在の一般的な見解によれば，名誉毀損における名誉とは，その者の有している社会的評価であるとされる。これに対して，たとえば，その人が真に有する価値といったものは，そもそも他人から侵害されるようなものではないから，不法行為法上の保護法益ではない。また，プライドや名誉感情といったものも，名誉毀損における名誉には該当しないといった説明がなされる。

なるほど，723条は，名誉毀損の場合に裁判所が「名誉を回復するのに適当な処分」を命ずることができることを規定しており，ここでは，名誉として性質上回復可能なものが前提とされているとみることができる。さらに，判例には，名誉感情が723条の名誉に含まれないことを判示するものもある（大判明治38年12月8日民録11輯1665頁，最判昭和45年12月18日民集24巻13号2151頁）。しかし，このことは，社会的評価に含まれない名誉，特に，名誉感情が

不法行為法上保護されないということをただちに意味するものではない。上記の大審院判決も，723 条の対象ではないとするだけであって，709 条，710 条による損害賠償が認められるか否かについては言及していない。訂正記事等の措置によって回復可能ではないことはたしかであるが，回復不可能な損害であっても，賠償がなされるべき利益は数多く存在する（生命侵害や身体侵害による後遺症など）。

　したがって，名誉感情の侵害も，その侵害行為の態様によっては，損害賠償責任をもたらす可能性がある。ただ，利益については，いわば権利としての確立の程度が低いほど，不法行為法上保護するべきかについては，より慎重な判断が求められることになる。また，名誉や名誉感情の侵害を理由とする不法行為責任を問題とする場合，一方で，表現者の表現の自由という基本的な権利の制約が生ずるという点についても考慮する必要がある。

　なお，社会的評価としての名誉は，自然人に限らず，法人についても観念することができる。したがって，名誉毀損は法人についても成立し，710 条による慰謝料請求が認められる（最判昭和 39 年 1 月 28 日民集 18 巻 1 号 136 頁）。

名誉毀損の成否の判断のプロセス──事実の摘示による名誉毀損　　このような名誉毀損の性質（表現の自由という利益と名誉という利益との衝突とその衡量の必要性）に照らして，現在の判例は，その判断枠組みについて，次のようなプロセスを示している（最判昭和 41 年 6 月 23 日民集 20 巻 5 号 1118 頁→ *百選 II（4 版）* *[87]・神田孝夫，メディア百選 [24]・淡路剛久*）。

　　①　まず，被告の表現行為（事実の摘示）によって原告の社会的評
　　　　価の低下が存在する場合には，原則として名誉毀損の不法行為
　　　　が成立する。
　　②　ただし，被告の表現行為が，(i)公共性を有する事実に関するも
　　　　のであり，(ii)公益目的をもってなされ，且つ，(iii)表現行為にお
　　　　いて示された事実が真実である場合には，違法性が阻却され，
　　　　不法行為責任は成立しない（「真実性の抗弁」）。
　　③　上記②の中，(iii)の要件を満たさない場合においても，表現行為

において示された事実が真実であると信ずるについて相当の理由があった場合には，過失が否定され，不法行為責任は成立しない（「相当性の抗弁」）。

　上記の①の社会的評価の低下については，一般の読者や視聴者の受け止め方を基準として判断される（新聞について最判昭和31年7月20日民集10巻8号1059頁「多摩の上海事件」，テレビによる報道について最判平成15年10月16日民集57巻9号1075頁「テレビ朝日ダイオキシン訴訟」→ *メディア百選 [94]・山口いつ子*，最判平成28年1月21日判時2305号13頁→ *重判 H. 28 [民7]・水野謙*）。
　また，当該メディアの性格が興味本意の記事を掲載するものであるということが，不法行為責任の成否に影響を与えないというのは当然である（最判平成9年5月27日民集51巻5号2009頁「夕刊フジ事件」）。

　このような判断枠組みは，前掲最判昭和41年6月23日が言及するように，基本的に，刑法の名誉毀損の規定（刑法230条以下）とそれをめぐる議論を借用するものである。本書においては，違法性と過失を峻別しない形で不法行為責任を説明してきたが，こと名誉毀損に限ると，判例はその説明において，違法性と過失を区別しているということになる。

真実性と相当性の判断をめぐる問題　　真実性と相当性の判断をめぐっては，いくつかの問題があるので，それを確認しておくことにしよう。

①　真実性と相当性の判断の基準時をめぐる問題
　真実性は，客観的に当該事実の摘示が真実であったかを問題とするものであるのに対して，相当性の判断は当該事実の摘示について過失がなかったのかという点を問題とするものである。そのために，その判断における基準時が異なる。
　まず，真実性については，可能な限り多くの証拠に基づいて客観的に判断されるべきであるので，事実審の口頭弁論終結時が，その判断の基準時となる。
　他方，相当性については，当該事実が摘示された時点における表現者の過失の有無を問題とするものであるから，当該行為時の資料に基づいて判断される

ことになる（最判平成 14 年 1 月 29 日判時 1778 号 49 頁→ _メディア百選［22］・道垣内弘人_）。

② いわゆる「配信サービスの抗弁」をめぐる問題

なお，新聞社が通信社から配信を受けて自社の新聞に記事を掲載する場合，配信記事であるということが名誉毀損の成立を否定するのかという問題がある。いわゆる配信サービスの抗弁をめぐる問題であるが，これについて，最判平成 14 年 1 月 29 日民集 56 巻 1 号 185 頁→ _メディア百選［95］・篠原俊行_ は，配信記事である一事をもって真実と信じることについて相当性が認められるわけではないとする（ただし，報道した新聞社と通信社の一体性が認められる場合，通信社について相当性が認められれば，新聞社の名誉毀損も否定される。一体性は，通信社と新聞社との関係等によって総合的に判断されるのであり，配信記事であるというクレジットの表示は必ずしも基準とならない。最判平成 23 年 4 月 28 日民集 65 巻 3 号 1499 頁）。配信サービスの抗弁は，アメリカ法で展開された法理であるが，現在のわが国においては，相当性の判断をめぐる問題の一部として位置づけられていると理解される。

一定の事実を前提とする意見や論評　もっとも，上記の判断枠組みは，(i) 公共性を有する事実に関するものであり，(iii)表現行為において示された事実が真実である，という 2 つの要件によって示されるように，事実の摘示による名誉毀損を想定したものである。それでは，意見や論評についてはどうなのだろうか。従来の判例を前提とすれば，これについては，2 つの類型を分けることができる。

① 一定の事実を前提とする意見や論評

まず，一定の事実を前提とする意見や論評については，判例は，「ある事実を基礎としての意見ないし論評の表明による名誉毀損にあっては，その行為が公共の利害に関する事実に係り，かつ，その目的が専ら公益を図ることにあった場合に，右意見ないし論評の前提としている事実が重要な部分について真実であることの証明があったときには，人身攻撃に及ぶなど意見ないし論評としての域を逸脱したものでない限り，右行為は違法性を欠くもの」であり，「仮に右意見ないし論評の前提としている事実が真実であることの証明がないとき

第 3 節　権利侵害と違法性／**3.3**　名誉・プライバシー　117

にも，事実を摘示しての名誉毀損における場合と対比すると，行為者において右事実を真実と信ずるについて相当の理由があれば，その故意又は過失は否定される」と判示する（最判平成9年9月9日民集51巻8号3804頁→百選II（8版）[90]・石橋秀起，重判H.9［民11］・窪田充見）。

　この判断においては，事実の摘示による名誉毀損に対応したような形で，事実の摘示に関する部分が説明されている。すなわち，本判決は，意見や論評が特定の事実の摘示を含む場合，その事実に関する部分については，事実摘示型の名誉毀損の判断をそのまま利用することを示している。一方，そうした前提となる事実からの意見や論評については，意見ないし論評としての域を逸脱していない限り，不法行為は成立しないということになる。なお，この事件では，結局，問題となった表現は，事実の摘示を含むものであるとの判断が示され，名誉毀損が成立しており，意見ないし論評としての独自性は，中心的な論点にはなっていない。その点では，次に示す平成16年判決の方が，この問題の性格をより端的に示すものと言えよう。

　②　純粋な意見や論評

　一方，純粋な意見や論評については，明確な判断はなお示されていない。そもそも，純粋な意見や論評は名誉毀損の問題を構成しないという考え方もある。しかしながら，「○○の品質は悪い」，「○○は芸術性が乏しい」等の評価が，現に相手方の社会的評価の低下をもたらすという状況はあり得るだろう。したがって，一律に，名誉毀損の成立を否定することは適当ではない。むしろ，そうした社会的評価が低下するという状況があり得ることを承認したうえで，意見や論評を保護することの必要性をより重視して，名誉毀損の成否に関するルールを考えることが適当であろう。上記①で示されているところに照らすと，「人身攻撃に及ぶなど意見ないし論評としての域を逸脱したものでない限り」名誉毀損の不法行為は成立しないものと考えられよう。

> **事例研究**　最判平成16年7月15日民集58巻5号1615頁→メディア百選［37］・阪本昌成，重判H.16［民7］・窪田充見
>
> 　前提となる事案は，以下のようなものである。Xは，従軍慰安婦問題についてわが国に責任があるとの意見を，著書，講演等において表明している。一方，漫画家であるY₁は，従軍慰安婦問題についてわが国に責任があるとする論者や論調を批判する立場をとっている。Xは，その著書にY₁の漫画のカットをY₁に無断で採録し，Y₁の見解を批判し

た。他方，Y_1 は，本件漫画を執筆し，本件採録が著作権侵害であり違法であると批判し，本件採録が「ドロボー」であり，X著作は「ドロボー本」であると繰り返し記述するとともに，唐草模様の風呂敷を背負って目に黒いアイマスクをかけている古典的な泥棒の格好をしたXの似顔絵の人物を描いた。Y_2 は，本件漫画を雑誌ならびに単行本に掲載して発行した。本件は，Xが，名誉毀損等を理由として，Y_1 ならびに Y_2 に対して損害賠償ならびに謝罪広告を求める訴えを提起したものである。

　最高裁は，「法的な見解の正当性それ自体は，証明の対象とはなり得ないものであり，法的な見解の表明が証拠等をもってその存否を決することが可能な他人に関する特定の事項ということができないことは明らかであるから，法的な見解の表明は，事実を摘示するものではなく，意見ないし論評の表明の範ちゅうに属する……。……意見ないし論評については，その内容の正当性や合理性を特に問うことなく，人身攻撃に及ぶなど意見ないし論評としての域を逸脱したものでない限り，名誉毀損の不法行為が成立しないものとされているのは，意見ないし論評を表明する自由が民主主義社会に不可欠な表現の自由の根幹を構成するものであることを考慮し，これを手厚く保障する趣旨によるものである」。「本件各表現が，公共の利害に関する事実に係るものであり，その目的が専ら公益を図ることにあって，しかも，本件各表現の前提となる上記の事実は真実であるというべきである。また，本件各表現がXに対する人身攻撃に及ぶものとまではいえないこと，本件漫画においては，Xの主張を正確に引用した上で，本件採録の違法性の有無が裁判所において判断されるべき問題である旨を記載していること，他方，Xは，Y_1 をX著作中で厳しく批判しており，その中には，Y_1 をひぼうし，やゆするような表現が多数見られることなどの諸点に照らすと，Y_1 がした本件各表現は，X著作中のXの意見に対する反論等として，意見ないし論評の域を逸脱したものということはできない」と述べて，Xの請求を一部認容した原審判決を破棄し，Xの請求を棄却した。

　この判決では，法的な見解の表明が事実の摘示なのか意見ないし論評なのかという点が中心の論点となっており，最高裁は，後者であると判示した。そのうえで，前掲の平成9年判決で示された枠組みを用いて結論を導いている。ただし，平成9年判決と本判決の事案には，無視できない相違も存在する。平成9年判決では，前提とされる事実の摘示と意見論評があり，その事実の摘示自体が名誉毀損に該当するという事案であった。その意味では，事実摘示型の枠組みでも具体的な解決は可能な事案だったといえる。他方，本件では，前提となる事実それ自体には，当事者間での争いはなく，そうした経緯そのものは，X自身も，自らの著作等において明らかにしているところである。その意味では，本件は，「事実摘示＋論評型」ではなく，むしろ，「純粋な論評型」であったと解する余地もあると思われる。こうした点に関する本判決の位置づけは，なお明確なものとはなっていない。

第3節　権利侵害と違法性／**3.3**　名誉・プライバシー　119

虚名と名誉　すでに述べたように，名誉とは，その者に対する社会的評価である。それでは，そうした社会的評価がそもそも誤ったものであった場合にはどうなるのであろうか。これは，いわゆる虚名が，名誉毀損との関係でどのように位置づけられるかという問題である。これについては，おおむね2つの方向が考えられる。

まず，虚名は，保護に値する名誉ではないという考え方がある。これによれば，そうした虚名が暴かれたとしても，出発点としての名誉侵害（保護されるべき社会的評価の低下）が存在しないのであるから，不法行為は成立しない。

もうひとつの考え方は，あくまで上記のような判断プロセスの中で，この問題を解決していくというものである。すなわち，虚名であっても，それが現に存在するその者の社会的評価である以上，それを事実の摘示によって低下させれば，名誉侵害は存在することになる。そのうえで，①公共性，②公益目的性，③真実性という責任の阻却事由が検討されることになる。虚名であるということは，この③の要件に関する判断の中で考慮されることになる。

それでは，結局，両者は説明の違いというだけで具体的な相違をもたらさないのだろうか。そうではない。上記の2つをよく比べてみてほしい。虚名は名誉ではないという立場を前提とすれば，当該社会的評価が虚名であるということさえ明らかにできれば，もはや名誉毀損としての不法行為は成立する余地はない（名誉感情の侵害の不法行為の可能性は残るかもしれないが，それも虚名は保護法益ではないとするのであれば，認めるのは困難であろう）。

他方，虚名についても名誉毀損の基本的な判断枠組みを維持するのであれば，そうした虚名の侵害であっても名誉毀損は成立し，上記の3つの責任阻却のための要件を満たした場合にのみ，不法行為責任は否定されることになる。なるほど，この中，③の真実性の要件は，虚名であり，本当はそうではなかったということを証明することによって満たされる。しかし，それだけでは，①②の要件は当然には満たされないのである。つまり，いくら虚名であるとしても，それが公共性を有しない事実に関する虚名であったり（①の要件を満たさない場合），あるいは，公益目的を有さず，単に，自己の満足等のためになされたというような場合（②の要件を満たさない場合）には，不法行為責任が認められるということになる。もちろん，一定の社会的地位にある者についての表現行為

120　　第Ⅱ部　不法行為の成立要件／第1章　自己の行為に基づく責任

は，①②の要件を満たす場合は少なくはないであろうから，その場合には，不法行為責任は成立しない。

　しかしながら，私人について，当該事実が公共性を有せず，また，表現者も公益目的性を有しないという場合も考えられる（たとえば，ある家族が非常に仲がよいとの周囲の評価があるが，実態は異なるという場合。それは，基本的に私事にわたる事柄である）。このような場合には，虚名についてどのように考えるかによって，不法行為責任が成立するか否かが異なってくることになる。

　すでに説明したように，名誉毀損の判断においては，名誉という人格的な利益と表現の自由の衡量が求められる。もちろん，名誉毀損以外においても，こうした種々の利益が衝突するということはいくらでも存在する。たとえば，健康といった人格的利益と営業活動の自由といったものも，場合によっては両立できない形で衝突するということがあろう。

　しかし，こうした場面においては，名誉毀損のように2つの利益の衡量という明確な図式は採用されておらず，侵害された権利の側から出発し，行為を評価するという判断構造になっている。そうしたものと比較すると，名誉毀損の成否においては，表現の自由は，他の自由権（一般的自由権）と異なり，より重視されていると言ってよい。そのように表現の自由に一定のアドバンテージを与えるという背景には，表現の自由が，民主主義の基底を構成するものであるという認識がある。しかし，このような表現の自由を重視するとしても，公共性や公益目的性というものをいっさい要件とせず，真実を暴くのであれば何でも許されるというような判断をするべきではない。なぜなら，私的な領域においては，個々人には，マスクをかぶる自由があり，それを暴くことが，当然に表現の自由によって正当化されるわけではないからである。このように考えると，「虚名」といったものを特別に観念し，それを前提とした判断をするのではなく，他の名誉毀損と同様に考えていけば足りるということになろう。

　先行する報道との関係　　後述のいわゆるロス疑惑事件をめぐる報道では，多くの報道機関によってさまざまなメディアを通じた報道がなされた。このように先行した報道が存在することは，以下の2つの点で問題となる。

① 先行する報道と相当性の抗弁をめぐる判断

まず，さまざまな報道がなされていれば，一般の読者の立場であれば，それらがあたかも真実であるかのように受け止める（だからこそ，名誉毀損の不法行為の問題となる）。

このことは，報道に際して，相当性の問題に影響を与えるだろうか。これについては，先行する報道があったということによって，機械的に相当性が認められるべきではない。前掲の最判平成9年9月9日は，「ある者が犯罪を犯したとの嫌疑につき，これが新聞等により繰り返し報道されていたため社会的に広く知れ渡っていたとしても，このことから，直ちに，右嫌疑に係る犯罪の事実が実際に存在したと公表した者において，右事実を真実であると信ずるにつき相当の理由があったということはできない。けだし，ある者が実際に犯罪を行ったということと，この者に対して他者から犯罪の嫌疑がかけられているということは，事実としては全く異なるものであり，嫌疑につき多数の報道がされてその存在が周知のものとなったという一事をもって，直ちに，その嫌疑に係る犯罪の事実までが証明されるわけではない」とする。

すでに多くの報道がなされているから，それだけで後の報道をする者において，「真実であると信ずるについて相当の理由」があるといえないのは当然である。

② 先行する報道による社会的評価の低下

それでは，先行する報道を通じて，その内容が社会的に周知となっていたことによって，原告の社会的評価がすでに低下していたということは，名誉毀損の出発点である社会的評価の低下という要件との関係では問題とならないだろうか。つまり，第1の報道によってすでに社会的評価が低下していた以上，第2の報道によってあらたな社会的評価の低下は生じておらず，名誉毀損の前提が欠けるのではないかということが問題となる。これに対しては，第2の報道によって，社会的評価の低下がさらに確実なものになった等の説明も考えられるが，それ以外にも，先行する報道による社会的評価の低下を理由として名誉自体を否定することには問題がある。すなわち，このような免責が認められると，最初の報道については，名誉毀損の成否について，公共性，公益目的性，真実性または相当性の判断がなされるが，それ以後の報道については，これら

がそもそも問題とされないということになってしまう（虚偽だと知っていても，名誉毀損は成立しないということになる）。むしろ，いわゆるロス疑惑→ コラム いわゆるロス疑惑と名誉毀損125頁 に見られるように，同一の社会的事実をめぐる一連の報道は，それらの報道全体を通じての社会的評価の低下が問題となっているのであり，最初の報道のみについて社会的評価の低下が問題となると考えるべきではないだろう。なお，社会的評価の低下との関係では，このように一連の報道の一体性を考慮するとしても，それは共同不法行為の問題をもたらすと考えるべきではなく，その責任の成否と範囲は，個別の表現行為ごとに判断することが適切である。

刑事事件判決と名誉毀損の成否　犯罪についての報道がなされた場合，その報道が名誉毀損に当たるか否かという民事事件と別に，当該犯罪をめぐっての刑事事件が問題となる。このような刑事訴訟の推移は，名誉毀損の成否に何らかの影響を与えるのだろうか。このような影響は，2つのレベルで問題となり得る。

①　刑事事件判決を前提とする報道等と相当性の抗弁
　第1に，刑事事件判決を前提として報道したような場合，その刑事事件判決をもって相当性の抗弁が成立するかという問題がある。特に，刑事事件についての判決が確定していないような場合に，このような未確定判決によって相当性の抗弁を基礎づけてよいかが問題となる。
　最判平成11年10月26日民集53巻7号1313頁→ メディア百選 [29]・窪田充見, リマークス22 [13]・浦川道太郎 は，「刑事第1審の判決において罪となるべき事実として示された犯罪事実，量刑の理由として示された量刑に関する事実その他判決理由中において認定された事実について，行為者が右判決を資料として右認定事実と同一性のある事実を真実と信じて摘示した場合には，右判決の認定に疑いを入れるべき特段の事情がない限り，後に控訴審においてこれと異なる認定判断がされたとしても，摘示した事実を真実と信ずるについて相当の理由があ」り，「刑事判決の理由中に認定された事実は，刑事裁判における慎重な手続に基づき，裁判官が証拠によって心証を得た事実であるから，行為者が右事実には確実な資料，根拠があるものと受け止め，摘示した事実を真実と信じたとしても

無理からぬものがあるといえるからである」として，未確定の刑事事件判決であっても，原則として，相当性の抗弁を基礎づけるということを示した。

刑事事件において事実として認定されたということは，捜査機関からの情報などと比べても（最判昭和47年11月16日民集26巻9号1633頁は，公式発表前の捜査機関からの情報をもとに報道した事案において相当性を否定した），はるかに信頼性の高いものと言うことができ，このような判断は妥当なものといえる。

なお，未確定の刑事事件判決であっても，相当性の抗弁を基礎づけるものとなり得る以上，すでに確定している刑事事件判決において認定された事実をもとに報道した場合に，相当性の抗弁が成立するのは当然だということになる（この場合には，さらに真実性の抗弁も考えられる）。

すでに述べたように，相当性の抗弁との関係では，表現行為の時点が基準となるのであり，その時点ですでにあった刑事事件判決が問題となる。相当性の抗弁は，「真実と信じるについて相当の理由」の有無を表現行為時点で問題とするものだからである。

② 刑事事件判決と真実性の抗弁

刑事事件判決との関係では，真実性の抗弁も問題となる。報道機関が，Aが犯罪を行ったという嫌疑について報道をし，その後，Aが訴追され，有罪判決が出て，確定したという場合を考えてみよう。

この場合，表現行為（報道）の時点では刑事事件判決は出ていないのであるから，行為時を基準とする相当性の抗弁との関係では刑事事件判決は問題とならない。しかし，真実性の抗弁との関係では，報道後の有罪判決も意味を持ってくる。真実性の抗弁においては，当該事実があったか否かが重要なのであり，それが最終的に確定されればよいからである。表現行為の後であっても，刑事事件においてAが犯罪を行ったという事実を認定する判決が確定したとすれば，その他の公共性，公益目的性の要件が満たされることを前提として，原則として（確定した有罪判決に疑義が生じるなどの特段の事情がない限り），真実性の抗弁が認められ，名誉毀損の成立は否定されることになる。

なお，最判平成9年5月27日民集51巻5号2024頁→*百選II（8版）[91]・和田真一，メディア百選[42]・早川眞一郎，リマークス17[15]・五十嵐清*は，報道の後に，未確定の有罪判

決が出た場合についても，すでに成立した名誉毀損を当然に否定することにはならないと判示している。これは，損害の発生の基準時は，報道の時点であり，そこで社会的評価の低下が生じている以上，その後に有罪判決が出たとしても，それによってすでに生じている損害が消滅するわけではないという文脈の中で語られたものと理解される。

　もっとも，この判決も，後の有罪判決が確定した場合には，真実性の問題として，報道の違法性が阻却される可能性を排除しているわけではないと理解すべきであろう。

> **コラム** *いわゆるロス疑惑と名誉毀損*
>
> 　ロス疑惑として知られる事件とその報道状況については，一定の年齢以上の読者であれば，あらためて説明するまでもないほど，身近な体験として存在しているのではないかと思う。もっとも，報道の皮切りとなった週刊文春の報道が1984年であるから，現在，大学生の年代である多くの読者にとっては，「それは何？」という反応の方が，むしろ自然かもしれない。「ロス疑惑」とは一体何であったのかを，最初に説明しておくことにしよう。
>
> 　ロス疑惑とは，Ｘ（刑事事件の被告人であり，民事事件の原告）の妻に対する保険金殺人の疑いをめぐるものであり，週刊文春の報道を皮切りに，Ｘは，きわめて激しい報道の対象となった。
>
> 　ここでは，後に扱う名誉毀損の分析とも関係するので，もう少し詳しく時間的順序を追って，経過をたどっておく。ポイントは，3つある。第1は後に「ロス疑惑」と呼ばれるようになった事件そのものであり，第2はそれをめぐる報道，そして，第3は「ロス疑惑」に関する刑事事件の経過である。まず，ロス疑惑として呼ばれている事件には，以下の通り，「殴打事件（殺人未遂事件）」と「殺人事件」の2つがある。
>
> | | |
> |---|---|
> | 1981年 8月 | Ｘの妻が，ロスアンジェルスのホテルで殴打される（以下，「殴打事件」）。 |
> | 1981年11月 | Ｘの妻が，同地で，Ｘとともに銃撃され，死亡した（以下，「殺人事件」）。Ｘも負傷した。 |
> | 1984年 1月 | 週刊文春で「疑惑の銃弾」の連載が始まり，Ｘをめぐる報道がきわめて激しい形でなされる。 |
> | 1987年 8月 | 殴打事件について，第1審で，有罪判決が出される（控訴） |
> | 1994年 2月 | 殴打事件についてのＸよりの控訴棄却（上告） |
> | 1994年 3月 | 殺人事件について，第1審で，有罪判決が出される（控 |

第3節　権利侵害と違法性／**3.3**　名誉・プライバシー　125

　　　　　　　　　　　　　訴）
1998 年 7 月　殺人事件について，控訴審で，Xの無罪判決（上告）
1998 年 9 月　殴打事件についてのXよりの上告棄却（殴打事件の有罪判決が確定）
2003 年 3 月　殺人事件についての検察からの上告棄却（殺人事件の無罪判決が確定）

　さて，上記のとおり，Xをめぐる報道は，メディアの種類を問わず，膨大なものにのぼったが，Xは，それに対して，数百件にのぼる民事訴訟を提起した。

　こうしたロス疑惑をめぐる民事訴訟は，名誉毀損をめぐる法理論にかつてない素材を提供することになった。その意味で，ロス疑惑は，不法行為法にとって，大きな意味を持ったといえる。社会科学の世界では，実験は困難である。少しずつ条件を変えた場合にどうなるのかというのは，自然科学における有効な研究方法であるが，社会科学，特に，法律学においては，そのようなことは意図してできるものではない。類似する事件を集めて対比するといっても，前提となる事件の違いが大きい場合，その対比は容易ではない。判決の射程を考えるというのも，頭の中で，少しずつ条件を変えながら，そうした場合にどうなるかを考えることになるが，それはあくまで解釈論としてなされる作業である。それに対して，ロス疑惑に関する名誉毀損訴訟では，問題となっている事実は基本的には同一である。そのうえで，メディアの種類がどのようなものであったのか，報道されたのがいつだったのか（これは，特に，刑事事件の判決がいつ出たのかという点で意味を有する），当該報道は事実の摘示に限定されるのか，意見表明を含むものなのか等々，さまざまなバリエーションを生み出した。過去にこうした例は，見あたらないだろう。
　その意味で，ロス疑惑をめぐる名誉毀損において，どのような論点が取り上げられたのか，それについて裁判所はどのような判断を下したのかをきちんと確認することは，それだけで，名誉毀損に関する法的な状況をかなり理解することにつながる。
　ロス疑惑に関連する名誉毀損訴訟で取り上げられた論点の一部については，すでに本書の中でも言及したが→【先行する報道との関係】121頁，【刑事事件判決と名誉毀損の成否】123頁，網羅的に状況を概観したい場合には，窪田充見「いわゆる『ロス疑惑』に関連する一連の名誉毀損訴訟」法教271号（2003年）37〜43頁を参照してほしい。

少年法と名誉毀損　　名誉毀損との関係で，最近もいくつかの具体的なケースが登場しているのが，少年犯罪についての報道である。少年法61条は，「家

庭裁判所の審判に付された少年又は少年のとき犯した罪により公訴を提起された者については、氏名、年齢、職業、住居、容ぼう等によりその者が当該事件の本人であることを推知することができるような記事又は写真を新聞紙その他の出版物に掲載してはならない」と規定する（推知報道の禁止）。このため、少年が犯罪を犯した場合に、実名や顔写真が報道された場合、少年法61条の違反ということになり、あわせて、それが当該少年に対する名誉毀損、プライバシー侵害を構成しないかが問題とされる。

この点については、現在までの裁判例は分かれている。すなわち、下級審レベルでは、①大阪地判平成11年6月9日家月51巻11号153頁（新潮45事件・第1審）、②名古屋地判平成11年6月30日判時1688号151頁（週刊文春事件・第1審）、③大阪高判平成12年2月29日判時1710号121頁（新潮45事件・控訴審）、④名古屋高判平成12年6月29日判時1736号35頁（週刊文春事件・控訴審）がある。

この中、①②④判決は、少年法61条の違反があった場合、特段の事情がない限り、原則として損害賠償が認められるとする。他方、③判決は、少年法61条は、(1)少年に対し実名で報道されない権利を付与するものではなく、(2)かりに実名で報道されない権利を付与しているとしても、表現の自由との関係において、同条が当然に優先するわけではなく、また、更生の可能性を確保することが少年法61条の立法趣旨であるとしても、それを控訴人らに対する損害賠償請求の根拠とすることはできない、とする。最高裁の週刊文春事件についての上告審判決では、そもそも推知報道に当たらないという判断がなされたために（最判平成15年3月14日民集57巻3号229頁→*憲法百選I（6版）〔71〕・上村都*）、推知報道に該当する場合に、名誉毀損やプライバシー侵害との関係がどのようになるかについての最高裁の立場は、なお明確にはなっていない。

ただ、名誉毀損やプライバシー侵害という類型が、一方で人格的利益の保護を実現するとともに、表現の自由とのバランスを図ってきたことに照らすならば、少年法61条のみをもって、この問題が全面的に解決される（少年法61条に違反すれば、名誉毀損等が成立する）というのは、あまりにも単純であるように思われる。

また、少年法61条も、少年の名誉やプライバシーそれ自体を保護することを目的とするものではなく、健全に成長するための権利（更生の可能性）を目

的とするものである。かりに少年法 61 条に違反したことによる権利侵害を考えるとしても，それは一次的には，こうした更生の可能性が侵害されたというものであり，名誉そのものではないはずである（最高裁の前掲平成 15 年判決は，④判決について，こうした点を指摘する）。むしろ，名誉それ自体に関していえば，成人の場合と比べて，少年のそれにより高度の保護が与えられるべきであるということは，少年法 61 条のみから，当然には導かれるわけではない。さらに，更生の可能性という権利についても，依然として，憲法上の権利である表現の自由との調整問題は残るはずである。もちろん，少年法 61 条は，そうした衡量問題をふまえたうえで，いっさい「掲載してはならない」という行為規範を示したものと理解する余地もないではない。しかしながら，表現の自由が民主主義を支えるものであり，最も重要な基本権として存在することに照らせば，そのようなとらえ方は行き過ぎであり，法律効果について何も規定しない一編の特別法によって規定されるようなことがらではない。少年法 61 条は，表現の自由との関係でも，保護の対象となり得る利益として，少年の更生の可能性の確保を示しただけであり，具体的な判断に際しての衡量問題は依然として残っていると見るべきである。

コラム ***不法行為責任の判断と自主規制***

　取締法規が存在しない場合，あるいは，存在していても比較的緩やかなものである場合に，業界の自主規制でより厳しい基準を設けるということはある。こうした自主規制は，国家などによる直接の規制を回避するという側面も有している。

　ところが，少年犯罪の報道に関する自主規制は，これとはかなり性格を異にする。この点に関する自主規制にはさまざまなものがあるが，特によく知られており，判決でも言及されることが多い自主規制基準として，日本新聞協会の自主規制ルールがある。これは，「20 歳未満の非行少年の氏名，写真などは，紙面に掲載すべきではない。ただし，(1)逃走中で，放火，殺人など凶悪な累犯が明白に予想される場合，(2)指名手配中の犯人捜査に協力する場合，など，少年保護よりも社会的利益の擁護が強く優先する特殊な場合については，氏名，写真の掲載を認める除外例とするよう当局に要望し，かつこれを新聞界の慣行として確立したい」とする（新聞協会の少年法第 61 条の扱いの方針〔1958 年 12 月 16 日〕）。これは，冒頭に述べた自主規制とはかなり性格が異なる。なぜなら，少年法 61 条は，推知報道を禁止するとだけ規定しているのであり，その例外についてはまったく言及していないからである。もちろん，少年法 61

条は，その違反に対して罰則を用意していないから，いわゆる取締規定には該当しないが，いずれにしても，法が，一定の行為を例外なく禁止しているのである。それに対して，ここでの自主規制は，むしろ，禁止の例外を定めているのであり，「自主規制」としては，やや例外的なものといえる。もっとも，少年法 61 条のルールは，すでに本文で述べたとおり，表現の自由との関係が十分に検討されたものとは言えず，その意味で，単に少年の報道に関するおおざっぱな綱領的なものにすぎないとすれば，より具体的な内容を伴った自主規制との関係について，あまり神経質になる必要はないともいえるし，法の規定を勝手に緩めているという批判も当たらないだろう。

死者の名誉毀損　ところで，やや特殊な問題として死者の名誉毀損という問題がある。社会的評価としての名誉は，すでに死亡した者についても観念することはできる。しかし，死者に対する名誉毀損という場合に，当該名誉の保有主体はすでに死亡しており，権利の主体が存在しない。

　これについては，死者に対する名誉毀損の成立を認め，遺族の賠償請求権を肯定しようとする考え方もあるが，現行法上，それを正面から肯定することは困難であろう。実質的にも，そこで問題となっているのは，遺族の感情（「敬愛追慕の情」）であり，その不法行為法上の保護を問題とすれば足りよう。

> **事例研究**　東京高判昭和 54 年 3 月 14 日高民集 32 巻 1 号 33 頁「『落日燃ゆ』事件」→ メ
> ディア百選 [40]・宇佐見大司
> 　元首相の広田弘毅を扱った小説「落日燃ゆ」の中での広田の同僚であった A に関する記述が，A の社会的評価を傷つけるものであるとして，遺族が訴えを提起した。
> 　第 1 審・控訴審とも，原告の訴えを退けたが，その中で，以下のように判示した。「故人に対する遺族の敬愛追慕の情も一種の人格的法益としてこれを保護すべきものであるから，これを違法に侵害する行為は不法行為を構成するものといえよう。もっとも，死者に対する遺族の敬愛追慕の情は死の直後に最も強く，その後時の経過とともに軽減して行くものであることも一般に認めうるところであり，他面死者に関する事実も時の経過とともにいわば歴史的事実へと移行して行くものということができるので，年月を経るに従い，歴史的事実探求の自由あるいは表現の自由への配慮が優位に立つに至ると考えるべきである。……A は昭和 4 年 11 月 29 日に死亡しているところ，本件文章はその死後 44 年余を経た昭和 49 年 1 月に発表されたものである。かような年月の経過のある場合，右行為の違法性を肯定するためには，前説示に照らし，少なくとも摘示された事実が虚偽であることを要するものと解すべく，かつその事実が重大で，その時間的経過にかかわらず，控訴人の故人に対する敬愛追慕の情を受忍し難い程度に害したといいうる場合に不法行為の成立を肯定すべきものとするのが相当である」。

　不法行為法上の保護法益が厳密な意味での権利であることを要求しない以上，

遺族の敬愛追慕の情が保護法益となるということは，一般論としては承認可能である。ただ，一方で，表現の自由とのバランスを考えるのであれば，本人自身の名誉の保護と異なり，そうした遺族の感情は，保護法益としてはより弱いものと位置づけざるを得ない。本判決は，その点を示したものといえる。

プライバシー　　プライバシーというのは，一般的な日常用語としても，比較的よく使われるが，法的な概念としてのそれは，それほど古い歴史を有するものではなく，また，内容も変遷してきている。

当初，プライバシーは，「ひとりで放っておいてもらう権利」として構想された。そこで考えられていたのは，他人に私生活をのぞき見されないといった利益である（私生活をみだりに公開されない権利。東京地判昭和39年9月28日下民集15巻9号2317頁「『宴のあと』事件」。これについて詳しくは，大村『不法行為判例に学ぶ』168頁以下）。それに対して，現在では，こうした消極的な側面だけではなく，「自らに関する情報をコントロールする権利」（情報プライバシー権）といったように，より積極的な形でプライバシーの概念を規定するようになってきている（この点については，憲法の教科書を参照してほしい）。このようにプライバシーをどのように理解するのかということは，後述のように，プライバシー侵害の不法行為と名誉毀損の不法行為との関係をどのように考えるのかという問題につながっていく。

名誉毀損とプライバシー侵害の違い　　名誉とプライバシーは，同時に侵害される場合が多く（私生活の暴露が社会的評価の低下をもたらすといった状況），実際にマスメディアによる報道をめぐる多くの訴訟では，名誉毀損とプライバシー侵害の両方を理由として，賠償請求をするという場合が多い。

ただし，保護法益としては，それぞれ独立のものと見るべきであり（特に，プライバシーを「ひとりで放っておいてもらう権利」，「私生活の平穏についての権利」と理解する場合），いくつかの相違が見られる。

①　まず，プライバシーの侵害においては，私生活をのぞき見された，あるいは，個人情報を不当に収集され（利用された）ということ自体が不法行為となるのであり，それが暴露されたり，その暴露によって社会的評価が低下した

ということは必要ではない。したがって，名誉毀損には該当しないが，プライバシー侵害の不法行為が成立するということも考えられる（社会的評価に直接つながらない氏名，住所，電話番号，学生の学籍番号等も，プライバシーの保護の対象となる。最判平成 15 年 9 月 12 日民集 57 巻 8 号 973 頁「早稲田大学江沢民講演会名簿提出事件」→ *重判 H. 15 ［民 12］・前田陽一*）。

② また，プライバシーの侵害，特に，最も基本的な私生活ののぞき見といったタイプについては，それを回復する手段というのは存在しない。723 条は，この種のプライバシー侵害においては機能しない（ただし，自己の情報のコントロールという点に関していえば，723 条を手がかりにするかはともかく，流出して保持されている情報の削除を求める等，客観的にあるべき状態を回復することは考えられないわけではない）。

> **コラム** *社会的評価を低下させる事実の摘示によるプライバシー侵害*
>
> 　名誉とプライバシーが異なる法益だとすれば，両者の侵害による不法行為も，それぞれ性格の異なるものとして位置づけられる。社会的評価を低下させる事実の摘示について，真実性の抗弁によって名誉毀損の成立が否定されるとしても，なおその事実に関わる情報収集の段階において私生活が不当に覗き見られたというような場合，その点について，プライバシー侵害の不法行為を認める可能性はある。
>
> 　もっとも，こうした事実の摘示自体が，プライバシー侵害として，名誉毀損とは無関係に不法行為となるかについては問題がある。プライバシーを自己情報コントロール権と構成した場合，そうした事実の摘示は，自己に関する情報のコントロールを侵害するものだと考える余地がある。しかし，その場合，名誉毀損でも，プライバシー侵害でも，問題とされるのは，「社会的評価を低下させる事実の摘示」という同一の行為である。その行為について，真実性の抗弁が認められ，名誉毀損が否定されるにもかかわらず，プライバシー侵害が認められるということは，それほど自明なことではないだろう。名誉毀損における真実性の抗弁や相当性の抗弁は，人格的な利益と表現の自由の衡量をふまえたうえでの判断枠組みである。こうした衡量をふまえて，社会的評価を低下させる事実の摘示の違法性が否定され，そうした行為が法的に正当化されるにもかかわらず，同じ事実の摘示がプライバシー侵害だとして，不法行為だと評価されるというのは，評価矛盾であるように思われる。プライバシー侵害の不法行為の成否の判断は，以下に示すように，名誉毀損ほど明確な形では確立していないが，こうした問題があることは意識しておくべきであろう。

プライバシー侵害の不法行為の成否　　プライバシーの侵害についても，そ

第 3 節　権利侵害と違法性／3.3　名誉・プライバシー　　131

れが私生活の暴露を伴う表現行為による場合には，名誉毀損で論じたのと同様に，表現の自由との衡量が必要となる。もっとも，プライバシーの意味は，名誉以上に多義的であり，そこでの衡量は，より抽象度の高いものとならざるを得ない。基本的には，保護すべきプライバシーの内容や性質を具体的にふまえたうえで，それを公表すべき利益との衡量がなされるべきことになる。

> **事例研究** 最判平成6年2月8日民集48巻2号149頁「『ノンフィクション逆転』事件」
> → 憲法百選I（6版）[70]・長谷部恭男，メディア百選 [45]・大石泰彦
> 　Xは，本土復帰前の沖縄で米兵死傷事件の共犯者として，実刑判決を受け，服役した。その後，Xは，上京し，就職し，結婚した。Xは，本件刑事事件で有罪判決を受けて服役していたことは，会社にも妻にも秘匿していた。事件から12年余りが経過してから，本件刑事事件に陪審員として関与したYが，「逆転」と題するノンフィクションを執筆し，刊行した。その中で，Xの実名が使用されていたために，前科等を公表されて精神的損害を被ったとして，Yに対して300万円の損害賠償を求めた。第1審・控訴審とも，50万円の限度で，これを認容した。
> 　最高裁は，Yからの上告を棄却した。本判決の中で，最高裁は，それまでの判例もふまえたうえで，以下のような基本的な判断枠組みを示している。
> 　① みだりに前科等にかかわる事実を公表されないことは，法的保護に値する利益である。
> 　② 事件それ自体を公表することに歴史的，社会的な意義が認められるような場合には，事件の当事者について，その実名を明らかにすることが許される場合もある。

　上記の判断枠組みでは，①で前科が不法行為法上保護されるプライバシー情報であるということが承認されているが，同時に，その例外②も予定されている。もっとも，②で想定されているのは，その者の社会活動の性質や社会に及ぼす影響を考慮した場合の批判あるいは評価の一資料としての必要性であったり，公的立場にある者における報道の必要性である。

　本件では，Xが，社会復帰につとめ，あらたな生活環境を形成していたということ，そして，大都会の中で無名の一市民として生活をしていたということを重視し，他方で，Yの執筆の目的（陪審制度の長所ないし民主的な意義を訴え，当時の沖縄統治の実態を明らかにする）を考慮しても，Xについて実名を明らかにする必要性があったとは認められないとした。つまり，②の例外に該当しないとされたのである（同事件について，詳しくは，大村『不法行為判例に学ぶ』182頁以下を参照してほしい）。

　もっとも，上記の判断枠組みは，必ずしも明確なものとはいえない。名誉毀損においては，①公共性，②公益目的性，③真実性（または相当性）が，表現

の自由の確保と個人の法益の保護とのバランスを確保するための判断枠組みとして機能してきた。こうした判断枠組みをプライバシーにおいても導入することはできないのだろうか。この問題を，より明確に示すのが，次の事件である。

事例研究 最判平成 17 年 11 月 10 日民集 59 巻 9 号 2428 頁→ *メディア百選 [52]*・藤田憲一

　X は，カレーライスへの毒物混入事件等につき，殺人罪等で逮捕拘留され，起訴された。Y 社の写真週刊誌のカメラマンは，X の勾留理由開示手続が行われた際に，小型カメラを隠して持ち込み，裁判所の許可を得ることなく，かつ，X に無断で手錠をされ，腰縄をつけられた X を写真撮影し，Y 社は，週刊誌にその写真を掲載した（第 1 事件）。その後，X が Y を肖像権侵害で訴えたのを受けて，「絵ならどうする？」との表題のもと，X が手錠，腰縄によって身体の拘束を受けているスケッチ 1 枚，その他のスケッチ 2 枚を掲載した（第 2 事件）。X は，Y 社らに対して損害賠償を求めた。

　第 1 審・控訴審は，若干のニュアンスの違いはあるものの，「みだりに自己の容ぼう等を撮影され，これを公表されない人格的利益」たる肖像権の侵害については，（原則として不法行為となり）①公共の利害に関する事項に関わり，②もっぱら公益を図る目的でなされ，③取材，報道の手段方法がその目的に照らして相当であるという要件を満たす場合には，違法性が阻却されるとした。また，肖像権の保護について写真とスケッチで本質的な区別はないとして，第 1 事件，第 2 事件とも，Y らの責任を認めた。

　最高裁は，「みだりに自己の容ぼう等を撮影されない」という法律上保護されるべき人格的利益を承認しつつ，「人の容ぼう等の撮影が正当な取材行為等として許されるべき場合もあるのであって，ある者の容ぼう等をその承諾なく撮影することが不法行為法上違法となるかどうかは，被撮影者の社会的地位，撮影された被撮影者の活動内容，撮影の場所，撮影の目的，撮影の態様，撮影の必要性等を総合考慮して，被撮影者の上記人格的利益の侵害が社会生活上受忍の限度を超えるものといえるかどうかを判断して決すべきである」とする。そして，「刑訴規則 215 条所定の裁判所の許可を受けることなく，小型カメラを法廷に持ち込み，X の動静を隠し撮りしたというのであり，その撮影の態様は相当なものとはいえない。また，X は，手錠をされ，腰縄を付けられた状態の容ぼう等を撮影されたものであり，このような X の様子をあえて撮影することの必要性も認め難い。本件写真が撮影された法廷は傍聴人に公開された場所であったとはいえ，X は，被疑者として出頭し在廷していたのであり，写真撮影が予想される状況の下に任意に公衆の前に姿を現したものではない」として，「本件写真の撮影行為は，社会生活上受忍すべき限度を超えて，X の人格的利益を侵害するものであり，不法行為法上違法であるとの評価を免れない」とし，その公表もあわせて不法行為が成立するとした。他方，イラストについては，「人の容ぼう等を描写したイラスト画は，その描写に作者の主観や技術が反映するものであり，それが公表された場合も，作者の主観や技術を反映したものであることを前提とした受け取り方をされるものである。したがって，人の容ぼう等を描写したイラスト画を公表する行為が社会生活上受忍の限度を超えて不法行為法上違法と評価されるか否かの判断に当たっては，写真とは異なるイラスト画の上記特質が参酌されなければならない」としたうえで，「本件イラスト画のうち下段のイラスト画 2 点は，法廷において，X が訴訟関係人から資料を見せられている状態及び手振りを交えて話しているような状態が描かれた

第 3 節　権利侵害と違法性／3.3　名誉・プライバシー　133

ものである。現在の我が国において，一般に，法廷内における被告人の動静を報道するためにその容ぼう等をイラスト画により描写し，これを新聞，雑誌等に掲載することは社会的に是認された行為であると解するのが相当であり，上記のような表現内容のイラスト画を公表する行為は，社会生活上受忍すべき限度を超えてＸの人格的利益を侵害するものとはいえないというべきである」として，第２事件のうちのイラスト２点については不法行為が成立しないとし，手錠，腰縄により身体の拘束を受けているイラスト１点のみが，「Ｘを侮辱し，Ｘの名誉感情を侵害するものというべきであり，同イラスト画を，本件第２記事に組み込み，本件写真週刊誌に掲載して公表した行為は，社会生活上受忍すべき限度を超えて，Ｘの人格的利益を侵害するものであり，不法行為法上違法と評価すべきである」とした。

　本件は，（最高裁判決自体は，人格的利益と言うだけで，プライバシーという言葉も，肖像権という言葉も使っていないが）プライバシーの保護の判断枠組みを考えるうえで，重要な手がかりを提供してくれる。少し丁寧に，そこで示された内容を確認することにしよう。

　第１のポイントは，最高裁は，原審までの判断スキームを維持しなかったという点である。

　原審は，肖像権を観念したうえで，肖像権が侵害された場合には，原則として不法行為が成立し，①公共性，②公益目的性，③手段の相当性が認められる場合には，違法性が阻却されるとする。こうした判断枠組みは，名誉毀損における判断枠組みの借用だと理解することができる。すなわち，プライバシーにおいては，真実性の要件に代えて，手段の相当性という要件をあらたに設定して判断しようとするものである。

　他方，最高裁は，「人の容ぼう等の撮影が正当な取材行為等として許されるべき場合もあるのであって，ある者の容ぼう等をその承諾なく撮影することが不法行為法上違法となるかどうかは，被撮影者の社会的地位，撮影された被撮影者の活動内容，撮影の場所，撮影の目的，撮影の態様，撮影の必要性等を総合考慮して，被撮影者の上記人格的利益の侵害が社会生活上受忍の限度を超えるものといえるかどうかを判断して決すべきである」とする。

　結局，総合的な衡量ということになるのであるし，手段の相当性も判断基準となるのだから原審とは大きく違わないという見方もできるかもしれない。しかし，原審の判断枠組みでは，原則として不法行為となる肖像権の侵害について，手段の相当性が認められる場合に，いわば例外的に違法性が阻却されるとするものである。他方，最高裁は，手段の相当性を含むさまざまな要素を衡量

134　　第Ⅱ部　不法行為の成立要件／第１章　自己の行為に基づく責任

したうえで不法行為が成立するか否かを判断するというのである。要件事実に即した説明をするならば→《第Ⅵ部 訴訟における不法行為法》509頁，原審の立場では，請求原因事実は，肖像権の侵害であるのに対して，最高裁の判断枠組みを前提とすれば，上記の諸事情を考慮して，「被撮影者の上記人格的利益の侵害が社会生活上受忍の限度を超える」ことが請求原因事実となるのである。この点の違いは，十分に意識されるべきであろう。

第2のポイントは，写真とイラストの違いを強調した点にある。

肖像という観点から見た場合，写真と報道のためになされるイラストに本質的にそれほど違いがあるわけではない。実際の場面を可能な限り忠実に再現しようとするイラストにおいて，作者の主観がそれほど問題となるわけでもないだろう。また，パブリシティ侵害の場面では→【パブリシティ】146頁，イラストだからパブリシティ侵害の不法行為が成立しないといった理屈は立ちそうにない。その点では，原審の説明にも，それなりに合理性がある。

ただ，この点に関する最高裁の判断は，「現在の我が国において，一般に，法廷内における被告人の動静を報道するためにその容ぼう等をイラスト画により描写し，これを新聞，雑誌等に掲載することは社会的に是認された行為であると解するのが相当であ」るという判断に支えられたものであると考えられる。そこでは，こうした現在の運用の妥当性そのものを正当化する論理は必ずしも示されていない。しかし，そうした現在の運用を前提として，許された表現活動の範囲を考えていこうとする姿勢を読み取ることができる。

> (コラム) **原審と最高裁のいずれが表現の自由を厚く保護するのか？**
> 　上記のようにプライバシーの保護については，名誉毀損と同様の判断枠組みを立てる可能性もあり，実際に，下級審裁判例においては，そうした流れを見出すことができる。しかしながら，最高裁は，当然，そうした流れがあることを意識しながら，その枠組みを退けている。そこには，プライバシーや肖像といった人格的利益が名誉ほどには確たる権利として確立していないということ，そうした曖昧な権利を前提としてその侵害を違法と評価することに対する慎重な態度がうかがわれると言えよう。人格的利益があるということから，ただちにその人格的利益の侵害が原則として不法行為となるとすることは，それと対抗する価値である表現の自由を著しく阻害する可能性がある。そうした点を考慮するならば，一連の最高裁判決が示す慎重な態度は，一定の説得力を有するものである。

第3節　権利侵害と違法性／3.3　名誉・プライバシー

もっとも，表現の自由がこれによって十分に保護されるのかという点については，問題も残る。それは，最高裁の示す判断枠組みが，きわめて抽象的であり，グレーゾーンが大きいからである。なるほど，最終的には，本件にも見られるように，原審のような判断基準によれば不法行為が成立する場合にも，それが否定される可能性はある。したがって，その点だけをつかまえれば，プライバシー侵害の成立を認めた原審判決より，最高裁判決の方が，より表現の自由に配慮をしたものだという評価はできる。しかしながら，いかなる場合に否定されるのかといえば，そこで示されている判断基準は，きわめて多くの要素を取り込んだ漠然としたものであり，具体的に，これこれの場合には「不法行為は成立しない」という判断を明確に導くことは困難である。なるほど，この種の表現活動に積極的であり，いわば法的な限界に挑もうとする報道機関等にとっては，最終的な保護の範囲が異なるということは意味を有する。しかしながら，この種の責任を強く意識し，慎重に自主規制を行う報道機関であれば，グレーゾーンに入り込むこと自体を避けようとするはずである。この場合，グレーゾーンのいわば下限が，表現活動の限界を画することになる。その意味では，表現の自由を考える場合，判断基準をできるだけ明確なものとして，グレーゾーンの範囲を狭めるということが必要となろう。

忘れられる権利　　名誉毀損，プライバシー侵害に関連する問題として，いわゆる「忘れられる権利」をめぐる問題があるので，簡単に触れておこう。忘れられる権利（right to be forgotten）」は，2012 年に，欧州委員会が EU データ保護規則案に盛り込んだ際に注目され，さらに，欧州司法裁判所が過去の新聞記事にたどりつくリンクの削除をグーグルに命じたことが我が国でも報道され，注目されるようになった。

　こうした忘れられる権利が我が国の裁判で言及されたのは，さいたま地決平成 27 年 12 月 22 日判時 2282 号 78 頁である。同決定は，自己のプライバシーに属する事実を含む記事等が掲載されたウェブサイトの URL や当該ウェブサイトの表題・抜粋を検索結果から削除することを，検索事業者に対して求めた事案で，「一度は逮捕歴を報道され社会に知られてしまった犯罪者といえども……，ある程度の期間が経過した後は過去の犯罪を社会から『忘れられる権利』を有する」等として，削除の仮処分を認めた。

　もっとも，同事件の抗告審（東京高決平成 28 年 7 月 12 日判時 2318 号 24 頁）で原決定は取り消され，許可抗告審（最決平成 29 年 1 月 31 日民集 71 巻 1 号 63 頁→ _重判 H. 28［憲 4］・木下昌彦_）でも，その判断が維持された。最高裁は，検索結果の提

供が違法となるかは、「当該事実の性質及び内容、当該 URL 等情報が提供されることによってその者のプライバシーに属する事実が伝達される範囲とその者が被る具体的被害の程度、その者の社会的地位や影響力、上記記事等の目的や意義、上記記事等が掲載された時の社会的状況とその後の変化、上記記事等において当該事実を記載する必要性など、当該事実を公表されない法的利益と当該 URL 等情報を検索結果として提供する理由に関する諸事情を比較衡量して判断すべき」とし、「児童買春をしたとの被疑事実に基づき逮捕されたという本件事実は、他人にみだりに知られたくない抗告人のプライバシーに属する事実であるものではあるが、児童買春が児童に対する性的搾取及び性的虐待と位置付けられており、社会的に強い非難の対象とされ、罰則をもって禁止されていることに照らし、今なお公共の利害に関する事項である」等と判示した。

　ここで、最高裁自体は、「忘れられる権利」という言葉を使っていない。この事件でも実際に問題となったのは、過去の犯罪事実であり、従来の名誉毀損、プライバシーで扱われてきた問題である。「忘れられる権利」をめぐって、今後、より掘り下げた検討が必要だとしても（過去の犯罪事実について、時間の経過が、特に当該事実の公共性にどのように影響を与えるのかという問題があることは確かである）、「忘れられる権利」とさえ構成すれば、従来の名誉毀損やプライバシー侵害の問題とは別に不法行為が成立すると考えるのは、あまりにも安易であろう。特に、名誉毀損が真実性の抗弁等で否定されるような場面でどのように考えるのかという点については、より慎重に検討されるべきであろう。

人格権の意義とその概念の必要性　　今まで述べてきた名誉やプライバシー、名称に関する権利、あるいは後述の自己決定権などを含めて、「人格権」という観点から論ずる考え方がある。人格権それ自体は、種々の人格的利益を含むものであり、生命、身体、自由といったものから、名誉、プライバシー、肖像、氏名や名称、自己決定権などが含まれる。このような人格権概念は、不法行為法上、どのような意味を有しているのであろうか、あるいは、そもそも、こうした人格権といった概念は、必要なのであろうか。

　この問題については、以下のような点をふまえて考えるべきであろう。

　まず、人格権概念は、必ずしも必要ではないという説明としては、以下の2つの点を挙げることができる。

第3節　権利侵害と違法性／**3.3**　名誉・プライバシー　　137

① 損害賠償請求にとっての人格権概念の必要性

まず，損害賠償責任の成否という観点からだけいえば，わが国の現在の一般的理解を前提とすれば（つまり，大学湯事件以前の権利要件を厳格に解していた時代とは異なる），人格権という概念は，必ずしも必要ではない。709条の損害賠償責任を認めるうえで，侵害された利益が〇〇権といった名称を有する，あるいは，〇〇権といった形で権利として承認されているということは必要ではない。名誉毀損やプライバシーの侵害についての不法行為責任を考える場合にも，不法行為法上，名誉やプライバシーが保護されるかを検討すればよいのであり，人格権としての名誉，人格権としてのプライバシー権というのは，積極的な意味を有さない。

② ドイツ法における一般的人格権

なお，こうした人格権概念に強く影響を与えたのは，ドイツ法であった。ドイツ法においては，「一般的人格権 allgemeines Personlichkeitsrecht」という概念が展開され，それが不法行為法においてある程度積極的な役割を果たしている。もっとも，これをもって，ドイツにおいては人格権が尊重されている，わが国においては人格権の尊重が十分ではないなどという短絡した見方は適当ではない。すでに触れたように，ドイツ民法では，不法行為の成立について，権利要件を厳格に維持し，且つ，特に人格的利益を積極的には保護し̇な̇い̇というスタンスをとっていた。そのために，そうした状況を克服するために，絶対権のひとつとしての「一般的人格権」という概念を作り，種々の人格的利益をその中に放り込むことによって保護する必要があったのである（「枠としての権利 Rahmenrecht」と呼ばれる）。わが国では，大学湯事件以降の理論展開の中で，権利要件の厳格さは別の形で解消されていったのであるから，ドイツ法におけるような人格権概念は，①で述べたように必要ではない（なお，ドイツ法においても，一般的人格権が本当に権利としての性質を有しているのか，必要性があるのかという点については，消極的な見方も少なくない）。ドイツ法における人格権概念の単純な導入は，比較法的な手法としても問題がある。

他方で，人格権概念がまったく不要であるかについては，以下の2つの点も考慮して考える必要がある。

138　第Ⅱ部　不法行為の成立要件／第1章　自己の行為に基づく責任

③　差止請求にとっての人格権概念の必要性

利益が侵害された場合の法律効果は，損害賠償だけではない。むしろ，損害賠償は発生した損害を塡補するというだけで，損害を回避する機能自体を有するものではない（損害賠償による予防効果を度外視すれば）。こうした観点からむしろはるかに意味が大きいのは，差止めである。差止めを 709 条の効果として認めるのか，物権的請求権の類推や拡張でとらえるのかは議論があるが→【差止請求を認めるための法律構成】455頁，後者のようなアプローチをとった場合，侵害されようとしている利益が人格権という権利であり，且つ，その人格権は，むしろ物権などよりも重要な法益であるから，差止めが認められるという説明の仕方は，一定の説得力を有する。したがって，差止めを論ずる場合に，人格権概念を用いることのメリットは考えられ得る。

④　正当化の説明手段としての人格権概念

さらに，損害賠償も含めてであるが，権利要件が厳格には維持されていないとは述べたものの，ある特定の利益が不法行為法上の保護に値するか否かの判断は容易ではない。また，保護に値すると考えた場合にも，それを他者に説得することは必ずしも簡単ではない。そうした場合に，当該利益が権利としての呼称を有する人格権に含まれるとすることによって，この説得がある程度容易になるということは考えられる。なるほど，権利という呼称と不法行為法上の保護法益が一致しないとしても，すでに権利として認知されている利益の方が不法行為法上もより保護されるだろうというのは，十分に説得力のある論理であろう。こうした観点からは，いわば権利としての生成途上にあるような利益を不法行為法上保護したいと考えた場合，「人格権としての〇〇」という表現を用いることが考えられる（もちろん，この場合でも，〇〇が人格権に含まれるかという問題は残るから，本質的に問題が解決されたわけではない）。判例は，名前等に関して人格権という言葉を使った説明をしているが，これらは，まさしく以上述べてきたような生成過程にある権利，法的利益と理解することができよう。「人格権としての〇〇」といった説明は，まさしくそれが不法行為法上の保護法益であるかが自明ではないが，その保護が必要であるという判断を示す場合に用いられるのである。逆にいえば，同じく人格権（人格的利益）に含まれるとしても，すでに不法行為法上保護されることが自明である生命や身体につい

第 3 節　権利侵害と違法性／**3.3**　名誉・プライバシー　139

て，わざわざ人格権としての生命，人格権としての身体と言う必要性はないし，実際にも，そのような言い方はされないのである。

3.4 著作権等の知的財産権とその周辺的な利益

知的財産権　　著作権や特許権のようないわゆる知的財産権（無体財産権）も，不法行為法上保護される利益であると考えられる。もっとも，こうした知的財産権と不法行為法との関係については，検討すべき余地がある。

まず，すでに桃中軒雲右衛門事件から大学湯事件への変遷に見るように，著作権法や特許法で〇〇権として認定されているということは，不法行為法上の保護法益であるというための不可欠の要件ではない。著作権法や特許法において〇〇権として認定されるための要件を満たしていない場合でも，そうした利益が侵害された場合に，不法行為法上の損害賠償請求権を認めることは論理的に可能である。

このように考えるのであれば，著作権法や特許法は，一定の場合に，損害賠償や差止めを認めているが，そこで規定された要件が満たされない場合でも，709条の要件を満たすのであれば，損害賠償を認めて差し支えないということになる。そのように解するのであれば，自賠法や製造物責任法は，一定の場合に損害賠償責任を規定しているが，その要件を満たさない場合であっても，一般的な不法行為法による責任が成立する可能性は残されているのと同様だということになる。

知的財産権法と不法行為法──雲右衛門ふたたび登場？　　しかし，知的財産権に関する法律と不法行為法の関係を，このように単純に理解することは，現在の法律状態を理解するうえでは十分ではないように思われる。

知的成果といえるものについては，あらゆるものを権利として保護し，その成果を生み出した者の独占利用を認めればよいわけではない。我々の日常生活のすみずみに至るまで，実は，他者の生み出した知的成果によって支えられている。言語や表現，歩き方や走り方，論文や答案の書き方に至るまで，さまざまな工夫はあり，そうして積み重ねられてきた知的成果を共有することで我々の社会が成り立っていると言ってもよい（コモンズとしての知的成果）。そうした

140　　第Ⅱ部　不法行為の成立要件／第1章　自己の行為に基づく責任

意味で，知的財産権法については，知的財産権として保護されるべきものを明確にし，それを権利として保護するという側面と，それ以外については社会の共有財産として利用を可能にするという側面の両方を認めることができるだろう。

　たしかに権利侵害から違法性へというキャッチフレーズで語られたように，不法行為法の大きな転機となったのは，まさしく著作権に関わる事件に対する評価だったのであり，各種の制定法によって規定された○○権だけが不法行為法の保護の対象ではないという大審院の判断は現在でも基本的に維持されている。しかし，それをふまえても，上記のような知的財産権をめぐる規律の両側面は，不法行為法にとっても無視のできないものである。

> **事例研究**　最判平成23年12月8日民集65巻9号3275頁「北朝鮮映画放映事件」→ *重判 H. 24 [国際1]・北村朋史*
>
> 　北朝鮮で製作された映画の一部を原告等の許諾なく放送した被告に対し，映画の放送差止めと損害賠償を求めたのに対して，最高裁は，「著作権法は，著作物の利用について，一定の範囲の者に対し，一定の要件の下に独占的な権利を認めるとともに，その独占的な権利と国民の文化的生活の自由との調和を図る趣旨で，著作権の発生原因，内容，範囲，消滅原因等を定め，独占的な権利の及ぶ範囲，限界を明らかにしている」としたうえで，日本が国家承認をしていない北朝鮮の著作物については，著作権法6条3号の著作物に該当せず，著作権法上の保護の対象とならないとして，不法行為法上の保護についても否定した。

　この判決自体は，著作権法6条という著作権法の特殊な規定に関するものであるが，上記の引用部分は，一般的な判示としての性格を有している。すなわち，著作権法の保護を受けない以上，不法行為法上の保護も受けないということを導く性格を有している。そのため，北朝鮮映画放映事件は大きな影響力を有し，その後の下級審裁判例では，著作権法6条に関連しない事案においても，同様の説示をしたうえで，著作権法上の保護の対象となるかを判断基準として，不法行為責任の判断をするものが数多く登場している。

　これは，一見したところ，桃中軒雲右衛門事件を想起させるものである。雲右衛門事件での大審院判決が，《著作権法上，著作権として認められない利益は，不法行為法上も保護されない》というものだったとすれば，それと同じではないかという印象も与えるからである。「雲右衛門ふたたび登場？」と見出しに付けたわけである。

第3節　権利侵害と違法性／**3.4**　著作権等の知的財産権とその周辺的な利益　141

もっとも，このような理解は正しくはないだろう。北朝鮮映画放映事件で最高裁が示しているのは，著作権法（や特許法などを含む知的財産権法）には，知的成果を権利として保護するという側面（なぜ権利として保護するのかについては議論があるが，それについては知的財産法の教科書を参照してほしい）と，知的成果をコモンズ（社会の共有財産）として広く利用を促進する側面の両方があるということであり，それをふまえて，著作権法のルールが定められているということである。これは，単に何らかの特別法が〇〇権として規定しているかどうかといった一般的な判断ではなく，あくまで著作権法がどのような性格を有する法律なのかという判断をふまえて導かれるものである。その意味では，やはり雲右衛門事件と同じではないと理解すべきであろう。

物のパブリシティと知的財産法——ギャロップレーサー事件　　パブリシティについては後述するが，以上述べた点と関連するので，いわゆる「物のパブリシティ」について，ここで触れておくことにしよう。

　問題となったのは，ギャロップレーサーという競馬のゲームソフトである。このゲームの中では，実在の競走馬の名称が使われているために，競走馬の名称等が有する顧客吸引力等の経済的価値を独占的に支配する財産的権利（「物のパブリシティ権」）を侵害しているとして，その競走馬の所有者らが不法行為に基づく損害賠償等を求めたものである。

　これについて，最判平成16年2月13日民集58巻2号311頁「ギャロップレーサー事件」→*重判 H. 16 [知財 4]・井上由里子, 著作権百選（4版）[90]・中川達也*は，「現行法上，物の名称の使用など，物の無体物としての面の利用に関しては，商標法，著作権法，不正競争防止法等の知的財産権関係の各法律が，一定の範囲の者に対し，一定の要件の下に排他的な使用権を付与し，その権利の保護を図っているが，その反面として，その使用権の付与が国民の経済活動や文化的活動の自由を過度に制約することのないようにするため，各法律は，それぞれの知的財産権の発生原因，内容，範囲，消滅原因等を定め，その排他的な使用権の及ぶ範囲，限界を明確にしている」とし，「競走馬の名称等が顧客吸引力を有するとしても，物の無体物としての面の利用の一態様である競走馬の名称等の使用につき，法令等の根拠もなく競走馬の所有者に対し排他的な使用権等を認めることは相当ではな」いとして，不法行為責任の成立を否定した。

142　　第Ⅱ部　不法行為の成立要件／第1章　自己の行為に基づく責任

ここで判示されていることは，北朝鮮映画放映事件で述べられていることと一定の共通性を見出すことが可能であろう。すなわち，物の無体物の側面の利用については，知的財産権に関する法律が定めており，それらは一定の行為を禁止し，権利を保護するという側面と，それ以外の行為については許容するという側面を有しているという判断である。

知的財産法と不法行為法　　以上のように見てくると，知的財産権に関する法律は，不法行為法上の判断にも大きな意味を有していることになる。そして，それは，知的財産権法が，一定の利益を権利として保護するという側面と，それ以外の行為については許容して社会の共有財産（コモンズ）とするという性格を有するということによって支えられている。知的財産法が許容した行為について不法行為法上の責任を認める（不法行為法上は許されないものとする）ということは，法秩序の判断として矛盾することになるからである。

　もっとも，それでは知的財産法の保護の対象とされない場合については，常に不法行為は成立しないのかという点については，なお不明な点が残されている。

　第一に，北朝鮮映画放映事件も，絶対に不法行為責任が成立しないとしているわけではく，特段の事情がある場合には，成立する可能性を承認している。この特段の事情とは何なのかという問題である。最高裁は，「同法が規律の対象とする著作物の利用による利益とは異なる法的に保護された利益を侵害するなどの特段の事情がない限り」とするが，著作物の利用とは異なる利益が侵害された場合に限定されるのか，行為者の主観的態様等の事情も含まれるのか（北朝鮮映画放映事件判決以前の知財高判平成17年10月6日裁判所ウェブサイト「YOL事件」，知財高判平成18年3月15日裁判所ウェブサイト「通勤大学事件」では，営利目的等の事情も考慮して不法行為責任の成否が判断されていた），「など」に何が含まれるのかという問題である。

　第二に，何が知的財産権法の対象となる問題なのかも問われるだろう。知的財産権法の保護の対象とならない場合についても，①北朝鮮映画放映事件のように，一般的には著作物性が肯定されるが，著作権法6条によって保護の対象であることが否定されるのか，②創作性（著作権法2条1項1号）が否定されて著作物であることが否定されるのか（YOL事件や通勤大学事件），③そもそも知

的財産権法が直接は何も規定していないものなのか（ギャロップレーサー事件），ここで取り上げた事件だけをみても，いくつかの段階があるように思われる。知的財産権法は，権利の保護とその他の者の利用（公益）を衡量したルールを示しており，その対象となる問題については，知的財産権法の判断が重視されるとしても，何が知的財産権の対象なのかという問題については，それほど自明なわけではないということは，確認しておきたいと思う。

コラム *利益のとらえ方──2つの視点*

　利益を考える場合に，2つの視点が存在するように思われる。ひとつは，まさしく一定の「利益がある」というところから出発するとらえ方である。生命や身体，所有権などについては，まさしくそうした利益が法的に保護されるものであるというところから出発し，そうした他人の利益を害さないために，どのような行為義務が設定されるのかを考え（そのひとつの手法がハンドの公式である），不法行為責任の成否を考えていく。

　他方，一定の行為をしてはならないという行為規範から出発し，そうした行為規範によって保護されるものが利益であるというとらえ方もあるだろう。この場合，利益といっても，抽象的に法的に保護される利益であるということが承認されたのではなく，厳密にいえば，「○○という行為に対して保護される」という限定された形での利益でしかない。この場合，「△△という行為に対しても保護されるのか？」という問題の答えは，なおブランクである。こうした行為規範は，制定法によって規定される場合もあれば，社会的な意識の中で形成されることもあるだろう。ただ，後者のような利益については，前者と同様の形で不法行為責任の成否を判断することはできない可能性がある。そこでは，むしろ，どのような行為規範が存在するのかという判断が，先行するということになろう。

　もちろん，この両者の区別は，それほどはっきりしているわけではない。実際に，特定の利益についてどのように考えているかという場合，両方で理解できる場合も少なくない。というより，ほとんどすべての利益について，この両方の説明が可能であろう。しかし，ある程度，保護法益としての性格が確立したものについては，その利益を出発点として，その侵害行為がいかなる場合に賠償責任を成立させるかという思考方法がなじみやすい（たとえば名誉毀損）。他方，利益概念自体がまだ確定しておらず，その保護法益性も流動的な場面においては，むしろ，行為規範（特に制定法上明示された行為規範）から出発するという思考方法がなじみやすいように思われる→*【生成途上の権利と不法行為法の役割】149頁*。

　なお，このように述べると，絶対権侵害はただちに違法であり，それ以外の権利については行為規範に違反する場合に違法となるという一部の見解を連想

させることになるが，そのようなことを述べているわけではない。前者の場合においても，行為規範のレベルで最終的な問題は解決されるのであり，特定の権利侵害はただちにそれ自体として違法であるとするわけではない。

著作者人格権　著作権法は，著作者人格権として，著作者の公表権（著作権法18条），氏名表示権（同法19条），同一性保持権（同法20条）を認める。このような著作者人格権は，一般の著作権と異なり，一身専属的なものであり，それを第三者に譲渡することはできない（同法59条）。

このような著作者人格権は，その性質上，一般的な保護法益たる人格的利益の一部であると理解することができるが，人格権ないし人格的利益の外延は不明確であり，著作権法がこのように明示することによって，これらの人格的利益が法的に保護されるということが明確になったといえる。

このように著作権法が規定する以外に，著作権者の人格的利益が保護される可能性がないのかについては，著作権法はこれらの利益が保護法益となることを明示しているだけであり，それ以外については特に言及するものではないという理解を前提とするのであれば，明示されていない人格的利益についても一般の不法行為法による保護は，なお認められる可能性があるということになる。ただ，著作者の人格権については，それがその他の権利や社会的な共有財産としての利益（コモンズ）との一定の緊張関係があることに照らせば，ここで規定されたもの以外については，基本的に自由であるという側面を強調することも考えられる。人格的利益という性格からも，著作権法が規定していないというだけで，著作権者の人格的利益の保護が必要ないとするのは適当ではないが，しかし，後者の視点についても一定の配慮を払って問題を考えていく必要があるだろう。

著作権等の侵害　著作権や著作者人格権の侵害に対しては，損害賠償が可能であるほか，そのおそれがある場合には，差止めが認められる（著作権法112条）。不法行為法において，差止めは明示的に規定されておらず，解釈論上，それをどのように認めていくかについては議論がある→*【差止請求を認めるための法律構成】455頁*。著作権法によって明示的に差止めが法的救済として組み込まれていることの意義は大きい。

第3節　権利侵害と違法性／**3.4**　著作権等の知的財産権とその周辺的な利益　　145

パブリシティ　　知的財産権との関係で，近時，問題として強く意識されているのが，パブリシティである。パブリシティの厳密な意義については議論があるが，一般に，人に備わっている，顧客吸引力を中核とする経済的な価値を保護する権利であると説明される。これを前提に，以下のような場合を考えてみよう。

> **設例Ⅱ-11**　　小規模の食品会社Ａは，著名なスポーツ選手Ｂの写真を無断で使って，ポスターを作り，製品を販売している地域の酒店等に配布して，それを貼らせた。

この場合，Ａ社の行為は，どのように評価されるのであろうか。こうした行為が肖像権という人格的な利益の侵害の不法行為になるということは考えられる。もっとも，肖像権そのものは，他人に勝手に撮影されたくない，あるいは，自分の肖像を勝手に使われたくないという人格的利益のひとつである。それに対して，**設例Ⅱ-11**のケースを，そのように説明するだけで十分なのかという点については議論がある。

Ｂは，自己の肖像を経済的な意味を有するものとして利用することができる。Ｂが，別の会社とコマーシャルへの出演契約を締結する場合，ポスターの利用についての契約を締結する場合，これらは経済的な活動としての意味を有する。つまり，**設例Ⅱ-11**で侵害されたのは，単にＢの人格的な利益だけではなく，財産的な利益が害されているのではないかということが問題となるのである。こうした側面に注目をして登場してきたのが，パブリシティの権利という概念である。

最判平成24年2月2日民集66巻2号89頁「ピンクレディー事件」→ _重判H.24［民11］・久保野恵美子_は，「人の氏名，肖像等……は，個人の人格の象徴であるから，当該個人は，人格権に由来するものとして，これをみだりに利用されない権利を有する」と確認したうえで（この点は，すでに先行する判例によって認められている），「肖像等は，商品の販売等を促進する顧客吸引力を有する場合があり，このような顧客吸引力を排他的に利用する権利（以下「パブリシティ権」という。）は，肖像等それ自体の商業的価値に基づくものであるから，上記の人格権に由来する権利の一内容を構成する」として，ここで問題としているパブリシティについての権利を肯定した。そして，「肖像等を無断で使用する行

為は，①肖像等それ自体を独立して鑑賞の対象となる商品等として使用し，②商品等の差別化を図る目的で肖像等を商品等に付し，③肖像等を商品等の広告として使用するなど，専ら肖像等の有する顧客吸引力の利用を目的とするといえる場合に，パブリシティ権を侵害するものとして，不法行為法上違法となる」と判示した（ただし，本件での記事におけるピンクレディーの写真の利用はパブリシティ権の侵害に当たらないとした）。

　これによって，一応，パブリシティ権が保護されるということは明らかになったわけであるが，厳密に考えれば，パブリシティ権は結局，肖像権という人格権の一部（一内容）なのか，それとは異なり財産権的性格を帯びた，それ自体として独立の権利なのかは，なおそれほど明確ではないように思われる。前者だとすれば（上記の判例は，そのように読めるが），結局，侵害されたのは人格権としての肖像権であり，最後に①から③として挙げているのは，パブリシティの侵害として損害賠償が認められる場合について述べているにすぎず，いわば損害賠償の範囲についてのルール（財産的損害の賠償が認められる場合）を示したものにすぎないということになる。他方，人格権を基礎としつつ，パブリシティ権を独立の権利として認めるのであれば，それらは，まさしくパブリシティ権の侵害という不法行為が成立する要件を示したものだということになる。①②③の要件が有する意味，これらの要件の妥当性，さらには，損害賠償だけではなく，差止めを認めるのかといった点を含め，パブリシティについては，なお検討されるべき課題が残されているのではないだろうか。

> ### コラム　**無断使用と損害賠償**
> 　著作権法等の無体財産に関する特別法は，損害賠償の算定についての規定を用意している（著作権法 114 条，特許法 102 条等）。ここでは，そうした規定を離れて，不法行為法の一般理論として位置づけた場合に，どのような方法が考えられるかを少し検討してみよう。
> 　①　まず，不法行為法の最も一般的な手法は，被害者がどれだけの損害をこうむったのかを具体的に算定するという方法である。被害者が，継続的に一定の売上げを上げてきたのに，海賊版等が流布したとたん，その売上げが減少したというような場合，その損害は，そうした売上げの減少として把握される。これが，最もわかりやすい方法である（著作権法 114 条 1 項，特許法 102 条 1 項は，これを前提とした具体的な計算手法を示すものである）。もっとも，この手法は，そもそも被害者が自らの権利をいままで商業的に利用してこなかっ

第 3 節　権利侵害と違法性／**3.4**　著作権等の知的財産権とその周辺的な利益　　147

た場合には使うことができない。その場合には，統計的手法などを使って，何らかの数額を推定するほかはない。また，こうした立証がかりに成功したとしても，多くの場合には，加害者の取得する利益の方が大きいということが考えられる。

②　著作権などの無断利用については，それ以外に，利用契約を締結した場合，どれだけの費用がかかったかを考え，そのライセンス料相当額を損害として，賠償させるという手法も考えられる（著作権法114条3項，特許法102条3項参照）。つまり，現にある状態は，「ライセンス料も支払わずに，著作権が無断利用されている状態」（不法な状態）である。これと「ライセンス料が支払われて，著作権等が利用されている状態」（適法な状態）とを比較して，損害を算定するというものである。もっとも，この損害賠償は，いわば当事者間に強制的にライセンス契約を締結させるということを意味する。もともと無断利用していた加害者に，いわば適法な状態を実現することを強制するということは，それほど無理なく合理化できる。しかし，被害者については，このようなライセンス契約を締結しなくてはならないという理由はまったく存在しない。本来，契約を締結するか否か，誰と契約を締結するかはまったく自由なはずである。にもかかわらず，被害者が一方的に行った行為によって，契約締結を強制される，それをしないと損害が回復できないというのは，やはり一定の問題が残るものだといえる。

③　上記の①②は，権利者が失った（または得られなかった）利益に焦点を当てるものである。それに対して，著作権法114条2項は，侵害者が「その侵害の行為により利益を受けているときは，その利益の額は，当該著作権者，出版権者又は著作隣接権者が受けた損害の額と推定する」と定めており（特許法102条2項も同様のことを定める），侵害者の利益に焦点を当てた損害額の推定をするものである。この規定をどのように理解するのかについては，なお議論があるところであるが，侵害行為によって利益を得るというタイプの不法行為における解決手段としての意義は注目されるところである。特に，ここで侵害者の利益がどのように算定されるのかは，具体的な解決に大きく影響を与える。

すなわち，権利者の側で，侵害者の利益，特に，単純な売り上げではなく，「侵害によってもたらされた利益」を積極的にすべて証明しなければならないということになると，この規定の実践的意義はそれほど大きくはない。侵害者の側で，「それは自分の才覚によるものだ」という反論をすれば，権利者の側で，それを否定し，権利侵害から固有に生じた利益であることを証明しなければならないが，これはかなり困難を伴うものであろう。他方，侵害者が得た利益は権利侵害によるものだと一応の推定がなされ，侵害行為によって得た利益ではないということを侵害者の側で証明しなければならないということになると，この規定の実践的意義は大きなものとなるように思われる（結局，「自分

の才覚によるものである」という立証が困難な部分について，誰が立証責任を負うのかが問題となっている）。

　実際には，著作権侵害や特許権侵害についても，成果や製品の一部について他人の権利が無断で利用されている場合など，問題は単純ではなく，また，それをふまえてのさまざまな手法が検討されているが，こうした規定は，具体的な解釈を通じて，将来の可能性を有しているものであると思われるし，また，そこで扱われている問題は，不法行為法の説明の最初に取り上げた「フリーライド型の不法行為」に関しても，示唆を与えるものであるように思われる。こうしたフリーライド型の不法行為については，あらためて説明することにしよう→【*加害者の利益と被害者の損害*】*411頁*。

3.5　生成途上の権利または生成途上にある法的に保護された利益

　生成途上の権利と不法行為法の役割　　権利の中には，所有権のように，最初から，比較的明確にその権利としての性格が認識されているものもあれば（もっとも，所有権という権利が，人類の歴史や社会の発展と切り離されて抽象的に存在していたわけではない），権利としての性格が曖昧なもの，あるいは，生成途上の権利といったものもあるということについては，すでに言及した。後者のタイプの利益については，それが一定の権利性を有するかということを侵害行為と切り離して検討するのではなく，むしろ，特定の侵害行為との関係で，その利益が保護されるのか否かというレベルで検討していくことが適切であるように思われる。ある利益を一般的に権利として承認するか否かという議論と切り離して，ある利益について特定の侵害行為との関係では保護を認めるか（その利益に対する特定の侵害行為を不法行為法上許されないものとするか）を考えることは可能だからである。

　このように行為規範という観点から利益の要保護性を考えるという姿勢は，権利という側面を軽視することを意味するものではない。むしろ，法的に保護される利益とそうではない利益の間には，明確な一本の線がひかれるわけではなく，また特定の利益の要保護性についての社会的な価値判断も不動のものではない。利益の要保護性を抽象的に議論することは，ともすると，権利や利益を固定的に把握していくことにつながる。むしろ，侵害行為との関係で，利益の要保護性を考えていくということは，当初は全面的には権利性を承認しにく

い利益についても，特定の侵害行為との関係では保護を承認するというように，権利の生成を助けるものとなる。その意味で，不法行為法は，単に権利や保護法益としてすでに承認された利益のみを対象とするのではなく，一定の利益に対する社会的な価値判断等の変化を反映させるという役割も担うのである。

　以下では，この種の生成過程にあると思われる権利や利益について考えていくことにしよう。

　自己決定権　　ある病気に対して，Ａという治療方法とＢという治療方法の2つが存在するという場合を考えてみよう。Ａは，その病気を完治する可能性が高いが同時にリスクも大きい。一方，Ｂは，完治する可能性は低いが，病気の影響をある程度抑えることができ，リスクは小さい。こうした状況において，ＡとＢのいずれを選択するかは困難な問題である。医師によっても，Ａを望ましいとするか，Ｂを選択することが正しいと考えるか，さまざまであろう。しかしながら，こうした場面において，最終的に，その決定をなすのは，原則として患者自身である（疾病の内容を説明し，ＡとＢの選択を迫ることそれ自体が，患者に大きなマイナスをもたらすような場合にどうするかついては，さしあたり考えない）。このような場合に，医師が，日頃からＡ（またはＢ）が正しいと考える立場であることから，患者に対して何も説明せず，Ａ（またはＢ）という治療を施した場合，患者は，ＡとＢという治療方法のうち，いずれかを選択するという機会（あるいは端的にＢを選択する機会）を奪われたということになる。このような自らに関する重要な事柄を自ら決定すべき権利（自己決定権）が，不法行為法上も保護されるという見方は，現在では，一般的になってきている。

　自己決定権侵害による損害賠償が認められる場面　　もっとも，自ら決定する機会というのは，数多く存在している。そうしたものがすべて不法行為法によって救済の対象となるのかといえば，少なくとも，現在までの判例においてはそうではない。実際に，自己決定権の侵害による損害賠償が認められるのは，医療と取引の場面にほぼ限定されている。

　こうした自己決定権の侵害が認められる場合，そこで侵害されたのは非財産的な利益であり，そこでの損害賠償請求権は，慰謝料請求権となる。しかし，

自己決定権侵害というのは，さまざまな意義を有しており，さらに，慰謝料請求権というのも基本的に裁判官の裁量によって決定されるものであることから，実際には，その中にさまざまなものが取り込まれている。ここでは，①重要な自己決定権を保護するという観点からの自己決定権侵害類型（本来の自己決定権侵害）と②別の法益侵害による不法行為の成立を認定することが困難な場合の自己決定権侵害類型（補完的な自己決定権侵害）の2つを見てみよう。

重要な自己決定の侵害　生命や身体，健康に関するような自己決定権が，他の領域での自己決定以上に重要な意味を有するということは，一般的に承認されるだろう。他の損害賠償が困難な場合に補完的に機能するというのではなく，こうした自己決定権そのものに焦点を当て，その侵害を不法行為と評価するものは多い。

> 事例研究　最判平成12年2月29日民集54巻2号582頁→ 医事百選（2版）[36]・岩志和一郎,
> 憲法百選Ⅰ（6版）[26]・浅野博宣, 重判 H. 12 [民5]・潮見佳男
> 　宗教上の理由から輸血拒否（絶対的無輸血）の意思表示を明確にしている患者に対して，医療機関が，その相対的無輸血の立場を説明せずに，手術に際して輸血を行ったという事案である。
> 　最高裁は，この事案について，「患者が，輸血を受けることは自己の宗教上の信念に反するとして，輸血を伴う医療行為を拒否するとの明確な意思を有している場合，このような意思決定をする権利は，人格権の一内容として尊重されなければならない」として，医師が説明を怠ったことによって，患者が「輸血を伴う可能性のあった本件手術を受けるか否かについて意思決定をする権利を奪ったものといわざるを得ず，この点において同人の人格権を侵害したものとして，同人がこれによって被った精神的苦痛を慰謝すべき責任を負う」とした。

　このような最高裁の判断は，自己決定権の尊重という観点からは，基本的に承認できるものであろう。ただ，そのうえで，こうした輸血拒否問題については，以下の2つの点を検討しておく必要がある。

　第1に，この場合の医師の行為が刑事責任という観点からはどのように評価されるのかという点を確認しておく必要がある。刑法上，生命や身体に関する被害者の同意は，当然には刑事責任の否定をもたらさない。かりに，本人による輸血拒否の意思表示があったとしても，輸血をしないことによって患者の命を救うことができなかった場合，刑法上の責任を問われる可能性がある。この場合，民法上は，「輸血をするな」と命じ，他方，刑法上は，「輸血をせよ」と

命じられるということになる。まず，法秩序の命令が，このように矛盾するということ自体，受け入れることはできないであろう。いずれの方向であれ，その2つが命じる行為規範は，相互に抵触しないものであることが必要である。それでは，民法上，自己決定権を尊重し，輸血をするなということが命じられるのであれば，それに合わせて，刑法上の判断を定めるということになるのだろうか。現実に，こうした判決が存在する以上，そのような方向で解決を図らざるを得ないということは考えられる。しかし，たまたま民法上の判断が先行すると（そして，その判断に際しては刑法上の問題は必ずしも考慮されていない可能性がある），民法上の判断に刑法上の判断を合わせるという形になり，他方，それがたまたま逆であれば，刑法上の判断（この判断の際に，民法上の問題が考慮されているという保証はない）が優先するというのも，合理性という点では，なお問題を抱えていると言えよう。刑法と民法の判断の整合性を図るようなしくみが必要だということになるが，現実には，そのようなしくみが存在していない点に問題がある。

　第2に，ここでの自己決定権問題は，あくまで本人の自己決定権問題だという点である。こうした宗教上の理由による輸血拒否は，世界各国で法的な問題となっているが，その中でかなり大きなウェイトを占めるのは，子供の輸血に関して親が宗教上の理由から拒否するというものである。比較法的には，この種の問題に対応するために，裁判官に，親の同意に代わる子供の手術の同意をさせるというしくみが見られる。自己決定権が，それ自体尊重されるものであり，また，親権も社会的に重要な権利として承認されているとしても，それは，親が子を自分自身と同様に処分することができるという意味でないことは明らかである。自己決定権が及ばないとするか，親権の範囲の制約で説明するかはともかく，この種のケースにおいてまで，輸血拒否がなされることについては慎重でなければならない（わが国では，こうした場面において，親権喪失・停止を申し立てるとともに〔834条，834条の2〕，その保全処分を求め，保全処分によって親権を停止し，必要な治療を行うという対応がなされている。そして，その治療が終わると，親権喪失・停止の申立てが取り下げられるのである。親権喪失・停止の判断に時間がかかることによるものであるが，必要な治療への対応という観点からは，制度設計としては工夫の余地があるように思われる。なお，医療ネグレクトの場合の扱いについて，詳しくは，窪田『家族法（第3版）』321頁以下を参照してほしい）。

なお，自己決定権を確保するためには，その前提として，自己決定を支えるための情報提供や説明が重要となる。そのため，自己決定権侵害の不法行為における過失の多くは，情報提供義務違反や説明義務違反という形で位置づけられることになる。

> **事例研究** 最判平成 13 年 11 月 27 日民集 55 巻 6 号 1154 頁→ *医事百選（2 版）[31]・千葉華月*，
> *重判 H. 13 [民 14]・手嶋豊*
> 　X は，医師 Y に乳がんと診断されて，乳房切除の手術を受けた。X は，乳房を残す温存療法の存在を知り，その可能性を尋ねたものの，Y は，それに対して十分な説明を行なわないまま，手術を行ったものである。
> 　最高裁は，Y が診療契約上の説明義務を尽くしていないとして，請求を棄却した原判決を破棄した。

　本件は，債務不履行責任の問題として扱われたが，これを不法行為で扱う場合，自己決定権侵害という類型として扱うことが適当な事案であろう。

自己決定権侵害の補完的な機能　　自己決定権侵害の不法行為が，判例上も承認されるようになったという理由を，単に，社会的な価値観の変動の中で自己決定権がより重視されるようになってきたからだということだけで説明するのは，必ずしも十分ではない。もちろん，そうした価値観の変化をふまえてということが前提となるが，自己決定権侵害の類型の中には，やや性格が異なるものを見出すことができるように思われる。以下のようなケースを考えてみよう。

> **設例 II-12**　　癌患者である X について，その治療法 A があった。治療法 A は，まったく功を奏しない可能性も高いが，2 割程度の割合で効果があることが証明されており，その場合，5 年生存率が 3 割程度に上昇する可能性があった。医師 Y は，この点について，X にまったく説明することなく，治療不可能な末期癌であるとして，何もしなかった。半年後，X は，死亡した。後に，治療法 A があったことを知った X の遺族が Y に対して，損害賠償を求めた。

　抽象的な条件が多い事案だが，この事案で，Y について，不法行為責任は成立するのだろうか（同時に，債務不履行責任も問題となるが，これについてはひとまず度外視する）。この事案で，治療法 A について積極的なリスク（治療自体による死亡や症状の悪化）が伴わないとすれば，このような Y の行為を不法行為

（あるいは債務不履行）と認定することは比較的容易であると考えられる。

　問題は，この場合の損害賠償である。人身損害の賠償額は，現在の判例通説によれば，予測される余命を前提として計算される。これによると，原告は，被害者は不法行為がなければどれだけ長く生きられたのかを立証し，それをもとに賠償額を決定することになる。しかし，このケースでは，その立証は容易ではない。なぜなら，効果があるのは2割にすぎず，その場合の効果も5年生存率の一定の上昇というものにすぎないからである。つまり，不法行為（義務違反行為）があったということは認定できても，それによる人身損害の賠償を認めるというレベルで困難が存在するのである。

　このような問題に対しては，人身損害についての立証を何らかの形で緩和するといった対応も考えられるが→*【医療過誤における因果関係の立証】297頁*，もうひとつの方法として考えられ，そして，実際の裁判例でも見出すことが多くなってきているのが，別の法益の侵害として不法行為を構成するという手法である。すなわち，このような事案で，人身侵害として構成し，逸失利益等の損害賠償を問題とするのではなく，自己決定権侵害の不法行為として構成するというものである。自己決定権侵害の場合，どれだけ長く生きられたのか，どれだけ治療が奏効する可能性があったのかというのは，ひとつの判断材料ではあるが，それだけで決まるものではない。可能性が低い場合であっても，重要な自己決定権の侵害を認定することは可能なのであり，また，自己決定権侵害における損害賠償は，慰謝料として，裁判官の裁量的判断によって決定されるのである。その意味で，こうした人身侵害型の不法行為における救済の困難さを回避するためのひとつの手法として，自己決定権侵害が機能するのである。

　取引関係における事案でも，最判平成16年11月18日民集58巻8号2225頁→*消費者百選 [14]・小粥太郎, 不動産百選（3版）[15]・久保宏之*は，分譲住宅の譲渡において価格の適否を検討するうえで重要な事項を説明せず，譲受人が十分に検討したうえで契約を締結する機会を奪ったとして，不法行為に基づく慰謝料を認めた。これも，本来は，法律行為法による取消しや財産的損害についての不法行為の成否が問題とされ得る事案だと考えられるが，そうした財産法上の救済までは認められない場面において，その救済を慰謝料として図ったものだと理解することが可能であるように思われる。

なお，補完的機能という点に関して，若干補足しておく。

まず，設例II-12と異なり，治療が奏功する可能性が8割といったように可能性がずっと高かったとしよう。このような場合，人身損害の賠償を追及することは，それほど困難ではないだろう。

さて，問題は，このように人身損害の賠償が認められる場合にも，それに加えて，自己決定権侵害の損害賠償が認められるかである。理論的には，それを認めることには障害はないように思われる。人身損害と自己決定権侵害による損害とは別の性格のものであり，それらを両立させることは不可能ではないからである。

それにもかかわらず，この種の自己決定権侵害の損害賠償は，従来の裁判例においては，必ずしも承認されてきていない。医療事故ではなく，詐欺的な取引において，法律行為の取消しないし原状回復的損害賠償と，自己決定権侵害を理由とする慰謝料を求めた事案では，原状回復的損害賠償を認めたことによって，自己決定権侵害の慰謝料に相当する損害は解消されたといった説明で慰謝料請求権を否定した判決もあるが（東京高判平成8年1月30日判時1580号111頁），こうした財産的損害と慰謝料との関係も，厳密に考えれば，必ずしも論理的な性質として択一的なものだというわけではない。それにもかかわらず，人身損害の賠償が認められる場合や，財産的損害の賠償が認められる場合に，自己決定権侵害の慰謝料が認められないというのは，こうした自己決定権侵害が，本来，中心的な損害賠償として機能すべきものが認められない場合に，補完的に機能するものにすぎないからだと理解される。

もちろん，自己決定権のすべてがそのような補完的な機能しか持たないわけではない。すでに言及した自己決定権それ自体が重要な保護法益として承認されるような場面においては，その他の損害賠償として並行して求めることが可能であろう。その意味で，自己決定権侵害の不法行為については，そこで問題とされている自己決定権侵害の性格がどのようなものであるのかを慎重に判断していく必要がある。

機会の喪失　　自己決定権の侵害と同様，本来実現されるべき損害賠償の実現が困難な場合の手法のひとつとして考えられるのが，機会の喪失という考え方である。これは，不法行為がなかった場合には一定の利益が実現していたと

いうことが確実ではない場合（確実であれば，そうした利益をそのまま損害賠償の対象とすれば足りる），そうした利益実現の機会を失ったということを損害として考える立場である。このような機会の喪失を理由として慰謝料を認める見解も有力に主張されている。これによって，利益の実現が確実でないことによる障害は克服されることになる。

　もっとも，自己決定権侵害という法律構成が，自己決定権という人格的な利益の侵害であるととらえ，その法律効果も慰謝料請求権であるのに対して，機会の喪失という考え方は，当然には人格的な利益に限定されない性格を有している。

　たとえば，医学部の学生，法学部の学生，あるいは法科大学院の学生が交通事故によって死亡したり，身体的に重篤な後遺症が残り，医師や法律家になる可能性が閉ざされたという場合を考えてみよう。このような場合，問題の解決の仕方としては，いくつかの方法が考えられる。

　①　まず，最終的に医者や法曹になることができたのかは，一定の確率の問題である。このような確率の問題を因果関係の認定という証明のレベルで考慮しようとする考え方がある→【確率的心証論】357頁。すなわち，医者や法曹になった場合の逸失利益を適用するか否かを統計的な手法を通じて，一定の確率に対応した形で認定するということになる。この場合，損害賠償の対象は，あくまで逸失利益であり，賠償されるべき損害の種類等について修正が必要となるわけではない。問題は，あくまで因果関係の認定に関するものとして位置づけられることになる。

　②　他方，機会の喪失それ自体を損害として位置づける場合，どのような利益に向けた機会であったのか，その利益が実現する可能性はどの程度あったのかということは，基本的に，その機会の喪失という事実に対する評価のための資料として位置づけられることになる。このような機会の喪失を財産的な不利益と位置づけるのか，あるいは，非財産的な利益の侵害（実現に向けた自己決定の機会の喪失と位置づけるのであれば，自己決定権の侵害にほかならない）と位置づけるのかは，必ずしも明確ではない。

　以上のように，機会の喪失という考え方は，なお明確になっていない部分も

あるが，自己決定権の侵害のように，こうした考え方の背後に，従来の理論的枠組みを補完するツールの必要性があるのだとすれば，今後，細部を含めて，検討していくことが求められる。

環境に関する利益　判例を通じて，その保護が認められてきた重要なもののひとつが，環境に関わる利益である。環境の悪化が直接，健康に被害をもたらすようなものである場合，そこでの保護法益は，健康というすでに承認されてきた法益に求めることが可能である。しかし，従来の裁判例は，それに限定されない利益の保護の可能性を承認してきた。その中には，すでに法的な利益として確立していると見ることができるものも含まれるが，ここでまとめて説明しておくことにしよう。

> 事例研究　**最判昭和 47 年 6 月 27 日民集 26 巻 5 号 1067 頁→** 環境百選（2版）[71]・日置雅晴
>
> 　Ｙが，工事停止命令，違反建築物除去命令が発せられたにもかかわらず，建築基準法に違反した二階増築工事を行ったことに対して，隣接するＸが，日照・通風妨害を理由とする損害賠償を求めた事案である。
>
> 　最高裁は，以下のように述べて，Ｘの請求を認めた。「居宅の日照，通風は，快適で健康な生活に必要な生活利益であり，それが他人の土地の上方空間を横切ってもたらされるものであっても，法的な保護の対象にならないものではなく，加害者が権利の濫用にわたる行為により日照，通風を妨害したような場合には，被害者のために，不法行為に基づく損害賠償の請求を認めるのが相当である。もとより，所論のように，日照，通風の妨害は，従来与えられていた日光や風を妨害者の土地利用の結果さえぎったという消極的な性質のものであるから，騒音，煤煙，臭気等の放散，流入による積極的な生活妨害とはその性質を異にするものである。しかし，日照，通風の妨害も，土地の利用権者がその利用地に建物を建築してみずから日照，通風を享受する反面において，従来，隣人が享受していた日照，通風をさえぎるものであって，土地利用権の行使が隣人に生活妨害を与えるという点においては，騒音の放散等と大差がなく，被害者の保護に差異を認める理由はないというべきである」。

この判決は，最終的な結論を導くうえで，権利濫用の法理を間にはさんでいるために，その判決の射程の広さについては議論の余地があった。

　環境に関する利益の不法行為法上の保護がより明確に論じられたのが，以下の事案である。

> 事例研究　**最判平成 18 年 3 月 30 日民集 60 巻 3 号 948 頁「国立マンション事件」→** 百選 II（8版）[89]・秋山靖浩
>
> 　国立マンション訴訟として知られる著名な事件である。問題となったのは，高さを揃え

第 3 節　権利侵害と違法性／**3.5**　生成途上の権利または生成途上にある法的に保護された利益　157

るなどして景観が保持されてきた地域であるが，そこに被告が，高層マンションを建築したために，地域の住民らが，高層部分の撤去のほか，慰謝料等を請求した。この請求に対して，第1審は原告らの請求を一部認容して，大きく報道されることになった。しかし，控訴審は，原告らの権利・利益の存在を否定して，請求を退けた。

最高裁は，原告らの請求を認めなかったものの，以下のように判示した。「都市の景観は，良好な風景として，人々の歴史的又は文化的環境を形作り，豊かな生活環境を構成する場合には，客観的価値を有するものというべきである。……良好な景観に近接する地域内に居住し，その恵沢を日常的に享受している者は，良好な景観が有する客観的な価値の侵害に対して密接な利害関係を有するものというべきであり，これらの者が有する良好な景観の恵沢を享受する利益（以下「景観利益」という。）は，法律上保護に値するものと解するのが相当である。

もっとも，この景観利益の内容は，景観の性質，態様等によって異なり得るものであるし，社会の変化に伴って変化する可能性のあるものでもあるところ，現時点においては，私法上の権利といい得るような明確な実体を有するものとは認められず，景観利益を超えて『景観権』という権利性を有するものを認めることはできない。

……本件におけるように建物の建築が第三者に対する関係において景観利益の違法な侵害となるかどうかは，被侵害利益である景観利益の性質と内容，当該景観の所在地の地域環境，侵害行為の態様，程度，侵害の経過等を総合的に考察して判断すべきである。……ある行為が景観利益に対する違法な侵害に当たるといえるためには，少なくとも，その侵害行為が刑罰法規や行政法規の規制に違反するものであったり，公序良俗違反や権利の濫用に該当するものであるなど，侵害行為の態様や程度の面において社会的に容認された行為としての相当性を欠くことが求められると解するのが相当である。……本件建物の建築は，行為の態様その他の面において社会的に容認された行為としての相当性を欠くものとは認め難く，上告人らの景観利益を違法に侵害する行為に当たるということはできない」。

本判決には，いくつかのポイントがある。

第1は，本判決が，「良好な景観の恵沢を享受する利益」（景観利益）を，法律上保護に値するものとしている点である。

第2に，本判決は，他方で，景観権といったものは承認しなかったということである。もっとも，○○権という名前がつくかどうかは，不法行為法上は決定的なわけではないということは，すでに述べたところである→【大学湯事件の意味】*89頁*。当該利益が法律上保護に値するということさえ示されれば，不法行為法上の救済の第1のハードルは乗り越えたものといえる。そこで，不法行為法上の救済という結論を実質的に決定するのが，次の点である。

すなわち，第3に，本判決は，「ある行為が景観利益に対する違法な侵害に当たるといえるためには，……その侵害行為が刑罰法規や行政法規の規制に違反するものであったり，公序良俗違反や権利の濫用に該当するものであるなど，

侵害行為の態様や程度の面において社会的に容認された行為としての相当性を欠く」ことが必要だとしたのである。

　上記の2つの判例からは，環境に関わる利益が，不法行為法上も保護の対象となるということが示されている。ただ，一方で，その保護は，侵害行為の評価とセットになったうえで判断されるというしくみだと理解することができよう。

　このように行為との関係で利益の要保護性を考えるという思考方法は，権利が生成されていく際のプロセスを示しているように思われる。

　その他の生成途上の権利　　もちろん，生成途上の権利として挙げられるのは，以上述べてきたものに限定されているわけではない。裁判上問題となったものとしては，他人から氏名を正確に呼称される利益（最判昭和 63 年 2 月 16 日民集 42 巻 2 号 27 頁→ *メディア百選 [53]・近藤敦*）や静謐な環境のもとで信仰生活を送るべき利益（最判昭和 63 年 6 月 1 日民集 42 巻 5 号 277 頁「自衛官合祀事件」→ *憲法百選 I（6 版）[47]・赤坂正浩*）などもある（最判昭和 63 年 2 月 16 日については大村『不法行為判例に学ぶ』221 頁以下，最判昭和 63 年 6 月 1 日については同 207 頁以下参照）。

　これらについて，抽象的に権利として承認するかどうかについて，不法行為法は独自の判断基準を有しているわけではない。そのような利益が社会においてどのように評価されているかをふまえつつ（その評価は時代的にも変化していく），一定の行為との関係でそれを保護するかを考えていくしかない。前者の氏名を正確に呼称される利益について，前掲最判昭和 63 年 2 月 16 日は，人格権のひとつとしてすでに承認されている氏名権（氏名を他人に冒用されない権利・利益）と異なり，「不法行為法上の利益として必ずしも十分に強固なものとはいえない」として，「当該個人の明示的な意思に反してことさらに不正確な呼称をしたか，又は害意をもって不正確な呼称をしたなどの特段の事情がない限り，違法性のない行為として容認される」とした。逆に言えば，こうした特段の事情がある場合には，不法行為の成立が認められることになる。こうした判断も，上記の枠組みの中で理解することが可能であろう。

4 法的に保護されるべき利益の判断

何が法律上保護された利益なのか　いままでの説明では，従来の判例において，不法行為法上の保護が認められてきたもの，ならびに，不法行為法上の保護が認められるかについて議論がなされてきたものを取り上げてきた。すでに説明したように，不法行為法上の保護が与えられるか否かという問題において，どこかの法律において○○権といった名称が付与されていたり，あるいは，○○権という概念が確立していることは不可欠の要件ではない。

それでは，何が法律上保護された利益なのかはどのように判断されるのだろうか。この点を考える場合，特に，2つのタイプの問題がある。

間接的な利益・損害　問題のひとつが，間接的な形で問題となる損害である。しかしながら，どんな利益でも損害賠償の対象となるのかといえば，そうではない。たとえば，交通事故によって友人を失った，恋人を失ったという心の苦痛は決して小さいものではないだろう。しかし，こうした場合の損害賠償は認められていない。あるいは，立法者が，権利侵害要件によって不法行為責任の無制限の拡張を防ごうとしたのは，まさしくこういったケースであったともいえる（権利侵害に関する立法者の説明）。

それでは，こうした間接的な形で問題となる利益侵害は，不法行為の対象とはならないのであろうか。ならないとする説明も，十分に考えられる。711条は，「他人の生命を侵害した者は，被害者の父母，配偶者及び子に対しては，その財産権が侵害されなかった場合においても，損害の賠償をしなければならない」と規定する。この規定は，まさしくここで規定された場合についてのみ，間接的な被害者の損害賠償請求権を承認するものなのだと理解するのであれば，それ以外については，不法行為法上の保護は認められないということになる。つまり，法律上保護された利益か否かを，711条という法律が示しているということになる。

しかし，一方で，たとえばAを精神的に傷つけるということを目的として，Bを殺害するというような場合については，Aからの精神的苦痛に関する損害賠償を認めてもよさそうである。この場合，故意は，Bの殺害だけではなく，それを通じてAを精神的に傷つけるということに向けられている。この場合

に損害賠償を肯定し，他方で，そうした故意が存在しない場合には賠償を否定するということになるのであれば（そのように考えるべきであろう），問題は，「他人の権利侵害によって生じる精神的苦痛は，不法行為法上保護されるか」という保護法益の問題ではなく，「他人の権利侵害によって生じる精神的苦痛は，不法行為法上どのような場合に（侵害者の行為態様がどのようなものであるときに）保護されるのか？」というレベルの問題だということになる。その意味では，法律上保護された利益であるということをあらかじめ否定しないことが前提となる→【*いわゆる間接被害者をめぐる問題*】*322頁*。

不法な利益──犯罪による利益など　　もうひとつの問題として存在するのが当該利益に関連して不法性が問題となる場合である。たとえば，交通事故によって，末端価格5億円相当の麻薬の取引が成立せず，購入価格との差額4億8000万円相当の損害が生じたとして，交通事故加害者に賠償を求めても，それが認められることはないだろう。そこで損害賠償が否定されるのは，逸失利益の確実性などの問題ではない。いくら取引が確実であって，その後の儲けについても確実性があったとしても，そうした利益を上げるということ自体を法が容認することはできないからである。まさしく利益の不法性のゆえに，損害賠償が否定されることになる。

　なお，関連する問題として，不法滞在の外国人労働者の逸失利益をどのように算定するのかという問題があるが，これについては逸失利益の部分で説明する→【*外国人の逸失利益*】*343頁*。

第4節　損害の発生と因果関係（不法行為と損害との関連）

1　損害の意味

損害とは何か？　　損害が生じていない以上，損害賠償を認める余地はない。たとえ何らかの義務違反や社会的に批判されるような行為があったとしても，その行為の相手方に何らの不利益も生じていないのであれば，損害の賠償ということは問題とならない。

　もっとも，他人に何らかの不利益が生じるということは，すでに権利侵害を

めぐる要件の中でも言及されていることである。それでは，損害というのは，そうした権利侵害と区別されるものなのだろうか。そもそも，不法行為法における損害とは何なのだろうか。

損害の伝統的なとらえ方——差額説　損害についての最も伝統的な理解は，差額説と呼ばれる考え方である。差額説では，損害とは，不法行為によって実際に生じている財産状態と，不法行為がなかったとすればあったであろう財産状態との差であると説明する（財産状態差額説。なお，差額説と言っても，バリエーションがあるが，ここではもっぱら財産状態差額説を前提として説明する）。理念的にいえば，次のような図で示されることになる。

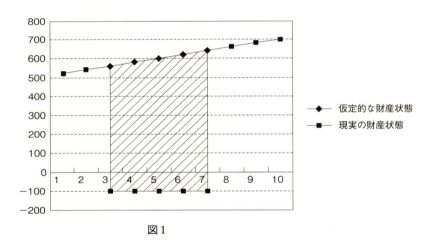

図1

縦軸は財産状態を示し，横軸は時間的な経過を意味する。◆のラインは，不法行為がなかったという場合の被害者の財産状態である。一方，不法行為によってそれまで仕事ができなくなり，より少ない収入しか得られなくなり，さらには入院費や治療費といった支出をふまえたうえでの現実の財産状態を示すのが■のラインである（ここでは収入が失われただけではなく，支出があったために，■のラインがマイナスになる部分が生じている）。したがって，差額説の定義によれば，■のラインと◆のラインで作られる部分（斜線部分）が，損害だということになる。

　もっとも，差額説といっても，このように理念的に図を描いて，その差の部

分の面積を求めればいいというわけではない。実際には、その面積を求めるために、種々の損害を積み上げていくという作業を行っている（個別損害項目積上げ方式）。

以下のグラフでは、収入が薄い棒グラフで示され、治療費等の支出が濃い棒グラフで示されている。薄い棒グラフで示される収入の減少が逸失利益であり、濃い棒グラフで示される支出が積極損害と呼ばれるものである。前頁の図1で示したのは、これをあわせて見たときの財産状態の変化を意味している。

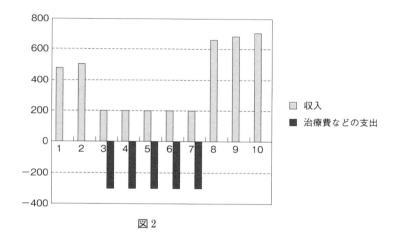

図2

ここで重要なのは、差額説を前提とすれば、損害というのは、それ自体として、常に、金○○円という金額の形で示されることになるという点である（つまり、図1における斜線部分の面積の単位は、「円」である）。

なお、精神的苦痛のようなものは、この図の中には含まれていない。あとで触れるように→*【損害の種類】167頁*、この図だけですべての損害がカバーされるわけではないということについては、注意が必要である。

損害のもうひとつのとらえ方──損害事実説　一方、損害については、もうひとつ、まったく性格の異なるとらえ方がある。それは、損害というのは、被害者に生じた不利益それ自体を意味するというものである。ここでは、損害そのものは「単なる事実」であって、それが金銭的にいくらであるかということ自体は、損害の概念には含まれていないことになる。

もっとも，損害事実説においても，損害としての事実をどのレベルでとらえるのかという点では，いくつかのバリエーションがある。

　ひとつは，不法行為によって死亡した，負傷した，物が壊されたという場合，「死亡」や「負傷」，「物の毀損」といった最も包括的な事実をもって，損害ととらえる考え方である。このように損害を理解した場合，収入の減少，治療費や入院費，あるいは，精神的苦痛といったものすべては，その損害の中に包含されることになる。そして，賠償額を確定するという次のステップにおいて，そうした事実を金銭的にいくらと評価するのかということが問題となる（損害の金銭的評価）。もっとも，この場合，収入の減少，治療費や入院費，精神的苦痛という項目で評価しなければならないというわけではなく，もっと別の方法で負傷を金銭的に評価するという可能性も排除されていない。たとえば，負傷という事実に対して，まとめて一定の金銭的な評価を加えるという可能性もないわけではない。

　他方，負傷という事実まで包括的にとらえるのではなく，負傷によって「労働能力を喪失したという事実」（労働能力喪失説），あるいは，「治療等の対応を余儀なくされたという事実」というように，もう少し個別的なレベルの事実として，損害をとらえようとするものもある。この場合には，治療等を余儀なくされたという事実は，労働能力の喪失とは別の損害事実として位置づけられることになる。労働能力の喪失については，主として，収入の喪失に焦点が当てられることになる。もっとも，収入の喪失といっても，現実の収入ととらえるのか，収入の可能性の喪失ととらえるのか，複数の可能性がありそうである。

成立要件としての損害　　上記のような損害についての差額説，損害事実説といった見解の相違は，成立要件としての損害の位置づけについても，違いをもたらす。以下の2つの事案を前提として，この問題について考えていくことにしよう。

> **設例Ⅱ-13**　　Yは，X所有の土地に車を無断で駐車した。Xは，この土地を空き地のまま放置しており，何ら利用していなかった。
>
> **設例Ⅱ-14**　　Yは，X所有の土地に車を無断で駐車した。Xは，本来，自分の車をとめる場所に，Yの車があったために，仕方なく，近くの有料駐車場を使い，翌日まで，3000円の駐車料金を支払った。

164　　第Ⅱ部　不法行為の成立要件／第1章　自己の行為に基づく責任

まず，差額説を前提として考えてみよう。ここでは，いずれの場合においても，所有権侵害という権利侵害は存在している。しかし，設例Ⅱ-14 においては，Xが，3000円の損害（不法行為がなかったとすれば支払わなくてもよかったはずの費用）をこうむっているのに対して，設例Ⅱ-13 では，Yが無断駐車をしなかったとしても，結局，Xは利用していなかったのだから，Xの財産状態は，Yの無断駐車によって何ら変わってはいない。つまり，差額説を前提とすれば，損害はないということになる。したがって，損害の発生が不法行為の成立要件だとすれば，そうした損害がない以上，設例Ⅱ-13 では，不法行為は成立しないということになる。このように，差額説からは，権利侵害があったとしても損害がないという場合が考えられる。ここに，成立要件として，権利侵害とは別に，損害の発生を求めることの意味があるということになる。

　他方，損害事実説を前提とすれば，設例Ⅱ-13 と 設例Ⅱ-14 のいずれにおいても，「所有権が侵害された」という不利益が生じているのであるから，損害の発生は認められる。そのうえで，損害賠償額をいくらにするかという金銭的評価の問題（賠償額決定をめぐる問題）が残るだけだということになる。このように，損害事実説からは，損害の発生が要件であると言ってもいいが，そこには，権利や法的に保護された利益の侵害という要件と区別される固有の意味は存在していない。権利侵害や利益の侵害があると認められるのであれば，同時に，事実としての損害も認めることができるからである。損害事実説における損害は，権利侵害や法的に保護された利益の侵害と同じなのであり，損害の発生を権利侵害等と切り離して独立の要件とすること自体が，損害事実説の考え方にはなじまないと言えよう。

　本書の立場　　損害をどのように理解するのかということは，損害賠償の範囲の確定や損害の金銭的評価といった効果→*【賠償されるべき損害の金銭的評価】372頁*にもかかわる困難な問題であるが，本書では，厳格な財産状態差額説はとらず，さしあたり，損害事実説を前提として考えていくことにする。それは，以下のような理由による。

　まず，差額説を前提として，損害の発生を不法行為の成立要件とすることには，積極的な意味がない。なるほど，設例Ⅱ-13 と 設例Ⅱ-14 では，最終的に損害賠償を認めるか否かについて結論が異なる可能性はある。しかし，それは，

第4節　損害の発生と因果関係／**1**　損害の意味　　165

むしろ，賠償額をいかに計算するのかという「不法行為の効果」をめぐる問題の中で十分に解決可能である。侵害行為があったにもかかわらず，あえて不法行為が成立しないということを，成立要件をめぐる問題の中で述べなければならない必要性はないし，かえって硬直的な解決をもたらすことになる。

　また，現実の判例に照らしてみても，損害の意味は，必ずしも一様ではない。少なくとも，最も古典的な差額説は，最高裁判例のレベルにおいても完全には維持されていない。そうした損害の多様性に対応するためには，出発点として，緩やかな損害概念から出発することが望ましいといえるだろう。

　なお，損害事実説をとるとしても，損害という事実をどのレベルで把握するのかという問題がある。これについては，上記に示した複数のバリエーションのいずれも可能であり，必ずしも，最も抽象的で，上位となる事実のレベルでつかまえるという必然性はないと考えられる。不法行為法が損害賠償を実現する制度であるということからは，何らかの形で損害という事実があれば十分なのであり，また，一定の状況に対して複数の評価の方法がある以上，そのいずれかが正しいと決めつける必要はなく，それぞれの状況に対応して，最もつかまえやすい事実を損害として把握し，それに対応した金銭的評価の方法を考えれば足りると考えられる。

コラム　**看板**——「無断駐車禁止・駐車した場合には金〇〇円を申し受けます」

　無断駐車の例を取り上げたので，街中でしばしば目にする「無断駐車禁止・駐車した場合には，金〇〇円申し受けます」といった看板の意味について考えておこう。金〇〇円の中にどんな金額が入るかは，ずいぶんとさまざまだが，5000円くらいから1万円が多いだろうか。筆者は，かつて5万円といった金額も目にした記憶がある。さて，こういう看板はどんな意味を有しているのであろうか。

　基本的には，「意味がない」というのが，その答えである。不法行為によって生じた損害がいくらであるのかというのは，法によって定められたプロセスにおいて明らかにされるべきものであり，その額の決定の仕方は，差額説によって機械的に決まるという考え方から，裁判官による裁量を強調する考え方までバリエーションがあるが，いずれにしても，被害者の一方的な宣言によって決まるわけではない。このような金額の提示が当事者を拘束するためには，当事者間における何らかの合意が必要である。したがって，一方的な金額の宣言は，当事者間に事前の法律関係がない不法行為法上意味を有さないというのが，

とりあえずの基本となる答えである。

　基本となる答えであるというような曖昧な言い方をしたのには，少し理由がある。まったく意味を有さないかというと，意味を有する可能性も若干ではあるが残ると思われるからである。

　ひとつは，「無断駐車をした場合には，○○円を申し受ける」という意思表示がなされているのに対して，無断駐車をしたのであるから，ここでは無断駐車に関する合意（無断駐車契約！）が成立するのではないかという可能性である。無断駐車契約などというと，そんな無茶なということになるかもしれないが，「駐車料金１回○○円」と大きく書いているところに駐車した場合には，その金額での駐車契約が成立するということは考えられる（厳密には，意思表示の合致があるかどうかが問題となる）。この延長でとらえるという可能性が，完全には排除されてはいないだろう（もっとも無断駐車契約だとしても，あまりにも不合理な金額はとうてい認められないだろう。その点ではむしろ，抑え気味の金額の方が説得力を有する）。

　もうひとつは，その場所に無断駐車をしないということがきわめて重要な意味を有しており（たとえば緊急車両のために空けておくスペースであるとか，商品の納入のための他に代替の場所がない場合など），上記の看板がそのことを意味しているという場合である。その場合には，損害賠償の範囲に関して，予見可能性といったレベルで，看板に書かれた内容が考慮されるということは考えられる。

　無断駐車に関する看板が不法行為法上意味がないなどと断定して，無断駐車を助長しては困るし，さらには，それで筆者に責任追及の矛先が向けられるともっと困るというのが，若干の可能性に言及した真の動機ではあるが，法律論としては，結構面白い論点が潜んでいるように思われる。

　損害の種類　　損害がいったい何なのかという，「損害の概念」については，上記のとおり，かなり深刻な対立がある。その問題について，本書においては，損害事実説を基本として考えていくというのは，すでに述べたとおりであるが，従来，「損害の種類」として語られてきたところについても簡単に説明しておく必要があるだろう。

　損害の種類について従来理解されてきたところを簡単に説明したうえで，「損害の種類」が，「損害の概念」をめぐる議論とどのような関係を持つのかについては，最後に説明する。

第４節　損害の発生と因果関係／**1**　損害の意味　　167

① 財産的損害と非財産的損害

従来，財産的な性格を有する「財産的損害」と財産的な視点からはとらえることができない「非財産的損害」とが区別されてきた。慰謝料は，この後者の非財産的損害に対応する損害賠償である。非財産的損害は，精神的損害と呼ばれる場合もあるが，財産的ではないということがただちに精神的なものに直結するわけではない。たとえば，具体的な精神活動は観念することができない法人にも慰謝料は認められるのであるから，非財産的損害と呼ぶのが適切だろう（法人の名誉毀損を認めた最判昭和39年1月28日民集18巻1号136頁は，710条が認める損害は，慰謝料の支払いによって和らげられる精神上の苦痛だけではなく，金銭評価が可能なすべての無形の損害であるとする）。

財産的損害は，以下に述べるようにさまざまな経済的な指標を手がかりとして算定される。それに対して，非財産的損害に対する慰謝料については，それが金○○円だと導くような合理的な基準というものは存在していない。したがって，裁判官の裁量的な判断を通じて，金額として示されるということになる。もちろん，実際の訴訟においては，個別の裁判官が勝手に，「エイッ！」と思う金額を示すというのではなく，類似の不法行為事例などにおける先例などを手がかりにしながら，金額を導くことになる。

② 積極損害と消極損害

財産的損害の中にも，いわば「財布からお金が出ていってしまう」というタイプの損害と，「財布に入ってくるはずだったお金が入ってこない」というタイプの損害がある。前者を「積極損害」と呼び，後者を「消極損害」と呼ぶ。たとえば，治療費や入院費というのは，前者の典型例として挙げることができる。他方，損害賠償のはなしをしていると頻繁に出てくる逸失利益という言葉は，得られるはずだった利益の喪失を意味し，後者の典型例である。比喩的に表現すれば，前者は領収書のある損害であり，後者は領収書がその性質上あり得ない損害（領収書のない損害）だということになる。

積極損害においては，支出という手がかりがあり，それを前提として賠償される金額を考えることができる。つまり，領収書に示された金額をもとにして考えることができる。もちろん，実際の支出が過剰と判断される場合には，その金額を縮減する必要があるが，実際の支出が賠償される限り，被害者が過剰

168　第Ⅱ部　不法行為の成立要件／第1章　自己の行為に基づく責任

に利得するという状況は考えにくい。それに対して，消極損害は，「金〇〇円入ってくるはずだったのに……」といっても，そこには常に不確実さが伴うことになる。また，入ってくるはずだったかもしれない金額の賠償を認めると，現実にあったかもしれない状態より，被害者を有利に扱ってしまう可能性もある（あまり快い表現ではないが，「焼け太り」の可能性が生じる）。その点で，後者の賠償においては，より慎重に認定する必要があると考えられてきた。

最判昭和39年6月24日民集18巻5号874頁→ *百選II（初版）[85]・倉田卓次* は，年少者死亡の場合の消極損害の算定に際して，「裁判所は被害者側が提出するあらゆる証拠資料に基づき，経験則とその良識を十分に活用して，できうるかぎり蓋然性のある額を算出するよう努め，ことに右蓋然性に疑がもたれるときは，被害者側にとって控え目な算定方法（たとえば，収入額につき疑があるときはその額を少な目に，支出額につき疑があるときはその額を多めに計算し，また遠い将来の収支の額に懸念があるときは算出の基礎たる期間を短縮する等の方法）を採用することにすれば，慰藉料制度に依存する場合に比較してより客観性のある額を算出することができ，被害者側の救済に資する反面，不法行為者に過当な責任を負わせることともならず，損失の公平な分担を窮極の目的とする損害賠償制度の理念にも副う」として，逸失利益について，「控え目な算定方法」を用いることを示す（ほかにも，最判昭和42年11月10日民集21巻9号2352頁等）。

損害の種類については，ほかにも細かい分類を挙げる場合もあるが，不法行為法の一般理論を理解していくうえでは，さしあたり，上記のような2つの観点からの分類を頭に入れておけば足りるだろう。

損害の種類と損害の概念　ところで，こうした「損害の種類」は，先に取り上げた「損害の概念」をめぐる議論とはどのような関係に立つのだろうか。

まず，差額説を前提とする場合，以下のように説明されることになるだろう。
差額説が対象とするのは，その性質上，財産的損害に限られる。したがって，慰謝料は，そもそも差額説の対象としない損害だということになる。「差額説の対象としない損害であれば，そんなのは賠償されないのではないか？」という疑問が生じるかもしれない。しかし，710条は，「他人の身体，自由若しく

第4節　損害の発生と因果関係／**1**　損害の意味　169

は名誉を侵害した場合又は他人の財産権を侵害した場合のいずれであるかを問わず，前条の規定により損害賠償の責任を負う者は，財産以外の損害に対しても，その賠償をしなければならない」と規定するのであるから，非財産的損害も賠償しなくてはならないということははっきりしている。したがって，差額説で理解する財産的損害とは別に，慰謝料についても賠償が認められるということになる。また，財産的損害の種類としての積極損害と消極損害は，総額としての差額を計算するために個別項目を積み上げる作業を行う中で，その項目の分類として機能することになる。

　他方，損害事実説を前提とした場合，どうなるのだろうか。損害が死亡とか負傷という事実そのものであると理解するのであれば，そうした事実たる損害と同じ平面で，財産的損害とか非財産的損害，あるいは，積極損害とか消極損害を語るということ自体，やや奇妙な印象を与えるだろう。損害の種類として語られてきたものは，死亡や負傷，物の毀損といった事実たる損害を評価する際の手がかりではあっても，事実たる損害そのものではないからである。

　こうした点を考慮して，従来の損害の分類を無意味だとして，それらを全部否定してしまうということも，可能性としてはあり得る。この場合，人の死亡を，総合的に金銭的に評価することになるが，それは，慰謝料の算定の作業のイメージに近いものとなる。

　しかし，現在でも，一般的に用いられている損害の種類について，損害事実説と整合的な位置づけを与えるとすれば，以下のような説明が考えられる。

　すなわち，損害事実説は，上記のとおり，死亡や負傷という事実そのものを損害として示すだけであり，損害賠償訴訟においては，それを最終的に金銭的に評価し直すという作業が必要になる→**【賠償されるべき損害の金銭的評価】** 372頁。そうした損害の金銭的評価の作業において，従来用いられてきた損害の種類は，その算定の有力な手がかりのひとつとして位置づけることが可能である。上記の①②の説明の中では，算定の仕方について，種類ごとに違いがあることを示したが，そうした違いが，事実たる損害の算定において考慮されることになるのである。損害事実説を前提としつつ，現在の実務においてなされている作業を整合的に説明するのであれば，このように理解することが適当であろう。

　なお，この場合，あくまで算定方法のひとつだという点が重要である。すな

わち，事実を評価する際には複数の可能性が考えられるからである。この点については，別途説明するが→【物の滅失・毀損における損害の金銭的評価】394頁，差額説においては本質的に1つの算定方法しか存在し得ないのに対して（厳密にいえば，損害の金銭的評価というプロセス自体が存在しない。差額という損害自体が金額で示されるものだからである），損害事実説では，事実たる損害に対する金銭的評価の手法としてさまざまなものが考えられるという点が重要である。

　本書においては，前述のように，財産的損害や非財産的損害，積極損害や消極損害という言葉によって語られる問題を，損害の金銭的評価の問題の中で具体的に説明していくことにする。ただし，それ以前にも，必要に応じて，これらの用語を用いていくので，そのことを頭に入れて読み進めてほしい。

2　成立要件としての因果関係

　成立要件としての因果関係　　さて以上までの部分で，故意または過失，権利侵害または損害といった要件が示されたわけであるが，これに加えて，因果関係を，不法行為の成立要件として挙げるのが一般的である。これはもっともなことで，故意または過失行為があり，誰かに権利侵害や損害が発生していても，その間に因果関係がなければ，不法行為責任が成立しないのは当然である。
　諸君が，自分の家の近所の交差点で信号無視をし，ちょうどその頃，諸君の住む場所とはかなり離れた神戸市東門筋（ひがしもんすじ）の交差点で交通事故があったとしても（神戸に住む人は，札幌市薄野（すすきの）の交差点としよう。どうして繁華街なのかという疑問があるかもしれないが，聞いてはいけない。単なる筆者の好みである），それについて，「ポストが赤いのも，お前のせいだ！」というような理屈をとらない限り，諸君がその交通事故について責任を負う必要がないことは当然である。諸君の信号無視と神戸市での事故との間には因果関係がないからである。その意味で，不法行為の成立のために，因果関係が必要であることは容易に理解できるだろう。
　なお，因果関係は，後に，賠償範囲の部分でも再度問題として登場するが，ここで扱うのは，「不法行為が成立するのか？」という不法行為の成立要件のレベルにおける因果関係の問題である。そのため，成立要件としての因果関係

と呼ばれる。これに対して，後に扱う賠償範囲を確定するための因果関係は，不法行為の効果としての因果関係である（前者を「責任成立の因果関係」，後者を「責任充足の因果関係」と呼ぶこともある。もっとも，ドイツ語からの直訳のこの用語，あまりピンとこない）。

コラム　**因果関係を要件としない責任の合理性──コースの定理と「法と経済学」**

　本文で，「ポストが赤いのも，お前のせいだ！」というとんでもないと思われるような例を挙げたが，実は，これをそれほどとんでもないわけではないとする理論がある。コースの定理（第1定理）と呼ばれる理論である。ちなみに，これを提唱した経済学者のコース（Ronald Harry Coase）は，1991年には，ノーベル経済学賞も受賞している立派な学者であり，とんでもない人ではない。

　このコースの定理は，（詳細は省略するが）誰に損害賠償責任を課しても，望ましい結果が得られるというものである。たとえば，あらたに開発された特殊なバンパーを車に取り付ければ，交通事故の被害がトータルで，2兆円減少するとしよう。他方，すべての車にこのバンパーを取り付ける費用は，1兆円だとする。社会的にみて，すべての車にこのバンパーを取り付けることが望ましいことは明らかである。

　さて，この場合に，因果関係のある加害者に賠償責任を負わせるという制度において，バンパーを取り付けることによって期待される結果（効果）が，バンパーの取付けにかかる費用より大きいとすれば，バンパーを取り付けるのが，潜在的加害者である運転者にとっては合理的な選択だということになる。しかし，何も，潜在的加害者にこうした責任を負わせるということをせずに，たとえば，〇〇市に住む△△さんに，すべての事故の賠償責任を負わせるとしても，やはり，同じ結果になるのである。△△さんは，「なぜ私が責任を負わなくてはならないのか!?」と問うかもしれないが，その叫びには前向きに耳を傾けつつ，△△さんが責任を負うのだと決めつけてしまおう。この△△さんに残された合理的な選択（残された唯一の道）は，自分に不幸にしてかぶさってくる損害賠償責任を少しでも軽くするということである。このケースにおいては，1兆円を支出して，すべての車に，この新しいバンパーを取り付けて，2兆円の予想される支出を半分にするということになる。社会的にみれば，実現される結果に違いはないではないか，というのが，コースの定理の核心部分である。

　このコースの定理は，損害賠償制度を基本的に考え直す重要な礎石となり，「法と経済学（Law and Economics）」というあらたな学問領域を作り出すことになる。

　もっとも，誰がこの責任を負わされるのかによって，望ましい結果を実現すべきコストの総額は異なる。〇〇市に住む普通の人である△△さんは，費用を負担して，自動車メーカーや整備工場に依頼して，すべての車にバンパーを取

り付けてもらうことになる。この場合に、△△さんが支払うのは、バンパーや取付けにかかる実費だけではない。メーカーや工場も営利企業である以上、利益が上がるような形で、その代金を求めるはずである。つまり、バンパーそのもの以外のコストが生じることになる。他方、メーカーに責任を負担させた場合、この種のコストはかからない。ここから、メーカーに責任を負担させることが社会的費用の観点から望ましいという結論が導かれる。これがコースの第2定理であり、結論としては、それなりに穏当なところに落ち着くことになる。しかし、ここでも、メーカーが責任を負担するのは、何らかの非難を根拠とするものではない。単に、それが一番安上がりだという理由なのである。

こうしたコースの定理を基礎とした考え方は、不法行為法に対するまったく別の視点を提供するものといえる。

成立要件としての因果関係の意味──条件関係と条件公式　もっとも、「因果関係とは何なのか？」というのは、かなり難しい問題である。因果関係という言葉は、比較的身近な言葉であるが、しかし、それ自体として目にすることができるような実体のあるものではない。

われわれは、多くの場合に、「A なければ B なし」というように、A をかりに取り去ってみると、B が発生しなかったという場合に、A を B の原因と呼んでいる（裏返せば、B を A の結果と呼ぶ）。このような「A なければ B なし」という関係を、条件関係と呼び、その前提となる「A がなければ B がなかったか」という判断公式を、条件公式と呼んでいる。

このような条件関係が不法行為の成立のために必要であるということについては、ほぼ争いがない。

相当因果関係　従来の議論においては、こうしたレベルの因果関係（条件関係）に加えて、不法行為の成立要件としての因果関係は相当因果関係でなければならないという説明がなされることがある。相当因果関係の意味については、第III部第3章で詳しく取り上げることにするが（損害が次々に広がっていくような場面に即して説明した方がわかりやすい）→**【相当因果関係説】338頁**、単なる条件関係ではなく、法的に責任を負担することを正当化するような実質的な内容を伴った因果関係を求めるというのが相当因果関係の考え方である。具体的には、結果の予見可能性や結果発生の蓋然性を要求する。

さて、こうした相当因果関係が要件として求められたのは、次のような事例

に対して対処する必要があると考えられたからである。いずれも，刑法の教科書ではよく取り上げられる（あるいはかつて取り上げられていた）ケースである。

> **設例Ⅱ-15**　Ｙは，うとましいと考えている息子Ｘが早く死ねばいいと考えており，森で雷に打たれて死ぬかもしれないと考えて，Ｘに，森にたきぎを取りに行かせた。Ｙの願いどおり，Ｘは，森で雷に打たれて死亡した。
>
> **設例Ⅱ-16**　借金を抱えていたＹは，父親Ｘが死ねば資産を相続できるため，Ｘが一刻も早く死ぬことを願っていた。飛行機に乗せたら，墜落して死ぬかもしれないと考えて，航空券を買って父親を乗せた。珍しく息子が親孝行をしてくれたと喜んでいたＸであるが，結局，Ｙの願いどおり，Ｘの乗った飛行機は墜落して，Ｘは死亡した。

　いずれも，説明するのが恥ずかしいくらいの典型的な教室設例である。こうした事例に対処するために求められたのが，相当因果関係という概念であった。つまり，このケースでは，いずれにおいても，Ｙには，Ｘの死亡という結果に対する認識も認容もある（故意要件の充足）。そして，当該結果が実現しているのである。さらに，Ｙの行為（森に行かせた，飛行機に乗せた）と結果との間には条件関係がある。それでは，不法行為責任が成立するのかといえば，どうもおかしいぞ，というところから，行為と結果との間をつなぐ因果関係は，一定の蓋然性等によって判断される法的な意味を持った相当因果関係でなければならないという考え方が出てきたのである。

　しかし，これらのケースにおいて，本当に因果関係のレベルで問題を考えないと，適当と思われる解決（ここでは法的な責任を負わないということを前提としている）は得られないのであろうか。すでに触れたように，故意不法行為の場合であっても，当該行為の客観的態様としての相当性は問題となり得る→**《_故意不法行為と客観的な行為態様の評価_》_41頁_**。このようなケースにおいて責任を認めないとすれば，それは行為と結果との因果関係が遠いからではなく，むしろ，故意を伴った「行為」そのものが，それ自体としては客観的に社会的に非難される行為ではなく，違法性を帯びていないという点に求めるべきであろう。

　設例Ⅱ-15 や **設例Ⅱ-16** と同様の問題は，もう少しリアリティのある設例で

174　　第Ⅱ部　不法行為の成立要件／第1章　自己の行為に基づく責任

も考えることができる。

> **設例 II-17** 　臆病で慎重なＹは，こちらがきわめて慎重に運転し，交通法規を遵守していても，交通事故が生じるということを強く意識していた。そのＹは，仕事に出かけるために，同僚のＸを乗せて，運転していた。Ｙは，上記のような認識を持っていたので，Ｘを乗せている間にも，交差点で信号無視をして進入してきた車と衝突するかもしれないと意識していた。さて，Ｙが懸念していたとおり，Ｙが青信号を遵守して交差点に進入し，直進したところ，左方向から右折車両が信号を無視して進入してきて，事故が発生した。ＸＹのいずれも負傷した。ＹはＸに対して，損害賠償責任を負うのだろうか。

　先ほどの例よりは，少しましであるが，問題となっていることは同じである。成立要件として相当因果関係を必要とするという考え方からは，**設例 II-17** においてもＹに認識があり，結果が発生しており，条件関係も認められる以上，相当因果関係というレベルで賠償責任を否定するということになろう。

　しかし，Ｙは，その臆病さゆえに，結果に対する認識を有していたとしても，Ｙの慎重で交通法規を遵守する運転行為それ自体は，何ら社会的に非難されるべきものではない。したがって，Ｙが責任を負わないということは，当該行為の客観的態様が違法性を帯びていない，すなわち本書の立場を前提とすれば，過失がないという観点から説明することが可能なのである。

　このように見てくると，成立要件としての因果関係のレベルで，相当因果関係といったものを論じ，その内容を厳密に把握することは，必要性が乏しいように思われる。むしろ，損害の発生という概念の中に，条件関係としての因果関係も当然に取り込まれるものと見ていくことで足りると考えられる。

　なお，相当因果関係には，賠償範囲を適当なところにおさめるという役割もある。つまり，条件関係のみでつなげていくと，「風が吹いたら桶屋が儲かる」式にとんでもないところまで賠償範囲が広がってしまう。それを一定の合理的な範囲に制限するという役割である。こうした相当因果関係のもうひとつの側面については，不法行為の効果の場面であらためて扱うが→**【相当因果関係説】** *338頁*，そこでも相当因果関係という概念の必要性については，現在では疑問視されて

いうことをあらかじめ確認しておく。

因果関係をめぐる最近の議論と本書の立場　　以上の図式においては，事実的な因果関係としての条件関係と法的な評価としての相当因果関係を対比させて説明した。しかし，最近の議論においては，もう少し議論が深められている。つまり，従来，相当因果関係として扱われてきたものとはまったく別の次元で，因果関係が有する規範的性格を強調する見解が登場してきている。

筆者も，因果関係で扱われている問題に，規範的な性格が入り込むこと自体は完全に排除できないと考えている。因果関係というのは，いわばヒモのようなものであって，その端っこに，原因と結果がある。しかし，そうした原因も，結果も，単なる裸の事実そのものではなく，一定の規範的評価を経たものにほかならない。たとえば，何を原因として問題とするのかという場合にも，自然科学者の目ではなく，法律家の目を通して，責任に結びつけられ得る事実を前提として因果関係を語ることになる。大雨で路肩が崩れてバスが転落したという場合，法律家は，バスの運転手の判断や対応がどうだったのか，道路の管理に問題はなかったのかを考え，それらが事故の原因となったのかを考えようとする。その大雨が，どのような気象条件で発生したのかといった気象学者の視点は問題とならない。その点をふまえたうえで，まずは条件公式によって判断される事実的な因果関係から考えていくことは，思考のプロセスとして，十分に合理的なものであると考えている。さしあたり，そうした理解を前提として，説明を先に進めることにしよう。

第5節　責任能力

1　責任能力の意味と適用範囲

責任能力の意味と適用範囲　　712条，713条は，後述のように，一定の者が損害賠償責任を負担しないことを規定している。したがって，上記の第1節から第4節までで検討した要件を満たしている場合であっても，これらの者については責任が生じない。逆にいえば，不法行為責任を追及する場合には（不法行為責任のすべてが阻却されるのか，709条に基づく責任だけなのかという点につい

176　第Ⅱ部　不法行為の成立要件／第1章　自己の行為に基づく責任

ては後述する），加害者に責任能力が必要であるということになる。

責任能力とは何を目的とするどのような制度なのかということについては，2つの見解が対立してきた。

第1の見解（伝統的な見解）は，責任能力とは過失の前提となる能力（過失能力。過失阻却事由としての責任無能力）であるとするものである（したがって，責任能力が否定される場合には，過失が認められないことになる）。

他方，第2の見解は，責任能力は，過失そのものとは関係なく，政策的判断から，弱者保護のために設けられた要件であり，制度であると理解する。

責任能力に関する規定の意味　　責任能力をどのように位置づけるかについては，上記のとおり，2つの考え方があるが，そうした考え方の違いは，712条，713条という責任能力に関する規定の意味の違いにもつながる。

第1の見解のように，責任能力とは過失の論理的な前提となる能力（過失能力）なのだとすれば，特別の条文がなくても，過失が責任成立の要件とされる場面においては，当然，責任能力が必要とされる。その意味で，712条や713条は，単なる確認規定にすぎないということになる。また，この見解からは，責任能力についての説明も，過失についての説明の一部に組み込まれてなされるべきものだということになる（比較的古い教科書では，過失の中で，あるいは，それにすぐ続けて責任能力を説明するものが少なくなかったのは，このような理解を前提とする）。

他方，第2の見解は，行為義務違反という客観的な行為態様が過失であるということを前提としている。この前提からは，そうした客観的な行為態様が認められる以上，過失を認定することに障害はない。すなわち，この見解からは，責任無能力者であっても，709条の過失，権利侵害といった要件が認められる以上，不法行為責任が成立し，712条や713条という特別の規定によって，はじめて責任が阻却されるということになる。なお，この見解においては，責任能力の説明は，過失の説明の一部ではなく，責任の阻却という別のレベルで扱われるべきだということになる。

本書においては，責任能力規定が，どのような不法行為を対象とするのか（不法行為すべてをカバーするのか，特定の不法行為に限定されるのか）という問題を視野に入れたうえで，不法行為の要件のひとつとして独立に検討を加えること

にする。

責任能力の射程　　さて，責任能力に関する規定は，どの範囲の不法行為を
カバーするのであろうか。

まず，上記の第1の見解を前提とすれば，責任能力は過失の前提能力とされ
る以上，責任能力が要件とされるのは，中間責任を含む過失不法行為だけであ
り，無過失責任は対象とされない。

他方，第2の見解による場合，いくつかの可能性がある。まず，この見解に
おいては，責任能力と過失が論理的に直結するものではない以上，責任能力を
過失不法行為に限定する必然性は存在しない。どのような範囲をカバーするの
かは，弱者保護という制度目的に即して考えるということになる。しかし，弱
者保護というのは，それ自体としては，それほど明確で一義的な内容を有して
いるわけではない。

一方で，幼児や年少の児童，精神的な障害を有している者は社会的弱者であ
り，不法行為責任を課すべきではない，責任制度に服することを免除してあげ
るべきなのだと考えるのであれば，無過失責任を含むあらゆる不法行為責任が
免除されるべきだということになる。他方，弱者保護といっても，ここで問題
とされているのは，あくまで責任を弁識する能力がない者という意味での弱者
なのであって，そうした弱者としての属性に即した形での保護を考えれば足り
るという考え方もある。

この点については，以下のように考えるべきであろう。

まず，712条，713条が基準とするのは，加害者が，十分な資産を有してい
るか否かではなく，責任の弁識能力を有していたか否かという点である。たと
えば，相続人として，莫大な資産の保有者となり，その資産の一部である建物
が事故を起こしたという場合，717条1項の所有者の工作物責任を問ううえで，
その相続人が子供であるからといって，責任制度の枠外であるとすることに，
合理的な理由があるとは思われない。もちろん，これに対しては，相続した唯
一の財産がその建物だったらどうなのかという反論が予想されるが，それは，
子供であっても大人であっても同じであると答えることができるし，さらに，
そうした区別は，支払能力についての配慮なのであって，いずれにしても，
712条が挙げる責任の弁識能力とは無関係だという再反論が可能である。712

条や713条は，支払能力のような責任一般に妥当する配慮なのではなく，責任の弁識能力という側面に焦点を当てた制度なのである。すなわち，「判断能力が十分でない者について，適切な判断をしなかったがためになした行為について責任を問うのは酷である」という意味での弱者保護の規定であると理解することができる。

　上記のような理解に立てば，何らかの判断を前提とする責任，つまり一定の行為に焦点を当てた責任のみが，責任能力規定の対象となると理解すべきであるし，具体的には，過失不法行為（中間責任を含む）だということになる。このように考えると，結果的に，伝統的な通説と同様の結論になる。そして，このように考えた場合，上述の工作物所有者の責任の例では，一定の行為が問題とされていない以上，責任能力は問題とならないということになる。

　本書の立場　　本書においては，行為義務違反という客観的な行為態様を過失とする考え方をとっている。したがって，心理主義的な過失を前提として，責任能力とは過失の前提要件であるという第1の見解はとらない。

　しかし，第2の見解に立つとしても，単なる弱者保護だという観点から，行為の妥当性が問題とならないような不法行為類型についてまで責任能力を持ち込む必要はないと考える。結局，すでに述べたとおり，責任能力が要求される範囲は，行為の妥当性を問題とする不法行為類型であり，行為義務違反たる過失が問題となる場面に限定されるということになる。

　なお，このような理解からは，過失の立証責任は転換されているものの，過失責任主義は維持されている中間責任においても，責任能力は要件だということになる。ただし，中間責任を，危険責任や報償責任の観点から理解しようとする場合には，そうした帰責原理との関係では責任能力は問題とならず，一定の修正が必要となることが考えられる（もっとも，このことが現実に問題となる状況は考えにくい）。

　本書では，責任能力を，過失不法行為の成立要件として，この場所で扱っているが，それは以上のような責任能力についての理解に基づくものである。

　責任能力の立証責任　　712条，713条に関する説明をする中で，「逆にいえば，不法行為責任を追及する場合には，責任能力が必要である」と書いたが，

これは実体法上の要件として見た場合にそうなるということである。訴訟において，当事者が何をどのように主張立証するのかという観点からは，「責任無能力者は責任を負わない」というのと，「責任能力者が責任を負う」というのは，同じではない。

712条，713条は，「責任無能力者は責任を負わない」という特則を定めているのであり，責任能力がないということの立証責任を，被告（加害者）側が負担することになる。つまり，加害者の側で，自分はどれだけ能力が欠如しているのかということを主張立証することが必要であり，その立証が成功しない場合には（責任能力があるかないか判断できない場合を含む），責任能力がないとして賠償責任を免れることはできないということになる。

コラム **責任能力と行為適格**

　行為義務違反説を前提とする見解においては，責任能力と過失の論理的な結びつきは存在しないということを説明した。それでは，行為義務違反説では，不法行為責任を認める場合，いかなる能力も必要とされないのであろうか。この点について，少し視点を変えて考えてみよう。本書の冒頭で扱った行為適格に関連する分析である。

　まず，行為とはいったい何なのかという，それ自体かなり難しい議論がある。ここでは，単純に意思に基づく身体の動静としたうえで，あとはそうした行為と結果との関連性（因果関係）の問題として理解する「因果的行為論」（こちらが一般的な理解だろう）と結果に向けた目的的な因果関係の支配と理解する「目的的行為論」が基本的に対立している。

　まず，因果的行為論を前提とする伝統的な見解は，行為が何かという点については，特に大きな年齢的制約はない。意思に基づく身体の動静である以上，ごく小さい子供についても，行為を認定することは可能である。しかし，主観的な心理状態に焦点を当てた過失を認定するためには，一定の能力が必要であるという理解を前提として，一定の年齢以下の子供については，過失の成立を認めない。責任能力は，こうした側面を規定したものであり，責任能力の規定がなかったとしても，同様に，未成熟の子供については過失不法行為は成立しないということになる。つまり，この見解（伝統的見解）では，行為に関する能力は特別に必要ではないが，過失に関する能力は必要であり，責任能力もそうしたものとして位置づけられるのである。こうした見解において，行為適格が意識的に議論されてこなかったのは当然だともいえる。

　他方，責任能力は単なる制度的な弱者保護であって，過失の認定自体は客観的な行為態様から判断すればよいという近時の有力説では，本文で説明したとおり，ごく小さい子供であっても，客観的な態様が義務違反と認定される以上，

過失を認定することには障害はない。しかし，この見解であっても，行為適格という要件を設定する場合には，行為であるといえるための能力は必要だということになる（というより，過失能力を問題としないからこそ，それ以前の段階で能力を扱う必要が生じた）。この場合，行為適格として何を要求するかによって，違いが生じる。因果的行為論を前提とするのであれば，意思に基づいて身体の動静を行う能力さえあればよいということになる。他方，目的的行為論を前提とする場合には，結果に向けた因果的支配というより高度の能力が必要とされるということになる。

実は，責任の弁識能力をどの程度のレベルとするのかについても論者によって違いがある。その中には，「ものごとのよしあしがわかる」年齢ということで，就学年齢程度の能力で責任能力を認める見解もある。他方，責任能力は過失の論理的前提ではないとしつつも，目的的行為論を前提とした行為適格を求める見解においては，結果的にほぼ同じ年齢程度の能力を要求することになる。責任能力に関する議論が，責任能力だけに限定されたものではなく，そのほかの要件との関係でも考える必要がある問題だということの一例である。

もっとも，いずれにしても，現行の民法は，712条や713条という規定を有しているのだから，結局，どこにどのように位置づけるにせよ，責任能力が必要とされるという結論に関しては違いがない。ただ，責任能力の規定が直接はカバーしない「被害者の過失」（過失相殺）において，こうした問題が顕在化する可能性は残っている。この点については，あらためて説明することにしよう→【*過失相殺における被害者の能力*】*425 頁*。

2 未成年者の責任能力（712 条）

未成年者の責任能力についての民法典の規定　5 歳の子供が，他の子供とけんかをしてケガをさせてしまったといった場合，この 5 歳の子供は損害賠償責任を負うのだろうか。未成年者の場合に，責任を負う，負わないという話題には，新聞やテレビでもよく接すると思うが，その大半は，刑事責任をめぐるものである。刑事責任（刑法上処罰される責任）について，刑法 41 条は，「14 歳に満たない者の行為は，罰しない」と規定している。

これに対して，民事責任としての不法行為責任に関する 712 条は，「未成年者は，他人に損害を加えた場合において，自己の行為の責任を弁識するに足りる知能を備えていなかったときは，その行為について賠償の責任を負わない」と規定する。ここでは，刑法におけるような具体的な年齢の指示はない。つま

第 5 節　責 任 能 力／*2*　未成年者の責任能力　181

り，不法行為法は，未成年者については，一定の年齢で責任の有無を画一的に決めるのではなく，責任を弁識する能力がある場合には不法行為責任を認め，こうした能力が欠如する場合には責任を認めないという規定の仕方になっているのである。

しばしば初学者が誤解するところであるが，民法は，未成年者については責任能力がないとしているわけではなく，未成年者のうち，責任を弁識する能力を欠く者が賠償責任を負わないとしているだけなのである。これは，刑法の責任能力とも違うし，また，未成年者の法律行為についての能力を一律に制限する行為能力制度（4条以下）とも違うので注意が必要である。

さて，問題は，具体的な事案において，どのように責任能力の有無を認定するかである。画一的な年齢が提示されていない以上，個別的に責任能力の有無を検討しなくてはならないことになる。それに先だって，まず，責任能力とはそもそも何なのかについて考えることにしよう。

責任を弁識する能力の意味　712条は，「自己の行為の責任を弁識するに足りる知能」と規定する。「責任を弁識する能力」というのは，日本語としてさほど難しいものではない。しかし，この責任を弁識する能力が一般的に何歳くらいからあるのかと問えば，人によって，その答えは実にさまざまであろう。

「いいことか，悪いことか」という程度の判断をする能力であれば，意外に小さい子供でも持っている可能性がある。筆者の娘が5歳くらいだった頃のことを思い出すと，「これはいいことか，悪いことか」と問えば，本当にどの程度理解しているかはあやしいものの，おおむね妥当な答えを出してきた。

他方，「ある行為に伴って厳密に法的責任（損害賠償責任）が生じるか否か」という判断を要求すれば，これは，とっくに20歳を超えている筆者の妻であっても，正しく判断できるかは大いに疑わしい。それどころか，不法行為責任の有無が，地裁，高裁，最高裁の間で異なることだって少なくないのだから，そのような違いが生じる場合，誰かは判断を間違えているということになる（本当に，こうした問題に，「間違い」と「正しい答え」があるのかというもっと深刻な問題はさしあたり無視する）。最高裁と判断を異にした裁判官は，「『責任を弁識する能力』を判断する能力」に疑義があるということになりかねない。このようにさまざまなレベルで考えられる責任を判断する能力について，どのように

考えたらいいのだろうか。

　学説においては，当該行為が非難されるべきこと（悪いこと）であるということを弁識することができる能力で足りるという見解もあるが，通説は，「何らかの意味での法的な責任が生じることを弁識する能力」というように，もう少し高いレベルの能力を要求している（後述する大判大正 6 年 4 月 30 日民録 23 輯 715 頁「光清撃つぞ事件」は，加害行為の法律上の責任を弁識するに足りる知能だとする）。つまり，法律学の専門知識を駆使して導かれるような責任の有無についての判断能力は不要だが，世の中には（法）秩序があり，「当該行為をした場合には，それによって何らかの償いをしなくてはならないことになる」という程度の弁識能力である。

　裁判例における責任能力の有無の判断　　それでは，刑法のように画一的な年齢では決まらないとしても，だいたいどの程度の年齢から責任能力が認められるのであろうか。この年齢の問題を含めて，裁判例に現れた責任能力を簡単に見ておこう。

　戦後の公刊された下級審を含む裁判例の中で責任能力の有無について言及しているものは 30 件ほどあるが，この中，11 歳以下の加害者について責任能力を認めたものはない。他方，14 歳以上の加害者については例外なく責任能力が認められている。したがって，少なくとも裁判例における責任能力の有無についての 境 界 （トワイライトゾーン）は，12 歳から 13 歳にかけてのあたりだということになる。

　たとえば，12 歳の加害者について責任能力を認めた東京地判平成 8 年 3 月 27 日判時 1591 号 58 頁は，加害者は，成績も良く，私立中学校に合格した程であるから，右のような加害行為の法的責任を弁識し得る知能を有していたとする。他方，12 歳の加害者について責任能力を否定した大阪地判昭和 30 年 2 月 8 日下民集 6 巻 2 号 240 頁は，12 歳 11 か月の少年は，特段の事情のない限り，責任能力がないとする。また，13 歳の加害者については 5 件の裁判例の中 4 件が肯定し，責任能力を否定した徳島地判昭和 37 年 9 月 10 日訟月 8 巻 11 号 1595 頁は，知能の発達が著しく遅れ，満 10 歳から 11 歳に相当する知能程度であったという当該加害者についての個別事情を強調する。

　このように見てくると，12 歳から 13 歳のあたりがボーダーとなるが，その年齢の下の方では特段の事情がない限り原則として責任能力が否定され，逆に

上の方では原則として責任能力が肯定されるという状況が見られると言えよう。なお，12歳と13歳の間にその境界を求めることも考えられないではないが，712条自体が具体的な年齢を示さずに，判断能力の有無を基準としたことに照らせば，月単位で生理年齢に拘泥することはあまり意味のあることではないだろう。

なお，裁判例に現れた不法行為の内容は実にさまざまであるが，不法行為の内容や種類に対応した区別というのは，全体の流れの中からは明確には認められない。また，故意不法行為と過失不法行為では具体的な違法性の認識の程度にも違いがあるのではないかと考えられるが，この点も結論の違いを導くものとはなっていない。裁判例においては，具体的な違法性や非難可能性の認識の有無ではなく，712条の規定のとおり，そうしたものを認識し得る能力の有無を問題としているといえる。

未成年者の責任能力をめぐるその他の問題　ところで，上述の裁判例を見ていて面白い現象に気がついた読者もあるのではないかと思う。つまり，特に，12歳，13歳といったボーダーとされる年齢の加害者をめぐっては，責任を追及する被害者の方が，加害者はいかに優秀で判断能力にすぐれた者であるかを主張し，他方，責任の阻却を求める加害者の方は，いかに自分が能力に乏しい人間であるかを主張するということが予想されるのである。たとえば，被害者の方で，「加害者は難関の○○中学に合格した優秀な生徒である」ということを主張すれば，加害者の方で，「そんなことはない。これはまぐれで日頃の成績は悪く，できも悪い。○○中学だって，知り合いの理事に頼んで……おっと。まぁ，この通知表を見てくれ！」といった状況が生じるかもしれないのである。このこと自体は，712条の未成年者の責任能力の規定の仕方から生じる帰結である。

もっとも，未成年者の責任能力をめぐる問題をこれだけに限定してしまうと，ただこっけいだというだけのことになってしまう。未成年者の責任能力の有無は，それを前提として，さらにいくつかの検討すべき問題につながっていくのである。

第1に，加害者に責任能力がないとされた場合の被害者の救済の問題である。

責任の弁識能力がない社会的弱者たる未成年者を守るために，被害者に対して，「お前には損害賠償請求権がない」とするだけでは，いささか不親切であり，被害者には非情というものであろう。そこで，こうした観点からは，責任能力のない直接の加害者は責任を負わないとしても，被害者に生じた損害について，ほかに誰か責任を負担する者がいないのだろうかということが問われることになる。この問題に対する具体的な解決の提示が，714条である。これについては後に詳しく説明する→【責任無能力者の監督義務者の責任】190頁。

　第2に，たとえ責任能力が認められる場合であっても，直接の加害者に賠償責任が認められれば，それで被害者の救済は十分なのかという問題がある。不法行為法の説明の冒頭でも触れたが，加害者に賠償責任があるとしても，その加害者にそれを履行する能力（弁済能力）がなければ，被害者は実際に救済されない。もちろん，これは不法行為一般に当てはまることであり，未成年者の場合に限ったことではない。大人の場合であっても，賠償の資力を有する者や，自らは資力が乏しくても責任保険によって手当てが期待できる者もいれば，あるいは，資力も乏しく責任保険にも加入していない者などさまざまであろう。しかし，未成年者の場合には，一部の例外を除けば，賠償の資力を十分に有しているという状況は考えにくい。714条は，未成年者に責任能力がないとされた場合に限って監督義務者に賠償責任を負わせるという規定なので（補充的責任），未成年者に責任能力が肯定されてしまうと，この規定による救済は求められない。このように，多くの場合両親である監督義務者の責任まで視野に入れていくと，賠償責任の履行の実現という観点からは，直接の加害者たる未成年者の責任が否定されてしまった方がいいということも十分に考えられる（後で取り上げる少年店員豊太郎事件と光清撃つぞ事件でも，こうした観点から説明するものがあった→ コラム 「少年店員豊太郎事件」と「光清撃つぞ事件」204頁）。したがって，どうしても直接の加害者の責任を問わなくては感情がおさまらないといった場合を除くと，冒頭に触れたようなこっけいなケースは，それほど頻出するわけではないということになる。もっとも，このことは，同時に，未成年者の年齢が高い場合の方が，実際の被害者の救済という点では不利になるという状況を示している。この点をどのように解決していくべきなのかについては，監督義務者の責任の中で説明していくことにしよう→【709条に基づく監督義務者の責任】201頁。

3 精神上の障害による責任無能力者（713条）

精神上の障害を理由とする責任無能力　　責任能力の有無が問題となるのは，未成年者に限定されるわけではない。行為能力制度の中で，未成年者とならんで，成年被後見人や被保佐人，被補助人というカテゴリーがあるように，不法行為法においても，未成年者というカテゴリー以外に，713条は，「精神上の障害により自己の行為の責任を弁識する能力を欠く状態にある間に他人に損害を加えた者は，その賠償の責任を負わない」と規定している。これによって，年齢を問題とせずに，精神上の障害によって責任を弁識する能力が欠如している場合には，損害賠償責任を負わないことになる。

　なお，責任を弁識する能力については，すでに未成年者について述べたところが妥当する。もっとも，未成年者について一律に行為能力を制限する行為能力制度と異なり，不法行為責任では未成年者の場合も，個別的に責任を弁識する能力がない場合にのみ免責を認めるのであるから，制度としては，未成年か成年かを問わず，結局，責任を弁識する能力がある場合には賠償責任が認められ，その能力を欠く場合には責任が否定されるということになる（なお，本条は2004年に改正されているが，それまでの条文は，「心神喪失ノ間ニ他人ニ損害ヲ加ヘタル者ハ賠償ノ責ニ任セス」となっており，少なくとも条文の体裁上は，713条では，責任を弁識する能力は要件として明示されていなかった）。

　なお，精神的な障害といった場合，統合失調症等の精神疾患を思い浮かべるのではないかと思う（実際に，本条の背景にあったのはそうしたケースであったと思われる）。しかし，急速に高齢化が進む現在のわが国において，高齢者の認知症は決して珍しいものではなく，そうした高齢者による事故も問題となっており，今後は，そうしたケースが相対的に増加していくことが予想される（マスコミでも大きく取り上げられたのが，JR 東海事件と呼ばれる最判平成 28 年 3 月 1 日民集 70 巻 3 号 681 頁→ *百選II（8 版）［93］・中原太郎，重判 H. 28［民 9］・瀬川信久*である。これは，在宅介護を受けていた認知症を患った 91 歳の高齢者が線路に立ち入って列車と衝突して死亡したというものである。一瞬，加害者と被害者がどちらだと迷うが，この事件では，高齢者が死亡したことについての鉄道会社の責任ではなく，鉄道事故を引き起こしたことについての高齢者の責任が問題とされ，鉄道会社によって遺族に対して損害賠償請求がなされた。同事件では，亡くなった高齢者の責任とともに，家族の責任も否定され

186　　第II部　不法行為の成立要件／第1章　自己の行為に基づく責任

た）。

　従来，712条に比べると，713条については，それほど詳しく取り上げられることはなかった。しかし，今後，精神障害によって判断能力が不十分な者の行為をめぐる問題は，より積極的に検討されていかざるを得ないだろう

→ コラム 責任能力と監督義務者の責任についての制度設計 194頁。

　一時的な責任能力の欠如の自招——原因において自由な行為　713条ただし書は，さらに，「ただし，故意又は過失によって一時的にその状態を招いたときは，この限りでない」として，責任能力を欠く状態が，故意または過失によって生じたものである場合には，責任能力がないことを理由とする免責を認めないことを規定する。

　これは，刑法で「原因において自由な行為 actio libera in causa」として論じられているところに相当する。しかし，刑法の原因において自由な行為の議論では，一般的に，最終的な結果に向けた意図が何らかの形で存在したことが前提となっている。それに対して，民法の場合には，故意または過失は，責任を弁識する能力を欠く状態を招くことに向けられているだけである（713条ただし書）。したがって，自分の場合には覚醒剤を服用しても，他人を害するとは思わなかったという場合であっても，過失を肯定することは可能であり，責任は肯定される。他方，一時的な精神障害であっても，それが自らに過失なく，他人によって投与された薬物によるような場合には，ただし書の適用はなく，責任が否定されることになる。

　これ以外に，一時的な発作等が起きる疾病を有しており，車の運転中にその発作が生じたために，運転不能となり，そのために事故が生じたという場合も，問題として考えられる。しかし，こうしたケースで問題となるのは，責任を弁識する能力というより，それを含めた自己の身体のコントロール可能性といったものであるから，713条の問題というより，過失一般の問題として考えていくべきであろう。したがって，そのような病気があることを知りながら運転したということを過失と判断するか否かという形で論ずべきだということになる。

第2章　他人の不法行為に基づく責任
──民法 714 条・715 条・一般法人法 78 条・国賠法 1 条──

第 1 節　基本的な考え方と責任の枠組み

他人の不法行為に基づく責任の概観　　いままで取り上げてきたのは，Y が X を害したという場合において，X には，どのような場合に，Y に対する損害賠償請求が認められるのかという問題であった。ここでは，加害者と被害者の二当事者のみが登場する。

しかし，不法行為法は，このような直接の加害者以外にも，一定の者についての責任を規定している。そして，その中にも，若干性格の異なるタイプが用意されている。

ひとつは，未成年者などが責任無能力であるために賠償責任を負担しない場合についての監督義務者の責任（714 条）である。

もうひとつは，他人を利用する場合に，他人が不法行為を行ったという場合に，それを使用する者についての責任を定めたものである。使用者責任（715 条）が，この最も典型的なものであるが，これ以外にも，この類型に含まれる責任を見出すことができる（一般法人法 78 条や国賠法 1 条）。

以下では，以上のような他人の不法行為に基づく責任について，順次説明をしていくことにしよう。

基本的な概念と分析の視点　　以下では，直接の加害者以外に，どのような者が，どのような場合に責任を負担するのかを見ていこう。その際に手がかりとなる基本的な視点や概念をあらかじめ確認しておく。

① 補充的責任と代位責任──責任の負い方

まず，第 1 の視点は，こうした者は，直接の加害者が何らかの事情で責任を

負わない場合にのみ責任を負うのか（補充的責任），直接の加害者とならんで責任を負うのか（代位責任）というものである。民法が規定する責任の中では，無能力者の監督義務者の責任（714条）は前者の補充的責任であり，使用者責任（715条）は後者の代位責任だと理解されている。後者においては，直接の加害者（被用者）と使用者の両方が被害者との関係で責任を負担することになり，使用者と被用者との間の最終的な損害負担の関係（求償関係）も問題となる。

② 責任の根拠

第2の視点は，なぜそうした直接の加害者以外の者が責任を負担するのかという視点である。民法典が用意する規定は，これらのケースについて，中間責任を採用している。つまり，「立証責任の転換された過失責任」である。したがって，なぜ責任を負担するのかという答えが，過失責任主義によるものという答えは考えられるし，半分は正しい。しかし，それだけでは，なぜ立証責任が転換されているのかということを説明できない。被害者の救済のためといっても，それでは特定の者（監督義務者や使用者）についてのみ立証責任を転換していることの説明としては十分ではない。そこでは，こうした特定の者について過失の立証責任を転換し，通常の過失責任より厳しい責任を課していることが何によって正当化されるのかという説明が必要になる。そして，この点をどのように理解するのかは，具体的な法律効果を論ずる場合にも関係してくる。

③ 709条に基づく責任との関係

第3の視点は，第2の視点で論じたこととも重なるが，こうした特別の規定が存在しない場合，どのように問題が解決されるのかというものである。特に，709条のみによって解決する場合とどのように異なるのかという点は，以下の内容を学ぶにあたって，常に意識しておく必要がある。

第1節　基本的な考え方と責任の枠組み　189

第2節　責任無能力者の監督義務者の責任（714条）

1　監督義務者の責任の意義

無能力者の監督者の責任の意義と補充性　すでに見たように，712条，713条によれば，責任の弁識能力を有さない未成年者や精神障害により責任の弁識能力を欠く者は，709条の責任を負担しない。これは，社会的弱者の保護として一定の合理性を有する帰結であるが，これは，同時に，そうした者によって生じた損害については被害者自らが負担しなければならないという結論を導くことになる。このこと自体は，本人損害負担の原則→**【*責任負担のための原理*】*5頁*** によって説明は可能である。しかし，この原則は，被害者の損害負担を積極的に正当化するものではなく，単に，被害者が直接の加害者に対して損害賠償請求できないという事実を言い換えたものにすぎない。

それでは，被害者は，直接の加害者以外の者も視野に入れた場合に，何人に対しても損害賠償請求をなし得ないのであろうか。こうした観点からは，被害者よりも，当該損害について負担をすべきことが適当な者がいないかが問題となる。714条は，「前2条の規定により責任無能力者がその責任を負わない場合において，その責任無能力者を監督する法定の義務を負う者は，その責任無能力者が第三者に加えた損害を賠償する責任を負う」と規定する。

このように714条の無能力者の監督者責任は，直接の加害者が責任能力を有さず，加害者自身は責任を負担しないということを前提とする。逆に，直接の加害者が責任能力を有し，あるいは原因において自由な行為として責任負担を認められる場合には，714条の責任は生じない。このように直接の加害者に賠償責任が認められない場合に限って認められる監督義務者の責任を，すでに述べたように，「補充的責任」と呼ぶ。

2　監督義務者の責任の要件

監督義務者となる者　ところで，714条は，「その責任無能力者を監督する法定の義務を負う者」と規定するが，具体的にどのような者がそれに該当す

るのだろうか。比較法的には，責任無能力者の不法行為について賠償義務を負担する者について，不法行為法の規定の中で具体的に定めている場合が多いが，714条は，誰が「監督義務者」であるかについては何も規定しておらず，「その責任無能力者を監督する法定の義務を負う者」と規定しているだけであるため，その点が問題となる。

① 未成年の責任無能力者の監督義務者

まず，未成年者の場合，親権者ないし親権を行使する者が，この法定の監督義務者に当たると考えられている。すなわち，親権者は，子を監護する義務を負っており（820条），それが法定の監督義務の根拠になるとされる。また，未成年後見人は，親権者と同一の義務を負い（857条，820条），やはり法定の監督義務者に当たる。なお，離婚に際して，親権者と別に監護者が選ばれている場合，監護者が監督義務者となり，親権者は本条の責任を免れるという見解が有力であるが，それによって親権者の親権から監護に関わる部分がすべて失われるということは，必ずしも自明ではないように思われる。したがって，具体的な状況を考慮せずに，監護者が別に定められたということだけで，親権者が法定の監督義務者には当たらないとすべきではないだろう。また，児童福祉施設に入居しており，親権者・未成年後見人がいない者については，その施設の長が親権を行使するとされており（児童福祉法47条1項），法定の監督義務者に当たると考えられる（ただし，こうした親権の代行者について，親権者と同様の監督義務が認められるかについては，なお議論の余地があるかもしれない）。

② 精神的な障害による責任無能力者の監督義務者

一方，精神的な障害による責任無能力者の場合，誰が監督義務者であるのかという問題は，もう少し難しい。

まず，従来は，こうした責任無能力者の監督義務者としては後見人が考えられてきた。すなわち，かつては後見人の禁治産者（現在の成年被後見人にほぼ相当する）に対する療養看護義務が定められており，それが法定の監督義務の根拠となると考えられていた。しかし，1999年の成年後見制度に関する民法の規定の改正により，成年後見人の義務は，成年後見人が契約等の法律行為を行う際に成年被後見人の身上について配慮すべきことを求める身上配慮義務に改

められた（858条）。そのため，こうした成年後見人の義務が法定の監督義務の根拠といえるのかについて疑義が生じていた。

　精神上の障害を理由とする者の監督義務のより端的な根拠とされたのが，精神障害者に関する特別法（戦前の精神病者監護法，戦後の精神衛生法，1987年の改正による精神保健法，1995年の改正による「精神保健及び精神障害者福祉に関する法律」〔精神保健福祉法〕）の中で規定されていた「監護義務者」あるいは「保護義務者」，「保護者」（法律の改正によって表現が変遷している）の精神障害者についての自傷他害防止監督義務であった。こうした特別法の中では，誰がこうした自傷他害防止監督義務を負うかについてもリストが示されていた。これは，714条の法定の監督義務を基礎づけるものとして理解することが可能であった。

　もっとも，1999年の精神保健福祉法の改正で，この保護者の自傷他害防止監督義務は廃止され，さらに，2013年の精神保健福祉法の改正では，「保護者」という制度・概念自体が，同法から削除されたのである。この結果，精神的な障害を理由とする責任無能力者について，いったい誰が法定の監督義務者であるのかという問題はきわめて不透明となっていた。

　こうした中で，最判平成28年3月1日民集70巻3号681頁「JR東海事件」→ 百選II（8版）[93]・中原太郎, 重判H.28 [民9]・瀬川信久は，認知症の高齢者が原因となった鉄道事故について，精神障害者に対する保護者の自傷他害防止監督義務は1999年の改正により廃止されたこと，後見人の禁治産者に対する療養看護義務も同年の改正により成年後見人の身上配慮義務に改められ，これは成年後見人の現実の介護やその行動の監督を求めるものではないとして，（事故が発生した）「平成19年当時において，保護者や成年後見人であることだけでは直ちに法定の監督義務者に該当するということはできない」という判断を示した。

　したがって，現在，精神上の障害を理由とする責任無能力者（713条の責任無能力者）については，法定の監督義務者は存在していないということになる（ただし，同判決は，「法定の監督義務者に準ずべき者」が存在し得る可能性は認め，それについては，714条1項が類推適用されるとしている。これについては後述する）。

精神障害を理由とする責任無能力者をめぐる法律関係――「法定の監督義務者に準ずべき者」の責任　　713条の精神上の障害を理由とする責任無能力者につ

いては，上述の JR 東海事件上告審判決を前提とすれば，法定の監督義務者は，そもそも存在していない。

　もっとも，責任能力についての 712 条，713 条，714 条は，この節の冒頭で述べたように，全体としてひとつのしくみを作っているのであり，714 条の監督義務者が存在しないということは，制度全体の正当性にも関わるものであるように思われる。JR 東海事件上告審判決も，その点を意識してか，すでに述べたように，「法定の監督義務者に準ずべき者」について，714 条 1 項を類推適用して，賠償責任を負わせる可能性を認めている。すなわち，「法定の監督義務者に該当しない者であっても，責任無能力者との身分関係や日常生活における接触状況に照らし，第三者に対する加害行為の防止に向けてその者が当該責任無能力者の監督を現に行いその態様が単なる事実上の監督を超えているなどその監督義務を引き受けたとみるべき特段の事情が認められる場合には，衡平の見地から法定の監督義務を負う者と同視してその者に対し民法 714 条に基づく損害賠償責任を問うことができる」としている。

　これが現在の判例による解決だということになる。もっとも，こうした解決には問題が多いように思われる。ここでは二つの点だけを取り上げておくことにしよう。

　第一に，このような基準で法定の監督義務者に準ずべき者とされるということになると，より積極的に責任無能力者の監護に関わる者は，準監督義務者として賠償責任のリスクにさらされることになる。監護への積極的な関わりは，それ自体としては積極的に評価されるべき行為である。にもかかわらず，善意で責任無能力者と関わりを持てば責任のリスクにさらされ，他方，どれほど近親関係にある者であっても，関わらないようにすれば責任を負わないというのは，精神上の障害を有する者との関わりにおいて，誤ったメッセージを伝えるものとなるのではないだろうか。

　本来，714 条の「法定の監督義務者」という概念は，実際に監督をしていたか，実際に監護をしていたかではなく，監督をすべきであったかという規範的評価によって決定されるべきものである。その点で，実際上の関係をふまえた判断というのは，同条の趣旨との関係でもずれが生じているように思われる（法定の監督義務者の責任の延長で，準監督義務者の責任を考えるということはできないように思われる）。

第 2 節　責任無能力者の監督義務者の責任／**2**　監督義務者の責任の要件　　193

第二に，このような判断基準では，どのような場合に法定の監督義務者に準ずべき者としての責任が認められるのか，誰がその責任を負うのかは，およそはっきりしない。このように誰が賠償責任を負うのかがはっきりしないという状況は，賠償責任保険を利用した問題の解決を著しく困難とすることになる。一定の身分関係や成年後見人であることを前提として監督義務者とされる場合，そうした者は賠償責任保険によって対応することが可能である。実際，近親者の賠償責任を認めた JR 東海事件の第一審，控訴審判決をふまえて，そうしたタイプの責任保険の商品も開発され，販売されていた。しかし，責任を負うかもしれないし，負わないかもしれないという状況は，こうした責任保険による解決へのインセンティブを著しく削ぐことになる。一見，責任無能力者の身近な者に優しく見える最高裁が示した解決は，実際には，賠償義務者が誰もいないことになってしまう被害者にも，賠償責任を負うリスクを責任保険で対応することが困難になる近親者等にも，いずれにとってもそれほど幸せな解決ではないように思われる。

> **コラム**　*責任能力と監督義務者の責任についての制度設計*
>
> 　責任能力を欠く者を保護する（責任能力がない場合には賠償責任を否定する）ということと，責任無能力者の行為については監督義務者が責任を負うということとは，ひとつのセットとして制度の正当性を基礎づけている。そのことをふまえると，これまで法定の監督義務の根拠とされた精神保健福祉法の規定が改正されたとしても，それだけで，714 条の監督義務者は存在しない（714 条は機能しない）という結論が，それほど簡単に受け入れられるわけではない。
>
> 　こうした 712〜714 条の制度であるが，比較法的に見ると，必ずしも一般的なわけではない。特に，以下の二つの点は，今後の我が国における法制度を考えるうえでも手がかりになるように思われる。
>
> 　①　責任無能力制度の有無　　まず，精神的障害を理由として賠償責任を完全に免除するという 713 条のような規定自体，必ずしも一般的なわけではない。英米法のほか，大陸法でも，フランス法のように，責任無能力を理由とする責任の免除を否定する国々も少なくない（フランス民法では，改正により精神上の障害を理由とする免責を認めない旨が明記された。その後，判例によって，未成年者についても免責が認められないこととなった）。
>
> 　すでに述べたように，責任能力と過失との関係を切り離すのであれば，責任無能力者についても，過失は考えることができる。また，精神上の障害を理由

とする責任無能力者の場合，未成年者とは異なり，財産がないとも限らない（近時，713条の事案として重要性が増してきているのは，認知症の高齢者の事案である。もちろん，こうした高齢者が十分な財産を有さないという場合もあるが，必ずしも常にそうだというわけではない。認知症を発症する前は経営者として活躍し，十分な資産を有しているという場合もあるのである）。

　②　衡平責任　　また，ドイツ法のように，我が国と同様，未成年者の責任無能力，精神的障害による責任無能力を定める国々においても，それらの責任は無限定に免除されているわけではない。法定の監督義務者がいない場合，監督義務者が賠償責任を負わない場合，あるいは履行できない場合には，責任能力を有さない直接の不法行為者の賠償責任が例外的に認められている（「衡平責任」と呼ばれる）。

　このようにみてくると，未成年者であれ，精神的障害による場合であれ，責任の弁識能力が欠ける場合には，無制限に賠償責任を否定し，他方で，その場合の監督義務者については具体的に規定せず，特別法が改正されたら，714条は実質的に意義を失う可能性があるという，現在のわが国の制度は，比較法的には，かなり特殊なものだということになる。精神保健福祉法の改正によって，自傷他害防止監督義務が否定され，保護者概念自体失われたのだから，714条の法定の監督義務者は存在しないという立場をとるのであれば，それは同時に法の欠缺をもたらすものだという評価もできるのではないだろうか。

　制度設計としては，(1)精神的障害を理由とする賠償責任の免除を規定する713条については見直すか，(2)未成年者，精神的障害者のいずれについても，法定の監督義務者がいない場合，あるいは監督義務者の免責が認められる場合には，責任無能力を理由とする免責を制限することが必要なのではないだろうか。

代理監督者　　714条2項は，「監督義務者に代わって責任無能力者を監督する者」（代理監督者）についても，監督義務者と同じ責任を負うことを規定する。代理監督者となるのは個人であるとして，幼稚園教諭や保育士，小学校等の教員，精神病院の医師等がこれに該当するという見解もあるが，監督義務者から監督を引き受けているのは，幼稚園や保育所，学校といった事業主体であり，これらの者が代理監督者に当たると解すべきであろう。

　なお，たとえば学校における児童の行為によって損害が発生した場合，これらの事業者については，代理監督者としての責任のほか，通常の使用者責任，工作物責任等が成立することも考えられる（後述のサッカーボール事件は，満11歳の小学生が，放課後，小学校の校庭でゴールに向かって蹴ったサッカーボールが校外

に転がり出て，交通事故を引き起こしたというケースである。この事件で学校は被告とされなかったが，ゴールが道路に背を向ける形で設置されていたこと，その後ろのフェンスの高さが 1.2m しかなかったことが認定されており，学校を運営する町の国家賠償法 1 条ないし 2 条の責任が認められる可能性は十分にあったものと考えられる）。

監督者責任の要件——監督義務違反と民法 714 条 1 項ただし書　714 条の監督者責任の要件としてまず挙げられるのは，すでに触れたように，直接の加害者が 712 条，713 条により責任を負わないということである（責任の補充性の要件）。

　それでは，直接の加害者が責任能力を欠く場合には，監督義務者は常に責任を負うのだろうか。この問いには，注意して答える必要がある。すなわち，714 条 1 項本文は，監督義務者であるということと，直接の加害者が責任能力を欠くために賠償責任を負担しないということのほかには，特段の要件を設けていない。したがって，責任無能力者が不法行為をなした場合，監督義務者は，原則として，責任を負担する。

　しかし，同条 1 項ただし書は，それに加えて，「ただし，監督義務者がその義務を怠らなかったとき，又はその義務を怠らなくても損害が生ずべきであったときは，この限りでない」と規定する。したがって，監督義務者が監督義務を怠らなかった場合には，賠償責任は否定されることになる。これは，すでに説明した中間責任であり，監督義務を怠らなかったということは，監督義務者の方で立証しなければならず，その無過失の立証がされない限り，本文がそのまま適用され，賠償責任が課されることになる。

　それでは，監督義務を怠らなかったといえるのはどのような場合なのだろうか。これは，裏を返せば，監督義務者の監督義務とはどのような内容のものなのかという問題である。

　たとえば，まさしく自分の子供がほかの子供に危険な行為をしようとしている場合に，それを止める義務が親にあり，何もしなかった場合に監督義務違反が認められるということは当然であり，このような具体的な結果発生の阻止に向けた義務（平井宜雄博士の表現による「第一種監督義務」）が，この監督義務の内容に含まれることについては争いがない。

196　　第Ⅱ部　不法行為の成立要件／第 2 章　他人の不法行為に基づく責任

しかし，従来，監督義務（特に子に対する親の監督義務）の内容は，そうした具体的な危険の阻止に向けたものにとどまるものではなく，もっと広範囲にわたる，より包括的で，抽象的な監督義務だと理解されてきた（平井博士は，「無能力者の生活全般にわたって監護し，危険をもたらさないような行動をするよう教育をし，躾をする義務」として，これを第二種監督義務と呼ぶ）。このような監督義務を前提とする場合，責任無能力とされた未成年のなした行為について，親の責任がただし書によって免除される可能性はほとんどないことになる。こうした理解の背景には，子の不法行為についての親の責任が，過失の立証責任を転換したにとどまる中間責任ではなく，親という法的に地位に基づくものであるという認識があったように思われる。そうした認識は，比較法的にも十分にあり得るものである→ コラム *未成年者の責任と監督責任についての制度 198 頁*。このような理解からは，民法 714 条 1 項ただし書による免責は，容易に認められるべきではないということになるだろう。

　実際，従来は，中間責任であるとしても，実質的には無過失責任に近い厳格な責任と理解する考え方が一般的であり，最終的に同条の責任を否定する場合においても，同条 1 項ただし書による免責によるのではなく，前提となる未成年者の行為に違法性がないといった理由で，その責任が否定されていた（「鬼ごっこ事件」と呼ばれる最判昭和 37 年 2 月 27 日民集 16 巻 2 号 407 頁は，一般に容認される遊戯中の事故について，特段の事情がない限り，違法性が阻却されるとして，前提となる行為の違法性を否定した）。それに対して，714 条 1 項ただし書を適用して，監督義務者たる両親の責任を否定したのが，以下の判決である。

事例研究 最判平成 27 年 4 月 9 日民集 69 巻 3 号 455 頁「サッカーボール事件」→ *百選 II（8 版）[92]・久保野恵美子，重判 H. 27 [民 8]・同*

　A（本件事故当時 11 歳 11 ヶ月の小学 5 年生）が通う市立小学校では，放課後，校庭が開放されていた。校庭の南端近くには，ゴールネットが張られたサッカーゴールが，本件事故が起きた道路に並行して設置されていた。本件ゴールの後方約 10m の場所には門扉の高さ約 1.3m の南門があり，その左右には本件校庭の南端に沿って高さ約 1.2m のフェンスが設置されていた。校庭の南側には幅約 1.8m の側溝を隔てて道路があり，南門と本件道路との間には橋が架けられていた。

　A が放課後，本件校庭において，友人らと共にサッカーボールを用いてフリーキックの練習をしていたところ，A がゴールに向かって蹴ったボールは，本南門の門扉の上を越えて橋の上を転がり，本件道路上に出た。自動二輪車を運転して進行してきた B（本件事故当時 85 歳）は，そのボールを避けようとして転倒した（「本件事故」。なお，ボール

が車輛に当たったかは明らかではない）。Bは，本件事故により左脛骨及び左腓骨骨折等の傷害を負い，事故からおよそ1年半後，入院中に，誤嚥性肺炎により死亡した。

Bの遺族Xらは，A及びAの親権者であるYらに対して損害賠償を請求した。

第一審，控訴審は，Aの責任能力を否定し，Aの両親の714条1項に基づく責任を認めた。それに対して，最高裁は，「Aが本件ゴールに向けてサッカーボールを蹴ったことは，ボールが本件道路に転がり出る可能性があり，本件道路を通行する第三者との関係では危険性を有する行為であったということができるものではあるが，Aは，友人らと共に，放課後，児童らのために開放されていた本件校庭において，使用可能な状態で設置されていた本件ゴールに向けてフリーキックの練習をしていたのであり，このようなAの行為自体は，本件ゴールの後方に本件道路があることを考慮に入れても，本件校庭の日常的な使用方法として通常の行為であ」り，「Aが，殊更に本件道路に向けてボールを蹴ったなどの事情もうかがわれない」としたうえで，「責任能力のない未成年者の親権者は，その直接的な監視下にない子の行動について，人身に危険が及ばないよう注意して行動するよう日頃から指導監督する義務があると解されるが，本件ゴールに向けたフリーキックの練習は，上記各事実に照らすと，通常は人身に危険が及ぶような行為であるとはいえない。また，親権者の直接的な監視下にない子の行動についての日頃の指導監督は，ある程度一般的なものとならざるを得ないから，通常は人身に危険が及ぶものとはみられない行為によってたまたま人身に損害を生じさせた場合は，当該行為について具体的に予見可能であるなど特別の事情が認められない限り，子に対する監督義務を尽くしていなかったとすべきではない」として，714条1項ただし書を適用し，賠償義務を否定した。

この判決をどのように理解するかについては，現在でもなお議論の余地が残っている。従来の法定監督義務者の責任についての考え方と整合的に説明できるものであるという見方もある一方で，より中間責任としての性格を明確にしたものなのではないかという理解もある。また，鬼ごっこ事件と異なる解決が本当に必要だったのかについても議論の余地を残しているだろう。

ただ，同判決は，714条1項ただし書の免責を認めたものであるとしても，「通常は人身に危険が及ぶものとはみられない行為によってたまたま人身に損害を生じさせた場合」についての判断であり，その射程はあくまで限定的なものとして理解すべきだろう（子どもの行為がそれ自体客観的に危険だと判断されるような場合については同判決の射程は及ばず，714条1項ただし書の免責は当然には認められない）。

> **コラム** **未成年者の責任と監督責任についての制度**
> 　不法行為法は，比較法という観点から見ると，物権法などに比べて，相対的に相違が少ない。しかし，いくつかの点では，かなり大きな違いが認められる。そのひとつが，責任能力の扱いである。精神上の障害を理由とする責任無能力

198　第Ⅱ部　不法行為の成立要件／第2章　他人の不法行為に基づく責任

をめぐる問題についてはすでにみたところであるが，ここでは未成年者の不法行為について概観しておこう。

　概略的にいうと，まず，英米法（アメリカ法やイギリス法）と大陸法（ドイツ法やフランス法）で，かなり大きな違いが見られる。すなわち，英米法では，未成年者の責任を容易に認める一方，子供がなした不法行為についての両親の責任については慎重な態度がとられている。他方，大陸法では，わが国と同様，未成年者の免責を認めつつ，両親の責任を問うシステムを採用している国が多い（したがって，この問題について，「日本では家族関係共同体が強調され，欧米では個人主義が尊重されている」といった短絡的な結論に飛びつくのは正しくない）。

　もっとも，そうした大陸法のシステムも，ずいぶんと多様である。すでに触れたように，未成年者の責任が認められる場合を例外的であれ規定しているものが一般的である→　コラム　*責任能力と監督義務者の責任についての制度設計 194 頁* が（衡平責任），それ以外にも，未成年者の免責をどのように規定するかについての違いは大きい。

　まず，法典レベルにおいて，①年少者の免責について特別な規律を設け，そのための明示的な責任年齢を規定するもの，②年少者についての特別の規定を置くが，明示的な責任年齢を規定しないもの（わが国の 712 条と同様），③（一定の場合には責任を負わないことを前提としつつ）年少者についての特別の規定を持たないものに分かれる。②③においては，具体的に何歳くらいから責任を負うのか（あるいは年齢はまったく考慮されないのか）は，判例によってルール形成されることになるが，その年齢には，かなりの開きがある。また，これに対応する形で，監督義務者の責任についても相違が大きい（そもそも③のような立場を前提とすれば，少なくとも法典上は，補充的責任としての 714 条のような規定は求められない）。

　こうした中で，目をひくのが，1992 年のオランダ民法典第 6 編 169 条である。同条は，以下のように規定する。

　　1 項　14 歳未満の子供の作為とみなされるべき行為によって第三者が被った損害で，かつ，年齢による免責がなければこの行為は不法行為としてその子供に帰せしめられるような損害については，その子供について親権を行使しまたは後見をなす者が，責任を負う。

　　2 項　14 歳以上 16 歳未満の子供の瑕疵ある行為によって第三者が被った損害については，その子供について親権を行使しまたは後見をなす者が，責任を負う，ただし，子供の当該行為を妨げなかったことについてその者を非難することができない場合には，この限りではない。

　ここでは，未成年者を，① 14 歳未満，② 14 歳以上 16 歳未満，③ 16 歳以上の 3 つのカテゴリーに分けて，①については親に客観的責任（無過失責任）を課し，②については中間責任を課している。③については言及されていないが，

第 2 節　責任無能力者の監督義務者の責任／**2**　監督義務者の責任の要件　　199

親の責任を考えるとすれば通常の不法行為責任（過失責任）しかない（これについては以下の説明を参照）。実は，わが国においても，親の責任は，年齢の点を度外視すれば，後述するとおり，これに近い運用がされてきたのではないかと考えられる。

こうしたオランダ民法の規律に対して，①の客観的責任は，動物保有者の責任と同じであり，子供と動物を同視するものだという批判もある（ただし，日本法では，718条は中間責任であり，この点の違いは目立たない）。しかしながら，14歳という基準が適当であるかどうかはともかく，一定年齢以下の子供については，教育や指導ということが直接にはうまく機能しないことは確かであろう。だとすれば，そこで問題となっているのは，動物保有者の責任と性質上，一定の近似性があるということは否定できないのかもしれない。その点で，大変に示唆的だと思って，オランダ民法を取り上げた次第である。

複数の監督義務者の責任　責任無能力者について，複数の監督者が存在するという場合は少なくない。

> **設例Ⅱ-18**　北海道・日高地方の牧場で遠足に来ていた幼稚園児の歓声に驚いた，名競走馬として活躍したトウショウボーイの子が，柵を越え損ねて左脚等を骨折して，薬殺処分された（札幌地判平成元年9月28日判時1347号81頁の事案）。

設例Ⅱ-18 において，牧場主は，誰に対して，どのような損害賠償を求めることができるのだろうか

ここでは，幼稚園の遠足であったということで，事故が発生した現場にいた教諭等が代理監督者となり得る。また，代理監督者がいるということは，監督義務者の責任の免除を自動的にもたらすようなものではないから，監督義務者たる親の責任も考えられる。したがって，714条のみに照らすならば，親（法定監督義務者）と教諭（代理監督者）が，賠償責任の主体となることが考えられる（なお，前掲最判平成27年4月9日「サッカーボール事件」をふまえると，幼稚園児が牧場で歓声をあげるということは通常は危険性を有する行為ではなく，親権者の直接的な監視下にない子どもの行動であり，714条1項ただし書によって免責される可能性があるだろう。それに対して，現場にいて幼稚園児を監督する立場にあった教諭の免責はより認められにくいだろう）。

さらに，教諭については，幼稚園の被用者であるということから，使用者と

しての幼稚園（法人）も，後述の715条によって使用者責任を負うと考えられる。**設例Ⅱ-18**の事案では，牧場主は，幼稚園に対して1400万円余りの損害賠償を請求し，第1審の札幌地判平成元年9月28日は，1300万円余りの賠償を認容した。

3　709条に基づく監督義務者の責任

問題の背景　以下のようなケースについて，被害者の救済がどのように図られるかを考えてみよう。この2つの事例で，被害者であるBとD，どちらが有利なのだろうか。

> **設例Ⅱ-19**　　小学校4年生のAは，面白半分に，Bのバイクに家から持ち出したガソリンをかけて燃やした。
> **設例Ⅱ-20**　　高校2年生のCは，面白半分に，Dのバイクに家から持ち出したガソリンをかけて燃やした。

被害者の側から見ると，不法行為責任の成否が重要な問題であることは当然である。**設例Ⅱ-19**では，Aの責任能力は，年齢の点からも，まず認められない。他方，**設例Ⅱ-20**で，Cの責任能力が，712条によって否定されることはないだろう。直接の加害者の不法行為責任の成否というだけであれば，Dの方が不法行為法上保護されているように見える。

しかしながら，不法行為責任が成立するということは，被害者にとっての救済をただちに意味するものではない。責任が履行されてはじめて，生じた損害の塡補がなされるからである。

設例Ⅱ-19では，Aの責任能力が否定されるのだから，Bは，714条に基づくAの親の責任を追及することができる。

他方，**設例Ⅱ-20**ではどうだろうか。この場合，714条を使うことはできない。714条による監督義務者の責任は，子供の責任能力が認められない場合に限っての補充的責任だからである。となると，Dは，Cに対してしか，責任を追及することができないのだろうか。そうなると，Aの親の責任を追及できるBよりも，高校生に対してしか責任を追及できないDの方が，一般的にははるかに不利だということになりそうである。

監督者の固有の過失（監督義務違反）に基づく 709 条の責任　このような場合について，判例は，Ｃの親について，714 条ではなく，709 条による不法行為責任が成立する可能性を認めている。すなわち，自分の子供がなした直接の加害行為について，その親に，故意または過失が認められ，その過失等と結果との間に「相当因果関係」があれば，自分自身の不法行為としての責任を認めるのである（最判昭和 49 年 3 月 22 日民集 28 巻 2 号 347 頁→*百選 II（7 版）[89]・久保野恵美子*）。

　判例におけるこのような構成においては，714 条責任に比べると，より具体的に，親の過失が認定されている。もっとも，そこで過失とされているのは，具体的な侵害行為の結果を予見していたにもかかわらず放置していたという場合に限られるわけではなく，「加害者らが，夜間頻繁に集団で徘徊し，不良交遊を続けていたのに，その実態については，ほとんど把握できていない。……加害者に対するこのような真摯な姿勢や，積極的な働きかけが全く見受けられないのである。これでは，事実上放任状態にあったと評されても致し方ない」（大阪高判平成 16 年 3 月 18 日判時 1889 号 48 頁。直接の加害者は，14 歳〜16 歳）といったように，ある程度抽象的なレベルで親の監督義務の懈怠を問題としている。709 条による固有の責任としつつも，むしろ，この場面においてこそ，中間責任が認められているという見方もできそうである（事実上の中間責任）。その意味では，198 頁の (コラム) に挙げた 3 類型が，わが国においても存在すると言えそうである。

　監督義務者の固有の責任の限界　判例は，上述のとおり，責任能力ある未成年者についても，親自身の固有の責任（709 条責任）の成立を認めたのであるが，それでは，こうした親の監督責任は，どの段階まで，どのような内容のものとして存在するのであろうか。これについては，以下の 2 つの点を確認しておく。

　第 1 に，未成年者が責任能力を有する場合であっても，その親の監督義務は，820 条に依拠する。そして，818 条は，「成年に達しない子」が父母の親権に服すると規定しているのであるから，こうした親の監督義務を前提とする責任は，20 歳を基準とすると言うことができそうである。制定法における形式的な監督義務の限界である。

第2に，より実質的な観点からも考える必要性がありそうである。同じ未成年者といっても，中学生と大学生とでは，その成熟度に大きな開きがある。たとえば，郷里と離れて下宿生活を送る大学生に対して，親のできる監督の内容はそれほど大きくないであろう。社会的にも，一定の制約はあるものの（典型的には法律行為），ある程度一人前として認知されている者について，上記のような事実上の中間責任という観点で親の責任を追及することは，必ずしも適当ではないと思われる。その意味では，このカテゴリーの未成年者については，被害者が709条に基づき直接親の責任を追及するとしても，まさしく具体的な監督義務を示して，過失を立証する必要があるだろう。他方，中学生や高校生の子供に対する親の監督は，通常，日常生活全般にわたって広く認められるものであるがゆえに，被害者はいちいち具体的な監督義務を示して過失を立証しなければならないわけではない。ごく大まかに言って，このカテゴリーにおける監督義務者たる親の責任は，実質的な中間責任として理解することができる。

第3節　使用者責任 (715条)

1　使用者責任の意義

使用者責任の意義　具体的に次のような場合を考えてみよう。

> **設例Ⅱ-21**　ピザ屋ＡのアルバイトをしているＢは，スクーターでピザの配達中に，よそ見をしていたために子供Ｃをはねて，ケガをさせてしまった。
>
> **設例Ⅱ-22**　鉄道会社Ｄに勤務する運転手Ｅは，単線の路線を運転中，停止信号を見落として，列車を運行させ，反対方向から走行してきた列車と衝突して，乗客に死傷者を出した。

　設例Ⅱ-21　と　**設例Ⅱ-22**　いずれのケースにおいても，直接の加害者であるＢやＥの不法行為責任が成立するだろう。それでは，被害者は，こうした直接の加害者に対してしか責任の追及をできないのだろうか。715条は，「ある事業のために他人を使用する者は，被用者がその事業の執行について第三者に加えた損害を賠償する責任を負う」と規定し，使用者であるＡやＤにも不法行為責任が成立することを認める（なお，Ｄについては，債務不履行責任も問題とな

る→【*複数の救済方法の相互の関係*】*30頁*）。これが，使用者責任と呼ばれるものである。

代位責任　　前述の監督義務者の責任と使用者責任とで最も大きく異なる点は，使用者責任が補充的責任ではないという点である。つまり，被用者が責任を負わないから使用者が責任を負うのではなく，むしろ，被用者が責任を負うことを前提に，その履行を確保するために，使用者も責任を負うのである。こうした使用者責任の性格を，代位責任と呼ぶ。すなわち，被用者の地位に代位して，使用者も責任を負うのである（ただし，「代位責任」という言葉は異なるニュアンスで使われることもある）。この場合，厳密な意味で，被用者の不法行為責任が完全に成立することが使用者責任を認める条件であるかについては後に検討するが，さしあたり，補充的責任ではないということを確認しておく。

> **コラム**　**「少年店員豊太郎事件」と「光清撃つぞ事件」**
>
> 　責任能力をめぐっては，有名な大審院判決がある。なお，大正時代には，最上級審の判決に名前をつけるということがかなり広く行われていた（最近は，また復活している）。そうした例としては，すでに取り上げた「桃中軒雲右衛門事件」や「大学湯事件」，「信玄公旗掛松事件」があるし，ほかにも，「残念々々事件」等のメジャーなもの以外に，それほど目立たない事件にまで通称が付されている。
>
> 　ここで取り上げるのは，名前の方ではあまりメジャーではない「少年店員豊太郎事件」と「光清撃つぞ事件」と呼ばれるものである。まず，先行する「少年店員豊太郎事件」（大判大正4年5月12日民録21輯692頁）では，11歳1ヶ月の少年店員豊太郎君が，仕事のために，印刷用インクを背負って，自転車に乗って通行していた際に起こした事故についての損害賠償責任が問題となった。このケースでは，豊太郎君の責任能力が肯定されている。
>
> 　他方，それから2年後の大判大正6年4月30日民録23輯715頁では，12歳7ヶ月で尋常小学校6年を修了した少年が，父親の空気銃を友人に向けて，「光清撃つぞ！」と言って実際に撃ち，被害者が失明したという事件で，加害者の少年の責任能力を否定し，さらに，大判大正10年2月3日民録27輯193頁で，その父親の714条の責任を肯定した。これが，「光清撃つぞ事件」と呼ばれる事件である（このように「光清撃つぞ事件」は，厳密には2つあるわけだが，ほぼ1世紀も経つのに，いまだに名前の出てくる光清君は，加害者ではなく，被害者だったわけである）。
>
> 　この2つの事件をどのように整合的に考えるかという中で，使用者責任と両親の監督責任という観点からの説明がまことしやかに流布していくことになる。すなわち，少年店員豊太郎事件では代位責任たる使用者の責任（715条）を認

めるために，直接の加害者たる豊太郎君の責任能力を認める必要があった（使用者責任の要件として，責任能力までが必要とされるのかについては議論がある→【*被用者の不法行為*】*206頁*）。他方，光清撃つぞ事件では，補充的責任である両親の責任（714条）を認めるためには，直接の加害者の責任能力を否定する必要があった（714条の責任についてはそのとおりである）という説明である。

　たしかに，この説明はもっともらしいものではあるものの，若干の疑わしさ（いかがわしさ）を伴っているようにも思われる。なぜなら，何より端的に，すでに社会に参加して働いている11歳1ヶ月の豊太郎君と友人に向かって撃つぞと言って実際に空気銃をぶっぱなした12歳7ヶ月の加害者とでは，社会的な成熟度という観点から前者の方が高いのは当たり前という気がするからである。大審院も，豊太郎君が，こうやって働いていたということが認定される以上，責任能力が肯定されるとしているのである。さて，読者諸兄はどのように考えるだろうか。

中間責任としての性格と実質的な無過失責任化　　使用者責任も，責任無能力者の監督義務者の責任（714条）と同様，中間責任であり，使用者は，「被用者の選任及びその事業の監督について相当の注意をした」こと，または，「相当の注意をしても損害が生ずべきであった」（715条1項ただし書）ことを証明できれば，その責任を免れることができる。もっとも，実際には，このただし書による免責はほとんど認められていない。ほぼ同様の条文を有するドイツ法において免責が例外的にではなく認められていることに照らすと，わが国の使用者責任は，実質的には無過失責任化していると言ってもよい。この理由については，次に検討する。

使用者責任の根拠　　上記のとおり，使用者は，被用者の不法行為について代位責任を負担し，且つ，その責任は形式的には中間責任であるものの，実質的には無過失責任となっているということになる。それでは，使用者は，なぜそうした責任を負うのであろうか。

　もちろん，こうした問いかけに対する最も単純な答えは，被害者の保護のためであるというものであろうが，おそらくそれだけでは十分ではない。なぜなら，補充的責任を採用する714条の責任も被害者の保護のためであることは否定できないし，そもそも，被用者が709条の責任を負うのであれば，被害者としては，一応，その責任を追及する可能性があるのであり，必ずしも被害者の

保護がなおざりにされているわけではないからである。

　むしろ，使用者責任の背後にあるのは，使用者の経済活動に伴う事故については，使用者が損害賠償責任を負担すべきであるという実質的な価値判断であると考えられる。つまり，使用者は，被用者を用いることによって，自己の活動領域を拡大しているのである。そうした活動領域の拡大によってそこから経済的な利益を得る一方，拡大された領域において生じるリスクについては負担しないというのは不合理であるといえる。この場合，活動領域に伴う危険に焦点を当てて説明すれば，使用者責任は危険責任という観点から説明されることになるし，他方，活動領域の拡張によって利益を取得するという側面に焦点を当てれば，報償責任として説明されることになる。

　実際には，活動領域に伴う危険という危険責任の視点と報償責任の視点の両者があいまった形で，使用者責任の性格を基礎づけているものと思われる。そして，それだからこそ，法制度上も単なる過失責任とするのではなく，中間責任としてその責任が厳格化され，さらに，実際の運用においては免責立証を認めないという形で事実上の無過失責任となっているのである。

2　使用者責任の要件

　被用者の不法行為　　715条は，「被用者がその事業の執行について第三者に加えた損害」について使用者が賠償責任を負うことを規定する。ここでは，単に第三者に損害を加えたということだけが規定されているが，その第三者への加害が不法行為と評価されるようなものであることが前提となる。

　もっとも，「被用者の不法行為」という使用者責任の要件が，「被用者が不法行為責任を負う」ことまでを意味するのかについては議論がある。これは，特に，被用者に責任能力がなかったような場合に問題となる。

　この問題を考える際には2つのポイントがある。

　①　被用者の責任能力

　ひとつは，責任能力の位置づけである。責任能力が過失の前提要件であるというような立場をとる場合，責任能力の欠如は過失の否定をもたらし，被用者の「不法行為」を観念すること自体が難しくなる（その場合にも，過失とは別の

206　　第Ⅱ部　不法行為の成立要件／第2章　他人の不法行為に基づく責任

違法性という要件によって判断する余地はある）。他方，本書のように，責任能力は過失の有無とは切り離した当該加害者の保護のための制度であると理解するのであれば→【責任能力】176頁，被用者に責任能力が欠ける場合であっても，その「不法行為」を観念することに特に障害はない。

② 使用者責任の法的性質

もうひとつは，使用者責任の性質をどのようなものとして把握するかという視点である。

まず，使用者責任を保証類似の責任であると理解するのであれば，被用者について，責任能力も含めて，すべての要件を充足し，実際に被用者に不法行為責任が成立することが必要だということになろう。責任能力の欠如によって被用者自身について不法行為責任が認められないとすれば，保証において主たる債務者の債務が否定される場合と同様に，保証人と同様の地位にある使用者の責任も否定されるということになる。

他方，使用者責任は，単に，保証人のような形で被用者の不法行為責任の履行を確保するためだけのものではなく，まさしく，固有の帰責根拠を有する責任だと理解する場合，被用者についての責任が成立するか否かということは，決定的ではない。被用者の行為によって生じた事故（不法行為）が，使用者が活動範囲を広げていることに伴う危険と判断できるのか（危険責任），あるいは，活動範囲を広げることによって利益が帰属することに対応してその負担が認められるべきリスクといえるのか（報償責任），という点が重要だと考えるべきであろう。

この問題は，具体的には，使用者が，被害者に対する損害賠償の結果を被用者に転嫁することができずに最終的に負担しなければならないという状況を容認するかどうかという問題として現れる。

すでに言及したように，使用者責任が実質的に無過失責任化している背景には，使用者の固有の帰責原理の強調がある。使用者責任の基礎が，その活動範囲の拡張にあるのだとすれば，問題は当該活動範囲の拡張に伴うリスクであると評価できるか否かなのであり，被用者が，たまたまその時点で責任能力が認められないような状況であったか否かは，決定的ではないはずである。また，

保証人と本人との関係と異なり，使用者からの被用者への求償は全面的に認められるわけではない→**【*求償権の制限*】*222頁***。

したがって，代位責任としての性格があるとしても，それを保証の場合と同視することは適当ではない。

このように考えてくると，使用者責任の要件としての「被用者の不法行為」は，客観的に不法行為と評価できるのであれば足り，それ以上に，被用者について最終的に709条の責任が成立するか否かは要件ではないと見るべきである。

使用者責任における被害者　　なお，使用者責任を追及することができる被害者について，特に限定はない。比較法的には，かつてのコモン・ローで，「共同雇用 common employment」と呼ばれる使用者責任を否定する抗弁があったが，わが国では，被害者も責任を追及されている使用者の被用者であり，また，直接の加害者と共同で事業を担当していたということは，使用者責任の妨げとならない（最判昭和32年4月30日民集11巻4号646頁）。

実際にも，被用者が被害者になるという場面は少なくなく，そうした場面では，使用者責任とともに，使用者の安全配慮義務違反に基づく責任→**【*安全配慮義務*】*305頁***も問題となる。

使用関係　　715条では，使用者と被用者という言葉が使われているが，ここでの使用関係というのは，雇用契約を前提とするものである必要はない。立法者は，単にお使いを頼むとかといった場合も，本条の例として挙げており，実質的な意味での使用関係が認められれば715条は適用されると考えてよい。

ただし，後述するような715条の責任の性質に照らせば，使用者が広い意味での支配可能性（「直接間接の指揮監督関係」最判昭和37年12月14民集16巻12号2368頁，「一時的にせよ……指揮監督して」最判昭和56年11月27日民集35巻8号1271頁）を有している必要がある。

実際，715条における被用者については，報酬の有無，期間の長短を問わないとされ（大判大正6年2月22日民録23巻212頁），また，使用者と被用者との間に有効な法律関係が存在する必要もないとされる（大判昭和2年6月15日民集6巻403頁）。さらに，1人の被用者について複数の使用者を観念することも可能である（最判昭和41年7月21日民集20巻6号1235頁，最判平成3年10月25日

民集 45 巻 7 号 1173 頁→【*1 人の不法行為者の複数の使用者相互の関係*】*495 頁*）。

前提となる事業　　前提となる事業については，異論はあるが，特に制限は
ないと理解すべきである。事業という場合，通常，一定の経済活動を想定する
が，ここでの事業は，たとえば，権利能力なき社団の判断に際して事業の内容
を問題とするといった性格のものではまったくない。使用者責任は，すでに説
明したように，使用者が他人を利用することによってその活動範囲を拡張して，
危険が生じる範囲を拡大する（危険責任），あるいは，活動範囲の拡張による利
益が帰属する（報償責任）という点に，その責任の基礎を有しているのであり，
その活動が適法なものであるということは，責任の性質上まったく含まれてい
ないと見るべきである。

　この点が問題となったのが暴力団組長の使用者責任である。なお，この問題
については，後述するとおり，現在では法改正によってある程度解決されてい
るが，715 条の要件としての「事業」を考える場合のよい材料なので，少し詳
しくみておくことにしよう。

> **事例研究**　**暴力団組長の責任 1（沖縄事件）**
>
> 　暴力団どうしの抗争において，一般市民を組員と間違えて射殺したという事案で，射殺
> した組員の上部団体の組長，総長に対する損害賠償請求がなされた事件である。
> 　第 1 審（那覇地判平成 8 年 10 月 23 日判時 1605 号 114 頁）は，使用者責任を肯定した
> が，控訴審（福岡高那覇支判平成 9 年 12 月 9 日判時 1636 号 68 頁）は，①抗争は事業の
> 執行に当たらないとして（「715 条の『事業』には，不法行為を行うことを事業の内容と
> するものを含まないことは自明のことである」），使用者責任を否定し，他方，②共同不法
> 行為責任を肯定することで問題を解決した（上告審である最判平成 12 年 12 月 19 日は，
> 被告からの上告を棄却した）。

　上記事案において，控訴審は，事業について適法性が要件となることを前提
として，事業性の要件が欠けるとして，使用者責任の適用を否定した。そして，
共同不法行為で問題を解決したのである。このケースにおいては，結果的に，
被告の過失が認められたために，いずれによっても結論が変わらなかったが，
場合によっては，立証責任の違いが結論の違いをもたらす可能性がある。それ
が次に見る事件である。

第 3 節　使用者責任／**2**　使用者責任の要件　　209

事例研究 **暴力団組長の責任2（京都事件）**

　この事件も，階層的に構成された下部組織たる暴力団の構成員が，抗争する相手組員を射殺しようとして，警備に当たっていた警察官を誤って射殺したという事案で，上部組織の組長の賠償責任が問題とされたケースである。

　この事件の第1審（京都地判平成14年9月11日判時1820号100頁）は，(1)使用者責任の成立を否定したうえで，(2)（最初のトラブルから発砲事件までの）「5時間の間に……本件誤殺事件が危惧されるような情報が○○組組長に伝わっていたとまで認めるに足る証拠はない」として，共同不法行為責任の成立も否定した。

　それに対して，控訴審（大阪高判平成15年10月30日裁判所ウェブサイト）は，使用者責任の成立を認め，最高裁（最判平成16年11月12日民集58巻8号2078頁→*百選II (6版) [83]・小池泰*）も，最上位の組長と下部組織の構成員との間に「暴力団の威力を利用しての資金獲得活動に係る事業」についての使用者関係があるとし，使用者責任の成立を認め，上部組織の組長の責任を認めた。

　上記の2つの事件の中，沖縄事件では，使用者責任を否定しつつ，共同不法行為責任を認めることによって，暴力団組長の責任が肯定された。他方，京都事件の第1審判決は，使用者責任の適用を否定しつつ，過失が立証されていないとして，共同不法行為責任の成立も否定したのである。他方，京都事件の控訴審，上告審判決は，使用者責任の成立を認めた。

　前提を少し確認しておく必要があるが，共同不法行為については，現在の一般的理解によるならば，各共同不法行為者について，709条等による責任要件が充足されることが前提となる。つまり，共同不法行為責任を追及する場合には，被害者の側で，各行為者の過失を積極的に立証しなくてはならず，それが成功しない場合には，賠償を得られない→*【共同不法行為】471頁*。

　京都事件第1審判決は，まさしく組長の過失を基礎づける積極的証拠がないという理由で責任の成立を否定した。つまり，組長の共同不法行為責任を追及する場合には，被害者側が組長の過失についての立証責任を負担するところ，これが証明されていないということによって，その結論が決まったのである（第1審裁判官の判示に従えば，一般市民たる原告が，夜中の5時間に被告暴力団の中でどのように情報が流れたのかを立証しなければならない！　ということになる。一般的な立証責任の配分のルールを前提としても，このような場合に，個別的な立証責任についての配分を修正する可能性はなかったのかと思わず考え込んでしまう）。

　他方，控訴審・最高裁の判断のように，715条を前提として考える場合には，

夜中に組の内部でどのような事情があったのかということを，被害者側が立証する必要はなく，使用者責任を問われた組長の側で，監督義務を尽くしていたということについて立証責任を負うことになる。

　なお，沖縄事件控訴審判決のような理屈（暴力団の抗争は違法な行為であって，事業には当たらず，715条の適用はない！）を使うことができるとすれば，使用者として訴えを提起された者は，自らの行っている事業は不適法なものであるということを抗弁として提出すれば，715条が適用されずに，このように有利な法的地位を獲得することになる。実際，京都事件における組長側からの上告理由においては，沖縄事件控訴審判決を援用して，暴力団の抗争が不適法なものであること，それゆえにこそ，使用者責任は負わず，共同不法行為によって解決されるべきことが強調されているのである。

　しかし，それはいかにも不合理であろう。不適法な活動をそもそも内容とすれば，事業性が否定されて，715条の適用は否定され，加重された賠償責任を回避することが可能になるのである。この場合，不適法な活動自体，不法行為となるという反論は予想されるが，709条の不法行為で問題とされるのは，具体的な行為についての過失であるから，活動自体の不法性は，本件のような警察官射殺という過失の単なる前提問題にすぎない。

　京都事件上告審判決が，事業の適法性要件を完全に外したものなのかは明確ではないが，事業の適法性を求めることには，「事業」という言葉に対する一定の思い入れ（「715条の『事業』には，不法行為を行うことを事業の内容とするものを含まないことは自明のことである」），あるいは，思いこみという以上の合理的な理由を見出すことはできないだろう（なお，京都事件上告審判決における北川弘治裁判官の補足意見は，暴力団の抗争そのものを715条の事業として把握している）。

　なお，使用者責任の要件としての事業性について，ここで述べてきたような疑義もあったため，暴力団員による不当な行為の防止等に関する法律（暴対法）が改正され，暴力団の間の対立により生じた暴力行為により他人の生命，身体又は財産が侵害された場合について，その暴力団の代表者が損害賠償責任を負うことが明記された（暴対法31条）。これによって，那覇事件や京都事件のような事案については，より明確に暴力団組長の責任を追及することが可能となり，使用者責任に関する事業の適法性をめぐる問題も，相対的に，その重要性

が失われた。ただし，同法は，指定暴力団の抗争における行為を対象としたものであり，抗争を前提としない暴力行為，あるいは，そもそも指定暴力団ではないような集団による不法行為については，なお，715条によって解決されることになる。そして，その際には，すでに述べたような事業の適法性をめぐる問題が残されているのである。

コラム *使用者責任における「事業」*

使用者責任における事業適法性の議論というのは，それ自体，かなり奇妙な議論であり，解釈論上も，本文で述べたとおり，適法性は要件ではないとされるべきである。ただ，使用者責任においてこのような問題が生じるのは，ひとえに「事業」という言葉が使われているからである。

それでは，立法の時点で，この事業という言葉については，どのような意味が込められていたのであろうか。現在の715条に相当する原案723条1項「或事業ノ為メニ他人ヲ使用スル者ハ被用者カ其事業ノ執行ニ付キ第三者ニ加ヘタル損害ヲ賠償スル責ニ任ス但使用者カ……」をめぐって法典調査会では，興味深い議論がなされている。他の論点に関する発言を除いて，この点に関する発言を取り上げると，おおむね以下のようになる。

横田國臣：「……事業というのは少し広くはないか。あるいは会社を興し商売を起こすというように見えるが，そうではあるまいと思う。私がいま庭の柳の木を伐って売り出すというような場合でも，私がこれを命じたならば，償わせるのがよいと思う。それを事業といっては少し広くはないかと考える。」

穂積陳重（本条起草担当者）：「この事業という字はおおげさに聞こえるということであるが，もっとおとなしい字があればなおよい。もちろん，大仕掛けのものばかりを見たのではない。柳の枝を伐るくらいのことまでも入っている。」

穂積八束：「先刻のはなしに『事業』という字は少し広すぎないかという質問があったが，解釈上大きな事業というのではなく，つまり，一事件というのと同じであると思うが，何か修正案が出ただろうか。」

土方寧：「私も事業という字は何とか考えてもらいたいと思う。……事業と書いておくと感触かもしれないがいかにもおおげさに聞こえる。『事』だけではどうだろうか。」

箕作麟祥（議長）：「他人に『委任セラレルタル者カ其職務ヲ執行スルニ付キ』ということではいけないか。もう一度考えてほしい。」

梅謙次郎：「そうしましょう。」

結局，この議論は反映されずに，現行のような「事業」という言葉が残されることになったのであるが，この議論の中では，「事業」という言葉が有する限定的な性格に対する懸念が示されていたといえる。土方説の「事」でも，箕

作説の「職務」でも，使用者責任における事業の適法性といった，それ自体かなり奇妙な議論をもたらすことはなかったものと思われる。その意味では，こうした言葉を使ったこと自体が混乱をもたらす遠因になったといえるし，立法論的には，言葉を変更することによって，このような混乱を回避することが望ましいだろう。

事業の執行について（事業執行関連性）　715条1項ただし書による免責はほとんど認められず，使用者責任は，事実上の無過失責任となっているということについては，すでに触れた。それでは，被用者が行った不法行為について，使用者は，常に不法行為責任を負うのだろうか。

　実際には，被用者が行った不法行為について，使用者の不法行為責任を追及しても，それが認められない場合も少なからず存在する。ただ，それは，715条1項ただし書の適用によって免責されるのではなく，715条1項本文の要件「その事業の執行について」に関係する。つまり，被用者の不法行為のすべてが使用者責任をもたらすのではなく，使用者の「事業の執行について」なされた不法行為に限って，使用者責任を成立させるのである。その意味で，「事業の執行について」の要件は，使用者責任の範囲を実質的に画する最も重要なものだといえる。

　問題は，この「事業の執行について」が何を意味するかである。

設例Ⅱ-23　　家具商Aに雇われているBは，車で家具の配達に行く途中，事故を起こし，Cを死亡させた。

設例Ⅱ-24　　Bは，家具を購入したDのところに家具を届け，それを設置する際に，Dの家の壁を傷つけた。

設例Ⅱ-25　　同上のケースで，Bは，Dが目を離したすきに，化粧台のところに出しっぱなしになっていた貴金属を窃取した。

設例Ⅱ-26　　同上のケースで，Bは，Dから，隣家Eが旅行に出ていることを小耳にはさみ，配達の帰り，E宅に進入して，現金等を窃取した。

設例Ⅱ-27　　Bは，休日に，配達用の自動車を勝手に持ち出して，友人とドライブに出かけて，事故を起こし，Fを死亡させた。

　さて，できるだけ似たようなケースで，しかも，少しずつ違うというものを挙げてみた。この中で，Aの使用者責任が認められるのはどれであり，認め

第3節　使用者責任／**2**　使用者責任の要件　　213

られないのはどれなのだろうか。また，そうした答えの違いがあるとすれば，それはどのように説明されるのであろうか。

この「事業の執行について」という要件について，立法者は，「事業の執行のために」よりは広く，「事業の執行に際して」よりは狭いといった説明をしている。つまり，当該行為が事業の執行を目的としてなされているという場合がこれに該当するということは当然として，しかし，これが常に求められるわけではないということである。一方，事業の執行と単に時間的な関連性しか存在しないというのでは不十分だということになる。

上記の設例では，いずれも厳密な意味では，事業の執行のためになされたわけではない。しかし，設例Ⅱ-23 や 設例Ⅱ-24 における事故や壁の毀損は，家具の配達という事業の執行のためになされた行為の中で実現されている。いずれも，広い意味では，「事業の執行のために」と言うことができそうである。したがって，事業の執行のためになされた行為については当然に使用者責任が成立するという立法者の説明では，これらの場合に，使用者責任が認められることになる。もっとも，立法者は，「『事業の執行のために』よりは広く」と言うのであるから，それ以外にも，使用者責任は成立する可能性がある。設例Ⅱ-25，設例Ⅱ-26，設例Ⅱ-27 において B がなした行為というのは，家具の配達や設置という事業の執行とはまったく関係がないが，これらについても使用者責任が成立するという可能性はあることになる。

もっとも，立法者は，これ以外の説明としては，「『事業の執行に際して』よりは狭い」とするだけである。このような基準だと，設例Ⅱ-27 のように，時間的にも接近していない場合には使用者責任は成立しないと考えられるが，設例Ⅱ-25 や 設例Ⅱ-26 のように，家具の配達や設置と時間的に近接している場合，使用者責任が成立するのかどうかは微妙だということになりそうである。

現在，一般的に前提とされているのは，業務と行為との間の一定の実質的な関連性に焦点を当てて問題を考えようという立場である。もっとも，その関連性をどのように判断するのかが問題となる。

なお，事業の執行の目的に限定されないということは，使用者責任の性質という観点からも，合理的な説明が可能である。使用者責任は，すでに言及したように，使用者が被用者を用いることによって活動の範囲を広げていることに，

その核心がある。つまり，使用者が負担するのは，そうした活動の範囲の拡張に伴うリスクなのである。活動に伴うリスクというのは，事業の目的に適合するものに限定されるわけではない。たとえば，交通事故を事業の目的とすることはないだろう。しかし，活動の範囲の拡張（多数の従業員による自動車での配送）は，それに伴って，交通事故の危険性も必然的に拡大するのである。したがって，こうした危険性の拡大については，使用者責任の性質からも，使用者が責任を負担するということが合理的に説明される。

このような視点からは，設例Ⅱ-23 や 設例Ⅱ-24 は，家具の配達や設置という事業の有するリスクが実現した場面として，当然に使用者責任の対象として理解されるべきことになる。

他方，設例Ⅱ-25，設例Ⅱ-26，設例Ⅱ-27 は，ここでの不法行為を事業活動に内在するリスクであると評価できるかどうかで決まることになる。設例Ⅱ-25 では，屋内に入って家具を設置するという事業内容との一定の関連性は認めることができそうである。それに対して，設例Ⅱ-26 や 設例Ⅱ-27 は，一般的にも存在する危険にすぎず，事業活動との関係は希薄である。ただ，設例Ⅱ-27 において，家具の配達のために日頃から B に自動車の管理を委ねており，鍵も自由に持ち出すことができたというような場合，事業との一定の関連性が認められる可能性が出てくるということになろう（そうした事情は，A が自賠法3 条の運行供用者に該当するという評価にもつながる）。

外形標準説（外形理論）の登場　　ところで，判例は，この「事業の執行について」という要件について，外形標準説あるいは外形理論と呼ばれる考え方を展開した。この考え方の役割が最も典型的に示されるのは，以下のような場合である。

> 設例Ⅱ-28　　A 社の資材課長である B は，電器店を営む C との間で，業務用のパソコンとして 100 台を購入する契約を締結した。B は，取込詐欺（代金を実際に支払うつもりはなく，他に転売を図るつもりなどで商品を手に入れるというタイプの詐欺）を図ったものであり，C には，その代金に相当する損害が生じた。A 社の内部規則によれば，資材課長である B には，一定金額以上の物品の購入の権限はなく，パソコン 100 台を購入するようなことは認められ

第3節　使用者責任／**2**　使用者責任の要件　　215

ていなかった。

この 設例Ⅱ-28 において，Cは，A社の使用者責任を追及できるだろうか。事業と行為との関連性ということであれば，Bには，このようなパソコン購入の権限がなかった以上，事業とBの行為との関連性を認めることはできないようにも見える。

しかし，このようにA社における権限を基準とするのであれば，Cには見えないA社の一方的な権限の配分によって，不法行為が成立するか否かが決まってしまう。また，A社としては，被用者の権限をできるだけ細かく決めることによって，使用者責任の成立を阻止することが可能となる。

外形標準説によれば，このような問題を回避することができる。なぜなら，A社の使用者責任が成立するか否かは，Cから見た場合に，Bにはそのような権限があると見えるかどうかという外形によって決まることになるからである。もちろん，A社の各社員の権限が第三者にあらかじめ開示されていたような場合には，それが基準となる場合もある。しかし，単に内部的な権限の割り振りであった場合には，それをもって使用者責任の成立を阻止することは適当ではない。

判例は，「民法715条にいわゆる『事業ノ執行ニ付キ』とは，被用者の職務執行行為そのものには属しないが，その行為の外形から観察して，あたかも被用者の職務の範囲内の行為に属するものとみられる場合をも包含する」とし（最判昭和32年7月16日民集11巻7号1254頁，最判昭和39年2月4日民集18巻2号252頁，最判昭和40年11月30日民集19巻8号2049頁→*百選Ⅱ（5版・新法対応版）[80]・浦川道太郎*），この立場をとることを明らかにした。

外形標準説の限界　もっとも，このような外形標準説による715条の適用には，以下の2つの視点からの限界がある。

① 保護に値すべき正当な信頼が欠ける場合

まず，外形標準説が手がかりとする権利外観法理，表見法理は，(1)責任を負担する者の帰責事由と(2)相手方の保護に値する信頼を要求する。したがって，相手方に保護に値する正当な信頼が存在しない場合には，715条の適用が排除

されることになる。

最判昭和42年11月2日民集21巻9号2278頁→*百選Ⅱ（8版）〔94〕・樫見由美子*は，「被用者のなした取引行為が，その行為の外形からみて，使用者の事業の範囲内に属するものと認められる場合においても，その行為が被用者の職務権限内において適法に行なわれたものでなく，かつ，その行為の相手方が右の事情を知りながら，または，少なくとも重大な過失により右の事情を知らないで，当該取引をしたと認められるときは，その行為に基づく損害は民法715条にいわゆる『被用者カ其事業ノ執行ニ付キ第三者ニ加ヘタル損害』とはいえ」ないとする。

ここでは，悪意または重過失の場合に使用者責任の成立が否定されるのであるから，(2)の信頼の正当性は，94条2項の通謀虚偽表示の場合（善意の第三者が保護される）よりは厳格に要求され，表見代理の場合（善意無過失の第三者が保護される）よりは緩やかになっていると評価することができるだろう。

② 事実（行為）的不法行為の場合

外形標準説を最も自然な形で利用することができるのは，設例Ⅱ-28 のような，取引という形態でなされる不法行為である。Bが実際にどのような権限を有しているかは，まさしく取引という活動範囲の拡張に伴って使用者が負担すべきリスクである。外に対して開示されない内部的な権限配分によって，こうしたリスクを回避することはすでに述べたとおり妥当ではなく，使用者責任を通じて負担を認めるということは合理的である。また，そうした基本的な考え方は，民法というしくみの中でも承認されている（94条や110条等）。

しかし，そのような権利外観法理（表見法理）の考え方を，事実行為としての不法行為に適用することは困難である。たとえば，設例Ⅱ-27 の応用編として，次のような場合を考えてみよう。

> 設例Ⅱ-29　Bは，休日に，Aの配達用の自動車を勝手に持ち出して，友人とドライブに出かけて，事故を起こし，Fを死亡させた。配達用の自動車は，普通の軽トラックであり，それがAのものであるということは，外形的にはわからなかった。
>
> 設例Ⅱ-30　Bは，休日に，Aの配達用の自動車を勝手に持ち出して，友人とドライブに出かけて，事故を起こし，Fを死亡させた。配達用

の自動車である軽トラックの荷台には，「愛される家具をみなさまの手に　創業50年　Ａ家具」と大きく記載されていた。

この2つのケースにおいて，何らかの違いはあるのだろうか。

なるほど 設例Ⅱ-29 では，車がＡのものであるということがわからないのに対して，設例Ⅱ-30 では，Ａのものであるとわかるし，多くの場合，そういった車が走っていれば，何らかの仕事の目的で走っているのだろうと一般の人は考えるだろう。

しかし，そのことが使用者責任の成否に何らかの影響を与えるものであるとは考えられない。なぜなら，被害者にとって，その加害車両がＡ社のものであるかどうかということは，事前に何の意味も持たないからである。それは，取引的な不法行為である 設例Ⅱ-28 において，被害者が，「自分は，Ａ社と取引をしている」と認識していた（取引の相手方がＡ社であることを信頼していた）というのとは，まったく異なる。歩行者は，「大銀行の甲の車だったらはねられてもいい」とか，「中小企業の乙だったらまぁまぁだなぁ」とか考えるわけではないからである。

その点では，事実行為的な不法行為の場合に，外形標準説を，取引関係における場合と同様の意味で，すなわち信頼保護という視点から用いることはできない。

それでは，こうした類型においては，どのように考えるべきなのだろうか。ここでは，やはり，当初の出発点に帰って，実質的な関連性を基準とせざるを得ない。判例は，外形標準説を，事実行為的な不法行為についても用いているが，そこでの外形標準説は，取引関係におけるような相手方の信頼に基礎を置くものではなく，単に，実質的な関連性を判断するための手がかりとして利用しているものと理解すべきであろう。

実質的な関連性を判断する基準　　実質的な関連性を判断する場合の基準については，現在まで，確立した説明というのを見出すことはできない。ただし，多くの見解にほぼ共通する要素を見出すことは可能である。そうした共通の要素としては，「支配可能性」と「利益帰属性」を挙げることができる。このような基準は，使用者責任の性質に応じたものであるが，その具体的な判断につ

いては，なお，判例等の積重ねを通じて明らかにされていかなくてはならない（自動車事故については，**設例Ⅱ-27**，**設例Ⅱ-29**，**設例Ⅱ-30** のような場合を含めて，判例は，広く使用者責任の成立を認めている。前掲最判昭和39年2月4日）。

使用者責任と履行補助者の過失論　ところで，使用者責任と類似するものとして，債権総論で学ぶ「履行補助者の過失」という概念がある。これは，債務不履行という場面において，履行補助者の過失を債務者自身の過失とみなすという考え方である。こうした履行補助者の過失と使用者責任とは，どのような関係に立つのだろうか。それは，同一のものなのだろうか，それとも何らかの違いがあるのだろうか。すでに示した設例を手がかりに考えてみよう。

> **設例Ⅱ-22**　　鉄道会社Dに勤務する運転手Eは，単線の路線を運転中，停止信号を見落として，列車を運行させ，反対方向から走行してきた列車と衝突して，乗客に死傷者を出した。

この場合，乗客とD社との間には，旅客運送契約が存在する（キセル乗車のような例外的な場合，あるいは，2つの鉄道会社が同一の軌道を共同運行しているような特殊な場合を除く）。

この場合，被害を受けた乗客（あるいはその遺族）の損害賠償請求権を基礎づけるためには，2つの法律構成が考えられる。

まず，第1に，D社の債務不履行責任を追及するというものである。旅客運送契約は，単に乗客を目的地まで物理的に移動させることだけを目的とするのではなく，安全に運送することを債務の内容とする。したがって，そうした債務が履行されなかったとして，415条に基づく損害賠償を請求することが考えられる。この場合，運転手Eの過失は，履行補助者の過失として，信義則上，D社の過失とみなされる（履行補助者の過失法理）。

第2に，D社の不法行為責任を追及することが考えられる。この場合，D社の709条の責任も考える余地があるが→【*法人の過失*】*74頁*，より確実なのが，715条の責任である。この場合，運転手たるEについて，信号を見落として列車を運行させたという過失が認められ，D社は，715条によって責任を負うということが考えられる。

それでは，この2つの法律構成は，何らかの違いがあるのだろうか。従来の一般的な説明によれば，以下のような相違が認められる。

まず，履行補助者の過失は，「債務者の過失とみなされる」のであって，債務者自身の過失の有無は問題とならない。したがって，715条の場合と異なり，履行補助者の過失論では，使用者たる債務者が，自分自身の無過失を立証して免責を実現するという途は閉ざされている。

次に，履行補助者の過失を考える場合，被用者たる履行補助者の責任の有無は問題とされていない。そもそも，履行補助者については，契約当事者ではない以上，債務不履行責任が成立する余地はなく，成立するとすれば不法行為責任だけであるが，それは履行補助者の過失論における債務者の責任の前提とはされていないのである。

もっとも，このような区別にどの程度の合理性があるかについては，最近では議論が少なくない。特に，履行補助者の過失については，①債務不履行について過失が要件であるということ自体が自明の前提ではなくなっている（2017年の改正で，415条は，債務の本旨に従った履行をしないとき又は債務の履行が不能の場合に債務者の損害賠償責任を認め，「ただし，……債務者の責めに帰することができない事由によるものであるときは，この限りでない」と規定する。なお，過失責任が維持されているのかについて議論がある。この議論は，「過失責任」が何を意味するのかにも関わっている），②履行補助者の利用形態に応じて，債務者の過失という観点から説明することも十分に可能である，という両方向での流動性が見られる。したがって，上記のような履行補助者の過失と使用者責任の区別は，伝統的な説明における一応のものとして理解しておくべきであろう（なお，履行補助者の過失について詳しくは，債権総論の教科書の該当部分を確認してほしい）。

代理監督者の責任　　715条2項は，「使用者に代わって事業を監督する者」も，損害賠償責任を負うことを規定する。この場合の代理監督者とは，「客観的に見て，使用者に代り現実に事業を監督する地位にある者」とされる（最判昭和35年4月14日民集14巻5号863頁，最判昭和42年5月30日民集21巻4号961頁）。

3　使用者責任の効果

使用者責任の効果を考える場合の基本的枠組み　使用者責任が問題となる
場面においては，被用者（直接の加害者），被害者，そして，使用者の3人が登
場する。したがって，使用者責任の法律効果も，それに応じて考えていく必要
がある。3人が存在して，二当事者間の関係を考えるとすれば，3つの組合せ
が考えられる。すなわち，①被用者と被害者との関係，②使用者と被害者との
関係，③使用者と被用者との関係である。この中，①は，通常の加害者と被害
者との関係にほかならないから，使用者責任ではなく，709条によって解決さ
れる問題ということになる。他方，②③が，いわば使用者責任固有の問題とい
うことになる。

被害者に対する関係　715条の使用者責任の成立が認められる場合，使用
者は，直接，被害者に対して，損害賠償責任を負担する。使用者責任の最も基
本的な法律効果である。

　もっとも，被害者に対して損害賠償責任を負担するのは，使用者だけではな
い。すでに述べたように，通常の場合，被用者自身も，被害者に対して損害賠
償責任を負う。この両者の関係はどのようになるのであろうか。

　たとえば，被用者 Y_1 の不法行為によって，被害者 X に1000万円の損害が
生じたという場合，被用者 Y_1 と使用者 Y_2 とは，どのような賠償責任を負う
のであろうか。過失相殺を考慮しないと，この場合，Y_1 と Y_2 は，いずれも，
X に対して，1000万円の損害賠償責任を負うことになる。とは言っても，
1000万円の損害しか生じていない X が，合計2000万円の賠償を得ることが
できるわけではない。X は，Y_1 と Y_2 のいずれに対しても，上限1000万円の
請求をなすことができるが，いずれが支払ったにせよ，一定の金額が支払われ
れば，X が有する損害賠償請求権は，Y_1 と Y_2 のいずれに対する関係でも，
それだけ縮減する。たとえば，Y_2 が1000万円の賠償を X に対してすれば，
それによって，X は，もはや Y_1 に対して，賠償請求をすることができなくな
り，あとは，後述の求償関係が残るだけになる。以上のように，Y_1 と Y_2 は，
重畳的に，X に対して責任を負うことになるが，このような両者の債務は，
従来，「不真正連帯債務」と呼ばれてきた。すなわち，債権の目的を達成させ

第3節　使用者責任／**3**　使用者責任の効果　221

るようなこと（弁済や相殺）のみが，他方の債務者の債務を縮減させるという関係である。不真正連帯債務というのは，少々奇妙な言葉であるが，これについては，第Ⅳ部（459頁以下）で説明することにしよう→【*不真正連帯債務*】*463頁*。

使用者と被用者との間の関係（内部関係，求償関係）　使用者が，被害者からの請求に応じて，損害賠償を支払った場合，使用者から被用者に対して，求償をなすことができるかが問題となる。この点について，715条3項は，「前二項の規定は，使用者又は監督者から被用者に対する求償権の行使を妨げない」として，このような求償権行使の可能性を認める。

　もっとも，厳密にいえば，同項の規定は，求償権の行使を妨げないとしているだけであり，求償権そのものがあるということを基礎づける規定ではない（545条4項〔2017年改正前の3項〕は「解除権の行使は，損害賠償の請求を妨げない」と規定するが，この規定によって損害賠償請求権が基礎づけられるわけではない）。その意味で，使用者から被用者への求償がなぜ可能なのかという説明が必要となる。これについては，いくつかの説明の方法が考えられる。

　たとえば，このような使用者責任を生ぜしめるような行為をなしたということが，使用者と被用者との間の関係における何らかの法律関係（使用者責任は，厳密に雇用契約を前提としているわけではないので，この関係は必ずしも雇用契約に限定されるわけではない）における義務違反（債務不履行）であり，使用者から被用者に対する求償権は，この損害賠償にほかならないという説明である。あるいは，使用者の責任はあくまで被用者の責任を保証人的地位からカバーする代位責任であり，使用者から被用者への求償は，こうした保証人から主たる債務者に対する求償であるという説明もあり得る（この2つは，必ずしも排他的ではない）。一方，使用者責任を使用者自身の固有の責任としての性格を有するものであるということを強調する立場からは，この求償権は，むしろ，共同不法行為者間の求償と同じ性質のものであると説明することになる→【*共同不法行為の効果*】*482頁*。

　求償権の制限　使用者責任の代位責任としての性格が，保証と同一のものだとすれば，本人（被用者）に代わって，損害賠償義務を履行した保証人（使用者）が，その履行をなした部分について求償ができるのは当然だということ

になる。しかし，判例は，このような全面的な求償権の行使は認めておらず，使用者からの被用者に対する求償が制限されることを認めている。

このような求償権の制限については，2つの視点からの説明が可能である。

まず，全面的な求償権が実体法上は存在するということを前提としつつ，その権利行使を制限するという説明の仕方がある。すなわち，最終的な損害分担割合は，使用者：被用者＝0：100であるとしても，使用者は，その100の求償権を全面的に行使することは適当ではないという観点からの求償制限である。

他方，もうひとつは，実体法上の求償権自体が部分的にしか存在しないという説明の仕方である。この場合，最終的な損害分担割合は，たとえば，使用者：被用者＝40：60なのであり，被用者が負担すべき6割を超えて，使用者が求償をする権利は，そもそも存在しないということになる。

> **事例研究** 最判昭和51年7月8日民集30巻7号689頁→ 百選II（8版）[95]・中原太郎
> 　X社は，運転者として雇われていたYが起こした事故について，①X社の車両に生じた損害の賠償と②相手方の車の修理費等を支払ったことによる求償をYら（Yの身元引受人等）に請求した。第1審・控訴審は，請求額の4分の1のみを認め，それ以上の請求は，信義則に反し，権利の濫用であるとした。
> 　最高裁は，「使用者は，その事業の性格，規模，施設の状況，被用者の業務の内容，労働条件，勤務態度，加害行為の態様，加害行為の予防若しくは損失の分散についての使用者の配慮の程度その他諸般の事情に照らし，損害の公平な分担という見地から信義則上相当と認められる限度において，被用者に対し右損害の賠償又は求償の請求をすることができる」と判示した。

この昭和51年判決においては，本文で述べた求償権の制限の2つの説明の両方の契機を見出すことができる。

すなわち，一方で，この求償権の制限を信義則から説明している（「信義則上相当と認められる限度において」）。多くの場合，このような信義則を用いた権利行使の制限は，実体法上の権利自体は存在するが，それを行使のレベルで制限するというものである。

他方，同時に，まさしく最終的な損害分担割合に焦点を当てていると思われる説明も同時になしている（「損害の公平な分担という見地から」）。損害の公平な分担といった言葉は，過失相殺において最も典型的に使われるが，そこでは，権利行使が制限されるのではなく，実体法上の賠償請求権が一定範囲に限定されると考えられている。したがって，この部分のみを強調すれば，実体法上，

最終的な損害分担割合から説明しているとも理解できるのである。

　このように，本判決は，この両方のアプローチの契機を含むものであるといえる。もっとも，こうした説明の違いは，使用者から被用者への求償という問題に限るならば，単に説明の仕方の違いであり，実質的な結論の相違をもたらすものではない。この説明の違いが，実質的な結論の違いをもたらすのが，次に取り上げる逆求償の問題である。

　逆求償　　使用者と被用者の両方が損害賠償債務を負担するという場合，実際に，賠償を履行するのは使用者であるということが少なくないだろう。この場合，上記のとおり，使用者から被用者への求償の問題が生じる。しかし，論理的には，被用者が自ら賠償するという場合もあり得る（お金持ちの使用者とそうではない被用者という通常のイメージだと考えにくいかもしれないが，使用者・被用者関係は，雇用の場面に限られるわけではない。また，被用者が個人賠償責任保険に入っていた場合を考えると，それほど突飛な問題ではない）。この場合，損害を賠償した被用者は，その全部または一部について，使用者に対して負担を求める（求償する）ことができるのだろうか。これが「逆求償」と呼ばれる問題である。

　この点について，判例の立場は，まだ明らかになっていないが，求償権の制限に関する説明に対応して，一応，以下のように考えることができるだろう。

　まず，求償権の制限が，単なる権利行使のレベルのものにすぎない，つまり，実体法上の負担部分は，あくまで，使用者：被用者＝0：100であると考える場合，被用者が使用者に対して求償すべき根拠は存在しない。

　他方，求償権の制限は，単なる権利行使の制約ではなく，実体法上のレベルでの損害分担に対応するという考え方をとる場合，そこでは，たとえば使用者：被用者＝50：50といった負担部分が前提となっているわけであるから，被用者が，その負担部分を超える賠償を履行した場合（負担部分と求償の関係→【不真正連帯債務】463頁），使用者に対して求償をなすということは可能だと考えることになる。

　本書の考え方　　上記の問題については，基本的に，使用者責任の性格をどのように考えるのかということが基本となる。すでに繰り返し言及してきているように，使用者責任の基本的な性格のひとつに，報償責任という考え方があ

る。これは，利益の帰属とリスクの帰属を整合的に位置づけるという考え方である。被用者に対して報酬が与えられるとしても，それはあくまで労働の対価であり，利益の分配としての性格を当然には伴わないとすれば，利益の帰属は依然として使用者にある。その場合に，事後的であったとしても，リスクのみ被用者に転嫁できるとする根拠はない。この意味の帰責原理は，単なる代位責任以上の固有の責任を基礎づけるものである。使用者責任についてのこのような見方は，求償制限を単なる権利行使のレベルでの制約と位置づけるのではなく，実体法上も，使用者に負担部分が存在するという方向に働く。

　一方，被用者の方から問題をとらえてみるとどうなるだろうか。被用者は，なるほど直接の加害者であり，709条の責任を負うというのが一般的であろう。本人の過失に基づく責任である以上，そうした者が最終的な負担者であるということは，それなりに合理性があるように見える。しかしながら，被用者は，何も自由な本人の意思決定に基づく行為の中で，そうした不法行為を行ったわけではない。列車や自動車の運行というのは，それ自体として高度の危険を定型的に伴うものであるが，この場合，被用者は，休日にドライブをするといったものと同様のレベルで，自らの選択に基づいて行為を行っているわけではない。そうではなく，被用者は，使用者の指示にしたがって，そうした危険な活動に従事しているのである。このような被用者について，過失があるということのみをもって，責任の最終的な主体として適当であるという説明は十分ではないだろう。

　このような2つの観点からは，使用者責任は単純に保証と同様の代位責任ととらえるべきではなく，使用者にも，固有の負担部分があると理解するのが適当だということになる。ただし，逆求償までを認めるかについては，被用者の従事していた職務がどの程度の危険を伴うものであるのか，被用者が危険な活動に従事するに際しての拘束性はどの程度のものであったのかといったことを考慮する必要がある。

> **コラム**　**失火責任法の適用と監督義務者責任，使用者責任**
> 　他人の不法行為に基づく監督義務者責任や使用者責任が，失火という場面でどのように扱われるのかは，難しい問題である。直接の加害者 Y_1 がいて，その行為によって失火した。Y_1 に対して監督義務者や使用者の立場にある Y_2 は，

第3節　使用者責任／3　使用者責任の効果　　225

714 条，715 条によって責任を負う。そこまでは，いままでの説明からわかる。

　しかし，失火責任法は，失火の場合の 709 条の要件を，重過失に変更している。そうだとすると，この重過失は誰について必要なのだろうか。論理的な可能性としては，以下のようなものが考えられる。

① Y_1 と Y_2 の両方について重過失が必要である（両方に失火責任法の適用がある）。
② Y_1 についてのみ重過失が必要であり（失火責任法の重過失は Y_1 についてのみ必要とされる），Y_2 については軽過失でも足りる（Y_2 が免責を得るためには，自らの軽過失がなかったことを立証しなければならない）。
③ Y_2 についてのみ重過失が必要であり（失火責任法の重過失は Y_2 についてのみ必要とされる。Y_2 は，自らの故意または重過失がなかったということさえ立証できれば，免責される），Y_1 については軽過失で足りる。

　判例は，使用者責任については，上記②をとり，被用者の行為について重過失の有無を判断するという立場を示している（最判昭和 42 年 6 月 30 日民集 21 巻 6 号 1526 頁）。

　他方，未成年者の不法行為による失火と監督義務者責任との関係では，「民法 714 条 1 項……の趣旨は，責任を弁識する能力のない未成年者の行為については過失に相当するものの有無を考慮することができず，そのため不法行為の責任を負う者がなければ被害者の救済に欠けるところから，その監督義務者に損害の賠償を義務づけるとともに，監督義務者に過失がなかったときはその責任を免れさせることとしたものである。ところで，失火ノ責任ニ関スル法律は，失火による損害賠償責任を失火者に重大な過失がある場合に限定しているのであって，この両者の趣旨を併せ考えれば，責任を弁識する能力のない未成年者の行為により火災が発生した場合においては，民法 714 条 1 項に基づき，未成年者の監督義務者が右火災による損害を賠償すべき義務を負うが，右監督義務者に未成年者の監督について重大な過失がなかったときは，これを免れるものと解するのが相当」であるとし，③の立場をとることを示している（最判平成 7 年 1 月 24 日民集 49 巻 1 号 25 頁→ *重判 H. 7 [民 9]・浦川道太郎，リマークス 12 [16]・織田博子*）。

　類似した状況において，重過失の判断対象が異なるという点で，両者の整合性が問題となるだろう。これについては，使用者責任については，不法行為責任の主体は Y_1 であり，使用者は，Y_1 が負う責任について代位責任を負担するにすぎず，固有の帰責が問題となるわけではない。他方，監督義務者の責任は，Y_1 が責任主体となり得ない（最も伝統的な理解を前提とすれば，Y_1 については，そもそも過失も重過失も論ずる余地はない。本判決もそのような説明を前提とする）ことを前提とする Y_2 固有の責任であるという説明が考えられる。

しかしながら，使用者責任が単純な代位責任ではないのではないかといういままで述べてきたこと，さらに，過失の概念の変化に照らせば責任無能力者のY₁についても重過失（重大な義務違反という客観的態様の有無）を論ずることは不可能ではない→*【責任能力に関する規定の意味】177頁*，ということに照らすと，このような説明で十分であるかについては，なお検討の余地が残されていると言うべきであろう。

4 使用者責任と共同不法行為責任

715条と719条　被用者が行った不法行為について，715条と719条→*【共同不法行為】471頁*の両方の適用が考えられる場合は，まれではない。この場合，いずれの法律構成によっても，その法律要件が認められれば，使用者に対する損害全額の賠償請求が認められることになるが（過失相殺を除く），それ以外に，この2つの法律構成にはどのような違いがあるのかについて，すでにいままで述べた点も含めて確認しておこう。

①　使用者自身の過失の立証責任

715条は，すでに説明したとおり，中間責任であり，条文上は，使用者は，「使用者が被用者の選任及びその事業の監督について相当の注意をしたとき，又は相当の注意をしても損害が生ずべきであったとき」には免責が認められる。

他方，719条については，現在の判例通説にしたがえば，共同不法行為者は，それぞれが709条の要件を満たすことを要求されており，709条の過失の立証責任は，原則として被害者側で負担する。

したがって，過失を積極的に立証することができない場合，715条であれば責任を肯定する可能性があるのに対して，719条では過失を立証できなかった者については責任が否定されることになる→*【前提となる事業】209頁*。

②　使用者と被用者の求償関係

使用者から被用者に求償するという場合，すでに説明したとおり，715条を代位責任と理解するのであれば，最も単純な考え方としては支払った賠償額の全額が求償できることになる。それが，権利行使のレベルにおいて，信義則等

によって制限されるにすぎない。

　他方，共同不法行為においては，各共同不法行為者は，その過失割合に応じ
た負担部分を有するというのが，現在の一般的な考え方である。したがって，
その負担部分を前提とする求償関係を考えることができることになる。

　もちろん，使用者責任をむしろ固有責任であると考え，715条においても，
使用者と被用者に固有の負担部分を考えるのであれば，715条と構成するか，
719条と構成するかは決定的な違いをもたらさないことになる。

5　注文者の責任と使用者責任

　民法716条　　716条は，注文者の責任について，「注文者は，請負人がそ
の仕事について第三者に加えた損害を賠償する責任を負わない。ただし，注文
又は指図についてその注文者に過失があったときは，この限りでない」と規定
する。

　この場合，注文者は，注文者であるというだけでは，原則として責任を負わ
ないのであり，ただし書によって例外的に責任が認められることになる（注文
者の注文・指図の過失を認めたものとして，最判昭和43年12月24日民集22巻13号
3413頁）。これだけであれば，結局，注文者については，709条の責任が成立
するというのと変わらないことになる。

　このような規定が設けられたのは，715条の使用者責任が請負にも及ぶこと
によって，注文者に過大な責任が生じることを回避しようとしたからである。
その点で，716条は，714条，715条，717条などとは異なり，注文者の責任を
基礎づけるものではない。

　民法716条と715条の関係　　もっとも，それでは，請負契約があった場合
には，注文者は過失責任しか負わないのだろうか。このように単純に結論を下
すことは適当ではない。

　715条自体，別に，使用者と被用者の雇用関係を前提としているわけではな
い。したがって，715条と716条の関係も，雇用契約と請負契約というように，
当事者間の契約の性質決定から機械的に決まるわけではない。715条の使用者
と被用者との実質的な関係を基礎づける指揮監督関係が認められるのであれば，

当事者間の契約がかりに請負という形式であったとしても，716条によって使用者責任が排除されると考えるべきではない。判例の中には，下請人の被用者（工事現場責任者）の過失によって作業員が死亡したというケースについて，元請会社の使用者責任の成立を認めるものがある（最判昭和45年2月12日判時591号61頁等）。

　結局，716条が適用されるのは，715条の使用関係が認められない場合に限定されるのであり，その点からすれば，716条の意義は乏しいものと言わざるを得ないだろう。

第4節　代表者の行為についての法人の責任

（一般法人法78条・会社法350条等）

　一般法人法78条・会社法350条等　　一般社団法人及び一般財団法人に関する法律（一般法人法）78条は，「一般社団法人は，代表理事その他の代表者がその職務を行うについて第三者に加えた損害を賠償する責任を負う」と規定する。同様に，会社法350条は，「株式会社は，代表取締役その他の代表者がその職務を行うについて第三者に加えた損害を賠償する責任を負う」との規定を置く（ほかに，持分会社に関する会社法600条，外国会社に関する同法817条4項）。

　こうした規定によって，これらの法人は，その代表者の行為について，第三者に対する損害賠償責任を負担することになる。

　一般法人法78条と民法44条（改正前）との関係　　一般法人法78条は，改正によって削除される前の民法44条1項が「法人は，理事その他の代理人がその職務を行うについて他人に加えた損害を賠償する責任を負う」と規定していたのを，文言上も，ほぼそのまま引き継ぐものである。

　もっとも，旧44条においては，同条を法人の不法行為能力についての規定であるとする見解が有力に主張されており，現代語化に際しての表題も，「法人の不法行為能力等」という表題が付されて，そうした見解を受ける形になっていた。旧43条（現在の34条）が権利能力について定めた規定であるという見方を受けてのものであったが，かなり奇妙なものであり（誰も，715条をもって，「使用者の不法行為能力」の規定だとは理解していない），その実質的意味も，必

要性も疑わしい位置づけであった。その点で，一般法人法78条の見出しが，「代表者の行為についての損害賠償責任」となったのは，妥当である。

以上のとおり，一般法人法78条は，その内容において，旧44条を引き継ぐものであり，その解釈においても，旧44条についての判例等が，基本的に妥当するものと考えられる。

職務を行うについて　「職務を行うについて」の解釈については，すでに使用者責任について説明したところが妥当する。旧44条に関する判例は，外形標準説（外形理論）を前提として，①外形上職務に属する行為，②職務行為と適当な牽連関係に立つ行為，または，少なくとも外形上職務執行と適当な牽連関係に立つと見られる行為について，法人が責任を負うことを認める。

こうした外形標準説は，表見法理（信頼保護）から説明される性格のものであり，したがって，相手方が，その職務権限の範囲に属さないことを知り，または，知らなかったことにつき重過失がある場合には，相手方を保護する必要はなく，責任は認められないことになる。

一般法人法78条と民法715条の関係　法人の不法行為責任としては，さらに，民法715条に基づく使用者責任→*【使用者責任】203頁*が考えられる。これらの相互の関係について，簡単に確認しておこう。

まず，法人の被用者の加害行為があった場合について，かつての判例は，理事による被用者の選任監督の過失を問題として，旧44条1項で処理していた。しかし，その後の判例は，①被用者の不法行為について，法人は715条により，直接（理事の過失を問題とすることなしに）責任を負う，②理事は，場合によっては，715条2項の監督者として責任を負うことを認めている。

もっとも，こうした説明が可能であるということは，以前のような旧44条（一般法人法78条）を手がかりとする説明を必ずしも排除するものではない。いずれにしても，旧44条1項と715条は，基本的に同質の責任規定だったと理解すべきであり，両者の関係について，あまり神経質になる必要はない。一般法人法78条についても，同様と考えられる。

法人の役員等の個人責任　法人の理事その他の役員が，第三者に対してど

のような責任を負担するのかについて，旧44条2項は，「法人の目的の範囲を超える行為によって他人に損害を加えたときは，その行為に係る事項の決議に賛成した社員及び理事並びにその決議を履行した理事その他の代理人は，連帯してその損害を賠償する責任を負う」との規定を置いていた。しかし，この規定は，一般法人法の中には引き継がれなかった。したがって，それぞれの役員がどのような個人責任を負担するのかは，民法709条や719条によって規律されることになる。

なお，一般法人法117条1項は，「役員等がその職務を行うについて悪意又は重大な過失があったときは，当該役員等は，これによって第三者に生じた損害を賠償する責任を負う」と規定する。これは，会社法429条1項とまったく同一の規定であり，職務について悪意または重過失が認められる場合には，第三者に対する直接の故意または過失がなくても，損害賠償責任を認めたものである。したがって，役員等に，第三者の損害について直接の過失が認定できる場合に，その責任を排除するものではなく，むしろその個人責任の範囲を拡張するものと理解される。

第5節　公務員の不法行為についての公共団体の責任

（国賠法1条）

1　国賠法1条に基づく責任の意義

国賠法1条の成立の背景　国家賠償法（国賠法）は，戦後成立した法律である。この法律が成立した背景には，そもそも公務員の行為等について，国家やその他の公共団体は責任を負うのかという問題があった。

これについては，歴史的，比較法的に見ると，2つの異なる方向での考え方がある。

一方で，国や公共団体についても，他の使用者と区別することなく，責任を負担するという考え方がある（この場合には，715条があれば，それで足りる）。

他方，公的な活動について，国家等は責任を負わないという考え方（国家無答責の法理）も存在する。この後者のような考え方を前提とすると，公務員が

行った行為についてかりに715条の要件を満たす場合であったとしても，国や
その他の公共団体の責任を肯定するためには，特別の規定が必要となる。

国賠法1条の概要　　国賠法1条は，「国又は公共団体の公権力の行使に当
る公務員が，その職務を行うについて，故意又は過失によって違法に他人に損
害を加えたときは，国又は公共団体が，これを賠償する責に任ずる」と規定す
る。このように，国賠法1条では，公務員の不法行為の要件として故意または
過失と違法性を要求している。これは，国賠法が制定された当時の不法行為法
の通説が，違法性と過失を峻別していたことによる→ **コラム** *違法性論と国家賠償法1条*
92頁。

2　国賠法1条の責任の要件

公権力の行使　　715条の使用者責任では，「その事業の執行について」と
いう要件が設けられていたが，国賠法1条でも，「その職務を行うについて」
という要件を設けており，この点では同じである。ただし，公務員の行うあら
ゆる職務行為についての不法行為が国賠法の対象となるわけではない。同条は，
「公権力の行使に当る公務員」として，715条にはなかった公権力の行使とい
う要件を設けているからである。「公権力の行使」をどのように理解するかは，
本条を理解するうえで最も重要な部分である。これについては，①公権力作用
のみをさす，②私経済作用（715条で処理）と国賠法2条を除くすべての作用，
③私経済作用を含むすべての作用といった各説があるが，判例通説は，②であ
るとされている。したがって，日常用語としての「公権力の行使」のニュアン
スよりは広く，公証事務や（公立学校での）教育なども，公権力の行使に含ま
れることになる。

公務員　　ここでの「公務員」は，国家公務員法や地方公務員法による公務
員に限定されず，公務を委任されてこれに従事する一切の者を含むとされる。
実質的な「公務員」関係による判断と言えよう→ **【使用関係】** *208頁*。

232　　第Ⅱ部　不法行為の成立要件／第2章　他人の不法行為に基づく責任

3 国賠法 1 条の効果

求償の制限　その他，国賠法 1 条 2 項では，公務員に故意または重過失がある場合にのみ，国または公共団体からの求償を認めている。

この点は，一般の使用者責任とは異なる。すなわち，715 条 3 項は，直接の加害者に対する求償が妨げられないということのみを規定しており，軽過失しかない場合にも特に求償が制限されるわけではない。学説においては，国賠法 1 条とバランスをとる形で，715 条の使用者責任における被用者に対する求償権も故意または重過失の場合に限定すべきであるという見解も主張されているが，判例は，軽過失の場合でも求償権があるということを前提としつつ，信義則や権利濫用を通じて，使用者から被用者に対する求償を制限することを試みている→【*求償権の制限*】*222 頁*。

これに対して，国賠法の適用がある場面においては，使用者たる国または公共団体から被用者たる公務員に対する求償は，実定法上も，故意または重過失がある場合に限定されることになる。

国賠法 1 条の適用がある場合の公務員の個人責任　国賠法 1 条は，公務員による不法行為がある場合についての国または公共団体の責任を規律するだけであり，公務員の個人責任については直接言及していない。したがって，不法行為の直接の加害者となった公務員は，709 条によって責任を負うということが，最もわかりやすい構成である。しかし，判例は，そのようには扱っていない。すなわち，国賠法 1 条が適用される場面においては，故意または重過失の場合をも含めて，公務員個人に対する賠償請求は認められないとされているのである。

①　公務員の個人責任に関する判例の立場

具体的なケースを取り上げてみよう（東京地判平成元年 4 月 24 日判タ 707 号 231 頁）。高校の教員 Y_1 が，X の書いた学級日誌に対して，X を揶揄するような内容の論評を書いたので，X がそれに抗議したところ，Y_1 が X の顔面を殴打して，X が負傷したというものである。X は，Y_1 ならびに Y_1 の使用者たる Y_2（地方公共団体）に対して，損害賠償請求訴訟を提起した。

この事件で，判決は，「Y₁がXを殴打した行為が暴行に当たることは明らかである」とする。さらに，それが「Xの強情さにとっさに怒りを覚えて本件殴打行為に及んだものと推認するのが自然である」ともしている。さて，損害賠償請求訴訟はどうなったであろうか。この件で，裁判所は，Y₂の賠償責任を認める一方，Y₁の賠償責任は否定している。その理由として，「公権力の行使にあたる公務員の職務行為に基づく損害については，国または公共団体が賠償の責めに任じ，職務の執行にあたった当該公務員は個人として被害者に対しその責任を負担するものではないと解するのが相当である」とする。

なお，嚆矢となったのは，最判昭和30年4月19日民集9巻5号534頁であるが，そこでは，国賠法に基づく賠償請求の事案では，「国または公共団体が賠償の責に任ずるのであって，公務員が行政機関としての地位において賠償の責任を負うものではなく，また公務員個人もその責任を負うものではない」と説明されるだけであり，なぜ公務員が個人責任を負わないかの実質的理由は述べられていない。

もっとも，昭和30年判決自体は，故意又は重過失の場合まで公務員個人の賠償責任が否定されるかについては議論の余地を残していた。そのため，当初は，当該事案の事情に応じて，公務員の個人責任を認める下級審判決もあった（職務執行をよそおってなされた巡査による強盗殺人についての大阪高判昭和37年5月17日判時308号22頁，特別公務員暴行陵虐罪に該当する行為についての東京地判昭和46年10月11日判時644号22頁）。

しかし，その後，最判昭和52年10月25日判タ355号260頁は，「故意又は過失によって違法に他人に損害を与えた場合」であっても，公務員個人は責任を負わないことを判示し，さらに，最判平成19年1月25日民集61巻1号1頁→ *行政百選Ⅱ（6版）[232]・中原太郎，重判H. 19 [行政10] [豊島明子]* は，国又は公共団体以外の者の被用者が第三者に損害を加えた場合についても，当該被用者の行為が国又は公共団体の公権力の行使に当たるとして国又は公共団体が被害者に対して同項に基づく損害賠償責任を負う場合に，その被用者の使用者は，715条に基づく損害賠償責任を負わないとし，国賠法が適用される場面では，民法に基づく損害賠償を一切認めないという方向に進んでいることになる。

なお，この問題を扱った最高裁判決，下級審判決は多数にのぼるが，そこで

は，公務員の賠償責任が否定される根拠としては，前掲最判昭和30年4月19日を援用するだけである。

② 判例の立場に対する疑問——解釈論上の根拠と実質的妥当性
しかし，こうした判例の扱いについては，疑問が残る。

第1に，こうした個人責任を否定する根拠のひとつは，国または公共団体の責任を認めれば，損害の塡補は確実になされるのであり，被害者の救済には十分だという説明である。

なるほど，一見それらしい説明であるが，この説明に対しては，やはりいくつかの疑問点を挙げざるを得ない。まず，①損害賠償の機能を損害塡補機能に尽きるものとするのは，あまりにも狭いとらえ方ではないかという点である。なるほど，従来の伝統的見解は，損害賠償の制裁的機能は反射的なものにすぎないとしている。しかし，ここで判例が導いている結論は，709条によれば認められるはずの加害者たる公務員に対する損害賠償請求権を奪うものである。そこで損害塡補が十分に実現されるからという説明をするのは，損害賠償には損害塡補機能しかなく，反射的にも制裁的機能を実現する必要はないとするのに等しい。不法行為責任には，少なくとも，反射的機能としては制裁としての機能が存在する。さらに，まさしく悪質な加害者の責任を追及することによって，被害者の感情が慰撫されるといった機能も無視できないはずである（刑事学における修復的司法の考え方）。さらに，②損害塡補という観点から考えるならば，「公権力の行使」といった要件は関係がないはずである。医師の場合には，勤務先が国公立病院であったとしても，公権力の行使ではなく国賠法の適用がないために，個人責任を追及される。しかし，この場合にも，使用者責任の主体が公共団体ならば，同様に弁済能力については問題がないはずである。こうした場合には，資力が十分だということを重視せず，国賠法1条に関する場面でのみ弁済の資力を持ち出すのは一貫しない。

第2に，国・公共団体には，十分な資力があるから，その被用者に対する責任の追及は認めない（不要だとしているのではない。認めないとしているのである）というのが，かりに，一定の説得力ある説明だとしても，それは，いったい，何を手がかりにして，つまりどの法律や条文によって導いた結論なのだろうか。
諸君の信頼できる相談相手が，「国や公共団体から払って貰えるのだし，わ

ざわざ公務員個人を相手にすることなど，面倒だからやめておけ」と助言しているのではない。加害者たる個人に709条の要件が備わっていたとしても，裁判所が，そうした請求を認めないというのである。これは，いわば709条の大幅な制限である。これを法的に正当化するようなことは可能なのだろうか。従来の議論においては，この問題は，国賠法の問題として位置づけられてきたと思われるが，国賠法そのものは，すでに見たとおり，加害者たる公務員が被害者に対して負う責任についてはまったく言及していない。国賠法が，公務員の責任について間接的にも言及しているのは，求償についてだけである。それも，直接の加害者に対する求償をまったく認めないというものではなく，「公務員に故意又は重大な過失があったときは，国又は公共団体は，その公務員に対して求償権を有する」（国賠法1条2項）というように，求償権を限定するものにすぎない。したがって，かりに国賠法1条2項との整合性を考えるとしても（公務員の行為は，権力の行使として，場合によっては実力の行使も求められる。そこで通常と同様に個人責任を認めると，公務員にとってあまりに酷となり，場合によっては公権力の行使が適切になされないといった状況をもたらす可能性があるといったように），709条の責任を，故意または重過失の場合に限定することで足りるはずである。

　この問題を709条の問題としてとらえた場合，現在の判例には，強く疑問を感じざるを得ないだろう。

　もっとも，公務員の個人責任を限定することには，実質的な理由も考えられないわけではない。公権力を行使する公務員としてすぐに頭に浮かぶのは，警察官，消防隊員，自衛官などであろう。これらの公務員の公権力の行使としての職務執行に際しては，外形だけで判断すれば，不法行為と紙一重のような形でなされるようなことが少なくないだろう（犯人を逮捕する場合の実力の行使等）。このような公務員に関して，709条によって個人責任を認めることは，なるほど職務執行における萎縮効果といったものをもたらし，社会にとって望ましくない状況をもたらす可能性がある。

　こうした点も考慮するのであれば，以下のような方向を模索することはできないだろうか。

　第1に，求償のレベルにおいては，こうした本来の公権力の行使に当たる公

務員についても，故意または重過失が認められる場合には，求償の負担を免れることはできない。そうである以上，被害者に対する関係でも，公務員に故意または重過失がある場合には，その賠償責任の否定を正当化することはできないし，また，賠償責任を否定する必要もないと考えられる。

　第2に，上記のような萎縮効果が深刻な問題とならない公務員の場合には，端的に709条を認めるという方向である。たとえば，教師個人の不法行為責任を，公立学校の教師と私立学校の教師で区別する実質的根拠は見出しがたく，条文上の明確な手がかりがないにもかかわらず，公立学校の教師の個人責任を免除しなくてはならないといったことは必要ではないだろう。そこでは，むしろ損害賠償責任による不当な行為の抑止が求められるのである。

　上記の2つを同時に承認することは解釈論上，難しい部分があるとしても，少なくとも，第1の方向で考えていくということは，特に，現行法上も理論的障害はないように思われる。

> **コラム** *白い巨塔と国賠法1条*
>
> 　1960年代にドラマ化され，高視聴率を誇った「白い巨塔」が，2003年にリメイクされて，やはり高い視聴率を得た。原作は，山崎豊子の小説である。もちろん，読者の誰もが知っているわけではないだろうから，ちょっとだけ説明する。舞台は国立浪速大学医学部，主人公は，同学部の第1外科の売れっ子助教授財前五郎である。この財前五郎が，激しい教授戦を勝ち抜き，教授になるのであるが，その時期，患者の癌を見落とす。その患者の遺族が財前を訴え，その訴訟をめぐるやりとりが後半の中心的なテーマを構成する。私などは，退職前に，一度でいいから，「くぼた教授の総回診〜」などとやってみたいなぁ，無理だよなぁ，回診なんてないもんなぁ，授業だってぜんぶ自分で荷物を抱えて行くぐらいだもんなぁ，この間なんか創立記念日だって知らずに山ほど資料を抱えていったら誰もいなくて辛かったよなぁ……などとしみじみ考えながら（ぶつぶつ言いながら）見ていたのであるが，この「白い巨塔」，国賠法という観点から考えてみると面白い。
>
> 　まず，国立浪速大学と，強調したのは，これが国立大学で（国立大学法人法以前の国立大学で），財前（助）教授は，公務員であったということである。つまり，形式的には，国賠法1条が適用される可能性があるということである。
>
> 　もし，国賠法1条が適用され，且つ，（本文ではその立場を批判したが）判例を前提に，こうした場面では，公務員の個人責任は認められないというのであれば，実は，「白い巨塔」のドラマは成り立たなくなってしまう。財前教授を被告として訴えることは形式的には可能であるが，その訴えは，結局，国賠

法1条が適用される事案においては，公務員の個人責任は認められないという，実につまらない理由のみで棄却されることになるからである。

一方，国賠法1条が適用されない事案であれば，財前教授の個人責任も追及可能であるし，使用者である国に対しては，715条の責任が追及されることになる。この分岐点となるのが，「公権力の行使」という要件である。この概念については，かなり開きがあることをすでに述べた。現在の判例によると，「教育」は公権力の行使に含まれ，「医療」は含まれないということになっている。したがって，医療過誤が問題となった白い巨塔では，結局，国賠法1条の問題にはならず，709条，715条によって解決されるということになるのである。

ちなみに，本書の初版の コラム を読んだ当時の学生諸君が，「クボタ教授を囲む会」をしましょうと言って，一席を設けてくれた。嬉しくて，泣きそうになった。その後はない。

第3章　物の危険の実現に基づく責任

――民法717条・718条・国賠法2条・自賠法3条・製造物責任法3条――

第1節　基本的な考え方と責任の枠組み

物についての責任　　不法行為責任の3番目のタイプを形成するのが，物の危険の実現に基づく責任である。われわれの社会には，さまざまな種類の危険な物が存在している。自動車や動物が危険な物であるということは容易に理解できるし，通常は特別危険ではないとしてもいざ事故が発生した場合に重大な損害が発生するタイプのものとして建物やため池といったものがある。

　もちろん，こうした物が原因となって発生する損害についても，その物の管理をなす者の過失責任を考えることは可能である。以下に挙げる **設例Ⅱ-31** においても，外壁が崩れそうになっていることが容易にわかり，Y自身も，それを知っていたのに，面倒くさいと放置していたという場合には，やはり過失責任を認めることができるだろう。しかし，Yがこのビルを所有するものの，実際にビルを管理していたのは占有者Aであるという場合，あるいは，外壁が弱っていたということが外部からは容易に知り得ないという場合には，どうだろうか。これらの場合に，Yの過失責任を認めることはそれほど容易ではない。

　ローマ法以来，いずれの国においても，こうした一定の危険な物から生じる損害については特別の規律を用意し，被害者の救済を容易にしている。わが国の民法典においても，工作物（717条），動物（718条）に関する規定が置かれている。

　取り上げる対象　　物についての責任を規定する法律は，特別法までを視野に入れるとかなりの数にのぼるが，ここでは，民法が規定している工作物責任と動物保有者の責任とともに，国賠法2条，自賠法3条，製造物責任法3条を

239

取り上げることにしよう。

　特別法として取り上げるこの3つは，物についての責任といっても，相互にかなり性格の異なるものである。そうした点も横目でにらみつつ，特に，709条によって責任を追及する場合とどのような違いがあるのかを意識して検討を進めていくことにしよう。

第2節　工作物責任 (717条)

工作物の事故の類型（攻撃型と守備ミス型）　　物の危険についての責任として最も典型的なものが，工作物責任と呼ばれる717条に基づく責任である。

　さて，こうした工作物責任の性格を論じる前に，工作物責任が問題となる場面（事故）として，どのようなものがあるかを見ておこう。

> **設例Ⅱ-31**　　Xが歩道を歩いていたところ，Y所有のビルの外壁が崩れて落下してきて，その破片がXに当たり，Xは負傷した。
> **設例Ⅱ-32**　　Xは，ため池で釣りをしたりして遊んでいたところ，足をすべらせてため池に転落し，溺死した。

　上記の2つの設例は，物が有する危険性が実現して事故が生じたといえるが，その性格はかなり違うように思われる。理念型としては，「攻撃型」と「守備ミス型」という2つのタイプに分けることができそうである。

　攻撃型というのは，いわば工作物が何もしない被害者に対して攻撃をしかけるタイプで，**設例Ⅱ-31** のようなケースが考えられる。

　他方，守備ミス型というのは，工作物自体は，そのままでは積極的に危険をもたらすものではないが，被害者の関与を通じて危険が実現するタイプのものである。たとえば，ため池や用水路はそのままでは特別危険ではないが，子供がそこに近づき，転落したような場合に，その危険性が発現することになる。したがって，**設例Ⅱ-32** は，守備ミス型のケースということになる。ここでは，物の属性上，この種の危険性を完全に失わせることはできないが，被害者の関与や接近を防止するという形で，危険の発現が阻止されることになる。逆にいえば，そうした防止措置が十分ではなかったために危険が実現したという意味で，守備ミス型と呼ぶことにする。

240　　第Ⅱ部　不法行為の成立要件／第3章　物の危険の実現に基づく責任

もちろん，両者の区別がそれほど明確ではない場合は存在する。たとえば，広大な敷地の中に朽ちて危険な家屋が建っていたという場合，その家屋が崩れたとしても（これ自体は攻撃型の性格を有する），歩行者などに被害が生じるわけではない。むしろ，ここでは，その家屋に近づかない，敷地に立ち入らせないという点が不完全だった守備ミス型の性格を見出すことができる。しかし，1つのケースが，攻撃型と守備ミス型のいずれに位置づけられるのかということ自体は，それほど重要ではない。ここで，事故の2つのタイプを取り上げたのは，これが工作物責任の要件を考えていくうえで有効な手がかりになると考えたからである。

　それでは，工作物責任の要件を見ていくことにしよう。

　工作物の意味　　工作物が何かということについて，判決では，「土地に接著して築造せる設備」（大判大正元年12月6日民録18輯1022頁），「土地に接着して人工的作業を為したるによりて成立せる物」（大判昭和3年6月7日民集7巻443頁）といった定義が与えられてきている。

　もっとも，工場内の機械は建物に接着していても工作物に当たらないとする判断がある一方で（前掲大判大正元年12月6日），スキー場のゲレンデやゴルフコースを工作物と認める下級審判決もあり，築造や人工的作業という要件が厳密に維持されているわけではない。土地の工作物として認められたものとしては，小学校の遊動円棒（大判大正5年6月1日民録22輯1088頁），高圧線（最判昭和37年11月8日民集16巻11号2216頁），警報機のない踏切（最判昭和46年4月23日民集25巻3号351頁）等が挙げられる。

　なお，前掲大判大正5年6月1日で問題となったのは，公立小学校の施設であったが，判決は，地方公共団体の無答責の主張を退けて，717条の適用を認めた。この判決以後，営利的要素を含まない非権力的行政作用について，715条により国や公共団体の責任を肯定する判決が続き，戦後の国賠法の制定につながった→【公務員の不法行為についての公共団体の責任】231頁。現在では，大判大正5年6月1日の事案は，国賠法2条によって扱われることになる。

　工作物の設置・管理の瑕疵──客観説と結果回避義務違反説（主観説）　　工作物責任の要件として最も重要なのは，工作物の瑕疵という要件である。瑕疵と

第2節　工作物責任　241

いうのは，欠陥やあるべき性質がないことを意味する。こうした瑕疵という概念の理解については，客観説と結果回避義務違反説（行為義務違反説，主観説）という2つの考え方が対立してきている。

　まず，瑕疵に関する客観説は，その工作物が本来有すべき安全性を欠くことが瑕疵であるとする。したがって，設例Ⅱ-31 においては，外壁は本来落下するようなものではないにもかかわらず，それが落下したということが瑕疵であるということになる。また，設例Ⅱ-32 では，そのような危険なため池には，子供などが近づかないように措置すべきであるのに，そうした措置がなされていなかったということが瑕疵だということになる。

　それに対して，結果回避義務違反説は，物の危険性が実現しないために，何をすべきであったかを考え，そうしたなすべきことをなさなかったことを瑕疵だとする。この説明から理解されるように，結果回避義務違反説によれば，瑕疵とは結果回避に向けた義務の違反にほかならない。この説によれば，設例Ⅱ-31 では，外壁落下を避けるためにどのような措置が講じられるべきであったかを考え，その措置を講じていなかった場合に瑕疵があるということになる。同様に，設例Ⅱ-32 でも，子供が近づかないような措置を講じていたかどうかを問題とすることになる。

　客観説と結果回避義務違反説の相違　　まず，言葉の点について少し注意を喚起しておこう。実は，ここで結果回避義務違反説（主観説）というのは，その言葉からもわかるように過失の議論における客観説（行為義務違反説）に対応している。これは，過失の議論においては，主観的な心理状態に焦点を当てる予見義務違反説と客観的な行為態様に焦点を当てる行為義務違反説が対立していたのに対して，瑕疵をめぐる議論においては客観的な工作物の状態に焦点を当てる客観説と（それとの比較ではより主観的といえる）行為態様に焦点を当てる結果回避義務違反説が対立しているからである。説の呼び方は，さまざまであ

	主観的　←		→　客観的
対象	心理状態	行為態様	状態
過失	予見義務違反説（主観説）	行為義務違反説（客観説）	
瑕疵		結果回避義務違反説	客観説

るが，その点をまずきちんとふまえておくことにしたい。

それでは，こうした2つの見解は，どのような違いをもたらすのであろうか。

実際には，ほとんどの場面で，その具体的な結論は変わらないだろう。ため池上のネットに穴が開いていたために子供が転落したという場合，客観的に安全性が欠如した状態にあったと説明してもいいし（客観説），管理者がなすべきことを怠っていたと説明することもできる（結果回避義務違反）。それでは両者にはまったく違いがないのだろうか。

考えられるのは，求められる措置に対する期待可能性（実現可能性）の有無である。

これは特に攻撃型の瑕疵において顕著な違いをもたらす。ビルの外壁が剥がれて落ちてきたという場合，客観説によれば，外壁が剥落するということ自体が客観的に安全性を欠く状態にあったと評価できる（外壁が落下するというのは建物の通常の安全性とはいえない）。それに対して，結果回避義務違反説によれば，外壁が剥落しないようにするために，どのような措置をなすべきだったのかを論ずることになる。そして，その検討の中では，どのような措置が可能だったのかを論じざるを得ない。なぜなら，およそ何人にとっても不可能な措置を求めて，その措置がなされなかったことをもって義務違反として責任の根拠とすることは不合理だからである。したがって，種々の観点からの対応を考えても，剥落を防止する可能性がなかったということになれば，結局，瑕疵は認められないことになる。もちろん，当該建物を保有すること自体に回避可能性を求めれば責任を認めることはできるかもしれないが，そこでは瑕疵の意味はきわめて希薄なものとなる。この点を2つの見解の違いとして挙げることができよう。

もっとも，こうした違いは攻撃型の瑕疵に限定されるものではない。守備ミス型の事故においても，回避可能性の有無が結論の違いをもたらす可能性はある。たとえば，危険な場所に設置された防護柵が破損していたという場合や警告のための赤旗が事故の時点で失われていたという場合，客観説によれば，当該事故の時点で防護柵が破損していたということ，赤旗がなかったということが瑕疵を意味するのであり，それがどの時点でどのように破損し，失われたのかという，そこに至る経緯は重要ではない。他方，結果回避義務違反説によれば，管理者は何をなし得たのかを問題とするのであるから，いつの時点でそう

第2節　工作物責任　　243

した状況が生じたかはきわめて重要な意味を有する。破損していたことが従前から明らかであったのに放置していたという場合には瑕疵＝過失が認められるであろうし，事故の直前の深夜にそうした状況が発生したというのであれば，24時間継続的に監視しているといったことを求めない限り，瑕疵＝過失は認められないことになる。

> **事例研究** 最判平成2年11月8日判時1375号65頁
>
> 　原告であるXは，少々不運であった。スキーの指導員の資格も有するXは，スキー場で滑降中，クレバスに転落し，左肋骨骨折等の負傷をした（第1事故）。翌年，また同じスキー場で滑っていたXは，またもやクレバスに転落し，左下腿骨折の負傷をした（第2事故）。この2回にわたる転落事故について，運営会社であるYを被告として損害賠償を求めたという事件である。なお，第2事故については，事故現場付近にクレバスが発見されたために，赤旗が立てられた。しかし，事故当時，その赤旗は何者かによって取り去られていたことが認定されている。
>
> 　最高裁は，第1事故については，「スキー場閉鎖の掲示を見過ごした上，前示のような時期，場所において前方にクレバスがあるのが見えているのに，あえてクレバス付近を滑降したX自身の過失に起因して発生したものというべきであって，……本件スキー場の管理の過失によるものということはできない」として，第2事故については，「事故直前まで事故現場付近に上るリフトを停止してスキーヤーを運んでいなかったので，一般のスキーヤーがリフト上方に上ることは困難な状態にあったのであり，このような状態の下において，事故までの数時間のうちにリフト上方に午前中に立てた赤旗が取り去られるようなことは……予見し難いところであったというべきであるから，……正午からリフトの運転を開始した直後の午後3時ころまでの間，第2事故現場付近のパトロールをさせず，取り去られた赤旗を復旧させていなかったとしても」，第2事故現場付近の管理に過失があったとはいえないとして，Yの責任を否定した。

　実は，この事件は，717条の事件ではなく，709条ならびに715条の問題として扱われている。その場合，管理に関する過失の有無が問題となるのであり，判決の述べるような説明も，そのようなものとして理解することができる。

　それでは，この事件が，717条の問題として扱われていたらどうなったのであろうか（前述したスキー場のゲレンデは工作物に該当する可能性がある）。結果回避義務違反説によれば，結果回避のための義務を考え，それが履行されていたかどうかを問うのであるから，その義務が，一定の巡回等によって尽くされているのだとしたら，義務違反はなく，瑕疵も否定されるということになる。他方，客観説を前提とすれば，問題となるのは，事故の発生した時に，当該工作物はあるべき安全性を客観的に有していたかということが問題となる。この場合には，赤旗が設置され危険箇所が明示されているというのがあるべき安全性

ということになり，それがなかった以上，赤旗が誰かによって持ち去られたのか，風など自然の力によって失われたのかはともかく，瑕疵が認定されるということになる。なお，判例は，客観説をとっているという説明がしばしばなされるが，危険箇所の発見や防止措置ということに関しては，現実の履行可能性を考慮した形で瑕疵の有無を判断しているものもあり，守備ミス型の事案についてまで，完全に客観説が貫徹されているかは玥らかではない。

本書の立場　　本書においては，基本的に客観説の立場を採用する。それには，いくつかの理由がある。

まず，717条は，709条とは独立のものとして，工作物の危険性についてのリスク配分を規定するものである。そして，そこでは，瑕疵という，それ自体は，行為とは切り離された要件を設けている。こうした規定の仕方は，行為に焦点を当てた過失責任とは別の類型として歴史的にも維持されてきた工作物責任の性格に合致するものであり，それをあえて過失と同じものとして説明しなければならない必要性はない。結果回避義務違反説は，過失と整合的に説明できることをメリットとして挙げるが，そもそも別の条文において，別の要件を定めている責任について，ひとつの概念で説明するということが，なぜメリットとなるのだろうか。

次に，実質的にも，特に，攻撃型の瑕疵において，結果回避義務違反説は妥当な結論をもたらすものではないと思われる。ビルの外壁が落下してきたときに，所有者は事前にどのようなことをなし得たのかということを論ずるのは，無用な議論であろう。さらに，あくまで過失ということに執着するのであれば，直前に所有権や占有の移転があった場合，当該所有者の現実的な結果回避可能性は乏しくなる。この場合，前所有者の過失を承継するといったことも考えられるのかもしれないが，そのようなフィクションを採用するより，端的に，当該目的物の所有者であり，所有物から生じる利益も不利益も帰属する主体であるということを責任の根拠とすれば，十分だと考えられる（大判昭和3年6月7日民集7巻443頁は，他人の築造した工作物を瑕疵がないものとして購入した場合についても，所有者の責任を肯定する）。

なるほど，守備ミス型の事例においては，結果回避義務違反説の説明は比較的素直に受け入れることができる。実際，客観説によっても，「占有者・所有

第2節　工作物責任　　245

者は何をすべきであったのか」ということを基準として考えざるを得ないからである。しかし，すでに説明したように，何をすべきであったのかという客観的な基準を考えることと，当該事故における回避可能性は完全に一致するわけではない（防護のための柵を作っていたが，事故直前に誰かがそれを破損した場合）。当該事故における具体的な結果回避可能性がないとしても，その事故の瞬間，その工作物が客観的に見て危険な性状を有していたとすれば，それに関するリスク（責任）を最終的には所有権の帰属という観点から正当化することは十分に可能であろう。

　占有者の責任──中間責任　　工作物の設置・管理の瑕疵による損害について第一次的に責任を負担するのは，占有者である。この占有者には，間接占有も含まれる（最判昭和31年12月18日民集10巻12号1559頁。したがって，賃貸借の目的たる工作物の瑕疵による事故については，賃借人が，直接占有者として，717条1項本文の責任を負うだけではなく，所有者たる賃貸人も，その責任を負うことになる）。ただし，独立の所持を有さない占有補助者（占有機関）は，本条の占有者に含まれないと考えられている。

　もっとも，717条は，ただし書で，占有者については過失がなければ責任を免れる旨を規定している。上述のように，瑕疵を客観説の立場から把握すると，占有者については，工作物の客観的な瑕疵のほか，行為義務違反としての過失が付加的な要件として求められ，ただし，これについての立証責任は占有者側に転換されているということになる。

　なお，結果回避義務違反説によれば，本文で瑕疵＝過失が責任の要件となることを示しつつ，ただし書で，その立証責任が転換されているということを規定しているということになるが，これは，立証責任の配分としてはかなり奇妙な状況となり，その点でも，結果回避義務違反説には疑問が残る。条文を卒然と読めば，717条1項本文によって，原告は，瑕疵，すなわち結果回避に向けた義務の違反に相当する事実を立証しなければならない。他方，占有者は，同条1項ただし書により，結果回避のための義務を尽くしていたという事実を立証すれば免責されることになる。これでは，同一の事実についての立証責任を原告と被告の両方に割り当てることになってしまう→**【要件事実の意味】** *509頁*。

所有者の責任——2つの特徴　　717条1項ただし書は,「占有者が損害の発生を防止するのに必要な注意をしたときは,所有者がその損害を賠償しなければならない」として,所有者の責任について規定する。この条文からは,所有者の責任についての2つの特徴が示される。

①　補充的責任としての所有者責任

ひとつは,所有者の責任が,占有者が責任を負わない場合に限って成立する補充的責任であるということである。補充的責任としては,714条の監督義務者の責任があるが,この責任は,直接の加害者に責任能力が認められない場合の補充的責任であったのに対して,717条1項ただし書の所有者の責任は,同条1項本文の占有者の責任が認められない場合の補充的責任であり,比較法的にもかなり特殊な規定である。

なお,717条1項本文の瑕疵が結果回避義務違反だとし,占有者がその義務を尽くしていれば,瑕疵が否定されるということになると,同項ただし書の所有者の補充的責任は実際には機能しないということになりそうである(瑕疵がない以上,瑕疵を前提とする責任を認めることはできない)。その点でも,717条1項本文の瑕疵は,客観的に通常有すべき安全性を欠くというものであり,それについて占有者は中間責任を負い,同項ただし書による免責が認められるが,その場合には所有者が責任を負うと理解すべきであろう。

②　無過失責任としての所有者の責任

そして,もうひとつは,所有者の責任については,1項の占有者の責任と異なり,免責について何も規定されていないということである。すなわち,工作物に瑕疵があって事故が生じたが,占有者は十分に注意を尽くしていたという場合,所有者については,その注意のいかんにかかわらず,責任が認められることになるのである(工作物が賃貸借の目的物であった場合,上述のように,賃借人も,賃貸人たる所有者も1項本文により占有者としての責任も負う。賃借人は,1項ただし書により免責されるとしても,賃貸人たる所有者は,1項ただし書の所有者としての責任は免れないということになる)。瑕疵についての結果回避義務違反説をとれば,この場合にも,前提として瑕疵が要件となっている以上,過失責任の性格を有するということになるが(ただし,所有者がどのような場合に責任を負うのか

第2節　工作物責任　　247

は，上述のように明らかではない），客観説を前提とするのであれば，この場合の所有者の責任は，無過失責任だということになる。民法が特別に規定する責任は，すでに見た責任無能力者の監督義務者の責任や使用者責任のように，中間責任が中心となっている。その中で，免責規定を設けず，形式的には完全な無過失責任となっている点が，所有者の責任の特徴だといえる。

　すでに述べたように，717条1項本文とただし書の規定のしかたは，比較法的にみてもあまり例のない規定のしかたである。これは，占有者の賠償の資力が欠ける場合に被害者の救済を図るために定められたという歴史的経緯によるものである。しかし，所有者が無過失責任を負うということは，それ自体としての正当化が必要であり，それは，工作物を所有しているということ自体によって基礎づけられると考えられる（目的物の所有者が，その目的物に伴うリスクを負担するという考え方）。

　そうだとすると，所有者の責任を認めるために，わざわざ占有者の無過失を要件とすることは不要だとも考えられる。立法的には，所有者の無過失責任と占有者の中間責任を並行的に規律するということが，むしろ合理的なのではないかと考えられる。

　　不可抗力による免責　　もっとも，客観説をとる場合であっても，不可抗力によって生じた損害については，損害賠償責任は否定されるべきものと考えられる。これは，明文がなくても，客観的に成立する厳格な責任の限界として認められるべきであろう（なお，結果回避義務違反説では，そうした場合には，過失＝瑕疵が否定されることになるだろうから，不可抗力を持ち出す積極的意義は乏しい）。

　もっとも，その場合の不可抗力は，「自然災害や戦争など，外部から生じた危険で，人間がコントロールできないようなもの」→*【不可抗力】11頁*に限定すべきである。単に，過失がないという程度のことを不可抗力だとすると，客観説を前提として，過失責任とは異なる厳格な責任としての工作物責任を規定することの意義が失われることになる。

　　求償関係　　被害者に損害を賠償した占有者または所有者は，他に損害の原因について責任を負担する者がある場合には，その者に対して求償を行うこと

ができる。すなわち，工作物の瑕疵によって生じた事故について，占有者や所有者以外に，過失が認められるような者がある場合，その者は被害者に対して709条に基づく責任を負担するが，占有者や所有者からの求償にも応ずる責任があることになる。もっとも，全面的な求償を認めるものと解すべきではなく，相互にどれだけの責任を負担することが公平であるかの衡量を経て，求償の範囲は決定されるべきであろう。

所有権の放棄と所有者の責任　717条の所有者の責任は，補充的責任ではあるが，無過失の立証による免責を用意しておらず，（717条の瑕疵を過失と読み替えるようなことをしない限り）民法の規定する不法行為類型の中では唯一の無過失責任である。その意味で，所有者は，厳格な責任を負担することになる。それでは，所有者は，所有権を放棄することによって，この責任を免れることはできないのであろうか。ちょっと面白い問題なので，取り上げてみよう。問題となるのは，次のような場合である。

> **設例Ⅱ-33**　Ａは，自己所有建物甲に「この建物の所有権を放棄します」と張り紙をして，家を離れた。数日後，瓦が落下して，通行人Ｂが負傷した。

このケースにおいて，Ｂに対するＡの717条に基づく責任は，どのように考えられるのだろうか。

所有権等の物権の放棄については，①原則として可能であり（単独の意思表示によってなされる），②例外として，(i)不動産については登記をしないと第三者に対抗できず（ただし，所有権の放棄についての登記の手続は用意されていない），(ii)他人の利益を害する場合には認められない（地上権等についての268条1項，398条）といった説明がなされている。

他方，所有者であることに伴う義務としては，717条に基づく賠償義務のほか，216条（予防工事義務），225条（費用負担義務），233条（竹木の剪除義務）が挙げられ，民法以外でも，建築基準法8条（維持保全義務）などが規定されている。さらに，所有権の所在は，物権的請求権の相手方が誰かという問題に関しても言及される。

さて，設例Ⅱ-33 のような場合に，Ａが張り紙ひとつで責任を免れるという

第2節　工作物責任　　249

のは，いかにも奇妙な結論である。以下では，所有権の放棄と所有者たる地位に伴う義務の関係を，717条に焦点を当てながら考えてみることにしよう。この場合にも所有者としての責任を維持するための説明としては，いくつかのものが考えられる。

① 物権法の問題としての解決

まず，これは物権法の問題であるとしたうえで，さきに挙げた所有権の放棄の例外ルールによって処理するアプローチとして，以下の2つが考えられる。

(1)ひとつは，不動産所有権の放棄は，登記しないと第三者に対抗できないという上記の例外ルールによる処理である。他人の土地上の建物の収去・土地明渡しに関して，最判平成6年2月8日民集48巻2号373頁→*百選Ⅰ (8版) [51]・横山美夏*は，登記しない限り土地所有者に対して建物の所有権の喪失を対抗できないとしている。これが，AB間でも当てはまるならば，Bの717条に基づく責任追及に対して，Aは，放棄による所有権喪失を対抗できないということになる。

もっとも，この説明には難点も多い。まず，(i)この種の問題が対抗問題なのかはかなり疑わしい。平成6年判決が土地所有者と建物名義人との関係であったのに対して（判決は，一般の対抗問題との類似性を強調する），AB間の関係は，対抗問題としてはより遠いものだといわざるを得ない。また，(ii)対抗できないというだけであり，所有権の放棄によって無主物となり，国庫に帰属するという関係を認める限り，Bが国を被告として責任追及（717条，国賠法2条）をすればそれを否定することは困難だということになる。Bの救済には資するかもしれないが，Aの一方的な行為によって，工作物責任の主体を他の者に変更できる（工作物責任を押しつけることができる）とすれば，違和感は残るだろう。さらに，(iii)甲がそもそも登記されていなかった場合には解決として機能しないという問題がある。

(2)もうひとつは，権利の放棄によって第三者を害することはできないというもうひとつの例外ルールによる解決が考えられる。もっとも，268条1項や398条は，すでに何らかの形で当該権利の存続に利害関係を有する当事者（目的物の所有者や抵当権者）を保護する規定である。したがって，これらの条文を手がかりに，ここでのBの保護を図ることは難しい。

②　責任法の問題としての解決

　他方，717条の所有者をめぐる問題は，物権法のレベルで規定されるわけではない，つまり，物権法のレベルで所有権がどこにあるのかという問題とは切り離して論ずることができるというアプローチも考えられる。実質的には，責任法のレベルでは所有権の放棄による免責を認めないという主張を含意している。

　これを前提とすれば，「所有権の放棄は登記しないと対抗できない」というのも，物権法のレベルで対抗できないということではなく，単に，「717条の所有者ではないということをBに対して主張できない」というだけのこととなる。当該不動産が無主物として国庫に帰属するのかは，Aの所有者責任の有無とは切り離された別の問題だということになる。また，登記されていない建物についての所有者の問題も，登記には必然的にリンクしない717条の所有者の問題として考えればよいということになる。このアプローチに関しては，複数のレベルでの「所有者」を観念することの妥当性が問題となろう。

　もちろん，Bの救済を図るための手段は，717条の所有者責任だけではない。同条自体，一次的な責任主体として挙げているのは占有者であるし，さらに，709条の一般的不法行為も考えることができる。もっとも，709条では過失の立証が必要となるし（717条の所有者責任は不法行為法上，間接的にも過失を要求しない唯一の構成要件である），放棄という行為のみに焦点を当てるとすれば，放棄後の事情は予見可能性などを通じて取り込むしかないということになる（時間の経過によって責任追及が困難になる）。その意味では，責任法の世界で「所有者」を論ずることには，依然として意味があると言ってよい。

　以上，不動産所有権の放棄と717条に焦点を当てながら説明してきたが，同種の問題は，そもそも登記制度が存在しない動産についても生じるところである（廃棄物をめぐる法律関係）。また，すでに言及したように物権的請求権との関係でも生じる。

　この背景には，権利の放棄は可能であるという原則（権利の利益としての側面にのみ焦点を当てた原則）と権利者たる地位に基づく責任をどのように考えるのかという一般的な問題が存在しているように思われる。債権のレベルであれば，債権の放棄（売買による代金債権の放棄）は可能であるとしても，それはただち

第2節　工作物責任　251

に契約当事者としての地位の放棄（目的物の権利移転・引渡債務等の放棄を含む売主としての地位の放棄）の可能性を導くものではない。契約当事者としての地位は債権と債務の両方を含むものであり，債務を一方的な意思表示によって放棄することができない以上，一方的な意思表示によって契約当事者としての地位を放棄することはできないからである。物権に関しても，同じような問題が，やはり存在すると考えられる。すなわち，権利を放棄するということは，権利の一般的な性質によって原則として認められるとしても，所有者としての法的地位は，単に所有権という権利としての側面のみを意味するものではなく，さまざまな法的義務をも伴い得るものなのである（717条1項ただし書もそのようなものとして位置づけられる）。権利である所有権は放棄が可能であるというひとつの命題をもって，そうした法的義務をも伴う法的地位自体の放棄が可能であり，それによってすべての責任の免除が正当化されるという理解自体が適切ではないと考えられる。

なお，設例II-33 は，いかにも教室設例的なものであるが，所有権の放棄が責任法にどのように影響を与えるのかという問題は，廃棄物等に関する責任をめぐる一般的な問題につながるものであるという点を再確認しておくことにしよう。

第3節　動物保有者責任（718条）

動物保有者の責任の概要　718条は，「動物の占有者は，その動物が他人に加えた損害を賠償する責任を負う」と規定し（1項），さらに，「占有者に代わって動物を管理する者」も同様の責任を負うことを規定する（2項）。

ただし，これらの者が，「動物の種類及び性質に従い相当の注意をもってその管理をしたときは，この限りでない」（1項ただし書）として，免責の可能性を認めており，使用者責任や工作物占有者の責任と同様，中間責任である。

前提となる動物の危険　なお，718条は，「動物が他人に加えた損害」とのみ規定するが，本条の責任が，動物の危険についての保有者の責任であることに照らせば，「動物の危険」が実現したということが，718条の責任を成立させる前提となっていると理解すべきである。

動物の危険としては，もちろんさまざまなものが考えられるし（動物の危険の一義的な定義は難しい），危険の実現のしかたもさまざまである。動物が何らかの形で，他人を直接害した場合には，危険の種類をめぐる問題は，それほど重要ではない。他方，動物を恐れてとられた回避行動によって，被害者が損害を被ったという場合には，その動物が有する抽象的な危険性が問題となるが，そこでの危険性は，その種類の動物について一般的に認められる危険性で足りるだろう。

　最判昭和58年4月1日判時1083号83頁は，自転車に乗った7歳の被害者が近づいてきた犬を避けようとして，ハンドル操作を誤り，道路に沿って流れる川に転落したという事案において，「7歳の児童にはどのような種類の犬であってもこれを怖がる者があ」るとして，一般的には畏怖感を与えるおそれのない小型愛玩犬の鎖を外した飼い主の責任を肯定した。小型犬であっても，噛む，吠えるということによる恐怖心を否定できない以上，小型愛玩犬であるという一事をもって，動物保有者の責任が成立する可能性を否定することはできないだろう（ネコだったらどうか，ハツカネズミだったらどうか，あるいは，ペンギン，カピバラ，ワオキツネザルだったらどうか？……とか筆者に質問してはいけない）。

占有者と保管者　立法者は，718条2項の「占有者に代わって動物を管理する者」を「占有権は有しないが事実上保管する者」（馬丁など）と解していた。しかし，現在では，判例・通説とも，そのような占有補助者を保管者とすることには反対である。すなわち，そのような者は，動物の管理に近接しているとはいえ，独立の地位を有するものではなく，本条のような重い責任を負わせるべきではないとする。このことは，本条のような危険責任が，単に危険を物理的に管理することに基づく「過失責任」ではなく，危険との関係で一定の地位に立つ者に危険の実現のリスクを負担させるという特別の責任原理に立つものであると理解する手がかりとなろう。なお，保管者としての718条2項の責任が否定される占有補助者についても，709条の過失が認定されるのであれば，同条による責任が肯定され得ることは当然である。

　判例は，賃借人，受寄者，運送人などを本条2項の保管者（「占有者に代わって動物を管理する者」）としているが，これらの者は，現在の占有理論によれば，占有者にほかならず，1項により規律されるというのが通説である。そのよう

第3節　動物保有者責任　　253

に解すると，結局，本条2項の保管者として規律される者は存在しないことになる。

占有補助者を用いた場合の占有者の責任　上述のような理解に立つのであれば，占有補助者は独立の法的地位を有して動物を管理するものではないのであるから，占有補助者を用いる場合，そこで実現されているのは，占有者自身の占有にほかならないことになる。

したがって，占有補助者の選任・監督に注意を尽くしたということは，当然には，占有者の危険責任を排除する理由とはならない。すなわち，独立の法的地位を有する被用者の不法行為を媒介としての使用者責任（もっとも使用者責任についてもそのような理解が近年では問題とされている→*【使用者責任の意義】203頁*）とは構造を異にすることになる。

間接占有者の責任　賃借人，運送人，受寄者などが本条の責任の対象となることはすでに見た（ただし，判例は2項の保管者として，通説は1項の占有者として責任を負う）。それでは，賃貸人，運送依頼人，寄託者といった間接占有者は，どのように取り扱われるべきなのだろうか。間接占有についても，直接占有を介しての「占有」であると解するならば，それぞれ直接占有者である賃借人，運送人，受寄者に準じて責任を負担することになる（なお，最判昭和40年9月24日民集19巻6号1668頁は，運送中の馬が暴れたという事案について，「動物の占有者と保管者とが併存する場合には，両者の責任は重複して発生しうるが，占有者が，自己に代りて動物を保管する者を選任して，これに保管をさせた場合には，占有者は『動物ノ種類及ヒ性質ニ従ヒ相当ノ注意ヲ以テ其保管』者を選任・監督したことを挙証しうれば，その責任を負わない」とする。占有補助者の場合と異なり，運送人自身が独立の責任主体となりうることを前提とする運送依頼者の責任についての判断だと理解される）。

第4節　営造物責任（国賠法2条）

工作物責任との共通点　国賠法2条は，「道路，河川その他の公の営造物の設置又は管理に瑕疵があったために他人に損害を生じたときは，国又は公共

団体は，これを賠償する責に任ずる」と規定する。物の危険について，その設置または管理の瑕疵を要件として責任を認めるという点で，国賠法2条の営造物責任は，717条の工作物責任と基本的に同じ性格を有する。

公の営造物　「公の営造物」とは，国または公共団体の特定の公の目的に供される有体物および物的設備をさす（船舶などの動産も含むとされる）。

建築物やため池などの人工公物については，717条の工作物と同様に考えればよいが，国賠法2条が取り扱う重要な事件類型である河川などの自然公物については，工作物責任においては適切な対応物がなく，瑕疵の判断ともあいまって特殊性を見せている。

設置または管理の瑕疵──自然公物の特殊性　ここでも瑕疵の性質をめぐり客観説と結果回避義務違反説との対立がある。なお，人工公物については，瑕疵の客観説が比較的なじみやすいのに対して，自然公物については，当該事故発生についての作為義務違反を問わざるを得ないのであり，特殊性が存在している。

なお，瑕疵についての結果回避義務違反説は，特に，河川事故を素材とする判例分析から，その見解を展開したという経緯がある。このことは，瑕疵の意義や営造物の性格を考えるうえで，ひとつの材料を提供しているように思われる。河川の氾濫等は，工作物の危険の分類に即して言うならば，攻撃型の危険の実現ととらえることができる。しかしながら，この場合，判断を難しくするのは，河川等の自然公物については，本来のあるべき安全な状態という標準が存在しないという点である。人為的に作られた工作物や営造物については，その本来の安全な状態というのを容易に観念することができる。それに対して，河川は，当たり前の状態であれば氾濫するのであり，むしろ，人為的に一定の対策がなされてはじめて安全が確保されるという事情がある。即断はできないが，判例が，河川事故について，結果回避義務違反的な説明をなしてきた背景には，こうした事情が存在するように思われる。

その意味では，工作物責任や営造物責任を考えるうえで，自然公物については，そうした事情（自然公物の特殊性）を考慮に入れるという可能性は否定できないだろう。逆にいえば，自然公物における特殊性を無視したうえで，自然公

第4節　営造物責任　255

物について展開された裁判例などを工作物責任や人造の営造物に関する責任に一般化することは適当ではないということになる。

第5節　自動車運行供用者の責任（自賠法3条）

自賠法の意義　自動車損害賠償保障法（自賠法）は，自動車の運行から生じる危険について，2つの大切なことを規定している。

① 運行供用者の責任の厳格化

ひとつは，自動車の運行供用者の責任についてである。自動車の運行についても，709条は適用される。しかし，自賠法は，それより厳しい責任を運行供用者に負わせている。このように加害者の責任をより認めやすくして，被害者の保護を図るというのが，自賠法のポイントのひとつである。

② 強制的な責任保険による被害者の救済の確保

もうひとつは，自賠法が，強制的な責任保険制度（自賠責保険）を用意しているという点である。これによって，①を通じて容易に認められるようになった加害者の責任については，その履行の実現が確保されることになり（ただし，自賠責保険による補償額には上限があり，その範囲内である。これは自賠法施行令に定められており，死亡の場合は3000万円である），被害者の救済が図られることになる。

自賠法は，この2つを柱として，被害者の実質的な救済を図るものだといえる→【*不法行為責任と保険*】*21頁*。

運行供用者の意味　自賠法の責任を考えるうえでは，「自己のために自動車を運行の用に供する者」（運行供用者）という概念が最も中核となる。したがって，誰が運行供用者なのかが，重要な問題となる。自分の車を自分で運転するという場合，その者が運転供用者であることは明らかである。それ以外では，以下のような場合に，誰が運行供用者かということが問題となる。

まず，運行供用者として，立法担当者が考えていたのは，(1)保有者 ((a)当該

自動車を使用する権利を有する者で，(b)自己のために自動車を運行の用に供する者）と(2)自動車泥棒や正当な権限を有する者の許諾なしに使用する者（無断運転者）であった。つまり，立法者は，それらに共通な要素として，自動車の「運行支配」と「運行利益」を考え，正当な権限の有無を問わず，それらが帰属する者が運行供用者になると考えていたのである。そして，(2)の者によって事故が生じた場合，もはや(1)の保有者は，責任主体とならないと考えていた（なお，このように運行支配と運行利益の二つの観点から判断する考え方を二元説と呼ぶ。他方，もっぱら運行支配に着目する一元説と呼ばれる考え方も有力である）。

　しかし，(2)が運行供用者になるとしても，なお，(1)についても運行供用者性が認められることもある。たとえば，路上に不注意で駐車していて盗難にあったような場合，保有者も，なお運行供用者とされる。また，レンタカーによる事故の場合などでは，運転者とともにレンタカー会社も運行供用者とされる。このように，運行供用者は，1台の車について複数存在するという状況も考えられる。

　このような運行供用者概念は，判例によって，次第に拡張されていった。

　判例が運行供用者概念の拡大のために用いたのは，外形理論である。最判昭和39年2月11日民集18巻2号315頁は，「自動車損害賠償保障法の立法趣旨並びに民法715条に関する判例法の推移を併せ考えるならば，たとえ事故を生じた当該運行行為が具体的には第三者の無断運転による場合であっても〔本件では農協の運転者が私用のため組合所有の自動車を無断運転した〕，自動車の所有者と第三者との間に雇傭関係等密接な関係が存し，かつ日常の自動車の運転及び管理状況等からして，客観的外形的には前記自動車所有者等のためにする運行と認められるとき」には，所有者が運行供用者となるとした。これは，一般的には「具体説」と呼ばれる。さらに，下級審において進められたのが，「抽象説」と呼ばれる考え方である。これは，当該運行の前に，運行供用者は抽象的に決まっているとする考え方であり，これは，さらに，被告側で運行支配を喪失させる事実を主張立証しない限り，運行供用者としての責任を免れることはできないとする「抗弁説」と呼ばれる考え方に展開されている。

免責事由──自賠法3条の責任の性質　ところで，自賠法3条の責任は，過

失責任なのだろうか，それとも無過失責任なのだろうか。この点は，自賠法3条の免責事由がやや複雑なために，少しわかりにくい。

　すなわち，自賠法3条の責任は，①運行供用者ならびに運転者の無過失，②運転者以外の第三者か被害者自身の故意・過失，③自動車の無欠陥の3つをすべて立証した場合にのみ免責が認められる。自賠法3条の責任は，中間責任として説明されることもあるが，中間責任は立証責任の転換による責任の事実的加重であると解するならば，その観点から，①は説明できても，②③の説明は困難であろう。たとえば，自動車に構造上の欠陥があった場合，かりにどのように注意しても，そうした欠陥に気づかなかったという場合であっても（たとえば，購入したばかりの自動車），③の要件を欠くことになり，免責は認められないのである。したがって，自賠法3条の責任は，免責のために無過失は不可欠であるが，それだけでは免責を得るのには十分ではなく，過失を要件としない責任であるということになる。

　　運行供用者責任の要件としての損害　　自賠法3条は，「自己のために自動車を運行の用に供する者は，その運行によって他人の生命又は身体を害したときは，これによって生じた損害を賠償する責に任ずる」と規定する。したがって，運行供用者の責任は，他人に生じた人身損害（いわゆる人損）を対象とするものだということがわかる。つまり，自動車事故を起こして，他人の家の塀を傷つけたとしても（いわゆる物損の場合），それによって，自賠法3条の責任が認められるわけではない。もちろん，この場合も，何ら責任を負わなくてよいというのではなく，その事故について過失が認められるのであれば，709条による責任が認められることになる。

　しかし，その場合の責任が自賠法3条によるものではない以上，後述の強制保険の対象となるものではない。

　　好意同乗　　無償で他人を車に乗せてあげたという場合，それを理由として損害賠償が免除または縮減されないのかが問題となる。まず，好意同乗そのものを理由として，賠償責任を減免することはできない。しかし，以下の観点から，好意同乗が損害賠償責任に影響を与える可能性はある。

①　好意同乗といっても，単に運転者の予定通りのルート上にあるので乗せてもらうというのではなく，同乗者の求めに応じて，回り道をするような場合には，場合によっては，同乗者自身が運行供用者となる可能性がある。その場合，自賠法3条の他人には当たらないという可能性は考えられる。しかし，自賠法3条の趣旨からは，このような同乗者の運行供用者性を安易に承認することには問題があるだろう。

②　好意同乗者が，その運転者に運転の適性がないこと（運転者が酩酊していること，運転者が運転免許を有していないこと）を知っていたような場合には，過失相殺によって損害賠償責任を縮減する可能性はある。しかし，これは，好意同乗だからということによるのではなく，かりに，運転者が一定の報酬を得ていた場合にも，まったく同様のことが考えられる。

なお，一般論として，同乗者が負傷した場合の慰謝料の算定に際して，好意同乗を含む運転者との関係が考慮されるという可能性はある。慰謝料の算定要素が非常に幅広いものであることに照らせば，この可能性は否定できない。しかし，この場合の慰謝料が負傷等についての非財産的損害であるという性質に照らすならば，慰謝料額の算定においても，好意同乗ということのみをもって何らかの判断をすることについても慎重であるべきであろう。

> **コラム**　*妻は他人か？*
> 「妻は他人か？」というと，人生論につながりそうである。ドキッとする読者もいるかもしれない。しかし，自賠法3条をめぐってなされた「妻は他人か？」という議論は，そんなに深みのある問題ではなく，もう少し即物的であった。本文でも好意同乗について言及したように，同乗している妻についても運行供用者性が認められるのであれば，それは自賠法3条の他人の要件に該当しないのではないかが問題とされたのである。念のため，確認しておくが，ここでの「妻は他人か？」という議論は，あくまで自賠法3条に関するものであり，同条の運行供用者が複数認められ得ることから生じる問題である。したがって，民法709条の世界においては，このようなことは問題とならない。709条の世界（709条の「他人の権利又は法律上保護される利益を侵害した……」という局面）では，「妻は他人」なのである（キッパリ）。
> 　最判昭和47年5月30日民集26巻4号898頁は，「本件自動車は，Ｙ（夫）が，自己の通勤等に使用するためその名をもって購入し，ガソリン代，修理費等の維持費もすべて負担し，運転ももっぱらＹがこれにあたり，Ｘ個人の用

第5節　自動車運行供用者の責任　　259

事のために使用したことはなく，Ｘがドライブ等のために本件自動車に同乗することもまれであり，本件事故当時Ｘは運転免許を未だ取得しておらず，また，事故当日Ｙが本件自動車を運転し，Ｘが左側助手席に同乗していたが，Ｘは，Ｙの運転を補助するための行為を命ぜられたこともなく，また，そのような行為をしたこともなかった，というのである。かかる事実関係のもとにおいては，Ｘは，本件事故当時，本件自動車の運行に関し，自賠法３条にいう運行供用者・運転者もしくは運転補助者といえず，同条にいう他人に該当するものと解するのが相当であ」とした。

　さて，この判決を読んで気がつくこと。妻（または夫）が，運転席の横に座って，教習所の教官よろしく口うるさく，「そこ，ちゃんと見て！」，「さっさとウィンカーを出して！」，「そこ左に曲がって，○○スーパーに寄って！」となると，妻（夫）は，自賠法３条の世界においては，他人ではないということになりそうである。口うるさい妻（夫）は他人ではない。少し，意味深長である。

強制保険の内容　　自賠法５条は，「自動車は，これについてこの法律で定める自動車損害賠償責任保険（以下「責任保険」という。）又は自動車損害賠償責任共済（以下「責任共済」という。）の契約が締結されているものでなければ，運行の用に供してはならない」として，運行に供される自動車のすべてについて責任保険に加入することを義務づけている。このような義務は，車検の有効期間に相当する責任保険に加入しないと，車検に通らないことで，実質的にも確保されている（ただし，車検制度の対象とならない原動機付き自転車，いわゆる原付バイクなどについては，自賠責保険への未加入が問題となっている）。

　このような強制保険における補償額は，すでに述べたように，死亡の場合には 3000 万円とされている。なお，注意してほしいのは，これは，責任保険からの支給額であって，自賠法３条の責任の上限ではないということである。死亡事故の場合，無過失責任としての性格を有する自賠法３条によって，たとえば１億円の賠償が認められることもある。その中，3000 万円が自賠責保険によってカバーされるにすぎない。このため，自賠責保険によってカバーされない範囲について，さらに保険を利用しようとする場合，任意に責任保険に加入する必要が生じる（任意保険と呼ばれるものであり，保険の内容は当事者間で合意される→**【*任意保険*】*263頁***）。

ひき逃げや無保険車による事故の場合　　いままで述べてきたように，自賠

法は，責任の厳格化と強制保険という2つの柱で，被害者の保護を実質的に図ろうとするものである。もっとも，こうした2本の柱がうまく機能しない場合がある。

ひとつは，そもそも誰が加害者であるか不明であるという場合である。いわゆるひき逃げの場合には，誰が責任を負担するのかがはっきりしないため，責任を厳格化したとしても，その責任を追及する相手方が見つからないということになる。

もうひとつは，無保険車の場合である。自賠法5条は，すでに述べたとおり，自賠責保険等の契約が締結されている以外の自動車は「運行の用に供してはならない」と規定し，それに違反した場合には罰則を用意しているが（自賠法86条の3），無保険車であっても，それを運行することは物理的には不可能ではない。こうした無保険車が事故を起こした場合，加害者の責任の追及は可能であるとしても，保険によって履行が確保されるということは望めないことになる。

こうした問題に対して，自賠法72条は，「政府は，自動車の運行によって生命又は身体を害された者がある場合において，その自動車の保有者が明らかでないため被害者が第3条の規定による損害賠償の請求をすることができないときは，被害者の請求により，政令で定める金額の限度において，その受けた損害をてん補する」とし，「責任保険の被保険者及び責任共済の被共済者以外の者」が自賠法3条の責任を負担する場合と同様に，損害の填補がなされることを規定する。つまり，無保険車の事故やひき逃げ事故の場合には，政府の補償事業によって，強制保険が付されている場合と同様の被害者の救済が図られることになる。

自賠法というのは，すでに述べたように，責任の厳格化と強制的な責任保険を2本の柱とする。責任が厳格化し，責任保険が漏れのないものとなれば，その実質は，純粋な事故補償制度に近づいていく。ただ，責任保険である以上，特定の誰かが責任を負うということが被害者の損害と損害填補を結ぶ不可欠の要素となる。自賠法72条は，こうしたしくみの中で生じる被害者の救済の欠落部分をふさぐものであるといえる。その意味では，同条の規定によって，自賠法全体の事故補償制度としての性格は，より濃厚に示されると言えよう。

> **コラム** *事故補償システム*
>
> 　比較法的には，事故補償システムと呼ばれる制度を採用している国々もある（ニュージーランド等）。これは，一定の事故が発生した場合に，国や基金が，その被害者に補償するというしくみである。これによれば，被害者は，事故によって被害を受けたということだけを証明すればよく，特定の者に故意や過失があるということの立証は不要である。その点で，実際に，こうしたシステムを導入することができ，そこで現在の不法行為法による救済内容と同程度のものを実現できるのであれば，それが被害者の救済にとってより望ましいものであるということは確かであろう。このような事故補償システムは，ある時期，非常に注目を浴びて，不法行為に置き換わるものとしてわが国でも導入できないかが検討された。しかし，現在では，そうした検討は以前ほど盛んではないが，そこにはいくつかの理由があったものと思われる。
>
> 　ひとつは，現実に，不法行為法に全面的に置き換わるものとして導入できるのかという実現可能性の問題である。不法行為法があらゆる領域にわたる事故を対象としているものである以上，全面的にこうしたシステムを導入することには困難が伴う（現実に導入している国々においても，一定の事故類型に限定しているのが一般的である）。かりに導入することができたとしても，救済範囲は，かなり限定的なものになることが予想される。
>
> 　もうひとつの問題は，不法行為法の役割が，被害者の損害の塡補に限定されないものであるということもあったように思われる→【*不法行為法の機能と役割*】*18*
> *頁*。つまり，事故補償システムの全面的な導入によって，不法行為法を廃止することは，不法行為法が現に営んでいる行為規範の形成や事故の抑止という機能が失われてしまうことを意味しているのである。
>
> 　もっとも，こうした問題点は，逆に，限定的であれば，事故補償システムを導入するということが可能であり，また妥当であるという説明にもつながる。つまり，定型的な事故について基金による運営が可能であり（たとえば交通事故の場合，事故の賠償リスクを負担する者の拠出による基金の運営が可能である），また，不法行為法と併存しつつ機能するものだとすれば（補償額を超える損害については不法行為法による救済を併存させる），事故補償システムが有している被害者救済機能は魅力的なものであることは否定できない。
>
> 　本文で述べたように，わが国の自賠法が有しているしくみは，実際には，この事故補償システムへの過渡的な形態だと理解することができるだろう。すなわち，運行供用者の責任の厳格化と強制保険による救済の結合は，強制保険の支払額の範囲内に限定すれば，まさしく事故保障システムとして現実に機能しているとも考えられるのである。

被害者からの直接請求　　責任保険というのは，本来，加害者に生じた責任

を塡補するものであり（被害者の損害を塡補することを直接の目的とするものではない），保険金請求権を有するのは，保険事故についての損失負担者である加害者である。被害者が，保険会社に直接請求することは，当然にはその内容とされない。しかし，自賠法は，実際に被害者に対して支払った限度で，加害者から保険会社への請求を認めるほか（同法15条），被害者からの直接請求も認める（同法16条1項）。ここにも，自賠法の事故補償制度としての性格の一端が示されていると言えよう。

　なお，任意保険については，以前は，直接請求を規定しておらず，被害者からの請求を認めるために，債権者代位権（423条）の転用（債権総論の教科書を参照してほしい）といった手法が考えられていた。しかし，現在は，約款においてこうした直接請求が規定されており，この問題は，事実上，解消した。

任意保険　　すでに説明してきたところからも明らかなように，自賠責保険では，それによって塡補される金額が定められている。1人の死亡について3000万円というのは，もちろん小さい額ではないが，しかし，一般的な死亡の場合の損害賠償額をまかなうことができる金額でもない。こうした保険金の制約は，被害者の救済にとっての障害となることもたしかであるが，加害者にとっても不完全なものといえる。なぜなら，加害者は，自賠法3条で厳格な責任を課され，そこには責任限度額は存在しないにもかかわらず，保険金でまかなわれるのは，その全部ではなく，残りは自ら負担しなければならないからである。

　このため，自動車の保有者の大半は，任意保険にも加入している。

　任意保険は，一般的な契約であり，文字通り，加入についても任意の責任保険である（任意保険の普及率〔付保台数／保有車両数〕は，対人・対物とも，2016年の統計で，全国平均で74.1%，自家用普通乗用車に限れば，82%を超える。ただし，都道府県別の差がかなり大きい）。保険の内容もさまざまであるが，現在では，対人賠償については無制限の責任保険を内容とする契約を締結する者が最も多い（2016年の統計では，対人賠償保険を無制限とするものが99.5%）。また，任意保険では，自賠責保険では対象とならない物的損害（なお，物的損害については，自賠法3条の適用もないので，責任の基礎となるのは，709条等である）も，対象とすることが可能で，これについてはある程度金額の幅があるものの（対物賠償保険

第5節　自動車運行供用者の責任　　263

でも無制限とするものの割合が急速に増えており，2001年度では37.2%だったのが，2005年度では71.4%，2015年度では93.4%となっている），大半の契約では，この部分もカバーされている。

自賠法3条の責任と使用者責任　　以上のように，自賠法3条は，運行供用者の責任を規定する。運行供用者は，必ずしも運転者ではなく，その運行の利益が帰属する者である。自賠法3条の責任を，本書においては物についての責任の一環として説明してきたが，運転者と運行供用者が分離するような場合，運行供用者責任を他人（運転者）の行為についての責任と見る余地もないではない（ただし，自賠法3条の責任が生じるのは，運転者に過失がある場合だけではなく，運転者について709条の責任が成立しない場合にも，運行供用者責任は成立し得る）。

　このような運行供用者責任の構造は，715条の使用者責任と共通する。

　実際，交通事故が生じた場合に，使用者責任と運行供用者責任の両方が追及されるという場合は少なくない。それでは，使用者責任と運行供用者責任には，どのような違いがあるのだろか。

　① 　運転者の責任との関係

　まず，運行供用者責任は，すでに述べたように，運転者が709条の責任を負うということを前提としていない。さらに，自動車に構造上の欠陥があった場合にも責任が認められることに照らせば（自賠法3条ただし書），運転者の客観的な義務違反を要件としているわけではない。

　それに対して，使用者責任では，被用者の責任能力を問題とせず，したがって，被用者自身の709条責任が生じない場合があるとしても，少なくとも，被用者の行為について客観的に過失と評価できるような行為義務違反の態様があったことは前提としているので→*【被用者の不法行為】206頁*，この点で異なる。したがって，自動車の構造上の欠陥によって事故が生じたような場合には，使用者責任は成立せず，運行供用者責任のみが成立することになる。

　② 　賠償の対象となる損害

　一方，交通事故において，使用者責任のみが成立するという場面もあり得る。自賠法3条が対象としているのは，人身損害に限られている。したがって，交

通事故から生じた物的損害（いわゆる物損）については，使用者責任のみが認められ得ることになる。

③　強制的な責任保険の有無

なお，運行供用者責任が，自賠責保険によってバックアップされているということは，使用者責任との大きな違いである。この点で，自賠法に基づく運行供用者責任は，単なる損害賠償制度にとどまらない性格を有している→ コラム 事故補償システム262頁。

コラム　**自転車による事故**

　神戸地判平成25年7月4日判時2197号84頁→ 交通百選 (5版) [35]・窪田充見，リマークス49 [民12]・松本克美は，ニュース等でも大きく取り上げられた（朝日新聞2013年7月5日夕刊等）。これは小学校5年生がマウンテンバイクで坂道を急スピードで下りてきたところ，高齢の女性と衝突して，その女性に重篤な後遺障害が残ったという事故について，その少年の母親Yに9500万円の損害賠償責任が認められたというものである。

　報道では，未成年者による自転車事故で，親に9500万円もの高額の損害賠償責任が認められたという点に力点が置かれていたようである。もっとも，交通事故から重大な損害が生じることはまれではないし，これが自動車やバイクであれば，大きなニュースバリューがあったわけではないだろう。

　この事件では，Yから控訴がなされたが，控訴審もほぼ同額の賠償を認め，判決が確定した。もっとも，その後，Yからの申立てで破産手続が開始し，Yの免責が認められたことが報道されている（朝日新聞2014年7月4日朝刊）。その点では，ある種の後味の悪さを残すものとなった。

　本文でも述べたように，自賠法は，(a)の責任の厳格化と(b)賠償責任による履行の確保という二つを柱としている。

　自転車による事故の場合，(a)については，通常の民事責任の枠組みによることになる（なお，監督義務者の責任については，自転車で坂道を急スピードで走行するということは，それ自体が客観的に危険な行為と考えられるので，サッカーボール事件→ 事例研究 197頁の枠組みを前提としても，民法714条1項ただし書の免責は容易には認められないだろう）。

　他方，②については，まったく手当てがなされていない。この事件が残した後味の悪さも，その点に関わるものである。自転車についての責任保険の普及については，各自治体レベルでの活動もなされているところであるが，あらためて自賠法の有している大きな社会的意味を再認識させるものであるように思う。

第5節　自動車運行供用者の責任　265

第6節　製造物に関する責任（製造物責任法3条）

製造物をめぐる責任　　流通に供されている製造物が，損害をもたらすというケースが存在する。たとえば，粉ミルクにヒ素が混入しており，ヒ素中毒の乳児1万2000人が生じ，100人を超える死亡者を出した森永ヒ素ミルク事件，あるいは，血液製剤によるHIV感染は，社会的にもよく知られた事件である。

この種の製造物をめぐる危険の実現については，まず，当該製品について契約関係にある当事者間であれば，契約責任で問題を解決するということが考えられる。もっとも，多くの場合，売主は単なる目的物の仲介をするにすぎない。こうした売主に対して，責任を追及するとしても，その過失を認定することは困難であろう。一方，まず過失の有無が判断されるべきである製造者は，最終的な事故が生じる消費者（エンド・ユーザー）との間には契約関係がない。結局，被害者が，事故の責任を製造者に対して追及していくためには，不法行為責任しかないということになる。こうした製造者の責任が，（製造物責任法以前から）製造物責任と呼ばれているものである。

次に説明するように，現在では，この問題について，製造物責任法がある。しかし，その製造物責任法の意義を明らかにするためにも，一般の不法行為法理によればどのように解決されるのかということを，製造物責任法以前の判決を素材にして考えてみることにしよう。

> **事例研究**　大阪地判平成6年3月29日判時1493号29頁→ *リマークス10 [13]・加藤雅信*
>
> 　事案は，Y社製造のテレビから出火し，Xの家屋が火災に遭ったというものである。
> 　判決は，「国民の立法的選択を経ずに，裁判所が直ちに厳格責任あるいは無過失責任の制度を採用することはできない」として，「現行不法行為法の原則に従い，利用者は，製造者の故意または過失を立証しなければならないが，製品に欠陥のあることが立証された場合には，製造者に過失のあったことが推認されると解すべきである」とした。そのうえで，Yに課される責任について，「テレビの製造者が設計，製造上の注意義務を怠れば，テレビの発煙，発火により火災を惹起し，利用者の生命，身体，財産に危険が及ぶ可能性があるのであって，テレビの製造者である被告に課せられた安全性確保義務は，極めて高度なものである」とし，また，「原告方で使用されてから本件火災まで8か月程度しか経過しておらず，被告が製造し，流通に置いた時点でこれに付与した製品本来の安全性の保たれることが，社会通念上当然に期待される期間内に危険が生じたことは明らかであるし，

本件全証拠によるも，その間，原告が内部構造に手を加えたり，第三者が修理等をしたとの事実は認められないから，右の欠陥原因は，被告が本件テレビを流通に置いた時点で既に存在していた」ことから，過失が推認されるとする。そして，Y の立証によってこの推認は覆されていないとして，Y 社の損害賠償責任を認めた。

　この判決は，製造物責任法が成立する直前の判決であったが（製造物責任法の成立は平成 6 年 7 月），当時すでにその方向が示されていた製造物責任法の考え方をそのまま準用するようなことはせず，むしろ，従来の不法行為法の法理にしたがって，どのような解決ができるのかということを示した判決であるといえよう。

　そこでは，過失の推認が重要な役割を占めているが，これ自体は，従来の法理の中にも存在してきたものである。逆にいえば，製造物責任法の意義は，こうした判決と対比する中で検討されていくべきだということになる。

　製造物責任法　このように製造物がもたらす損害に対応するために立法されたのが，製造物責任法である。以下では，製造物責任法の内容について，まず簡単に確認しておくことにしよう。

　製造物責任法の対象　まず，本法の対象となる製造物とは「製造又は加工された」「動産」をいう（2 条 1 項）。したがって，未加工農林水産物，不動産やエネルギー（電気など），役務，ソフトウェアは，本法の対象とされない。

　製造物責任の主体　責任主体となるのは，「製造業者等」である。わが国の製造物責任の立法に際しても参考とされた EC 指令（製造物責任指令）は，販売業者を補充的な責任主体としていたが，販売業者を責任主体から一般的に外し，後に説明する表示製造業者や実質的表示製造業者に該当する場合にのみ責任を負うものとした。

　具体的に責任主体となるのは，以下の者である。

①　製造業者
　本法で「製造業者」とされるのは，当該製造物を業として製造，加工または輸入した者である（2 条 3 項 1 号）。

第 6 節　製造物に関する責任　267

輸入業者も（海外の製造業者と並んで）責任主体とした理由としては，(1)消費者が直接海外の製造業者を訴えるのは困難である（被害者の救済），(2)海外の製造業者に代わって輸入業者に責任を負わせることにより，輸入業者側により安全な製品をより信用のある製造業者から輸入しようとするインセンティブを働かせることができる（被害の防止・軽減）という点が挙げられている。

② 表示製造業者

　実際に製造をしてはいなくても，「自らを当該製造物の製造業者として当該製造物にその氏名，商号，商標その他の表示をした者」（2条3項2号前段）は，本法の責任主体となる。

　具体例としては，PB（プライベート・ブランド）商品等で販売業者が商品の設計・開発に深く関与しているため，製造業者として自己の氏名等を当該製品に表示しているケース，海外の子会社に製造させた製品を，自らを製造業者と表示して販売しているケース，OEM製品（A社が製造した製品に供給先であるB社の商標を付して，B社の流通経路を通じて販売する形態）について，販売業者が製品に製造業者として氏名や商標などを表示しているケースなどが挙げられている。なお，「当該製造物にその製造業者と誤認させるような氏名等の表示をした者」（2条3項2号後段）も，本法の責任主体となる。

③ 実質的表示製造業者

　また，「当該製造物にその実質的な製造業者と認めることができる氏名等の表示をした者」（2条3項3号）も，責任主体となる。ここでは，自己の氏名や商標等を製造業者（2条3項2号前段）ないし製造業者と誤認させるような形（2条3項2号後段）で表示していなくても，販売業者が当該製造物の設計や製造に関与していたり，大きな影響力を与えているかのような表示がなされ，消費者が販売業者を実質的な製造業者と信じてしまうような場合が想定されている。たとえば，知名度の高い医薬品メーカーであるB社が別の医薬品メーカーA社が製造した医薬品を自己の流通ルートに乗せて販売していた場合，「製造元A製薬，販売元B製薬」と表示していても，B社の製造物責任が認められる。

268　　第Ⅱ部　不法行為の成立要件／第3章　物の危険の実現に基づく責任

④　部品・原材料製造業者

　部品・原材料の製造業者も完成品の欠陥が部品・原材料の欠陥に起因している場合には，製造物責任を負う（4条2号の免責事由の反対解釈）。ただし，「欠陥が専ら当該他の製造物の製造業者が行った設計に関する指示に従ったことにより生じ，かつ，その欠陥が生じたことにつき過失がない」場合には，免責される（4条2号）。

　製造物責任の対象となる損害　　3条は，「欠陥により他人の生命，身体又は財産を侵害したときは，これによって生じた損害を賠償する責めに任ずる」とのみ規定するだけであり，賠償されるべき損害について特段の定めをしていない。

　この点では，対象を人身損害に限定している自賠法3条の責任とは異なり，損害の種類についての制限はない。なお，例外として，損害が当該製造物についてのみ生じた場合には，製造物責任は成立しない。このような目的物についてのみの損害は，売主との間で解決されることになる。損害賠償の範囲は，民法の規定によって処理されることになる（6条）。

　製造物責任の要件としての欠陥　　3条では，製造者の過失等は要件とされていない。それに代わるのが，製造物の欠陥という要件である。欠陥とは，「当該製造物の特性，その通常予見される使用形態，その製造業者等が当該製造物を引き渡した時期その他の当該製造物に係る事情を考慮して，当該製造物が通常有すべき安全性を欠いていること」と定義される（2条2項）。

　一般的には，こうした欠陥は，「製造上の欠陥」（製造過程において発生する不良品等の欠陥），「設計上の欠陥」（製品設計における不備によって生じた欠陥），「指示・警告上の欠陥」（製品の使用方法や警告表示に不備があることにより安全性の欠如をもたらす欠陥）に分類されている。

　なお，欠陥の判断要素については，第14次国民生活審議会報告においては，それを可能な限り明確化することが望ましいとしていたが，本法においてはそうした判断要素の具体的な提示は見送られた。国民生活審議会報告は，具体的に，次のような事情を挙げている。

(1)　当該製品の特性　　ア）製造物の効用・有用性，イ）製造物の使用・耐用期間，ウ）製造物の経済性（価格対効果），エ）被害発生の蓋然性と程度，オ）製造物の表示（事故を防止するための表示がどのようになされていたか）

(2)　通常予見される使用形態　　ア）製造物の合理的に予期される使用，イ）製造物の使用者による損害発生防止の可能性

(3)　引き渡した時期　　ア）製造物が引き渡された時期，イ）技術的実現可能性

　欠陥は，当該製造物を引き渡した時点（出荷時点ないし製品を流通に置いた時点が一般的）に存在しなくてはならない。もっとも，事故時に欠陥が存在していることは被害者側で立証できるとしても，引渡時点での欠陥の存在の立証は困難な場合が多いだろう。これに関して，事故時の欠陥の存在から流通に置いた時点での欠陥の推定規定を設けるという議論もなされたが（EC指令ではそうした推定がなされている），見送られた。

　開発危険の抗弁　　それでは，流通に置かれた時点で欠陥が存在していたとすれば，製造物責任が常に認められることになるのだろうか。これに対する制約となるのが，「開発危険の抗弁」と呼ばれるものである。開発危険の抗弁とは，事故を起こした製品が流通に置かれた時点（引渡し時）の科学・技術知識の水準では，当該製品の欠陥の存在を認識できなかった場合に認められる製造業者側の抗弁である。このような開発危険の抗弁を認めるか否かということは，流通に置かれた時点と事故が生じた時点との間に一定の時間的間隔があり，その間に，あらたな知見によって欠陥が認識されるような場合に，具体的な差異をもたらすことになる。

　本法は，「当該製造物をその製造業者等が引き渡した時における科学又は技術に関する知見によっては，当該製造物にその欠陥があることを認識することができなかったこと」による免責を認めており（4条1号），開発危険の抗弁を認めている。

　このような開発危険の抗弁を安易に認めると，過失責任の事実上の復活につながる可能性がある。すなわち，製造物責任は単なる過失の立証責任の転換と

しての意味しか有さないことになる（そうした過失の立証責任の実質的な転換は，237頁の大阪地判平成6年3月29日で見たように，現行法の枠組みの中でも実現可能である）。

このような観点からも，開発危険の抗弁については，以下のような点に注意すべきであろう。

(1)　開発危険の抗弁の基準となる引渡し時の知見の水準は，個々の当該製造業者や業界の平均的水準を基準とするのではなく，その時点での入手可能な最高の科学・技術知識の水準とすべきである（国民生活審議会報告や各種審議会報告）。

(2)　開発危険の証明としては，製造物に関する科学技術情報等をわが国で入手可能なものすべてを収集し，検討していたことを立証することが求められる。したがって，そのような科学技術情報の検索システムを完備していたという証拠を提出することが求められるのであり，それに成功しない場合には，開発危険の抗弁は認められないとされる。

なお，製造物責任法の立法当時の議論においては，医薬品や化学製品など，長期間の使用後はじめて欠陥が明らかになるような性質の製品を除き，本抗弁が認められる可能性は低いと言われていた。特に，製造上の欠陥については，入手可能な最高の科学・技術上の水準で予見できないことはまずないので，本抗弁の認められる可能性はないとされていたのである。しかし，以下の判決は，こうした楽観的な見通しに疑問を投げかけることになった。

事例研究 最判平成25年4月12日民集67巻4号899頁「イレッサ訴訟上告審判決」→
百選II（8版）[86]・橋本佳幸，重判H. 25 [民12]・大塚直，リマークス49 [10]・吉村良一
　肺がん患者であるAらが抗がん剤であるイレッサの投与後に間質性肺炎を発症して死亡したため，その遺族らが，イレッサの輸入業者であるYに対して，製造物責任法に基づく損害賠償を求めた事案である。イレッサは，平成14年7月からYによる輸入販売が始まったが，添付文書（第1版）では，間質性肺炎について重大な副作用欄には記載されたが，警告欄への記載はなかった。平成14年10月には，緊急安全情報を出すとともに，添付文書（第3版）において，冒頭に警告欄が設けられ，間質性肺炎についての注意が促し，重大な副作用の欄に，急性肺障害，間質性肺炎があるとの記載を行った。さらに，同年12月の添付文書（第4版）では，警告欄に，「急性肺障害や間質性肺炎が本剤の投与初期に発生し，致死的な転帰をたどる例が多いため，少なくとも投与開始後4週間は入院ま

たはそれに準ずる管理の下で，間質性肺炎等の重篤な副作用発現に関する観察を十分に行うこと」との記載が追加されている。

第1審は，設計上の欠陥を否定したが，添付文書（第1版）における指示・警告上の欠陥を肯定した。それに対して，控訴審は，指示・警告上の欠陥も否定した。

最高裁は，「添付文書の記載が適切かどうかは，上記副作用の内容ないし程度（その発現頻度を含む。），当該医療用医薬品の効能又は効果から通常想定される処方者ないし使用者の知識及び能力，当該添付文書における副作用に係る記載の形式ないし体裁等の諸般の事情を総合考慮して，上記予見し得る副作用の危険性が上記処方者等に十分明らかにされているといえるか否かという観点から判断すべき」であるという一般的な判断基準を示したうえで，「本件輸入承認時点においては，……イレッサには発現頻度及び重篤度において他の抗がん剤と同程度の間質性肺炎の副作用が存在するにとどまるものと認識され」ていたとし，イレッサの「通常想定される処方者ないし使用者は上記のような肺がんの治療を行う医師であるところ，……そのような医師は，一般に抗がん剤には間質性肺炎の副作用が存在し，これを発症した場合には致死的となり得ることを認識していた……上記医師が本件添付文書第1版の上記記載を閲読した場合には，イレッサには上記のとおり他の抗がん剤と同程度の間質性肺炎の副作用が存在し，イレッサの適応を有する患者がイレッサ投与により間質性肺炎を発症した場合には致死的となり得ることを認識するのに困難はなかった」としたうえで，平成14年10月の「緊急安全性情報は，服薬開始後早期に症状が発現し，急速に進行する間質性肺炎の症例が把握されたことを受けて発出されたもので，このように急速に重篤化する間質性肺炎の症状は，他の抗がん剤による副作用としての間質性肺炎と同程度のものということはできず，また，本件輸入承認時点までに行われた臨床試験等からこれを予見し得たものともいえない」とし，「副作用のうちに急速に重篤化する間質性肺炎が存在することを前提とした添付文書第3版のような記載がないことをもって，本件添付文書第1版の記載が不適切であるということはできない」と判示し，指示・警告上の欠陥を否定した。

いわゆる「指示・警告上の欠陥」について，はじめての最高裁判決である。本判決は，開発危険の抗弁の判断ではなく，製造物責任法2条2項の「欠陥」の問題として扱われており，同法4条1号の開発危険の抗弁として取り扱われているわけではない。もっとも，本判決をみれば，両者の関係が密接に連続しているものだということになりそうである。

すなわち，製造物の欠陥についての責任と開発危険の抗弁は，客観的な欠陥について厳格な責任を認めることから出発しつつ，開発危険の抗弁を許すことによって，その厳格な責任から免れる余地を残すというのが，本来予定されている構造ではないかと思われる。その場合，開発危険の抗弁は過失責任を裏口から入れるものだという批判はあるが，少なくとも，裏口から入ってくるだけであり，すでに述べたように，立証責任の転換という意味は有する。

他方，本判決は，欠陥そのものの判断を，流通に置かれた時点での予見可能性等をふまえて判断している。その意味では，ここでの指示・警告上の欠陥の判断は，指示・警告上の過失と異ならないものであるようにも思われる。つまり，過失責任は，開発危険の抗弁という裏口ではなく，欠陥という正面の入口から入ってきているのである（本判決を前提とすれば，本件で，製造物責任法4条の開発危険の抗弁が問題となる余地はないだろう）。

　民法709条の問題ではなく，製造物責任法3条の問題として考えた場合，こうした判断は，製造物責任法の存在意義自体に疑問を投げかけることになりそうである。本判決の評価については，医薬品の特殊性（他の商品と異なり，客観的な危険としての副作用があるとしても，その効用との関係で判断せざるを得ず，製品自体としての客観的な欠陥を判断することは容易ではない），さらには，指示・警告上の欠陥という，それ自体としては特殊な欠陥が問題となっている点を考慮する必要はあると思われるが，判決の妥当性や射程については，なお検討すべき課題が数多く残されているのではないだろうか。

製造物責任の期間制限　　製造物責任の期間制限（消滅時効）については，以下の規定が設けられている（2017年改正による製造物責任法5条）。

　①　製造物責任法3条に基づく損害賠償請求権は，次に掲げる場合に，時効によって消滅する。
　　一　被害者又はその法定代理人が損害及び賠償義務者を知った時から3年間行使しないとき。
　　二　その製造業者等が当該製造物を引き渡した時から10年を経過したとき。
　②　人の生命又は身体を侵害した場合については①一の期間は5年間とする。
　③　蓄積損害（身体に蓄積した場合に人の健康を害することとなる物質による損害）または遅発損害（一定の潜伏期間が経過した後に症状が現れる損害）については，その損害が生じた時から起算する。

第4章　責任の阻却事由

1　問題の所在

伝統的な考え方──違法性阻却事由　これまで，どのような場合に責任が成立するのかという観点から，不法行為法をながめてきた。この章では，視点を変えて，どのような場合には不法行為責任が成立しないのか，ということを考えてみよう。

　かつての伝統的な考え方においては，以下で扱う問題は，「違法性阻却事由の問題」として扱われてきた。違法性阻却事由という位置づけには，理由がなかったわけではない。伝統的な見解においては，生命や身体のような重要な権利ないし利益の侵害は，それ自体として違法であるという考え方があったからである→*【行為違法と結果違法】93頁*。この場合，行為と結果（たとえば負傷）との間に因果関係があれば，不法行為としての違法性が承認される。たとえば，相手方の攻撃から自らの身を守るためであったとしても，負傷という結果が生じている以上，その行為は違法なのである。もちろん，こうした場合においても，故意や過失という別の要件で調整することが考えられる。しかし，伝統的な見解における過失は結果の予見可能性だったのであり，上記のような場合に，予見可能性が否定されるわけではない。そうだとすれば，どのようにして，上記のようなケースにおいて常識に合致しない結果（責任の肯定）を回避することができるのかという困難な問題が生じる。これを解決するのが違法性阻却事由という判断枠組みだったのである。つまり，「負傷という結果が生じている以上違法ではあるが，しかし，違法性阻却事由が認められれば，例外的にその違法性が阻却される」という説明をするのである。その意味で，違法性阻却事由というものを考えること，そうした問題領域を設定することには一定の理由があったのである。

本書の基本的な立場　しかしながら本書では，一定の法益侵害が生じれば，

それだけでただちに違法と評価されるというような立場をとっていない。むしろ，違法性ないし過失の判断において焦点を当てるのは一定の行為義務なのであり，上記の例の場合であれば「相手方の攻撃から身を守るという状況において，○○の結果を回避しなければならない義務はあるのか？」という問題の立て方をする。つまり，結果違法を前提としつつ，違法性阻却事由として扱われた問題は，行為違法（刑法学の言葉を用いれば，行為無価値あるいは行為反価値）を前提とする違法性ないし過失それ自体の問題として扱われるべきことになる。その意味で，違法性阻却事由という問題領域に固有の意義を認める必要はない。

以上のことを前提として，以下では，責任が阻却される場合にはどのような場合があるかということを見ていくことにしよう。また，過失や違法性の前提となる義務の問題との関係（つまり，責任要件の問題として解消されるのか，責任阻却事由としての固有の意味があるのか）については，個別の類型ごとに説明していくことにしよう。

2 責任能力

過失と責任能力　責任能力については，すでに，監督義務者の責任に関連して説明しているが→**【責任能力】176頁**，責任阻却事由という観点から，再度，簡単に確認をしておく。

712条は，「未成年者は，……自己の行為の責任を弁識するに足りる知能を備えていなかったとき」に，713条は，「精神上の障害により自己の行為の責任を弁識する能力を欠く状態にある間に他人に損害を加えた者」は賠償責任を負わないことを規定する。

かつての伝統的な見解は，こうした責任能力を過失の前提能力として位置づけていた。したがって，713条がなかったとしても，責任能力がない者については，過失を認めることができないことになる（同条は，確認規定としての意味を有するにすぎない）。なお，過失（有責性）の論理的前提として位置づけるのであるから，いわゆる違法性阻却事由には該当しない。

しかし，本書では，すでに言及したとおり，過失は，一定の行為義務違反という客観的な態様として理解している。こうした客観的な行為態様としての評価に際しては，当然に，一定の能力が求められるわけではない。したがって，

2 責任能力　275

伝統的な見解のように，過失の論理的前提として説明することはできない。むしろ，713条は，同条が存在することによって，709条だけでは当然には認められない一定の結論を導くものであるということになる。その一定の結論が責任の否定であるということからは，責任能力が存在しないことが，「責任阻却事由」であると説明されることになる。

3　正当防衛，緊急避難

民法720条　720条は，「他人の不法行為に対し，自己又は第三者の権利又は法律上保護される利益を防衛するため，やむを得ず加害行為をした者は，損害賠償の責任を負わない。ただし，被害者から不法行為をした者に対する損害賠償の請求を妨げない」（1項）と規定し，さらに，1項の規定を，「他人の物から生じた急迫の危難を避けるためその物を損傷した場合について準用する」（2項）と規定する。一般的に，1項を「正当防衛」と呼び，2項を「緊急避難」と呼ぶ。

刑法における正当防衛・緊急避難　ところで，正当防衛や緊急避難というのは，刑法を勉強する場合にも出てくる言葉である。

刑法36条（正当防衛）は，「急迫不正の侵害に対して，自己又は他人の権利を防衛するため，やむを得ずにした行為は，罰しない」（1項）とし，また，同法37条（緊急避難）は，「自己又は他人の生命，身体，自由又は財産に対する現在の危難を避けるため，やむを得ずにした行為は，これによって生じた害が避けようとした害の程度を超えなかった場合に限り，罰しない」（1項本文）と規定する。

条文上の文言だけからでは少しわかりにくいかもしれないが，刑法においては，防衛のためになされる行為が侵害者自身（侵害自体）に向けられるのか（正当防衛），それ以外の他人に向けられるのか（緊急避難）で区別され，後者においては，責任のない他人への危険の転嫁が問題となることから，より厳格な判断がなされるという構造になっている。

こうした刑法上の正当防衛，緊急避難と，民法上の正当防衛，緊急避難には，小さいとはいえない相違がある。順次，見ていくことにしよう。

276　第Ⅱ部　不法行為の成立要件／第4章　責任の阻却事由

①　不法行為法上の正当防衛

民法 720 条 1 項では，加害の向けられる方向については特に規定されていない。したがって，不法行為の防衛のためになされる行為は，その不法行為者に対するものであっても，第三者に対するものであっても，責任が阻却される。それに対して，刑法における正当防衛は，急迫不正の侵害に対するものとしてのみ認められる。

まず，ナイフで襲いかかってくる者に対して，手近にあったホウキで打撃を加えるというのは，民法でも刑法でも，正当防衛に当たる。

他方，ナイフで襲いかかってくる者から逃れようと，他人の家の塀を壊して，逃げ込んだという場合，その「塀の毀損」行為については，民法上は，720 条 1 項が適用され，正当防衛として，損害賠償責任が否定される。他方，刑法上は，刑法 37 条が定める緊急避難の場合だとして理解される。この場合には，保全しようとした利益と害された利益の衡量が求められることになる。

②　不法行為法上の緊急避難

民法 720 条 2 項が規定する緊急避難は，「他人の物から生じた急迫の危難を避けるためその物を損傷した場合」であるから，対象となる場面は非常に限定されている。例として考えられるのは，他人の飼い犬が襲いかかってきたので，これを手近にあったホウキ（なぜ，この人は，掃除機ではなく，いまどき珍しいホウキを手近に持っているのだろうなどと脇道にそれてはいけない。手近にあったアーミーナイフ，鉄パイプ，拳銃などというと，はなしが複雑になるからである）で殴って，ケガをさせたというような場合である。

なお，買主のいない野良犬の場合，そもそも不法行為の問題は生じない。所有者がいない以上，所有権侵害は考えられないし，野良犬自体は，権利義務の帰属主体たり得ないからである。

刑法では，他人の飼い犬が襲いかかってきたというのは，「対物防衛」と呼ばれるカテゴリーに属するものである。刑法学においては，こうした対物防衛を正当防衛のひとつとして理解するのか，緊急避難として理解するのかについての議論がある。刑法学の議論についてはここでは立ち入らないが，いずれにしても，刑法学上は対物防衛という全体の中では特殊なものとして位置づけられるにすぎない小さなカテゴリーが，民法上の緊急避難そのものだということ

になる。

> **コラム** *カルネアデスの板*
>
> 　ところで，「カルネアデスの板」という言葉を聞いたことがあるだろうか。船が遭難して海に投げ出された2人の前に，板が1枚ある。その板は1人だけであれば沈まないが，2人つかまると沈むという場合に，相手を突き落として自分だけ助かったら罪に問われるのかという問題である。
>
> 　似たような設定は，1997年のアカデミー賞をとった映画「タイタニック」の最後にもあった。ちなみにケイト・ウィンスレットは，突き落としたりはしていない。冷たい海の中，一枚の戸板を見つけたケイトとレオナルド・ディカプリオの2人であるが，その戸板は2人の重さに耐えられるものではなかった。レオナルドは，ケイトだけを乗せ，自らは冷たい水の中で，ケイトの手を握り，「こんなところで死ぬんじゃない……」と話し続けるのである。ケイトが再び意識を取り戻したとき……。このことは，似たような設定でも，ほんのちょっと違うだけで（かなり違うかもしれない），ロマンスになったり，（突き落とした場合）〇曜サスペンス劇場になるということを教えてくれる。
>
> 　さて，このカルネアデスの板の問題では，危険がどのように生じたのかということや，誰かが責任を負うのかということは問題とならない。いま現在，危険な状況があって，それを逃れるための行為の妥当性が問題となるのである。刑法上の緊急避難は，「現在の危難」とするだけであり，まさしくカルネアデスの板のような場合も含むことになる。
>
> 　それでは，民法上は，このケースはどうなのであろうか。民法上は，遭難が天災によるものであった場合，正当防衛と緊急避難のいずれでも，この事案をカバーすることはできない。「他人の不法行為」（720条1項）という要件も，「他人の物から生じた急迫の危難」（720条2項）という要件も満たさないからである。ケイトが自分は助かろうとして，レオナルドを板から突き落とすと，不法行為責任が成立し，レオナルドの遺族はケイトに対して損害賠償請求をなし得るということになるのである（大判大正3年10月2日刑録20巻1764頁は，洪水による部落の危険を救うため堤防を決壊させた者について，その者が刑法上の緊急避難に当たるとして無罪の判決を受けても，被害者に対する民事上の損害賠償責任を負うのは当然だとした。オォ！）。

刑法と民法の視点の相違　　以上の説明を通じて，すでに気がついている読者も多いと思うが，刑法と民法における正当防衛，緊急避難の違いは，以下のように説明できるだろう。

　まず，刑法上は，「正 vs 不正」という図式でとらえられる正当防衛と，「正

vs 正」という図式でとらえられる緊急避難が区別される。不正に対する防衛行為としての正当防衛が容易に認められるのに対して，緊急避難における判断はより慎重でなくてはならないという要請とそれに対応した要件も，こうした図式から理解することができる。

　他方，民法上，正当防衛が成立するか否かという判断においては，防衛行為がどの方向を向いているかはまったく問題とされていない。その点では，民法は，刑法に比べて，正当防衛の範囲が著しく広いということになる。他方，緊急避難はといえば，民法が規定するのは，刑法上は緊急避難に当たるか否か自体議論がある対物防衛の場合だけである。もちろん，他人の不法行為から逃れるために第三者の財産を毀損するというような行為（刑法上の緊急避難行為）は，民法上は正当防衛ではカバーされるので，実質的には異ならない。問題は，危険が，不法行為などによらないものである場合である。刑法上は，これも緊急避難でカバーされるのに対して，民法上は，対物防衛に当たる場合を除いて，手当てがされていないのである。このように見てくると，民法上，正当防衛・緊急避難になるかどうかで，最も重視されているのは，出発点に第三者の不法行為があったか否かという視点だということになる。

　不法行為法では，第三者の不法行為があれば，防衛行為の方向は問題とせずに正当防衛が成立する。他方，第三者の不法行為がない場合には，（対物防衛を除けば）正当防衛も緊急避難も成立せずに，損害賠償責任が認められるということになる。なお，緊急避難として対物防衛が規定されているといっても，720 条 1 項によってカバーされない場合がどの程度あるのかは疑わしく，あまり意義のある規定とはいえないだろう。

　民法が，このように最初の危険が不法行為によるものであることを要求するのは，最初に不法行為があるとすれば，正当防衛・緊急避難を通じて，直接の加害者の責任を否定しても，当初の不法行為者の責任を追及することが可能であり（720 条 1 項ただし書），他方，危険が自然現象によって生じたというような場合，不法行為責任を否定することは，当該被害者が終局的な損害負担者になるということを意味し，適当ではないという判断による。

正当防衛・緊急避難と過失判断　　さて，720 条の内容は上記のとおりであるが，このような正当防衛や緊急避難による不法行為責任の阻却の問題と過失

判断を通じた不法行為責任の成立の問題は，一定の重なりがある。

かつての伝統的な見解のように，所有権侵害のような権利侵害はただちに違法であり，過失は予見可能性であるというような枠組みをとっていた場合，①②において挙げたような行為は，当然に不法行為になる（主観的要件たる過失も客観的要件たる違法性も，両方が認められる）。したがって，そこで責任の否定を導くためには，違法性の阻却といった特別のテクニックを必要としたのである。

しかしながら，所有権侵害がただちに違法だといったドグマを維持せず，且つ，過失というのは，一定の規範的評価を経た義務違反であるという理解に立つ場合には，正当防衛や緊急避難で扱われているような問題を過失の有無として取り上げることも可能である。たとえば，暴漢を免れるために，他人の塀を壊して逃げ込んだという場合，侵害された利益が塀の破損という財産的なものであり，他方，そうした行為を禁止した場合に生じる不利益が生命や身体の安全性に関わるものであるとすれば，当該状況における過失を否定するという可能性があると考えられる。

さらに，民法上の正当防衛や緊急避難の対象とはされない自然力などに起因する危難を避けるためになされる行為についても，過失（前提となる義務違反）を認めず，損害賠償責任が否定される場合があると考えられるだろう。

4 被害者の承諾，免責約款

問題の概観　不法行為法は，出会い頭の交通事故，不法行為の瞬間にはじめて加害者と被害者が出会うという場合だけを対象とするのではない。709条の要件が比較的緩やかなわが国の不法行為法においては，当事者間にすでに一定の関係がある場合も，十分に不法行為法の対象となり得る。

以下で扱うのは，（将来の）被害者の不法行為より前の時点での一定の対応が，不法行為責任の否定に働くのかという問題である。なお，損害の発生や拡大をもたらすような被害者の一定の行為（不注意な行為等）が賠償責任の減免に機能するという点については，過失相殺が問題となるが，これについてはあらためて説明する→**【過失相殺】** 422頁。ここでは，より積極的な形での不法行為に対する被害者の承諾，あるいは，不法行為責任の事前の免除をめぐる問題を取り上げることにしよう。

被害者の承諾・同意　　この免責の問題は，いくつかの次元で考えられるが，まず最初に，「不法行為責任を事前の合意によって免除することは可能か？」という問題を取り上げ，そのうえで，免責約款の有効性をめぐる問題を取り上げることにしよう。前者の問題が否定される場合には，後者の問題はそもそも生じないものと考えられるからである。

問題となるのは，被害者の承諾や同意が，不法行為責任の免除をもたらすかどうかである。これについては，刑法における議論を借用しつつ，おおむね，以下のような説明がなされてきている。

> ①　被害者が承諾した以上，原則として，当該行為は不法行為とはならない（不法行為責任は成立しない）。
> ②　しかしながら，生命や身体に関するような承諾は，不法行為責任の排除をもたらさない。

上記①について，従来は，被害者の承諾が違法性阻却事由となるとして説明された。しかし，賠償されるべき損害がない，あるいは，不法行為責任の前提とされる義務がないと説明すれば足りるだろう。

他方，②をどのように説明するかについては，いくつかの方法がある（同意が公序良俗に反する，自殺幇助は，それ自体独自の犯罪としての構成要件を満たす等）。もっとも，刑法上の議論を，不法行為責任の成否に関して直接援用することについては，疑問も残る。刑法では，個人的法益に対する罪においても，一定の社会的な影響や効果を考慮してその責任の有無が問題とされる。他方，不法行為責任の中心にあるのは，まさしく被害者と加害者との関係である。そこで一定の社会的影響が考慮されるとしても，それは，二次的なものにすぎない。身体侵害について同意があっても，それは社会的に許容されるべきことではないという評価と，被害者から加害者への損害賠償請求権の行使を認めるか否かということは，質を異にする問題である。

このような点に照らせば，生命身体の侵害の場合も含めて，被害者の承諾は不法行為責任の免除をもたらすものと考えられる。もちろん，生命のようにきわめて重大な法益の侵害について，その同意や承諾について，本当に完全性や任意性が認められるのかということが慎重に検討されるべきものであることは

4　被害者の承諾，免責約款　281

言うまでもない。

> **コラム** **高 瀬 舟**
>
> 　森鷗外の有名な小説に「高瀬舟」がある。主人公喜助は，弟殺しの罪を問われ，罪人として高瀬舟に乗せられる。その喜助の表情が晴れやかであることを不審に思った護送役の同心の問いかけに応じて，喜助は，「『すまない。どうぞ堪忍してくれ。どうせなおりそうにもない病気だから，早く死んで少しでも兄きにらくがさせたいと思ったのだ。笛を切ったら，すぐ死ねるだろうと思ったが息がそこから漏れるだけで死ねない。深く深くと思って，力いっぱい押し込むと，横へすべってしまった。刃はこぼれはしなかったようだ。これをうまく抜いてくれたらおれは死ねるだろうと思っている。物を言うのがせつなくっていけない。どうぞ手を借して抜いてくれ』と言うのでございます」と語り始める……という小説である。
>
> 　その行為の是非は，社会的に議論の余地は十分にあり得るものであろう。それをなお社会的に許されないものと評価するということはあり得る。しかし，喜助と弟の関係のみに焦点を当てるのであれば，これを弟との関係でも不法行為として責任を認め，損害賠償請求権を観念するということは適当ではないように思われる。もちろん，その前提となるのは，同意が真摯で完全なものであることを前提とする。
>
> 　なお，このような形で他人の死を助けたという場合，実際に賠償請求をするのは遺族である。この遺族の損害賠償請求は，①直接の被害者の損害賠償請求権（相続によって取得）と②遺族固有の損害賠償請求権から成っている。ここで被害者の承諾によって排除されるというのは，①の部分である。被害者自身が請求することができないが，相続が間にはさまることによって請求できるようになるということはないだろう。他方，②については，被害者の承諾がただちに，これを排除することになるわけではない。ただ，扶養利益の侵害のようなものについては，扶養義務者が自ら死を選んだことによって生じるのであり，当然のように死を助けた者に対する損害賠償として観念することができるとはいえないだろう。
>
> 　高瀬舟は，尊厳死等との関係で，一般的にその是非を語る際に取り上げられることが多い素材である。しかし，社会的秩序という構造の中で，国家対加害者という図式で扱われる刑事事件としての視点と，被害者対加害者という図式の中で考えられる民事事件としての視点には，必ずしも小さくない相違があるのではないだろうか。

免責約款の意味と不法行為責任の減免　　免責約款というのは，一定の責任を免除するという合意をあらかじめなすものである。通常，契約の中の条項のひとつとして，こうした免責条項が設けられることになる。次に，こうした免

責約款が不法行為責任について有する意味について検討しておこう（なお，消費者契約法8条は，消費者と事業者間で締結される消費者契約における事業者の損害賠償責任を減免する条項を一定の場合に無効としている。これについては，契約法の教科書を参照してほしい）。

　まず，最初に問題となるのは，「なぜ免責約款が不法行為責任を免除するのか」ということである。契約の中で，契約責任について規定することは当然に考えられる。しかし，本来，契約とは無関係なはずの不法行為責任を約款で免除するというのは，どのような意味なのかという疑問もあるだろう。これについては，以下のように説明することができる。

　まず，契約の当事者間では契約責任も不法行為責任も成立し得る。不法行為責任は，契約を前提とはしないが，契約があるということが障害となるわけでもない→【複数の救済方法の相互の関係】30頁。このような契約の当事者間で，責任についての合意をなす場合，その合意は，契約責任に限定されるとすると不都合であるし，合意の実質的な意味も失われる。契約責任について○○円を上限とする，あるいは，○○円の損害賠償を認めるという合意があっても，それとは無関係に不法行為責任が認められるのであれば，こうした合意は実質的に意味を有さない。したがって，当事者間では，このような合意をなす場合，契約責任だけではなく，不法行為責任についても，その対象としておく必要がある。そして，そうした合意は，すでに述べた被害者の事前の同意が不法行為責任の免除をもたらすということを前提として，その有効性も認められることになる。まず，この点が出発点となる。

　このような免責約款には，おおむね2つのタイプがある。

---

　① 帰責事由限定型の免責条項
　　　責任を負担する場合を故意または重過失の場合に限定する。
　② 責任範囲限定型の免責条項
　　　責任の範囲を一定の損害の種類までに限定する，あるいは，賠償金額の上限を定める。

4　被害者の承諾，免責約款　283

もちろん，①②を合体させたような，「いかなる場合にも，いかなる責任も負わない」というような免責条項も存在する。

免責条項の有効性　このような免責条項が，不法行為責任についても原則として有効であるということについては，すでに説明した。しかしながら，このような免責条項を無制限に有効としてよいかについては問題がある。約款という形式で提供される免責条項が，当事者間において許容できないような不公平な結論をもたらすということが考えられるからである。

　従来から，免責条項の限界については，ちょうど免責条項のタイプに応じた形で，説明されてきている。

①　ひとつは，故意または重過失についてまで免責するような条項の有効性は認められないというものである。この点で，「いかなる場合にも」という上記の約款が，まさしく故意または重過失までを含めた免責を認めるものである場合には，その有効性は否定されることになる。なお，故意または重過失の部分のみが無効だとすれば，過失責任の免除については有効だということになるし，他方，故意または重過失を含むような免責条項は全体として無効だということになれば，過失の場合も含めて免責条項の効力を否定することになる。特段の事情が認められない限り，前者のように，故意または重過失に及ぶ部分のみを一部無効と解することで足りるだろう。

> **事例研究**　最判平成 15 年 2 月 28 日判時 1829 号 151 頁
>
> 　事案は，ホテルの宿泊客の荷物が盗難にあったというものである。その荷物の中には，原告所有の 2850 万円相当の宝飾品等が入っていたために，原告は，ホテルに対して，715 条に基づいて損害賠償を求めた。被告ホテルの宿泊約款には，「宿泊客が当ホテル内にお持込みになった物品または現金並びに貴重品であって，フロントにお預けにならなかったものについて，当ホテルの故意又は過失により滅失，毀損等の損害が生じたときは，当ホテルは，その損害を賠償します。ただし，宿泊客からあらかじめ種類及び価額の明告のなかったものについては，15 万円を限度として当ホテルはその損害を賠償します」という規定が用意されていた。
>
> 　第 1 審は，約款の責任制限特約の中，「被告の故意又は重大な過失によって生じた損害に係る部分は，公序良俗に反するものとして無効」であるとしたのに対して，控訴審は，宿泊客から明告がなかった高価品が滅失毀損した場合には，ホテル側に重大な過失がある場合にも本件特則が適用されるとして賠償範囲を 15 万円に限定した。
>
> 　最高裁は，本件特則は，「宿泊客が，本件ホテルに持ち込みフロントに預けなかった物

品，現金及び貴重品について，ホテル側にその種類及び価額の明告をしなかった場合には，ホテル側が物品等の種類及び価額に応じた注意を払うことを期待するのが酷であり，かつ，時として損害賠償額が巨額に上ることがあり得ることなどを考慮して設けられたものと解される。このような本件特則の趣旨にかんがみても，ホテル側に故意又は重大な過失がある場合に，本件特則により，被上告人の損害賠償義務の範囲が制限されるとすることは，著しく衡平を害するものであって，当事者の通常の意思に合致しないというべきである。したがって，本件特則は，ホテル側に故意又は重大な過失がある場合には適用されないと解するのが相当である」として，重過失の有無を判断させるために原判決を破棄し，原審に差し戻した。

　本判決は，一般論として，故意または重過失免責を規定する約款の効力を一律に否定しているわけではない。そこでは，具体的な免責特約の趣旨を確認したうえで，故意または重過失がある場合にも免責が及ぶことが，当該免責特約の趣旨との関係で適切なのかの判断がなされている。もっとも，後述のように，消費者契約法は，故意または重過失に関する免責は無効としており，この点については，消費者契約法が適用される限りにおいては，すでに解決済みの問題だということになる。

　なお，本件では，第1審判決が故意または重過失によって生じた損害部分に関して免責条項（責任限定条項）が公序良俗違反により無効（一部無効）になるとしているのに対して，最高裁は，当事者の意思解釈として重過失免責までは特約の内容とされていないとしているものと解される。解決の手段としては両方の可能性が考えられるが，大きな違いはもたらさないであろう。

　②　もうひとつは，被侵害法益の種類に応じた限界である。すなわち，生命や身体の侵害に関わるような免責条項の効力は認められないということが，従来から主張されている。したがって，「いかなる責任も負わない」というのが，このような生命や身体の侵害を含む責任も認めないという趣旨のものであるとすれば，この観点から，免責条項は無効とされることになる。なお，こうした被侵害法益の種類は，事前の被害者の同意が，生命や身体の侵害については不法行為責任を排除しないという従来の議論に対応するものであろう。本書においては，そうした場合も含めて，被害者の同意が成立する可能性を述べたが，しかし，そこでは，同意や承諾の完全性，真摯性も要求されるのであり，免責約款をもって，こうした同意と同視することはできない。

4　被害者の承諾，免責約款　285

免責条項の及ぶ人的範囲　なお，こうした免責条項による責任制限が，他の者の損害賠償請求権にも影響を与えるかが問題となる。基本的には，免責条項による責任制限は，あくまで契約当事者を拘束するものにすぎず，第三者の権利には影響を及ぼさないというのが原則である。

最判平成 10 年 4 月 30 日判時 1646 号 162 頁→ *百選II (8版) [111]・山本豊*は，宅配便で送付された高額品（ダイヤモンド等）が紛失したという事案で，宅配便運送約款に定められた「責任限度額の定めは，運送人の荷送人に対する債務不履行に基づく責任についてだけでなく，荷送人に対する不法行為に基づく責任についても適用される」とする。ただし，判決の中では，荷受人が発送者との間で長年にわたって頻繁に宅配便を利用して宝石類を送付し合ってきており，本件荷物についても，宅配便によって運送されることを認識し，宅配便が利用されることを容認していたという事情を挙げ，「本件荷物の紛失を理由として……責任限度額を超える損害の賠償を請求することは，信義則に反し，許されない」としているので，免責約款の適用により，当然に責任が排除されているわけではない点には，注意が必要である。

免責条項に対する法律上の制限――消費者契約法　こうした免責条項の有効性について，明示的に規定したのが，消費者契約法である。消費者契約法 8 条は，一定の場合に免責条項が無効となることを規定している。少しわかりにくい規定の仕方となっているが，おおむね，以下のように整理することができよう。

---

① 債務不履行・不法行為による損害賠償責任の全部免除は無効である（8 条 1 項 1 号，同条同項 3 号）。

② 事業者，代表者，被用者の故意または重過失の債務不履行・不法行為による損害賠償責任の免除は無効である（8 条 1 項 2 号，同条同項 4 号）。

ここでは，上記の責任範囲限定型，帰責事由限定型の 2 つの視点に対応した免責条項の限定が見られる。

つまり，①で全部免除はいっさい無効であるということを規定する。もっと

286　第II部　不法行為の成立要件／第 4 章　責任の阻却事由

も，被侵害法益の種類に応じたような限定は採用されていない。

また，②では故意または重過失による責任を免除することを無効とする。なお，条文上は，一部免除を無効とするという形になっているが，これは①によって全部免除型は帰責事由に関係なく無効となっていることを受けているからである。実質的には，故意または重過失による責任の免除は無効であるということのみ理解しておけば足りる。

さて，このような規定を前提とすると，結局，免責条項として有効であるのは，「軽過失に基づく責任についての一部免除」のみに限定されることになる。

消費者契約法においてこのように免責条項の有効性についての規定が設けられたことの意義は小さくない。特に，従来存在してきた免責条項の中には，著しく不当なものも少なくなく（「いかなる場合にも，いかなる責任も負わない」式の免責条項），そうした免責条項の無効が法律の中で明示的に規定されたことは，契約文書の作成などにも影響を与えていくことになろう。

ただし，このような限定が，これで十分であり，この規定に違反しなければ有効だといえるほどのものではないことも否定できない。特に，(1)有効とされる一部免責の「一部」の意味がそれほど明らかではないこと（いくらでもいいから上限を定めておけば，上記①の規制をクリアできるのかという問題），(2)生命や身体の侵害についての免責条項も，一定の賠償額さえ用意しておけば当然に有効といえるのかという点については問題が残る。

これらについては，なお90条等によって無効とすることが考えられるべきであろう。

> **コラム** *看板──「ボールに注意！　ボールに当たった場合でも当方は責任を負いません」*
>
> 　前に駐車違反をしたら罰金をとるぞという看板の例を取り上げたが，ここでは，ちょうど反対の性格の看板の意味を考えてみることにしよう。これは，「不法行為があっても，私は責任を負わないよ」というタイプの看板である。ちなみに，上の看板は，私が歩いていた道に立っていた。横には，中学校か高校かのグラウンドがあったので，そこで野球の練習でもしているときを想定した看板だろう。
>
> 　契約当事者間において不法行為責任を含めて，免責条項を用意することは可能だということについては，すでに説明した。それでは，上記の看板も有効な

のだろうか。結論としては，そうではない。ここでは，歩行者は，学校と何ら契約関係を結んでいるわけではない（たまたま，歩行者が学校の生徒であったという場合もあろうが，ボールをめぐる関係についての契約は存在していない）。このような場合に，一方的に不法行為責任を負わないと宣言しても，それが何らの意味を有さないことは当然だろう。「私は，不法行為責任を負わない」という看板を車に乗せて走っても，それによって，不法行為責任をめぐる法律関係が変わるわけではないというのと同様である。もっとも，上記の看板の中，「ボールに注意！」の部分は，いくらかは意味があるかもしれない。危険な状態であることを示しておいたにもかかわらず，注意を払わなかったということで賠償責任を減額するといったことも考えられるからである→【過失相殺】*422頁*。しかし，一般の通行が認められた道を歩いていて，上から相当のスピードで飛んでくるボールに注意せよといっても，無理なはなしである。最終的に，この部分も含めて，この看板は，「無意味」であるというのが，本書の結論である。さて，諸君はどう考えるだろうか。

　ちなみに，このコラムを書きながら，山間部の道路でしばしば目にする「落石注意」の看板も気になり始めた（「落ちてくる石」なのだろうか，「落ちている石」なのだろうか。ちなみに，広辞苑には，落石について，「山などで，上から石が落ちてくること。また，その落ちた石」と書いてある）。落ちてくる石に注意をしながら，頭上を見上げて運転していたところ，道路から外れてまっさかさまに落ちてしまったという場合，道路管理者は責任を負ってくれるのだろうか。さて，どうだろう。

5　その他

社会的相当性・正当業務行為　　かつては，民法典には明文の規定はないが，違法性阻却事由として，社会的相当性や正当業務行為を挙げるのが一般的であった。たとえば，医師による身体的侵襲（手術などによって患者の身体を傷つけること）は，正当業務行為であり，違法性が阻却されるという説明がなされた。

　しかしながら，こうした責任阻却事由を特別に観念しなくてはならないかは，現在では疑問である。

　まず，行為の正当性については，過失の前提となる義務の判断の中で十分に考慮していくことが可能である。

　また，医師による身体的侵襲が不法行為となることを阻却する最も基本的な類型は，患者の同意がある場合であり，被害者の承諾という責任阻却事由の中

で考慮すれば足りるということが考えられる。患者の同意の有無を問題とせず，正当業務行為といった形で，不法行為責任を否定することは，医療における患者の自己決定権を軽視するものであると言えよう。もちろん，患者の同意がどこまで及び，どのような法律効果をもたらすのかについては，なお検討の余地はある。しかしながら，患者の同意を出発点としたうえで，その同意から外れる可能性がある領域については，個別に過失判断の前提となる行為義務の問題として考えていくことで十分に対応可能であり（行為義務を判断する中で，医療行為としての妥当性等を考慮する），こうした過失判断の枠組みとは独立して，医療行為の社会的正当性や正当業務行為性を論じるということは，必ずしも必要ではないように思われる。

自力救済　　現代の法秩序においては，権利の救済は法的な手段を通じてなすことを前提としており，直接的な実力の行使による救済は認められていない。しかし，一定の場合には，こうした自力救済が，違法性阻却事由となるのではないかが論じられてきた。

判例の中には，法的な救済手段が十分ではなく，緊急やむを得ない場合に限って，例外的に認められるといった趣旨を述べたものもある（最判昭和40年12月7日民集19巻9号2101頁。ただし，傍論である）。

この問題も，基本的には，過失の前提となる義務の問題の枠組みの中で考えれば足りるのであり，違法性阻却事由，責任阻却事由として，特殊な衡量によって判断されるものでないだろう。上記判例によって示されたような事情（法的な救済の不十分さ）や現代の法秩序が自力救済を禁止している趣旨も，こうした過失判断の前提としての義務を考える際の要素として位置づけられるのであり，ハンドの公式→*【過失の前提となる行為義務を決定する基準】58頁*との関係では，特に，義務設定によるコストの問題として衡量されることになるだろう。

第5章 各種の事件類型における不法行為の成立をめぐる問題——発展的な理解のために——

事件類型に応じた分析　すでにいままでの説明の中にも，さまざまな事件類型が登場してきた。交通事故，名誉毀損，プライバシー侵害等である。これらの事件類型は，特に，侵害された利益の性質に応じて説明をしてきた。ただ，実際には，1つの事故が生じた場合，それをどのような被侵害利益のタイプのものとして構成するのかといったこと自体，それほど明確ではないもの，あるいは，複合的な責任が問題となるようなものがある。このような状況をふまえて，以下では，いままでの説明で十分にカバーできていないと思われるいくつかの類型について，整理の意味を含めて，見ていくことにしよう。

1 医 療 過 誤

医療過誤　医療においてさまざまな事故が発生した場合，医師の刑事責任や取締法規違反が問題となるほか，治療にたずさわった医師や使用者（病院等）の責任も問題となる。医療過誤については，すでに言及した部分も多いが，ここでいままでに述べたところも含めて，医療過誤における不法行為責任をめぐる問題を整理しておくことにしよう。

契約責任と不法行為責任　医師と患者との法律関係を規律する基本となるのは診療や治療に関する契約である。したがって，医療上の事故があった場合，患者から医師等に対する責任の追及をする際には，医師や医療機関の責任を契約責任として構成することが考えられる。しかし，それと同時に，不法行為責任によって賠償を求めていくということも考えられる。

　かつては，この両者の責任については，立証責任の点から，契約責任を追及する方が容易であるとされていた。すなわち，債務不履行責任であれば，原告が債務不履行の事実さえ立証すれば，無過失は被告の側で立証しなければなら

ないため，原告が過失の立証責任を負担する不法行為より，原告に有利であるとされたのである。

しかしながら，このような説明は，現在では，ほぼ否定されている。なぜなら，債務不履行の事実を立証すれば足りるといっても，医療過誤のような場合，債務不履行の事実というのは，「医師がなすべき行為をしなかった」ということである。したがって，そうした債務不履行の事実を立証するということは，不法行為責任の追及において客観的な行為義務違反としての過失として評価される事実を立証するのと実質的に異ならない。結局，医師として何をすべきであるかが問題となり，そのなすべきことをしなかったということについての立証をしなければならないのであり，契約責任と不法行為責任のいずれによっても，実質的な違いは存在しないと見るべきであろう。

なお，医師に使用者（医療法人等）がある場合には，債務不履行責任構成であれば，履行補助者の過失法理によって，医師の過失が，契約当事者たる使用者の過失とみなされる。他方，不法行為責任構成であれば，使用者責任（715条）によって，その使用者の責任が説明されることになる。もっとも，使用者責任においても，民法715条1項ただし書の適用による免責は事実上認められないのであり→*【中間責任としての性格と実質的な無過失責任化】205頁*，この点についても，実質的には，特に結論を左右するものではないだろう。

医師の過失と医療水準論　　過失の前提となる行為義務の決定については，医療過誤であるということを理由として，当然に特殊な扱いが求められるわけではない。もちろん，人の生命や健康に直接関わる医療行為において，高度の注意義務が求められることは当然である（最判昭和36年2月16日民集15巻2号244頁「東大梅毒輸血事件」→*医事百選 (2版) [45②]・米村滋人*は，「人の生命及び健康を管理すべき業務（医業）に従事する者は，その業務の性質に照し，危険防止のために実験上必要とされる最善の注意義務を要求される」とする）。

こうした医療過誤における医師の過失責任の判断については，従来から，医療水準という概念がしばしば論じられてきた。ここでは，医療水準と過失の判断との関係について見ておくことにしよう。

医療水準論は，当初，過失の有無を実際の医療水準を基準として判断すべき

1　医療過誤　　291

ものであるという主張として展開された。過失の前提となる行為義務は，規範的に判断されるものにほかならない。しかし，そのような規範的判断が実際に行われている医療の水準と乖離（かいり）するという状況があり，そうした状況が医療の側から批判され，現実の医療の水準を基準とすべきということが主張されたのである。このような医療水準論は，過失の有無を事実の問題に位置づけようとするものであり，規範的な判断としての一般的な過失判断とは，その性格が大きく異なることになる→【過失の判断基準】51頁。そして，このような当初の医療水準論は，同時に，過失の判断基準の引下げを含意していた。

しかし，現在の医療水準論には，そうした性格は明確には認められない。

> **事例研究** 最判平成8年1月23日民集50巻1号1頁→ *重判H. 8 [民10]*・手嶋豊
>
> 医薬品の能書に記載された手順を守らずに施術を行い，患者が，アナフィラキシーショックにより心停止を起こし，脳機能低下症の後遺障害を残したという事案である。
>
> 最高裁は，「医療水準は，医師の注意義務の基準（規範）となるものであるから，平均的医師が現に行っている医療慣行とは必ずしも一致するものではなく，医師が医療慣行に従った医療行為を行ったからといって，医療水準に従った注意義務を尽くしたと直ちにいうことはできない」としたうえで，「本件麻酔剤の能書には，『副作用とその対策』の項に血圧対策として，麻酔剤注入前に1回，注入後は10ないし15分まで2分間隔に血圧を測定すべきであると記載されているところ，原判決は，能書の右記載にもかかわらず，昭和49年ころは，血圧については少なくとも5分間隔で測るというのが一般開業医の常識であったとして，当時の医療水準を基準にする限り……過失があったということはできない，という。しかしながら，医薬品の添付文書（能書）の記載事項は，当該医薬品の危険性（副作用等）につき最も高度な情報を有している製造業者又は輸入販売業者が，投与を受ける患者の安全を確保するために，これを使用する医師等に対して必要な情報を提供する目的で記載するものであるから，医師が医薬品を使用するに当たって右文書に記載された使用上の注意事項に従わず，それによって医療事故が発生した場合には，これに従わなかったことにつき特段の合理的理由がない限り，当該医師の過失が推定されるものというべきである」として，原告の請求を退けた原審の判断を否定した。

このように，現在の判例も，医療水準という言葉は利用している。しかしながら，そこで示されているのは，あるべき規範的水準としてのものであり，当初の医療水準論において含まれていたような，実際の医療の状況をただちに過失判断に反映するものではない。この点だけを見れば，医療水準の独自の意義というのは，現在では，それほど大きくはないということになる。

医療水準の判断基準　もっとも，医療水準という考え方が，まったく積極

的意義を有さないのかという点については，以下のような点をふまえて考える必要がある。

まず，判例も，単に平均的医師が行う医療慣行ではないとしているものの，まったく医療の実際を離れて医療水準を考えているわけではない。一方で，注意義務の基準となるべきものは，診療当時の医学の最高水準とされる知見であるとすることはできず，一般的には，診療当時のいわゆる臨床医学の実践における医療水準だとしているのである（最判昭和57年3月30日判時1039号66頁，最判昭和63年1月19日判時1265号75頁）。

また，このような医療水準は，単に医学上の水準という形で全国一律に絶対的な基準として定まるのではなく，診療に当たった当該医師の専門分野，所属する診療機関の性格，その所在する地域の医療環境の特性等の諸般の事情を考慮して決せられるべきものであるともされる（後掲最判平成7年6月9日参照）。

このような形で決まる水準を，過失の前提となる義務の一般的な判断枠組みであるハンドの公式を用いたりして導くことは不可能ではないかもしれないが，しかし，それによって説明がより容易になったり，クリアになったりするわけではないだろう。

その点で，現在の医療水準論は，判例が，過失の判断が規範的になされるべきものであるという枠組みを維持しながら，その中で，当該具体的な医療における可能性を考慮しつつ，その内容を具体化してきたものであると理解することができよう。

事例研究 最判平成7年6月9日民集49巻6号1499頁「姫路日赤未熟児網膜症事件」
→ *百選Ⅱ（8版）[84]・手嶋豊，医事百選（2版）[45①]・米村滋人*

事案は，未熟児網膜症に関するものである。被害者は，昭和49年12月に出生した。

原審は，未熟児網膜症に対する治療方法である光凝固法の治療基準についての統一的な指針が得られたのは，昭和50年8月以降であるとして，義務違反を否定した。

それに対して，最高裁は，「当該疾病の専門的研究者の間でその有効性と安全性が是認された新規の治療法が普及するには一定の時間を要し，医療機関の性格，その所在する地域の医療環境の特性，医師の専門分野等によってその普及に要する時間に差異があり，その知見の普及に要する時間と実施のための技術・設備等の普及に要する時間との間にも差異があるのが通例であり，また，当事者もこのような事情を前提にして診療契約の締結に至るのである。したがって，ある新規の治療法の存在を前提にして検査・診断・治療等に当たることが診療契約に基づき医療機関に要求される医療水準であるかどうかを決するに

ついては，当該医療機関の性格，所在地域の医療環境の特性等の諸般の事情を考慮すべきであり，右の事情を捨象して，すべての医療機関について診療契約に基づき要求される医療水準を一律に解するのは相当でない」としたうえで，昭和50年8月以前か否かということのみを判断基準とする原審の判決を破棄した。

このような最高裁の判断には，医療に関する知見や技術の普及を考慮しつつ，判断していこうという基本姿勢を見出すことができる。ただ，医療水準を判断する場合の医療機関のカテゴリーをどの程度細分化するかということについては，決定的なメルクマールがあるわけではない。本判決では，「先進的研究機関を有する大学病院や専門病院」，「地域の基幹となる総合病院」，「そのほかの総合病院」，「小規模病院」，「一般開業医」というカテゴリーが示されているが，これも絶対的なものではないだろう。

小規模病院や開業医の責任　　小規模病院や開業医だから当然に技術水準が低いということは必ずしもいえないが，上記の平成7年判決のような枠組みにしたがえば，原則として，これらの医療機関については，義務の水準が相対的に引き下げられることになる。それでは，これらの医療機関の責任は単純に軽減されるのであろうか。必ずしも，そうではなく，技術水準が低い医療機関においては，より高い医療機関に，患者を転送するという義務が認められる（転送義務。最判平成15年11月11日民集57巻10号1466頁→*医事百選（2版）[47]・橋口賢一，重判H. 15［民10］・大塚直*）。医療水準に関する医療機関の類型化で述べられたことは，ある特定の治療方法を採用する場合の義務違反の判断のためのものである。そうした特定の治療方法をなすべき義務は存在しないとしても，転送義務が課されることによって，全体としての医療が実現されるというしくみとなっている点には注意が必要である。

なお，転送義務を考えるうえでは，新しい治療方法や難易度の高い治療方法についての知見がどの程度普及しているかという事情が影響を及ぼす。そうした治療方法があるということについての知見自体が十分に普及していない場合には，転送義務を措定することはできない可能性がある。それに対して，他の治療法があることはわかっているが，難易度が高い，治療のために特別の施設や装置を必要とするといった理由によって自分のところでは実施できないという場合には，転送義務を措定することは容易である。

第Ⅱ部／第5章　各種の事件類型における不法行為の成立をめぐる問題

> **コラム** **地域基幹病院から開業医への転送**
>
> 　この転送義務のことを説明していたら，忌まわしい記憶がよみがえった。どうしても，書きたい。書かざるを得ない。以下の記述は真実ではあるが，しかし，公共性，公益目的性という点では疑わしい（もっぱら個人的な恨みによる）。名誉毀損で訴えられるのは嫌なので，地名，病院名等は伏せる。
>
> 　さて，ある年の夏，郷里に帰省していたときのことである。知り合いから貰った小浜・小鯛の笹漬けを「うまい！うまい！」と食べていたところ，のどに鯛の小骨が刺さった。まぁ，小鯛の笹漬けの小骨であるし，痛みは大したことはなかったのであるが，翌日，長距離の車の運転が控えていることもあり，何ごとにも慎重な私は，地域の基幹病院の耳鼻咽喉科を訪ねた。そこで起こったのは，語るも無惨な状況であった。吹き付けるタイプの麻酔薬を使ったうえで，地獄の鬼が持っているような先が曲がったはさみで，喉の奥をごりごり，ごりごり，ごりごり……。骨は出てこず，その中，出てきたのは，皮膚の破片というよりは，肉片。痛さをこらえられず，そのことを申し出たら，それではということで，別のタイプの麻酔薬を使用。そのうえで，ごりごり，ごりごり，ごりごり……。そろそろ喉に穴が開くのではないかという肉片。もう勘弁してくれと言ったところ，注射器の麻酔。こんな麻酔の使い方があるのかと怯えて，「骨は我慢する。頼むから，帰らせてくれ」との嘆願。やっと解放されるにあたって，その医師が，「○○医院に行ってみたら，どうかなぁ。あそこは，別の道具があるはずだから」とポツリ。そのまま，個人開業医である○○医院に直行。数分もしないうちに，まったく痛みも感じないまま，「大変でしたね。これが刺さっていた骨ですよ」と，○○先生に見せられた次第である。
>
> 　このことは，さまざまなことを教えてくれる。ひとつは，平成7年判決が述べるほど医療機関の類型化は簡単ではなさそうだということである。そして，もうひとつは，基幹病院から開業医への転送義務もあって然るべきだということである。

医師の高度の技術──白い巨塔ふたたび　平成7年判決のような医療水準の考え方からすると，当該医療機関が有している技術水準に応じて，義務違反（過失）が判断されるということになりそうである。もっとも，これは，過失の一般的な議論からは，当然に導かれる結論ではない。

　すでに説明したように，過失には抽象的過失と具体的過失がある。通常，抽象的過失の方が高度の水準であることを前提に考えており，具体的過失がなかったということは，責任を否定することにはつながらないという説明をする。それでは，具体的過失の方が抽象的過失の水準より高い場合は，どうなるのだ

1　医療過誤　　295

ろうか。この点については十分に議論されてきているわけではなく，明確な見解が確立しているわけではないが，少なくとも具体的過失で判断するということが当然に受け入れられているわけではない。

　平成7年判決との関係では，医療機関ごとにいわば抽象的な過失が決まるのだということで，あくまで具体的過失ではないという説明は可能と思われる。ただ，同判決においても，抽象的に医療機関の性格のみを基礎として判断しているのではなく，個別具体的に，その医療機関における態勢や医師の実績を問題としているのである。この点では，より具体的過失に近い性格も認められるといえそうである。

　ところで，237頁の(コラム)で触れた「白い巨塔」の財前教授の医療ミスについては，財前教授が一般的な医師よりもはるかに高い技術を有していたということを前提として，その過失の有無が問題となった。つまり，他の者であれば気づかないことであったが，財前教授なら気づいたはずである。したがって過失がある，といえるのかどうかが問題となったのである。

　医療機関の類型化に示される方向は，こうした場合に，高度の水準を持つ医師については，その医師の水準を前提に判断するという方向に向かいそうであるが（ただし，この点は絶対にそうだというわけではない），こうした状況はどのように説明されるのだろうか。

　一般的な過失判断の枠組みの中でこれを説明することは，難しいように思われる。客観的な行為態様に注目した判断というのは，具体的な加害者の個別事情を取り込まずに，責任負担を考えるというものであり，個別的な加害者の能力が一般的な水準と異なるということは，プラスにもマイナスにも作用しないとも考えられるからである。

　むしろ，医師と患者の関係において，当該医師の高い水準を前提とした医療を受けるという関係があるからこそ，こうした義務の高度化が認められるということになるのではないだろうか。平成7年判決が，「当事者もこのような事情を前提にして診療契約の締結に至る」と述べているのも，このような文脈の中で理解されるべきではなかろうか。なお，このように当事者間の個別的な関係に照らして義務の水準が変化するということは，契約責任においては比較的容易に取り込むことができると考えられるが，不法行為責任についても，当事

者間の個別具体的な事情を無視して一般的な水準のみによって前提となる義務が決まるわけではなく，やはり具体的な当事者間の個別的な事情（当該医師が高度の能力を有しており，患者はそれゆえにこそ当該医師の治療を選択したといった事情）が義務の水準に影響を及ぼすものと考えるべきであろう。

インフォームド・コンセント　「インフォームド・コンセント」という言葉を耳にしたことがある人は，少なくないだろう。これは，医師と患者との関係を規定する概念であり，自己の医療に関する十分な説明を受けたうえでの患者の同意を意味する。このようなインフォームド・コンセントは，現在の医療において重要な役割を果たしているが，ここでのインフォームド・コンセントが，責任阻却事由としての患者の同意と同じように位置づけられているわけではない点には注意が必要である。

　すなわち，患者の同意を身体的侵襲に対する同意として違法性阻却事由に位置づけようとした初期の見解においては，そうした同意が存在しない身体的侵襲（手術等）は，一般の身体的な侵害と同様のものとして位置づけられることになる。したがって，その手術等においてミスがあったか否かを問題とすることなく，身体的侵襲それ自体が身体侵害として不法行為責任の対象となるという方向を指向していた。こうした理論構成の背景には，過失の証明等を軽減するという意味もあった。

　しかしながら，現在では，インフォームド・コンセントの違反があったという場合，その後の身体的侵襲がすべて不法行為となると考えられているわけではない。むしろ，自己決定権の違反というレベルでの人格的利益の侵害が考えられているにすぎない。この点では，医療における身体的侵襲について，「『社会的相当性』の視点から『被害者の承諾』の視点への移行」が完全に生じているわけではないということになる。

医療過誤における因果関係の立証　医師のミスによって，被害者があらたに重大な侵害をこうむった場合，あるいは，適切に治療されていれば治ったはずの負傷や疾病が治らなかった場合，そうした身体的な不利益に関する損害が，賠償の対象となることについては言うまでもない。

　他方，医療過誤においては，実際に，こうした身体的な損害（あるいは，そ

1　医療過誤　297

れを通じた財産的不利益）を立証することが困難な場合が少なくない。たとえば，治療に成功しても，必ず助かる，あるいは助かる可能性が劇的に高まるというのではない場合，その治療をしなかったという義務違反は認められても，損害や因果関係の立証には成功しないということがしばしば起こる。

このような因果関係の立証の困難さをめぐる問題に対しては，いくつかのアプローチが考えられる。

① 立証責任というレベルでの解決

まず，正面から立証責任というレベルで，この問題にアプローチすることが考えられる。ここでの方法は，因果関係に固有のものではなく，立証責任の転換や軽減という一般的なものである。こうした手法としては，証拠との近さを考慮した立証責任の配分のほか，文書提出命令を通じた方法，立証妨害の法理などがある→*【過失の立証】81頁*。また，一般的に受け入れられているわけではないが，後に説明する確率的心証論もここに位置づけることができるし→*【確率的心証論】357頁*，疫学的因果関係も，立証責任の緩和という視点から位置づけることができる→*【疫学的因果関係による立証】356頁*。

② 因果関係の対象の修正

因果関係は，起点（不法行為，義務違反）と終端（権利侵害，損害）をつなぐヒモのようなものである。したがって，そのヒモの立証というのは，起点や終端をどのようにとらえるのかによって，大きく異なってくる→*【因果関係をめぐる最近の議論と本書の立場】176頁*。たとえば，被害者の死亡という結果も，その結果の意味をどのように理解するかによって，その因果関係を立証するということの意味も，おおきく異なるのである。

事例研究 最判平成11年2月25日民集53巻2号235頁→*百選II（5版・新法対応版）[78]・新美育文*

医師が，肝癌早期発見のための義務を怠り，患者Aが肝癌によって死亡したという事案において，医師の不作為と患者の死亡との間の因果関係が問題となった。

第1審・控訴審は，医師の義務違反を認めつつも，Aの「延命の可能性が認められるとしても，どの程度の延命が期待できたかは確認できないから，被告の右過失及び債務不履行とAの死亡との間に相当因果関係を認めることはできない」として，因果関係を否定した。

他方，最高裁は，「訴訟上の因果関係の立証は，一点の疑義も許されない自然科学的証明ではなく，経験則に照らして全証拠を総合検討し，特定の事実が特定の結果発生を招来した関係を是認し得る高度の蓋然性を証明することであり，その判定は，通常人が疑いを差し挟まない程度に真実性の確信を持ち得るものであることを必要とし，かつ，それで足り」，それは不作為の場合にも異ならないとしたうえで，原審の「趣旨とするところは，Aの肝細胞癌が昭和61年1月に発見されていたならば，以後当時の医療水準に応じた通常の診療行為を受けることにより，同人は同年7月27日の時点でなお生存していたであろうことを是認し得る高度の蓋然性が認められる……Aの死亡との間には，因果関係が存在するものというべきである」として，因果関係を肯定した。

　ここでは，第1審・控訴審と最高裁との間に，因果関係についての判断そのもののレベルでの相違があるわけではない。最高裁が，因果関係の立証について一般的に述べるところを，第1審・控訴審が否定しているわけではないだろう。両者の相違は，むしろ，因果関係の終端としてのAの死をどのようにとらえるのかという点に存する。

　第1審・控訴審は，Aの死を，「本来生きることができた期間より，どれだけ短くなったのか」という視点でとらえている。だからこそ，延命期間がはっきりしない以上，結果との因果関係の立証がなされていないとするのである。

　他方，最高裁は，他の時点ではなく，その時点で死んだということを因果関係の終端としての死としてとらえているのであり，さらにどれだけ生存したのかは，ここでの直接の問題ではないとしている。

　その意味では，両者の相違は，因果関係そのものではなく，死という損害をどのように理解するのかという損害論のレベルでの相違だと言うことができる。逆にいえば，因果関係論そのものの内容や性質を変えなくても，因果関係の終端としての損害をどのように理解するかによって，因果関係の立証の難易度は大幅に変わってくるのである。

　なお，最高裁のような理解による場合，医療過誤と患者の死亡との間の因果関係は肯定され，死亡についての損害賠償が認められることになるが，その死亡による損害額をいくらであるとするのかという問題は残される（逸失利益の賠償については，逸失利益の対象となる期間が不明である以上，その部分については損害が不明であり，賠償が認められないという可能性もあり得る）。

1 医療過誤

③　別の法益侵害としての可能性

　因果関係の立証困難を克服するまったく別のアプローチが，別の法益侵害とし て問題を構成するという方法である。自己決定権の侵害については，すでに 比較的詳しく述べたが，それ以外にも，期待権侵害，治療機会の喪失などを損 害と位置づける立場が，下級審裁判例においては現れている。

> **事例研究**　最判平成 12 年 9 月 22 日民集 54 巻 7 号 2574 頁→ *百選 II （8 版）[88]・手嶋豊，重 判 H. 12 [民 6]・窪田充見*
>
> 　突然の背部痛のために，Y 経営の病院を訪れた A が死亡したという事案について，原 審は，適切な治療をすれば A を救命することが可能であったとは認められないとしたう えで，医師が胸部疾患の可能性のある患者に対する初期治療として行うべき義務を果たし ていないという判断をふまえ，「診療契約は，患者の病気の治癒ないし救命自体を目的と するものではないが，医師としてはそれに向けて最善の手段方法を選択し，医療水準に適 った医療を施すべき義務を負うものである。したがって，仮に患者を救命することが可能 であったとはいえない場合においても，医師としては，診療契約上の義務として，また， 不法行為法上も，最善を尽くすべき義務があるのであり，これを怠った場合には，これに より患者が適切な医療を受ける機会を不当に奪われたことによって受けた精神的苦痛を慰 藉すべき責任がある」とし，A の固有の慰謝料として，200 万円を認容した。
>
> 　最高裁は，「本件のように，疾病のため死亡した患者の診療に当たった医師の医療行為 が，その過失により，当時の医療水準にかなったものでなかった場合において，右医療行 為と患者の死亡との間の因果関係の存在は証明されないけれども，医療水準にかなった医 療が行われていたならば患者がその死亡の時点においてなお生存していた相当程度の可能 性の存在が証明されるときは，医師は，患者に対し，不法行為による損害を賠償する責任 を負うものと解するのが相当である。けだし，生命を維持することは人にとっても最も基 本的な利益であって，右の可能性は法によって保護されるべき利益であり，医師が過失に より医療水準にかなった医療を行わないことによって患者の法益が侵害されたものという ことができるからである」として，原審の判断を維持した。

　この事件で，原審は，いわゆる期待権侵害という構成をとっている。

　他方，最高裁は，「生命を維持する……相当程度の可能性」を保護法益と見 ていることが読み取れる。保護法益をこのように理解することによって，医療 過誤と死との因果関係は立証できなくても，別の不法行為として救済を認めた ものと位置づけることができよう（なお，最判平成 23 年 2 月 25 日判時 2108 号 45 頁→ *リマークス 44 [9]・手嶋豊* は，「患者が適切な医療行為を受けることができなかった場合 に，医師が，患者に対して，適切な医療行為を受ける期待権の侵害のみを理由とする不 法行為責任を負うことがあるか否かは，当該医療行為が著しく不適切なものである事案 について検討し得るにとどまるべきものである」として，期待権侵害の不法行為の成立

の可能性を完全に否定しているわけではないが，かなり慎重な態度を見せている）。

　もっとも，このような生存の可能性が保護法益だという場合，そうした損害は，必ずしも非財産的な性格しか有さないわけではなく，財産的な性格を有するということも排除できないように思われる。この判決では，原審の判断を維持することにより，慰謝料という形で問題が解決されている。しかし，「生命を維持する……相当程度の可能性」の侵害という法律構成をとった場合に，非財産的損害の賠償という形での解決しか認められないのかという点については，なお検討の余地が残されている→【機会の喪失】155頁。

2 取引の場面における不法行為責任

　取引の場面における不法行為　　各種の事故によって身体侵害が生じ，不法行為責任が成立するような場面のイメージを得ることは比較的容易である。それに対して，身体侵害や物の毀損といった物理的侵害を伴わないような取引関係における不法行為は，それほど身近ではないかもしれない。実際，伝統的な不法行為法学においては，こうした物理的侵害を伴うような類型がもっぱら想定されてきたということも否定できない。

　しかし，刑法を想起してほしい。そこでは，殺人や器物損壊といったものとならんで，詐欺や横領といった取引関係における犯罪も日常的に問題とされている。他人の利益を害するような状況は，取引関係においても存在する。当事者に契約関係があるような場合には，契約法のみによって解決し，不法行為法は適用されないという考え方も理論的には存在するが→【複数の救済方法の相互の関係】30頁，現在の判例通説は，取引関係におけるできごとが不法行為責任の成立要件を満たすのであれば，不法行為責任は成立し，当事者は，その責任を追及することが可能であるとしている。もっとも，取引関係における不法行為については，交通事故などとは違った考慮を必要とする。以下では，そうした点を確認していくことにしよう。

　取引的な不法行為を考える出発点　　取引的な不法行為についても，上記のような特徴をふまえつつ，そこで適用される不法行為法の基本的なスキームは同じである。すなわち，権利や利益の侵害（損害），義務違反（過失），損害の

2　取引の場面における不法行為責任　　301

発生と因果関係といった視点から，不法行為責任の成否が論じられる。

> **設例Ⅱ-34**　Ａは，Ｂを欺罔して，Ｂの有している高価な絵画を低廉な価格で取得した。
> **設例Ⅱ-35**　Ａは，認知症の高齢者に，リフォーム工事を勧め，市場価格の10倍程度の金額で，まったく不必要な工事を大量に行って，代金を支払わせた。
> **設例Ⅱ-36**　Ａは，Ｂにマンションを販売する際に，隣接地に高層ビルが建設されることを知っていながら黙秘し，当該マンションの眺望のよさのみを強調した。Ｂは，眺望が気に入って，当該マンションを購入した。

　これらが，程度の違いはあれ，悪質だと評価されるような行為であることには，あまり異論はないだろう。

　まず，権利侵害（損害）については，詐欺的な行為によってこうむった財産的な不利益を権利侵害ととらえるアプローチと，詐欺的な行為によって自己決定権が侵害されたと見るアプローチがある。

　次に，義務違反であるが，ここでは，形式的には信義則等によって，規定されることになる。もっとも，具体的にどのような義務を信義則に基づいて認めるのかという判断に際しては，ハンドの公式のような衡量を観念することが可能である。

　取引的な不法行為を解決するための他の法律構成　もっとも，上記の３つの設例については，他の解決も考えられる。つまり，こうした契約の拘束力を否定することができれば，（現実に回収が可能であるかどうかは別として）支払った代金等の返還を求めることができるからである。こうした方法としては，まず，民法総則に規定された法律行為法上の解決がある。すなわち，錯誤（95条）あるいは詐欺による取消し（96条）である。さらに，消費者契約法は，こうした法律行為法上の解決を補っている（消費者契約法４条）。上記の事例においては，法律家であれば，こうした法律行為上の解決がむしろ原則的なものであるとして，まずその可能性を検討するであろう。それでは，こうした法律行為法上の解決と不法行為法による解決とは，どのような関係に立つのであろうか。

302　第Ⅱ部／第５章　各種の事件類型における不法行為の成立をめぐる問題

法律行為法による解決が認められる場合の不法行為責任　　上記の 設例Ⅱ-34，設例Ⅱ-35 では，法律行為法によっても解決が可能である。すなわち，錯誤や詐欺を理由として契約を取り消すことによって，支払った代金の返還を求めることができる（121条の2）。このように法律行為法による取消しが認められる場合に，不法行為責任を追及することができるかという問題がある。取消しによって法律行為は遡って無効となるが（121条），相手方の欺罔行為等によってそうした契約を締結し，実際に出捐（しゅつえん）をしているのであれば，その出捐をもって損害と認定することは可能であろう。

　こうした場合に，法律行為法による解決をまず考えるというのは，法律家としての当然の感覚である。取消しが認められるのであれば，代金等の返還が当然に認められるのに対して損害賠償では損害の立証も必要であり，また，過失相殺による賠償額の縮減のリスクもあるからである。しかし，それによって，不法行為法上の解決を求めることができないというしくみは，（そのことにどの程度の実践的意義があるかはともかく）現在の民法のスキームの中には組み込まれていない。

法律行為法による解決が認められない場合の不法行為責任　　もっとも，上記のように，法律行為法による解決が認められるのであれば，わざわざ不法行為責任を追及する意味は乏しい。したがって，不法行為責任が実際に意味を有するのは，法律行為法による解決が認められない場合，つまり，錯誤や詐欺による取消しの要件を欠く場合だということになる（設例Ⅱ-36 のような契約締結前の説明義務の違反について，最判平成23年4月22日民集65巻3号1405頁→百選Ⅱ(8版)[4]・角田美穂子は，「契約の一方当事者が，当該契約の締結に先立ち，信義則上の説明義務に違反して，当該契約を締結するか否かに関する判断に影響を及ぼすべき情報を相手方に提供しなかった場合には，上記一方当事者は，相手方が当該契約を締結したことにより被った損害につき，不法行為による賠償責任を負うことがあるのは格別，当該契約上の債務の不履行による賠償責任を負うことはない」とする。なお，通常，債務不履行責任によるのか，不法行為責任によるのかは，それほど重要な区別ではないが，両者で消滅時効の起算点等が異なるために，法律構成が大きな意味を有する場合がある。本件も，消滅時効の起算点が問題となった事案である）。

　もっとも，これに対しては，法律行為法が，その無効や取消しを認めない以

上，その契約は有効であり，当事者を拘束するものなのだから，そうした契約を締結したことを不法行為と評価することは矛盾ではないかという問題が提起されている。

この問題については，いくつかの解決の方向が考えられる。

第1に，両者の間に矛盾があるということを出発点とする考え方である。特に，不法行為法上保護されるのが契約の締結に関する自己決定権であるとすれば，同様に自己決定権を保護する規定と理解することができる法律行為法が，救済を拒絶し，当該契約に拘束されることを認めている以上，契約からの解放と同じ法律効果をもたらす損害賠償（原状回復的損害賠償）を認めるというのは矛盾だということになる。

もっとも，矛盾があるとして，考えられる方向は，さらに2つに分かれる。

最も単純なのは，この問題は法律行為法によってのみ解決すべきものであり，それに矛盾するような解決を不法行為法が提供するべきではないということから，これらに対する不法行為法上の解決を否定するというものであろう。その場合，裁判例がこうした不法行為類型を発展させてきた背景は無視されることになる。

他方，ほぼ同様の認識に立ちながら，問題が法律行為法の不完全な解決にあったと理解する場合，法律行為法上の解決を拡張することが模索される。消費者契約法の制定も，こうした文脈の中で位置づけることが可能であるし，また，消費者契約法がカバーしない問題についても，一般条項の積極的活用等を通じて，法律行為法による解決の拡大が求められることになる。こうしたスタンスでは，不法行為法上の救済は，矛盾をはらむものであっても，最終的に法律行為法によって解決されるまでの過渡的な措置として肯定的に評価される可能性がある。

第2に，そもそも両者には矛盾はないとする立場である。矛盾がないという理解にも，いくつかの段階が考えられる。

最も単純なのは，請求権競合を前提として，法律行為法と不法行為法は無関係であるとするものである。もっとも，この説明は形式的なものであり，両者の矛盾について投げかけられた疑問に正面から答えるものではない。むしろ，こうした疑問をふまえたうえでの実質的な説明は考えられないであろうか。

ひとつの説明の仕方として，両方の制度が，契約締結に関する自己決定権を保護することを目的とする点では共通するとしても，その要件と効果が異なるという点で矛盾はないとすることが考えられる。なるほど，法律行為法は，詐欺や錯誤に関して，表意者を保護するための一定の要件を課している。しかしながら，そうした要件は，当該法律行為法上の保護を与えるための要件である。法律行為法上の解決は，取消しという全面的な効果の否定であり，その効果は大きい。そうしたいわば厚い保護を与えるために，その要件（ハードル）は，比較的高く設定されている。他方，不法行為法上の解決（特に原状回復的損害賠償）が，そうした法律行為の取消しと重なる機能を有する場合があるとしても，それは，過失相殺という法律行為法にはない制約を伴うものであり，全面的な効果の否定に至るとは限らない。相対的に保護の度合いは薄いといえるし，それに対応した形で要件（ハードル）が低くなっていると考えることは不合理ではない。契約をめぐる問題については，法律行為法が優先的に適用されるという法条競合説的な思考方法をとらない限り，要件と効果の異なる２つの制度が１つの問題の解決に向けて提供されているということは，矛盾ではないということになろう。

3　安全配慮義務

安全配慮義務　　安全配慮義務は，通常，債権総論の教科書の中で説明されるが，請求権競合をめぐる問題を考えるうえで，重要な手がかりであるので，簡単に触れておくことにしよう。

最判昭和 50 年 2 月 25 日民集 29 巻 2 号 143 頁→*百選Ⅱ（8 版）[2]・吉政知弘*は，「安全配慮義務は，ある法律関係に基づいて特別な社会的接触の関係に入った当事者間において，当該法律関係の付随義務として当事者の一方又は双方が相手方に対して信義則上負う義務として一般的に認められるべきものであ」るとし，その安全配慮義務の内容は，「国が公務遂行のために設置すべき場所，施設もしくは器具等の設置管理又は公務員が国もしくは上司の指示のもとに遂行する公務の管理にあたって，公務員の生命及び健康等を危険から保護するよう配慮すべき義務」であると判示した。

その後の安全配慮義務に関する判例においても，こうした定義が，ほぼその

まま用いられてきている。この安全配慮義務のポイントは2つある。

第1に，ある法律関係（ほとんどの事案では雇用契約等，直接の契約関係が認められるが，元請けと孫請けのように直接の契約関係がない場合も対象とされる）の付随義務だという点である。したがって，安全配慮義務違反に基づく損害賠償責任は，当該法律関係の債務不履行責任として，415条に基づくものだという説明が可能となる。

第2に，その義務の内容は，上記のとおり，相手方の「生命および健康等を危険から保護する」義務だという点である。

詳細は，あらためて債権総論の教科書等で確認してもらうこととして，ここではさしあたり，上記のポイントのみを確認しておくことにする。

安全配慮義務違反による損害賠償責任と不法行為責任　このような安全配慮義務違反が問題となる事案においては，通常，不法行為責任を認めることも可能である。不法行為といっても，常に出会い頭の交通事故のようなものだけが考えられているわけではない。交通事故の場合であっても，道路端に立っているのが子供か大人かでも必要とされる対応（注意の水準）は変わってくるだろう。不法行為の場合にも，相手方との相互の関係の中で，その前提となる義務は変化していくのである。

実際，安全配慮義務違反が問題となる事案においては，不法行為責任も追及されるのが通常である。それでは，この2つの法律構成の両方を認めることにはどのような意味があるのだろうか。それは，結局，法律構成の違いによって，具体的にどのような違いが生じるのかという問題に帰着する。

両者の違いとしては，以下のようなものが指摘され，判例においても取り上げられてきた。なお，以下の②については，医療過誤についてすでに言及したところと重なる。また，①や③については，医療過誤や取引的不法行為の場面において，どのように法律構成するのかということによる違いとしても，基本的に妥当するものと考えられる。

① 消滅時効

消滅時効については，あらためて説明するが，2017年改正前においては，不法行為法上の消滅時効は，(i)損害および加害者を知った時から3年間，また

は，(ii)不法行為の時から20年間で完成する（724条）。他方，415条の債務不履行責任は，10年間で消滅時効にかかる（167条1項）。そのため，安全配慮義務違反の事案のように相手方がわかっているケースにおいては，債務不履行責任の方が被害者に有利だということになる。

　実際，最高裁の前掲昭和50年判決は，不法行為責任が消滅時効にかかっていて行使できないという事案において，安全配慮義務違反という構成を通じて，損害賠償責任を認めたものであった。

　もっとも，2017年の債権法改正によって，生命・身体の侵害を理由とする損害賠償請求権の消滅時効については統一がはかられ，債務不履行構成によるか，不法行為構成によるのかの実質的な相違はなくなった（166条，167条，724条，724条の2。短期消滅時効と長期消滅時効のいずれについても，長い方に合わせて，主観的起算点から5年間，客観的起算点から20年間で消滅時効が完成する→【*生命・身体の侵害についての消滅時効の特則*】*506頁*）。安全配慮義務という概念を登場させた前掲最判昭和50年2月25日で問題とされたのは，まさしくこの点であったが，今後は，法律構成の相違としては意味を失うことになる（主観的起算点が完全に同じであるかという問題は残るが，実質的にはそれほど重要なものではないと考えられる）。

②　過失の立証責任

　これ以外にも，不法行為責任では，被害者が過失の立証責任を負担するのに対して，債務不履行責任の場合，加害者（債務者）が無過失の立証責任を負担しなくてはならないのだから，やはり債務不履行責任の方が被害者に有利だともされた。

　しかし，債務不履行の場合であっても，債務不履行の事実については被害者（債権者）が立証しなくてはならない。安全配慮義務違反の場合の債務不履行の事実とは，被害者（債権者）の「生命および健康等を危険から保護するよう配慮すべき義務」を怠っていたということにほかならない。最判昭和56年2月16日民集35巻1号56頁は，「国が国家公務員に対して負担する安全配慮義務に違反し，右公務員の生命，健康等を侵害し，同人に損害を与えたことを理由として損害賠償を請求する訴訟において，右義務の内容を特定し，かつ，義務違反に該当する事実を主張・立証する責任は，国の義務違反を主張する原告に

ある」としている。このような事案で不法行為責任を追及しようとすれば，原告は被告の過失を立証する必要があり，その内容は，ここで述べられていることとほとんど一致するはずである。したがって，過失の立証責任という点で，安全配慮義務違反による構成の方が被害者に有利だと言うことはできないだろう（この点は医療過誤において法律構成が立証責任の相違をもたらすかについて述べたところと同様である）。

③　そ　の　他

その他，安全配慮義務違反による損害賠償と不法行為責任では，遅延損害金の発生や遺族固有の慰謝料においても違いがあるとされる。

すなわち，不法行為による損害賠償責任は，不法行為時からただちに遅滞に陥り，遅延利息を生じるのに対して，安全配慮義務違反による損害賠償債務は，「期限の定めのない債務であり，民法 412 条 3 項によりその債務者は債権者からの履行の請求を受けた時にはじめて遅滞に陥る」（最判昭和 55 年 12 月 18 日民集 34 巻 7 号 888 頁）とされる。

また，被害者が死亡した場合の遺族固有の慰謝料についても，不法行為責任については 711 条の規定が用意されているが，安全配慮義務については，「雇傭契約ないしこれに準ずる法律関係上の債務不履行により固有の慰謝料請求権を取得するものとは解しがたい」（前掲最判昭和 55 年 12 月 18 日）とされる。

この 2 つの点では，安全配慮義務による救済の方が，不法行為による救済よりも，被害者には不利であるということになる。

このように安全配慮義務に関する判例を見てくると，当初，不法行為法によって救えないものを救うというニュアンスが強かった安全配慮義務は，具体的な救済範囲を限定することで，いわば不法行為法とのバランスをとってきたように思われる（特に，この点が強調された前掲最判昭和 50 年 2 月 25 日は，消滅時効に関する規定の改正で実質的に意味を失ってしまった）。

本書の直接の対象ではないが，このようなその後の展開もふまえた場合，一般法理としての安全配慮義務が本当に必要なのかという点は，あらためて検討がなされるべきであろう。そして，その際には，昭和 50 年判決のような事案を不法行為法上救済することが本当に不可能であったのかという点を含めて，

不法行為法の側でも一定の対応をなすことが求められることになろう。

4　家族関係と不法行為責任

家族関係と不法行為法の適用をめぐる問題　古来,「法は家庭に入らず」との法諺がある。これは, ともすると, イエ制度を前提としたわが国の伝統的な状況のようにも思われているが, 欧米にも同様に存在した考え方である。この問題は, あまり単純に, 保守的か進歩的かという観点で議論すべきではなく, むしろ, 社会における単位としての家族というものをどのように理解するのかという観点から考えていくべきであろう。

　もっとも, 今日の社会において「法は家庭に入らず」という法諺をそのままでは貫徹できないことは明らかである。社会における家族の重要性や家族の自治が, 個人の法益の保護にすべて優越するわけではない。今日においては, 家族関係においても不法行為法は適用されるということを前提として, そのうえで, 家族であるということが, それに何らかの考慮を求めることになるのかを個別に検討していくべきだということになろう。

家庭内暴力と不法行為責任　法は家庭に入らずという法諺が直接関わりを持ちそうなのが, いわゆる家庭内での暴力をめぐる問題である。これには, ①親の子に対する暴力, ②子の親に対する暴力, ③夫婦間の暴力（特に夫による妻に対する暴力）があるが, わが国では, 比較的早い時期から②を「家庭内暴力」という言葉で呼び, 社会問題として取り上げられた。他方, ①は「幼児・児童虐待」という呼び方で取り上げられ,「ドメスティック・バイオレンス」と呼ぶ場合には, 主として③を特に念頭に置くことが多い。

　家庭内であっても, 生命や身体, 健康という法益が他者から害されることのないよう保護されるべきものであることは当然である。したがって, ①②③を通じて, 不法行為法の適用が排除されるべきではないことは当然である。ただ, 社会的な対応においては, カテゴリーに応じて, いくつかの相違も生じているし, また, 立法的な手当てもなされるようになってきている。この状況について概観しておく。

　まず, 夫婦間の暴力に関しては,「配偶者からの暴力の防止及び被害者の保

護に関する法律」（いわゆる DV 防止法）が 2001 年 4 月に成立し，同年 10 月より施行された。これは，配偶者からの暴力の防止と被害者の保護を目的とする法律であり（同法 1 条），行政が協力することによって，被害者を保護するための措置が規定されている。この法律は，夫婦間の不法行為の問題に直接関わるものではないが，こうした法の制定は，夫婦間における不法行為に対する法の介入についての意識を変えていくものといえる。

また，児童虐待に関しては，「児童虐待の防止等に関する法律」（いわゆる児童虐待防止法）が，2000 年 5 月に公布，同年 11 月 20 日より施行された。従来，夫婦間における暴力以上に，親による子に対する暴力については，法的な意味での障壁が存在した。すなわち，親は，親権者として，子に対する一定の懲戒権を有するために（822 条），法は単に家庭に介入しないという以上に，親権への介入がどの範囲で認められるのかが問題となるからである。もちろん，従来も，親権者による子に対する暴力が懲戒権の行使として正当化されてきたわけではない。しかしながら，児童虐待防止法 2 条が，児童虐待の意味を明示したことは（(1)児童の身体に外傷が生じ，または生じるおそれのある暴行を加えること。(2)児童にわいせつな行為をすること，または児童をしてわいせつな行為をさせること。(3)児童の心身の正常な発達を妨げるような著しい減食または長時間の放置，保護者以外の同居人による前 2 号または次号に掲げる行為と同様の行為の放置その他の保護者としての監護を著しく怠ること。(4)児童に対する著しい暴言または著しく拒絶的な対応，児童が同居する家庭における配偶者に対する暴力その他の児童に著しい心理的外傷を与える言動を行うこと），重要な意義を有する。

不貞行為をめぐる損害賠償責任──配偶者の損害賠償請求権　　配偶者の一方が，第三者と不貞行為をなした場合，他方配偶者は，その配偶者ならびに第三者に対して損害賠償請求をなし得るのか，また，配偶者間に子供がある場合に，その子供は第三者に対する損害賠償請求権を有するのかという問題があり，現実に訴訟事件となっている。まず，配偶者の損害賠償請求権について考えてみよう。

①　この問題についての基本的な考え方
これについては，大きく分けて，以下のような 3 つの考え方が存在している。

第1に，通常の不法行為とまったく同様に考えるものである。つまり，故意または過失によって，他方配偶者の権利を侵害した者は，損害賠償責任を負担するという考え方である。他方配偶者の権利というものが，他の不法行為法上保護される利益と同様のものであると考えるのであれば，他の不法行為と区別する理由はないということになる。

　第2に，相手方に配偶者がいることを知っていた場合に限って，つまり，他方配偶者の権利を侵害するという結果についての認識と認容が存在する（故意が存在する）場合に限って，不法行為が成立するという考え方である。この考え方については，いくつかの説明の方法があろう。

　ひとつは，「故意で夫婦の貞操関係を侵害してはならない」という規範を前提とすることが考えられよう。ではなぜ，故意の場合に限って，そうした規範が設定されるのかといえば，そこには人と人との関係は，それ自体として自由なものであり，そうしたつきあいや結びつきにおいて，そもそも配偶者の有無を確認すべき義務を観念するということが適当ではないという判断があるように思われる。したがって，すでに何らかの理由で配偶者の存在を知っている場合に限って，不法行為を認めればよいという考え方である。

　もうひとつは，債権侵害との近似性である。本来，配偶者が貞操を求める利益を有している相手方は，他方配偶者である。したがって，貞操の利益を侵害する直接の当事者（貞操義務に違反する者）は，他方配偶者にほかならない。これは，債権者と債務者との関係と同様である。第三者によって，そうした利益が害されるとしても，それは間接的なものにすぎない。債権侵害の不法行為について，主観的要件の加重が認められるのと同様に，この場合にも，不法行為責任の成立を限定すべきだということが考えられる。なお，この2つの説明は，基本的に，重なる部分を有している。

　そして，第3に，いかなる不法行為責任も成立しないという考え方である。この考え方の背景には，こうした問題をそもそも不法行為法の問題として取り上げるべきではないという価値判断と，美人局のような事態を避けるべきであるという実践的な意識がある。特に，不貞行為をした他方配偶者に対して，そもそも損害賠償請求権があるのかという点が明らかではなく（離婚原因を規定する770条1項1号から貞操義務は基礎づけられる。しかし，そうした貞操義務が一般的に夫婦間の損害賠償責任を基礎づけるものであるかについては明確ではない），これを

否定する考え方もあるようにも思われる。かりにそのような考え方を前提とすると，不貞を理由とする損害賠償請求は，第三者にのみ向けられることになる。かりにこうした前提が正しいとすれば，当事者間で損害賠償を基礎づけないような事実が，第三者の損害賠償を基礎づけるということは奇妙であり，妥当性に問題があるということになろう。

② 判例の立場

さて，現在の判例は，この点について，第1の考え方を基本としている。

すなわち，「夫婦の一方の配偶者と肉体関係を持った第三者は，故意又は過失がある限り，右配偶者を誘惑するなどして肉体関係を持つに至らせたかどうか，両名の関係が自然の愛情によって生じたかどうかにかかわらず，他方の配偶者の夫又は妻としての権利を侵害し，その行為は違法性を帯び，右他方の配偶者の被った精神上の苦痛を慰謝すべき義務があるというべきである」とする（最判昭和54年3月30日民集33巻2号303頁→ *百選Ⅱ（4版）［94］・水野紀子*）。

そのうえで，「甲の配偶者乙と第三者丙が肉体関係を持った場合において，甲と乙との婚姻関係がその当時既に破綻していたときは，特段の事情のない限り，丙は，甲に対して不法行為責任を負わないものと解するのが相当である。けだし，丙が乙と肉体関係を持つことが甲に対する不法行為となるのは，それが甲の婚姻共同生活の平和の維持という権利又は法的保護に値する利益を侵害する行為ということができるからであって，甲と乙との婚姻関係が既に破綻していた場合には，原則として，甲にこのような権利又は法的保護に値する利益があるとはいえないからである」（最判平成8年3月26日民集50巻4号993頁→ *百選Ⅲ（2版）［11］・窪田充見*）として，婚姻関係が破綻していた場合には，もはや不法行為は成立しないとする。

③ 本書の立場

もっとも，こうした判例の考え方については，かなり疑問が残るものと言わざるを得ない。

第1に，上記第1の見解が示すように，過失によっても不法行為が成立するということになれば，相手方が配偶者を有するかどうかということについての判断を求めることになる。これは，われわれの社会におけるあり方として，本

当に望ましいものであるのか疑問である。

第2に，第1の点とも関わるが，なるほど，平成8年判決によって，不法行為の成立の範囲は限定された。しかし，それは，あくまで夫婦側の事情であり，相手方にとっては知るよしもないことである。責任の成立範囲の限定を夫婦側の事情を手がかりとして実現しようとする方向は，適切な解決の方向であるとは考えられない。

第3に，ここで問題とされている利益それ自体が不透明なものと言わざるを得ない。なるほど，婚姻関係にある夫婦は，相互に貞操義務を負うと理解されている。もっとも，そうした義務について直接の規定があるわけではなく，手がかりとされるのは，法定の離婚原因に関する770条1項1号である。しかし，同条を手がかりとするのであれば，事実上，婚姻が破綻していたかどうかが問題ではなく，法的な婚姻関係が存在していたかどうかのみが問題となるはずである。また，「婚姻協同生活の平和の維持」という法益であるとすれば，それが侵害されたということが必要なのであり，それはただちに肉体関係の存在と同義ではないだろう。

上記3つの考え方の中，第1の考え方の背後には，貞操権的な発想（他方配偶者の貞操に関する権利を，一般的な権利や利益であると理解するような発想）がかいま見られるように思われてならない。

その意味でも，単純に不法行為の一般理論を当てはめてこの問題を解決しようとする態度には疑問が残る。また，平成8年判決による不法行為責任の成立の限定も，問題の本質的な解決ではなく，むしろ，保護法益が何なのかを不透明にするものでしかなかったと考えられる。

不貞行為をめぐる損害賠償責任──子供の損害賠償請求権　不貞行為があった場合については，子供の損害賠償請求権も問題となる。この点については，以下のように考えるべきであろう。

まず，不貞行為それ自体について，子供が損害賠償請求権を有するということは考えられない。配偶者の貞操を求めることができるのは他方配偶者だけであり，子供にはその権利はない。

一方，保護法益が家庭生活の平和の維持といったものであれば，それは，子

についても同様に認めることができるはずである。したがって，父または母が出て行って，別の女性または男性と暮らし，それによって家庭が崩壊してしまったという場合，妻または夫に損害賠償請求権を認めるのであれば，それと同様に，子供についても損害賠償請求権を認める余地はある。

　もっとも，現在までの判例で，子供の損害賠償請求を実際に認めたものはない。

　判例では，相当因果関係を否定することで結論を導いているものがある（前掲最判昭和54年3月30日）。しかし，そのような否定の実質的な理由は相当因果関係にではなく，配偶者の損害賠償請求の出発点に置かれている保護法益が「家庭生活の平和の維持」ではなく，「婚姻共同生活の平和の維持」であるという点に見出されると思われる。つまり，判例は，家庭生活の平和といったものを当然に保護法益と見ているのではなく，貞操権といった生々しい表現は避けながらも，婚姻関係における利益に焦点を当てて考えているのである。それだからこそ，子供の問題は，間接的なものとして，相当因果関係の問題（相当因果関係が及ばないもの）として解決されるのだと考えられる。

家族形成に関する自己決定権をめぐる問題——"wrongful birth"　　たとえば，先天的障害を有することが早い段階で明らかになった場合，あるいは，そもそも経済的な理由からもはや子供を作るつもりはないということで，避妊手術を受けたが，それが失敗し，子供を出産するということになった場合，両親（あるいは子供）は，注意義務を怠った医師に対して何らかの賠償を求めることができるのであろうか。これは，比較法的にも比較的新しい重要な問題として登場している（この問題については，"wrongful birth"というそれ自体不幸な呼び方が定着している。なお，障害を持った子供からの損害賠償請求は，"wrongful life"と呼ばれる）。ここでは，家族関係をめぐるあらたな問題類型として，家族形成に関する自己決定（権）をめぐる問題がある。

　避妊に関する事案はまだないが，こうした問題に関連するものとして，わが国では，妊娠中の風疹をめぐる一連の下級審裁判例がある。

　①　東京地判昭和54年9月18日判時945号65頁は，「先天性風疹症候群の臨床症状を併せ考えると，訴外Aにおいて，将来他の症状も発現することも

十分に予想され，原告らの受けた精神的苦痛は筆舌に尽くせない」として，両親に各300万円の慰謝料を認容した（原告らは慰謝料のみを請求した）。

②　東京地判昭和58年7月22日判時1100号89頁は，人工妊娠中絶の一般的な可能性の存在を肯定したうえで，「原告らは生まれる子の親でありその子に異常が生じるかどうかにつき切実な関心や利害関係を持つ者として，医師から適切な説明等を受け妊娠を継続して出産すべきかどうかを検討する機会を与えられる利益を有していたと言うべきである。また，この利益を奪われた場合に生じる打撃の大きさを考えれば，右利益侵害自体を独立の損害として評価することは十分可能である」として，両親に各150万円の慰謝料を認容した（原告らは慰謝料のみを請求した）。

③　東京地判平成4年7月8日判時1468号116頁は，「生まれる子に異常が生じるかどうかについて切実な関心や利害関係を持つ子の親として，重篤な先天性異常が生じる可能性があるとわかったとき，それが杞憂に過ぎないと知って不安から解放されることを願い，最悪の場合に備えて障害児の親として生きる決意と心の準備をし，ひいては，妊娠を継続して出産すべきかどうかの苦悩の選択をするべく，一刻も早くそのいずれであるかを知りたいと思うのが人情である。原告らが被告に求めたのも，このような自己決定の前提としての情報であり，債務不履行又は不法行為によってその前提が満たされず，自己決定の利益が侵害されたときには，法律上保護に値する利益が侵害されたものとして，慰謝料の対象になるものと解するのが相当である」，しかし，「先天性風疹症候群児の出生が危惧されるとき，社会的事実として人工妊娠中絶が行われる例があることは否定できない〔が〕……優生保護法上も，先天性風疹症候群児の出生の可能性があることが当然に人工妊娠中絶を行なうことができる事由とはされていないし，人工妊娠中絶と我が子の障害ある生とのいずれの途を選ぶかの判断は，あげて両親の高度な道徳観，倫理観にかかわる事柄であって，その判断過程における一要素たるに過ぎない産婦人科医の診断の適否とは余りにも次元を異にすることであり，その間に法律上の意味における相当因果関係があるものということはできない。また，先天性障害児を中絶することとそれを育て上げることとの間において財産上又は精神的苦痛の比較をして損害を論じることは，およそ法の世界を超えたものといわざるを得ない」として，両親に各450万円の慰謝料を認容した。

4　家族関係と不法行為責任

このように３つの下級審判決をやや詳しく取り上げたのには，理由がある。それは，この３つの判決の理由づけの違いを対比してもらうためである。特に，②においては，出産すべきか否かを検討する機会を奪われたということを取り上げて，損害賠償を認めている。他方，③は，このように問題を把握することについて慎重な姿勢が見られる。同判決では，自己決定の前提としての情報という言い方がなされているが，そこでの自己決定は，下線で示したとおり，必ずしも産むか否かに限られる自己決定ではない。この問題が，どのように解決されていくのか，あるいは，解決されるべきかについては，なお将来の問題とせざるを得ない。なお，②と③については，法律構成の重心が異なるが（いわゆる wrongful birth をより正面から認めているのは，②である），認容された金額については，インフレを若干考慮するにしても，③の金額の方がむしろ大きいという点も，注意しておくべきであろう。

第Ⅲ部　不法行為の効果

第1章　概　　観

1　基本的な枠組み

損害賠償とその他の救済　　不法行為の効果として，709条等が規定するのは，損害賠償である。損害賠償の内容としては，金銭賠償の原則が採用されている（722条1項，417条）。

ただし，名誉毀損の場合に限って，損害賠償に代えて，または損害賠償とともに，「適当な処分」を命じることが認められている（723条）。

2　損害賠償における基本的な問題

賠償額をめぐる問題の重要性　　被害者にとって，加害者の不法行為責任が成立するか否かが重要な問題であることはいうまでもない。しかし，実際に生じた（と感じている）損害に対して，認められた損害賠償額が著しく少ないような場合，被害者にとって損害賠償の意味は大きく低減することになる。加害者の側から見ても，ちょうど逆のことが言えよう。その意味で，最終的な賠償額決定は，不法行為法のいわばもう半分を担う重要性を有する。

損害賠償における基本的な問題の図式　　損害賠償をめぐる問題をどのように整理するのかは，前提となる損害をどのように理解するのかということとも

317

あいまって，それ自体がかなり議論のあるところである。この点については，これから詳しく検討するが，あらかじめ，本書の枠組みを示しておくと，以下のようになる。

第1に　損害事実説→【*損害のもうひとつのとらえ方*】*163頁*を前提としたうえで，どこまでの損害が賠償の対象となるかという問題がある→【*損害賠償の範囲*】*338頁*。最初の交通事故によって負傷したが，その治療のための入院中に院内感染によって死亡したという場合，最初の負傷のみが賠償の対象とされるのか，院内感染による死亡についても賠償は認められるのかというのが，この第1の問題である。

第2に，賠償の対象とされる損害をいくらと金銭的に評価するかということが問題となる→【*賠償されるべき損害の金銭的評価*】*372頁*。損害事実説を前提とする場合，たとえば，「右脚の骨折」とか「死亡」について損害賠償が認められるといっても，それだけでは，加害者がどれだけの金額を支払うべきなのかということは明らかにならない。「右脚の骨折」といった事実としての損害を，金額に置き換えるという作業が必要となる。こうした算定の手法については，「損害の金銭的評価」という問題構成をとるか否かにかかわらず，実務においてある程度まで確立している。ここでは，そうしたすでに現に用いられている手法を学ぶとともに，これに関連する問題を扱っていくことにする。

第3に，賠償の対象とされた損害が金銭的に置き換えられたとしても，それがただちに，被害者に認められる賠償額を意味するわけではない。同じように，「右脚の骨折」があった場合でも，加害者が一方的に悪い場合もあれば，被害者にも重大な不注意が認められるという場合もあるだろう。当然，後者の場合の方が加害者に求めることができる賠償額は小さくなる。このように，最終的な賠償額決定作業においてなされる調整の問題を最後に扱うことにしよう→【*賠償額の調整*】*413頁*。

損害賠償の履行をめぐる問題——破産免責の及ぶ範囲　　損害賠償が認められるとしても，実際にそれが履行されないことには，被害者の救済は実現されない。この点で，賠償義務を負担する者が破産した場合が問題となる。破産手続において免責許可の決定が確定すると，破産者は，破産手続による配当を除き，破産債権について，その責任を免れるが（破産法253条），「破産者が悪意で加えた不法行為に基づく損害賠償請求権」（同条1項2号），「破産者が故意又は重

大な過失により加えた人の生命又は身体を害する不法行為に基づく損害賠償請求権」（同条1項3号）については免責の効果が及ばないとされている。

これは，一定の範囲で，不法行為に基づく損害賠償請求についての配慮をなすものであるが，通常の過失による不法行為に基づく損害賠償については破産免責の効果が認められることになる。

3 その他の救済措置

名誉毀損における適当な処分　民法が，損害賠償以外の法的救済として明示しているのは，名誉毀損に関してだけである。そこでは，「適当な処分」とのみ規定されている。名誉毀損における「適当な処分」の内容とそれに関連する議論について，まず説明する→**【**名誉回復措置**】**452頁。

その他の救済措置　名誉毀損の場合に限って，民法は，その他の救済措置を認めているが，それでは，その他の場合については，損害賠償しか認められないのであろうか。損害賠償というのは，すでに発生した損害に対する塡補であり，本質的に事後的な救済としての性格を有する。これに対して，損害が発生しそうな場合に，あらかじめそれを防止することを求めることができないのかという問題がある。差止めをめぐる問題である。最後に，この点を説明することにしよう→**【**差止請求**】**454頁。

第2章　損害賠償請求の主体

1　被害者となり得る者

損害賠償請求の主体　　損害賠償請求の主体となるのは，「被害者」である。被害者が死亡してしまった場合には，その相続人が被相続人たる被害者が有していた損害賠償請求権を相続によって承継することになる（896条）。

　もっとも，被害者として損害賠償請求の主体となるかどうかが問題となるものがある。以下のようなものである。

自然人──特に胎児　　自然人が被害者となった場合，不法行為による損害賠償を求めることができることは明らかである。しかし，胎児については若干の補足が必要である。まず，3条は，「私権の享有は，出生に始まる」と規定するから，権利能力を有さない出生以前の胎児は，損害賠償請求権を有さないというのが出発点となる。しかし，胎児については，721条が，「胎児は，損害賠償の請求権については，既に生まれたものとみなす」と規定する。したがって，母親が交通事故に遭って負傷し，胎児も傷ついたという場合，胎児は，母親の損害賠償請求権とは別に，固有の損害賠償請求権を有することになる。

　なお，この規定をどのように読むかについて，停止条件説（法定停止条件説，人格遡及説）と解除条件説（法定解除条件説，制限人格説）が対立している。停止条件説によれば，出生を停止条件として損害賠償請求権が認められるとする。したがって，胎児の時点で損害賠償請求の主体となるわけではなく，出生した後，さかのぼって賠償請求が認められるということになる。他方，解除条件説によれば，死産が解除条件になるとして，胎児の時点で賠償請求の主体となることを認める。もっとも，721条との関係では，この点の見解の違いは，それほど重要ではない。なぜなら，721条が問題とするのは，被害者である胎児自身に生じた損害であるが，損害の内容は，胎児が実際に出生しない以上，不明だからである。

320　　第Ⅲ部　不法行為の効果／第2章　損害賠償請求の主体

相続に関する 886 条も，同様の内容を規定しており，ここでは，停止条件説か解除条件説かという問題は，もう少し実質的な意義を有し（遺産と相続分は，胎児の出生前であっても確定できる），出生前に，母親等が胎児の法定代理人として胎児の権利を行使することを認めるかどうかという点が問題となるが，721 条に関しては，胎児の時点で損害賠償の内容を確定することは困難であり，出生前の代理という状況は想定しにくいだろう。

なお，父親が不法行為によって死亡し，母はその子を身ごもっていたという場合，死亡損害についての相続構成を前提とすれば，問題となるのは 886 条であり（父の損害賠償請求権の胎児による相続），721 条ではない。学生諸君がやや混乱しやすい部分であるので，注意してほしい（戦前の判例であるが，大判昭和 7 年 10 月 6 日民集 11 巻 2023 頁「阪神電鉄事件」→ *百選 I（6 版）[3]・幡野弘樹* は，父の死亡による胎児の損害賠償請求権について，親族が加害者と行った和解の効力が胎児に及ぶことを否定している。ただし，同判決の読み方については議論の余地があり，幡野教授の解説を参照してほしい）。

法　人　次に，法人が問題となる。法人にも，権利能力がある以上（というより，自然人以外のものに権利能力を付与する法的な技術が法人なのである），損害賠償請求の主体となるということに，形式的な障害は存在しない。実際，財産的な損害が法人について生じるという例は，いくらでも考えられる。

ただし，法人については，非財産的な損害についてどのように考えるのかという問題がある。法人について，自然人と同様の意味での身体的な侵害，あるいは，それに伴う苦痛といったものを観念することはできない。したがって，これらについては，そもそも損害賠償請求が問題となる余地はない。しかし，非財産的損害（慰謝料）と位置づけられているものであっても，名誉毀損による損害賠償は考える余地がある。なぜなら，名誉毀損で問題とされる損害とは，社会的評価の低下であり，法人についても社会的評価を観念することができる以上，その低下による損害賠償請求を認めることについて，理論的な障害はないからである。実際，判例も，法人に対する名誉毀損の成立とそれを理由とする損害賠償を認めている→ *【名誉】114 頁*。

2　いわゆる間接被害者をめぐる問題

いわゆる間接被害者をめぐる問題領域　　上記で扱ったのは，いわば被害者の属性に関する問題であるが，それ以外に，損害賠償請求権を認めるか否かが，因果の系列で問題となる場面がある。いわゆる「間接被害者」という名前で呼ばれる問題群である。典型例のひとつとして，従業員の死亡によって企業が損害をこうむるという場合があるため，「企業損害」という言葉で，この問題が論じられる場合もある。

> **設例Ⅲ-1**　　Aは，赤信号を無視して交差点に進入し，歩行者Bをはねた。Bは，重傷を負った。Bは，Cに対して，一定の期日までにポスターを仕上げるという債務を負っていたが，Bの重傷のため，ポスターを完成させることができず，Cは，別にポスターを発注せざるを得なかった。それによって，Cは，余計な費用を負担することになった。
>
> **設例Ⅲ-2**　　上記のケースにおいて，Bは，死亡した。Bには，配偶者はなく，高齢の母親D，未成年の子Eと同居していた。この家計は，Bによって支えられていた。

　このいずれのケースにおいても，直接の被害者はBである。**設例Ⅲ-1**におけるCや**設例Ⅲ-2**におけるDは，いわば間接的な不利益を受けているにすぎない。なお，**設例Ⅲ-2**におけるEも，Dと同様の地位にあるように見えるが，Bの子であるEは，Bの相続人として，B自身の損害賠償請求権を承継する。したがって，間接的な被害の賠償の必要性がEにおいて顕在化することはあまりない。一方，Dは，相続人ではないから，D自身の損害賠償請求権が認められるのでなければ，Bの働きによって生活していたという状況を失ったという不利益は塡補されないことになる。このようなDの損害賠償を認めるか否かが，いわゆる間接被害者をめぐる損害賠償の問題である。

　もっとも，間接被害者という問題を立てること自体の妥当性については，なお議論の余地がある。間接被害者という概念自体が，それほど明確なものではないからである。以下のような場合を考えてみよう。

322　　第Ⅲ部　不法行為の効果／第2章　損害賠償請求の主体

> **設例Ⅲ-3**　Aは，俳優Bを殺害した。Bが出演するドラマを準備していたC社は損害を受けた。
>
> **設例Ⅲ-4**　Aは，俳優Bを殺害した。それは，以前解雇されたC社に損害を与えるためであった。Bの死亡によって，Bが出演するドラマを準備していたC社は損害を受けた。

　この場合，客観的に生じている事実は，同じである。また，Bが直接の被害者であるということについても問題はない。それでは，C社は，ドラマが頓挫したことによる損害について，賠償を求めることができるのだろうか。

　まず，設例Ⅲ-3に比べると，設例Ⅲ-4では，C社の損害賠償請求権が認められる可能性は高そうである。しかし，その場合の説明としては，基本的に2つのタイプのものが考えられる。

　ひとつは，C社は間接被害者であるとして，2つの事案における違いを説明するという方法である。たとえば，加害者の故意が及んでいる場合には，間接被害者についても賠償が認められるという説明となる。

　他方，もうひとつの説明の仕方として，故意がまさしくC社の損害発生に向けられている以上，C社は，そもそも間接被害者ではなく，直接被害者であるという説明も考えられそうである。そこでは，間接被害者に伴う特別の問題設定をするのではなく，単に，C社の損害についてAの不法行為責任の成否を論ずればよいということになる。もっとも，これによれば，どのような場合に直接の被害者となるのかという問題が先行して存在することになる。

　間接被害者という概念が，それほど自明なものではないという例を，もうひとつだけ挙げておこう。

> **設例Ⅲ-5**　Aは，Bを殺害するために，Bが利用するC社のレンタカーのブレーキに細工をしておいた。Bは，そのため，重大な交通事故を起こして死亡した。

　直接被害者，間接被害者というのが，単に因果的な系列における順番を意味するのであれば，この場合の直接被害者は所有権侵害の被害者であるC社であり，Bは間接被害者であるということになる。しかし，こうしたケースにお

2　いわゆる間接被害者をめぐる問題　323

いては，そもそも誰も間接被害者の問題だとは考えないだろう。つまり，間接被害者というのは，単に因果の系列を基準とすることはできない，何らかの評価をすでに伴ったものだということになる。

その意味で，ここでのタイトルも，「いわゆる間接被害者」となっているのである。

このように間接被害者という概念や問題領域が自明のものとして存在しているわけではなく，一定のタイプの問題が間接被害者をめぐる問題として取り上げられてきているのだということを確認したうえで，そうした個別的な問題について，若干の検討を加えることにしよう。

間接被害者に関する規定　　ところで，間接被害者について，一定の範囲では，法律の規定を見出すことができる。すなわち，711条は，被害者が死亡した場合の近親者の慰謝料請求権を認めている。 **設例Ⅲ-2** におけるDやEは，まさしく同条で規定されている者であり，固有の慰謝料請求権を行使することができる。もっとも，ここでDやEに認められているのは，Bの死亡による慰謝料請求権だけであり，経済的な不利益はカバーされていない。これについては，規定外の問題だということになる。

このような711条の規定を間接被害者問題一般との関係でどのように位置づけるかについては，2つの異なる方向が考えられる。

第1に，このように特別に，しかも限定的に間接被害者の損害賠償請求権について規定している以上，709条は，原則として間接被害者の損害賠償請求権を認めない立場にあると読む見方である。すなわち，711条は，本来認められない間接被害者の損害賠償請求権を，特別に認めた「例外規定」であるということになる。したがって，死亡による慰謝料請求以外の場合については，本条の「反対解釈」によって損害賠償請求権は排除される。

他方，第2の方向としては，711条も特別にあらたなことを規定したというのではなく，すでに認められていることにつき，あるいは，認められる余地があることについて，念のために設けられた「確認規定」にすぎないとする見方である。したがって，死亡による慰謝料請求以外の場合についても，本条の「類推解釈」によって，あるいは709条の本来的適用によって損害賠償請求権

が認められ得ることになる。

さて，このように，形式的にはまったく対照的な2つの方向が，論理的には考えられることになるが，このいずれの典型的立場もこれだけでは十分なものとはいえないだろう。

なぜなら，第2の立場においても，結局，どこまでの間接的な被害について賠償が認められるのかということについての外延は明らかにされていないからである。その意味で，間接被害者の問題は，（それがあるとすれば）残るということになる。

他方，第1の立場では，なぜこのように限定されなくてはならないのかという点は明らかにされていない。709条の条文だけを見るのであれば，因果の系列のうえで，2番目，3番目に生じた被害者についても賠償を否定すべき形式的理由はない。709条が不法行為の一般規定としての重要な位置を占めていることに照らすならば，近親者の慰謝料請求権というそれ自体としてはごく限定された規定をもって，その他の場合を排除するということには，積極的で十分な理由づけがなされるべきであろう。

なお，判例通説とも，一定の者について711条の類推適用を認めており→【*遺族の範囲の拡大*】*335頁*，同条の一定の拡張がなされている。

企業損害　冒頭で述べたように，いわゆる間接被害者問題のひとつが，企業損害と呼ばれる問題である。判例は，個人企業Xの経営者Aが事故によって死亡したという事案において，X「会社は法人とは名ばかりの，俗にいう個人会社であり，その実権は従前同様A個人に集中して，同人にはXの機関としての代替性がなく，経済的に同人とXとは一体をなす関係にあるものと認められるのであって……Aに対する加害行為と同人の受傷によるXの利益の逸失との間に相当因果関係の存することを認め，形式上間接の被害者たるXの本訴請求を認容しうべきものとした」原審の判断は相当であるとした（最判昭和43年11月15日民集22巻12号2614頁→*百選II（8版）[99]・吉田邦彦*）。

この判決は，いわゆる一人会社についての判断であり，その射程は広いものとはいえないだろう。また，そこで述べられていることも，賠償範囲という本来の相当因果関係の問題ではなく，Xを被害者と評価することができるのか

否かという賠償請求権者の範囲に焦点があったと理解するべきである。

> **コラム** *間接被害者についての説明の仕方——義務か因果関係か*
>
> 　ところで，本文に述べたように考えると，間接被害者という固有の問題領域があるわけではなく，間接被害者とされる者との関係で，加害者の責任を認めるべきなのかという問題に帰着することになる。そして，一般的には，従業員Ａが交通事故によって死亡したとしても，その加害者であるＳは，そのＡが勤務する会社Ｂに対しては，損害賠償責任を負わないと考えられているのである。
>
> 　この結論は，どのように説明されるのであろうか。ここでも基本的には，2つの説明の仕方がありそうである。
>
> 　第1に，Ｓは，Ｂ社に対する関係では義務を負担していないという説明である。歩行者であるＡに対しては運転者としてＳは義務を負担する。しかし，その義務はＢ社の保護に向けたものではなく，Ｂ社の利益を守るために，ブレーキを踏むという義務を負担しているわけではないという説明である。
>
> 　第2は，Ｓには，義務違反があったとしても，その義務の保護目的にはＢ社の利益は含まれていないという説明である→【保護範囲説】*364頁*。
>
> 　実は，この第2の説明も，第1の説明とは表裏の関係にあるにすぎない。まず義務違反の有無を先に問題として，その後に問題の結果が義務の保護目的に含まれるかを問題とするのか（第2の説明），それとも，問題となる結果との関係で義務の有無を問題にするのか（第1の説明）という，いわば考え方の順番の違いである。第2の説明を使い，かつ，保護目的（保護範囲）をめぐる問題を相当因果関係という概念で扱うとすれば，この説明は相当因果関係を否定するものということになる。上記の判決は，相当因果関係という言葉を使って説明をしているが，ここで述べたような視点から理解するという可能性があるだろう。

いわゆる間接被害者をめぐる問題を考える視点——本書の立場　　この問題領域に対しては，どのように取り組むべきなのだろうか。この手がかりになるのは，以下の2つの点である。

　第1に，709条は，権利や法律上保護される利益を限定列挙しているわけではなく，不法行為法上の保護法益は比較的緩やかに理解されているという点である。

　第2は，間接被害者という問題領域を認め，且つ，相当因果関係によって制限するという立場（間接被害者についての有力な見方）において考えられている相当因果関係は，予見可能性を基準とするものではないかということである。

この第2の点からは，結局，賠償請求が認められる間接被害者の損害は，（加害者の）予見可能性の及んでいる損害であるということになる。これは，伝統的な立場からすれば，故意・過失の及んでいる損害と言ってもよい。また，予見可能性を前提として行為義務違反を過失として考える立場からは，そうした予見可能性が認められる（間接的な）被害に対する結果回避義務が認められるか否かというレベルで処理することが可能である。

　結局，このように見てくると，伝統的な見解であれ，過失についての行為義務違反説であれ（本書の立場），損害賠償請求権の認められる間接被害者というのは，すでに間接被害者ではなく，直接被害者として観念すればよいのではないかということになりそうである。従来の議論を振り返ると，ともすると「間接被害者」という観念を所与のものとして，その取扱いを検討してきたように思われる。しかし，わが国の不法行為規定を前提とした場合，本当にそのような抽象的な間接被害者の概念が必要なのかどうかを，そもそも検討すべきであったように思われるのである。

　もっとも，上記のように，予見可能性をひとつの基準として取り出すとしても，別途説明したとおり，予見可能性というのは，対象となる損害をどの程度具体化または抽象化するかによって，いくらでも変化する→【*予見可能性の幅*】67頁。また，予見可能性を前提とした結果回避義務をどのように措定するのかという問題が残ることも当然である。しかし，そのような問題が残るとしても，いずれにしても，間接被害者というカテゴリーを設定することが特に必要とされるわけではなく，また，それによって問題の解決が容易となるわけでもないということを確認しておく。

3　損害賠償請求権の相続

損害賠償請求権の相続　　損害賠償請求権も，金銭債権として，賠償請求権者が死亡した場合，相続の対象となる（896条）。もっとも，賠償請求権者が不法行為によって死亡した場合，その損害賠償請求権がどのように扱われるのかという点については，説明が必要である。

　以下，典型的な問題について説明を行うことにしよう。

3　損害賠償請求権の相続　327

積極損害の相続　　死亡に至るまでの積極損害についての損害賠償請求権が相続の対象となるということについては，争いがない。

> **設例Ⅲ-6**　　Xは，Yの前方不注意の運転による交通事故によって重傷を負い，1ヶ月後に死亡した。その間，集中治療室等における治療等の費用が250万円かかった。

この設例において，治療費や入院費等が，Xの財産から支出されたのであれば，その損害賠償請求権は，相続の対象となる。

他方，遺族自身がこうした治療費を負担した場合には，その損害賠償は，相続によるのではなく，遺族自身の損害賠償として認められることになるだろう（大判昭和12年2月12日民集16巻46頁）。この場合，遺族固有の損害賠償ということになり，いわゆる間接被害者の問題になりそうである。しかし，問題となっている治療費が，事故によって賠償の対象とされるべきものであると判断されるのであれば，それを本人が支出したのか，遺族が自らの財布から支出したのかは重要ではなく，賠償の必要性の判断には影響を与えるものではない。

消極損害（逸失利益）の相続　　困難な問題が生じるのは，逸失利益についてである。実は，この問題は，厳密には逸失利益の相続の問題ではなく，逸失利益そのものの問題である。すなわち，不法行為によって被害者が死亡した場合，その被害者の逸失利益はどのような内容のものなのかが問題となる。逸失利益については，あらためて説明するが，ここでは，被害者が不法行為によって失った収入であるということを前提として考えていこう。

> **設例Ⅲ-7**　　Xは，Yの前方不注意の運転による交通事故によって重傷を負い，1ヶ月後に死亡した。1ヶ月間のXの収入は，平均すると，100万円であった。なお，Xの期待稼働年数（収入を得られた期間の期待値）は，30年であった。

逸失利益の算定については，まだ詳しく扱っていない→【*逸失利益*】*373頁*。したがって，ここでは，《1ヶ月間の平均収入×収入を失った月数》が逸失利益の損害賠償額になると，とりあえず考えておくことにする。

この **設例Ⅲ-7** において，事故後死亡するまでの1ヶ月間について，100万

円の逸失利益についての損害賠償請求権がXに帰属し，それが相続の対象となるということについては争いがない。

問題は，Xの死亡後の逸失利益である。Xの死亡によって，Xの収入の可能性は，それこそ完全に途絶えたのであるから，この場合の逸失利益も同じように考えればよいではないかということになるかもしれない。つまり，この事案では，上記の100万円の逸失利益だけではなく，年収1200万円×30年間（厳密には29年11ヶ月）という逸失利益の賠償が認められるということになる。

しかし，よく考えてみると，ここにはかなり困難な問題がある。「年収1200万円×30年間という逸失利益の賠償が認められる」と書いたが，それは誰に認められるのであろうか。Xになのだろうか。この逸失利益は，Xの死亡によって確定的に生じたものである。そうだとすると，この逸失利益の損害賠償請求権は，Xの死亡によって生じるものだということになる。一方，Xは，その死亡によって権利能力を失っている。損害賠償請求権を生ぜしめるのと同じ原因によって，Xは損害賠償請求権の帰属主体としての地位を失うのである。

それでは，この場合，死亡による逸失利益の賠償請求権は成立せず，当然のことながら相続の対象にもならないのだろうか。そうだと考える余地も十分にある（比較法的には，このような考え方の方が一般的である）。しかし，そうだとすると，加害者にとっては，負傷させるより，死亡させる方が安上がりだということになる。何とかして，このような死亡による逸失利益までを損害賠償の内容として認めたいという意識が，方向を変えていくことになる。

判例は，当初，負傷後しばらく生存した後に死亡した場合には，その死亡後を含めて逸失利益の損害賠償請求権が発生し，相続されるとした。これは，最終的な死亡をもたらすような重大な負傷によって（つまり死亡によってではなく），期待稼働年数に相当するような逸失利益の損害賠償請求権が確定的に成立し，それが被害者の死亡によって相続されるという考え方であった。もっとも，この説明だと，次のような事案がうまく説明できないことになる。

設例Ⅲ-8　Xは，Yの前方不注意の運転による交通事故によって即死した。1ヶ月間のXの収入は，平均すると，100万円であった。なお，

> Xの期待稼働年数（収入を得られた期間の期待値）は，30年であった。

　負傷による逸失利益の損害賠償請求権という概念を通じて，死亡による逸失利益という問題を回避して，問題を解決しようとする場合，損害賠償請求権の成立（負傷）と相続（死亡）という2段階のプロセスが必要となる。即死の場合には，この2段階のプロセスを分けることが困難であるために，どのように解決されるのかが問題となる。当初の判例は，この場合の逸失利益の賠償と相続については否定していたが，次の判例によって，それが変更される。

事例研究　大判大正15年2月16日民集5巻150頁「重太郎即死事件」→ 百選II（5版・新法対応版）[95]・髙橋眞

　Aは，踏切を横断する際に，汽車に接触して，即死した。相続人Yは，Aの逸失利益の賠償を求めた。

　大審院は，Xの請求を認めた原審の判決を維持して，以下のように判示した。「他人に対し即死を引き起こすべき傷害を加えたる場合にありても，その傷害は被害者が通常生存し得べき期間に獲得し得べかりし財産上の利益享受の途を絶止し，損害を生ぜしめるものなれば，右傷害の瞬時において被害者にこの賠償請求権発生し，その相続人は該権利を承継するものと解するを相当なりとせざるべからず。もし所論のごとく被害者即死したるときは，傷害と同時に人格消滅し，損害賠償請求権発生するに由なしとなすべきときは，被害者の相続人は何等権利の承継すべきものなきのみならず，相続人は前記傷害により自己の財産上の相続権を害せられたりとして，自己の権利に基づき，この賠償を求むるを得ざることとなり，傷害と死亡との間に時間の存する限りは，その時間の長短にかかわらず死を早めたる傷害により被害者に蒙らしめたる損害につき，被害者にこの賠償請求権発生し，被害者の死亡によりその相続人はこの権利を承継し得ることとなる。すなわち，傷害の程度小なる不法行為に責任を課するに対し，即死を引起すがごとき絶大の加害行為に対し不法行為の責任を免除するの不当なる結果に陥るべく，立法の趣旨ここに存するものとなすを得ざるところなり。しかれば，原審が即死の場合においても傷害と死亡との間に観念上時間の間隔ありとなし，被上告人先代につき損害賠償請求権発生したるものと認定したるは結局相当なる」。

　これについて，学説は，（この判例の結論を妥当だとしたうえで）理由づけに腐心した。すなわち，「時間的間隔説」（いくら短くても，負傷と死亡との間にはいくらかの時間的な間隔がある），「人格存続説」（被害者は生命侵害による損害賠償の範囲でのみ権利主体たる地位を保有する），「人格承継説」（相続とは同一人格の承継であり被相続人の生命侵害に対する損害賠償請求権が相続人によって原始的に取得される），「家族共同体被害者説」，「極限概念説」（多角形の角の数を増やしていくと，

円に近づくように，生命侵害は身体傷害の極限概念である）等である。

重太郎即死事件判決は，こうした理論構成の中では，時間的間隔説を採用したものと理解できる。本判決によって，この問題には一応の決着が得られ，その後，現在にいたるまで判例は，死亡後のものを含めて，死亡にいたる経緯を問題とせずに（ただし，死亡についても加害者が責任を負うことを前提とする。加害者が責任を負わない別原因による死亡については，別途説明する→*【別原因による被害者の死亡と逸失利益の算定】406頁*），逸失利益の損害賠償請求権が相続の対象となることを承認してきている。

なお，このように相続を中心に据えた問題の解決の仕方については，別の観点から強い批判もなされているが，これについては，項目をあらためて検討することにしよう。

> （コラム）　**残された問題と解決の方法**
>
> 　このように判例が展開してきたという説明は，当初の「死亡後の逸失利益について X は損害賠償請求権を取得するのか」という疑問に対して，正面から答えるものではない。逸失利益がそのつど，そのつど，収入の喪失という形で現れる損害であり，将来の逸失利益の損害賠償というのは，本来，将来においてそのつどなされるべき損害賠償を，とりあえず，現時点で先払いするものなのだという考え方に立つ場合には，こうした逸失利益が損害賠償の対象となるということを説明するためには，依然として困難な問題が残るからである。
>
> 　もっとも，逸失利益という固有の損害が存在するわけではなく，損害というのは，負傷等の事実であり，逸失利益も，そうした事実としての損害を金銭に置き換えるためのひとつの手法にすぎないのだと考えるのであれば，この問題について，それほど神経質になる必要はない。平均稼働年数等によって計算される金額の賠償請求権は，将来の損害賠償請求権を先払いするというようなものではなく，不法行為の時点で，すでに確定的に生じているからである。
>
> 　従来の逸失利益をめぐる議論は，暗黙の前提として前者を前提に考えてきたと思われるが，別の解決の仕方があるということも確認しておこう。なお，後者のようなとらえ方は，不法行為とは別の原因による死亡の問題において，最近の判決が採用している→*【別原因による被害者の死亡と逸失利益の算定】406頁*。したがって，現在では，この問題について，重太郎即死事件をめぐってなされたような議論をする必要はなくなったという理解も可能である。

慰謝料の相続　　逸失利益の相続をめぐる問題については，相続ではなく，むしろ逸失利益という概念をどのように理解するのか，死亡後の逸失利益の被

3　損害賠償請求権の相続　　331

害者本人への帰属をどのように説明するのかという点に，その問題の核心が存在した。それに対して，慰謝料の相続をめぐる問題は，慰謝料というまさしく一身専属的なものが相続されるのかという，相続をめぐる問題である。

　判例は，当初，慰謝料請求権の一身専属性を理由として（896条ただし書），この相続を否定してきた。
　こうした判例は，「残念々々事件」と呼ばれる著名な事件（2つの残念々々事件。大判昭和2年5月30日新聞2702号5頁，大判昭和8年5月17日新聞3561号13頁）によって変更されることになる。すなわち，この事件において，大審院は，「亡Aがその死亡前『残念々々』と連呼したる事実は原審の確定せるところにして，原審が右事実をもって慰藉料請求の意思を表示したるものと認め，これにより該慰藉料請求権が金銭債権として移転性を有するに至れる旨説示したるは必ずしも不当にあらず。本来慰藉料請求権は被害者の一身に専属する権利なるも被害者が慰藉料請求の意思を表示するときは，これにより金銭債権として移転性を帯有するに至る」（第2事件）と判示して，慰謝料請求の意思表示がなされた場合には，金銭債権として相続の対象となるという態度を示したのである。

　慰謝料というものが一身専属的な性格を有するということは確かだろう。他方，慰謝料請求権でも，たとえば，損害賠償請求訴訟が提起され，慰謝料を含む損害賠償請求権が認容され，確定したならば，通常の金銭債権であり，当初の一身専属性を理由として相続を否定する必要はないということも，ほぼ明らかである。そうだとすると，この中間のどこかに，一身専属的で相続の対象とならない慰謝料から金銭債権のひとつとしての慰謝料請求権に変化するポイントがあるはずである。残念々々事件というのは，権利行使の意思表示にそのポイントを求めたものであるといえる。
　なお，より明確なポイントとしては，訴訟の提起等が考えられるかもしれないが，訴訟の提起というのは，権利者にとっての権利行使のひとつの形態にすぎない。実体法上の権利の性格が，訴訟行為を行うことによって変化するというのも，あまり合理的ではない（その他，実践的な意味でも，妥当性に欠ける）。その意味で，権利行使の意思表示に注目した残念々々事件は，一定の合理性を

有するものであった。

　もっとも，当然のことながら，このようなポイントの設定は，何が権利行使の意思表示なのかという具体的な問題に直面することになる。そして，多くの裁判例がこの問題を取り上げることになる。

　①　大判昭和 12 年 8 月 6 日判決全集 4 輯 15 号 10 頁
　被害者が「向うが悪い向うが悪い」との意思を表示するのは，加害者に対する慰謝料請求の意思表示であると認定された。
　②　東京地判昭和 32 年 12 月 24 日不法下民昭和 32 年度（上）385 頁
　自動車事故によって負傷した A が，病院で「死亡する直前，原告 X に対し，駄目だ口惜しいといって涙を流したことが認められるので，A において慰謝料請求の意思を有していたものと解するのが相当」である。
　③　仙台高判昭和 32 年 7 月 5 日不法下民昭和 32 年度（上）155 頁
　交通事故の被害者たる児童を救出しようとする母親に対し，児童が「本件事故により死亡する直前 3 回位も『お母さん痛いよ』と訴えたことは……死亡直前に前記慰藉料債権を行使する旨の意思を表示したるものと解するを相当とする」。

　これらの判決をつかまえて，裁判官というのは言葉をもてあそぶようなことをやっているのだなとか，社会常識と外れたところでものを考えているのだなといった批判や揶揄をすることは，裁判官には酷であろう。また，このような黙示の意思表示をめぐる裁判例を個々に分析的に検討することは，あまり生産的なこととは思われない。なぜなら，ここで問題とすべきは，これらの説明自体の是非ではなく，これらの説明が「慰謝料請求については請求の意思表示がなされることにより，通常の金銭債務となってのち，はじめて相続の対象となる」という命題と「慰謝料についても，（当然に）相続を認めることが適当である」（それによって被害者の損害塡補を充実させる）という実際的感覚との狭間で苦心してなされたものだからである。すなわち，統合されるべき対象である 2 つ（論理的な初期命題と実際に実現したい中身）が相反するものである以上，それをやりくりするための説明が，こっけいともいえるものとなってしまったこと自体は，仕方のないことだったと考えられる。

3　損害賠償請求権の相続　333

このような状況は，当然の方向として，次の1歩を踏み出すことを求める。

すなわち，最大判昭和42年11月1日民集21巻9号2249頁→*百選III（8版）[60]・米村滋人*は，「ある者が他人の故意過失によって財産以外の損害を被った場合には，その者は，財産上の損害を被った場合と同様，損害の発生と同時にその賠償を請求する権利すなわち慰藉料請求権を取得し，右請求権を放棄したものと解しうる特別の事情がないかぎり，これを行使することができ，その損害の賠償を請求する意思を表明するなど格別の行為をすることを必要とするものではない。そして，当該被害者が死亡したときは，その相続人は当然に慰藉料請求権を相続するものと解するのが相当である。けだし，損害賠償請求権発生の時点について，民法は，その損害が財産上のものであるか，財産以外のものであるかによって，別異の取扱いをしていないし，慰藉料請求権が発生する場合における被害法益は当該被害者の一身に専属するものであるけれども，これを侵害したことによって生じる慰藉料請求権そのものは，財産上の損害賠償請求権と同様，単純な金銭債権であり，相続の対象となりえないものと解すべき法的根拠は」ないとして，慰謝料請求権も，被害者の何らの意思表示を要せずに，相続されることを承認したのである。

これによって，慰謝料の相続をめぐる問題は一応の決着をみた。

もっとも，慰謝料の相続をめぐっては，なおクリアになっていない問題も残っている。

それは，ここで論じている慰謝料がいったい何についての慰謝料なのかという，ごく基本的な問題である。負傷による慰謝料について，上記の一連の判例によってカバーされることは，明らかである。この点については，ひとまず問題は決着した。しかし，この議論の中では，「死亡による慰謝料」が語られる場合もある。こうした死亡による慰謝料については，死亡による逸失利益と共通するような，そうした損害や損害賠償を観念することができるのかという問題が存在する。

ひとつの説明の仕方としては，死亡による慰謝料というのは，「死に向けた慰謝料」であるというものが考えられるだろう。大多数の人にとって，「死の恐怖」が，それ自体として，何らかの種類の苦痛を伴うことは否めない（「やり残したことがあり死にたくない」，「ここで死ぬのは不本意だ」，「残された家族のこと

が心配だ」等。東京地判昭和 61 年 9 月 16 日判時 1206 号 7 頁は，ヘリコプターの墜落により負傷した搭乗者について，航空機の墜落に伴う死の恐怖は，通常の交通事故の場合よりも重大な精神的苦痛を与えるとして，受傷による慰謝料とは別に評価算定されるべきだとする）。このような慰謝料は十分に考えられるものであるが，このような現実的な苦痛を慰謝料の骨格に据えることは一方で，より抽象的な形で考えられている慰謝料の性質（たとえば，苦痛の感受能力を失っている場合や法人についても，慰謝料は認められる。大判昭和 11 年 5 月 13 日民集 15 巻 861 頁は，父親の死亡についての慰謝料について，1 歳 4 ヶ月の幼児に，被害当時に苦痛の感受性が備わっている必要はないとする）と，必ずしも整合的ではない可能性がある。

　この問題は，慰謝料とはいったい何なのか，慰謝料を一義的に説明することが可能なのかという点にも関わるが（精神的苦痛を慰謝するという慰謝料の側面と財産的損害の賠償としての慰謝料の側面），なお不透明なまま残っているとせざるを得ない。

4　遺族の損害

遺族固有の慰謝料請求権　　いわゆる間接被害者の問題の一部を構成するものであるが，遺族の損害について，もういちど簡単に整理しておくことにしよう。

　まず，711 条は，「他人の生命を侵害した者は，被害者の父母，配偶者及び子に対しては，その財産権が侵害されなかった場合においても，損害の賠償をしなければならない」として，遺族固有の慰謝料請求権を認めている。

　したがって，すでに取り上げた被害者の慰謝料請求権の相続の問題とは別に，父母，配偶者，子には，固有の慰謝料請求権が認められるということになる。なお，ここで規定されている遺族は，相続人とは必ずしも一致しない（被害者の父母と子供が同時に相続人となることはあり得ない。877 条，889 条）。このような 711 条の規定をめぐっては，2 つの方向での拡張が問題とされてきた。

遺族の範囲の拡大　　711 条が規定するのは，父母，配偶者，子だけであるが，判例は，これらの者に準じるようなものと考えられるかを基準として，711 条の類推適用を認めている（最判昭和 49 年 12 月 17 日民集 28 巻 10 号 2040 頁

は，被害者との間に711条所定の者と実質的に同視できる身分関係があり，被害者の死亡により甚大な精神的苦痛を受けた者については，同条の類推適用を認めるとして，被害者の妻の障害のある妹について，同人が被害者により長年にわたり庇護されていたことをふまえて，慰謝料請求を認めた）。具体的に判決において固有の慰謝料請求権が認められた者としては，祖父母，舅（しゅうと），親子に準ずる関係の兄弟（親に準じるもの），内縁の妻（配偶者に準じるもの），姑（しゅうとめ）の死についての嫁（子に準じるもの）などが挙げられる。

　711条を，例外的に間接被害者の賠償を認めたものであり，そこでの列挙はあくまで限定列挙であり，それ以外の者には賠償を認めないものだと理解することには，それほど明確な理由はない。同条は，少なくとも，ここで列挙された者については，具体的な関係等を明らかにすることを求めずに，賠償を認めたものであると理解するのが適当だろう。そのうえで，死亡した被害者との具体的な関係をふまえて，このような遺族の範囲を拡大し，同条を類推適用するという方向は，支持されるべきものだろう。

被害者の死亡

さらに，711条は，被害者の死亡の場合を対象とする規定であるが，被害者に生じた被害を死亡に限定しないという意味での拡張が考えられないのかも問題となる。

> 事例研究　最判昭和33年8月5日民集12巻12号1901頁
>
> 　被害者である女児が顔面に傷害を受けた結果，外傷後遺症の症状となり，医療によって除去することができない著明な瘢痕を遺し，容貌は著しい影響を受けたという事案において，最高裁は，母親は，「その子の死亡したときにも比肩しうべき精神上の苦痛を受けたと認められるのであって，かかる民法711条所定の場合に類する本件においては，同被上告人は，同法709条，710条に基いて，自己の権利として慰藉料を請求しうるものと解するのが相当である」と判示した。

　まず，確認しておかなくてはならないのは，本判決は，この事案において，711条による慰謝料請求権を直接的に認めているわけではなく，また同条の類推適用によるものではないという点である。形式的には，あくまで，709条，710条の適用として問題が解決されているのである。もっとも，このように両条の適用を通じて，711条の実質的拡張という側面があることは否定できないだろう。

　本判決は，原告たる母親に同情すべき事情がみられるような事案であり，好

336　　第Ⅲ部　不法行為の効果／第2章　損害賠償請求の主体

意的な評価が少なくないが，このような形での711条の拡張は当然には受け入れられないように思われる。すなわち，負傷に関してはどれほど重大なものであったとしても，その本来の苦痛の主体はなお存在するのであり，決して死亡とは同じ状況ではないのである。もちろん，植物状態といったような形で自ら権利行使をなし得ない（あるいは苦痛の自覚についても不明である）といったような場合，あるいは近親者ともはやコミュニケーションを図ることができないという状況（近親者を喪失したのと同様の孤独）については別個の配慮が必要かもしれない。しかし，問題となった事案では，被害者は顔面に負傷をしたというのであり，それが女児であったということもあって重大な法益侵害だと評価されたとしても，決して「準死亡状態」といえるようなものではないはずである。むしろ，ここでの苦痛は，被害を受けた女児自身に生じているものなのである。被告の責任が軽いと感じる，あるいは，それほどまでに女児の損害を重大だと考えるのであれば，女児自身の損害賠償を増額することで解決するべきものだと思われる。

扶養利益の侵害　　その他，遺族が，被害者から扶養を受けていた場合，そうした扶養利益の侵害を理由とする損害賠償も考えられる。扶養が単なる事実上の利益ではなく，被害者が扶養義務を負っているような場合，そうした利益は，法的にも承認された利益であるといえる。判例も，こうした利益が損害賠償の対象となるという枠組みを否定しているわけではない。しかしながら，現在の死亡時の損害賠償は，被害者の損害賠償請求権を相続人に相続させるという形を原則としており（相続構成），そうした相続構成と扶養利益構成は一定の緊張関係に立つ。この点については，後に詳しく扱うことにする→*【相続構成と扶養構成】398頁*。

4　遺族の損害　　337

第3章　損害賠償の範囲と額の決定

第1節　損害賠償の範囲（賠償されるべき損害の決定）

問題の所在　賠償されるべき損害の決定という問題に先立って，そもそも損害が何を意味するのかを規定しておかなくてはならない。損害というのは，不法行為法において最も基本的な概念であるが，それにもかかわらず，「損害とは何か？」をめぐっては，差額説と損害事実説が基本的に対立しており，損害事実説の中にもいくつかのバリエーションが考えられることについては，すでに説明した→*【損害の意味】161頁*。

以下の説明においては，損害事実説を前提として，損害を「被害者に生じた不利益」という程度の意味のものと理解して，まずは出発することにしよう。

そのうえで，損害概念が，各問題との関係でどのような意味を有するかについては，あらためて最後に整理する。

1　相当因果関係説──伝統的な見解

相当因果関係説の意味　相当因果関係説というのは，「相当因果関係」という法的な概念を用いる見解である。「この説明はあんまりだ！」と思うかもしれないから，もう少し丁寧に説明すると，因果関係というレベルにおいて，相当因果関係という概念を利用する考え方である。つまり，ほかのどこでもなく，因果関係という概念に相当性という規範的な性格を有する評価を結びつけたのが，相当因果関係なのである。

こうした相当因果関係については，まず，2つのことを指摘しておくべきだろう。

まず，相当因果関係というのは，伝統的な見解においては，不法行為の成立のレベルと責任の範囲のレベルの2つにおいて用いられてきた。もっとも，相

当因果関係概念が主として機能してきたのは，損害賠償の範囲という後者の問題領域においてである。つまり，事故によって負傷し，入院先で院内感染によって死亡したという場合に，負傷までだけが賠償範囲なのか，院内感染による死亡も賠償範囲に含まれるのかという問題を相当因果関係の有無によって判断しようとするのが，相当因果関係説の考え方なのである。

　次に，相当因果関係という概念は，ただちに特定の相当性判断の基準を意味するものではない。予見可能性といったものが相当因果関係概念の一部であるかのように説明される場合もあるが，論理的には，まず，(1)相当因果関係という概念を採用するか否かという問題があり，それが肯定された場合に，(2)因果関係の相当性を判断する基準は何なのかという問題が出てくるのである。ここでの基準のひとつとして，予見可能性が考えられているが，しかし，それ以外にも，客観的な蓋然性など別の基準も考えられている。この点をまず確認しておく必要があるだろう。

相当因果関係説の歴史的背景──完全賠償原理と制限賠償原理　相当因果関係の理論は，20世紀の初頭にドイツで発展した。もともとは，刑法の結果的加重犯の成否をめぐる議論を解決するための理論として展開されたが，それは，ただちに不法行為法に導入され，そして，一般化していくのである。

　これには，ひとつの背景があった。ドイツ民法249条は，不法行為者は，不法行為がなかったとすればあったであろう状態を回復すべきことを命じている。当たり前の規定ではないかと思われるかもしれないが，この規定の仕方はちっとも当たり前ではない。なぜなら，この規定によれば，賠償義務者は，賠償義務を基礎づける事実（不法行為）があたかもなかったような状況を実現しなければならない，つまり，不法行為と因果関係のある損害はすべて賠償しなければならないからである。これは，「完全賠償原理」と呼ばれる思想であるが，賠償範囲に関してこのような完全賠償原理を明示的に採用しているのは，ドイツ民法だけである。

　わが国においては，賠償範囲について，709条は，あらゆる損害を賠償しなければならないということまでを明示しているわけではない。不法行為法においては，賠償範囲に関する明示的なルールは置かれていない。他方，債務不履行については，415条が損害賠償責任の成立を規定するが，責任の範囲につい

ては416条が規定している。そこでは，賠償の範囲は，「通常の損害」（同条1項），「予見可能な特別事情から生じる損害」（同条2項）に限定されているのであり，債務不履行から生じるあらゆる損害を賠償するということは，あらかじめ明示的に排除されているのである。不法行為や債務不履行から生じるあらゆる結果についての賠償を認めるとするのではなく，この416条のように，賠償されるべき損害を一定の範囲に限定しようとする考え方を，「制限賠償原理」と呼ぶ。なお，制限賠償原理をとる場合でも，どのような範囲に限定するのかということについては，さまざまな考え方があり得る。

ドイツ民法における完全賠償原理と相当因果関係　　ドイツ民法が，完全賠償原理を採用したのには，一定の理由があった。特に，立法当時に明示的に挙げられているのは，裁判官の裁量性を排除するという説明である（歴史的には，この当時，裁判官に対する根強い不信感があったとされている）。つまり，具体的事件を担当した裁判官の裁量によるのではなく，客観的な基準によって問題が解決されることが望ましく，且つ，そうした客観的な基準として最も徹底したものが，完全賠償原理であったのである。

　しかしながら，こうした完全賠償原理は，その本国でも，ただちに困難に遭遇することになる。つまり，ドイツ人の感覚でも，あまりにも遠い損害までの賠償を認めざるを得ない結果をもたらしたのである。完全賠償原理を前提とするのであれば，損害が「遠い」とか，「近い」ということは意味を有さない。一方，立法されたばかりの民法典の条文を改正するというのは，問題解決のための実践的な選択肢としては存在していなかった（近代法を完成させるものとしての性格が強調された当時のドイツ民法をめぐる状況の中で，そのようなことは許されなかった）。このような状況の中で，ひとつの解決方法として展開されたのが，相当因果関係理論という因果関係の理論であったのである。相当因果関係理論は，以下のような2段階の説明で，損害賠償が一定の範囲に限定されることを導く。

　第1に，完全賠償原理とは，「不法行為と因果関係のあるすべての損害を賠償する」という理論だとする。実は，この部分にすでに一定の修正が加えられ

ている。つまり，ドイツ民法249条自体は，上記のとおり，不法行為がなかったような状態を回復するということを規定しているだけであり，因果関係については特に言及していないからである。しかし，ここで因果関係を使って説明することが，次の説明につながる。

　第2に，「不法行為と因果関係のある……」という命題における因果関係とは法的な因果関係だとするのである。かりにこの命題における因果関係が条件関係なのだとすれば，それを近い遠いという基準によって区別することはできない。条件関係は，あるかないかだけであって，グレードを観念することはできないからである。しかし，法的な概念であるとすれば，その法的な概念を判断するためにさまざまなファクターを導入することが可能となる。この法的な概念たる因果関係，すなわち，「相当因果関係」を判断するために，予見可能性や蓋然性などの基準を持ち込むことができるようになるのである。たとえば，予見可能性がない結果，あるいは蓋然性が認められない結果は，不法行為と「相当因果関係」が認められないのであり，損害賠償の対象とはならない。この説明は，「不法行為と因果関係のある……」という命題を否定せずに，賠償範囲の限定を可能としたのである。

　わが国における相当因果関係説の導入　　しかしながら，このような相当因果関係理論が，民法学全般にわたってのドイツ法学のきわめて強い影響のひとつとして，わが国の不法行為理論に導入された際には，完全賠償原理といった背景的な事情は切り捨てられ，一般的に，「損害賠償の範囲を画する理論」として理解されることになった。

　すでに説明したとおり，不法行為による損害賠償については，明示的な規定は用意されていない。しかし，債務不履行の損害賠償の範囲については，416条が存在する。このため，わが国における相当因果関係論の導入は，この416条と結びついた形で議論がなされることになった。言い換えると，「不法行為の損害賠償の範囲を決定するに際して，相当因果関係理論を示したものである416条が類推適用できるだろうか？」という形で問題が組み立てられることになったのである。

　民法416条と相当因果関係説　　このような416条の類推適用については，

第1節　損害賠償の範囲／1　相当因果関係説　　341

当初必ずしも一致してはいなかったが，この議論状況に決着をつけたのが，富喜丸事件判決である。

事例研究 大連判大正15年5月22日民集5巻386頁「富喜丸事件」→ *続百選（2版）[民11]*・四宮和夫，*民法の判例（2版）[35]*・北川善太郎，*百選Ⅱ（初版）[84]*・栗田哲男

富喜丸と大智丸が衝突し，富喜丸が沈没した。富喜丸船主が，逸失利益として傭船料ならびに船の価格の賠償を請求した。（これだけであれば単純な事件なのであるが）沈没当時（大正4〔1915〕年）は10万円と評価された中古船は，大正6〔1917〕年には，第一次世界大戦のドイツ潜水艦の無警告撃沈により商船需要が激増し，190万円にも評価された。その後，世界大戦が集結して，判決当時（大正12〔1923〕年）には，10万円以下に下落してしまった。問題となるのは，船の価値の賠償といっても，どの時点を基準とするかによってまったく異なってきてしまうからである。当然，原告は，最高価格たる190万円を賠償請求し（同価格で転売し利益を得たはずであると主張し），他方，被告は10万円の賠償責任しかないと主張した。

大審院は，次のような構成を採用した。すなわち，物の滅失・毀損の場合，「現実の損害」＝滅失・毀損当時の価格の賠償を原則とする。しかし，被害者がその独特の技能等によって異常な利益を得べかりし特別の事情がある場合には，不法行為とその損害との間に相当因果関係（予見可能性）が存在する限りで，その利益の賠償も認める，というものである。そして，それを基礎づけるものとして，416条を不法行為についても類推適用するとしたのである。

富喜丸事件判決によって，416条は，不法行為にも類推適用されるという立場が，確立されることになった。本判決は，相当因果関係説についての代表的な判決としてよく知られる。しかし，その事案，そこで取り扱った問題の性質は，必ずしも，相当因果関係で扱う問題としては一般的なものとはいえないことには注意すべきである。

すなわち，問題となっているのは，船の沈没によってさらにあらたに生じた別個の損害の賠償ではない。原告が問題とし，被告が問題としているのも，船の価値の賠償であり，船について賠償しなくてはならないということ自体については問題とされていないのである。ただ，その船の価値をいかに評価すべきかが問題となっているのである（いわゆる中間最高価格の問題）。しばしば取り上げる交通事故で負傷した被害者が救急車で運ばれる最中に別の事故に遭遇し死亡したというような場合を相当因果関係の典型的問題と考えるならば，富喜丸事件は，決して，それと同種の問題ではない。

このことは，相当因果関係と呼ばれる概念が，きわめて種々雑多なものを取り込んだ鵺のような存在であることを示すものであろう。富喜丸事件に対する

批判は，後述の部分で扱うとして，ここでは，客観的な事実として，このこと
をまず確認しておこう。

　富喜丸事件が扱っている中間最高価格の問題が，現在の不法行為法理論にお
いてどのように位置づけられるかはともかく，当時の判例理論においては，賠
償範囲問題と賠償額算定問題は明確に区別されていなかったということを前提
とすれば，富喜丸事件の理論的枠組みは，損害賠償の範囲をカバーするものと
して示されたと理解することができる。富喜丸事件判決には，以下のような2
つの意味を見出すことができる。

> ①　まず，不法行為による損害賠償の範囲は相当因果関係理論によっ
> 　て決まるという枠組みを示した。
> ②　次に，416 条が相当因果関係理論を示した条文であるという理解
> 　を前提として，416 条を不法行為にも類推適用できるとした。

　このような大審院の判決は，戦後の最高裁判決でも維持される。その代表的
なものが以下の事例である。もっとも，そこでは，同時に，こうした 416 条の
不法行為への適用に対する反対意見も示されている。

事例研究　最判昭和 49 年 4 月 25 日民集 28 巻 3 号 447 頁「帰国旅費事件」
　　X は，交通事故によって重傷を負った。X の娘 A は，ウィーンに留学するための途上
であったが，X の事故を聞き，急きょ帰国し，X の看護をした。7 ヶ月後，あらためてウ
ィーンに発った。ここでは，無駄になった当初の出航費用ならびに帰国費用の賠償が問題
となった。
　　最高裁の多数意見は，「おもうに，交通事故等の不法行為によって被害者が重傷を負っ
たため，被害者の現在地から遠隔の地に居住又は滞在している被害者の近親者が，被害者
の看護等のために被害者の許に赴くことを余儀なくされ，それに要する旅費を出捐した場
合，当該近親者において看護等のため被害者の許に赴くことが，被害者の傷害の程度，当
該近親者が看護に当たることの必要性等の諸般の事情からみて社会通念上相当であり，被
害者が近親者に対し右旅費を返還又は償還すべきものと認められるときには，右旅費は，
近親者が被害者の許に往復するために通常利用される交通機関の普通運賃の限度内におい
ては，当該不法行為により通常生ずべき損害に該当するものと解すべきである」として，
この賠償を認めた原審の判断を維持した。なお，この多数意見では，416 条の類推適用と
いうことは明示的には述べられていない。それに対して，大隅健一郎判事は，多数意見が
416 条類推適用説に立つことを前提に，反対意見を述べている。

　なお，大隅判事の 416 条類推適用説に対する批判は，最判昭和 48 年 6 月 7

第 1 節　損害賠償の範囲／**1**　相当因果関係説　　343

日民集 27 巻 6 号 681 頁→ *百選II（8 版）[98]・前田陽一* に詳しい。

そこでは，「債務不履行の場合には，当事者は合理的な計算に基づいて締結された契約によりはじめから債権債務の関係において結合されているのであるから，債務者がその債務の履行を怠った場合に債権者に生じる損害について予見可能性を問題とすることには，それなりに意味がある……。これに反して，多くの場合全く無関係な者の間で突発する不法行為にあっては，故意による場合はとにかく，過失による場合には，予見可能性ということはほとんど問題となりえない。……不法行為の場合においては，各場合の具体的事情に応じて実損害を探求し，損害賠償制度の基本理念である公平の観念に照らして加害者に賠償させるのが相当と認められる損害については，通常生ずべきものであると特別の事情によって生じたものであると，また予見可能なものであると否とを問わず，すべて賠償責任を認めるのが妥当であるといわなければならない」とする。

2　相当因果関係説に対する批判

相当因果関係説への批判　このように完全な地歩を固めたかに見えた相当因果関係説であるが，近年ではむしろそれに対する批判が有力である。批判は，いくつかの点で考えられているが，比較法・法制史的な観点からの批判と，実質的な基準としての相当因果関係に対する内在的批判との 2 つが柱になる。順番に説明していこう。

比較法・法制史的な批判　まず，比較法的な批判，あるいは，法制史的な批判としては，次のように 2 つのレベルのものがある。

第 1 に，416 条を不法行為に適用するということについての問題がある（この点の議論は相当因果関係という言葉を用いなくても検討できる）。すなわち，416 条は，直接的にはイギリスのハドレー事件判決（Hadley v. Baxendale）の影響を受けたものであるが，その考え方は，「契約当事者が契約当時に予見し得なかった損害は賠償されない」というモリヌウス（フランス）の学説に由来する。そもそも 416 条は，不法行為への適用は予定されていなかったのである。

第 2 に，416 条を相当因果関係を意味するものとして理解するということに

対する批判である。すでに説明したように、相当因果関係というのは、完全賠償原理を前提としたうえで、なおそうした完全賠償原理と両立しつつ、賠償範囲の制限を導くために考案された技術概念である。他方、416条は、制限賠償原理を採用するものにほかならない。416条によれば、これこれの範囲の損害の賠償が認められるといえば、それで足りるのであり、そうした416条を相当因果関係の規定だと理解するのは、不要なだけではなく、理論の相互関係から見ても誤っているということになる。

コラム *モリネウスとモムゼン*

　19世紀のヨーロッパといえば、飛行機での移動もなく、高速鉄道もなく、現代から見れば、ずいぶん不便で、相互交流も難しかったように見える。ところが、19世紀までのヨーロッパというのは、別の意味で、現代では失われつつあるツールを有していた。共通文化言語としてのラテン語である。アジアにおいて、ある時期まで漢字が共通の文化言語であったように、ヨーロッパでは、ラテン語がそうした位置を占めていた。もちろん、近世以降、日常用語としての母国語を重視していくという動きは顕著になっていく。それでも、法律の世界では、ラテン語が重要な位置を占めていた。

　まず、19世紀にはいって、フランス民法典（1804年）やオーストリア普通民法典（1811年）が立法されるが、なお、法典を有さない国も多かった。そうしたところでは、普通法（jus commune）として現代風に翻案されたローマ法が、共通の私法としての性格を有し、依然として機能していた。

　これと文化的共通言語としてのラテン語の存在によって、国が異なる法律家相互の議論というのは、ある意味で、現代より容易であったともいえる。

　さて、ここで本文の内容に戻るが、制限賠償の原理、特に、わが国の民法416条に示されるような内容のものを積極的に提唱したのは、フランスのモリネウスという学者であった。一方、ドイツでの完全賠償原理の採用については、すでに簡単に説明したが、その採用にあたっては、ドイツにおいて当時最も有力な法律家の1人であったモムゼンが、このモリネウスの見解を強く批判し、そうした議論の中で、完全賠償原理が採用されたのである。

　相当因果関係理論によって修正された完全賠償原理も、そうした相当因果関係理論と同じような基準による制限賠償原理も、結局、同じではないかということになりそうだが、当初の出発点において、このように先鋭な対立があったということは、確認しておいて悪くない。

　なお、筆者自身は、完全賠償原理と相当因果関係理論というのは、そもそもその本質からして抵触しており、相当因果関係理論によって完全賠償原理を維持したまま、賠償範囲を制限するというのも、単なる苦肉の説明にすぎないと

第1節　損害賠償の範囲／**2**　相当因果関係説に対する批判　　345

認識している。相当因果関係というのが便利な言葉であり，わが国の法実務においてある程度定着し，使われているということを否定するつもりはないし，また，筆者自身，細部の概念にこだわる必要がない場合には，相当因果関係という言葉を使わないわけではない（というより，しばしば使う）。しかし，厳密に考えれば，そこで扱われているのは，単に賠償範囲の制限ということだけであり，相当「因果関係」というように，因果関係に固執する理由は存在しない。

解決のための論理的可能性の検討　このように見てくると，「相当因果関係を定めた416条を不法行為に類推適用する」という考え方は，「相当因果関係を定めた416条」と「416条を不法行為に用いる」という二重の点で不当であるということになる。

とりわけ，前者の難点は決定的である。図式化すると，従来の説明が，「債務不履行←416条（＝相当因果関係）→不法行為」という枠組みに立っていたのに対し，「416条≠相当因果関係」として，その核となる部分を修正しなくてはならないことになる。

この解決のためにはおおむね2つの論理的可能性が考えられる。

第1は，上述のような修正された構造を前提として，不法行為については，416条の適用を放棄し，相当因果関係一本で解決していくというものである。

第2は，相当因果関係という概念を媒介せずに，債務不履行についての416条を不法行為にも「類推適用」するというものである。

この第2の選択については，もはや，416条は，「契約責任（債務不履行責任）についての」規定であるということが確定されたわけであるから，不法行為責任に「類推適用」するに際しては，その積極的な理由づけが必要となることは言うまでもない。ちなみに，416条と同様の制限賠償のルールを持つ英米法においても，不法行為においては，別個のルールが採用されているのであり，その見通しは暗いし，固執する意味はないように思われる。

他方，第1の選択は，416条と相当因果関係が別のものであるということを正面から承認して，歴史的にもドイツ法における伝統があり，わが国においてもそれなりの蓄積を有している相当因果関係を用いるというのであるから，比較的困難は少なそうである。相当因果関係自体に問題がないなら，それが積極

346　第Ⅲ部　不法行為の効果／第3章　損害賠償の範囲と額の決定

的に維持されても別にかまわないではないかということになりそうである。

相当因果関係概念の検討　相当因果関係が，完全賠償の原則を前提とすること，わが国の不法行為法は完全賠償原理を必ずしも明確に採用しているわけではないことについては，すでに説明した。しかし，さらに譲って，完全賠償原理を前提としたうえでも，相当因果関係は適切な基準として機能し得るものなのであろうか。

　この相当因果関係概念の崩壊は，わが国においてより早く，その母国たるドイツで始まった。それに対する批判の中心は，相当因果関係が賠償範囲確定の基準としては機能していないということ，相当因果関係による賠償範囲の決定の説明はそれ自体として本質を見誤っているというものであった。客観的な相当因果関係基準を採用したドイツにおいては，相当因果関係の否定によって賠償範囲が決定された（賠償が退けられた）ケースは，わずか数件しかないことが指摘されている。これ自体，基準としては有効に機能していないという現実を示すものとされる。

　それだけではなく，相当因果関係の説明自体が本質的な問題をはらんでいるという指摘がなされている。これは，「日曜日のサッカー」事件→**【保護範囲説】**_362_
_頁_を材料として，しばしば説明がなされるところである。現在のドイツにおいては，相当因果関係の崩壊は，ほぼ行きつくところまで行ったように思われる。そして，教科書等で取り上げられる相当因果関係は，現在の主流たる保護目的説の説明のための反面教師としての役割に限定されていると言ってもよい。相当因果関係は，完全賠償原理を完全なものにするための手段ではなく，困難を内在していた完全賠償原則の上に咲いた徒花，完全賠償原則を実質的に制限賠償原則に修正しようとするものであったというのが，一般的な理解となっているのである。

　もちろん，現在のドイツでも相当関係の概念をそれなりにいかしていこうという立場がないではない。しかし，そこでの相当因果関係は，もはや所与の概念ではなく，「いわゆる相当因果関係」なのである。

相当因果関係に代わる判断スキーム　さて，一方で，このように相当因果関係を用いることが難しい（用いたとしても意味がない）という状況があり，他

第1節　損害賠償の範囲／**2**　相当因果関係説に対する批判　347

方で，416条の不法行為への適用が困難であるとすると，われわれは，どのように賠償範囲を確定していくべきなのであろうか。416条を用いず，且つ，相当因果関係ではない，より有意味で合理的な基準を求めるという第3の選択が求められることになるのである。

相当因果関係を激しく批判した平井宜雄博士は，それに代えて，以下の3つの問題として，従来，相当因果関係で扱われてきた問題を分析することを提案した。

---

① 事実的因果関係
  不法行為と結果との間の事実的なレベルにおける因果関係の存否の問題
② 保護範囲
  不法行為によって生じた損害の中で，どこまでを賠償するべきなのかという問題
③ 損害の金銭的評価
  賠償されるべき損害をどのように金銭的に評価するのかという問題

このような新しい判断スキームに対して，当初から一貫して，そして現在にいたるまで潜在的には依然としてなされている批判は，このような判断スキームによっても何も変わらないではないか，相当因果関係においても同じように妥当な結論を得ることができるのではないかというものである。なるほど，相当因果関係論によって説明されていた結論が，この新しいスキームによって急に異なるというわけではない。結局，説明の仕方の違いだけではないかという意見には，一定の説得力はある。

しかし，この判断スキームには，単に理論的な説得力（理論においては，それ自体価値があるものとして評価されるべきである）といったものにとどまらない，より実践的な意義を見出すことができる。それは，この3つの問題領域における判断構造の違いである。

まず，①事実的因果関係の問題では，その基本的な性格は事実の認定に関する問題として位置づけられる。したがって，そこでは自然科学的な知見等の役

割が重視され，あるいは，非法律家であるそれぞれの領域における専門家の意見が重要な役割を果たすことになる。法律家としての裁判官の役割，規範的評価の介入はある程度慎重になされるべきだということになる。

次に，②保護範囲の問題は，法的な評価として，一定の行為義務がある法益を保護法益としているのかという，きわめて規範的な性格の強い問題を取り扱うことになる。この問題は，典型的な法の解釈の問題として扱われるべきものであり，自然科学による知見等の影響を直接に受ける性格のものではない。また，裁判官は，あくまで法の解釈として結論を導かなくてはならないのであり，裁量的判断によって結論を導くわけではない。

さらに，③の損害の金銭的評価については，これに関する一般的な法的なルールは存在しないということを前提に，平井博士は，裁判官の裁量的判断によって結論を導かざるを得ない問題だと位置づけた。この③については，後に見ていくように本書の立場は少し異なる。しかし，②のような特定の法の解釈という問題と性格が異なるということは否定されない。

したがって，この新しい判断スキームは，従来の相当因果関係を分析したら，3つのタイプの問題が出てきましたというだけではなく，その問題構造に応じた判断がなされるべきであるとの主張も含むものなのである。以下に検討していくように，このように截然と区別することができるかについては，なお検討の余地がある。しかし，こうした判断構造の違いは決して軽視することができない重要なものであると考える。そこで，本書も，基本的にこのような全体構造の把握を前提として，以下の説明を進めていくことにする。

第2節　事実的因果関係

1　事実的因果関係の基本的な考え方

事実的因果関係という問題領域　　従来の相当因果関係の中に，条件公式で判断されるような問題が含まれてきたのは確かであろう。新しい判断スキームは，「事実的因果関係」として，この問題を独立のものとして位置づける。それは，このような事実的因果関係の問題が，後述する保護範囲や損害の金銭的評価と異なり，規範的な評価を伴わない事実の認定に関する問題としての性格

を有するからである。つまり，すでに述べたように，問題を考える場合の判断構造が異なるのである。

事実的因果関係の問題に含まれる規範的評価　事実的因果関係とはいったい何なのか，事実的因果関係とはどのように判断されるのかというのは，それ自体としてかなり難しい問題である。しかし，ここではこの問題には深入りせずに，さしあたり，条件公式によって判断される条件関係だと理解しておくことにしよう。このような条件公式の適用は，たとえば，709条によって○○という利益が保護されるのかといった規範的判断とは異なり，価値中立的である。その意味で，事実的因果関係の問題が，規範的評価を離れてなされるという性質を強調することには一定の合理性がある。

しかし，以下の点については，注意すべきである。

条件公式を適用する場合，「A なければ，B なし」が成り立つかどうかが問題とされる。しかしながら，この場合の A については，完全に規範的評価を離れて記述することはできない。もちろん，自然科学の世界などでは，規範的評価を離れて条件公式を使うということは当然なのであろう。しかしながら，不法行為法の世界で，こうした条件公式を使う場合，それは，その原因（を付与した者）についての責任を追及するという目的に向けられた作業の一環としてなされるにすぎない。そして，こうした場合の原因は，「赤信号を無視して交差点に進入した」，「禁止されている場所に危険物を設置した」，「危険物の除去を怠った」というように，一定の義務違反を前提として原因となり得る事実を抽出し，それについて条件公式を適用した判断をしていると考えられる（あるいは，端的に義務違反と結果との因果関係と言ってもよい）。

その意味では，この事実的な因果関係においても，完全に中立的な価値判断による行為と結果との因果関係が問題とされているわけではなく，義務違反と結果との因果関係が問題となっていると理解するべきだろう。したがって，こうした事実的因果関係の判断も，ある程度の規範的評価を先行させざるを得ないのである。

350　　第Ⅲ部　不法行為の効果／第3章　損害賠償の範囲と額の決定

コラム *不作為の因果関係*

　事実的因果関係の問題をめぐっては，不作為の因果関係について特別に説明する場合が多い。これは，不作為は，それ自体としては，原因としては取り出し得ないものであり，作為義務を前提としてはじめて原因として取り出し，条件関係を判断することができるという点に注目したものである。

　もっとも，このように作為と不作為とを区別して議論することにどれだけの合理性があるかは疑問である。作為の場合であっても，「交差点に車が進入した」という積極的な事実を，信号が青であったか，赤であったかをまったく問題とすることなしに，その因果関係を問題とするわけではないだろう。実際には，「赤信号であったのに交差点に進入した」という事実の因果関係が判断されていると考えられるし，また，それで十分であろう。積極的な事実として結果との間に因果関係を有するできごとというのは，世の中に無数に存在するはずである。そうした無数のできごとに対して，まず，網羅的に因果関係の判断をし，それを経て，ようやく保護範囲等の問題にはいるというわけではあるまい。作為であれ，不作為であれ，義務違反と結果との因果関係を問題としているのである。

　また，作為と不作為という区別自体，本当に，それほど明確で意味のあるものなのかも疑問である。上記の例で，「交差点に車が進入した」という積極的な事実と書いたが，これだって，運転者がアクセルを踏んだという部分に注目すれば作為であるし，アクセルも踏まず，ブレーキも踏まず惰性で侵入したというのなら，不作為だということになろう。いや運転していたという事実があり，それは作為だと言うかもしれないが，交差点に入るまでの間，ハンドルに手を置いて，何も動かなかったとすれば，それは本当に作為なのだろうか。かりにこれが作為だといえるのだとすれば，もはや身体の動静（つまり作為としての動と不作為としての静）で作為と不作為が決まるわけではないということになる。そこでは，やはり何らかの社会的な見方を経て作為か不作為かが決まるということになるのである。

　なお，上記のような説明に対しては，不作為の場合には，「作為をしていたら，どうだったのか」という仮定的判断をせざるを得ず，他方，作為の場合には事実の問題として因果関係の有無が決着できるという批判がある。しかしながら，作為の場合であっても，それをまったく取り去った無を前提として因果関係を考えているわけではなく，「義務に適合した行為」をしていればどうだったのかという問題の立て方をしているはずである。そこでは，義務に適合した所為が不作為の場合もあるだろうが，別の作為の場合もあるはずである。その意味で，決定的な批判ではないというのが本書の理解である。

事実的因果関係の独立性に対する批判　　事実的因果関係の問題と保護範囲

第 2 節　事実的因果関係／**1**　事実的因果関係の基本的な考え方　　351

という規範的問題とを区別することに対しては，近時，別の視点からの疑問も投げかけられている。

まず，このような峻別は，英米法の影響を強く受けたものであり，陪審制度を採用している国においては，陪審に委ねられる事実問題としての事実的因果関係と法の解釈として裁判官に委ねられる保護範囲の問題を区別する必要があった。しかし，わが国においては，そうした制度が採用されていない以上，このような区別を導入する意味はないという批判である。このような見解は，事実的因果関係と保護範囲との区別の背景を示すものであり，それ自体として，示唆に富むものである。しかしながら，陪審制度を採用している国においては，このような区別がより積極的な意味を有するとしても，陪審制度を採用していなければ意味を有さないということにはならないだろう。同一の裁判官が行う作業であるとしても，判断のしくみや基準が異なる作業なのであるということを自覚することの意味は否定できない。

次に，そもそも同一の裁判官が行う作業において，本当に，この2つの作業を区別することができるのだろうかという疑問も投げかけられている。事実的因果関係の判断においても，完全に価値中立的なものではなく，一定の義務違反を前提として，義務違反と結果との因果関係を判断しているということについては，すでに説明した。そうだとすると，そうした義務違反を前提とする因果関係判断と義務の保護範囲の問題というのは，連続した一体のものとして判断されざるを得ないのではないかという批判である。きわめて困難な問題であり，なお検討課題として残さざるを得ない。

2 事実的因果関係をめぐる問題

因果関係の競合　ひとつの結果に対して，複数の原因があるという因果関係の競合は，因果関係問題の中でも，難しい問題を形成している。

> 設例III-9　Y_1は，Xの水筒に致死量の毒を入れた。Y_2は，そのことを知らないまま，やはり，Xの水筒に致死量の毒を入れた。水筒の水を飲んだXは死亡した（一口飲んだらどうかとかは考えないこと！）。
>
> 設例III-10　Y_1は，Xの水筒に致死量の毒を入れた。Y_2は，そのことを知

352　第III部　不法行為の効果／第3章　損害賠償の範囲と額の決定

らないまま，やはり，Ｘの水筒に毒を入れたが，Ｘを苦しませることのみを目的としたものであり，致死量には達していなかった。これを飲んだＸは，死亡した。

設例Ⅲ-11　Ｙ₁，Ｙ₂が，それぞれＸを苦しませることのみを目的として，致死量に達しない毒をＸの水筒に入れたが，両方があいまって毒の量は致死量に達した。これを飲んだＸは，死亡した。

　この中，**設例Ⅲ-11** は，比較的簡単である。Y_1，Y_2 のいずれの行為についても，条件公式をそのまま当てはめれば因果関係が肯定される。この場合に，死亡という結果についてまで本当に責任を負わなくてはならないのかという点を問題にする余地はあるが，これは賠償範囲の問題として取り上げれば足りる。

　さて，**設例Ⅲ-10** になると少し微妙である。なぜなら，この場合，条件公式を当てはめると，因果関係が認められるのは，Y_1 の行為のみとなるからである。Y_2 の行為については，それがなかったとしても，Y_1 の投与した毒によって致死量に達しているのであるから，死亡という結果がやはり発生していたことになり，因果関係が認められないことになる。なるほど，致死量の毒を投与した Y_1 とそれに満たない毒しか投与していない Y_2 の責任が異なるというのは，これだけを見れば納得できないでもないが，**設例Ⅲ-11** の場合に，致死量に達しない毒しか入れなかった Y_1，Y_2 の両方の責任が認められるのとは，ややバランスを欠く印象を与える。

　条件公式をそのまま当てはめると一番奇妙な結果が生じるのが，**設例Ⅲ-9** である。なぜなら，この場合，Y_1，Y_2 のいずれの行為についても，それがなかったとしても，他方が投与した致死量の毒によって同一の結果が生じるのだから，条件公式を当てはめると，いずれについても，因果関係が認められないことになるからである。これは，いかにも非常識な結論だと言わざるを得ない。

　こうした問題に対するアプローチは，いくつか考えられるが，ここでは２つのタイプのものを紹介しておこう。

　ひとつは，因果関係は条件関係そのものではなく，より実体的あるいは実存的なものであるという観点から，Y_1 や Y_2 の行為と結果との間の因果関係，つまり，原因と結果との関係を認めるというものである。つまり，因果関係とは原因と結果との関係を意味するものであり，条件公式は，そうした因果関係を判断するためのリトマス試験紙にすぎない。そのリトマス試験紙がうまく機能

第２節　事実的因果関係／**2**　事実的因果関係をめぐる問題　　353

しないとしても，当該事案における原因と結果の関係が認定できる以上，因果関係を認めて差し支えないと理解するのである。この説明では，Y_1 や Y_2 の行為が X の死亡という結果をもたらした原因であると評価されるかどうかが問題とされるのであり，それが肯定されるのであれば，因果関係が認められるということになる。

　もうひとつは，条件公式をリトマス試験紙にすぎないと位置づける点では同じだが，だからといって目に見えない因果関係を実体化しようとするのではなく，常識的に考えて不都合な部分を回避するために，リトマス試験紙たる条件公式に若干の修正を加えようとするものである。具体的には，「因果関係の不存在の立証のために他の者の不法行為を援用することを認めない」というルールを付加する。なお，この修正は，あくまで「因果関係の不存在の立証のために」他の不法行為を援用することを禁止するだけであり，因果関係の存在を肯定するためには，他の不法行為を前提としてよい。したがって，設例Ⅲ-11 では，この修正ルールを使うまでもなく，Y_1 と Y_2 の両方の行為について，条件関係が肯定されることになる。他方，設例Ⅲ-9 では，この修正ルールを，Y_1 と Y_2 の両方に適用することによって，それぞれの因果関係が肯定されることになる。ただ，設例Ⅲ-10 の Y_2 については，原則ルールと修正ルールのいずれを使っても因果関係を肯定することは困難である。設例Ⅲ-11 で Y_1 や Y_2 の行為の因果関係が肯定されることに照らせば，それでよいのかという点については問題が残るだろう。

　因果関係の立証　　Y の信号無視から交通事故が発生し，X が負傷したというようなケースにおいては，事実的因果関係の立証は，さほど困難なものではない。

　しかし，因果関係の有無が紛争の中心的論点となる場合もある。特に，公害や医療過誤においては，そうした状況が見られる。たとえば，工場や自動車から排出される汚染された空気によって，肺や気管の障害が起きたという場合を考えてみよう。こうした場合に，たとえば煤煙を排出する企業に対して損害賠償を求めて訴えるというときに，その煤煙と身体上の障害との因果関係が問題となる。なお，因果関係は，709 条等，不法行為の責任を基礎づける事実のひとつであり，賠償を求める原告の側が立証責任を負担する。

さて，こうした場面で，請求を受けた企業の側は，「原告に一定の障害が発生していることは認めるが，その障害が，当社の煤煙によるものであるかは明らかではない」と反論することが考えられる。つまり，その障害は，本人または周囲の人の喫煙によって生じたのかもしれないし，特別の理由がなく生じたものにすぎないかもしれない。あるいは，工場の煙突から煤煙が排出されていることは確かだが，その人が吸った空気が，その煙突から出た煤煙なのかどうかはわからないではないか，近くを通っている自動車の排気ガスかもしれない等の主張を行うことが考えられる。因果関係についての立証責任を負うということは，そうした他の因果関係を排して，まさしく当該工場の煤煙によって障害が生じたということを証明しないと，因果関係はないという扱いを受けるということである。喫煙や自動車の排気ガスによってその障害が生じたということを，被告企業は積極的に立証する必要はない。単に，工場の煤煙と障害との間の因果関係の存在を真偽不明にすれば足りるのである。しかし，このように厳密に因果関係の立証を求めることは，原告にとってきわめて困難な状態をもたらし，事実上，不法行為法上の保護を否定することになりかねない。こうした問題について，どのように対処したらいいのであろうか。実務上，さまざまな手法が，すでに採用されている。

事例研究 最判昭和 50 年 10 月 24 日民集 29 巻 9 号 1417 頁「東大病院ルンバール事件」
→ 百選II（8 版）[87]・米村滋人

　東京大学医学部付属病院に入院し治療を受けていた原告が，ルンバール（腰椎穿刺による髄液採取とペニシリンの髄腔内注入）の実施後に嘔吐を始め，意識混濁を生じ，最終的に重度の後遺障害を残した。ルンバールの実施と本件発作との関係について，第 1 審は肯定し，控訴審は肯定できないとした。

　最高裁は，「訴訟上の因果関係の立証は，一点の疑義も許されない自然科学的証明ではなく，経験則に照らして全証拠を総合検討し，特定の事実が特定の結果発生を招来した関係を是認しうる高度の蓋然性を証明することであり，その判定は，通常人が疑を差し挟まない程度に真実性の確信を持ちうるものであることを必要とし，かつ，それで足りる」としたうえで，本件事件における状況をふまえて，「他に特段の事情が認められないかぎり，経験則上本件発作とその後の病変の原因は脳出血であり，これが本件ルンバールに因って発生したものというべく，結局，上告人の本件発作及びその後の病変と本件ルンバールとの間に因果関係を肯定するのが相当である」とした。

　本判決が一般論として判示する因果関係の立証に求められる内容（「特定の事実が特定の結果発生を招来した関係を是認しうる高度の蓋然性」）は，その後の判決においても先例とされている（最判平成 18 年 6 月 16 日民集 60 巻 5 号 1997 頁等）。

疫学的因果関係による立証　　また，この種の問題においては，因果関係の立証の仕方自体を工夫するということも考えられる。

よく知られるのは，「疫学的因果関係」によって，因果関係の有無を判断するというものである。疫学というのは，公衆衛生や疾病の予防のために，統計的な観察を通じて，発病に作用する原因の解明を目的とするものである。そこでは，一定の原因が，どのように結果をもたらすのかというプロセスは明らかにならなくても，統計的な手法を通じて，原因結果の関係を明らかにすることができる。そうした統計的手法を用いた因果関係が疫学的因果関係と呼ばれるものである（津地四日市支判昭和47年7月24日判時672号30頁「四日市ぜんそく事件」は，疫学的因果関係を認める場合について，(1)その因子が発病の一定期間前に作用するものである，(2)その因子の作用する程度が著しいほど，その疾病の罹患率が高まる，(3)疫学的観察による流行の特性が矛盾なく説明できる，(4)その因子が原因として作用する機序が生物学的に矛盾なく説明できるという4つの条件を挙げる）。

これによれば，工場周辺の住民の肺疾患や呼吸器不全の発生率と，それ以外の場所での発生率とを比較して，因果関係を肯定することが可能となる。もっとも，厳密に考えると，工場周辺では1％で，それ以外の場所では0.1％だという場合，煤煙による因果関係は0.9％に相当する分だけであり，その範囲で責任を負えばいいのではないかという疑問が生じよう。この点については，基本的に，2つの方向が考えられる。

ひとつは，この割合に応じた責任を考えるというものである。これは，因果関係が○○％しかないというのではなく，発生した損害が，いずれの原因によるのか統計的にしか明らかにできないということによるものであるから，立証のレベルで確率を考慮するというアプローチである→**【確率的心証論】** *357頁*。

他方，こうした確率的心証といったものを使わない場合には，相当程度以上の蓋然性が明らかにされたときには，因果関係を肯定するということになる。この例であれば，9割の蓋然性で煤煙が原因となったということが立証されたのであるから，因果関係はあるということになり，100％の損害賠償が認められることになる。これを覆すためには，被告の側で，当該被害者の損害は，1割の側に属するということの立証をしなければならないことになる（最判昭和44年2月6日民集23巻2号195頁「水虫レントゲン事件」は，水虫治療のための放射線照射と皮膚癌の発生との関係について，統計上の因果関係をふまえて両者の間の因果関

356　　第Ⅲ部　不法行為の効果／第3章　損害賠償の範囲と額の決定

係を肯定した原判決を維持した）。

立証責任の転換　もっと単純な方法が立証責任の転換である。もっとも，立証責任の転換といっても，因果関係についての立証責任が原告にあるという出発点自体は維持するのであれば，なぜ立証責任を転換するのか，あるいは，立証責任が転換されるのはどの部分なのか，といったことを明らかにする必要がある。

　立証責任の転換をするひとつの場合は，当該事実に関する立証のためのデータを原告ではなく，被告側の方が大量に有しているというように，被告による立証の方が容易だというケースである。もっとも，この種の立証責任の配分についても，いくつかの方法がある。単純に被告の方が立証が容易だとして，立証責任を転換するという方法もあり得るし（新潟地判昭和 46 年 9 月 29 日判時 642 号 96 頁「新潟水俣病事件」は，汚染源の追及が企業の門前まで到達した場合には，企業の側で，自己の工場が汚染源になり得ないことを証明しない限り，因果関係が事実上推認されるとする），被告がこの点に関する文書や資料などを有している場合に，被告に文書提出命令を出し，それに応じない場合には，問題となっている事実について被告に不利な事実があると認定するというものもある。原告に因果関係の立証責任があるという原則を重視するのであれば，後者のようなアプローチをまず採用すべきであるということになる。ただし，こうした方法が適切に機能しない場合があることも否定できない。

確率的心証論　条件公式による因果関係の判断は，性質上，あるかないかという形で判断されるが，その認定のレベルで確率的な判断を可能とする考え方がある。

設例Ⅲ-12　E という結果をもたらしたのが，U_1 か，U_2 のいずれであるかは，はっきりしている。しかし，そのいずれであるかは特定できない。なお，U_1 と U_2 は，同時には原因となり得ず，一方が原因となった確率は，50％ である。たとえば，袋の中には，たくさんのあめ玉が入っていて，その中，2 つのあめ玉に唐辛子が入っている（あめ玉 A とあめ玉 B）。1 つだけ取り出して食べたところ，口から火を吹いたという場合，あめ玉 A が原因となったという確

率は，50% である。

　まるで数学の問題のようだが（実際，数学の問題のひとつである。ベイズの定理），この場合，U_1 と E との事実的因果関係については，どのように判断したらよいのだろうか。因果関係の認定について一定の蓋然性，たとえば，70% の蓋然性を要求するという考え方に立てば，この場合，U_1 と E との事実的因果関係を認定することはできない。U_2 についても，同様である。一方，因果関係の認定について求められる蓋然性の程度を下げれば（たとえば，50%），U_1 と U_2 のいずれについても，事実的因果関係を肯定することが可能となる。もっとも，このように事実認定についての蓋然性を引き下げることができるのかという問題があるし，設例III-12 については，両方が同時に原因となるということはないとされているのであるから，このような認定は，それ自体として矛盾をはらむものである。

　このような問題に対して，それぞれ 50% について，因果関係の認定をすることができるというのが，確率的心証論の考え方である。

　なお，確率的心証論は，事実認定についての考え方であり，その適用対象は，因果関係に限られるわけではない。確率的心証論が主張する内容は，重要なものであり，また，説得力も有する。しかしながら，現在に至るまで，実務において採用された例はまれである。

確率的心証論と割合的／部分的因果関係　　なお，確率的心証論としばしば混同されるものに，割合的因果関係論あるいは部分的因果関係論がある。これらは，事実的因果関係自体を割合的ないし部分的に理解することができるという主張である。一見したところ，確率的心証論と共通するように見えるが，以下のような場合を考えてみると，その違いがわかりやすい。

　まず，割合的／部分的因果関係論が前提とするのは，設例III-12 とは異なり，複数の原因 U_1 と U_2 が競合して，E という結果を生じさせた場合である。このような場合に，原因が 2 つある以上，因果関係も，それに応じて，割合的／部分的に考えることができるとするのである。この場合，確率的心証論によればどうであろうか。U_1 と U_2 のいずれもが原因となったということが事実認定のレベルで明らかであるならば，この場合，そもそも確率的心証論が登場する

358　　第III部　不法行為の効果／第3章　損害賠償の範囲と額の決定

余地はない。両方について因果関係があるという認定をしておしまいである。

一方，設例III-12について，割合的／部分的因果関係論は，どのように答えるのであろうか。この場合，U_1 と U_2 の両方が同時に原因となることはないとされるのであるから，そもそも因果関係の競合の問題は生じない。複数の原因がある場合に，それに応じて因果関係を考えるということは妥当しない場面なのである。

このように考えると，両者が，まったく性格の異なるものであるということが理解されるであろう。

なお，割合的／部分的因果関係論は，その理論自体，克服できない欠陥を有すると考えられるが，これについては後述する→ コラム *割合的因果関係と部分的因果関係 450頁*。

> **コラム** *市場占有率による責任*
>
> 具体的な事例で考えてみよう。1953年から60年代にかけて，流産や早産を防ぐという目的で，複数の製薬会社から，DESという薬が市場に出された。出産時には健康であった子供が後に腺ガンにかかり，その原因が，DESであることが確認された。母親がDES錠を服用していたことは確かであるが，いずれの製薬会社のDES錠を服用したのかは，現在では確認できない。
>
> このケースを考える場合，2つ問題がある。
>
> ①　まず，DESが市場に置かれた時点で，それが危険であるということが認識可能であったかどうかという問題である。これは，過失の有無に関わる。なお，製造物責任法のような考え方をとれば，欠陥の有無によって決まることになるが，この場合も開発危険の抗弁→【開発危険の抗弁】270頁を認めれば，同じような問題が生じる。ここでは，この論点については省略する。
>
> ②　もうひとつは，そもそも誰を相手方としたらよいのかという問題である。これはきわめて深刻な問題である。不法行為による賠償を補償などと区別する重要な前提は，加害者とされる者が原因を付与したということであり，どんなに悪質な行為や倫理的に非難される行為があったとしても，それが原告の損害をもたらしたものでなければ，賠償責任を負うことはない。その意味で，因果関係というのは，不法行為責任の基底を構成するものである。こうした因果関係の立証責任は原告にあると一般に説明される。しかし，そうだとすれば，このケースでは，たとえば，当時DES錠を生産していたABCDEという5社の中の1社ないし複数社のDES錠を服用したということは確実でも，結局，その責任を追及することはできないということになってしまう。さて，この問題については，どのように考えられるのだろうか。
>
> これについては，いくつかの解決方法がある。

第2節　事実的因果関係／**2**　事実的因果関係をめぐる問題　　359

(1)まず，非常に単純に因果関係の立証責任を転換するという方法である。それをどのように説明し，正当化するのかはともかく，立証責任を転換することができれば，原告にとって特定の会社の製品を服用したということが立証不可能なように，被告にとっては自社の製品を服用していないということを立証することはほぼ不可能であり，ABCDE の 5 社すべてについて，それぞれ損害賠償責任を追及することが可能となる。

(2)もうひとつの方法は，共同不法行為を通じた問題の解決である。719条 1 項後段は，共同行為者の中，誰が損害を発生させたかが明らかではない場合について，因果関係の推定を認めている。この因果関係の推定によって，立証責任が転換されることになる。もっとも，ここで挙げた事案では，ABCDE は，同じ薬品を売るライバル企業同士であり，共同行為を認定するということが，そもそも可能かが問題となる。

(3)この種の問題に対して，アメリカにおいて展開されたのが，市場占有率責任（market share liability）という考え方である。すなわち，当時の 5 社の DES に関する市場占有率が，それぞれ，A：B：C：D：E＝50％：30％：10％：5％：5％ であったという場合，この市場占有率に応じて賠償責任を負わせるという考え方である。立証責任をいずれに課すかという処理では，いずれも責任をまったく負わないか，全社が全面的な責任を負うかのいずれかということになるが，この市場占有率責任によるならば，市場占有率に応じた責任が導かれるのであり，被害者の救済もかなりの水準での実現が可能となり，一方，A 社と D 社，E 社では，大幅に占有率が異なるということも反映されることになり，説得力を有する解決であるといえる。

さて，(3)のような市場占有率を，わが国においていままで展開されてきた理論との関係でどのように位置づけるかという場合，最も近い位置にあるのが，確率的心証論であろう。すなわち，被告 A 社と原告に生じた被害の因果関係というレベルに確率的心証論を適用すれば，これと同じ結論が導かれるからである。市場占有率責任は，このような確率的心証論の具体例であるとして理解することもできるだろう。

ただ，このように確率的心証論一般から基礎づけた場合，このような市場占有率責任（の考え方）は，製造物責任の場合だけではなく，広範に用いられていくということになる。

他方，市場占有率責任は，あくまで製造物責任における特殊問題を解決するために展開されたのだと位置づけるのであれば，その正当化の説明に確率的心証論を用いるとしても，その適用範囲は，あくまで製造物責任に限定されるということになる。

原因と結果の意味　　なお，関連問題として，何と何との因果関係を取り上

げるのかという問題がある。

　たとえば，医師Ｙは，患者Ａの疾病を不注意から見逃し，Ａが当該疾病によって死亡したという場合を考えよう。Ｙの行為には，医師としての注意義務違反（過失）を認定することができるだろう。Ｙがもしその疾病を見つけていたら，それについての治療法αを実施することができたとする。もっとも，治療法αを実施したとしても，αはまったく効果が生じない場合もあり，それが一定の延命効果を有したかどうかは50％程度の確率でしかないとする。この場合，もし，損害というのは，どれだけ延命できたかということであるとすれば，どれだけ延命できたかが明らかではないこの事案では，損害が立証されていない，あるいは，延命利益に関する損害と原因（疾病の見落とし）との因果関係が立証されていないということになる。

　他方，見落とされた疾病によって，当該時点で死亡したことを損害とするのであれば，その死亡と疾病の見落としとの間の因果関係は十分に立証することが可能である。後者の場合には，どれだけ延命できたのかということは，むしろ，死亡という損害をどのように金銭的に評価するのかという賠償額決定の問題として扱われることになる→*【医療過誤における因果関係の立証】297頁*。

　実は，因果関係問題の難しさは，この点にある。因果関係というのは，前にも書いたが，基本的にヒモのようなものである。このヒモは，ヒモ自体としてその属性があまりはっきりしないものであるが（因果関係というのは，哲学上も，最も困難な問題のひとつである），それだけではなく，何と何との間のヒモなのかが，しばしば混乱するのである。行為と損害との間の因果関係であるといっても，損害事実説を前提として人の死傷が損害なのだとすれば，上記のとおり，因果関係の問題は，行為と死傷との間に限定される。そこからどのような不利益が生じたのか，逸失利益はどうか，治療費・入院費はどうかといった問題は，因果関係の問題ではなく，損害賠償額算定の問題だということになる。他方，差額説を前提として，その差額を算定するための項目である逸失利益や治療費・入院費といったものがまさしく損害なのだとすれば，因果関係は，行為と逸失利益等との間で検討されるべきことになる。そのため，ある問題（上記の例であれば，どれだけ延命したのか）は，ある論者によっては賠償額算定の問題となり，別の論者によっては因果関係の問題として位置づけられることになる。

もちろん，どこで検討しようと，結果が変わらないのであれば（たとえば，因果関係の問題も賠償額決定も，いずれも予見可能性が基準となるというような場合），この種の議論はあまり意味がない。しかし，因果関係の問題における判断と賠償額算定における判断とで判断基準が異なる場合（たとえば前者については客観的な蓋然性を基準として，後者においては裁判官の裁量性を強調するという場合），問題をどこに位置づけるかということは，実践的な意味を有してくることになる。不法行為法の体系は，現在，論者によって大きく異なっており，それを網羅的にフォローするということは困難である。まずは，最初に学んだ体系によればどのように位置づけられるのかということを正確に理解することが出発点となる。

第3節 保護範囲

1 保護範囲説（義務射程説）

問題の設定──「日曜日のサッカー」事件　設定としてはかなり特殊なものであるが，説明の材料としてはわかりやすい事案なので，「日曜日のサッカー」事件を手がかりにして，説明を加えよう。これは，ドイツ法において相当因果関係説を批判する中で，しばしば取り上げられたものである。

> **設例Ⅲ-13**　ヨーロッパの宗教色の強い某国では，日曜日におけるスポーツが法律により禁止されている。これは，宗教的な理由に基づく。問題となった事故（負傷事件）は，この法律に違反して，日曜日に行われていたサッカーのゲーム中に生じた。

さて，**設例Ⅲ-13**において，当該事故での加害者に対し，被害者より損害賠償請求がなされたという場合を考えてみよう。ここでは，このような事態が生じた場合に，わが国の法律（不法行為法）を前提とすると（日曜日のスポーツを禁止する法律は所与の条件とする），どのような結論が導かれるのだろうか。

まず，加害者の行為は，不法行為（違法な行為）を構成するのであろうか。故意・過失については，それが何に向けられているかの問題があるが，法律が

362　第Ⅲ部　不法行為の効果／第3章　損害賠償の範囲と額の決定

ある場合にはその違反に向けられているとすると，それは充足していると考えられる。責任能力については，ここでは問題としない。権利侵害については，身体侵害が生じているから充足する（法律に違反する違法な行為があったという説明でもよい）。損害の発生と因果関係という点については，負傷（あるいはそれに基づく治療費等の出費）という損害が生じており，加害者の行為（サッカーをすること）とその損害との間には因果関係（条件関係）はある。それでは，そのような負傷結果について，加害者は賠償しなくてはならないのだろうか（負傷結果は損害賠償の対象に含まれるのであろうか）。

　これについて，相当因果関係によるならば，どのように判断されるだろうか。相当因果関係の判断基準として，予見可能性を採用するならば，サッカーから生じるそのような負傷が予見可能なものであったか否かということによって判断されることになる。「サッカーのゲーム中に負傷する」ということがまったく予見不可能とするのは困難であろう。また，相当因果関係というのは，416条とは異なる客観的な蓋然性を基礎とするというのであれば，相当因果関係を認めることは，なおさらおかしくないようである。ここでは，とりあえず蓋然性を基礎として，且つ，サッカーから負傷が生じることには蓋然性が認められるという前提に立って考えることにしよう。なお，被害者も一緒にゲームをしていたというのは，何らかの形で斟酌してもよさそうである（被害者の承諾や後述の過失相殺）が，ここでは考えないことにする。

　問題の分析　　さて，以上の説明はどこかおかしくないだろうか。検討のための手がかりとして，このサッカーのゲームが土曜日に行われた場合を考えてみよう。この場合にも，まったく同様に損害賠償責任は肯定されるのであろうか。ここで変わってくるのは，土曜日にサッカーをすることを直接規制する法律は存在しないということである。したがって，故意・過失は，権利侵害または損害に向けられなくてはならない。つまり，具体的な加害行為において，（たとえばルールに違反して手を使って相手を突き飛ばしたというように）加害者に故意・過失があるかどうかが検討されなくてはならない。これが認められなかったら，不法行為は成立しない。それだけのことである。

　他方，　**設例Ⅲ-13**　では，そのような故意・過失がない場合であっても，法律違反に向けられたそれがあればよいのだから（それを否定するのは困難であろう），

第3節　保護範囲／**1**　保護範囲説　　363

不法行為の成立は妨げられないということになる。以上の2つの場合の比較の帰結としては，日曜日にサッカーをする者の賠償責任の方が，土曜日にサッカーをする者の賠償責任よりも重いということが指摘できよう。これは，どうもおかしいということになりそうである（「神の罰が当たったのであり当然である」という説明に対しては答える必要もあるまい）。日曜日にサッカーをした場合についても同様に責任を退けようとすると，上の構成の中では判断の余地があるのは相当因果関係であるから，それがないとするしかない。しかし，そうすると，「サッカーから負傷が生じるのは相当因果関係がない」という一般的な命題によって，土曜日のサッカーについても，常に賠償責任を否定しなくてはならないことになってしまう。

　このおかしさに注目したのが，保護範囲説（保護目的説，義務射程説）と呼ばれる考え方なのである。

　保護範囲説（保護目的説，義務射程説）　　保護範囲説は，この事案について，負傷による損害賠償責任を考えるうえで，日曜日にスポーツを禁止する法律の存在は，まったく関係がないと断定する。すなわち，当該損害賠償責任をめぐる問題においては，土曜日であろうが，日曜日であろうが，まったく違いはないとするのである。

　そうした法律が，「スポーツをしてはならない」という義務によって保護しようとしているのは，宗教的な慣習であり，身体的な健康ではないというのがその理由である。すなわち，日曜日のスポーツの方が，土曜日のスポーツより危険であるからという理由でそのような法律が存在するならば，日曜日に発生した負傷は，まさしくその義務によって保護されている範囲のものである（保護範囲説の名称の由来），あるいは，当該法律による行為義務はそのような負傷をその射程に取り込んでいる（義務射程説の名称の由来）といえる。しかし，上述のように宗教的な理由から設けられたこの法律は，当該被害者を負傷から守ることを目的としているわけではない（保護範囲に属さない，保護目的に合致しない，義務射程が及んでいない）。すなわち，当該損害を考えるうえで，その法律の存在は完全に無視してよいものなのである。この考え方を逆に整理すると，法規違反行為と損害という2つの要素があるとき，賠償範囲（当該損害が賠償されるべきものか）を決定するためには，法規違反行為と損害との間に，「当該法規

違反の性質とは関係のない抽象的な概念である」相当因果関係があるか否かという判断によるのではなく，当該法規違反行為と損害との間には，「当該法規違反の性質に照らしてみての」有意味な関連性があるかを判断する枠組みであるということができよう。つまり，そのような損害が発生することを当該法規は防止しようとしていたのであるかという考え方であり，「行為の性質によって」賠償範囲が決まるという考え方であるということになる。これが，保護範囲説の中心的な部分なのである。

保護範囲説と完全賠償原理　　ドイツにおいても相当因果関係に代わるものとして支配的になった保護範囲説と完全賠償原理との関係について説明しておこう。保護範囲説でとりわけ注目すべき点は，賠償範囲が「行為の性質（種類）によって」決定されるという部分であろう。他方，完全賠償原理の眼目は，「行為の性質とは切断して」因果関係のみを手がかりとして賠償範囲を決定する（因果関係が及ぶ損害をすべて賠償する）という部分にあった。したがって，保護範囲説の採用は，実質的には，完全賠償原理の放棄であると理解するほかはない。

　ドイツにおいて，完全賠償原理がそのように完全に放棄されたものであるかは，なお検討の余地は残されているが（この点は保護範囲説が十分な範囲決定基準であるかという議論に関連する→*【危険性関連説と完全賠償原理】367頁*），保護範囲説の思想と完全賠償原則は，基本的な部分で相いれない性質のものであると言わざるを得ない。

　わが国においても，保護範囲説に対して，保護範囲説は相当因果関係と大して変わらない，実質的な基準としては同様に不十分であり裁判例の蓄積を待たなくてはならないといった批判が向けられることが少なくない。しかし，そのような批判が安易になされているのであるとしたら，そのような批判は，こうした問題を理解していないもののように思われる。そもそも保護範囲説は，「便利な基準」としてのみ登場してきたわけではない。むしろ，賠償範囲や不法行為をとらえる基本的な視点での問題提起として登場したのである。「○○事案の賠償範囲を保護範囲説で一発で決められるのか，決められないだろう！」式の批判は，この問題についての理解の不十分さを示すだけだということになりそうである。

第3節　保護範囲／**1**　保護範囲説　　365

保護範囲説の限界　　このような保護範囲説の基本的な考え方は，わが国における不法行為法学においても，現在では，ほぼ一致して承認されているように思われる。一部における相当因果関係概念の擁護も，このような考え方自体を否定しているわけではない。また，裁判例においても，「相当因果関係」という表現自体が固執されているわけではなく，「賠償されるべき範囲」，「相当性」という言葉も普通に用いられている。保護範囲説の枠組みは，現在の不法行為法学（賠償範囲画定）において必要条件となっていると考えられる。

　それでは，このような保護範囲説は，賠償範囲の決定のために十分条件となっているのであろうか。この点についての議論状況は，混沌としている。この種の問題が生じるのは，特に，後続侵害あるいは後続損害と呼ばれる問題領域である。すなわち，設例Ⅲ-13 の「日曜日のサッカー」事件において，負傷した被害者が，救急車で病院に運ばれる途中交通事故に遭遇して死亡した場合，入院した病院で伝染病に感染して死亡した場合，あるいは負傷して片脚が不自由になった被害者が病院内で転倒してあらたに負傷した場合等における，当該結果についての賠償の問題である。保護範囲説によれば，保護法規の保護目的によって賠償範囲が決定されることになる。本件の場合，負傷について問題となる保護法規は，709条である（日曜日のスポーツを禁止する法律が保護法規とならないことについては既述のとおり）。同条は，故意または過失による権利侵害（損害）を防止（回復）しようとするものであるから，当該保護法規によって保護（防止）されるべきものは，故意または過失による権利侵害（損害）ということになり，賠償範囲は，結果的に「故意または過失」（が及ぶか否か）によって決定されることになる。ゲームの際に生じた直接の接触による負傷については，このような基準が十分に機能するとしても，上に挙げたような後続の結果については，故意または過失が及ぶかを判断することができるのであろうか。あるいは判断することが論理的に可能だとしても，そこでの「過失が及ぶ」あるいは「過失が及ばない」という判断は，もはやフィクションではないのかという疑問が生じるのである。このような疑問を背景に登場したのが，次に説明する危険性関連説（危険連関説）である。

366　　第Ⅲ部　不法行為の効果／第3章　損害賠償の範囲と額の決定

2　危険性関連説（後続の損害について）

危険性関連説　　上述のように709条を保護法規として保護範囲説をとることは，結局，故意または過失が当該結果に及んでいるかを判断基準とするものである。すなわち，故意または過失という有責性（責任）の関連性を判断基準とするものであり，「有責性連関（責任連関）」を核とするものであるといえる。

　これに対して，危険性関連説は，文字通り，客観的な危険の関連性を判断基準とするものである。ここでの危険性とは，第一次の権利侵害（直接侵害，第一次損害）あるいは不法行為について生じた危険性である。その危険性によって，後続の損害が導かれたものであるか，換言すれば，後続の損害の危険性は第一次の損害あるいは不法行為の有する危険性によって高められたものであるかを判断基準とするのである。

　設例Ⅲ-13 の被害者が入院した病院で伝染病に罹患して死亡したという場合であれば，伝染病による死亡という結果の危険性は，第一次の権利侵害（負傷）によって高められたものかを検討する。この場合，両者に条件関係があることは当然の前提である。さて，そのような伝染病が街中に蔓延しており，特に病院内における感染の危険性（可能性）が高いというのではなかった場合を考えてみよう（あるいは対策が施されているだけ病院内の感染の危険性〔可能性〕の方が低いという場合でもよい）。この場合の被害者の感染・死亡は，最初の不法行為と条件関係はあるが，それとの危険性連関は存在しないことになる。つまり，この場合の感染という結果は，入院しなかったとしても生じ得た危険の実現にすぎない（日常生活においても存在する危険という意味で，「日常生活危険」あるいは「一般的生活危険」と呼ばれる）。他方，病院内における感染（院内感染）の危険性（可能性）が，病院外におけるそれよりはるかに高いというようなものであった場合，被害者に生じた感染の危険性は，最初の不法行為によって高められたと評価される（不法行為によって感染の危険性の高い状況に置かれた）。この場合には，危険性連関が肯定されることになるのである。

危険性関連説と完全賠償原理　　ところで，危険性関連説は，ある意味で，完全賠償原理を背景とする相当因果関係概念の復活だと評価することができるような側面も有している。ある程度という限定をつけるのは，「責任要件（行

為の性質）と賠償範囲を切断する」という意味において（その限りで），完全賠償原理と共通するという意味である。完全賠償原理が，「不法行為から生じた損害をすべて賠償する（因果関係の及ぶ損害をすべて賠償する）」という原則であり，その帰結あるいはその出発点が，「責任要件（行為の性質）と賠償範囲を切断する」という準則なのであるとすれば，危険性連関という考え方は，この後者の部分においては，完全賠償原理と合致するのである。

しかしながら，危険性関連説においては，危険性連関というものは，そこに本質的に内在する基準なのであって，「その限りで」賠償を認めるというものなのであるから，その本質は制限賠償の原則である。基準の設定の仕方において類似する部分があるとしても，「因果関係が及ぶ損害すべてについて責任を生じる」という原則に立ったうえで，その因果関係を制限するものとして相当因果関係を考えるという発想とは異なっている（そもそも危険性連関の範囲内でしか賠償責任を認めないのであり，因果関係が及んでいるとしても，危険性連関の及んでいない損害は，賠償の対象となっていないのである）。

3 具体的問題の検討

上述のようにこの問題領域では，種々の観点からの問題が錯綜しており，具体的な問題の検討に際しては，当該論者がどのような観点を有しているかということが深く関わってくる。しかし，とりあえず，具体的分析の例を示してみることは，この問題を考えるうえでの手がかりとなると思われるので，そのような限定つきで以下の説明を行う。したがって，分析の内容は，ひとつの例にすぎない。たとえば，損害や侵害といった概念をどう理解するかで内容は変わってくる可能性があるということに注意して，以下の説明を読んでほしい。

> **設例Ⅲ-14** Sは自動車を運転中，前方不注意でGの車に追突した。Gは，東京出張のため，大阪空港に向かう途中であった。特に負傷はなかったGであるが，事故のため，次の飛行機に乗ったところ，当該飛行機は墜落して，死亡した。

教師にとっては，打てば響くように正しい答えを言ってくれると嬉しいものである。しかし，誰でもそうなのか，私に限ったことなのかは知らないが，そ

368　第Ⅲ部　不法行為の効果／第3章　損害賠償の範囲と額の決定

れよりもっと嬉しいのは，ちゃんと準備した落とし穴にいっぺんは落ちてくれるという形で説明を手助けしてくれる回答である。こうした回答によってこそ，そこからの考え方をうまく説明していくことができるからである。

さて，設例Ⅲ-14 において，Sは，Gの死亡について責任を負うのであろうか。

多くの学生は「負わない」と考える（ここで「負う」と答えられると，はなしが進みにくくなる。したがって，「負わない」と答えなくてはならない）。そこで，どうして負わないのかを質問すると，「予見可能性がないから」という答えが多くの場合に返ってくる。「それでは」ということで，設例Ⅲ-14 に若干の情報を追加する。

すなわち，時は2035年，東京と大阪の間の陸上交通機関は途絶え，両都市を結ぶのは航空機だけであった（なぜ，そうなったのかは，ここでは問題ではない。スタジオ・ジブリとは関係がない）。しかし，航空機の旅にも危険が多く，数機に1機は，多くの障害から無事にたどり着けない状態で，富士山麓には飛行機の残骸が死屍累々と重なっていた。さて，この場合，飛行機の墜落は予見可能性がないのだろうか。ひどい設例だが，これにつきあってくれた学生の多くは，予見可能性は否定できないと考える。飛行機が落ちるというのは，結構あることだからである。それでは，この場合には，Gの死亡についてまで損害賠償責任を負うということになるのだろうか。

「負う」という答えもある。しかし，嗅覚のすぐれた学生の中には，この結論にどこかヘンだと感じる諸君もいる。どこがヘンなのだろうか。この場合，「次の飛行機」が墜ちる可能性も高いが，「予定していた飛行機」が墜ちる可能性だって高かったのである。なるほど，後から見れば，「予定していた飛行機」は無事，東京に到着し，「次の飛行機」は墜落したのかもしれない。しかし，これは，事前にはわからないことである。

この場合，予見可能性の対象を「予定していた飛行機ではなく，次の飛行機が墜ちる」こととして，それを否定するという説明もあり得ないわけではない。

しかし，ここで問題となっているのは，そうした予見可能性ではなく，第1の不法行為（追突事故）によって，第2の事故の危険性が高まったか否かということなのではないだろうか。逆にいえば，Gは，飛行機に乗るという選択

第3節　保護範囲／**3**　具体的問題の検討　　369

をした時点で，飛行機一般が墜落する可能性については引き受けている。したがって，そうした一般的な危険性については，それを引き受けた G 自身が負担すべきものということになる。

> **設例Ⅲ-15**　S は自動車を運転中，前方不注意で G をはねた。G は，軽傷であったが，ただちに病院に運ぶべく救急車に乗せられた。しかし，その救急車は，病院に向かう途中，衝突事故を起こし，その事故で，G は死亡した。

この問題も，**設例Ⅲ-14** と同様の視点から考えることができる。不法行為による第一次的な侵害（不法行為を最初に成立させ得る侵害）は，自動車による負傷と考えてよい。このような第一次侵害（損害）が賠償範囲となり得るかの問題は，不法行為の成否の問題と表裏をなす。この第一次侵害（損害）は，設例からは，賠償範囲となるものと考えてよい。なぜなら，「前方不注意で G をはねた」という叙述は，そのはねたことによる直接の結果たる負傷（ここでは軽傷）に，有責性の連関があることを意味すると理解できるからである。まず，この軽傷という事実について，通常であれば治療費あるいは休業による逸失利益などが問題となる（これを負傷という第一次侵害から生じた損害ととらえるか，負傷という損害についての金銭的評価の問題ととらえるかは問題となる）。

しかし，本件では，さらに，救急車の事故によって死亡という結果が生じている。これを後続の侵害（損害）と考えると，これが賠償範囲に入るかはもう少し微妙な問題になる。すなわち，この問題は，不法行為の成否にそれほど深く関わるわけではなく（すでに不法行為の成立は認められており，それを前提として生じる問題にすぎない），有責性の連関ということも当然には言いにくいからである（言ってもいいが，その場合の有責性の連関はひどく形骸化したものであろう）。

ここでも **設例Ⅲ-14** で述べた危険性連関という考え方が機能する。すなわち，第一次の負傷と後続の死亡との間に危険性の連関が存在するか（第一次の負傷は後続の死亡という結果の危険性を高めたか）が問題とされることになる。ここでは，救急車による移動が通常の社会生活における状況より危険性が高いかどうかが問題とされることになる。もし，救急車による移動が通常の社会生活（普通に自動車に乗る）に比較して危険性が高いというものであれば（たとえば救急車は特別に一定範囲で交通法規の遵守が緩和されている分，交通事故の危険性が高い），

370　第Ⅲ部　不法行為の効果／第3章　損害賠償の範囲と額の決定

被害者は負傷という第一次侵害によって，そうした危険性の高い状況に放り込まれたものといえる。つまり，危険性の連関が肯定されることになるのであり，第一次侵害の加害者は，間接的ながら後続の結果についても帰責されるべき立場に立つことになる。他方，救急車による移動が通常の社会生活におけるものに比べて特段危険性が高いものとはいえないのであれば（上述のような事情があるにせよ救急車の運転者は平均よりはるかに高い安全運転の技術を備えているのであり，タクシーの運行などに比較して特別危険性が高いものとはいえない，あるいは個別事情として当該被害者は軽傷であったために救急車は特別急いだ運行はしていなかった），後続の事故は，救急車による移動ということとは関係なく，「たまたま（被害者にとっては不運にも）」生じたもの（日常生活危険，一般的生活危険）にすぎないと評価されることになる。

4　被害者の行為の介在と賠償責任の判断

　最後に，やや特殊な問題として，被害者の行為の介在が，ここでの問題とどのような関係に立つかについて検討しておくことにしよう。

　これは特に，被害者が不法行為後に自殺した場合に，その死亡についても不法行為との相当因果関係が認められるかという問題として論じられてきた。かつては，被害者の意思的行為が介在する場合には，（相当）因果関係は否定されるという考え方も有力であったが，現在では，そのように一律に考えるのではなく，当該自殺がその不法行為とどのような関係に立つかという観点から判断されている。

　すなわち，交通事故の被害者が脳挫傷の後遺障害を残していたが，徐々に回復し，職場復帰を決意していたという場合に，自殺との相当因果関係を否定する一方（最判昭和50年10月3日交通民集8巻5号1221頁），交通事故の事故態様が被害者に大きな精神的衝撃を与え，また補償交渉が円滑に進行しなかったためにうつ病となり，自殺に至ったという場合については，事故と自殺との相当因果関係が肯定されている。

　これらは本書の枠組みの中では保護範囲をめぐる問題として位置づけられることになるが，すでに述べたように，当該不法行為が自殺の危険性を高めたものと評価できるか否かという観点から判断することが可能であり，結論におい

て，上記の判例の立場を肯定することができる。

なお，このように自殺について相当因果関係ないし自殺が保護範囲にあることが肯定されるとしても，過失相殺（ないし過失相殺の類推適用）による賠償額の縮減の問題は残ることになる→**【過失相殺】** *422頁*，**【過失相殺の類推適用】** *441頁*。

第4節　賠償されるべき損害の金銭的評価

1　問題の位置づけ

当該負傷が賠償されるか，あるいは後続の死亡まで賠償対象となるのかという問題だけでは，不法行為の効果をめぐる問題は，最終的に解決したといえない。すなわち，具体的な訴訟の場合，あるいは訴訟外の解決の場合であっても，ほとんどの場合に，「それではいくら払うのか」ということが当事者にとっての重要な関心事なのである。

ここでは，損害事実説を前提として，賠償の対象となるとされた損害が，金銭的にはいくらと評価されるのかが，まず問題となる。

これについては，従来の裁判例がどのような形で損害賠償額の算定を行ってきたのかについて，まず簡単に説明する。そのうえで，金銭的評価という問題領域において，さらにどのようなアプローチが考えられるのかを検討することにしよう。

2　従来の実務における損害の金銭的評価

問題の位置づけ　まず，従来の裁判例は，必ずしも，「損害の金銭的評価」の問題として，一定の金額の算定を行ってきたわけではない。むしろ，通説とされてきた差額説を前提とすれば，賠償範囲の問題と損害の金銭的評価の問題とは区別されない。つまり，損害は，それ自体金額で示されるものであるから，ある損害の賠償が認められるということは，同時に，金〇〇円の損害賠償が原則として（つまり，次に扱う過失相殺などの賠償額決定問題を留保したうえで）認められるということを意味したのである。

その意味で，以下に取り上げるのは，本書のように，賠償範囲の問題と損害

372　　第Ⅲ部　不法行為の効果／第3章　損害賠償の範囲と額の決定

の金銭的評価の問題を区別するという枠組みを採用した場合に，後者の問題領域に位置づけることが可能と思われる判例のルールを整理するというものである。

2.1　負傷による損害の金銭的評価

基本的枠組み　　被害者が負傷した場合，判例によれば，①治療費・入院費等の積極損害，②逸失利益（消極損害），③慰謝料の賠償が認められてきた。これは，損害の金銭的評価という視点から説明すると，こうした３つの項目を通じて，負傷という事実たる損害を金銭的に評価してきたということになる。

治療費・入院費等　　まず，治療費・入院費等の積極損害に関しては，実際にかかった費用が算定の基礎となる。この場合，被害者が，こうした費用を実際に支出しているのであれば，その全部を賠償したとしても，それによって，被害者の手元に利益が残ることはない。その意味で，この場合には，実際の費用（比喩的な意味で「領収書に示された金額」）を基準とすることに障害はなく，むしろ，現実の損害の賠償という点で合理的である。ただし，こうむった負傷に対して著しく不相当な治療や過剰な費用のかかる入院がなされたような場合には，合理的な範囲内の金額に限って認められる。

なお，将来の積極損害（これについては領収書は存在しない）についても，蓋然性を基礎として，賠償が認められる。特に，後遺障害が残った場合の介護費用など長期にわたる積極損害も，平均余命等を基礎に算定される。もっとも，将来の介護費用などについては，期間をどのように設定するかという問題のほか，単価をどのように設定するかという点も大きな問題となる。実際の裁判例においても，介護費用の単価計算については判決ごとに大きな開きが見られる（現在では，急速に単価が高額化しているという状況がある）。

逸失利益　　消極損害である逸失利益については，積極損害と異なり，現実の支出によっては計算できないので，統計的な手法によって計算するほかはない（将来の逸失利益についてだけではなく，過去の逸失利益についても蓋然性の判断を常に伴う）。

負傷の場合に，逸失利益が特に重要な位置を占めるのは，不法行為による傷害によって後遺障害が残った場合である。こうした後遺障害によって被害者の労働能力が喪失した場合，判例は，基本的に以下のような枠組みで計算している（労働能力の減少の場合には，これに準じて扱う）。

① 予測される収入

不法行為時に現に収入を得ていた被害者の場合には，その収入を基礎として，それに期待稼働年数（あと何年働くことができたか）を乗じて，逸失利益を計算する（最判昭和43年8月27日民集22巻8号1704頁。将来の昇給についても，相当の確かさをもって推定できる場合には考慮される）。

しかし，子供や専業主婦のように賃金という形での収入を得ているわけではない場合，前提となる収入をどのように計算するのかが問題となる。こうした場合には，平均賃金センサス（労働者の平均賃金に関する統計。全労働者のもののほか，男女別，学歴別等の分類に応じた統計が用意されている）にしたがって，逸失利益を計算することになる。

② 中間利息の控除

損害賠償は，通常，一括して受け取る（一時金方式の損害賠償）。①の収入は，本来であれば，何年後かに受け取るものであるのだから，それを現時点で受け取るということは，本来より早くに受け取るということになる。逆にいえば，いまその金銭を受け取ったとすれば，それから本来受け取るべき時期までの間，その金銭を運用することが可能となる（その金銭が利息を生じる）。これが中間利息の控除の問題である。

中間利息の控除については，どのような方式で控除するかが問題となる。

さて，上記のような枠組みを前提として，現在，逸失利益の算定における問題となっているのは，特に，次の2つの点である。

第1に，前提となる収入（上記①）をどのように考えるのか。

第2に，中間利息の控除（上記②）について，それを，(1)どのような利率で，(2)どのような計算方法で控除するのか。

以下では，このそれぞれについて，少し掘り下げて見ておくことにしよう。

逸失利益の算定をめぐる問題──男女別の平均賃金センサス　すでに述べたように，現に収入がある場合については，その収入が計算の基礎となる。したがって，男女別の賃金センサスを利用するかどうかという問題は，子供や専業主婦において具体的な問題として顕在化する。

現在の一般的な実務は，それぞれの性別や学歴に応じた平均賃金センサスを使うというものである（最判昭和62年1月19日民集41巻1号1頁→ *百選Ⅱ（8版）[102]・水野謙*は，事故による死亡当時14歳であった女子について，女子労働者の平均賃金センサスに基づいて逸失利益を算定するとともに，家事労働分をそれに加算することを否定している）。しかし，以前に比べて縮小してきているものの，現在でも男女別の平均賃金には開きもあり，このような男女別の平均賃金センサスを使うことが妥当なのかという点が問題とされ，全労働者の平均賃金センサスを使って処理することを主張する見解も有力であり，裁判例においても，全労働者の平均賃金センサスを用いるものも登場している。

この点をめぐる議論では，さまざまな見解が主張されているが，おおむね以下のように整理することができるだろう。

① 男女別の賃金センサスの利用を批判する見解

男女別の賃金センサスの利用を批判する見解においても，その理由としては，かなり性格の異なるものが考えられる（実際には，この両方の理由が批判の中では主張される）。

まず，規範的な観点から，男女別の平均賃金を使うということを批判する見解がある。特に，男女雇用機会均等法も施行され，男女の収入活動における平等が規範的な目的として実現されるべきであるということを前提とした場合，損害賠償法においてこうした性別による差別を正当化するような運用がなされることは適当ではないとする。この立場からは，全労働者の平均賃金センサスを使うべきだという見解と，男性の平均賃金センサスを使うべきだという両方の主張がある。後者は，現在の女性の平均賃金は，現に存在する性による差別をふまえたものであり，男性の平均賃金センサスが，本来あるべき平均賃金センサスだということが理由となる。

他方，単に規範的な問題としてではなく，まさしく統計の問題として，男女別の賃金センサスの利用を問題とする見方もある。すなわち，規範的判断を基

礎として収入活動における男女の差別が解消されていくにしたがい，こうした平均賃金の格差自体も解消されていくはずであるという見方である。こうした見方は，過去における平均賃金格差が次第に縮小してきているということによっても補強される。この見解においても，現に使う平均賃金を全労働者のものとするか，男性のものとするかについては，両方とも考えられる。

以下の判決は，後者の将来の予測も考慮しつつ，前者の規範的な視点にウェイトを置いたものと理解することができるだろう。

> **事例研究** 東京高判平成 13 年 8 月 20 日判時 1757 号 38 頁→ *リマークス 25 [16]・水野謙，重判 H. 13 [憲 3]・君塚正臣*
>
> 賃金センサスの男女間の「格差が生じているのは，男女の役割分担についての従来の社会通念の下に，女子にあっては，家事労働（出産，育児を含む。）との関係から，自ら欲すると否とにかかわらず，結果として，就労期間や労働時間，あるいは職務内容が制約された状態にある者の割合が男子に比べて相対的に多い現状にあることが主要な原因と考えられるのであって，本来有する労働能力については，個人による差はあっても，性別に由来する差は存在しないことはいうまでもない。
>
> ……近い将来において，女子の方が男子に比べて低い収入の就労条件の下で就労する者の割合が多いという現状に大きな変化が生じ，平均賃金の男女間格差が解消するという見込みがあるとは言い難いのであるが，このことと，年少者の一人一人について就労可能性が男女を問わず等しく与えられているということとは別個の問題であって，現に職に就いている者の賃金の平均値に男女差があることが個々の年少者の将来得べかりし収入の認定や蓋然性の判断に必然的に結び付くものではない。そもそも，性別は個々の年少者の備える多くの属性のうちの一つであるにすぎないのであって，……他の属性をすべて無視して，統計的数値の得られやすい性別という属性のみを採り上げることは，収入という点での年少者の将来の可能性を予測する方法として合理的であるとは到底考えられず，性別による合理的な理由のない差別であるというほかはない。……
>
> したがって，高等学校卒業までか，少なくとも義務教育を修了するまでの女子年少者については，逸失利益算定の基礎収入として賃金センサスの女子労働者の平均賃金を用いることは合理性を欠くものといわざるを得ず，男女を併せた全労働者の平均賃金を用いるのが合理的と考えられる」。

② 男女別の平均賃金センサスの利用を擁護する見解

他方，男女別の平均賃金センサスを使うということを擁護する見解も，依然として有力である。これは，①のうち，特に規範的な判断（男女の差は解消されるべきである）は，損害賠償法が直接担うべきものではないというのが理由である。

この立場においては，男女において現に統計が異なる以上，それにしたがっ

た対応をするというのは，あくまで事実の問題であると位置づける。

　以下の判決は，そうした姿勢を明確に打ち出している。

> **事例研究** 東京高判平成 13 年 10 月 16 日判時 1772 号 57 頁
>
> 　「男女別平均賃金を基礎収入とすると，結果的に男女の逸失利益額に違いが生じることになる。しかし，これは，年少者の逸失利益に限って生じる結果ではなく，現に就労中（家事労働に従事することを含む。）であるが，その基礎収入の額を的確に把握することが困難なため，その逸失利益の算定にあたり女子労働者の平均賃金を用いる場合にも同様の結果を生じるのである。そして，その場合に，女子労働者の平均賃金を基礎収入とすることは，蓋然性の高い数額の算定方法として，合理的である場合が多いと考えられる。したがって，逸失利益の算定にあたって男女で異なる数値を基礎収入に用い，その結果，男女で異なる逸失利益額が算定されること自体は，避けることのできない事態なのであって，そのようなことがあることをもって，男女差別であり，不当であるということはできない。……
>
> 　統計的数値の利用にあたっては，より正確ないし蓋然性の高い数額を算定するために，できる限り対象者の属性に近い統計を使用すべきである。もちろん，対象者の属性をすべて反映する統計を得るのは不可能であるが，より対象者の属性（例えば，性別，学歴などが考えられる。）に近い統計の利用を放棄して，より一般的な統計を使用することが合理的であるとは考えられない」。

　この問題についての判断は，きわめて困難である（なお，いずれの事件でも上告は認められず，引用した高裁判決が確定している）。ただ，②のように，純粋に事実の問題であるという説明は，一見して当然と思われるほど，当然なわけではない。

　現在の平均賃金センサスには含まれていないが，身長別，体重別の平均賃金を調べた場合，有意の差が生じるということは考えられる。しかし，そのような統計が得られたとしても，その統計を基礎として計算するということには当然にはならないだろう。また，現在の統計でも，すでに地域別の統計は存在し，それは決して小さくない地域間格差を示している。しかし，こうした地域別の統計も，逸失利益の算定においては使われてはいない。もちろん，性別と異なり，働く場所の変更は容易だということはあるかもしれない。しかし，おそらく統計的に見れば，そうした労働地域の変更というのは，それほど割合的に大きいわけではないだろう。

　このように考えてきた場合，男女の平均賃金の格差は現に存在し，それが事実なのだという説明は，男女の区別が社会的に意味のある区別であるということを暗に前提としており，そうした潜在的な判断があるからこそ，「労働者で

ある〇〇さん」と記述するのではなく、「女性労働者である〇〇さん」と記述することに積極的な意義を認めるものであるように思われる。

　男女雇用機会均等法などに示される考え方が、対象の性別を常に取り込んだ形で描くということを否定する（女性である〇〇さんではなく、単に〇〇さんとして、対象を理解する）というものであるとすれば、それは現在の損害賠償法においても、受け入れることが可能なものであるように思われる。ただ、このような観点から問題を把握する場合、標準となるのは、全労働者の平均賃金だということになろう。こうした視点からは、東京高判平成13年8月20日により強い共感を覚えるのであるが、諸君はどう考えるだろうか。

逸失利益をめぐる問題——外国人　　逸失利益の算定をめぐって問題となるもうひとつの類型が外国人である。外国人については、そもそも収入活動の拠点が外国にある場合（外国人旅行者）、その逸失利益をどのように算定するのかという問題のほか、収入活動の拠点が日本国内にある場合（外国人労働者）、収入活動の拠点は日本にあるが、不法滞在である場合（不法滞在の外国人労働者）にどのように考えるのかという問題が存在する。ここでも、統計的にどのような資料が考えられるのかという問題のほか、平等原則や不法滞在性といった規範的評価をめぐる問題が存在する。順次見ていくことにしよう。

① 外国人旅行者の場合

　収入活動が母国等にある外国人旅行者の場合、母国等における収入を基礎として、逸失利益を算定するということについては、ほぼ争いがない。憲法14条の平等原則に照らして、日本人と同一の方式で平均賃金センサスを使うべきであるとの下級審判決もあったが（高松高判平成3年6月25日判時1406号28頁）、後述する最高裁判決をふまえれば、そのような立場は否定されたと理解することができる。

② 外国人労働者の場合

　適法な形でわが国に滞在し、収入を得ている外国人については、現に得ているわが国での収入を基礎として、逸失利益を算定するということについては、ほぼ争いがない。また、短期在留ビザで滞在し、且つ、収入を得ていない場合

についても，在留資格が変更され（学術上の活動を行おうとする者），1年ごとに在留期間が更新されているという状況から，高度の蓋然性をもってわが国に長期間の在留を続けるものと推認できるとして，日本の平均賃金センサスで逸失利益を算定した判決がある（名古屋地判平成4年12月16日判タ833号242頁）。さらに，東京地判平成5年8月31日判時1479号149頁は，短期在留資格で来日した外国人労働者が労働事故によって後遺障害を負ったという事案に関して，被害者の将来における就労場所や継続性を考慮して合理的に予想される逸失利益が算定されるとして，症状固定後3年間については日本での実収入を基礎に，その後については母国の平均賃金を基礎に算定するとした。

③ 不法滞在の外国人労働者の場合

最も困難な問題が生じるのが，被害者である外国人が，現にわが国において収入活動をしているが，しかし，不法滞在であるという場合である。これについては，一方で，逸失利益の算定は統計的な手法を用いた事実の問題なのだということを前提とする場合には，②と区別される必要はない。他方，不法滞在である以上，そうした活動自体，不法性を帯びたものであるといった規範的評価を強調すると，むしろ，不法な行為によって得たであろう利益として，その賠償は認められるべきではないということになる。この点については，見解が分かれていたが，最高裁は，以下のような判断を示した。

事例研究 最判平成9年1月28日民集51巻1号78頁→ 百選Ⅱ（5版・新法対応版）[89]・水野謙

　パキスタン人であるXは，昭和63年，就労する意図で，短期滞在（観光目的）の在留資格でわが国に入国し，翌日から印刷会社であるY社に雇用された。在留期間経過後も不法に残留し，継続してY会社で仕事に従事していたところ，平成2年に労働事故により後遺障害を残す負傷をした。XよりYに対して損害賠償を請求した。なお，Xは，その後も，国内に在留し，同年4月19日から同年8月23日までの間は別の会社で就労し，さらにその後は，友人の家を転々としながらアルバイト等を行って収入を得ている。

　第1審・控訴審は，Xが再就職先である会社を退社してから3年間はわが国においてYから受けていた実収入額と同額の収入を，その後は来日前にパキスタンで得ていた程度の収入を得ることができたとして逸失利益を算定した。

　最高裁は，以下のように述べて，逸失利益に関する原審の判断を支持した。「財産上の損害としての逸失利益は，事故がなかったら存したであろう利益の喪失分として評価算定されるものであり，その性質上，種々の証拠資料に基づき相当程度の蓋然性をもって推定される当該被害者の将来の収入等の状況を企図として算定せざるを得ない。……こうした

逸失利益算定の方法については，被害者が日本人であると否とによって異なるべき理由は
　ない。したがって，一時的に我が国に滞在し将来出国が予定される外国人の逸失利益を算
　定するに当たっては，当該外国人がいつまで我が国に居住して就労するか，その後はどこ
　の国に生活の本拠を置いて就労することになるか，などの点を証拠資料に基づき相当程度
　の蓋然性が認められる程度に予測し，将来のあり得べき収入状況を推定すべきことになる。
　そうすると，予測される我が国での就労可能期間ないし滞在可能期間は我が国での収入等
　を基礎とし，その後は想定される出国先（多くは母国）での収入等を基礎として逸失利益
　を算定するのが合理的ということができる。そして，我が国における就労可能期間は，来
　日目的，事故の時点における本人の意思，在留資格の有無，在留資格の内容，在留期間，
　在留期間更新の実績及び蓋然性，就労資格の有無，就労の態様等の事実的及び規範的な諸
　要素を考慮して，これを認定するのが相当である」。

　この最高裁判決については，次の2つの点を指摘することができるだろう。

　まず，すでに述べたように，不法滞在者であるということをもってただちに
わが国での収入状況を前提とすることを否定するというような形での規範的判
断はとらなかったという側面である。法的に出国せざるを得ないという事情が，
出国の現実の可能性を高めるという判断，ひいてはそれを前提とした逸失利益
の算定を導いているとしても，不法滞在や不法就労という法的評価が直接に逸
失利益を決定するものとなっているわけではない。

　他方，平等原則を理由として，わが国の平均賃金センサスをそのまま適用す
るという前掲高松高判のような判断もとられていない。日本人であるか否かに
よって区別されないというのは，算定の方法のレベルにおいて実現されている
だけであって，その内容にまで及ぶものではない。すぐに帰国し母国で働くこ
とが予定される（予定された）ような外国人旅行者については，本判決を前提
とすれば，わが国の収入状況を前提とする余地はまったくなく，全面的に母国
の基準によるということになるだろう。

　中間利息の控除——中間利率　　中間利息の控除は，すでに説明したとおり，
将来の逸失利益を，現時点で支払うということに伴う調整の問題である。その
点では，中間利息の控除という問題は，きわめて技術的性格の強い問題である。
しかし，その技術性の強い中間利息の控除の技術は，その使い方によって，被
害者が受け取る損害賠償額を大きく左右することになる。その意味で，実質的
な意味は，決して小さいものではない。

　中間利息の控除をめぐっては，2つの大きな問題がある。

> ① 中間利息の利率は，何％なのか？
> ② 中間利息は，どのような計算方法によって控除されるのか？

このうち，②については次の項目で扱うことにして，ここでは，①のみを確認しておくことにしよう。

まず，従来，一般的に用いられてきたのは，5％の民事法定利率（2017年の改正前の民法404条）である。これによると，現在の時点で受け取った金額を年利5％で運用したとすれば（単利か複利かの問題は，次で扱う），それが数年後，本来受け取るべき時点での収入と同じになるということを前提として，現在受け取るべき金額を決めるということになる。

もっとも，この5％という金利が，現在の経済状況に照らせば，きわめて高いものであるということは明らかである。こうした状況を受けて，3％の利率を用いて計算する下級審判決も登場していた。

しかし，最判平成17年6月14日民集59巻5号983頁は，「中間利息の割合は民事法定利率である年5％より引き下げるべきであるとの主張も理解できないではない」としつつ，「損害賠償額の算定に当たり被害者の将来の逸失利益を現在価額に換算するについても，法的安定及び統一的処理が必要とされるのであるから，民法は，民事法定利率により中間利息を控除することを予定しているものと考えられる。このように考えることによって，事案ごとに，また，裁判官ごとに中間利息の控除割合についての判断が区々に分かれることを防ぎ，被害者相互間の公平の確保，損害額の予測可能性による紛争の予防も図ることができる」として，中間利息の割合は，民事法定利率によらなければならないとした。

ここでは，(1)裁判官ごとに判断が異ならないという意味での法的安定性，(2)事案ごとに処理が異ならないという意味での法的安定性という二つの法的安定性が重視されたといえる。

中間利息控除のための利率の判断は，現在の利率ではない。今後の推移もふまえたうえでの将来の利率の判断を伴うものである。これが著しく困難で，裁判官ごとに大きく異なり得るものであることは確かである。この点を指摘するのが(1)の法的安定性である。それと同時に，(2)の法的安定性を指摘している点

も注目される。ここでは，本判決も言及する民事執行法や破産法の各規定を通じて，「将来の請求権を現在価額に換算するに際し，法的安定及び統一的処理が必要とされる場合には，法定利率により中間利息を控除する考え方」を，現行制度の中に読み取っているという側面が認められる（もっとも，この(2)を重視するのであれば，中間利息の控除の仕方についても，そこで挙げられた各規定と同様に処理していくことが考えられる。これらの規定は，いずれも単利で中間利息を控除している。しかし，この点については，次に説明するように，現在の実務ではむしろ複利で中間利息を控除するという扱いが一般的なものとなっており，(2)が貫徹されているわけではない）。

2017 年の債権法改正による中間利息の扱い　　以上のように，従来の中間利息の扱いは，なお理論的な問題を残しつつも，その処理については一応確立していた。

　2017 年の債権法改正は，こうした中間利息について，やや踏み込んだ解決を示しているので，その点について確認をしておくことにしよう。

　①　法定利率の見直し

　まず，前提となる法定利率について，(1)法定利率は年 3% とし，(2)その法定利率は 3 年ごとに見直しをするという変動利率制度が導入された（404 条）。

　すでに言及したように，現行の法定利率 5% は，一般的な利率に比べて著しく高い。これは中間利息の控除に固有の問題ではなく，そもそも 5% に固定された法定利率それ自体の問題であった。今回の債権法改正は，まずは 3% の法定利率を導入し，この問題状況を緩和するとともに，変動利率の導入によって，将来的にも柔軟な対応ができるようにしたものである（なお，5% から 3% に利率が変わることが具体的に，最終的な賠償額にどのように反映されるのかについては，387 頁の表を参照してほしい）。

　②　中間利息控除についての法定利率の適用

　もうひとつのポイントが，「将来において取得すべき利益についての損害賠償の額を定める場合において，その利益を取得すべき時までの利息相当額を控除するときは，その損害賠償の請求権が生じた時点における法定利率により」

控除するという規定を置いたことである（417条の2第1項）。そして，この規定は，不法行為に基づく損害賠償請求についても準用されている（722条1項）。

　本来，法定利率は，「利息を生ずべき債権について別段の意思表示がないとき」の利率である。その点で，そもそも中間利息の控除における利率を法定利率で処理するということは，自明のものではなかった。だからこそ，法定利率とは異なる割合での計算を採用する立場があり，また，上記のように最高裁が中間利息控除を法定利率によるという判断を示す場合にも，一定の説明が必要となったのである。

　その点で，従来の判例の立場と実質的には同じであるとしても，そのことが明示されたことの意義は大きいものであるといえよう（なお，判断枠組みは同じであるが，特に利率の変更が大きな意味を持つことについては後述する）。

③ 「損害賠償の請求権が生じた時点」の利率

　ところで，改正により追加された417条の2は，「損害賠償の請求権が生じた時点における法定利率」によって中間利息控除の際の利率が決まるとする。このような法定利率の基準時をめぐる問題は，改正前のように一律に5%の法定利率としていた場合には存在しなかった問題である。

　通常は，不法行為の時点で，損害賠償請求権が成立すると考えられているので，この中間利息控除の際の利率は，不法行為時の法定利率だということになる。

　もっとも，理論的には，なお明らかではない点も残されているように思われる。ここでは，二点のみ確認しておくことにしよう。

　第一に，不法行為時（たとえば交通事故による負傷時）から数年後に，事故と相当因果関係が認められるような症状が発生し，後遺症として固定し，それによって逸失利益の減少が生じたような場合である。この間に法定利率が変更していた場合，「損害賠償の請求権が生じた時」というのは，むしろ後遺症としての固定時を考えるべきではないかという点が問題となる。実際上も，そのように考えるべきではないかと思われるが，今後，実際の問題としても生じてくるだろう。

　第二は，もう少し理論的な点である。将来の積極損害についても，現時点での賠償が認められるが，それは当然にというより，将来の損害賠償請求権を現

第4節　賠償されるべき損害の金銭的評価／2.1　負傷による損害の金銭的評価　　383

時点で行使するという理解に立つものと考えられる（本来，積極損害が発生した
つど，その損害賠償請求権が生じるのであり，ただそれを将来的に確保することが困難
であるために，現時点での権利行使を認めているという理解）。そうだとすると，そ
こでの「損害賠償の請求権が生じた時点」とは，本来，将来のそれぞれの時点
だということになるのではないだろうか。もちろん，将来の法定利率がどのよ
うになるかはわからない。そうだとしても，不法行為時の法定利率ではなく，
将来に一番近い時点での法定利率として，口頭弁論終結時の法定利率が基準と
なるべきではないかということが考えられる。消極損害についても，将来の各
時点で発生する損害賠償請求権を現時点で行使すると理解するのか（そうだと
すると，口頭弁論終結時の法定利率だということになりそうである），他方，将来の
逸失利益は単なる計算上のものであり，その損害賠償請求権は不法行為時に確
定的に成立していると理解すると，不法行為時の法定利率によることになる。

　これらの問題は，「損害賠償の請求権が生じた」ということの意味にも関わ
るものであり，従来はそれほど意識することがなかったが，改正により 417 条
の 2 が追加されたことによって，顕在化した問題だと言えるかもしれない。

ライプニッツ方式とホフマン方式　　さて，中間利息の控除のための利率が
何 % なのかということの説明が長くなってしまったが，この利率をどのよう
に用いると，具体的に，被害者が現在受け取るべき金額が求められるのであろ
うか。

　これについては，いくつかの方式が存在してきたが，現在，現に裁判所で用
いられる可能性があるのは，ライプニッツ方式とホフマン方式である（判例は，
いずれの方式も認めている。最判昭和 37 年 12 月 14 日民集 16 巻 12 号 2368 頁，最判昭
和 53 年 10 月 20 日民集 32 巻 7 号 1500 頁，最判平成 22 年 1 月 26 日判時 2076 号 47 頁）。

　まずは，この 2 つの計算方法の内容を確認してみることにしよう。

　現在用いられているライプニッツ方式とホフマン方式は，いずれも複式とい
って，将来，各年齢において受け取るべき収入を考え，それぞれについて現在
受け取る場合の中間利息がどのように控除されるのかということを考える。こ
の点では，同じであり，以下に示すような表によって，その基本的な考え方が
示される。

　この 2 つの方式の相違は，中間利息を控除する場合に，複利（ライプニッツ

方式）で計算するか，単利（ホフマン方式）で計算するかという点にある。つまり，ライプニッツ方式では，いま受け取った金銭は複利で運用されるということを前提として，中間利息の控除を行う。他方，ホフマン方式では，単利で計算するのである。

　将来，それぞれの年齢において受け取るべき金額を A，中間利率を r，期間を n，現在受け取る額を X とすると，それぞれの計算式は，以下のように示される。n というのは，あと何年働くことができるのか（稼働年数）を意味している。

　なお，毎年の収入が同じであるのはおかしいと思われるかもしれない。現実の社会では昇進や昇給も予想されるだろう。実際に，そうした可能性を考慮して，毎年の収入を想定すべきであるという見解もある。しかし，その点の不確実さもあって，現在の実務においては，被害者の状況を前提として得られる一定の金額を，全年齢を通じて用いるというのが一般的であり，ここでもそれを前提として説明する。

　　ライプニッツ方式
　　$X = A/(1+r) + A/(1+r)^2 + A/(1+r)^3 + \cdots\cdots + A/(1+r)^n$
　　ホフマン方式
　　$X = A/(1+r) + A/(1+2r) + A/(1+3r) + \cdots\cdots + A/(1+nr)$

　もう少しわかりやすく図示すると，386 頁の表のように計算される。

　難しそうだという印象を受けるかもしれないが，現在では，必要な係数が記入されたシートが用意されており，それほど難しい計算が求められるわけではない（数学が苦手だからと，裁判官になることを諦める必要はない！）。

　ちなみに，裁判所で用いる年齢に対応したシートとは少し違うが，具体的な逸失利益の計算のイメージをつかんでもらうために，この計算によると具体的にどのようになるのかを示したのが，387 頁の表である。逸失利益は毎年 500 万円とし，ライプニッツ方式で計算した場合（中間利息の控除の利率が 5％ の場合と 3％ の場合）とホフマン方式で計算した場合（同上）を示している。被害者の年齢等に応じて，残りの稼働年数が決まり，それに対応して，どこまでの逸失利益の賠償が認められるかがわかる。

第 4 節　賠償されるべき損害の金銭的評価／**2.1**　負傷による損害の金銭的評価　　385

事故からの年数	各年度の逸失利益	ライプニッツ方式	ホフマン方式
1年目	A	$A/(1+0.05)$	$A/(1+0.05)$
2年目	A	$A/(1+0.05)^2$	$A/(1+0.1)$
3年目	A	$A/(1+0.05)^3$	$A/(1+0.15)$
4年目	A	$A/(1+0.05)^4$	$A/(1+0.2)$
⋮	⋮	⋮	⋮
n年目	A	$A/(1+0.05)^n$	$A/(1+0.05n)$
合　計		ライプニッツ方式で計算した賠償総額	ホフマン方式で計算した賠償総額

　ここからも示されるように，ライプニッツ方式かホフマン方式かによる差（同じ利率で計算した場合の差）については，最初の期間は，それほど大きいものではない。しかし，20年目，30年目と年を経るにつれて，その差が急速に拡大していくようすがわかるだろう。

　さらに，ライプニッツ方式かホフマン方式かという区別による差とともに，中間利率が大きな意味を持っているということがわかるだろう（同じ方式で計算した場合のそれぞれの方式における差）。従来は，賠償額が相対的に小さいとされたライプニッツ方式であっても，利率3%で計算した場合には，同じ方式により利率5%で計算した場合，30年間の逸失利益は2000万円以上の差となり，ホフマン方式により利率5%で計算した場合より，大きな金額となる。

　すでに述べたように，中間利息の控除というのは，きわめて技術的な性格の強い問題である。しかし，それは同時に，当事者にとって非常に大きな実質的意味を有しているということもわかるだろう。ここでは，中間利率の点を除いて，方式の違いという点について，もう少しだけ検討しておくことにしよう。

　少し前までは，おおむね，以下のように運用されてきた。

(1)　**東京方式**　　全年齢平均賃金によって前提となる年収を計算し，それに対して，ライプニッツ方式による中間利息の控除を行う。

(2)　**大阪方式**　　初任給賃金によって前提となる年収を計算し，それに対して，ホフマン方式による中間利息の控除を行う。

※逸失利益は毎年500万円とする。

年	ライプニッツ方式				ホフマン方式			
	中間利率5%		中間利率3%		中間利率5%		中間利率3%	
	ライプニッツ係数	現在価額	ライプニッツ係数	現在価額	ホフマン係数	現在価額	ホフマン係数	現在価額
1年目	0.95238	¥4,761,905	0.97087	¥4,854,369	0.95238	¥4,761,905	0.97087	¥4,854,369
2年目	0.90703	¥4,535,147	0.94260	¥4,712,980	0.90909	¥4,545,455	0.94340	¥4,716,981
3年目	0.86384	¥4,319,188	0.91514	¥4,575,708	0.86957	¥4,347,826	0.91743	¥4,587,156
4年目	0.82270	¥4,113,512	0.88849	¥4,442,435	0.83333	¥4,166,667	0.89286	¥4,464,286
5年目	0.78353	¥3,917,631	0.86261	¥4,313,044	0.80000	¥4,000,000	0.86957	¥4,347,826
6年目	0.74622	¥3,731,077	0.83748	¥4,187,421	0.76923	¥3,846,154	0.84746	¥4,237,288
7年目	0.71068	¥3,553,407	0.81309	¥4,065,458	0.74074	¥3,703,704	0.82645	¥4,132,231
8年目	0.67684	¥3,384,197	0.78941	¥3,947,046	0.71429	¥3,571,429	0.80645	¥4,032,258
9年目	0.64461	¥3,223,045	0.76642	¥3,832,084	0.68966	¥3,448,276	0.78740	¥3,937,008
10年目	0.61391	¥3,069,566	0.74409	¥3,720,470	0.66667	¥3,333,333	0.76923	¥3,846,154
1-10年目までの現在価額の合計	¥38,608,675		¥42,651,014		¥39,724,747		¥43,155,557	
11年目	0.58468	¥2,923,396	0.72242	¥3,612,106	0.64516	¥3,225,806	0.75188	¥3,759,398
12年目	0.55684	¥2,784,187	0.70138	¥3,506,899	0.62500	¥3,125,000	0.73529	¥3,676,471
13年目	0.53032	¥2,651,607	0.68095	¥3,404,757	0.60606	¥3,030,303	0.71942	¥3,597,122
14年目	0.50507	¥2,525,340	0.66112	¥3,305,589	0.58824	¥2,941,176	0.70423	¥3,521,127
15年目	0.48102	¥2,405,085	0.64186	¥3,209,310	0.57143	¥2,857,143	0.68966	¥3,448,276
16年目	0.45811	¥2,290,558	0.62317	¥3,115,835	0.55556	¥2,777,778	0.67568	¥3,378,378
17年目	0.43630	¥2,181,483	0.60502	¥3,025,082	0.54054	¥2,702,703	0.66225	¥3,311,258
18年目	0.41552	¥2,077,603	0.58739	¥2,936,973	0.52632	¥2,631,579	0.64935	¥3,246,753
19年目	0.39573	¥1,978,670	0.57029	¥2,851,430	0.51282	¥2,564,103	0.63694	¥3,184,713
20年目	0.37689	¥1,884,447	0.55368	¥2,768,379	0.50000	¥2,500,000	0.62500	¥3,125,000
1-20年目までの現在価額の合計	¥62,311,052		¥74,387,374		¥68,080,338		¥77,404,054	
21年目	0.35894	¥1,794,712	0.53755	¥2,687,746	0.48780	¥2,439,024	0.61350	¥3,067,485
22年目	0.34185	¥1,709,249	0.52189	¥2,609,463	0.47619	¥2,380,952	0.60241	¥3,012,048
23年目	0.32557	¥1,627,857	0.50669	¥2,533,459	0.46512	¥2,325,581	0.59172	¥2,958,580
24年目	0.31007	¥1,550,340	0.49193	¥2,459,669	0.45455	¥2,272,727	0.58140	¥2,906,977
25年目	0.29530	¥1,476,514	0.47761	¥2,388,028	0.44444	¥2,222,222	0.57143	¥2,857,143
26年目	0.28124	¥1,406,204	0.46369	¥2,318,474	0.43478	¥2,173,913	0.56180	¥2,808,989
27年目	0.26785	¥1,339,242	0.45019	¥2,250,945	0.42553	¥2,127,660	0.55249	¥2,762,431
28年目	0.25509	¥1,275,468	0.43708	¥2,185,384	0.41667	¥2,083,333	0.54348	¥2,717,391
29年目	0.24295	¥1,214,732	0.42435	¥2,121,732	0.40816	¥2,040,816	0.53476	¥2,673,797
30年目	0.23138	¥1,156,887	0.41199	¥2,059,934	0.40000	¥2,000,000	0.52632	¥2,631,579
1-30年目までの現在価額の合計	¥76,862,255		¥98,002,207		¥90,146,568		¥105,800,474	

第4節　賠償されるべき損害の金銭的評価／**2.1**　負傷による損害の金銭的評価

ライプニッツ方式は複利で中間利息を控除する以上，単利で控除するにすぎないホフマン方式より控除額は大きくなる。その点では，ホフマン方式を採用する大阪方式の方が被害者には有利である。しかし，前提となる収入については，全年齢平均賃金とする東京方式の方が，初任給を前提とする大阪方式より有利であることは明らかである。つまり，以前の東京方式と大阪方式は，前提となる平均賃金と控除の方式を組み合わせることによって，おおむね同じような結論にいたることを狙っていた。

もっとも，そうはいっても，東京方式と大阪方式による相違は，それほど小さいものでもなかった。そのため，東京地裁，大阪地裁，名古屋地裁の交通部の共同提言によって東京方式に統一するという方向が示され，現在では，上記(1)が一般に利用されるようになっている。

ただし，改正前の 5% の法定利率による中間利息控除が控除しすぎであるという認識から，ホフマン方式を使うことによって，この控除しすぎの問題を解決しようとする下級審裁判例もある。

なお，ライプニッツ方式を支えるものとして，われわれの社会においては複利の方が普通であるという認識もあるものと考えられる。しかし，すでに言及した最判平成 17 年 6 月 14 日の法的安定性という理由づけの中，他の制度との統一的な運用を重視するのであれば，単利計算によるホフマン式の方が，他の制度とはより整合的だといえる（前掲最判平成 22 年 1 月 26 日は，原審が，平成 17 年判決をふまえて，「法的安定及び統一的処理の見地からすれば，損害賠償額の算定に当たり，被害者の将来の逸失利益を現在価額に換算するための方式は，ホフマン方式によらなければならない」としたのに対して，平成 17 年判決の理解としては正しくないとしつつ，ホフマン方式を採用したことは不合理とはいえないとした）。

問題は，今回の債権法改正によって，この点について何か影響がないのかという点である。ひとつの考え方は，今回の改正案は中間利息の控除について法定利率が用いられるということを規定しただけであり，中間利息の控除の方法（計算方式）には影響がないというものであろう。ただ，中間利息の控除については法定利率を用いるとしつつ，その方式だけは，中間利息の一般的なルールと異なり，複利計算で行うというのは，やはり一貫しない，あるいは，その一貫しないという問題がより強調されるようになったのではないかというのが，本書の理解である。なお，中間利率の変更が損害保険実務等に大きな影響をも

たらすことについての懸念といったものも指摘されているが，それは本質的な問題ではないというべきであろう。

コラム　*逸失利益という財産的損害*

　逸失利益という財産的損害は，いつ発生するのであろうか。ちょっと難しく聞こえるかもしれないが，逸失利益という言葉を通じてわれわれが考えている損害は，将来の損害なのか，現在の損害なのかという問題である。この点については，すでに少しだけ触れたところである。

　実は，ライプニッツ方式といい，ホフマン方式といい，前提として，将来のそれぞれの年齢において生じる損害であるということを前提としているように思われる。だからこそ，60歳のときに生じる逸失利益に関する損害賠償を，いま受け取るとすれば，A／(1＋0.05) 15（ライプニッツ方式）であるとか，A／(1＋0.75)（ホフマン方式）であるとかの額に計算し直すということであろう。

　ところで，最判平成8年4月25日民集50巻5号1221頁→*百選Ⅱ（8版）〔101〕・樫見由美子，民法の基本判例（2版）〔40〕・窪田充見*）は，別原因による死亡が逸失利益の算定に影響を与えないと判示する中で，「労働能力の一部喪失による損害は，交通事故の時に一定の内容のものとして発生しているのである」として，その理由が説明される→*【別原因による被害者の死亡と逸失利益の算定】406頁*。ここからは，逸失利益という形で算定される労働能力の喪失による損害は，不法行為時点ですでに確定的に発生している見方を読み取ることができる。

　両者の間には，何らかの矛盾はないのだろうか。かなり難しい問題である。

　まず，以前の判例は，むしろ単純な差額説を前提としており，逸失利益は将来，そのつど発生していく損害を現在の時点で賠償させるものとして理解していたように思われる。そこでは，ライプニッツ方式やホフマン方式で算定されるしくみとの間には，実質的にも何らの矛盾はないということになる。

　他方，平成8年判決は，むしろそうではない見方を打ち出したと理解すると，そうした平成8年判決によって，逸失利益の計算の仕方やその位置づけが変わるのかということが問題となる。基本的には，両者に矛盾がないものとして説明することは不可能ではない。つまり，労働能力喪失という損害は，不法行為の時点で確定的に発生しているが，そうした（それ自体としては金額では示されない）損害を，金銭的に評価するという作業の中で，「稼働能力があれば，〇〇歳のときにはどれだけの収入を得ていたのか」を考えて計算するということは両立するからである。

　ただ，このように損害自体を事実として把握するとしても，その金銭的評価のレベルで差額説的手法を使うのであれば，損害を事実として把握するということの意味は限定的なものとなりそうである。また，まさしく差額説的な手法で計算するという場合，損害は不法行為の時点で確定的に発生しており，事後

の事情は影響を与えないという平成8年判決の示す命題との間に，実質的な抵触が生じないのかという点についても，なお検討されるべき部分が残されているように思われる。

慰謝料　　慰謝料については，算定の枠組みは明確には定まっていない。判例では，「事実審の口頭弁論終結時までに生じた諸般の事情を斟酌して裁判所が裁量によって算定する」という枠組みが示されているが，そうした諸般の事情の中には，被害の性質や重大性といった本来の意味での損害の評価として当然に考えられるべきもののほか，加害行為の態様や加害者のその後の対応なども含まれている（もっとも，そこで挙げられる事情が，どのように賠償額の決定に結びつくかは示されない）。

　もっとも，慰謝料の対象が負傷それ自体による苦痛であると考えるのであれば，加害者の主観的意図がどうであったのかといったことは，直接は関係ないはずである。故意に傷つけられた場合の方が，過失による事故の場合に比べて精神的により大きく傷つけられたという説明も考えられるが，それは負傷そのものとはむしろ別の損害だとも考えられるし，また，事故によって被害者が死亡している場合や，事故によって感受能力を失ってしまっているような場合にも上記の対応はあてはまると考えられるので，説明としては十分とはいえない。むしろ，単純な損害の塡補ではなく，制裁機能や他の賠償の補完機能を有しているとされる慰謝料のとらえ方を背景として，このような対応がなされていると理解すべきであろう。

> **コラム**　*慰謝料の意味と機能*
> 　慰謝料として古典的に理解されてきたのは，負傷や名誉を侵害されたことによる精神的苦痛であろう。それらは，現在でも，慰謝料の中心的な部分だと考えられるが，本文で述べたように，それだけでは慰謝料が認められる場合を完全には説明できない。被害者が現実に苦痛を感じたか否かとは別に認められる慰謝料が存在していると考えるべきであろう。これは，「慰謝料」というより，「非財産的損害賠償」と呼ぶのが適当なものである。両者については，一部が重なるふたつの円のような関係ではないかと，筆者は理解している。
> 　さて，こうした慰謝料については，制裁機能や補完機能が認められるという見解が有力である。
> 　制裁機能については，本文で述べたように，被害者の認識にかかわらず，行

為の悪質性を考慮して，慰謝料額を増やすということが，その例として挙げられるだろう。

また，補完機能については，男女別の平均賃金センサスを用いた場合の賠償額の差を調整するものとして慰謝料を用いることや，財産的損害の立証が困難である場合に慰謝料額を増やすことで対応することが提案されている（名古屋高金沢支判昭和 47 年 8 月 9 日判時 674 号 25 頁「イタイイタイ病事件第 1 次訴訟」は，財産上の損害について，立証の困難や紛争の長期化により被害者の救済が遅れるのを防止するため，慰謝料額に含めて請求する，いわゆる「包括請求」を認める）。

もっとも，これらにおける慰謝料において中心として機能しているのは，それが精神的苦痛を慰謝するものであるとか，非財産的損害賠償であるといったことではなく，慰謝料は，裁判官の裁量によって判断されるという部分であるように思われる。すなわち，財産的損害賠償において適切に解決できない問題が，裁量的判断によって結論を導くことが可能である慰謝料という形式を通じて解決されているのではないかという見方である。

慰謝料が現に果たしている機能，あるいは果たし得る機能として，これらを積極的に評価することは可能であるし，また重要であると考えるが，それと同時に，財産的な損害賠償として本当に解決できないのかという点は，あわせて検討が求められるのである。

後遺症と示談　　なお，負傷の場合については，示談後に後遺症が発現した場合の扱いが問題となる。必ずしも，損害の金銭的評価の問題に位置づけられるわけではないが，ここで取り上げておくことにしよう。

交通事故等において，加害者側が一定の金額を支払うとともに，被害者はその他の請求をしないという趣旨の示談をなすことが少なくない。問題は，その後，被害者に，示談の時点ではなかった後遺症が発現するなどの事態が生じた場合である。

最判昭和 43 年 3 月 15 日民集 22 巻 3 号 587 頁→ *百選 II（8 版）［104］・山城一真* は，「不法行為による損害賠償の示談において，被害者が一定額の支払をうけることで満足し，その余の賠償請求権を放棄したときは，被害者は，示談当時にそれ以上の損害が存在したとしても，あるいは，それ以上の損害が事後に生じたとしても，示談額を上廻る損害については，事後に請求しえない趣旨と解するのが相当である」としつつ，「全損害を正確に把握し難い状況のもとにおいて，早急に小額の賠償金をもって満足する旨の示談がされた場合においては，示談

第 4 節　賠償されるべき損害の金銭的評価／**2.1**　負傷による損害の金銭的評価　　391

によって被害者が放棄した損害賠償請求権は，示談当時予想していた損害についてのもののみと解すべきであって，その当時予想できなかった不測の再手術や後遺症がその後発生した場合その損害についてまで，賠償請求権を放棄した趣旨と解するのは，当事者の合理的意思に合致するものとはいえない」とし，追加の賠償請求をなす可能性を認めた。

後遺症と示談との関係（特に示談の拘束力の限定）についての法律構成については，公序良俗違反説（信義則違反説），錯誤無効説（改正後は錯誤取消説ということになるだろう），解除条件説，別損害説（制限的放棄説）等が提案されており，昭和43年判決は，別原因説をとったものと理解されているが，これらのアプローチは両立しないわけではなく，また常に同一の方法しかないものでもない（最判昭和43年4月11日民集22巻4号862頁は，不法行為により受傷した者が5万円の慰謝料の支払いを受け，その余の請求を放棄するという調停が成立したが，その後，受傷が原因となって被害者が死亡した場合について，死亡による慰謝料も含めて調停が成立したとするためには，当事者間で死亡が予想され，死亡についての損害賠償を含めて合意したという特段の事情があり，その調停内容が公序良俗に反しないものであることが必要だとする）。なお，昭和43年判決の射程については，示談が，①全損害を正確に把握し難い状況のもとで，②早急に，③小額の賠償金によってなされたものであるときに限定しているのであり，予想できなかった後遺症であれば，当然に示談の効力が及ばないとしているわけではないことには，注意が必要であろう。

弁護士費用　なお，以上の損害以外に，弁護士費用の賠償も，一定の範囲で認められている（最判昭和44年2月27日民集23巻2号441頁。なお，安全配慮義務違反に基づく損害賠償について最判平成24年2月24日判時2144号89頁→*重判H. 24〔民5〕・吉政知広*）。

2.2 死亡による損害の金銭的評価

死亡による損害の金銭的評価　被害者が死亡した場合，判例によれば，負傷の場合と同様に，①治療費・入院費等の積極損害，②逸失利益（消極損害），③慰謝料が認められるほか，④葬儀費用も賠償される。この場合，①②③に

ついては，負傷の場合と基本的に異ならない。重複する部分については，その点を確認するにとどめ，負傷の場合との差異を中心に確認していくことにしよう。

死亡に至るまでの治療費・入院費等　治療費や入院費など，死亡にいたるまでの積極損害の算定の仕方は，基本的に負傷の場合と異ならない。

逸失利益　逸失利益を，被害者の現に得ていた収入，あるいは，平均賃金センサスを手がかりとして算定し，一定の方式を通じて控除するという基本的な枠組みは，負傷の場合と異ならない。ただ，死亡の場合，以下の点が異なる。

まず，控除される項目が増える。すなわち，死亡の場合，必要費が控除項目として登場する→**【損益相殺】** 415頁。負傷の場合には，食費等の必要費は，いずれにせよ支出されるものである。したがって，あらかじめ損害賠償から控除する必要はない。それに対して，死亡の場合には，そうした必要費の支出はなくなる。したがって，将来の逸失利益からは，生きていたとすれば，そのような支出があったはずである必要性については，将来の逸失利益からは控除するということになる。

なお，逸失利益として問題となるものに，公的年金等がある。すなわち，被害者が公的年金を受給していた場合に，それを逸失利益として算定し，それについての遺族の賠償請求を認めるかが問題となる。これについては，やや錯綜しており，普通恩給や国民年金（老齢年金），地方公務員等共済組合法に基づく退職年金については，それを被害者の平均余命を前提にして逸失利益として認める判例がある一方（普通恩給・国民年金について最判平成5年9月21日判時1476号120頁，退職年金について最大判平成5年3月24日民集47巻4号3039頁。他に，最判平成11年10月22日民集53巻7号1211頁は，国民年金に基づく障害基礎年金，厚生年金保険法に基づく障害厚生年金が逸失利益に該当することを認めつつ，子・妻の加給分については否定する），遺族厚生年金や軍人恩給については，受給者自身の生存中，その生活を安定させる必要を考慮して支給するものであるとして，死亡後の逸失利益性を否定している（遺族厚生年金について最判平成12年11月14日民集54巻9号2683頁，軍人恩給について最判平成12年11月14日判時1732号83頁）。基本的には，当該年金の趣旨に基づいて，逸失利益に当たるか否かを判

断するのが，現在の判例の立場だということになるが，その趣旨の判断は必ずしも容易ではないとも考えられる。

慰謝料　　慰謝料の算定の仕方についても，負傷の場合と基本的に異ならない。なお，死亡における慰謝料が何を意味するのかについては，議論の余地は残されている→**【慰謝料の相続】** *331 頁*。

葬儀費用　　不法行為によって死亡した場合，葬儀費用も，被害者の生活水準に応じて算定される範囲で認められる（最判昭和 43 年 10 月 3 日判時 540 号 38 頁。なお，最判昭和 44 年 2 月 28 日民集 23 巻 2 号 525 頁は，墓碑建設・仏壇購入の費用も，社会通念上相当と認められる限度で通常生ずべき損害とする）。こうした葬儀費用の賠償が認められるということは当然のようだが，必ずしもそうではない。人はいずれいつかは死ぬのであり，葬儀費用はいつの時点かでは支出されるものだからである。つまり，不法行為がなければ葬儀費用は不要だったとはいえないのである（条件関係が存在しない）。ドイツ民法では，そのために，葬儀費用が損害賠償の対象となることが明示的に規定されている。その意味では，損害概念それ自体にも関わる問題ではあるが，この問題について，これ以上神経質になる必要はないだろう。

2.3　物の滅失・毀損における損害の金銭的評価

物の毀損の場合　　物が毀損した場合については，以下のように考えることができる。

まず，その毀損が修理可能なものであるならば（経済的に合理的な範囲内で），(1)その修理費用，ならびに，その間の代替的な措置（たとえば代車）のためにかかる費用（積極損害）が賠償される。さらに，(2)その物によって得られる利益が喪失したという状況があれば，その逸失利益の賠償可能性も考えられる。もっとも，代替物のような場合，こうした逸失利益の賠償が実際に認められることは考えにくい。また，(3)所有者がその物に対する特別の愛着を持っていた場合（たとえばペット），慰謝料も認められる（大判明治 43 年 6 月 7 日刑録 16 輯 1121 頁は，父祖伝来の土地を横領によって失った場合について，慰謝料を認める）。た

だし，その物が性質上，そうした愛好利益が予想されるようなものではない場合には，原則として慰謝料請求が認められず，加害者の側で，そうした事情を認識または認識可能であった場合に限り，慰謝料が認められる。

物の滅失または修理不可能な毀損の場合　　他方，物が滅失した場合や毀損して修理が不可能だという場合，その物の価値自体を賠償せざるを得ない。もっとも，その物がどのような価値を有しているのか，その価値はどのように金銭的に評価されるのかという点については，少なくとも，その物の交換価値に注目するか，利用価値に注目するかで異なってくる。ボロボロのバイクであり，中古車市場に出しても値段がつかないようなものであれば，交換価値はゼロだということになろう。しかし，そうしたバイクでもまだ通勤や通学に使うことが可能であったということになれば，利用価値は有していたということになる。

　判例は，こうした物の価値の算定について，原則として，交換価値によるという立場を示しているが（大連判大正15年5月22日民集5巻386頁），このこと自体は，論理的に当然だというわけではない。判例の考え方の背景には，交換価値（市場価格）の方が基準として明確で一律に決定できるということ，多くの場合に交換価値の方が利用価値を下回り，控えめな算定という賠償額算定の基本姿勢にも合致するということがある。しかしながら，滅失した物の滅失前の交換価値で常に算定するということは，不法行為によって，被害者は，その物の市場における交換を強制されるということを意味する。

　このような視点に照らした場合，交換価値を考慮するといっても，滅失前の物を市場において売った場合の価値ではなく，同程度の物を市場において購入する場合の価格を基準とするという方向が考えられる。さらに，市場においては存在しないくらい交換価値が低いという場合には，市場において存在する同種の目的物の中，最も価格が低いものの購入価格を基準とせざるを得ないであろう。

物が不法占有・不法占拠されている場合　　物が滅失・毀損していないが，不法に占有・占拠されている場合には，賃料相当額の賠償が認められる（最判昭和34年7月30日民集13巻8号1209頁）。たとえば，賃貸借が終了したにもかかわらず，目的不動産の明渡しがなされない場合，賃料相当額の賠償が認めら

れる（賃貸借自体は終了しているので，賃料そのものではない。これはあくまで，不法行為または債務不履行に基づく「賃料相当額の損害賠償」である）。

　なお，このように不法占有・不法占拠の場合に，賃料相当額の損害賠償が認められるということは，賃料相当額の賠償しか認められないということを意味するものではない。賃料相当額を観念することができる場合には，当然に，その賠償が認められるということであり，現実により大きな損害が被害者に生じている場合に，その損害を立証したうえで，それを賠償させることを妨げるものではない（たとえば，賃貸借期間終了後，別の者により高い賃料で貸すことが予定されていたが，明渡しがなされないことによって，新たな賃貸借契約を履行することができず，解除されたという場合，従前の賃料相当額の賠償しか認められないというわけではない）。

3　死傷損害をめぐる別のアプローチ

　逸失利益という考え方に対する批判──西原理論　　死傷損害について，判例ならびに従来の通説における賠償額の算出の方法を説明してきた。ただし，すでに述べたとおり，伝統的な見解においては，損害賠償の範囲と損害の金銭的評価が区別されているわけではなく，必ずしも，「死傷の金銭的評価」という形で問題が位置づけられているわけではない。

　さて，このような賠償額決定の手法，特に，逸失利益の算定方法は，差額説的な損害概念からは理解しやすい。

　しかし，生命や身体の侵害について，このように差額説的に損害を理解すること自体，適切ではないという批判は，以前より，継続してなされてきている。このような批判は，人の生命の価値が異なるということに対する批判のほか，差額説は，人間を「収入を生む機械」として見るものだという批判をする。このような見解は，生命侵害という損害に対して，一律の金額による賠償とすることを主張する（西原道雄博士によって主張され，西原理論と呼ばれる）。

　このような問題提起は，ある種の強い説得力を有している。ただ，現在にいたるまで，このような考え方が判例において明示的に採用されることにはなっていない。その背景には，おおむね，2つの理由が考えられる。

ひとつは，差額説的な計算方法に特に違和感を持たないという基本的な立場を前提とする。このような立場の人にとっては，西原理論の指摘する問題は，いわば世界観の違いといったレベルに位置づけられ，そもそも，それにコミットする必要はないということになる。

もうひとつは，西原理論のような方向は，結局，全体としての賠償額の縮小をもたらすのではないかという懸念である。かりに，西原理論の指摘するような問題点について一定の理解をするとしても，それによって，現在ある損害賠償法上の保護が縮小され，被害者の実質的な保護が図られなくなってしまうのであれば，その方向をめざすべきではないということになろう。

相続構成のもたらす問題　もっとも，こうした逸失利益の算定は，相続構成と組み合わさることによって，いくつかの問題を生じさせることは確かである。その代表的な問題が，「笑う相続人」と呼ばれる問題と「逆相続」の問題である。

① 笑う相続人

まず，「笑う相続人」というのは，被害者の逸失利益が，被害者との実質的な関係を無視して，相続という構成を通じて承継されることによって，実際には，何ら具体的な不利益を受けていない相続人のところに行き，他方で，実質的な不利益を受けていても，相続という枠組みから外れる場合，あるいは，相続という構成では劣後する場合には，まったく保護が与えられないという問題である。

② 逆　相　続

一方，「逆相続」というのは，子供が不法行為によって死亡した場合などにおいて，相続人として，親が，その逸失利益を承継するという状況をさしている。なるほど，差額説を前提とする逸失利益の計算では，平均賃金センサスだの，ライプニッツ方式だの，いかにも統計的に厳密な概念や用語が駆使されているように見える。しかしながら，そうした統計的な手法を貫徹するのであれば，親が子を相続によって承継するというのは，例外的な場合に限定されるはずである（いわゆる逆縁の場合）。

つまり，逸失利益の算定については，厳密に統計的な手法を用いながら，被害者の逸失利益の損賠償請求権の移転という最も重要な部分において，統計的手法を無視して，現実の死亡を前提として相続という構成によって解決するのは，一貫しないということになる。

　死亡損害における扶養構成　　このような批判が，一定の説得力を有していることは否定できない。そこで，このような問題を解決するための別のアプローチとして，遺族（相続人とは限らない）の扶養利益の侵害として問題を構成しようとする見解がある。実際に，比較法的には，むしろこうした形で遺族の損害賠償を考える国々の方が多い。この場合，遺族は，自らの固有の損害賠償請求として，扶養利益の賠償を求めるのであり，相続という構成は介在しないことになる。

　ただし，この扶養構成によった場合，損害賠償額が少なくなることが指摘されており（比較法的にも一定期間の扶養利益の賠償が認められるにすぎない），その点が，扶養構成のひとつの問題だとされている。もっとも，判例は，こうした扶養利益の損害賠償を完全に否定しているわけではない。その点は，次に扱う問題のためにも確認しておこう。

　相続構成と扶養構成　　上記の説明の中では，相続構成と扶養構成とが二者択一的な選択肢であるかのように示したが，実は，必ずしもそういうわけではない。両者を併存させることも不可能なわけではないからである。以下のような事案で考えてみよう。

> **設例Ⅲ-16**　　Aは，Yの不法行為によって死亡した。Aには，配偶者はなく，3人の子供X_1，X_2，X_3がいた。Xらは，いずれも成年に達しており，X_1，X_2は，就業して，経済的にも自立している。他方，X_3は，重度の障害を有しており，Aが生活の面倒をみていた。

　このような事案において，単純に相続構成のみを採用すれば，Aの逸失利益を含む損害賠償は，X_{1-3}で，各3等分されることになる。他方，単純に扶養構成のみによるとすれば，X_3についてのみ，財産的な損害賠償が認められるということが考えられる。

398　　第Ⅲ部　不法行為の効果／第3章　損害賠償の範囲と額の決定

こうした場合に，現実の扶養利益を考慮しつつ，相続構成を維持するという方向もあり得ないではない。すなわち，扶養利益としてX_3に支給されるべきものを控除し，その後残った逸失利益について，X_1，X_2，X_3の各相続分に応じた配分をするということは考えられ得るし，理論的な障害も特に存在しないように思われる。以下の判決は，そのようなものとして理解する可能性がある。

> **事例研究** 最判平成5年4月6日民集47巻6号4505頁→ 交通百選（5版）[99]・北河隆之，重判 H.5 [民10]・窪田充見
>
> 　事案は，ひき逃げ事故により死亡した被害者Aの内縁の配偶者Bが，自賠法72条1項に基づく国（Y）による填補を受けた後，Aの相続人であるX_1，X_2（いずれも妹）が，Yに対して同条に基づく填補を請求したというものである。
>
> 　第1審・控訴審は，同条に基づくBに対する填補は正当であるとしたうえで，その填補額を控除すると，Xらに相続される逸失利益は残らないとして，請求を退けた。
>
> 　Xらの上告に対して，最高裁は，次のように判示して原判決を維持した。①内縁の配偶者は，自賠法72条1項の「被害者」に当たる，②「政府が，同項に基づき，保有者の自動車の運行によって死亡した被害者の相続人の請求により，右死亡による損害をてん補すべき場合において，政府が死亡被害者の内縁の配偶者にその扶養利益の喪失に相当する額を支払い，その損害をてん補したときは，右てん補額は相続人にてん補すべき死亡被害者の逸失利益の額からこれを控除すべきものと解するのが相当である。けだし，死亡被害者の内縁の配偶者もまた，自賠法72条1項にいう『被害者』として，政府に対して死亡被害者の死亡による損害のてん補を請求することができるから，右配偶者に対してされた前記損害のてん補は正当であり，また死亡被害者の逸失利益は同人が死亡しなかったとすれば得べかりし利益であるところ，死亡被害者の内縁の配偶者の扶養に要する費用は右利益から支出されるものであるから，死亡被害者の内縁の配偶者の将来の扶養利益の喪失に相当する額として既に支払われた前記てん補額は，死亡被害者の逸失利益からこれを控除するのが相当であるからである」。

　本件では，AB間の内縁関係が長期にわたり（18年間），事実上の婚姻関係にほかならないという状況が認められたこと，BがAの治療費や葬儀費用も負担していたこと，XらはAとはまったく音信不通の状態でありAが結婚式も挙げたうえで継続していた内縁関係についてもまったく知らなかったこと等が認められ，いわゆる「笑う相続人」の問題を想起させる事案である。

　本判決に示された準則をより一般化すると，(1)死亡事故の場合に内縁の配偶者は扶養利益の喪失を理由として賠償請求権を有し得る，(2)内縁の配偶者に支払われた賠償は被相続人の相続財産（逸失利益）から支出されるものとして相続人からの賠償請求においては控除される，という2つの形で示されることになる。

それぞれ単独で見る場合には，この2つを従来の理論や実務と接合させることはそれほど困難ではない。本判決は，たとえば内縁の配偶者にも配偶者相続権を与えるというような構成によるのではなく，内縁の配偶者の扶養利益の損害賠償を認め，そのうえで，その扶養利益に相当する部分が逸失利益から控除され，控除後のものが相続構成の対象となるとしているのであり，相続法や損害賠償法の従来の基本的な枠組みに直接抵触するようなものではない。その意味では，本判決の示した解決は，相続構成と扶養構成をいわば両立させるひとつの解決という評価もできそうである。

　もっとも，本判決の一般化がどこまで可能なのかという点については問題が残る。

　本判決の事案では，Ｘらと被害者Ａとの関係はきわめて希薄であり，Ｂに対する扶養をＡの逸失利益から控除するという形式を通じて，Ｂの損害賠償請求権をＸらのそれに優先させるという実質的価値判断については，あまり抵抗がないだろう。しかし，このしくみを一般化させるとすれば，逸失利益の算定において，常に具体的な扶養の必要性等を考慮して決まる扶養利益を控除しないと，相続されるべき損害賠償額が決まらないということになる。現在の相続構成が，そうした扱いを一般的に容認しているとは考えにくい。このような状況が一般的に生じるとすれば，相続構成のメリットのひとつである，単純で簡便な解決は大きく阻害されることになるからである。これは，扶養利益がどこまで賠償されるのかという点が，従来のルールにおいては明確になっていないこともあって，問題の解決を非常に困難にすることになるだろう。

　そうした点も考慮するのであれば，平成5年判決の解決は，やはり例外的なものであったと理解せざるを得ない。

　現在の法律状態としては，①相続構成が排他的に適用されており（逸失利益の算定等において扶養等を考慮しない），②特段の事情がある場合に限って，扶養利益の賠償を認め，③それが認められる場合には，賠償されるべき扶養利益に相当する部分を逸失利益から控除し，残りを相続構成による解決の対象とする（したがって，扶養利益の賠償が，ただちに相続構成による賠償を排除するわけではないが，2つの構成を組み合わせることによって賠償額が大きくなるわけではない），と

理解するのが適当だと考えられる。

　そして，このような理解に立った場合，設例Ⅲ-16 は②の特段の事情が認められる事案であるか否かという評価によって決まるということになろう。相続構成の明解さを考慮するとしても，設例Ⅲ-16 のように扶養の必要性が具体的で現実的なものである場合には，特段の事情が認められるケースだと判断することは可能であるように思われる。同じような方向を，単純に相続構成を適用したうえで，兄弟姉妹間の扶養義務（877 条 1 項）を通じて問題を解決していくことによって実現することも考えられるが，扶養利益相当額をまず逸失利益から控除する方が，問題を実質的にもより適切に解決できるのではないだろうか。

　別表方式の算定　　ところで，死傷損害については，まったく別のアプローチも存在する。たとえば，自賠法施行令の別表は，障害の等級に応じて，両眼の失明（1 級）は 3000 万円，一眼の失明と他眼の視力が 0.1 以下になった場合（5 級）は 1574 万円，一手の親指または親指以外の 2 つの手指を失った場合（9 級）は 616 万円というように，自賠責保険からの支給額を定めている（厳密には，そこで定められているのは上限額である。しかし，実務においては，特段の事情がない限り，この額がそのまま支払われる）。こうした金額の定め方は，労災に関する給付などにおいても見られるもので，かりに「別表方式」と呼んでおくことにしよう。

　このような別表方式は，いままでの逸失利益の算定という手法とは異なるタイプのものである。それは，むしろ，西原理論のように，個別的な状況を考慮することなしに一律の金額を定めている。したがって，「私の場合は，人差し指は他の人よりも重要である」という事情（たとえばピアニスト）は考慮されず，「私にとっては，左腕は仕事の性質上，特に利益を生み出すものではない」という事情も考慮されないのである。

　もちろん，このような別表は，あくまで自賠責保険の支給に関する基準にすぎない。しかし，そのように言うのであれば，逸失利益の計算だって，損害賠償請求権の算定に関するひとつの基準にすぎないのである。むしろ，この別表方式は，生命や身体を金銭的に算定するという際のひとつの手法を示しているとも考えられる。

　なお，現実の別表は，そこで示された金額を超える損害が存在する場合に，

不法行為責任の追及がなされることを阻止するものではない。そうした意味では、最低限の補償額としての意味を有しているにすぎない。前述の西原理論については、その問題提起を受け入れつつ、いわば最低限の一律の賠償を確保して、上積みとしての逸失利益算定を維持するという見解も有力に主張されている。そうした主張は、ここでの別表方式による給付と不法行為責任との関係にほぼ対応するものと理解することができるだろう。

4 損害の金銭的評価の手法の検討

損害の金銭的評価の手法はひとつか？　従来の議論においては、逸失利益と西原理論、相続構成と扶養構成といった対立は、二者択一的なものとして位置づけられてきた。逸失利益という「損害」を観念するのか（差額説を採用するのか）、そうではなく、「人身侵害」といった損害を観念するのか（損害事実説を採用するのか）という議論は、たしかに、二者択一的な性格を有していたといえる。

しかしながら、損害事実説を前提として考える場合、こうした議論は、別の観点から理解することができる。なぜなら、損害事実説を前提として、人の死亡や負傷が損害だと理解する場合、上記に述べてきたようなものは、いずれも損害の金銭的評価の手法にすぎないからである。そして、そのいずれもが、論理的に誤っているとまで言うことはできないのである（念のために確認しておけば、損害事実説をとったからといって、平均賃金センサス等による逸失利益の算定という差額説を前提としてきた手法が、損害の金銭的評価の方法のひとつであることまで否定されるわけではない）。

物の滅失の場合であれば、交換価値に注目するか、利用価値に注目するかという複数の手法があることを示した。そして、その手法のいずれも、論理的に誤っているわけではなく、且つ、規範的な問題としていずれかを採用しなくてはならないというわけでもないということを述べてきた。

このような状況を正面から認めた場合、むしろ、金銭的評価の手法としては、複数のものが存在することを承認して、そのいずれを選択するかは、裁判官に委ねるという方向もあると考えられる。損害の金銭的評価という問題を、相当因果関係問題から抽出した平井博士は、その主張の中で、損害の金銭的評価は、

402　第Ⅲ部　不法行為の効果／第3章　損害賠償の範囲と額の決定

裁判官の裁量的決定によってなされるということを強調した。この考え方に対しては，基準が明確ではないという批判のほか，そのような過大な負担を裁判官に負わせるのは適当ではないといった批判もなされた。しかし，経験的な手法を通じて一定の合理性が認められた手法の中から，特定の手法を選択するというのは，裁判官に恣意的な決定を許すわけではないし，また，そこでもたらされるものも過度な負担とまではいえないであろう。

5　損害の金銭的評価をめぐる特殊な問題

不法行為後の事情──収入の増加　　逸失利益の算定については，すでに説明したところである。死亡の場合には，100% の労働能力の喪失を前提として逸失利益が算定されるが，負傷によって後遺障害が残ったという場合，その後遺障害の程度に応じて，労働能力の喪失が判断され，それに応じて，逸失利益が算定される。ところが，労働能力が下がったとしても，その後，被害者本人の努力等によって，あらたな収入活動を見出し，事故以前と変わらない収入を得る，あるいは，事故以前よりも収入が増えるということはあり得ないではない。このような場合，逸失利益の算定はどのようになされるのであろうか。もし，差額説を前提として逸失利益を考えるのであれば，現にある状態において収入の減少が存在しないのであれば，逸失利益賠償は否定されることになる。

実際，そのような判断を示した判例もある（最判昭和 42 年 11 月 10 日民集 21 巻 9 号 2352 頁，最判昭和 56 年 12 月 22 日民集 35 巻 9 号 1350 頁→ *百選Ⅱ（8 版）[100]・若林三奈*）。しかし，後遺障害の確定によって，事実としての損害は確定しているのであり，逸失利益というのも，その損害の算定手法のひとつにすぎないのであるとすれば，当然に，その後の収入の増加等を考慮する必要はないとも考えられる。

なお，次に取り上げる近時の判決（特に，逸失利益に関する最判平成 8 年 4 月 25 日→ 事例研究 *408 頁*，コラム *逸失利益という財産的損害 389 頁*）を見ると，現在においても，昭和 56 年判決のような立場が堅持されているのかは，明らかではない。

不法行為後の事情──被害者の死亡　　不法行為による負傷の後に被害者が死亡したという場合，その死亡についても不法行為者が責任を負う場合につい

ては，すでに述べてきた。

それでは，死亡が，不法行為とはまったく関係ない事情によって生じた場合にはどうなるのであろうか。この問題については，近年，積極損害と消極損害のそれぞれについて最高裁判決が出され，その中では，損害をどのように理解するのかという判断も，ある程度示されている。それを順次，見ていくことにしよう。

前提となるのは，以下のような場合である。

設例Ⅲ-17　　Ａは，脇見運転をしていて，歩行者Ｂをはねた。Ｂは，重傷を負い，重度の後遺障害が残り，全面的な介護を必要とする状態となった。Ｂは，事故当時 18 歳であった。3 年後，Ｂが入院していた病院が火災に遭い，Ｂは焼死した。

この場合，Ａが，Ｂに重度の後遺障害が残るような不法行為をなしたということははっきりしている。また，このような後遺障害が生じた場合の賠償額の算定手法についても，ほぼ確立している。

さて，不法行為から 3 年後に生じた，火災によるＢの死亡（なお，Ｂの焼死と後遺障害との間には因果関係はないものとする）は，そうした賠償額に何らかの影響を与えるのであろうか。この問題については，介護費用のような積極損害と逸失利益のような消極損害を区別して見ていく必要がある。

別原因による被害者の死亡と積極損害の算定　　まず，介護費用は，すでにかかった費用のほか，平均余命をもとに，今後必要となる介護費用を算定して，その賠償が認められる。統計的手法を採用しているという点では，逸失利益の計算と同じであるが，積極損害というのは，本来，実際の支出を塡補するというタイプの損害賠償であり，それは，当該支出がなされるごとに，発生するものと考えられる。しかしながら，わが国においては，定期金賠償が実務において一般的に採用されておらず→ **コラム** *定期金賠償の可能性 405 頁*，現時点での一時金賠償が原則である。そのために，統計的な手法を通じて，現時点において将来の積極損害を算定し，それを賠償させるという方法がとられているのである。

まず，この損害賠償をめぐる訴訟が，不法行為から 3 年後のＢの焼死まで

404　　第Ⅲ部　不法行為の効果／第 3 章　損害賠償の範囲と額の決定

にすでに確定していた場合には，その金額が損害賠償額となる。判決確定後，Bの焼死といった事情が生じても，そのことは，判決を変更する理由には当たらない。なぜなら，当該判決は，口頭弁論終結時までの事情をふまえたうえで正当に下されたものとされるからである。

　他方，訴訟がまだ確定していなかった場合（口頭弁論が終結していなかった場合）はどうであろうか。この場合，裁判官は，Bの焼死という事情をふまえて判断をすることが可能である。では，Bの焼死は，積極損害の算定に何らかの影響を与えるのであろうか。この場合，Bがすでに死亡してしまった以上，その死亡以後については，介護費用という損害そのものが存在しないと考えるべきである。上述のとおり，積極損害の賠償における統計的な手法とは，将来の事実の確定ができないために，次善の手法として利用されているにすぎない。したがって，当該積極損害が，Bの死亡という事実によって，もはや発生しないことがすでに確定しているのであれば，それ以後については，賠償の対象となり得る損害は存在しないとして扱うべきだということになる。

　最判平成11年12月20日民集53巻9号2038頁は，本問と同種の事案において，被害者の死亡後の介護費用の賠償を否定し，「(1)介護費用の賠償は，被害者において現実に支出すべき費用を補てんするものであり，判決において将来の介護費用の支払いを命ずるのは，引き続き被害者の介護を必要とする蓋然性が認められるからにほかならない。ところが，被害者が死亡すれば，その時点以降の介護は不要となるのであるから，もはや介護費用の賠償を命ずべき理由はなく，その費用をなお加害者に負担させることは，被害者ないしその遺族に根拠のない利得を与える結果となり，かえって衡平の理念に反することになる。(2)交通事故による損害賠償請求訴訟において一時金賠償方式を採る場合には損害は交通事故の時に一定の内容のものとして発生したと観念され，交通事故後に生じた事由によって損害の内容に消長を来さないものとされるのであるが，右のように衡平性の裏付けが欠ける場合にまで，このような法的な擬制を及ぼすことは相当ではない。(3)被害者死亡後の介護費用が損害に当たらないとすると，被害者が事実審の口頭弁論終結前に死亡した場合とその後に死亡した場合とで賠償すべき損害額が異なることがあり得るが，このことは被害者死亡後の介護費用を損害として認める理由になるものではない」と，述べる。この

うち，決定的なのは(1)であり，賠償されるべき損害が存在しないという点にあると見てよい。

> **コラム**　*定期金賠償の可能性*
>
> 　定期金賠償というのは，定期的な金銭の給付を行うことによる損害賠償の方式である。理論的には，定期金賠償という方式の合理性が認識されているが，実務においては，あまり定着していない。こうした定期金賠償を認めるうえで最も障害となるものと考えられているのは，履行の確保が困難であるという点である。これは，確かに，通常の個人が賠償義務を負担する場合には，難しい問題であると感じられるかもしれない。しかしながら，賠償義務を負担するのが，国や地方自治体などの公共団体である場合，あるいは，賠償義務の履行が保険会社によってなされる場合については，こうした問題は，それほど決定的ではないように思われる。
>
> 　積極損害の場合，本文に述べたように，被害者が死亡してしまえば実際の支出があり得ない介護費用等は賠償の対象とならないといっても，判決の確定が，その死亡の前後で，まったく扱いが異なることになる。これは被害者の別原因による死亡の扱いが口頭弁論終結の前後でまったく異なるという意味でアンバランスだというだけではなく，被告の側に訴訟を長引かせるということへのインセンティブを与えかねない。少なくとも，積極損害の場合には，定期金賠償を積極的に採用することが望ましいように思われる。
>
> 　現在まで，被告側から定期金賠償の方式の採用を求める事案が多い。こうした理由として，重篤な後遺障害の場合，平均余命まで生きる可能性は乏しく，定期金賠償にした方が有利だという判断があるのだろう。しかし，介護費用の変動などが将来的にも十分に予想されることに照らすならば，そうした価格の変動に対応して，給付される定期金の額を変動できることに照らしても（民訴117条），また，平均余命以上に生きるという場合を考えてみても，定期金賠償が必ずしも被告側に一方的に有利なものではないことを十分に認識する必要がある。
>
> 　なお，現在までの裁判例は，一時金賠償か定期金賠償かの選択は，原告に委ねられているとするものが多く，一時金賠償を求めている場合に定期金賠償を命じることができるとしても，それは，定期金の総額が一時金賠償として求められる範囲に限定されている。民事訴訟法上の処分権主義との関係で困難な問題があるところではあるが，このような定期金賠償のやり方では，実際の支出が当初予想した範囲を上回る場合に適切に対応することが難しいことになる。定期金賠償には，判決後の事情の変化に対応する機能があるが，このやり方では，賠償額の縮減という片面的な関係でのみ機能する。その意味で，定期金賠償の導入のあり方としては適切なものとはいえないだろう。

406　第Ⅲ部　不法行為の効果／第3章　損害賠償の範囲と額の決定

別原因による被害者の死亡と逸失利益の算定　　一方，逸失利益のような消極損害については，どのように考えるべきであろうか。これは，積極損害に比べると，より困難な問題をはらんでいる。逸失利益をどのような性格のものとしてとらえるかという基本的なレベルで，見解が対立しているからである。

　まず，上記の積極損害の場合と同様に，「要介護状態になったために収入を失った」という事態は，死亡によって解消するという見方があり得る。もちろん，「死亡によって収入を失った」という問題はあるが，それは，加害行為とは別原因による逸失利益であり，事故による収入の喪失ではないと考える。

　設例Ⅲ-17 では，100％ の収入喪失と考えられるが，これが事故によって30％ の収入喪失が生じたような場合を考えると，比較的理解しやすい。つまり，30％ の収入喪失という状態は，（100％ の収入喪失をもたらす）死亡によって，「解消」されたとするのである。逸失利益も，事故後，継続的にそのつど発生していく損害であり，将来発生すべき損害を現時点において賠償させるにすぎないと理解するのであれば，積極損害の場合と基本的な枠組みにおいては異ならないということになる。伝統的な差額説は，継続的な時間的な軸に対する財産状態の差を損害としているのであり，そうした損害の理解からは，あり得る考え方である。

　なお，この見解においても，事故から数年後の死亡が，やはり事故と因果関係があり，相当因果関係も認められるという場合には，その「死亡による逸失利益」も賠償の対象となることは認められる（死亡も相当因果関係の範囲に含まれる以上，当然の帰結である）。積極損害の場合には，かりに死亡が事故と因果関係があっても，実際にその支出の可能性が存在しない以上，賠償の可能性は考えられないから，この点では，積極損害との相違は残る。

　他方，逸失利益をめぐる平均稼働年数等を用いる計算は，現時点においてすでに生じている損害を算定するひとつの方法にすぎないという理解の仕方もあり得る。これによれば，不法行為による身体侵害が生じた時点で損害は確定的に発生するのであり，その損害算定のために統計的な手法を使って計算したにすぎず，すでに発生した損害は，その後の事情によって当然には影響を受けない。損害事実説は，基本的にこうした枠組みを示すものである。そして，損害事実説のひとつと考えられる労働能力喪失説は，労働能力の喪失を損害である

第4節　賠償されるべき損害の金銭的評価／**5**　損害の金銭的評価をめぐる特殊な問題　　407

とする。こうした労働能力の喪失は，事故による後遺障害が固定した時点で，確定的に発生しているのであるから，それ以後の事情によって影響を受けるものではない。かりに，労働能力の喪失を金銭的に評価するために統計的な手法による計算を用いるとしても，それは，単なる金銭評価の方法にすぎないのであり，それ以後の事情は，確定的に生じている労働能力の喪失とその金銭的評価に消長を来すものではない。

　この2つの基本的な考え方の対立については，前者を「中断説」，後者を「継続説」と呼ぶのが一般的である。これは，前者では不法行為の因果関係が死亡によって中断したととらえるのに対して，後者では因果関係が中断しないととらえるところからくる呼称である。
　しかしながら，上記の説明に照らすならば，両者の相違は，因果関係についてではなく，むしろ，損害の理解の仕方にあると考えるべきである。その点では，このような呼び方自体，対立点を適切に把握するものではなく，適当とはいえないだろう。

> **事例研究** 最判平成8年4月25日民集50巻5号1221頁「貝採り事件」→ 百選Ⅱ（8版）
> [101]・樫見由美子，民法の基本判例（2版）[40]・窪田充見
>
> 　Aは，Yの運転するトラックとの交通事故によって，脳挫傷，頭蓋骨骨折等の傷害を負った。Aは，事故後，知能低下，左腓骨神経麻痺，複視等の後遺障害を残して症状が固定した。Aは，症状固定後も就労が可能な状態になかったために，毎日のように自宅付近の海で貝を採るなどしていたところ，海中で貝を採っている際に心臓麻痺を起こして死亡した。Aの相続人であるXらが，症状固定時から就労可能年齢67歳までの逸失利益の賠償を求めたのに対して，原審は，Aは本件交通事故と因果関係のない事故により死亡したものであり，事実審の口頭弁論終結前に被害者の死亡の事実が発生し，その生存期間が確定して，その後に逸失利益の生じる余地のないことが判明した場合には，後遺障害による逸失利益の算定にあたり右死亡の事実をしんしゃくすべきものであるとして，Aの死亡後の期間についての逸失利益を認めなかった。
> 　それに対して，最高裁は，死亡後の逸失利益の賠償を否定した原判決を破棄し，「交通事故の被害者が事故に起因する障害のために身体的機能の一部を喪失し，労働能力の一部を喪失した場合において，いわゆる逸失利益の算定に当たっては，その後に被害者が死亡したとしても，右交通事故の時点で，その死亡の原因となる具体的事由が存在し，近い将来における死亡が客観的に予測されていたなどの特段の事情がない限り，右死亡の事実は就労可能期間の認定上考慮すべきではないと解するのが相当である。けだし，労働能力の一部喪失による損害は，交通事故の時に一定の内容のものとして発生しているのであるから，交通事故の後に生じた事由によってその内容に消長を来すものではなく，その逸失利

408　第Ⅲ部　不法行為の効果／第3章　損害賠償の範囲と額の決定

益の額は，交通事故当時における被害者の年齢，職業，健康状態等の個別要素と平均稼働年数，平均余命等に関する統計資料から導かれる就労可能期間に基づいて算定されるべきものであって，交通事故の後に被害者が死亡したことは，前記の特段の事情のない限り，就労可能期間の認定に当たって考慮すべきものとはいえないからである」と判示した。

　この見解が，従来の通説とされる差額説を離れて，損害概念そのものについて，損害事実説の立場を積極的に採用するものなのかについては，ただちには断定できない。差額説自体にいくつかのバリエーションがあるために，（一定の）差額説を前提としつつ説明が可能であるとする見解もある。

　また，本判決自体，上記部分に続けて，「交通事故の被害者が事故後にたまたま別の原因で死亡したことにより，賠償義務を負担する者がその義務の全部又は一部を免れ，他方被害者ないしその遺族が事故により生じた損害のてん補を受けることができなくなるというのでは，衡平の理念に反することになる」との説明をしており，損害の理解ではなく，賠償を免れることの実質的是非を理由としていると読む可能性もないではない。

　しかしながら，古典的な財産状態差額説を前提として，損害がない，あるいは損害との因果関係がないとしつつ，衡平の理念から賠償を認めるというのは，無理のある説明だろう。その意味では，少なくとも，古典的な差額説（被害者の財産状態の差額自体が損害であるという財産状態差額説）からは説明が困難であり，損害事実説により親和性の高い判断を示したものと理解すべきであろう。

　判例は，さらに第1の交通事故による後遺障害を残して症状が固定した後に，第2の交通事故によって死亡したという事案についても，この最判平成8年4月25日の考え方が妥当し，「被害者の死亡が病気，事故，自殺，天災等のいかなる事由に基づくものか，死亡につき不法行為等に基づく責任を負担すべき第三者が存在するかどうか，交通事故と死亡との間に相当因果関係ないし条件関係が存在するかどうかといった事情によって異なるものではない。本件のように被害者が第二の交通事故によって死亡した場合，それが第三者の不法行為によるものであっても，右第三者の負担すべき賠償額は最初の交通事故に基づく後遺障害により低下した被害者の労働能力を前提として算定すべきものである」とした（最判平成8年5月31日民集50巻6号1323頁→ 事例研究 _416頁_ ）。

　なお，本判決が，このように「解することによって初めて，被害者ないしその遺族が，前後2つの交通事故により被害者の被った全損害についての賠償を

受けることが可能となる」としていることから，こうした処理の政策的側面を強調する見解もあるが，これらの判決を基本的に支えているのは，「労働能力の一部喪失による損害は，交通事故の時に一定の内容のものとして発生している」という命題なのであり，上記のような説明は，その命題を実質的に補強しようとするものにすぎないと理解すべきであろう。

> **コラム** **不法行為後の事情と損害事実説**
>
> 　本文で述べてきたように，人身損害の場合，不法行為後に別原因によって被害者が死亡したというような場合，積極損害と消極損害で取扱いが異なるというのが現在の法律状態である。そして，逸失利益に相当する損害については，差額説よりも，むしろ労働能力喪失説といった損害事実説のひとつによって理解する方が素直であると考えられる。つまり，消極損害として理解されてきた財産的損害は不法行為の時点で確定的に発生しているのに対して，積極損害はあくまでそのつど生じていく損害であり，前者が不法行為後の事情によって影響を受けないのに対し，後者は当然影響を受けるとして区別されたのである。
>
> 　しかし，損害事実説の中では，労働能力喪失説より，さらに抽象度の高い事実を損害として理解するという考え方も有力である。つまり，負傷という事実それ自体が，損害であって，あとは金銭的評価の問題になるのだという考え方である。この考え方を採用した場合，ここで扱った問題はどのように考えられるのであろうか。
>
> 　最も単純な疑問は，負傷という事実たる損害は，不法行為の時点で確定的に発生しているのだから，積極損害たる介護費用も，消極損害たる逸失利益も，この時点で確定的に発生しているのであり，両者を区別することはできないのではないかというものであろう。これは一見したところ，いかにももっともそうな疑問である。
>
> 　もっとも，負傷という損害を観念して，あとは当該事実の金銭的評価の問題であるという立場を前提とするのであれば，積極損害たる介護費用，消極損害たる逸失利益のいずれも，当然には前提とすることはできない。そもそも，積極損害や消極損害というもの自体が，所与的に考えられるわけではないからである。最も極端なものとしては，負傷という事実に対して，「エイッ！」と金額を決めればいいという考え方もある。慰謝料の決め方と同じである。それとはまったく対照的に，損害事実説を前提としつつ，損害の金銭的評価のレベルでは，従来の伝統的な立場において行われてきた作業をできるだけ取り込んで，コツコツと金額に評価していくという考え方もあり得る。その場合，そうした作業の中で，判例で示されたような積極損害と消極損害を区別して計算するということは十分に考えられる。なぜなら，負傷という事実は，すでに不法行為の時点で確定的に発生しているとしても，それを金銭的に評価するという作業

410　　第III部　不法行為の効果／第3章　損害賠償の範囲と額の決定

においては，不法行為後の事情も取り込んで評価をするということは，論理的に排除されているわけではないからである。

　このような損害事実説と判例のような立場との間に克服できない矛盾があるのではないかという見方は，負傷という事実が損害であり，それは不法行為の時点で確定的に発生しており，且つ，事実たる損害を金銭的に評価するという作業は，不法行為時点の事情のみに基づいて行うことができるということを前提とする。しかし，損害事実説は，後者の傍点部分を当然には含んでいないということに注意をする必要がある（ただし，常に不法行為後の事情を評価の基礎にしなければならないという必然性もない）。

不法行為後の事情——物的損害の場合　　さて，人身損害における積極損害と消極損害を見てきたところで，物損の場合にどうなるのかを考えてみよう。この点については，現在まで，判例の立場は明確になっていない。

> **設例Ⅲ-18**　　Aは，かねてより恨んでいたBの家に放火して，B宅は全焼した。1週間後，周辺地域を激震が襲い，地震による出火で，B宅のあった周辺地域の家屋は，すべて焼失してしまった。

　この場合，Bは，Aに対して，建物についての全額の賠償を求めることができるのだろうか。それとも，どうせ1週間後には燃えてしまっていたのだからということで，その賠償は一定範囲に縮減されるのであろうか。

　物損については，交換価値の観点から損害を評価するという方法と利用価値という観点から損害を評価するという方法が，選択的に存在するということをすでに説明した。**設例Ⅲ-18**のようなケースにおいて，どのように対応するのかは，基本的に，損害をどのように評価するのかという考え方によって決まる。

　まず，交換価値という観点から物の損害を評価するのであれば（すでに述べたとおり，判例は，原則として交換価値によって損害賠償額を算定する），Aの放火によってBの家が焼失してしまった段階で，確定的に損害は発生している。ここでは，事後の事情が影響を与える余地はない。

　他方，利用価値という観点から考え，将来の利用価値は予測的にしか算定することができず，事後の事情が明らかになった場合には，それを考慮して利用価値を考えることができるのであるとすれば，1週間後にどうせ燃えてしまっていたという事情は，賠償額の決定において考慮されるようにも考えられる。

　もっとも，交換価値と利用価値は，すでに言及したように，選択的な関係に

あるが，事後に発生した事情によって利用価値が低く見積もられる可能性があるということ自体は，交換価値による賠償を否定するものではないだろう。原告が交換価値に基づいた損害評価を前提として損害賠償を求めるのに対して，利用価値が低いということをいわば抗弁として被告が主張しても，それは合理的な反論として成立しないと理解すべきである。ただし，このような問題については，なお不明確な部分が残ることは否定できない。

加害者の利益と被害者の損害──利益吐き出し型の損害賠償の可能性　　フリーライド型の不法行為については，すでに何回か触れた→【*フリーライド型の不法行為と損害賠償法*】*21頁*。そこでは，特別法で一定の対応が試みられているものの，不法行為法上の救済は難しいとされてきたことを説明した。不法行為法上の救済の妨げとなってきたのは，損害という要件である。つまり，加害者が被害者の権利を無断利用（土地の無断利用，著作権の対象となる作品の無断使用）しなかったとしても，その権利を被害者が自ら利用していなかったとすれば（土地は空き地のままにしていた，作品は発表するつもりはなかった），結局，不法行為があってもなくても財産状態に変わりはなく，損害は発生していないとされたのである。言うまでもなく，この説明においては，損害についての差額説が前提となっている。

それでは，損害事実説を前提として考えた場合，どうなるのであろうか。まず，損害事実説を前提とすれば，権利が侵害されたということ（土地や作品の無断利用）自体を損害として理解するのであるから，これらの場合においても，「損害がない」と言うことはできない。問題は，そうした損害をどのように金銭的に評価するのかという損害の金銭的評価のレベルで扱われることになる。

損害の金銭的評価といっても，その評価に際して差額説的な手法を用いるのであれば，差額説によった場合と，結論は異ならないということになる。つまり，損害はあったが，その後の推移を考慮すると，結局，財産的な変化はなかったのであるから，金銭的評価としてはゼロになるという説明である。実際，このように理解する見解は少なくないと思われる。また，損害事実説も，こうした差額説的な金銭評価の手法を排除しているわけではない。

しかし，損害事実説の最も重要なポイントは，事実たる損害の確定とその金銭的評価という2つのプロセスを区別することによって，複数の金銭的評価の

手法を可能とするという点にある。物損の場合でも，それを交換価値に注目して金銭的に評価するのか，利用価値に注目して金銭的に評価するのかといった複数の可能性があることについては，すでに指摘した→**【物の滅失・毀損における損害の金銭的評価】** *394頁*。このような視点からは，フリーライド型の不法行為においては，加害者が取得した利益を手がかりとして損害を金銭的に評価することができないかが問題となる。もし，これが認められるのであれば，必ずしも準事務管理や不当利得によらなくても，不法行為法による救済が可能となる。現在の一般的な見解は，こうした立場に対して必ずしも肯定的ではないと思われるが，その理論的な可能性は十分に存在するのではないだろうか。

つまり，加害者は，（利用されていなかった）当該権利に，それだけの経済的価値があるということを自ら示したのである。だとすれば，その経済的価値を出発点として，損害（権利の価値）を金銭的に評価するということは，特に理論的な障害をかかえているわけではない。もちろん，加害者が取得した経済的利益の中には，加害者自身の寄与があり，それを控除するということは考えられる。しかし，それは加害者の側で積極的に主張立証しなくてはならないのであり，その中では，そうした加害者の反論の法的な妥当性（他人の権利を無断利用して利益を得ていながら，それを自分の才覚によるものだと主張することの合理性）も問題とし得る。その点において，原則を転換することには実践的にも大きな意味がある（なお，著作権法114条2項，特許法102条2項参照）。

この種の議論においては，被害者に不当に利益を与えてはならないという反論が常に予想されるが，従来の不法行為法においては，暗黙の中に差額説を前提としつつ，被害者が少しでも過剰に利益を得ることに対して慎重になり，他方，権利侵害によって利益を得るということについてはあまりに寛容であったといえるのではないだろうか。なお，ここで示した手法は，あくまで損害の金銭的評価というレベルで問題を解決しようとするものなのであり，ただちに制裁的な損害賠償として利益の吐き出しをさせるといったものではないことは確認しておきたい。

第5節　賠償額の調整（賠償されるべき金額の最終的な決定プロセス）

問題の位置づけ　　賠償されるべき損害（負傷や自動車の毀損）とその金銭的

評価（治療費・逸失利益・慰謝料や修理費用・代車費用）が定まったとしても，その金額すべてが賠償されるわけではない。さらに，外在的な事情を基礎として調整が加えられる。

　たとえば，同じ不法行為によって被害者は利益も受けているから，その分については賠償金額から減らしてもよい（損益相殺），あるいは，そのような負傷が生じる経過においては被害者自身にも過失（不注意）があった，だから半分は被害者自身が負担すべきである（過失相殺），といったものである。ここでは，こうした損害賠償決定の最終プロセスに位置づけられるものを取り上げることにする。

　なお，損害の金銭的評価というプロセスを相当因果関係の判断から独立して抽出した平井博士の見解においては，本書の賠償額の調整の問題も含めて，「損害の金銭的評価」に位置づけられている。本書において，損害の金銭的評価と賠償額の調整という2つの問題を区別して説明するのは，以下のような理由による。

　第1に，損害の金銭的評価で行った作業が，原則として当該結果のみを対象として分析する作業であるのに対して，ここで行う作業においては，当該結果に関連する外在的な事情がむしろ分析の対象となる。その意味で，両者は，対象を異にする作業である。

　第2に，対象が異なるとしても，結局，同じ基準によるのであれば，作業を区別する実践的意義は乏しい。しかし，両者においては，そうした判断基準や問題解決の思考枠組みも異なると考えられる。平井博士は，損害の金銭的評価という作業における裁判官の裁量性を強調した。本書においては，裁判官の完全な自由裁量という方向ではないが，複数の算定手法が存在することを前提に，そうした手法の中，いずれのものを採用するかについては論理的に決まるようなものではなく，裁判官の裁量的判断によらざるを得ないということを示した。そこでは，実体法上の手がかりが存在するわけではなく，また，論理的な思考によってひとつの答えを導くことができるわけでもないからである。

　他方，賠償額の調整問題においては，事情が異なる。たとえば，賠償額の調整の問題に位置づけられる過失相殺では，まず，出発点となるのは，722条2項という実体法上の規定の解釈である。そこで示されている多くの具体的な問

題は，まさしくそうした実体法の解釈問題として解決される必要があり，裁判官の裁量的判断に委ねられるというような問題ではない。規範的問題の解決という意味では，損害の金銭的評価というより，むしろ保護範囲問題の解決等と同じ性格の作業がなされることになる。

　以上の点から，賠償額の調整の問題は，損害の金銭的評価と切り離して考えていくことが適当であろう。

1　損益相殺（併行給付をめぐる問題）

　損益相殺の基本的な考え方　　不法行為によって，被害者が利益を受けている場合，そうした利益を賠償額から控除するというのが，「損益相殺」と呼ばれてきたものである。

　損益相殺についての明文の規定は存在しないが，このような損益相殺は，差額説を前提とするのであれば，当然のものと考えられる。なぜなら，差額説を前提として賠償されるのは，「不法行為がなかったとすればあったであろう財産状態」と「現実の財産状態」との差額であり，そうした差額を算定するうえで，不法行為によって生じた不利益だけではなく，利益も含まれるからである（この利益には，金銭等を受けるという積極的なものと，消極的に支出を免れるという両方が考えられる。後者の典型例として挙げられるのが，被害者が死亡したことによって不要となった生活費である。最判昭和39年6月24日民集18巻5号874頁→*百選Ⅱ（初版）〔85〕・倉田卓次*）。

　もっとも，このように理解すれば，損益相殺の問題は損害の範囲や賠償額の決定（差額説においては両者は区別されない）という差額説における損害の問題の中に解消されることになるはずであるが，伝統的見解は，損益相殺というプロセスを独立させ，控除の対象となる利益を不法行為と相当因果関係のあるものに限っている。

　すなわち，損害賠償を認めるのと同一の事実から生じる利益であって，相当因果関係に含まれるものが損益相殺の対象となり，賠償すべき金額からその利益が控除されるとするのである。これは，差額説を前提としつつ，損害賠償の範囲を相当因果関係によって限定してきたことに対応するものと考えられる。損益相殺が否定されたものとしては，死亡した幼児の養育費（最判昭和53年10

月 20 日民集 32 巻 7 号 1500 頁），得べかりし利益に対する租税（最判昭和 45 年 7 月 24 日民集 24 巻 7 号 1177 頁）がある。また，香典や見舞金も損害を填補するものではなく，損益相殺の対象とはならないとされる（最判昭和 43 年 10 月 3 日判時 540 号 38 頁等）。さらに，最判平成 22 年 6 月 17 日民集 64 巻 4 号 1197 頁は，建物に安全性に関する重大な瑕疵があり，買主から工事業者に対する建替費用相当額の賠償請求における買主の居住利益について，「社会通念上，本件建物は社会経済的な価値を有しないと評価すべきものであることは明らかである。そうすると，被上告人らがこれまで本件建物に居住していたという利益については，損益相殺ないし損益相殺的な調整の対象として損害額から控除することはできない」とした。

> **事例研究** 最判平成 8 年 5 月 31 日民集 50 巻 6 号 1323 頁→ *重判 H. 8 [民 11]・樫見由美子，リマークス 15 [17]・潮見佳男*
>
> 第 1 事故による後遺障害を残して症状が固定した後，被害者が第 2 事故によって死亡したというすでに取り上げた事案である→ *409 頁*。最高裁は，第 2 事故による死亡後についても，第 1 事故による労働能力の喪失による逸失利益の賠償を認めたが，あわせて，「交通事故の被害者が事故に起因する後遺障害のために労働能力の一部を喪失した後に死亡した場合，労働能力の一部喪失による財産上の損害の額の算定に当たっては，交通事故と被害者の死亡との間に相当因果関係があって死亡による損害の賠償をも請求できる場合に限り，死亡後の生活費を控除することができると解するのが相当である。けだし，交通事故と死亡との間の相当因果関係が認められない場合には，被害者が死亡により生活費の支出を必要としなくなったことは，損害の原因と同一原因により生じたものということができず，両者は損益相殺の法理又はその類推適用により控除すべき損失と利得との関係にないからである」として，第 1 事故と（第 2 事故による）被害者の死亡との間に相当因果関係が認められない本件において，死亡後の生活費を控除することを否定した。

この事件は，不法行為後の別原因による死亡の問題ですでに採り上げたものであるが，損益相殺も問題となった。本判決は，損益相殺の問題を賠償責任が問題となっている不法行為を起点として，相当因果関係という枠組みの中で死亡後の生活費の控除をめぐる問題を解決しようとしたものと理解することができる。

ただ，差額説を前提として考えるのであれば，第 2 事故という第 1 事故とは無関係の事情によって生活費の支出が不要となったということを，財産状態の比較という中で考慮することは可能であったと考えられるし，他方，損害事実説を前提とする場合でも，その金銭的評価の作業の中で，この点を考慮する可

能性は残されているように思われる。

本判決の解決の仕方については，形式的にすぎるとの指摘がなされているが（樫見評釈），実質的な検討をすることなしに，損益相殺というスキームを単純に適用しているものだという印象は否定できない。

併行給付をめぐる問題　ところで，このような従来の損益相殺という問題については，そうした問題の立て方をすること自体を疑問視する見方が有力となってきている。

そうした批判としては，まず前提となる差額説自体が，当然のものとして，現在では共有されていないという批判がある。もっとも，この批判に対しては，差額説をとるのだからいいのだという反論はあり得る。

次に，いままで損益相殺の問題として扱われてきたものの中でも，被害者に別のところから給付がなされる場合には，そうした併行給付との関係をどのように考えるのかという問題があり，それを損益相殺という枠組みで考える必要性自体が乏しい，あるいは，損益相殺という枠組みでは適切に説明できないのではないかという問題である（特に，他の給付がなされる場合に，それについて代位の規定が置かれているのであれば，代位の問題として扱えばよく，損益相殺という形で扱うことはかえって問題の解決を不透明にする）。これは，損害概念として差額説をとるか否かというレベルとは異なった問題である。

具体的に，そうした併行給付をめぐる問題としては，以下のようなものが挙げられる。

労災給付等と損害賠償　不法行為によって被害者が労働能力を喪失し，あるいは死亡した場合に，被害者やその遺族に労災給付等の給付がなされる場合がある。こうした給付がなされる場合に，それが不法行為の加害者に対する賠償請求権との関係でどのような意味を持つのかという点が問題となる。そこでは，①控除の対象となる労災給付等はどのようなものなのか（どのような労災給付が賠償額から控除されるのか）という問題と，②控除されるとすれば，その対象となる部分はどこなのか（どの損害項目について控除されるのか），という問題がある。

まず，①について，判例は，「被害者又はその相続人が取得した債権につき，損益相殺的な調整を図ることが許されるのは，当該債権が現実に履行された場合又はこれと同視し得る程度にその存続及び履行が確実であるということができる場合に限られるものというべきである」とし，「相続人は，加害者に対し，退職年金の受給者が生存していればその平均余命期間に受給することができた退職年金の現在額を同人の損害として，その賠償を求めることができる。この場合において，右の相続人のうちに，退職年金の受給者の死亡を原因として，遺族年金の受給権を取得した者があるときは，遺族年金の支給を受けるべき者につき，支給を受けることが確定した遺族年金の額の限度で，その者が加害者に対して賠償を求め得る損害額からこれを控除すべきものであるが，いまだ支給を受けることが確定していない遺族年金の額についてまで損害額から控除することを要しないと解するのが相当である」とした（最大判平成5年3月24日民集47巻4号3039頁。遺族年金について，最判平成16年12月20日判時1886号46頁）。

　したがって，すでに支払われた労災給付等は損害賠償額から控除され，まだ支払われていない将来の労災保険給付については，その支給が確実であるとされる場合に限って，その範囲で控除されることになる。

　なお，判例は，「損益相殺的な調整」という表現を用いるが，労災給付がすでになされた部分については国による代位が認められており（労働者災害補償保険法12条の4第1項），損益相殺という構成をとる必要はそもそもない（損益相殺したのと結果的に同じだというだけである）。上記の「損益相殺的な調整」というのは，こうした代位によって処理できない支給を受けることが確実ではあるが，なお将来の給付についての説明として理解すべきだろう。

　次に，②であるが，損害賠償からの控除が認められるとしても，損害賠償のどの部分について（あるいはどの部分から）控除が認められるのかという問題である。

　まず，わかりやすいところとして，労災給付は慰謝料を含まないので，慰謝料請求権からは控除すべきではない（最判昭和62年7月10日民集41巻5号1202頁。「保険給付の対象となる損害と民事上の損害賠償の対象となる損害とが同性質であり，保険給付と損害賠償とが相互補完性を有する関係にある」ことが必要だとする）。

　次に，少し難しいのが遅延損害金との関係である。判例は，当初，「支払時

における損害金の元本及び遅延損害金の全部を消滅させるに足りないときは，遅延損害金の支払債務にまず充当されるべきものであることは明らかである（民法491条1項参照）」としていた（前掲最判平成16年12月20日）。

　しかし，その後，後遺障害による給付がなされた事案について，「これらの社会保険給付は，それぞれの制度の趣旨目的に従い，特定の損害について必要額をてん補するために支給されるものであるから，同給付については，てん補の対象となる特定の損害と同性質であり，かつ，相互補完性を有する損害の元本との間で，損益相殺的な調整を行うべきものと解するのが相当である。……本件各保険給付については，これによるてん補の対象となる損害と同性質であり，かつ，相互補完性を有する関係にある治療費等の療養に要する費用又は休業損害の元本との間で損益相殺的な調整を行うべきであり，これらに対する遅延損害金が発生しているとしてそれとの間で上記の調整を行うことは相当でない。……制度の予定するところと異なってその支給が著しく遅滞するなどの特段の事情のない限り，これらが支給され，又は支給されることが確定することにより，そのてん補の対象となる損害は不法行為の時にてん補されたものと法的に評価して損益相殺的な調整をすることが，公平の見地からみて相当というべきである」として，不法行為時にてん補されたものとするという立場を示した（最判平成22年9月13日民集64巻6号1626頁）。さらに，その後，最大判平成27年3月4日民集69巻2号178頁→ 百選II（8版）[103]・山口斉昭，重判H.27［民7］・米村滋△は，遺族補償年金について，平成22年判決と同様の立場を示し，平成16年判決は明示的に変更された。

生命保険と損害賠償　　生命保険については，損益相殺による控除が否定されてきた（最判昭和39年9月25日民集18巻7号1528頁）。

　ここでは，保険金は払い込んだ保険料の対価であるという説明がなされるのが一般的である。これは，保険金は保険料の対価であり，不法行為によって生じたものではないという意味で（賠償を基礎づける事実と同一の事実という要件を欠く），従来の損益相殺の説明との連続性が認められる。しかし，一方で，こうした説明は，次の損害保険との関係で十分に貫徹することができるかについては問題が残る。

　生命侵害については，損害賠償で扱われる損害がすべてであるということを

前提として考えるのではなく（その考え方を前提とすれば，何らかの形で損害が塡
補された以上，塡補された範囲で損害賠償ができなくなるということは当然である），
賠償制度によってはカバーされない広汎な損害が残されており，その意味で生
命保険の支払いは，賠償されるべき損害の縮減をもたらさないという説明を試
みる考え方もある。損害概念にも深く関わる問題であるが，この問題に対する
ひとつのアプローチとして参考にされるべきであろう。

損害保険と損害賠償　　損害保険については，原則として，控除を肯定する
（損益相殺を認める）というのが，従来の一般的理解である。
　もっとも，損害保険金も，損害保険契約が締結されていたからこそ支払われ
るものであり，保険料の対価であるという性質は基本的に異ならない。したが
って，この点にのみ着目すると，生命保険との相違をうまく説明できなくなる
と考えられる。

　この点については，いくつかの説明が考えられる。
　まず，労災給付の場合と同様に代位を使って説明するということが考えられ
る。保険法 25 条は，保険金を支払った保険者（保険会社）は，被保険者（被害
者）が取得する債権について被保険者に代位することを規定している。したが
って，損害賠償請求権が保険者に移転する範囲で，被害者（被保険者）の加害
者に対する損害賠償の範囲は縮減することになる。
　また，損害の塡補という観点からの説明も考えられるだろう。生命保険が，
その性質上も，具体的に確定的に算定されるような損害を前提としないのに対
して（生命保険の場合，保険金の金額は，保険契約により，保険料との関係でのみ決ま
る。その人がどれだけの価値を有していたのかという点は問題とされない），損害保険
の場合には，損害保険の対象とされた物がどれだけの金銭的価値を有するかと
いうことが，その出発点において問題とされる（いくら高い金額の保険契約を締
結しても，実際の価値以上の保険金が支払われるわけではない。保険事故においても，
どれだけの損害が発生したかという査定がなされる）。そこでは，損害の塡補という
性格が明確であり，損害が塡補された以上，それに対応して損害賠償額が縮減
するという説明の仕方である。ここでは，損益相殺というより，端的に損害が
塡補されたと説明すればよいことになろう。

420　　　第III部　不法行為の効果／第 3 章　損害賠償の範囲と額の決定

もっとも，判例においては，むしろ生命保険と同様の判断枠組みによって，損益相殺を否定するものも見られる。

> **事例研究** 最判昭和50年1月31日民集29巻1号68頁→ *保険百選 [52]・白井正和，重判 S. 50 [商 6]・田辺康平*
>
> 　Y が X から賃借していた建物が Y の従業員の重過失による失火によって焼失し，X が Y に対し損害賠償を求める一方，Y が X の損害は火災保険金の受領によりすでに填補されているとして，損害賠償債務に充当された敷金の返還を求めた事案である。
> 　最高裁は，「家屋消失による損害につき火災保険契約に基づいて被保険者たる家屋所有者に給付される保険金は，既に払い込んだ保険料の対価たる性質を有し，たまたまその損害について第三者が所有者に対し不法行為又は債務不履行に基づく損害賠償義務を負う場合においても，右損害賠償額の算定に際し，いわゆる損益相殺として控除されるべき利益にはあたらない」として，X から Y への損害賠償請求にあたって，保険金の額を損益相殺として控除しないことを示した。

　やや特殊な事案であるが，ここでは損害保険についても，生命保険の場合と同様に，対価性の視点から損益相殺の排除が説明されている。

　もっとも，この判示を単純に文字通り受け止めると，1000万円の損害について1000万円の損害保険金の支払いがあったという場合にも，損益相殺の対象とはされず，さらに加害者に1000万円の損害賠償請求ができるかのように見える。しかし，これによって最終的に2000万円を得られるということになってしまうと，いわゆる焼け太りを承認することになってしまい，その結論を容認することは困難である。

　代位を持ち出すまでもなく，この場合には，被害者に損害要件が欠けるとして1000万円の損害賠償請求を否定するか（本判決の立場とは異なる），加害者からの1000万円の賠償がなされた場合には，保険金給付の原因が失われて，被害者は，保険会社に対してすでに受け取っている1000万円を返還するという法律関係が生じると考えるべきであろう（後者は本判決とは直接抵触するものではない）。

> **（コラム）** *反倫理的行為と損益相殺の主張──ヤミ金の例*
> 　損益相殺を認めるかどうかは，不法行為法全体の中では，どちらかといえば地味な問題である。生活費を逸失利益から控除するといっても，それほど大きな割合ではない。生命保険金は，かりに控除するとすれば，それは大きな意味を持つが，現在の判例は，それを認めていない。その意味で，いわゆる損益相

殺をめぐる問題は，技術的には重要ではあるが，やや地味な印象を与える。

それに対して，損益相殺を認めるか否かが，その事案の解決にとって決定的な意味を持ったのが，いわゆるヤミ金をめぐる問題である。最判平成 20 年 6 月 10 日民集 62 巻 6 号 1488 頁は，「反倫理的行為に該当する不法行為の被害者が，これによって損害を被るとともに，当該反倫理的行為に係る給付を受けて利益を得た場合には，同利益については，加害者からの不当利得返還請求が許されないだけでなく，被害者からの不法行為に基づく損害賠償請求において損益相殺ないし損益相殺的な調整の対象として被害者の損害額から控除することも，上記のような民法 708 条の趣旨に反するものとして許されない」と判示した。もっとも，これだけでは何のことかピンとこないだろう。

事案は，ヤミ金業者から，出資法に違反する著しく高率の利息を取り立てられて被害を受けたと主張する原告が，その統括者であった被告に対し，不法行為に基づく損害賠償を求めたものである。原審は，このような貸付けによる金員の交付は，不法原因給付に当たり，被告から返済を求めることはできないとしつつ，交付によって得た利益は，損益相殺の対象となるとした（結局は，貸付金に相当する部分の損益相殺が認められることになる）。それに対して，最高裁は，上記のように判示して，その部分についての損益相殺を否定したものである。ヤミ金業者にとっては，受け取った過大な利息について賠償するだけではなく，相手方に渡した元本の返済も求めることができないということを意味するから，これは非常に大きな意味を有している。

もっとも，このような最高裁の判断を支えているのは，損益相殺について一般的に展開されていた理論枠組み（今まで説明してきたような枠組み）ではなく，当該貸付行為が反倫理的なものであり，きわめて違法性が高いものであるということ，そして，708 条を実質的にも貫徹するためには，不法行為に基づく損害賠償請求における損益相殺も否定する必要性があるという判断である。その点で，きわめて例外的な判断であると位置づけることが必要だろう。

なお，そもそも 708 条の不法原因給付との関係でも，違法な利息をとるということが不法なのか，違法な利息が約定された貸付行為をおこなうこと自体が不法なのかといった点が問題となりそうだが（前者だとすれば，元本の給付自体は，708 条の対象とならない），この点については，708 条をめぐる議論に委ねることにしたい。

2 過失相殺

過失相殺制度の基本的な枠組み 722 条 2 項は，「被害者に過失があったときは，裁判所は，これを考慮して，損害賠償の額を定めることができる」と

規定する。交差点で歩行者が飛び出して交通事故に遭った場合のように，被害者の方にも不注意な行動があった場合に，損害賠償額が縮減されるということは，日頃からそれほど違和感なく，慣れ親しんでいるしくみであろう。

　これまでに説明してきたように，最終的な損害賠償責任の確定にいたるプロセスは，①責任の成否，②賠償範囲の画定，③賠償される損害の金銭的評価というプロセスを経て，最後に，④賠償額の調整がなされるが，その④の中で，過失相殺というのは，最も重要なものとして機能している。

　以下では，こうした過失相殺の基本的なしくみと問題について説明をしていく。

民法722条2項と418条　　ところで，過失相殺については，民法の中に，もうひとつの規定を見出すことができる。すなわち，418条は，「債務の不履行又はこれによる損害の発生若しくは拡大に関して債権者に過失があったときは，裁判所は，これを考慮して，損害賠償の責任及びその額を定める」と規定する。この2つの規定は，基本的に同じ性格のものである。もっとも，その文言は，丁寧に見ていくと若干の相違がある。以下の2つの点が，文言上異なる部分である。

　①　まず，722条2項では，「損害賠償の額」と規定されているだけであるのに対して，418条は，「損害賠償の責任及びその額」と書かれている。したがって，418条によれば，過失相殺によって，損害賠償責任を否定することが可能であるのに対して，722条2項では，賠償額を減らすことはできても，責任の全面的な否定はできないということになる。

　もっとも，こうした相違は，実質的には，それほど意味を有しているわけではない。被害者の過失が著しく大きく，損害賠償責任の成立を認めることが妥当ではないというような場合，709条等の責任の要件自体（特に，過失）が否定されるだろう。

　立法者は，709条と異なり，415条の責任は，無過失責任であると考えていた（現在の一般的な理解とは異なる）。そのため，過失相殺を通じて，責任を全面的に否定する余地を残そうとしたのである。現在では，債務不履行責任についても過失を要件とするという見方が一般的であるが（なお，2017年の債権法改正

によって415条の責任の性格が変化したのかという問題があるが，ここでは立ち入らない），それによれば，709条のレベルでの責任の否定と同様，415条での責任の否定が可能だということになる。いずれにしても，被害者（債権者）の過失が著しく大きい場合，責任の成立要件のレベルで否定されるのか，過失相殺というレベルで否定されるのかはともかく，責任の否定が可能であるということについては，ほぼ争いがない。

　②　次に，722条2項では，「定めることができる」となっているのに対して，418条では，「定める」となっている。これは，722条2項では，過失相殺を適用して賠償額を縮減するか否かは裁判官の裁量であるのに対して，418条では，裁判官は縮減しなくてはならないということを意味する。

　この違いの背景にあるのも，709条と415条の責任の性質に対する立法者の理解である。つまり，709条において積極的に過失が要件とされている（いわば非難されるべきことが確定している）加害者の責任を考える場合，被害者に過失があるとしても，だからといって絶対に責任を縮減しなくてはならないとする必要はない。他方，債務者の債務不履行責任は無過失責任であり，709条の加害者の責任とは異なり，債権者に過失がある以上，常に責任を減免すべきであると考えたのである。

　もっとも，こうした相違も，実際の相違はもたらしていない。結局，被害者の過失といっても，加害者の帰責性との対比で判断されるものにすぎず，不法行為の場合であれ，債務不履行の場合であれ，被害者／債権者のいかなる小さな過失も考慮すべきだということは妥当ではない。他方，ある程度重大な過失がある場合，裁判官の自由な裁量によって，それを考慮すべきか否かが決まるというようなものでもないだろう。

　過失相殺における被害者の過失の意味　　ところで，722条2項は，被害者に過失がある場合の規定であるが，この「被害者の過失」とは何なのであろうか。

　このような被害者の過失が，加害者の過失と同じ意味の「過失」なのかという点については，過失相殺という制度を有するいずれの国においても，多かれ少なかれ議論の対象とされてきたところである（ドイツ民法典の施行される前の

ドイツでは，文字通り，過失相殺と直訳され得るもので，責任の免除をもたらす"culpa compensation"という概念があった。ドイツ民法では，減責事由としての被害者の協働過失 mitwirkendes Verschulden についての規定が置かれた。フランス民法は過失相殺に相当する規定を有さないが，減責事由としての被害者のフォート faute de la victime が認められている。英米法では，かつては責任の免除をもたらす寄与過失 contributory negligence が一般的であったが，現在では減責をもたらす比較過失 comparative negligence が広く認められている）。

　加害者の過失は，「他人を害してはならない」という規範を前提として，その枠組みの中で判断されるものである。本書のように，過失を結果回避に向けた行為義務違反だと理解する場合には，他人の法益侵害を回避するために，これこれのことをしなくてはならないという義務を措定し，その違反を過失であると評価する。しかし，被害者については，このような義務を考えることはできないのではないかという点が問題となる。実際，被害者が，自らの法益をどのように扱おうと，それが被害者に不利なものであるとしても，それに対して，法は基本的に口を出すべきではない。その点で，被害者の過失と加害者の過失が基本的に性格の異なるものであることは否定できない。加害者の過失にまつわる非難可能性が，社会的な非難可能性として，ある程度一般的な性格を有するのに対して，被害者の過失は，過失相殺という形で，加害者に対する責任追及という場面で意味を有するものにすぎないのである。

　なお，こうした被害者の過失や義務違反について，利益の喪失をもたらすものにすぎないという点で，加害者の過失や義務違反と異なる（加害者の過失は不利益の負担をもたらす）として，通常の義務とは異なる「間接義務」であるという説明をする場合もあるが，これは単なる言葉の問題であろう。

　両者の最も重要な違いは，不利益の負担か利益の喪失かという点にあるのではなく，むしろ，上記のとおり，過失が持っている役割の違いにあると理解するべきである。こうした被害者の過失の性格をめぐる問題は，むしろ，個別的な問題の検討の中で見ていくことが適切である。

　過失相殺における被害者の能力──責任能力　　過失相殺に際して，被害者にどのような能力が必要かという問題は，被害者の過失の性質とも関連する問題である。

かつての通説ならびに判例は，被害者について責任能力が必要であると考えていた。この背景にあるのは，①責任能力は過失の前提能力である，②加害者の過失も被害者の過失も同じものである，という2つの命題である。被害者の過失も過失である以上，そして，過失には責任能力が必要とされる以上，責任能力を有しているということが，722条2項を適用する要件となると考えられたのである。

　過失相殺における被害者の能力──事理弁識能力　　しかし，判例は，このような立場を変更する。すなわち，最大判昭和39年6月24日民集18巻5号854頁→ *百選Ⅱ（8版）[105]・橋本佳幸* は，「民法722条2項の過失相殺の問題は，不法行為者に対し積極的に損害賠償責任を負わせる問題とは趣を異にし，不法行為者が責任を負うべき損害賠償の額を定めるにつき，公平の見地から，損害発生についての被害者の不注意をいかにしんしゃくするかの問題に過ぎないのであるから，被害者たる未成年者の過失をしんしゃくする場合においても，未成年者に事理を弁識するに足る知能が具わっていれば足り，未成年者に対し不法行為責任を負わせる場合のごとく，行為の責任を弁識するに足る知能が具わっていることを要しない」として，8歳の児童について過失相殺を認めた。

　この判決は，上記②の「加害者の過失と被害者の過失は同じものである」という命題を否定することによって，責任能力の呪縛を逃れたものである。

　事理弁識能力への批判──事理弁識能力不要説　　このような判決は，学説においてもおおむね支持されたが，しかし，事理弁識能力を要件とするということについては，反対の見解も有力で，下級審裁判例の中には，事理弁識能力をも不要であるとするものも登場する。

　このような批判は，理由のないものではない。なぜなら，昭和39年判決は，「公平の見地から，損害発生についての被害者の不注意をいかにしんしゃくするかの問題に過ぎない」として，被害者の過失が709条の過失と異なることについては説明しているものの，なぜ事理弁識能力が必要かは説明していないからである。公平の見地から，さまざまな事情を援用することが許されるのであれば，そこでは，事理弁識能力のない幼児の不注意を取り上げることについても，障害はないように思われる。

このような批判の中でも，特に有力であったのは（そして，現在でも，過失相殺についてのひとつの見方であると思われるのは），過失相殺というのは，被害者の態様に対する評価ではなく，加害者の視点に立って被害者の態様をどのように評価するのかという制度であるという見方である。つまり，加害者の側から見て，被害者の行動が期待に反するか否かという客観的な態様が問題なのであり，そこでは被害者の能力は問題とはならないとするのである。

事理弁識能力の再評価——加害者と被害者の立場の違い　　それでは，事理弁識能力は正当化ができないようなものなのだろうか。たしかに，昭和39年判決が十分な説明を行わなかったために，事理弁識能力は，従来の議論において積極的な位置づけを与えられてこなかった。しかし，事理弁識能力不要説が主張するところもふまえたうえで，なお，事理弁識能力を積極的に基礎づけることは可能であるように思われる。

まず，過失相殺において，加害者の側から見て，被害者の行動が期待に反したか否かが問題となるとするのは，適切な指摘であるように思われる。そこでは，被害者としての合理的な行動が一定の基準となっている（その基準となる合理的行為態様を「義務」と呼ぶか否かは重要ではない）。それでは，なぜそのような行為態様が期待されるのであろうか。

加害者の場合には，責任制度をふまえたうえで，他人の利益を侵害しないという行為規範が設定され，それに対応した行動が期待される。一方，被害者については，他人に生じた損害の転嫁としての責任制度は意味を持たない→【*本人損害負担の原則と損害転嫁のルールとしての不法行為法*】*2頁*。したがって，責任の弁識能力が問題とならないのは当然である（性質上，被害者について責任能力を問題とする余地はない）。しかし，一方で，被害者について一定の行為が期待されるのは，それが被害者自身について危険を意味するからにほかならない。他人の手をストーブに押し当てると火傷して他人が苦しむというのは，あくまで他人の痛みである。それを自分の痛みに媒介するのは，責任制度である。しかし，自分の手をストーブに押し当てると熱いというのは，責任制度も何も媒介しない，事実的な関連性である。だからこそ，自分自身の被害を避けるということが，一般的に合理的なものであると考えられ，そして，そうした合理的な行動に対する期待が存在するのである。

第5節　賠償額の調整／**2**　過　失　相　殺　　427

しかし，そうした合理的な行動は，一定の危険性に対する弁識能力があってはじめて実現可能となる。昭和39年判決が，「交通の危険につき弁識があった」と指摘しているのは，まさしくそうしたものとして理解できるのではないだろうか。かりに，このような見方が正しいとすれば，事理弁識能力には，積極的な位置づけが与えられることになる。

さらに，このような事理弁識能力の理解を前提とした場合，事理弁識能力の有無は，一定の年齢で当然に決まるものではない。なぜなら，それぞれ問題となる危険の性質によって，その弁識の可能性は大きく異なるからである。

上記のストーブの例などでは，比較的低年齢でもその危険の弁識は可能であろう。それに対して，交通の危険性というのは，より高度の社会的ルールの理解が前提となる。赤信号で横断すると危ないというのは，信号が社会的にどのような意味を有しているのかという理解が前提とならざるを得ないからである。

その意味で，責任の弁識能力という形である程度抽象的に判断することができる責任能力と異なり，事理弁識能力は，より個別具体的に判断されざるを得ないということになろう。

本書の立場　　以上のような検討をふまえたうえで，「被害者の過失」についての本書の立場を整理しておくことにしよう。

① 過失相殺制度の性格

まず，加害者は自己の過失を理由として，被害者から損害の転嫁を求められる。しかし，被害者自身によっても結果を回避するための行動が期待できるような場合，加害者の側からも被害者に対して損害を一定の範囲で負担せよと主張することは合理的であり，過失相殺という制度は，まさしくそうした加害者から被害者に対するいわば反論（損害転嫁を押し戻すという主張）を制度化したものだと理解することができる。したがって，「被害者の過失」とは，被害者自身についての危険な結果を避けるために求められる合理的な対応をしなかったという行為態様だということになる。

このような被害者の過失は，加害者の視点に立ったうえで，加害者の非難可能性を減少させるようなさまざまな事情（たとえば，自然力や第三者の関与など）

のひとつではなく，あくまで「被害者の過失」という被害者自身が損害を負担することを正当化することに向けられたものとして位置づけられることになる。

② 加害者の過失との対比

さらに，このような被害者の過失は，加害者の過失との関係では，以下のように位置づけられる。

まず，被害者の過失を判断する際に基準となるのは，結果回避のための合理的な行為態様であり，そうした合理的な行為態様とのずれが被害者の過失であると判断される。このように一定の行為態様を基準として被害者の過失の有無を判断するという構造は，結果回避のための客観的な行為義務を前提として加害者の過失を判断するという構造と共通する。

他方，加害者の不法行為責任を追及する場合には必要とされる責任能力は，被害者の過失においては問題とならない。それは，すでに述べたとおり，加害者の過失と被害者の過失が異なるからではなく，被害者の損害負担を考えるうえでは，そもそも責任制度は前提とならないのであり，責任の弁識能力といったものを問題とする余地はないからである。しかし，被害者が危険についての弁識能力を欠いているような場合，そうした被害者について，結果回避のための合理的な行動を期待することはできない。そのために，加害者から被害者へ損害を押し戻すということを基礎づける前提として，危険の弁識能力としての事理弁識能力が必要とされることになる。

なお，このような結果の認識能力としての事理弁識能力は，加害者についても問題とする余地はある。しかし，加害者の場合，過失が問題となる場面では責任能力が要件とされているために→**【*責任能力の射程*】***178頁*，こうした事理弁識能力の問題が顕在化することはないものと理解される。

加害者の帰責事由と過失相殺　　過失相殺は，加害者の帰責事由との関係で，どのように扱われるのかという問題がある。これについては，以上のような過失相殺制度の趣旨をふまえたうえで，以下のように整理することができるだろう。

第1に，加害者の責任が危険責任や報償責任であるということは，それ自体

としては，過失相殺の適用について，積極にも消極にも働かないと考えられる。過失相殺を支えるのは，いわば修正された過失責任主義であるが（「お前にも不注意があった以上，損害を負担せよ」という被告から原告に対する損害負担の押戻しを支える原理），こうしたものが危険責任や報償責任に対して，より重いものだとも軽いものだとも言うことはできない。ただ，危険責任を規定する制度が，被害者にも過失があるような場合も含めて損害を填補するというような補償制度としての側面が強いものである場合，過失相殺の適用について消極的となることは考えられる（フランスにおける交通事故補償法をめぐって，こうした動きが見られた）。

　第2に，加害者の責任が故意責任である場合については，以下のように分けて考える必要がある。

　まず，(1)加害者の故意が，被害者の不注意を惹起すること，あるいは，その不注意を利用することに向けられていたような場合，その不注意をもって過失相殺を認めることは適当ではない。典型的には，相手方に対して虚偽の説明をするというような取引的不法行為の場合が考えられる。この場合，なるほど，被害者の行為について，「いまどき，そんな景気のいいはなしがあるものか」と第三者（親や友人）が言うことはかまわないし，そうした行為を不注意だと評価することもできるだろう。しかし，騙した側から，「騙された奴が不注意だ」として，過失相殺として損害の負担を求めるようなことを許すべきではない。すでに述べたように，過失相殺は，被告の側から原告に対して損害負担を押し戻す主張としての性格を有する。そこでは，単に一般的に見て被害者に不注意があったのかのみが問題とされるのではなく，そうした被害者の不注意を自らの損害負担の軽減のために主張することが妥当なのかという点が問題とされなくてはならないのである。自ら相手方の不注意を惹起し，それを利用した者について，そうした被害者の不注意を過失相殺として主張することを認めるべきではない。

　次に，(2)故意の場合であっても，その故意が，被害者の不注意を惹起したり，それを利用するという関係が認められない場合には，過失相殺の適用は理論的には排除されない。たとえば，被害者の挑発的な言動（不注意）によって，加害者が激高して暴行に及んだという場合，その挑発的な言動をもって過失相殺をするということは十分に考えられるだろう。もちろん，故意責任としての性

430　　第Ⅲ部　不法行為の効果／第3章　損害賠償の範囲と額の決定

格（責任の重大性）から，過失相殺割合はそれほど大きくはならないとしても，過失相殺が性質上，全面的に排除されるというわけではない。

このように故意の場合には，故意と被害者の不注意との関係に照らして，過失相殺の適用を考える必要がある。少し抽象度の高い言葉で整理すると，故意が被害者の不注意をカバーするような性格のものである場合（故意が被害者の不注意を取り込んでいるようなものである場合），過失相殺は全面的に排除されるのに対して，そうではない場合には，過失相殺の余地が残るということになる。判例においても，おおむねこのような運用が認められてきている。

被害者側の過失　過失相殺について，判例が展開した法理のひとつに，「被害者側の過失」法理がある。これは，被害者側と判断される者の過失については，被害者の損害賠償請求においても考慮することを認める考え方である（最判昭和 34 年 11 月 26 日民集 13 巻 12 号 1573 頁）。こうした被害者側の過失法理の説明としては，いくつかのものがある。

①　ひとつは，求償関係を 1 回で解決することができるという説明である。たとえば，A が交通事故によって負傷したというケースにおいて，A を監督すべきであった B と交通事故を引き起こした C の両方に過失があったという場合，A は，自分自身に過失がなければ，B と C に全額の損害賠償を求めることが可能であり（C に対しては不法行為に基づいて。B に対しては債務不履行または不法行為による），C が全額を賠償した場合，負担部分に応じて，B に対して求償を行うことになる→*第IV部　複数の賠償義務者をめぐる法律関係》459頁*。しかし，あらかじめ B の過失を被害者側の過失として，C への賠償請求に応じて考慮することが可能だとすれば，C に対しては，C 固有の負担部分の損害賠償請求をし，BC 間の求償問題は生じない。もちろん，C から賠償を得られない部分については，A から B への損害賠償請求が可能である。

②　もうひとつは，上記の例で，AB 間の身分的，経済的な一体性を強調する見解である。B が，A の親である場合，AB 間の損害賠償といったものは，事実上あまり意味を持たない。そのような状況においては，C に全額の賠償責任を認め，あらためて B に求償するといっても，結局，A の賠償額が縮減さ

れるのと状況は異ならないとする。

　被害者側の過失法理については，現在ではほぼ異論なく承認されているが，この①②のいずれの視点を強調するかで，その適用範囲は異なってくる。②は，①の求償問題の簡略化という視点も含むが，前提となっているのは，ABの一体性である。それに対して，①の視点だけであれば，もっと幅広く，たとえば，Bが保育士や小学校の教師である場合も含まれてこよう。

　なるほど，Cの側から見れば，こうした者も，まさしく被害者側の人間であり，そうした者の過失（Bの負担部分）についてまで，自分がいったんは責任を負わなくてはならないというのを不合理だと考える余地もないではない。しかしながら，この場合，Bの債務不履行や不法行為責任とCの不法行為責任とが単に競合しているにすぎない。こうした複数の損害賠償義務が競合する場合には，基本的に不真正連帯債務が成立する→【不真正連帯債務】463頁。こうした加害者の一部において存在し得る弁済のリスクを被害者に負わせることは妥当ではなく，加害者が負担することがまだしも合理的であると考えられる。そうであるとすれば，こうした場合において，単に求償関係が簡略化されるという説明だけでは十分ではない。

　判例も，当初は，この被害者側とされる者の範囲を明確には限定していなかったが（前掲最判昭和34年11月26日。ただし，当該事件で問題とされたのは交通事故の被害者である8歳の児童の親の過失である），被害者側の過失法理については，「被害者本人と身分上，生活関係上，一体をなすとみられるような関係にある者の過失」に限って，その適用を認めている（妻を同乗させて夫が運転する自動車と第三者が運転する自動車との衝突事故について最判昭和51年3月25日民集30巻2号160頁→民法の基本判例（初版）[42]・錦織成史，百選II（5版・新法対応版）[91]・稲田龍樹。最判昭和44年2月28日民集23巻2号525頁は，父母の一方に幼児が死亡した事故の発生についての過失がある場合には，その双方の請求において被害者側の過失が斟酌されるとする）。

　他方で，判例は，被害者である幼児を引率していた保育園の保育士については，「被害者と一体をなすとみられない者」として，その監護上の過失を被害者側の過失とすることを否定している（最判昭和42年6月27日民集21巻6号1507頁）。これは，まさしく被害者との関係では，連帯して賠償責任を負担す

べきものであり，「被害者側の過失」という例外的な法理によって処理されるべきものではないということができるだろう（他に被害者側の過失法理の適用が否定されたものとして，同じ職場に勤務する同僚が運転する自動車に同乗していた場合〔最判昭和 56 年 2 月 17 日判時 996 号 65 頁〕，恋愛関係にあったが婚姻も同居もしていない者が運転する自動車に同乗していた場合〔最判平成 9 年 9 月 9 日判時 1618 号 63 頁〕がある。他方，内縁の夫が運転する自動車に同乗していた場合については，被害者側の過失法理の適用が認められている〔最判平成 19 年 4 月 24 日判時 1970 号 54 頁〕）。

　なお，暴走行為をしていた二輪車とパトカーが衝突し，二輪車の同乗者が死亡した事案について，被害者の遺族からの損害賠償請求について，最判平成 20 年 7 月 4 日判時 2018 号 16 頁は，二輪車の運転者の過失を過失相殺として考慮することができるとするが，これは二輪車の運転行為が運転者と被害者が「共同して行っていた暴走行為」であり，運転者のみの独立した行為とみることはできないという理由によるものであり，被害者側の過失法理によるものではない。

> **コラム**　*被害者側の過失のもうひとつの側面*
>
> 　被害者の側の過失が実際に用いられる場面として最も多いのは，交通事故において，子供が交差点や道路に飛び出したような場合である。こうした場合，すでに言及した被害者の能力が問題となる。判例の立場では，子供に事理弁識能力があった場合に限って，過失相殺が認められる。そうした能力が認められない幼児の場合には，過失相殺は適用されないということになる。
>
> 　しかし，被害者側の過失法理を認めることによって，この実際上の結論は，大きく修正されることになる。つまり，3 歳や 4 歳の子供が被害者となった場合でも，親の不注意に焦点を当てることで，被害者側の過失法理を通じて，過失相殺が可能となるからである。一部の下級審裁判例は，事理弁識能力を要件とせずに，過失相殺を認めているということについては，すでに説明した。その点では，現在の裁判例は，やや混乱している。しかし，こうした事理弁識能力をめぐる問題がそれほど顕在化せず，現在にまでいたっているのは，この問題が，被害者側の過失法理を通じて，間接的に解決されてきたという事情があるのである。

過失相殺の訴訟上の位置づけ　　ところで，過失相殺については，訴訟上どのような位置づけが与えられているのであろうか。民事訴訟法についての基本的な知識が前提となるが，この点についても，簡単に確認しておこう。

第 5 節　賠償額の調整／**2**　過 失 相 殺　　433

まず，判例によれば，過失相殺については，加害者の側から積極的に主張することは必要なく，裁判官が職権で過失相殺を行うことができる（大判昭和3年8月1日民集7巻648頁，最判昭和41年6月21日民集20巻5号1078頁）。したがって，厳密な意味での抗弁ではない→《第Ⅵ部　訴訟における不法行為法》509頁。

ただし，過失相殺を基礎づける事実については，被告が立証責任を負っている。この点は，しばしば誤解されるところであるが，過失相殺について職権探知主義（裁判所が自ら事実認定のための資料収集の権限と責任を有するという立場）が認められているわけではない。立証責任を負っているというと，積極的に立証活動をしなくてはならないように聞こえ，被告が主張する必要はないという上記の説明と矛盾するように見える。しかし，そうではなく，訴訟の中で十分に立証されない場合，被告に不利に，つまり，被害者の過失は存在しないという扱いを受けるということである。

もっとも，こうした過失相殺の訴訟上の扱いについては，再検討の余地があると考えられる。

本書で述べてきた考え方からすれば，過失相殺は，原告から被告に対する損害賠償請求の主張に対応するものであり，被告から原告に対する損害の一部負担の主張として理解される→【事理弁識能力の再評価】426頁。だとすれば，過失相殺については，被告の主張があってはじめて，それを問題とするという考え方もあるように思われる。被告が責任の成立を争っている場合，その主張の中に過失相殺の主張を読み込むことはそれほど困難ではなく，実際上の負担として，それほど大きなものとなるとは思われない（なお，不法行為を理由とする損害賠償請求訴訟においては，大半の被告側の主張には過失相殺が含まれており，被告側が準備書面を作成する場合，まずは取り上げる部分となっている）。問題となるのは，被告が欠席した場合のように，実質的に争わなかった場合であるが，そうした場合に，なお裁判官の裁量による過失相殺を認める必然性はないように思われる（過失相殺を基礎づける事実が立証されていないという説明も可能だが，端的に，過失相殺の主張がなされていないとすればよいのではないか）。

過失相殺と保護範囲・損害の金銭的評価　　過失相殺をめぐる問題について説明してきたが，実は，そもそも過失相殺の問題となるのか否か自体が明確で

はないケースも，数多く存在する。以下のような場合を考えてみよう。いずれも，実際の裁判例に存在したケースをもとにした設例である。

> **設例Ⅲ-19**　軽トラックを運転していた A は，飛び出してきた猫を避けようとして，急ハンドルを切ったため，トラックは横転した。幸い，歩行者や他の車両を傷つけることはなかったが，横転の際に，軽トラックにむき出しの状態で設置されていたバッテリーが外れ，壊れたバッテリーから，バッテリー液が近くにとまっていた B の車両にかかった。B の車両は，ポルシェであった。ポルシェは，特殊な塗装であったため，B は，その修理のためにその車をドイツに輸送し，修理ができるまでの間，代車として，ポルシェを借りていた。B は，修理にかかった費用のほか，その代車費用を A に対して賠償請求した。なお，B は，「ポルシェ友の会」の会長であり，ポルシェに乗ることが不可欠だという言い分である。
>
> **設例Ⅲ-20**　A は，脇見をしていて，前を走る B の車に追突をしてしまった。追突の速度は遅く，前の車両のバンパーが若干傷ついた程度であったが，その車の後部バンパーは，金メッキをしていたために，B から A に対する損害賠償請求は，高額のものとなった。

両方とも，A は，加害者というより，社会的には，むしろ被害者ではないかと思われるような事案である。このような場合にどのような解決が考えられるのであろうか。

このいずれの場合においても，B の請求する全額を認める必要はないだろう。その法律構成であるが，従来の裁判例を手がかりにすると，相当因果関係の問題として処理するものと，過失相殺で処理するものの両方が見出される。つまり，そこまでの金額には相当因果関係が及ばないとして，一定の範囲（金額）に限定するという説明と，一応，そうした損害を前提としたうえで，被害者である B の行為に過失を認定して，過失相殺をするものの両方がある。

結果的に，いずれでもほぼ同じ結論に達するだろうが，このようなケースにおいては，そもそも，損害の金銭的評価のレベルで，妥当な範囲に限定するというのが適当であるように思われる。過失相殺について本書のような立場をとれば，損害の一部負担を正当化するものとしての過失を問題とすることになり，（ここでは問題とならないにしても）事理弁識能力といった付加的な要件も求められる。しかしながら，これらの設例においては，そうした点を問題とするまで

第 5 節　賠償額の調整／**2**　過 失 相 殺　　435

もなく，合理的な金銭的評価に基づいて賠償額を算定し，そこまでしかそもそも損害賠償請求権がないとして説明すれば，十分であろう。

なお，設例Ⅲ-19において，実際の判決では，Ａが加入していた責任保険でまかなえる範囲に賠償額が縮減されている。その意味で，大岡裁き的な判決であったが，その中で裁判官が述べていることは，煎じ詰めると，「クラウンに乗れ！」ということであった。クラウンに乗るということを前提として過失相殺を考えるのか，クラウンの代車費用までを合理的な範囲のものとして算定されるのか，形式的には両方ともあり得るだろう。ちなみに，「カローラだって，いいじゃないか！」という気もしないではない。

他の給付がなされる場合の過失相殺——過失相殺と控除の順序　ところでいままで扱ってきたのとはやや異質な問題として，被害者に生じた損害を塡補するために，さまざまな給付がなされた場合，その給付との関係で，加害者に対する請求における過失相殺は，どのような影響を受けるのかという問題がある。正直なところ，以下，かなりややこしい説明が続く。初学者は，投げ出したくなるだろうが，諦めずに何回も読んで，まずは何が問題となっているのかを理解してほしい。問題がどこにあるのかがわかれば，あとは（たぶん）そんなに難しくはない（と思う）。

> **設例Ⅲ-21**　　Ｘは，Ｙの不法行為によって，1000万円の損害をこうむった。なお，事故に際しては，Ｘの過失もあり，過失相殺割合は3割と認定される。Ｘの損害については，労災保険から400万円の給付がなされた。Ｘは，Ｙに対して，いくらの損害賠償請求をなすことができるのだろうか。

この場合，基本的に，次のような2つの解決方法が考えられる。

① 控除前相殺説／相殺後控除説

まず，過失相殺を考慮して，Ｙの損害賠償責任を確定し，保険給付は，そのＹの賠償責任に対応する部分に充当するという考え方がある（先に過失相殺を行い，その後控除するという意味で，「控除前相殺説」または「相殺後控除説」と呼ばれる）。

　436　　第Ⅲ部　不法行為の効果／第3章　損害賠償の範囲と額の決定

これによると，設例Ⅲ–21 では，Ｙの損害賠償責任は 700 万円であり，400万円の労災保険からの給付は，この 700 万円の部分にまず充てられる。したがって，Ｘは，なおＹに対して損害賠償請求をなすことが可能であるが，それは 300 万円の限度に限られ，3 割の過失相殺部分については，まったく手当てがなされないということになる。

この場合，保険給付をした場合についての代位の規定が用意されている場合には，支払った 400 万円全部について代位がなされることになる。

以上を整理すると以下のような形で示される。

a	Ｙの賠償責任　700 万円		Ｘの過失
b	保険給付　400 万円		
c	Ｙへの求償　400 万円		
d		Ｙによる賠償　300 万円	
e	被害者への給付の総額　700 万円		

この図のａは，ＹとＸとの間の過失相殺を前提とした損害負担の割合（ＹがＸに対してどれだけの損害賠償責任を負担するか）を示したものである。まず，この割合決定作業を最初に行うというのが控除前相殺説／相殺後控除説のポイントである。

次のｂは，400 万円の保険給付がどこに充てられるのかを示したものである。この保険給付は，ａにおけるＹの責任に重なる形で位置づけられる。

このような保険給付を行った者は，代位の規定が用意されていれば，その給付した全額についてＹへの求償をすることが可能となる。それを示すのがｃである。

以上のような保険給付がなされた場合，Ｘの損害はすでにその範囲で解消されているので，Ｙに対して損害賠償を請求するとしても，それが可能なのは，保険給付によってカバーされない部分だけであるということになる。それがｄによって示される 300 万円である。

最後に示したｅが，被害者に与えられる給付の総額であり，700 万円となる。

② 控除後相殺説／相殺前控除説

他方，保険給付は，Ｙの賠償責任によってカバーされない部分から充当さ

れるという考え方もある（「控除後相殺説」または「相殺前控除説」と呼ばれる）。
そのうえで，残った部分について過失相殺が適用されるという考え方である。

　これによると，400 万円の保険給付によって X の填補されていない損害は
600 万円に縮減する。X は，この残った 600 万円の損害賠償を Y に対して請
求し，そこで過失相殺がなされるとする。すなわち，3 割の過失相殺がなされ
るのであるから，420 万円の請求のみが認められるということになる（〔1000 万
円−400 万円〕×0.7＝420 万円）。

　この場合，保険給付をした場合について代位の規定が用意されている場合に
は，保険給付者は加害者に対して求償をすることが可能である。しかし，この
場合，400 万円の求償が可能であるとすれば，Y は，合計 820 万円の損害を負
担することになる。XY 間の単純な関係で過失相殺を前提として負担をする場
合よりも大きな金額を負担するというのは，いかにもおかしい。Y が X との
関係で 700 万円の損害賠償責任を負担するにすぎないということは，保険給付
が間に入った場合でも影響を受けるものではないから，保険給付者が代位によ
って行使できる求償権は，その Y の責任範囲を超えない範囲で（700 万円−420
万円 Y が X に対して賠償する金額），つまり，280 万円の範囲でのみ求償が可能
だと考えるのである。

a	保険給付　400 万円		
b		Y の責任　420 万円	X の過失
c	Y への求償　280 万円		
d	被害者への給付の総額　820 万円		

　上記 a に示したとおり，控除後相殺説／相殺前控除説では，まず，最初に
保険給付による控除を行う。

　そのうえで，その残額について，過失相殺を行う。それを示すのが，b であ
る。X がすでに保険給付を受けた後，Y に対して損害賠償を求めた場合，そ
の残額である 600 万円の中，Y の過失割合に応じた 420 万円について，Y が
賠償責任を負担する。

　そして，上記に説明したとおり，保険給付者から Y への求償は，本来の Y
の損害賠償責任を超えない範囲に制限されるため，求償は 400 万円の中，280
万円に限って認められることになる。

a	保険給付　400万円		
b		Ｙの責任　700万円	
c		Ｙに対する損害賠償　600万円	
d		←Ｙへの求償　100万円	
e	被害者への給付の総額　1000万円		

Ｘが受けられる給付の総額(d)は，820万円ということになる。

③　もうひとつの可能性

　もっとも，Ｙに対する請求と保険給付との関係については，論理的には，以下のような組合せも考えられるだろう。すなわち，Ｙに対する損害賠償請求と保険給付とをできるだけ重ならないようにして，Ｘの損害の塡補を図るという組合せである。

　この場合，保険給付による支払い(a)と反対の側からＹによる損害賠償(b)が充てられることになる。

　もちろん，Ｘの損害がすでに保険給付によって塡補されているのであれば，残損害は600万円しかないから，Ｘが実際にＹに対して賠償を求めることができるのは，600万円に限定される(c)。

　そして，代位が可能なのは，ａとｂの重なる部分である100万円に限定されることになる(d)。300万円については，代位ができないが，この部分についての保険給付は，Ｙの責任を肩代わりするものではなく，保険給付からの独自の損害塡補だということになろう。

　結局，設例のような場合，Ｘの損害は，保険給付とＹからの損害賠償を通じて，完全に塡補されることになる(e)。

　さて，前提となる説明が長くなったが，この問題について，最高裁は，以下の事案において，①の立場をとることを明らかにした。

　事例研究　最判平成元年4月11日民集43巻4号209頁→ *交通百選（5版）[81]・吉田克己，社保百選（5版）[67]・小畑史子*
　まず，①をとる多数意見は，次のように判示した。労働者災害補償保険法「12条の4は，事故が第三者の行為によって生じた場合において，受給権者に対し，政府が先に保険

給付をしたときは，受給権者の第三者に対する損害賠償請求権は右給付の価額の限度で当然国に移転し（1項），第三者が先に損害賠償をしたときは，政府はその価額の限度で保険給付をしないことができると定め（2項），受給権者に対する第三者の損害賠償義務と政府の保険給付義務とが相互補完の関係にあり，同一の事由による損害の二重填補を認めるものではない趣旨を明らかにしている」。

これに対して，伊藤正己裁判官は，「法においては，使用者の故意・過失の有無にかかわらず，同項の定める事由のない限り，事故が専ら労働者の過失によるときであっても，保険給付が行われることとし，できるだけ労働者の損害を補償しようとしている……労災保険制度は社会保障的性格をも有している……政府が労災保険給付をした場合に，右保険給付の原因となった事由と同一の事由について，受給権者の第三者に対して取得した損害賠償請求権が右保険給付の価額の限度において国に移転するものとされるのも，同一の事由による損害の二重填補を認めるものではない趣旨を明らかにしたにとどまり，第三者の損害賠償義務と実質的に相互補完の関係に立たない場合についてまで，常に受給権者の有する損害賠償請求権が国に移転するものとした趣旨ではない」として反対意見を述べている。

しかしながら，この多数意見の立場については，労災保険の有する社会保障的性格に照らして妥当ではないという批判も強い。伊藤裁判官の反対意見も，このような視点に立つものである。反対意見は，あくまで法の解釈の問題であると位置づけたうえで，かつ，多数意見が手がかりとする代位についても一定の説明を行うものであり，説得力のあるものと言えよう。

この問題については，上記反対意見の中でも示されているように，併行給付がどのような性格のものなのかということを抜きにして議論をすることはできない。その意味では，損害賠償法（不法行為法）の解釈問題ではなく，併行給付についての法律の解釈問題だということになりそうである。

もっとも，社会保障的性格の有無といったものは，かなり抽象度が高く，それほど基準として明確なわけではない。また，この問題を考えるうえで，当該制度全体の性格を検討しなくてはならないのかということも，いささかあやしげである。

問題は，むしろ，②の図のcや③の図のdに示した部分に端的に示されているように思われる。つまり，保険給付者は，400万円の給付をしたにもかかわらず，その中，280万円あるいは100万円についてしか求償できないのはなぜなのだろうかという点である。

この点をつかまえて，給付の全部について代位できないということは保険の

440　第Ⅲ部　不法行為の効果／第3章　損害賠償の範囲と額の決定

運営における不健全さをもたらすとして，①を正当化する見解もある。

　しかし，このような Y がいるケースでは求償ができるとしても，保険においては常にそうした求償が可能なしくみとなっているわけではない。また，保険においては，被害者に過失があるような場合に給付額を減らすというしくみが用意されているとは限らない。

　保険が，被害者の過失の有無にかかわらず，一定の給付をするというしくみを用意しているという場合，別に損害賠償責任を負担する者に求償ができるとしても，その中，求償できるのは XY 間において Y（加害者）が負担すべき割合に限定されると考えることができそうである。つまり，X（被害者）の過失の有無に関係なく給付をする制度は，いわば X の過失割合相当部分について負担するということを意味するのであり，それが Y への求償関係においても反映されるという見方である。

　このように見てくると，②の場合であれば，保険給付者が Y に対して 280万円しか求償できないのも，Y の負担総額が 700 万円であるからというより，400 万円を，X と Y との過失割合に応じて分担し，Y の過失割合（7 割）に相当した部分についてのみ求償を認めるものだという説明も可能である。そして，X に過失がある部分についての救済を徹底させるというのであれば，③のように解決する可能性も考えられるかもしれない。

　このような見方は，当該併行給付のしくみの中に，過失相殺に相当する制度が用意されているかどうかに焦点を当てて，そうしたものが認められない場合には，②の控除後相殺説／相殺前控除説や③のように考える方向に向かう。なぜなら，そうした給付制度では被害者の過失に相当する部分についても給付をなすことが含まれるのであり，加害者との関係でも被害者の過失に相当する部分については，そうした給付制度が負担するのが合理的だからである。他方，過失相殺に相当するしくみがある場合には，被害者の過失については被害者自身が負担するというのが制度の理解であり，①の控除前相殺説／相殺後控除説を使う方向に向かうと考えられる。

　もっとも，過失相殺に相当するしくみといっても，そこにはかなりのバリエーションが考えられ，なお単純に一義的な判断ができるほどではない。併行給付と過失相殺に関する問題は，なお流動的な状況であるが，このような視点か

ら問題を整理していくことができないかということを意識しつつ，今後の動き
を見ていくことにしよう。

3 過失相殺の類推適用

過失相殺の類推適用——被害者の素因　　過失相殺についての新しい問題領
域を形成しているのが，被害者の素因に関する過失相殺の類推適用である。
　被害者の素因については，必ずしも厳密な定義がなされているわけではない
が，一般的には，①病気や障害をこうむり易い素質（特異体質・精神病質等），
②既往症・持病（高血圧・結核等），③年齢や事故等による器質的変化や機能障
害，などが考えられている。
　不法行為があった場合に，こうした被害者の素因があいまって損害が発生・
拡大したときに，素因の競合を理由として賠償額を縮減することができないの
かが，被害者の素因をめぐる問題である。

　素因に関する判例の流れ　　被害者の素因を理由として賠償額を縮減すると
いう方向は，昭和50年前後から下級審裁判例に現れていたが，その理由づけ
を含めて安定しておらず，学説においても立場が分かれていた。それが，以下
のような一連の最高裁判決の登場によって，過失相殺の類推適用という方向で
この問題を解決していくという流れが示されるようになった。

　①　心因的素因を理由とする減責
　まず，最判昭和63年4月21日民集42巻4号243頁は，「身体に対する加害
行為と発生した損害との間に相当因果関係がある場合において，その損害がそ
の加害行為のみによって通常発生する程度，範囲を超えるものであって，かつ，
その損害の拡大について被害者の心因的要因が寄与しているときは，損害を公
平に分担させるという損害賠償法の理念に照らし，裁判所は，損害賠償の額を
定めるに当たり，民法722条2項の過失相殺の規定を類推適用して，その損害
の拡大に寄与した被害者の右事情を斟酌することができる」と判示し，(1)素因
減責を法的評価のレベルの問題として位置づけ，(2)過失相殺の類推適用によっ
て減責を認めるという判断を示した。

442　　第Ⅲ部　不法行為の効果／第3章　損害賠償の範囲と額の決定

しかし，この事件で扱われたのが従来の素因減責否定説の中でも微妙な位置を与えられていた心因的素因（素因を理由とする減責を否定する見解においても，一定の心因的素因については例外的に減責を肯定する見解があった）であり，また，事案自体も特殊なものであったために，過失相殺の類推適用という構成がどこまでの射程を有しているかについて疑問が残り，同判決についての多くの評釈の中でも慎重な姿勢がうかがわれた。

② 身体的素因を理由とする減責

　しかし，最判平成4年6月25日民集46巻4号400頁は，被害者の身体的素因についても，同様の説明により，過失相殺の類推適用による減責を認めた。これによって，過失相殺の類推適用によって素因を理由とする減責を認めるという処理は，必ずしも心因的素因に限定的なものではないことが示された。

　この2つの最高裁判決は，素因に関する判例準則に一定の方向を示したものと判断され，その後の下級審でも，過失相殺の類推適用という構成は一般的なものとなった。

③ 身体的特徴についての減責の否定

　さて，このように素因に関する過失相殺の類推適用という流れがほぼ確立したところで，最判平成8年10月29日民集50巻9号2474頁→*百選II（8版）[106]・窪田充見*は，身体的特徴について，過失相殺の類推適用を認めないという判断を示した。

　事案は，交通事故の被害者に身体的特徴（平均的体格に比して首が長く多少の頸椎の不安定症がある）があり，そこに事故による損傷が加わり，これらの症状を発生，悪化ないし拡大させたというものである。

　最高裁は，過失相殺の類推適用によって賠償額の4割を縮減した原判決を破棄して，「被害者が平均的な体格ないし通常の体質と異なる身体的特徴を有していたとしても，それが疾患に当たらない場合には，特段の事情の存しない限り，被害者の右身体的特徴を損害賠償の額を定めるに当たり斟酌することはできないと解すべきである。……Xの身体的特徴は首が長くこれに伴う多少の頸椎不安定症があるということであり，これが疾患に当たらないことはもちろ

第5節　賠償額の調整／3　過失相殺の類推適用　443

ん，このような身体的特徴を有する者が一般的に負傷しやすいものとして慎重な行動を要請されているといった事情は認められないから，前記特段の事情が存するということはできず，右身体的特徴と本件事故による加害行為とが競合してＸの右傷害が発生し，又は右身体的特徴が被害者の損害の拡大に寄与していたとしても，これを損害賠償の額を定めるに当たり斟酌するのは相当でない」と判示した。

④　その他の観点からの減責の否定

上記のように，心因的素因は，判例が素因減責を認める端緒となったものであるが，そうした心因的な素因についても，常に素因減責の対象となるわけではない。最判平成 12 年 3 月 24 日民集 54 巻 3 号 1155 頁「電通事件」は，長時間にわたる残業を恒常的に伴う業務に従事していた労働者がうつ病にり患し自殺したケースについて，被害者のうつ病親和性等を心因的素因として賠償額を減額した原審を退け，「ある業務に従事する特定の労働者の性格が同種の業務に従事する労働者の個性の多様さとして通常想定される範囲を外れるものでない限り，その性格及びこれに基づく業務遂行の態様等が業務の過重負担に起因して当該労働者に生じた損害の発生又は拡大に寄与したとしても，そのような事態は使用者として予想すべきものということができる」とし，素因減額を否定した。

このような判断からは，素因減責として問題とされるのが，単に被害者の一定の状態が結果との関係で原因となっているかという因果関係の視点だけではなく，賠償義務者からみた場合に，そうした被害者の素因がどのように位置づけられるかという視点が重要な意味を有していると理解することができるだろう。

以上の判決を整理すると，(1)心因的，身体的素因を問わず，「被害者に対する加害行為と被害者のり患していた疾患とがともに原因となって損害が発生した場合」であり，且つ，「加害者に損害の全部を賠償させるのが公平を失するとき」は，過失相殺の類推適用による減責が認められる（上記①②）。

他方，(2)「被害者が平均的な体格ないし通常の体質と異なる身体的特徴を有していたとしても，それが疾患に当たらない場合」には，過失相殺の類推適用

は認められず（過失相殺の適用の可能性はある），また，賠償義務者から見た被害者の多様性の範囲内にある場合にも素因減責は否定されるというのが，現在の判例の立場だということになる。

基本的な考え方と本書の立場　このような現在の判例が，ルールとしての不透明さを伴うことは否定できない。判例では，疾患といえるかどうかが基準となることになるが，疾患か否かということ自体，明確な基準ではない。たとえば，年齢によって生じる器質的な変化，持って生まれた身体的な障害など，それらを疾患という表現で呼ぶかどうかは，それ自体困難な問題であり，また，社会的にそうしたものを疾患と呼ぶ／呼ばないとしても，それがなぜ過失相殺の類推適用に影響を与えるのかの論理は，明確ではない。

　もっとも，これを単純に批判することはできないようにも思われる。むしろ，こうした判例には，この問題についての困難さが示されているとも理解されるからである。その意味で，素因減責についてどのような基本的な考え方が対立しているのかを確認することが，このような判例の悩みを理解するうえでも重要であろう。

　まず，素因減責を肯定する考え方（過失相殺の類推適用を認める見解）の基本となっているのは，このように被害者の事情によって拡大した損害部分について，加害者が負担するいわれはないという考え方である（これがもう少し洗練されてさまざまなバリエーションを形成している）。

　一方，素因減責を否定する見解においては，相当因果関係に相当する判断を経て，賠償範囲に含まれるとされる損害については，加害者が負担することがいったんは正当化されているのであり，その損害負担を押し戻すためには，一定の積極的な法理（過失相殺など）が必要であると考える。そして，素因というのは，それ自体としては，被害者にとってはどうしようもないものなのであり，それをもって損害負担の押戻しを正当化することはできないと考える。

　もっとも，このような抽象的なレベルでの両者の議論は，水掛け論になりがちである。

　ところで，比較法的には，素因の問題は比較的早くから意識されていて，英米法でも，ドイツ法でも，この問題に関する法的な命題が確立している。それ

第5節　賠償額の調整／**3**　過失相殺の類推適用　445

は，「加害者は，被害者をあるがままに受け入れなければならない」という命題であり，それを支えるのは，「加害者は，被害者が健康なものであったらといったことを主張すべきではない」という考え方である。当然のことであるが，こうした法命題は，素因減責の否定を導く。

こうした命題をめぐる議論の背景には，社会をどのようなものとして観念するかという基本的な思想の対立があるように思われる。疾患や身体的特徴といったものが減責の対象となるという思考方法の前提には，標準的な人を観念し，そこからずれる部分については，その者がリスクを負うべきだという基本的な立場がある。しかし，標準的な人や身体というものを観念すること自体が，可能であり，適当なのであろうか。なるほど，身体的な平均というのは存在するだろう。しかし，それは，多様な人から統計的に得られるものにすぎない。また，健康という概念も同様である。われわれの社会が多様な人々によって構成されており，それぞれの人が，それ自体として法的に保護される存在なのだということを前提とすれば，「標準」を観念して問題を解決していこうという思考方法自体に問題があるように思われる。

なお，このような形で素因減責を否定する場合，加害者にとって結果が酷にならないかという問題がある。なるほど，普通の人だったら大した結果にならなかったのに，相手が疾患を持っていたために重大な結果が生じたというのは，加害者から見た場合には過剰な負担と思われるかもしれない。しかし，損害賠償法の世界では，ある程度までのそうしたずれは，そもそも承認されていると考えられる。たとえば，被害者が，無職の老人であった場合と，莫大な収入を有する会社経営者であった場合の損害賠償額というのは著しく異なるが，それは問題とされていない。また，結果が重大なことになるのは予想外であるとしても，軽く突き倒して，ただ腕を骨折した場合と，打ち所が悪くて脳挫傷を起こしてしまったという場合で，前者を基準にして考えようという発想はないだろう。もちろん，あまりにも例外的な状況において，不法行為の成立自体が否定されるといった可能性はなお残るとしても，素因の問題に限定して，減責を考えていくということを正当化するものではないと思われる。

被害者の素因と過失相殺の適用　　ところで，被害者に素因がある場合，過失相殺の類推適用などというもってまわった処理をするのではなく，普通の過

446　　第Ⅲ部　不法行為の効果／第3章　損害賠償の範囲と額の決定

失相殺を適用することはできないのだろうか。

　これは基本的に可能であると考えられる。一定の危険性の認識を前提として，その危険の実現を回避するということは，合理的に期待されるであろうし，このように期待することは，社会はさまざまな人によって構成されているという基本的な考え方とも矛盾しない。むしろ，こうした考え方は，標準的な人を前提とするのではなく，それぞれの具体的な人を前提として考えていこうとするのであるから，被害者の過失の判断も，その人が持っている事情に応じて変化してくるということは十分にあり得るだろう。したがって，その人の身体的な状況を前提として，安全を確保するために，一定の補助器具を使うといったことが合理的に期待されるのであれば，そうした措置がとられなかったことは過失相殺の適用によって賠償額の縮減をもたらす可能性がある。

　ただ，一方で，この種の過失相殺の適用が，そうした素因を有する者の社会参加を著しく制限するような状況をもたらすことは避けなくてはならない。過失相殺の判断は，損害賠償をめぐる加害者との関係でなされるものではあっても，一定の行動が合理的であるという法秩序の判断を伴うものだからである。素因を有しており，万が一事故に遭った場合には，重大な結果が生じるということがわかっているとしても，だからといって，まったく社会に出ず，家にとじこもるということが過失相殺の前提として求められるわけではない。

　素因に関する判例と過失相殺　ところで，以上に見てきたとおり，最高裁は，一連の判決によって，被害者の素因が損害の発生や拡大に寄与した場合，一定の範囲で過失相殺の類推適用によって，加害者の責任を縮減することを承認した。

　このような素因に関する判例は，過失相殺についての議論に何らかの影響を持たないのだろうか。特に，問題となるのは，被害者の能力をめぐる問題との関係である。

　事例研究　最大判昭和 39 年 6 月 24 日民集 18 巻 5 号 854 頁→ _百選II（8版）[105]・橋本佳幸_
　　この事件では，8 歳の少年が子供用自転車に 2 人乗りをしていて，交通事故に遭い，その損害賠償が問題となった。
　　最高裁は，すでに本文で述べたように，被害者の過失は 709 条の過失とは異なるということを説明したうえで，被害者らについて，「事故当時は満 8 才余の普通健康体を有する男子であり，また，当時すでに小学校 2 年生として，日頃学校及び家庭で交通の危険につ

き充分訓戒されており，交通の危険につき弁識があった」として，過失相殺を認めた。

　この判決には，すでに説明したとおり，過失相殺には，①責任能力は必要ではないということと，②事理弁識能力が必要であるということの2つの判断が含まれている。さて，この昭和39年判決は，最近の被害者の素因に関する一連の最高裁判決（そこでは結果回避可能性や被害者の能力は要件とされない）とどのような関係に立つのだろうか。

　これについては，2つの方向が考えられるように思われる。

　ひとつは，最近の素因に関する判例が，類推適用という形式ではあっても，被害者の能力をまったく要件とせずに，素因という被害者側の事情を考慮して賠償額を縮減するということを認めている以上，被害者に事理弁識能力を要求する昭和39年判決は実質的に変更された，あるいは，変更されるべきものであると理解する立場である。

　もうひとつの見方は，事理弁識能力を要件とする過失相殺制度を維持しつつ（本判決は先例として維持される），一定の場合に，事理弁識能力を問題とすることなしに過失相殺の類推適用を認めるという立場である。

　現在の最高裁の立場がこのいずれであるのかは，形式的に判断できる問題ではない。前者のようなとらえ方には，素因減責をめぐる判例を，被害者側の事情を賠償額決定に反映させる一般的な法理から説明する立場に親和的である。他方，後者のような立場は，こうした判例を，あくまで被害者の素因という問題に限定された特殊なものであるという見方と親和的である。

　その意味で，議論されるべきポイントは，まさしく一連の素因判例をどのように理解するのかという点にあると見てよい。

4　因果関係の競合

　問題の所在　一定の結果をもたらした原因が複数存在するという場合は，決して例外的なことではない。最後に，こうした因果関係の競合が，賠償額の決定という問題において，どのように位置づけられるのかについて，簡単に説明しておこう。

　すでに言及した被害者の素因の問題も，因果関係の競合の問題としての性格

448　　第Ⅲ部　不法行為の効果／第3章　損害賠償の範囲と額の決定

を有している。素因の問題については，すでに説明したとおりであるが，これ以外にも，因果関係の競合の問題は存在する。特に，重要なのが，自然力の競合を理由として，賠償責任を縮減することが可能であるかという問題である。

> **事例研究** 名古屋地判昭和 48 年 3 月 30 日判時 700 号 3 頁，名古屋高判昭和 49 年 11 月 20 日高民集 27 巻 6 号 395 頁「飛驒川バス転落事故」
>
> 　事案は，乗鞍岳の登山に向かう大型観光バスが引き返す途中，記録的な集中豪雨による土石流に巻き込まれ飛驒川へ転落し，104 名にのぼる死者を出した惨事について，遺族らが，国に対して損害賠償を求めたものである。
> 　第 1 審は，自然力の競合を理由とする割合的減責を認め，こうした因果関係の競合を理由とする減責についての議論を喚起することになった。しかし，こうした割合的減責は，高裁では否定され，最終的に，和解により決着し，この問題をめぐる議論は不十分なまま終わった。

　こうした自然力の競合をどのように位置づけるのかは，素因減責をめぐる議論とも密接に関連している。ただ，素因減責を認める場合には自然力を理由とする減責を認め，素因減責を認めない場合は自然力を理由とする減責を認めないというほど単純な関係ではない。

自然力の競合の位置づけ　　自然力の競合による減責を認めるか否かについては，上記のとおり，現在まで，議論はあまり整理されていない。しかし，被害者の素因を理由とする減責についての議論を手がかりにして，一応，以下のように整理することができるのではないかと思われる。

① 　素因減責を否定する場合

　まず，素因減責を否定する見解からは，このような自然力の競合を理由とする減責も否定されることになる。素因減責否定説の中心となるのは，いわゆる相当因果関係が及ぶ損害について，被害者自身がいかんともし得ないことを理由として減責をすることは認められないという価値判断である。したがって，自然力が競合した場合でも，当該結果について，被害者にとってどうしようもないということは素因の場合と同様であり，加害者の責任がそもそも成立するということを前提として，素因の場合と同様に，自然力の競合を理由とする減責を否定することになる。

② 素因減責を肯定する場合

それでは，素因減責を肯定する立場は，この問題について，どのように考えるのであろうか。これは，素因減責をどのように肯定するのかという点に即して考えていく必要がある。

(a)まず，素因減責も含めて，割合的因果関係や部分的な因果関係というように，因果関係のレベルで問題を解決しようとするアプローチがある→（コラム）*割合的因果関係と部分的因果関係 450 頁*。このような因果関係アプローチは，現在では，ほぼ否定されているが，このような考え方によれば，自然力の競合の場合にも，同様に減責が認められるということになる。というより，そもそも減責ではなく，因果関係が及んでいない以上，部分的にしか責任は成立していないということになろう。

(b)他方，過失相殺の類推適用というように，この問題を規範的に考えてアプローチする見解においては，自然力の競合による減責に対してどのような態度をとるのかは，必ずしも一義的に決まらない。そこでは，過失相殺の類推適用を認める視点，さらには，過失相殺そのものをどのような制度として理解するのかという視角によって決まってくる。

すでに説明したように，過失相殺を，加害者の視点から眺めて説明しようとする見解，つまり，加害者にとって予想に反する事情やその期待に反する事情を賠償額に反映させるのが過失相殺という制度であるという理解に立つのであれば，自然力についても，同じように反映させることが実質的に妥当だということになろう。もちろん，722 条 2 項は，「被害者の過失」を要件としているから，そのまま適用というわけにはいかないが，過失相殺の類推適用については，それを積極的に認めることが考えられる。

他方，過失相殺において，本来の意味の過失ではないにしても，何らかの被害者への帰責という視点を維持する見解であれば（被害者の疾患といったものは，消極的に単に加害者の事情ではないというだけではなく，被害者の事情であるといえる。素因は被害者のリスク領域に含まれるものであるという考え方），過失相殺の類推適用が，自然力の競合にまで当然に拡張されるわけではない。

現在の判例は，過失相殺の類推適用による素因減責を認めつつ，身体的特徴に関する判決に見られるように，その範囲が無制限に拡張することについては

慎重な姿勢を示している。そのことからは，②(b)の立場が，比較的，現在の判例の立場に近いと考えられそうである。

コラム *割合的因果関係と部分的因果関係*

　素因減責の問題が裁判例において登場したのは，昭和50年頃であるが，当初，減責を認めるという実質的判断についてはあまり争いがなく，主として議論されたのは，そうした減責をどのように理由づけるのかという理論構成の問題であった。さまざまな理論が主張されたが，その中で，かなり有力に主張されていたのが，この問題を因果関係のレベルで考えるという立場であった。こうした割合的因果関係理論や部分的因果関係理論の骨格は，「複数の原因がある以上，因果関係（原因としての性格）は，割合的（部分的）にしか存在しないはずだ」という考え方である。この考え方は，ある種，大変にわかりやすいものであり，一定の説得力を有することは確かだろう。

　もっとも，こうした考え方は，その本質的な部分で決定的な欠陥を持っている。つまり，1つの結果に対して，2つ，あるいは，3つの原因があるという場合に，その原因の個数を規範的評価を離れて確定する方法を欠いているという点である。たとえば，歩行者が青信号で横断歩道を通行している最中，信号無視の車が飛び込んできて，はねられたとしよう。この場合の原因は，いくつなのだろうか。少なくとも，2つある。歩行者が，その横断歩道を歩いていたということと，自動車がそこに飛び込んできたということである。「そんな馬鹿な，だって，歩行者は青信号で横断歩道をわたっていたんだろう！」というのは，当然の反応であるが，それは，青信号では横断することができる，赤信号では横断してはならないといった規範的評価を経て，はじめていえることなのである。結局，割合的因果関係論や部分的因果関係論も，こうした奇妙な結論を避けようとすると，何が原因かということについて，やはり規範的評価をしなくてはならないということになる。

　この点を意識しつつ，自然力の競合や被害者の素因の競合について考えてみよう。この場合，自然力の競合や被害者の素因を複数の原因の1つとして取り上げることはどのように説明されるのであろうか。実は，この部分が最も決定的に重要であるにもかかわらず，その点についての説明が，割合的因果関係論や部分的因果関係論では，完全に欠落している。この点について，「だって，複数の原因があるんだから」というのは，まったく説明になっていない。割合的因果関係論や部分的因果関係論の前提として何がその原因として取り上げられるかは，規範的評価を離れては不可能なのである。この問題が克服できるのであれば，こうした因果関係レベルのアプローチは，息を吹き返すという可能性もあるかもしれないが，実は，そのときには，すでに事実としての因果関係の問題ではないということが明確になっていると考えられる。

第5節　賠償額の調整／**4**　因果関係の競合

第4章　その他の効果（非金銭的救済）

第1節　名誉毀損の場合の原状回復

名誉回復措置　　723条は，名誉毀損の場合に，「他人の名誉を毀損した者に対しては，裁判所は，被害者の請求により，損害賠償に代えて，又は損害賠償とともに，名誉を回復するのに適当な処分を命ずることができる」として，損害賠償ではない救済（適当な処分）を与えることを認める。不法行為に対する救済として，民法が定める唯一の金銭による損害賠償以外のものである。

　名誉毀損の不法行為の場合，そこでの法益の主たるものは社会的評価としての名誉である。当然，そうした名誉毀損による被害者の主たる関心は傷つけられた名誉（社会的評価）の回復にある。そして，そうした客観的な名誉の回復は，それ自体として必ずしも不可能ではない。その点では，同じように回復が望まれるとしても，回復が物理的に不可能な場合（生命侵害の場合）や論理的に不可能な場合（プライバシー侵害の場合）とは異なる。後者の場合には，次善の方策として損害賠償によって解決されるのに対して，名誉毀損の場合には，社会的評価の回復そのものを法律効果として命じることが考えられるのである。それが，本条の規定する制度である。

　しかし，この具体例として一般的に挙げられる謝罪広告については，理論的な問題点も指摘されており，検討の余地が残されている。

原状回復と謝罪広告　　謝罪広告については，良心の自由（憲法19条）をめぐる問題として論じられることが多い（最大判昭和31年7月4日民集10巻7号785頁は，「単に事態の真相を告白し陳謝の意を表明するに止まる」程度の謝罪広告を命じることは，憲法19条に違反するものではないとする）。そのような観点からの検討が必要であることは言うまでもないが，ここでは，必ずしもそうした観点を持ち出すまでもなく，723条に基づく原状回復（名誉回復）の手段として，謝

罪広告が，そもそも適当なのかという観点から，問題を考えてみたい（民法の解釈論として謝罪広告の是非を考える）。

　上述のように，名誉毀損の場合に原状回復措置が認められる重要な根拠は，客観的名誉（社会的評価）が回復され得るものである以上，そうした方策を認めるべきという点にあると思われる。

　さて，そうした客観的評価は，加害者がそれについて謝罪するか否かにかかわらず，相手方の社会的地位を低下させるような表現行為が誤りだったことが明らかとなれば回復され得る。その意味で，「客観的に誤っていた」ということ以上に，「そうした自分の行為を謝罪する」という表示は，「客観的な名誉回復のためには」必要がないものと考えてよい。もちろん，そうした謝罪は，被害者にとってまったく無意味なものではない。というより，多くの場合には，その謝罪に被害者は執着するかもしれない。しかし，その執着は，自己の名誉回復のためではなく，加害者に対する非難感情の発露として理解されるべきものではなかろうか。もちろん，こうした非難感情をたとえば前近代的なものとして非難するつもりはない（多くの場合には共感を禁じ得ないであろう）。しかし，そうした非難感情は，何も名誉毀損の場合にのみ問題となるものではない。生命侵害，身体侵害，プライバシー侵害の場合等（とりわけ故意の不法行為の場合）においても，まったく同様に問題となり得るものであろう。むしろ，直接的な回復措置が認められず，損害賠償という次善の方策に甘んじなくてはならないその他の場合においてこそ，必要とさえいえるのである。その意味では，現行法を前提として，名誉毀損に限って，そうした措置を認める合理的な理由は存在しないのである。

　したがって，名誉毀損の場合にのみ謝罪文の広告掲載を認めるという現在の処理は，（憲法を持ち出すまでもなく）民法の解釈論としても適当ではないと考えられる。もっとも，現在の訂正広告等が不十分なものであることはしばしば指摘されるところであり，謝罪文はそれをある程度補充するものとしての評価も可能かもしれない。しかし，それらのことは，訂正広告そのものの問題として議論をされていくべきものであろう。

第1節　名誉毀損の場合の原状回復　453

第2節 差止請求

現在の状況　不法行為の効果としては，上述の名誉毀損の場合の原状回復措置を除くと，民法が認めているのは損害賠償だけであり，たとえば差止請求は認められていない。しかし，現在では，公害をめぐる問題などを中心に一定程度の差止請求を認め，そのための法律構成を考えることに向けた努力が払われている。

差止めと損害賠償　差止めも不法行為に対する対応のひとつであるという点では，差止めと損害賠償は共通している。しかし，両者の間には，無視できない性質の違いといったものも存在している。その点で，「差止めは損害賠償より重大な効果」だから，「差止めは通常の不法行為より重大な事案において認められる」といった単線的な理解では，十分ではないだろう。

　両者の性質の違いとして，特に重要なのは，損害賠償が事後的な回復措置であるのに対して，差止請求は，現在または将来に向けられた予防的な措置だという点である。したがって，単発的な不法行為（暴行による生命侵害等）においては，事後的な回復措置たる損害賠償しか問題となり得ないのであり，そこでは，侵害が軽微であるから差止めが問題とならないのではない。そうした点で，単発的な不法行為を念頭に置いていたと思われる古典的不法行為法の体系において，事後的な救済措置たる損害賠償のみが法律効果として定められたことはそれなりに理解のできることである。

　しかし，現代社会の発展は，個人による単発的な不法行為以外に，企業等による重大かつ継続的な権利侵害の事件類型を生み出すにいたった。その典型が公害である。ここでは，すでに侵害されている部分については事後的救済たる損害賠償によるとしても，将来の予想される権利侵害に対していかなる対処をなすべきかというあらたな問題が生じる。もちろん，将来の損害についての事前の賠償という枠組みも考えられないではないが，損害賠償が，修正できない過去の出来事についての事後の救済，次善の方策であると理解するならば，将来の損害についてそのような枠組みをとることは，問題の本質を看過するものであるとも言えそうである。

454　第Ⅲ部　不法行為の効果／第4章　その他の効果

もちろん，差止請求については，そうした点だけではなく，そのもたらす効果（波及効果）のまさしく「重大性」に鑑みて衡量されなくてはならない点があることも否定できない（公共性との衡量等）。しかし，損害賠償と差止めについては，まずこのような基本的な性格の違いが正確に理解されるべきものであろう。

　差止請求を認めるための法律構成　　差止請求を認めるための法律構成としては，種々のものが考えられてきており，さらに各見解の中でも多くのバリエーションが認められるが，ここでは最も対照的と思われる2つの考え方を対比させて，その考え方の基本を確認しておくことにしよう。

　①　権利的構成

　差止請求権を，排他的支配権を伴う権利の効果として認めていくという立場である。こうした排他的支配権の効果としては，物権的請求権があるが，こうした物権的請求権以外にも，差止めの基礎となる権利を考え，それに基づいて差止請求を認めるという考え方である。

　たとえば，財産権にすぎない物権についてすら物権的請求権が認められるのであるとすれば，生命や身体という重大な法益についても，それに相当するような差止めを認めることは当然であるといった考え方は，こうした権利的構成のひとつとして理解されることになる。

　このような権利的構成による場合，差止めは，必ずしも，不法行為法の問題としてではなく，権利の属性の問題と位置づけられることになる。そして，そこでは，当該権利には排他性があるのかといった形で，権利に着目した分析がなされることになる。

　②　不法行為法構成

　他方，差止めの問題を，まさしく不法行為法の問題として位置づけるという見解も有力に主張されている。たとえば，損害賠償という事後の救済が認められるのであるとすれば，差止めという形で損害の発生を阻止することも，不法行為法の役割として認められるというのは，このような立場のひとつとして理解することができる。

第2節　差止請求　455

この立場においては，あくまで不法行為法のレベルで問題を把握することから，故意や過失のような加害行為の態様についての視点が，差止めの判断において取り込まれることになる。

　このいずれも，現在，単純な形で貫徹させることは困難であろう。
　権利的構成といっても，侵害態様を抜きにして，当該利益や権利にのみ着目して，差止めの是非を語ること（たとえば，人格的利益と物権との比較衡量のみを行うこと）は，実質的にも妥当な結論を導くことにつながらない。
　また，不法行為法の効果として考えるといっても，すでに述べたとおり，損害賠償と差止めでは，行為者に対する規制の強さや意味が決定的に異なる以上，事後的な損害賠償が認められるとしても，それがただちに差止めまで正当化するものだとはいえないだろう。不法行為というしくみの中で考えられるとしても，損害賠償の場合とは異なったより厳格な要件が必要とされることは当然である。
　現在の判例は，①の権利的構成のような発想を出発点としつつ，差止めという効果の重大性を考慮して，②の侵害行為の態様についての評価を加えて，差止めが認められるか否かを判断している。

事例研究 最大判昭和 61 年 6 月 11 日民集 40 巻 4 号 872 頁「北方ジャーナル事件」→ 百選 I（8 版）[4]・山本敬三
　北海道知事選挙に立候補する予定であった Y₁ について，X が Y₁ についての侮蔑的な記事を含む雑誌を発売しようとしたのに対して，Y₁ は，雑誌の発売等の禁止の仮処分を求め，裁判所もこれを認めた。X は，Y₁ ならびに Y₂（国）に対して，損害賠償を求めたという事案である。
　最高裁は，以下のように述べて，X の請求を棄却した原判決を維持した。
　①「人の品性，徳行，名声，信用等の人格的価値について社会から受ける客観的評価である名誉を違法に侵害された者は，損害賠償（民法 710 条）又は名誉回復のための処分（同法 723 条）を求めることができるほか，人格権としての名誉権に基づき，加害者に対し，現に行われている侵害行為を排除し，又は将来生ずべき侵害を予防するため，侵害行為の差止めを求めることができるものと解するのが相当である。けだし，名誉は生命，身体とともに極めて重大な保護法益であり，人格権としての名誉権は，物権の場合と同様に排他性を有する権利というべきであるからである」。
　②「表現行為に対する事前抑制は，表現の自由を保障し検閲を禁止する憲法 21 条の趣旨に照らし，厳格かつ明確な要件のもとにおいてのみ許容されうる……その対象が公務員又は公職選挙の候補者に対する評価，批判等の表現行為に関するものである場合には，そのこと自体から，一般にそれが公共の利害に関する事項であるということができ，……当

該表現行為に対する事前差止めは，原則として許されない……。ただ，右のような場合においても，その表現内容が真実でなく，又はそれが専ら公益を図る目的のものではないことが明白であって，かつ，被害者が重大にして著しく回復困難な損害を被る虞があるときは，当該表現行為はその価値が被害者の名誉に劣後することが明らかであるうえ，有効適切な救済方法としての差止めの必要性も肯定されるから，かかる実体的要件を具備するときに限って，例外的に事前差止めが許される」。

ここでは，判旨の①によって，人格権としての名誉権は，排他性を有する権利であるとして，名誉権に基づく差止めの可能性を一般的に承認する。その意味では，権利的構成を採用していると理解することができる。しかし，判決は，それのみによって結論を導いているのではない。

むしろ，判旨の②においては，対抗する権利としての表現の自由に照らして，事前差止めについては慎重な姿勢が示される。そのうえで，名誉毀損の不法行為の判断構造に対応して事案を判断し（「表現内容が真実でなく，又はそれが専ら公益を図る目的のものではないことが明白であって」），さらに，事後的な損害賠償の場合にはない「被害者が重大にして著しく回復困難な損害を被る虞があるとき」という要件を加えて，実際の差止めの可否を判断しているのである（「重大で回復困難な損害」は，特に，人格的な利益の侵害が予想される事案において，重要な要件として機能している。最判平成 14 年 9 月 24 日判時 1802 号 60 頁「『石に泳ぐ魚』事件」→ *憲法百選 I（6 版）[67]・曽我部真裕*）。

もっとも公害をめぐる事案においては，これとはややニュアンスの異なる説明がなされているように思われる。

事例研究 *最判平成 7 年 7 月 7 日民集 49 巻 7 号 1870 頁→ 重判 H. 7 [行 7] 櫻井敬子, リマークス 13 [17]・國井和郎，同 2599 頁「国道 43 号線訴訟」→ 百選 II（8 版）[110]・根本尚徳*

地域の基幹道路周辺の住民が損害賠償と差止めを求めた事案である。

最高裁は，「本件道路の公共性ないし公益上の必要性のゆえに，被上告人らが受けた被害が社会生活上受忍すべき範囲内のものであるということはできず，本件道路の供用が違法な法益侵害に当た」るとして，原告らの損害賠償を認めた（1503 号事件）。

他方，差止めについては，「上告人らは，……有形無形の負荷を受けているが，他方，本件道路が主として産業物資流通のための地域間交通に相当の寄与をしており，自動車保有台数の増加と貨物及び旅客輸送における自動車輸送の分担率の上昇に伴い，その寄与の程度は高まっているなどの事実を適法に確定した上，本件道路の近隣に居住する上告人らが現に受け，将来も受ける蓋然性の高い被害の内容が日常生活における妨害にとどまるのに対し，本件道路がその沿道の住民や企業に対してのみならず，地域間交通や産業経済活動に対してその内容及び量においてかけがえのない多大な便益を提供しているなどの事情

第 2 節　差止請求　457

を考慮して，上告人らの求める差止めを認容すべき違法性があるとはいえないと判断した」原審判決を維持し，「道路等の施設の周辺住民からその供用の差止めが求められた場合に差止請求を認容すべき違法性があるかどうかを判断するにつき考慮すべき要素は，周辺住民から損害の賠償が求められた場合に賠償請求を認容すべき違法性があるかどうかを判断するにつき考慮すべき要素とほぼ共通するのであるが，施設の供用の差止めと金銭による賠償という請求内容の相違に対応して，違法性の判断において各要素の重要性をどの程度のものとして考慮するかにはおのずから相違があるから，右両場合の違法性の有無の判断に差異が生じることがあっても不合理とはいえない」とした（1504 号事件）。

　ここでは，差止めの判断において原告の利益の排他性という視点は，前面には出てきていない。ここで具体的な判断を導いているのは，原告の利益と公益との対比である。こうした公益という視点は，不法行為法における行為態様の妥当性の視点と共通するものであり，そのうえで，事後的な損害賠償（行為そのものは禁止せず金銭的な塡補のみを認める）と差止め（行為そのものが禁止される）との効果の違いに照らしたうえでの判断がなされているものと理解することができるだろう。

第Ⅳ部　複数の賠償義務者をめぐる法律関係
―― 共同不法行為等 ――

第1章　基本的な考え方と責任の枠組み

問題の出発点　これまでの説明において，ある被害の発生について，ある者が賠償責任を負うか否かの判断がどのようになされるのか（不法行為の成立要件），そうした責任が成立する場合の内容はどのようなものなのか（不法行為の効果）を説明してきた。これは，特定の被害者の特定の賠償義務者に対する損害賠償請求をめぐる問題である。

　もっとも，このような不法行為責任が成立する者が1人であるということは，いままでの説明においてどこにも示されていないし，また，そのように限定する実質的な理由もない。そうだとすれば，1つの事故，1人の被害者について，複数の者の不法行為責任が認められるということもあるはずである。このような場合，相互の法律関係（加害者と被害者との法律関係，加害者相互の法律関係）は，どのように解決されるのであろうか。この点を，最後に取り上げることにしよう。

複数の賠償義務者をめぐる基本的な法律関係　のちに取り上げるように，こうした問題を規定する条文としては，共同不法行為に関する719条がある。しかし，そこで説明するように，719条がいったいどのような意義を有する規定なのかという点については，現在でも議論がある。

　719条の意義を考える前提として，このような条文がなく，709条等の条文

のみが存在するという場合に問題がどのように解決されるのかということを，まず考えてみることにしよう。

> **設例Ⅳ-1** Ｘは，Ｙ₁の運転する車に同乗していたところ，Ｙ₁運転の車両は，Ｙ₂運転の車両と衝突した。Ｙ₁，Ｙ₂には，それぞれ前方不注意ならびに速度超過等の過失があった。Ｘは，下半身不随の後遺障害が残る重傷を負った。

　このケースにおいて，いずれもＹ₁，Ｙ₂の過失があるということを前提に，且つ，いままでに説明してきたところだけを前提に，Ｘは，誰に対して，どのような損害賠償を請求できるのかという問題を考えてみよう。

　まず，**設例Ⅳ-1**において，これまでに述べてきたことを前提に考えるのであれば，そこでは，「Ｘは，Ｙ₁に対して損害賠償を請求することができるのか」（不法行為の成立），そして，それが認められるのであれば，「どのような損害賠償が認められるのか」（不法行為の効果）が問題とされる。ほかに，Ｙ₂が存在するということは，いままでの説明の中では，特別言及されていないからである。

　この問いに対しては，Ｙ₁について，不法行為の成立要件が満たされるかが検討され，そして，肯定されることになろう（Ｙ₁について，ほかに債務不履行責任を追及する可能性があるということは，ひとまず度外視する）。そして，そうした責任の成立が認められる場合，伝統的な見解によれば，相当因果関係によって，本書の立場であれば，保護範囲，損害の金銭的評価というプロセスを経て，最終的な損害賠償額が決定されることになる。この事案においては，Ｘに生じた下半身不随という結果についての損害賠償が認められるということについては，いずれの見解によっても異論がないであろう。最終的な金額を導くプロセスの説明の仕方は違ったとしても，治療費や入院費，あるいは，逸失利益などを通じて計算されるような金額が，最終的な損害賠償額だということになる。この金額をかりに8000万円だとしておく。

　さて，次に，やはり**設例Ⅳ-1**において，Ｙ₂の責任を考えてみることにしよう。細かい説明は省略するが，Ｙ₂についても，最終的に，8000万円の損害賠償責任を認められるだろう。

460　第Ⅳ部　複数の賠償義務者をめぐる法律関係／第1章　基本的な考え方と責任の枠組み

さて，問題は，この場合，X は，Y_1 と Y_2 に対して，どのような形で，この 8000 万円の損害についての賠償責任を追及することになるのか（対外的関係），Y_1 や Y_2 は相互にどのような関係に立つのか（対内的関係，求償関係）ということである。

まず，前者の問題については，X に 1 億 6000 万円の損害が発生しているわけではないから，2 人の賠償義務者がいるといっても，X の賠償請求権の上限が 8000 万円であるということは明らかである。

このような場合，論理的な選択肢としては，2 つの方向が考えられる。ひとつは，X は，いずれに対しても，8000 万円を上限とする損害賠償を求めることができるが，一方が弁済した場合，それに応じて，賠償請求ができる上限も縮減するというものである。この場合，その基本的なしくみは連帯債務と同じになる。もうひとつの考え方は，2 人の賠償義務者がいるのであるから，たとえば 4000 万円ずつというように，Y_1 と Y_2 の損害賠償債務はそれぞれ縮減され，その合計金額が 8000 万円になるにすぎないという考え方である。これは，分割債務（427 条。分割債務の原則）として，2 人の賠償義務者の責任を考えるものである。なお，この考え方をとった場合，求償の問題は生じない。

さて，この 2 つの考え方の中，従来の見解は，一貫して，前者のような考え方を採用してきている。すなわち，賠償義務者が複数存在するということによって，損害賠償債務が分割債務となることを否定するのである。このような考え方の説明としては，この場合には，1 つの損害について複数の賠償債務があるのであり，分割債務の原則を規定する 427 条（「数人の債権者又は債務者がある場合において，別段の意思表示がないときは，各債権者又は各債務者は，それぞれ等しい割合で権利を有し，又は義務を負う。」）が前提とする 1 つの債務について複数の債務者が存在する場合ではないといったことが考えられる。つまり，Y_1 と Y_2 は，それぞれが 8000 万円の債務を負担しているのであり，8000 万円という 1 つの債務を，Y_1 と Y_2 が負担しているわけではないという理解である（各自は，自己の債務として 8000 万円について賠償義務を負担しているのであり，他人の責任を肩代わりした責任を負っているわけではない）。

ここでは，Y_1 と Y_2 は，それぞれ個別の不法行為責任についての検討を経て，8000 万円の損害賠償責任を負担することが正当化されているということが前

提となり，そして，分割の債務の原則を採用する場合，債務者についての弁済のリスクを被害者に負担させるということになるが，そのようなリスク負担が合理的ではないという実質的な判断が，こうした結論を支えている。

このように，Y_1 と Y_2 のいずれについても，8000万円の損害賠償責任を負担するということになると，X としては，2人に対して同時に賠償を求めてもいいし，その一方に対してのみ請求を追及するということも可能となる。そして，いずれの場合も，責任を追及される賠償義務者は，8000万円までの義務を履行しなくてはならないのである。

それでは，たとえば，Y_2 が8000万円全額の賠償を行った場合，Y_1 との関係ではどのような法律関係に立つのだろうか。これについては，2つの考え方がある。

ひとつは，何も法律関係は残らないというものである。つまり，Y_2 が8000万円の賠償全額を支払ったとしても，それ自体は，自己の債務の弁済にすぎない。他方，Y_1 と Y_2 との間には，求償を基礎づけるような法律関係は存在していない（436条〔改正前432条〕。「数人が連帯債務を負担するとき」には該当しない）。したがって，それでおしまいということになる。Y_1 がたまたま請求されなかったり，請求されたとしても支払わなかったという場合には，Y_1 はずいぶん得をするように見えるが，それは仕方がないとする。

他方，もうひとつの考え方は，Y_2 から Y_1 への求償を認める。このような求償を認める見解も，Y_1 と Y_2 との間に連帯債務関係を認めるわけではなく，より限定的な形であるが，求償を認めることによって，最終的な損害負担の公平を実現しようとする。

かつては，前者の見解も有力に主張されていたが，現在では，後者のように求償を認めるということについては，異論はない（最判昭和41年11月18日民集20巻9号1886頁は，「過失の割合にしたがって定められるべき上告人の負担部分について求償権を行使することができる」とする）。なお，このような Y_1 と Y_2 の関係は，本来の連帯債務関係とは異なる部分を残すために，「不真正連帯債務」と呼ばれてきた（もっとも，こうした概念を立てることには消極的な見解も存在した）。

この部分は，今回の債権法改正によっても比較的大きな影響を受ける部分であるが（後述のように不法行為法についていえば影響は大きくなく，むしろ，従来は例

外的なものとして位置づけられてきた不法行為法での扱いが，原則となる），まずは，改正前の規定を前提に説明をし，そのうえで，2017年の債権法改正をふまえた説明を行うことにしよう。

不真正連帯債務——従前の扱い　　上述のように，Y_1 と Y_2 の関係は，従前は，不真正連帯債務だと説明されてきたが，それはどのような点で，連帯債務としては不真正なのであろうか。

こうした概念が登場した当初は，Y_1 と Y_2 のそれぞれが損害全額について責任を負担することが妥当なのであり，相互には関係がないということが強調され，全額についての賠償責任が本来の性質である以上，負担部分もないとされていた→【負担部分の決定】469頁。だからこそ，負担部分を前提とする求償を否定するという見解が有力だったのである。しかし，現在では，不真正連帯債務という概念を維持するという場合でも，負担部分は存在し得るということを前提とすると理解されている。したがって，それを前提に，本来の連帯債務（改正前432条以下）との違いを個別に見ていくことにしよう。

複数の者が一定の共通性を有する債務を負担するという場合，その前提として，どのような状況を考えるかでルールの仕方が異なってくる。ここで取り上げてきた Y_1 と Y_2 のように，それぞれ別個独立の責任判断を経て，最終的な結論として，同一の損害に対して賠償責任を負担するというタイプの共通性もある。他方，AとBが2人で一緒に1つの目的物を購入する，一緒にお金を借りるというように，最初から企図して責任を負担するという場合もある。後者の場合には，債務者相互には一定の結びつき（主観的共同目的）があるが，前者の場合には，そうした結びつきは存在しない。

改正前の連帯債務に関する規定は，この中，後者のタイプを前提としたものであった。このような後者のタイプでは，1人の債務者に生じた事由が他の債務者にも影響を与えるという絶対的効力事由が積極的に承認されることになる。たとえば，連帯債務者の1人に請求すれば，他の債務者にあらためて請求しなくても，請求の効果が生じることが認められる（434条）。これは，債務者相互の一定の関係があるからこそ正当化される。

他方，**設例Ⅳ-1** における Y_1 と Y_2 との間にはそのような関係はない。なるほど，その中の1人が賠償すれば，他の賠償義務者にも影響が生じる。しかし，

それは，被害者の損害が填補されたから生じるだけなのであり，相互の結びつきが存在するからではない。だとすると，このような Y_1 と Y_2 との関係に，一定の結びつきを前提とする連帯債務の規定を使うことには慎重であるべきだということになる。

それでは，具体的にどのような点で本来の連帯債務と異なることになるのであろうか。

① 絶対的効力事由の制限
まず，連帯債務における絶対的効力事由の中，債務者相互の結びつきを前提とするような規定は，不真正連帯債務では準用されない。たとえば，損害賠償義務者の1人に請求しても，それによって他の賠償義務者の債務についての消滅時効は中断しない（最判昭和57年3月4日判時1042号87頁。434条参照）。また，ある賠償義務者の債務を免除しても，当然には，他の賠償義務者の債務に影響しない（後掲の最判平成10年9月10日民集52巻6号1494頁。437条参照）。逆にいえば，絶対的効力事由として認められるのは，弁済や相殺のように（ただし，悪意の不法行為による損害賠償債務，人の生命又は身体の侵害による損害賠償債務については，債務者の側からの相殺は認められない。509条），被害者の損害が現実に填補される性格のものに限定されることになる。

② 求償の範囲
求償関係においても違いが認められる。改正前の442条1項は，「連帯債務者の一人が弁済をし，その他自己の財産をもって共同の免責を得たときは，その連帯債務者は，他の連帯債務者に対し，各自の負担部分について求償権を有する」と規定していた。
具体例で考えてみよう。AとBが，連帯して8000万円の債務を負担し，負担部分は平等であるとする。この場合，Aが，(a) 2000万円弁済した場合，(b) 4000万円弁済した場合，(c) 6000万円弁済した場合，いずれの場合においても，Aは，Bに対して，その半額を求償することができる。2人が連帯して債務を負担した以上，一部の免責を得たにすぎない場合であっても，相互の負担部分に応じて，そのつど，清算をしていくことが認められているのである。

他方，ＡとＢが不真正連帯債務を負担している場合であれば，自己の負担部分を超える弁済をなした場合に，その超える範囲でのみ求償が認められる（最判昭和 63 年 7 月 1 日民集 42 巻 6 号 451 頁→ *百選Ⅱ（8 版）[97]・大澤逸平*）。そのため，ＡからＢへの求償は，上記の 3 つの中，(c)の 6000 万円を弁済した場合に限り，且つ，その場合も 2000 万円の求償が認められるにすぎないのである。この背景には，Ａの 4000 万円の負担部分は，Ａが最終的に負担すべき金額であり，その範囲内の弁済を行ったとしても，Ｂに求償できるような性格のものではないという理解がある。

> **事例研究** 最判平成 10 年 9 月 10 日民集 52 巻 6 号 1494 頁→ *百選Ⅱ（8 版）[21]・福田誠治*
>
> 　事案は，あとで説明する共同不法行為に関するものである。しかし，不真正連帯債務における絶対的効力事由を考えるうえで適切な材料なので，ここで取り上げることにする。
> 　まず，Ｙ社の被用者Ａは，Ｘと共謀し，仮装売買によってＢに損害を与えた。ＢからＸを相手方とする訴訟が提起された。しかし，ＸがＡと共同してＢに加えた損害について 2000 万円の支払義務があることをＢに対して認めること，Ｂはその余の請求を放棄すること，を内容とする訴訟上の和解が成立し，ＸはＢに和解金 2000 万円を支払った。これをふまえて，ＸからＡの使用者であるＹに対して，Ａの負担部分たる 1600 万円の求償をなしたのが本件である。
> 　最高裁は，「ＸとＡが負担する損害賠償債務は，いわゆる不真正連帯債務であるから，Ｘと被害者との間で訴訟上の和解が成立し，請求額の一部につき和解金が支払われるとともに，和解調書中に『被害者はその余の請求を放棄する』旨の条項が設けられ，被害者がＸに対し残債務を免除したと解し得るときでも，連帯債務における免除の絶対的効力を定めた民法 437 条の規定は適用されず，Ａに対して当然に免除の効力が及ぶものではない」，「しかし，被害者が，右訴訟上の和解に際し，Ａの残債務をも免除する意思を有していると認められるときは，Ａに対しても残債務の免除の効力が及ぶものというべきである。そして，この場合には，Ａはもはや被害者から残債務を訴求される可能性はないのであるから，ＸのＡに対する求償金額は，確定した損害額である右訴訟上の和解におけるＸの支払額を基準とし，双方の責任割合に従いその負担部分を定めて，これを算定するのが相当である」とし，本件和解に際し，ＢがＹに対しても残債務を免除する意思を有していたか否かについて審理不尽であるとして，原審に差し戻した。

2017 年の債権法改正と複数の賠償義務者間の関係——連帯債務の規定の適用

　詳しい説明は，債権総論の教科書等に譲るが，今回の債権法改正によって，連帯債務に関する規定は大幅に改正されることになった。
　まず，連帯債務の意義について，改正前 432 条が，「数人が連帯債務を負担するとき」としていたのに対して，改正された 436 条は，「債務の目的がその性質上可分である場合において，法令の規定又は当事者の意思表示によって数

人が連帯して債務を負担するとき」として，不法行為法等によって連帯して責任を負う場合を強く意識したものとなった（立法過程の審議においても，従来の不真正連帯債務型のものを連帯債務として規定することが前提とされていた）。すなわち，従来，不真正連帯債務として別扱いを受けていたものについても，債権総則の連帯債務の規定が適用されるというのが，2017年の債権法改正の基本的な立場である。

そして，それを前提として，絶対的効力事由が大幅に削減され，従来の不真正連帯債務概念をもたらした状況が緩和されている。すなわち，履行の請求の絶対的効力が否定され（改正前434条の削除），従来は負担部分型の絶対的効力が認められていた免除や消滅時効の完成についても，その絶対的効力が否定されるとともに，そうした事由が求償関係に影響を及ぼさないものとされた（改正前437条，439条の削除）。

今回の債権法改正によって，こうした債権総則の連帯債務の規定は，不法行為等によって複数の者が賠償義務を負担する場合についても，適用されることになり，従来の不真正連帯債務という概念は不要となる。もちろん，従前の判例等がまったく意味を失うわけではなく，たとえば，前掲最判平成10年9月10日は，相対的効力の原則の射程をめぐる当事者の意思解釈（改正後の441条）についての判断として意義を有するものと考えられるが，その積極的な意義は大幅に減少することになる。

もっとも，今回の債権法改正が，従来，不真正連帯債務に関して判例が形成してきたルールをそのまま反映したものではないという点にも，注意をしておくべきであろう。

たとえば，改正された442条1項は，「連帯債務者の一人が弁済をし，その他自己の財産をもって共同の免責を得たときは，その連帯債務者は，その免責を得た額が自己の負担部分を超えるかどうかにかかわらず，他の連帯債務者に対し，その免責を得るために支出した財産の額（その財産の額が共同の免責を得た額を超える場合にあっては，その免責を得た額）のうち各自の負担部分に応じた額の求償権を有する」と規定する。この点は，従来の連帯債務について，442条の文言上必ずしも明確ではなかった点を明らかにしたものであるが，すでに説明した不真正連帯債務における求償関係について展開されてきた従来の判例とは異なっている。

したがって，従来，不真正連帯債務として扱われてきたものについて，すべて改正された連帯債務の規定が適用されるとすれば，求償については，従来の判例が変更されることになる。

　もっとも，問題は，従来の不真正連帯債務の場面が，すべて改正後の連帯債務によってカバーされるのかという点である。たとえば，共同不法行為の成立が認められる場合，719条1項が「各自が連帯してその損害を賠償する責任を負う」と規定するので，法令の規定によって数人が連帯して債務を負担する場合にあたり（436条），連帯債務の規定が適用されることに問題はないだろう。ただ，従来，不真正連帯債務が成立するとされてきた場合のすべてについて，こうした連帯して責任を負担するといった規定が用意されてきたわけではない。これまでに説明したように，各自が709条の要件を満たす場合については，共同不法行為が成立するか否かを問題とせず，不真正連帯債務が成立するとされてきた。また，次に説明する不法行為と債務不履行が競合する場合も，共同不法行為の規定をそのまま適用することはできないはずである。その点では，2017年の改正によって，従来の不真正連帯債務のかなりの部分が債権総則の連帯債務規定によって受け止められることになったことは確かであるが，なお，完全にはカバーされない部分も残るというのは確かであるように思われる。

　かりに，そのような理解が正しいのだとすると，436条の要件を満たさないタイプの不真正連帯債務については，どのように考えるべきなのだろうか。今後の動きを見ないと断定的な判断はできないが，2つの方向が考えられるように思われる。

　ひとつは，そうした領域が残るとしても，従来の不真正連帯債務を主として想定しながら新たな連帯債務の規定が用意された以上，連帯債務の規定を類推適用すれば足りるとする考え方である。この場合，こうした不真正連帯債務における求償についても，改正された442条が適用されることになる。

　もうひとつは，436条の要件を満たさない不真正連帯債務については，なお従前どおり，判例によって形成されたルールによって処理されるというものである。この場合，求償については，442条と異なり，負担部分を超えた弁済をしないと，求償は認められないということになる。

　なお，論理的には，従来の不真正連帯債務が連帯債務として規定された以上，436条の要件を満たさないものについては，分割債務の原則（427条）が適用さ

れるという可能性もあり得ないではないが，連帯を基礎づける規定が十分に用意されていない以上，従来の状況を大きく変更することになり，実質的にも妥当ではないだろう。

不法行為と債務不履行の競合　すでに少し触れたところであるが，1つの損害について，複数の債務者が存在するという場合，その損害賠償債務は，必ずしも不法行為による損害賠償債務に限定されるわけではない。すでに取り上げた **設例IV-1** においても，Y_1 の責任を債務不履行という構成で追及することが考えられるが，より典型的なのは，以下のような事案であろう。

> **設例IV-2**　幼児である X は，Y_1 の経営する保育園の保育士 A に引率されて園外保育に出た。A が十分に注意をしていなかったために，X は，遊んでいた公園から道路に飛び出して，Y_2 の運転する車両にはねられて，重傷を負った。Y_2 には，前方不注意の過失があった。

もちろん，この場合も，Y_1 に対する責任を不法行為という構成で追及することは考えられる（715条の使用者責任）。しかしながら，たとえば，X の Y_1 に責任追及が債務不履行という構成でなされたから，あるいは，裁判所が認定したのが債務不履行による損害賠償であったからという理由で，これまでに説明してきたような扱いが異なってくるということが合理的だとは考えられない。

いままでの説明においても，Y_1 と Y_2 の責任がいずれも不法行為責任であるという性格に何らかの意味があったわけではなく，Y_1 と Y_2 は，それぞれ固有の責任判断において全額の賠償責任が認められる。そして，一方が弁済することによって，他方も免責を得られるのであるから，その間の調整をなすことが妥当であり，求償が認められるというものであった。

この論理においては，不法行為責任か債務不履行責任かという責任の性質は，重要な役割を果たしていない。その意味で，**設例IV-1** において述べてきたことは，**設例IV-2** において，Y_1 の責任が債務不履行構成によって追及された場合においても，同様にあてはまると理解すべきであろう。

そのうえで，この場面での Y_1 と Y_2 の責任について，改正された連帯債務の規定が類推適用されると考えるのか，従来通り，不真正連帯債務だとして考えるのかという問題があることについては，上述したとおりである。

468　第IV部　複数の賠償義務者をめぐる法律関係／第1章　基本的な考え方と責任の枠組み

負担部分の決定　ところで，不真正連帯債務においても，負担部分があるということを前提として説明をしてきた。この負担部分は（前掲最判昭和41年11月18日も，「過失の割合にしたがって定められるべき……負担部分」とする），義務違反としての過失の性質，また，義務の内容や加害者の立場も異なること，さらには，こうした負担部分が問題となるのは単純な過失責任だけではなく，中間責任，危険責任の場合も含まれることからすれば，負担部分が自動的に数学的に導かれるようなものではないことは明らかである。結局，結果に対する関与の大きさや結果回避の容易さ，非難可能性などを考慮して，規範的に評価せざるを得ないものであろう。

やや発展的な問題——賠償範囲が異なる場合　以上の2つの設例では，個別に判断された Y_1 と Y_2 の責任範囲は同一であった。しかし，少し応用的な問題として，それぞれの賠償範囲が異なるというケースは考えられよう。たとえば，以下のような場合である。

> **設例IV-3**　Xは，Y_1 の運転する車に同乗していたところ，Y_1 運転の車両は，Y_2 運転の車両と衝突し，Xは助手席のフロントガラスを破って，飛び出してしまった。そこに Y_3 の運転する対向車両がやってきて，Xをはねた。Y_1，Y_2，Y_3 には，それぞれ前方不注意ならびに速度超過等の過失があった。Xは，全身不随の後遺障害が残る重傷を負った。

　この場合，Yらのいずれもが，Xに生じた後遺障害について責任を負うのであれば，不真正連帯債務を負う者が3人となるが，これまでに説明したところと特に違いはない。

　それに対して，かりに Y_1 と Y_2 は，最初の事故による負傷についてのみ責任を負い，Y_3 のみが最終的な結果について責任を負うと考えられる場合はどうであろうか（実際には，このケースでそのように判断されることはなく，あくまで仮定的な場合である）。いままでのものに比べて，少し複雑そうに見える。しかしながら，基本的なしくみは，これまでの説明と同じである。なぜなら，このような不真正連帯債務の基本にある考え方は，賠償義務者のそれぞれについて，個別独立して，責任の有無を判断し，他の債務者の責任の範囲や有無は，その判断に際して影響を与えることはない。

469

ただ，少し問題となるのが，1人が弁済した場合に，他の債務者の債務が縮減するかという点で，その弁済がどの部分に対してなされたのかが問題となる。まず，Y_1 と Y_2 については，いずれも，同一の内容の損害賠償債務を負担しているのであるから，どのような弁済も，それは他方の債務を縮減することになる（絶対的効力事由としての弁済）。他方，Y_3 については，そもそもどのような賠償債務を負担していると考えるかで異なる。Y_3 が負担するのが，Y_1，Y_2 が負担する部分（最初の負傷）と重なり，さらに，その後の結果を固有のものとして含むとするのであれば，重複する部分についての弁済は他の債務者の債務を縮減させるが，重複しない部分については他の債務に影響を与えない。他方，Y_3 が負担するのは，Y_1，Y_2 が負担するのとは重ならない，その後の結果だけである（Y_3 の不法行為によってもたらされたのはそれだけであるから）とすれば，本来，別内容の債務を負担しているのであって，いかなる弁済も，Y_1，Y_2 の債務には影響を与えないということになる。

　特に，Y_3 の責任の一部のみが Y_1，Y_2 の責任と重なる場合に，Y_3 による一部弁済がどのように扱われるのかというのは，困難な問題を生じさせるが，この点についての現在の法律状態は明確ではない。

470　　第Ⅳ部　複数の賠償義務者をめぐる法律関係／第1章　基本的な考え方と責任の枠組み

第2章　共同不法行為

1　719条の概観

共同不法行為の意味と規定の意義　719条は，①「数人が共同の不法行為によって他人に損害を加えたときは，各自が連帯してその損害を賠償する責任を負う」（1項前段）とする。そして，②「共同行為者のうちいずれの者がその損害を加えたかを知ることができないとき」（1項後段）も同様の責任を認め，さらに，③「行為者を教唆した者及び幇助した者は，共同行為者とみなして，前項の規定を適用する」（2項）と規定する。これら3つのルールによって示されるものを，共同不法行為と呼んでいる。

　ごくおおざっぱな説明をすれば，複数の者が関与した不法行為において，加害者らの連帯責任を規定するものであり，それによって，被害者の救済を図るものであるということになろう（そうした説明がなされることは多い）。しかしながら，すでに説明してきたように，こうした規定が存在しなかったとしても，従来から，複数の加害者について不真正連帯債務の成立が結果的に認められる（より厳密にいえば，複数の加害者について，それぞれ保護範囲に含まれる結果あるいは相当因果関係が及ぶ結果についての責任が認められ，それらの責任は，結果的に，不真正連帯債務となる）。そうだとすれば，共同不法行為に関する規定にはどのような意味があるのだろうか，という点が問題となる。共同不法行為をめぐる最も困難な問題のひとつがここにある。

　以下では，規定のそれぞれについて，従来議論されてきたところをふまえて，最終的に，この問題に対する本書の立場を示すことにする。

2　共同不法行為の要件──関連共同性（719条1項前段）

共同不法行為の要件としての関連共同性　共同不法行為で中心となる規定は，719条1項である。ここでは，「共同の不法行為」という要件を示される

が，この成否を判断するのが，関連共同性という概念である。すなわち，複数の加害者の間に関連共同性が認められる場合に共同不法行為（「共同の不法行為」）の成立が認められ，そうした共同不法行為と結果との間で相当因果関係が問題とされることになる。

共同不法行為の成立の要件となる関連共同性については，主観的な関連共同性と客観的な関連共同性があるとされてきた。これまでに挙げた設例も含めて，この関連共同性の要件とその意味について考えてみることにしよう。

設例Ⅳ-1　Xは，Y$_1$の運転する車に同乗していたところ，Y$_1$運転の車両は，Y$_2$運転の車両と衝突した。Y$_1$，Y$_2$には，それぞれ前方不注意ならびに速度超過等の過失があった。Xは，下半身不随の後遺障害が残る重傷を負った。

設例Ⅳ-3　Xは，Y$_1$の運転する車に同乗していたところ，Y$_1$運転の車両は，Y$_2$運転の車両と衝突し，Xは助手席のフロントガラスを破って，飛び出してしまった。そこにY$_3$の運転する対向車両がやってきて，Xをはねた。Y$_1$，Y$_2$，Y$_3$には，それぞれ前方不注意ならびに速度超過等の過失があった。Xは，全身不随の後遺障害が残る重傷を負った。

設例Ⅳ-4　Y$_1$，Y$_2$，Y$_3$が営む各工場は，コンビナートを構成していた。これらの工場から排出される煤煙によって，周辺住民に肺気腫等の障害が発生した。

設例Ⅳ-5　Y$_1$は，Aを後ろからはがい締めにして，Y$_2$が，Aを殴打し，Aが負傷した。

設例Ⅳ-5 は，刑法の共犯の説明にも出てくるような例である。このように不法行為を共同になす意思がある場合（「主観的関連共同」が認められる場合），共同不法行為が成立することは異論がない。この場合，Y$_1$とY$_2$の「共同の不法行為」とAの負傷との間に相当因果関係が認められれば（なお，「相当因果関係」をめぐってはすでに触れたように議論があるが，一々，「いわゆる相当因果関係」というのもわずらわしいので，以下では，賠償範囲の問題という意味で，相当因果関係という言葉を用いる），Y$_1$とY$_2$の責任が認められることになる。

他方，**設例Ⅳ-1** と **設例Ⅳ-3** は，すでに取り上げた例であるが，このように共同の行為をなす意思が存在しない場合でも，Y$_1$とY$_2$の行為との間に客観的な関連共同性（「客観的関連共同」）が認められる場合には，共同不法行為の要件

472　第Ⅳ部　複数の賠償義務者をめぐる法律関係／第2章　共同不法行為

としての関連共同性を認めるのが一般的な理解である。特に，設例Ⅳ-3 においては，Y₃の行為は，それ以前のY₁，Y₂による衝突と時間的に異なった時点で生じているが，こうした場合でも，当該事故の性質や損害発生の経緯等に照らして，客観的関連共同性が肯定され，共同不法行為が成立すると考えられてきた。

判例も，共同不法行為の成立については，共同行為者各自の行為が客観的に関連し共同することで足りるとしている（最判昭和43年4月23日民集22巻4号964頁「山王川事件」。なお，現在でも共同不法行為の成立について，判例が客観的関連共同性を要件として維持しているかについては議論の余地がある。後述のように，交通事故と医療過誤が競合した事案についても，719条の適用を認めているが，そこでは関連共同性については明示的に言及されていない）。

もっとも，これらの関連共同性が肯定され，共同不法行為の成立が認められることによって，その結論は，実質的に異なるものとなるのかが問題となる。共同不法行為についても，それぞれの行為が709条等，不法行為の成立要件を満たしていることは前提となっている。そのうえで相当因果関係の問題として結果について責任を負うのかを考えるのと，どのように異なるのだろうか。

まず，設例Ⅳ-3 について，前章の説明の中ではY₁，Y₂とY₃の責任の成立範囲が異なる可能性に言及したが，実際には，709条によっても，いずれも同一の損害結果（Xの後遺障害）について責任を負担すると考える方が自然だろう。そのうえで，それぞれの責任の範囲を考えるとしても，Y₁とY₂による衝突事故によって高められた危険の実現がY₃による事故だと理解することは困難ではないだろう。

また，設例Ⅳ-5 についても，709条のみによっても，Y₁とY₂のそれぞれについて，殴打の結果についての賠償責任を負わせることを導くことはそれほど困難ではないだろう。負傷という結果を直接にもたらしたのは，Y₂の殴打であるが，Y₁によるXの拘束も，まさしくそうした結果に向けてのものであり，そこまで責任が及ぶと考えることに不都合はない。したがって，これらの3つの設例において，関連共同性の判断を通じた共同不法行為が成立するとしても，それによって，特にあらたな効果（709条だけでは実現できなかった被害者の救済）が導かれるというわけではないといえそうである。

このことは，偶然，そうなったわけでもない。なぜなら，関連共同性として

2　共同不法行為の要件　473

取り上げられる主観的関連共同性や客観的関連共同性が，当事者の意図や危険の性質，経緯等に即した判断であるとすれば，それは，賠償範囲に関するいわゆる相当因果関係の判断，あるいは，保護範囲や危険性連関の判断と実質的に重なる性質のものだからである。

さらに，前掲の山王川事件に関する最高裁判決も，「共同行為者各自の行為が客観的に関連し共同して違法に損害を加えた場合において，各自の行為がそれぞれ独立に不法行為の要件を備えるときは，各自が右違法な加害行為と相当因果関係にある損害についてその賠償の責に任ずべき」だとしたうえで，「本件工場廃水を山王川に放出した上告人は，右廃水放出により惹起された損害のうち，右廃水放出と相当因果関係の範囲内にある全損害について，その賠償の責に任ずべきである」とするのであるが，後半部分の廃水放出という不法行為と相当因果関係の範囲内の損害について賠償責任を負担するということは，通常の不法行為の効果についてすでに述べてきたところからも説明が可能であるように思われる（もちろん，「相当因果関係の範囲内にある全損害」という点がポイントなのであるという反論は考えられる。この点については，複数の排出源による大気汚染や水質汚濁のような公害型の不法行為に関する問題があるが，これについては後述する）。

その点では，設例Ⅳ-1，設例Ⅳ-3，設例Ⅳ-5のような場合については，共同不法行為が成立することは確かだとしても，共同不法行為だという判断を経ないと，加害者の（不真正）連帯債務という結論を導くことができないわけではないように思われる。

もっとも，設例Ⅳ-4については，共同不法行為として構成することによって結論を導くことが容易なものであることは否定できない。この場合，Y_1，Y_2，Y_3の各工場と周辺住民の健康被害との相当因果関係を認定することは，他の設例と異なって，それほど容易ではないだろう。それに対して，Y_1，Y_2，Y_3の行為について（客観的）関連共同性を肯定して，「共同の不法行為」とみることができるのであれば，そのコンビナートから排出される煤煙と住民の健康被害の相当因果関係を考えることで足り，解決はより容易になるものと考えられる。

関連共同性に応じた共同不法行為の類型化の試み　　上記のように，共同不

474　第Ⅳ部　複数の賠償義務者をめぐる法律関係／第2章　共同不法行為

法行為による解決の実践的意義は限定されたものではないか，つまり，共同不法行為という構成をとらなくても，709条だけを手がかりにして，同様の結論を得ることが可能な場合は少なくないということは，共同不法行為の存在意義について，一定の疑問を投げかけることになる。つまり，「719条は必要なのか？」という疑問である。

　こうした問題意識に立って，関連共同性に応じた類型化をなし，より実質的にも適切な結論を導こうという見解が，近時では有力になっている。そうした見解の中にも，さまざまなバリエーションが認められるが，その中のひとつとして，たとえば，以下のような類型化がある。

　①　意思的共同不法行為　　主観的な関連共同性が要件となる。ここでは，各加害者は，連帯して責任を負担し，寄与度を立証したとしても，寄与度に対応した責任には縮減されない。
　②　関連的共同不法行為　　主観的関係以外の関連共同性（客観的な関連共同性）が要件となる。ここでは，各加害者は連帯して責任を負担するが，それぞれの寄与度を立証することができた場合には，それに応じて減責される。
　③　独立的共同不法行為（競合的不法行為）　　不法行為の単純な競合にすぎず，一般的不法行為（709条）の問題となる。ここでは，寄与度に応じた責任が認められるにすぎない。

	関連共同性要件	法律効果
関連共同性の強度 ↑ ↓	①強い関連共同 （意思的共同不法行為）	連帯責任（寄与度減責を認めない）
	②弱い関連共同 （関連的共同不法行為）	連帯責任（ただし，被告の側で自己の寄与度を立証できた場合には，それに応じた減責を認める）
	③独立型（競合的不法行為）	寄与度に応じた責任

　このような類型化は，それなりに魅力的である。
　とりわけ，①②と③における効果に関する区別は，それによって，共同不法行為が単なる一般的不法行為と異なるものであることを鮮明とするものであり，これまでその存在意義が明確でなかった共同不法行為の積極的意義を説明することが可能となるからである。つまり，709条による場合と異なり，主観

2　共同不法行為の要件　　475

的な関連共同性が認められれば，寄与度減責は認められず（①），客観的な関連共同性が認められれば，寄与度減責の立証責任を加害者側が負う（②），とされるのである。

すでに言及したように，類型化のアプローチにはさまざまなバリエーションが存在するが（名称もさまざまである），いずれにおいても，こうした単なる不法行為の競合と共同不法行為を区別する点では，共通している。

類型化アプローチの問題点──本書の立場　　類型化アプローチのいわばセールスポイントは，不法行為の競合と共同不法行為の差別化にある。しかしながら，こうしたセールスポイントにこそ，こうした類型化アプローチの問題点も集約されているように思われる。以下では，そのような観点から，基本的な不法行為類型における共同不法行為の意味を考え，そのうえで，類型化アプローチの背景となった問題，特に，複数の排出源による大気汚染や環境汚染のようなタイプの問題について考えてみることにしよう。

①　基本的な不法行為における共同不法行為の意義

類型化アプローチの重要なポイントのひとつは，709条によっては解決できない機能を719条の共同不法行為に与えるという点にあった。前掲の類型に即していえば，独立的共同不法行為（競合型不法行為）では，そもそも寄与度に応じた責任のみを負担するということを前提として，関連的共同不法行為では寄与度の立証責任を転換し，加害者の側で積極的に寄与度を立証しない限り，連帯責任が認められる，あるいは，意思的共同不法行為では寄与度減責をそもそも認めないという結論が導かれ，そこに709条に比べて，より被害者を保護するものとしての719条の意義があるとされたのである。

しかし，この説明はどこか奇妙な印象を与える。なぜなら，こうした差別化は，通常の不法行為に「寄与度」という，それまで存在していなかったものを持ち込むことによって，実現されているからである。不法行為の効果は，従来，「相当因果関係」あるいはそれを克服するものとしての「保護範囲」等によって区切られてきたのであるが，「寄与度」というのはそれとは性格の異なるものである。すなわち，他人（や他の原因）が寄与したということを考慮して，あるいは，その者がどれだけ寄与をしたのかということを基準として，責任範

476　第Ⅳ部　複数の賠償義務者をめぐる法律関係／第2章　共同不法行為

囲や賠償額が決まるということになるのである。こうした説明は，本書の中では，いままでしてきていないし，一般的に承認されてきたわけでもない。

結局，類型化アプローチによる問題の解決というのは，共同不法行為の意義が明らかではないために，共同不法行為に該当しない場合の救済を縮減することによって，共同不法行為に積極的意義を付与しようということになっているのではないだろうか。共同不法行為というのは，本来，被害者をより適切に救済するために設けられた規定だと位置づけられるべきものである（709条では救済できない場合についても，不法行為法上の救済を拡張するためのもの）。しかし，その「より適切に」というのがうまく実現できていないからといって，一般的な救済を縮減することによって，その「より適切に」が実現されますよというのは，基本的に逆転した解決方法なのではないだろうか（このような状況は，特に，以下で取り上げる最判平成13年3月13日の原審の判断に顕著に示される）。その意味で，今日では有力な見解ではあるが，こうした類型化アプローチは採用し得ないというのが本書の立場である。

それでは，共同不法行為規定の意義はどこにあるのだろうか。最初の問題に戻らざるを得ない。 設例Ⅳ-4 のような例外的な場面を除けば，積極的な意義はないとする立場もあり得るだろう。実際，立法上のルールとしては，念のために置かれたという程度の意味しかないということも十分に考えられる。ただ，最近の事例の中で，719条の規定に，別の観点から意味を与えたのではないかと思われるものがある。それを最後に紹介しておくことにしよう。

事例研究 最判平成13年3月13日民集55巻2号328頁→ *百選Ⅱ（8版）[107]・大塚直，重判H.13 [民15]・窪田充見*

本件では，交通事故と医療事故が順次発生し，Ａが死亡した。その経緯は，以下のとおりである。①Ａは，自転車で，一時停止を怠って交差点に進入したところ，減速することなく同交差点に進入しようとしたＢの運転する乗用車と接触した。②事故後，Ａは，救急車でＹの経営する病院に搬送され，Ｃ（Ｙ代表，病院長）が，Ａを診察したが，十分な検査をしないままＡを帰宅させた。Ａの症状はその後，悪化して，死亡した。

原審は，Ｃの過失を認めたうえで，「本件の場合のように，自動車事故と医療過誤のように個々の不法行為が当該事故の全体の一部を時間的前後関係において構成し，しかもその行為類型が異なり，行為の本質や過失構造が異なり，かつ，共同不法行為とされる各不法行為につき，その一方又は双方に被害者側の過失相殺事由が存する場合は，各不法行為者の各不法行為の損害発生に対する寄与度の分別を主張，立証でき，個別的に過失相殺の主張をできるものと解すべきである」とし，「前記認定にかかる本件死亡事故の経過等を総合して判断するときには，本件交通事故と本件医療過誤の各寄与度は，それぞれ5割と

推認するのが相当である」と判断した。

　それに対して，最高裁は，「本件交通事故と本件医療事故とのいずれもが，Ａの死亡という不可分の一個の結果を招来し，この結果について相当因果関係を有する関係にある。したがって，本件交通事故における運転行為と本件医療事故における医療行為とは民法719条所定の共同不法行為に当たるから，各不法行為者は被害者の被った損害の全額について連帯して責任を負うべきものである。本件のようにそれぞれ独立して成立する複数の不法行為が順次競合した共同不法行為においても別異に解する理由はないから，被害者との関係においては，各不法行為者の結果発生に対する寄与の割合をもって被害者の被った損害の額を案分し，各不法行為者において責任を負うべき損害額を限定することは許されないと解するのが相当である」として，原判決を破棄した。

　本判決は，交通事故と医療事故という性格の異なる事故が異時的に競合した場合についても共同不法行為の成立を認めたという点に，その意義がある（この点については，下級審裁判例も分かれていた）。すなわち，類型論を前提とすれば，独立的共同不法行為（競合的不法行為）と考えられるようなケースについて，共同不法行為の成立を認めたのである。一方，本判決に対する批判も，その点に集中している。類型論を前提とすれば，このようなケースについて共同不法行為の成立を認めて，連帯責任を認めることは受け入れがたいからである。

　しかし，すでに言及したように，類型論のアプローチは，それによって共同不法行為による救済を実質化するというより，通常の不法行為による救済を従来よりも限定するという側面を有している。すなわち，単純な不法行為の競合とされると寄与度減責という形で被害者の救済を縮小するという方向が示されているのである（本件の原審がまさしくそうしたものである）。そうした状況の中で，判例が，相当因果関係が及ぶ損害全部についての責任が成立するという判断を示し，寄与度減責を明示的に否定したことの実践的意義は積極的に評価されるべきだと思われる。

　つまり，本判決の結論は709条のみによっても当然に認められると考えられるものであるが，今日では（現に，本件の原審のように類型論に基づいて寄与度減責を認めるものが現れている中で），それを共同不法行為であると認定することによって補強するという実践的な意義を認めることができるのである。

　なお，本判決は，「不可分の一個の結果を招来し，この結果について相当因果関係を有する」とするだけであり，もはや客観的関連共同性の要件も，明示的には維持していない。これに対して，安易に共同不法行為の成立を認めるものだという批判はもちろん考えられる。しかし，むしろ，１つの損害について

478　　第Ⅳ部　複数の賠償義務者をめぐる法律関係／第２章　共同不法行為

の複数の賠償義務者が存在する場合に，寄与度減責を認めず，連帯して責任を負わせるという点にこそ，本判決の意義があると理解することができるのではないだろうか。

コラム *医療過誤における医師の責任と交通事故における運転者の責任*

　本文で示したように，最判平成 13 年 3 月 13 日が示した方向は妥当だというのが，本書の理解である。本来であれば，共同不法行為という構成を使わずに，709 条からだけでも導くことができた結論ではないかと思うが，類型論による寄与度減責（あるいは寄与度の範囲内の責任）という考え方が隆盛してくる中で，いわばそれを防ぐ魔法の粉（719 条という粉をふりかけておけば，寄与度減責を封じることができる）を用意したものという評価である。

　もっとも，この事件については，本音を明かすと，かなり気になっていることがある。そもそも，「この事件は共同不法行為が問題となるような事件だったのだろうか？」という疑問である。共同不法行為を使わなくても，709 条だけで同じ結論を導くことができるということは，累々と述べてきたところであるが，ここでの疑問は，それともやや異なるものである。

　この事件は，交通事故で負傷した A が搬送先の病院で C の医療過誤があり死亡したというものであり，医師である C の責任が追及された。疑問というのは，「そもそも医療過誤における医師の責任を論じる場合に，診察・診断や治療の前提となった負傷や病気の原因について問題とされるのだろうか？」というものである。

　通常，病院に行くのは（搬送されるのは），負傷したり，病気にかかったりしたからである（人間ドック等のことはここでは考えない！）。そうした場合について医師の責任が問題となるとしても，そこでは，その負傷や病気に対して，医療水準等をふまえたうえで，どのような診察・診断や治療をすべきであったかを考え（前提となる行為義務），その義務違反があった場合に過失が肯定され，結果（適切に診察・診断や治療がなされていたならば避けることができた結果）との相当因果関係が認められれば，それについて賠償責任が成立することになる。

　負傷や病気は診察や治療の出発点となるものであるとしても，それだけであり，なぜ負傷したか，なぜ病気にかかったかは，診察・診断や治療の内容に関わるものではない限り，責任の成否や内容に影響を与えないのではないだろうか。交通事故によって負傷したのか，木登りをしていて落下したのか，あるいは，健康に注意していたにもかかわらず病気にかかったのか，不摂生な生活をしていたために病気になったのかといったことは，いずれも，当該負傷や病気を出発点として考える医師の責任において考慮されない事柄であり，現に，これまでも考慮されてこなかったのではないだろうか。

その点で，原審のような判断は，やはり受け入れがたいものだと思われるのである（このように，負傷や病気の原因を問題とするのであれば，木登りをしていて落ちた場合，不摂生な生活で病気になった場合には，過失相殺の対象ともされるのであろうか）。

その意味で，最判平成13年3月13日における医師の責任については，そもそも「共同不法行為が成立するか」を議論する前提自体を欠いていたのではないかと思われるのである。

なお，同じ事件について，交通事故の加害者であるBの責任を考える場合には，かなり違った形で見えてくるだろう。そこでは，Bの不法行為とAの死亡との間に，Cの医療過誤が介在している。したがって，Bの賠償責任の範囲を考える場合，それが相当因果関係の判断にどのような影響を及ぼすのかという点は問題とせざるを得ない（もっとも，この事案では，Cの医療過誤は十分な診察を行わなかったというものであり，Cの死亡はBの行為による危険が実現したにすぎないものだから，相当因果関係の肯定は容易であろう）。

さらに，（Cの側からBとの共同不法行為は成立しないとしても）Bの側からCの共同不法行為が成立するのかという問題はあるが（片面的共同不法行為を観念するかという難しい問題になる），この場合，上記のとおり，賠償範囲の問題として，特に危険性連関によって判断する方が，より容易であり，やはり（片面的）共同不法行為といったものを議論する必要性は乏しいと思われる。

② 複数の排出源による環境汚染等（「重合的競合」をめぐる問題）

上記のように，寄与度についてしか責任を負わない独立的共同不法行為（競合型不法行為）をデフォルトのものとして，類型論を組み立てることについて，本書の立場は懐疑的である。

もっとも，独立的共同不法行為（競合型不法行為）で展開された説明が，709条一般に関する理解や考え方ではなく，むしろ相当因果関係が認められる結果のすべてについて責任を負うという709条の基本的なルールの例外として位置づけられる可能性がないかについては，若干の補足をしておきたい。

すなわち，719条の効果として最も強い機能が認められる意思的共同不法行為について説明されているところは，相当因果関係や保護範囲を手がかりとして709条の効果としても説明が可能なものであり，すでに述べた通り，その独自性は疑問である。しかし，むしろ例外的に，寄与度等を手がかりに一定の範囲に賠償責任を縮減するという局面，つまり関連共同的不法行為や独立的共同不法行為（競合型不法行為）の効果として説明されているようなものが認められ

る場面が存在しないのかという点については，もう少し考えてみる必要がありそうである。

特に気になるのは，複数の排出源による大気汚染や水質汚濁などの事案である。こうしたタイプの問題としては，すでに 設例Ⅳ-4 でも扱ったが，そこではコンビナート内の複数工場という設定にしていた。これによって関連共同性が肯定され，それらの複数の工場の活動全体が「共同の不法行為」とされるという説明であった。それでは，コンビナートのように全体としての一体的な活動を営んでいる場合ではなく，一定のエリアに複数の工場が単に集まっているような場合については，どのように考えたらよいのだろうか。

近時の議論の中では，こうした場面において，「重合的競合」あるいは「累積的競合」，「加算的競合」といった問題に言及されている。厳密な定義は必ずしも確立していないが，これらは，それぞれの原因がある程度結果を生じさせるものであっても，単独では損害の全部を発生させるものではなく，全体として，はじめて損害の全部をもたらすような場面を指すものと考えられている。ここで問題としているのは，そうした重合的競合のような場合における責任をどのように考えたらよいのかという点である。

このような場面での損害賠償の範囲を考える場合，かなり困難な問題がある。

まず，あるエリアに存在する工場が多数にのぼり，それらが大気汚染物質を排出しているという場合，特定の工場の汚染物質の排出とある被害者に生じた健康被害との相当因果関係を肯定することは，必ずしも容易ではない。責任を肯定する方法としては，コンビナート等の共同事業ではない場合についても，関連共同性を肯定して，全体としての工場群による大気汚染と健康被害の相当因果関係を問題とし，それを肯定することは考えられる。しかし，この場合，ある特定の工場を営む者は，工場群による大気汚染の結果のすべてについて責任を負うことになるが，それはあまりにも過剰な責任なのではないかという問題がある。

大阪地判平成7年7月5日判時1538号17頁「西淀川大気汚染訴訟」→ *百選Ⅱ (8版) [96]・米村滋人* は，類型論の考え方に立ちつつ，重合的競合における一部寄与者の責任について，各人の寄与の程度を立証することで責任の減免の主張を認めるとの判断を示しているが，そこで問題となったのも，当該エリアにおいて大気汚染物質を排出する工場等が数百に及ぶという事案であった。

2 共同不法行為の要件 481

上記のような解決は，一方で，709条による相当因果関係の立証が困難であるという問題（被害者がまったく救済されないという問題）を克服し，他方で，請求を受けた被告のみが莫大な損害賠償責任を負担するという苛酷な結論を回避しようとするものだという理解が可能であり，そうした判断には無視できないものが含まれているように思われる。

　そもそも，「寄与度」をどのように判断するのかという点を含めて，理論的には困難な問題が横たわっているが（汚染物質の量的割合では説明できないだろう。各自の汚染物質が，それぞれ単独で健康被害を生じさせ得るものであれば，その割合だけでの責任は正当化されるべきではない→【*因果関係の競合*】*448頁*。その点で，ここで扱っている問題は，確率的心証論によって基礎づけられる市場占有率責任→ コラム *市場占有率による責任359頁*とは性格が異なるものである），こうした解決の可能性はなお考えられるかもしれない。

　ただし，こうした解決は，あくまで複数排出源による環境汚染のようなタイプの事案（重合的競合の事案），すなわち，一方で相当因果関係による解決が容易ではない事案における例外的処理として位置づけられるべきであり，このことから，不法行為責任一般について，寄与度についてしか責任を負わないといった一般ルールを考えるべきものではない，という点については再確認しておきたい。

　共同不法行為の効果　　共同不法行為が成立する場合，加害者らは，「連帯してその損害を賠償する責任を負う」と規定している（719条1項前段）。従来は，これによって加害者らに不真正連帯債務が成立すると考えられていた。しかし，2017年の改正により，719条が適用される場合，「法令の規定……によって数人が連帯して債務を負担するとき」（436条）に該当し，連帯債務が成立し，436条以下の規定が適用されることになる。なお，すでに述べたように，改正された連帯債務に関する規定は，求償関係をめぐるルールを除くと，ほぼ従来の不真正連帯債務の内容を引き継ぐものであるから，実質的に大きく変わるわけではない。

3 その他の共同不法行為（719条1項後段，719条2項）

加害者不明の共同不法行為　719条1項後段は，「共同行為者のうちいずれの者がその損害を加えたかを知ることができないとき」も共同行為者の全員が連帯して責任を負うと規定する。すなわち，「共同行為」が認められれば，実際の加害者が不明の場合にも，共同行為者全体に責任を認めるものであり，因果関係の推定の規定であるという説明がなされる。

もっとも，具体例としてどのような場合がそれに該当するかという点は，それほど明らかではない。

> **設例Ⅳ-6**　Ｙら20人の村人は，集団で，それぞれたいまつを持って，Ｘの家を襲った。いずれかの者がたいまつでＸの家に火をつけて，家屋は全焼した。
>
> **設例Ⅳ-7**　Ｙら2000人は，核反対のデモを行った。デモ行進中，その中から外に向かって投石され，その石が，Ｘの店舗のショーウィンドウを破損した。

この中，**設例Ⅳ-6**は，立法段階で，起草者が，719条1項後段を説明している際の設例をもとにしたものである。起草者は，このような場合に，具体的に火をつけた者が誰かを特定できなかったとしても，719条1項後段を通じて，責任を認めることができると説明している。

他方，**設例Ⅳ-7**は，オランダでの実際の事件をモデルにしたものである。オランダではこの場合のＹらの責任が認められた。ただし，オランダ民法6編99条は，「損害が異なる者が責を負う複数の出来事の結果であり得るものであり，少なくともこれらの出来事のうちの1つによって生ぜしめられたということが確定される場合，これらの各々の者に損害賠償が課される，ただし，自己の責を負う出来事によって損害が生ぜしめられたのではないことを証明した場合には，この限りではない」と規定しており，719条1項後段のように「共同行為」といった要件が明示的に要求されているわけではないという点には注意が必要である。

さて，現在のわが国の法律状態に照らして，これらの例は，どのように考えられるのだろうか。

まず，設例IV-6 については，次の2点を指摘することができる。

① 火をつけた者が家屋の焼失について責任を負うことは709条から明らかである。他の者は，火をつけていないにもかかわらず，責任を負うことになるとすれば，なるほど719条1項後段によって責任が拡張されることになる。なお，719条1項後段は，あくまで因果関係の推定規定であるならば，自分が火をつけていないということを立証できた場合には（反証に成功した場合には），賠償責任を免れることができる。

② しかし，一方で，かりに自分自身が火をつけたのではないということが立証できた場合，本当に責任を免れるのだろうか。これは，それほど自明なことではない。前に取り上げた事例（設例IV-5）で，被害者を後ろからはがい締めにしたという場合も，別の加害者の殴打について責任を負うということを説明した。それと同様に，この事案も「襲撃」という共同の不法行為を行ったものと理解することも可能だと思われるからである。そうだとすると，設例IV-6 は，719条1項後段ではなく，むしろ前段の事例として理解することができる。このように考えてくると，設例IV-6 のようなケースについて，719条1項後段が持つ意味はそれほど大きくはないと考えられる。

他方，設例IV-7 は，設例IV-6 とはかなり性格が異なる。決定的に異なるのは，前提となる共同行為それ自体は，不法性を帯びていないということである。このような不法性を伴わない共同行為についても，要件としては，「共同行為」が規定されているにすぎないということを理由として，全員に損害賠償責任を負わせるということになると，719条1項後段の意味はきわめて大きいものとなる。なぜなら，719条1項前段ではカバーされないものが，これによって対象とされることになるからである。

しかし，一方で，このような場面にまで719条1項後段が適用されるとすることについては，それを疑問とする見解の方が多いであろう。このような場合にまで，実際に投石していない他のデモ参加者に責任を負担させることは合理的には説明されないからである。デモに参加した以上，他のデモ参加者の違法行為を抑止すべき義務があるのだという説明は考えられるが，結局，そのような法的義務を観念することができるかが前提となるし，また，そうした義務が認められるのであれば，719条1項後段を使わなくても，賠償責任についての説明は可能になるからである。その意味では，719条1項後段が有する積極的

意義というのも，なお不透明な部分が残ると言わざるを得ない。

なお，上述の重合的競合をめぐる問題は，719条1項前段の問題なのか，同項後段の問題と考えるのかという点については，議論の余地があるだろう。すなわち，一定の関連共同性を前提としつつ，例外的に寄与度減責を認めるというように考えるのであれば，前者の問題になる。他方，行為と結果との因果関係が必ずしも明確ではない場合（各原因によって一定の結果が生じるとしても，単独で損害全部が生じているわけではない）についての扱いをめぐる問題なのだと考えると，むしろ719条1項後段の問題として位置づけることも考えられるだろう。

教唆と幇助　719条2項は，教唆者と幇助者についても，719条1項と同様の責任（不真正連帯債務）が生じることを規定する。

もっとも，教唆と幇助についても，その行為自体によって，709条による責任を追及するということは，それほど困難ではないだろう。また，その場合に，現実の行為者の不法行為責任との関係で，不真正連帯債務が成立するということも，すでに述べたところから導かれる。その意味では，719条2項についても，その積極的意義については不透明な部分が残される。

> **設例IV-8**　Y_1，Y_2，Y_3ら3名は，列車が脱線する可能性を認識しながら，いたずらで線路に置き石をすることにした。Y_3が，見張りをし，その間に，Y_1とY_2が周辺から集めてきた石やブロックを線路上に置いた。列車は，その置き石をした箇所で脱線し，乗客の中，2名が死亡し，50名あまりが負傷した。同路線は，翌日にかけて全面運休した。なお，Y_1，Y_2が置いた石やブロックが脱線の原因となったことは確実であるが，その中，いずれが脱線の直接の原因となったのかは調査によってもはっきりしなかった。

この事案では，実際に石またはブロックを置いたのは，Y_1とY_2であり，Y_3は見張りをしていたにすぎない。次のような説明は考えられよう。

まず，Y_3は，見張りをしていただけであり，直接の加害行為があったわけではないが，719条2項によって，共同行為者とみなされて，（不真正）連帯責任を負担することになる。

他方，Y_1とY_2は，直接の加害者であった可能性はあるし，そのいずれかが

3　その他の共同不法行為　485

直接の加害者であったということははっきりしているが，しかし，いずれであったのかということはわからないという事案である。この場合に用意されているのが，719条1項後段であり，Y_1 と Y_2 は，やはり（不真正）連帯責任を負担するということになる。

つまり，719条1項後段や，719条2項が「あってよかった」ということになる。

もちろん，実際に使うことができる規定があるのだから，それを使えばいいというのは確かである。しかし，719条1項後段や2項があって，この事案ははじめて解決されるようなものなのだろうか。こうした規定がなければ，Y_1，Y_2，Y_3 の（不真正）連帯責任を導くことはできないのだろうか。

必ずしも，そうではないように思われる。Y_1，Y_2，Y_3 について，直接，709条の責任を認め，各々がそうした責任を負担することによって，結果的に，不真正連帯債務を負担することになる，あるいは，Y_1，Y_2，Y_3 は，それぞれが709条によって責任を負担することを前提として，719条1項前段によって連帯して責任を負うということは，十分考えられるだろう。その意味では，719条2項も，あまり実践的な意義を有しているわけではないように思われる。

なお，設例IV-8 は，「京阪電車置き石事件」（最判昭和62年1月22日民集41巻1号17頁）を念頭に置いて作ったケースである。もっとも，実際の事件では，被告となった Y は見張り等の積極的な関与をしていたわけではなく，また，多数の負傷者は出たが，死者はいなかった。この訴訟で，原審は，① Y を含むグループの者が A の置石行為につき共同の認識を有してこれを容認していたとはいえない，② Y は本件置石について事前の認識もなく，A と置石行為を共謀したとか，助勢したとは言えない，③ Y において A の置き石を予見し，それを阻止ないし排除すべき義務があったともいえないとして，その責任を否定した。それに対して，最高裁は，「このように重大な事故を生ぜしめる蓋然性の高い置石行為がされた場合には，その実行行為者と右行為をするにつき共同の認識ないし共謀がない者であっても，この者が，仲間の関係にある実行行為者と共に事前に右行為の動機となった話合いをしたのみでなく，これに引き続いてされた実行行為の現場において，右行為を現に知り，事故の発生についても予見可能であったといえるときには，右の者は，実行行為と関連する自己

の右のような先行行為に基づく義務として，当該置石の存否を点検確認し，これがあるときにはその除去等事故回避のための措置を講ずることが可能である限り，その措置を講じて事故の発生を未然に防止すべき義務を負うものというべきであり，これを尽くさなかったため事故が発生したときは，右事故により生じた損害を賠償すべき責任を負う」とし，Ｙの「注意義務の懈怠と本件事故との間には相当因果関係がある」とした。

この判決は，共同不法行為の成立を問題としているわけではない。端的に，709条の過失（注意義務の懈怠）の有無を論じ，脱線との間の相当因果関係を問題としているのである。つまり，共謀がなく（主観的関連共同が認められず），積極的に見張り等をしたのではない（幇助も認められない），という場合においても，結果についての責任を認めているのである。このことは，不法行為法において，必ずしも共同不法行為の成否が結論を左右するものではないということを示していると言えるだろう。刑法においては，正犯か共犯かということが重要な議論の対象となり，幇助や教唆も，それ自体として重要な論点を形成している。これは，刑法においては，故意犯を中心とする正犯類型が，非常に厳格に規定されていることによる。他方，不法行為法の世界では，709条という基本的構成要件だけで大半のケースをやっつけてしまうというのであるから，そのカバーする範囲はおそろしく広い。また，そこでは故意と過失も区別していないのだから，過失，つまり義務違反さえあれば，この基本的構成要件を充足することができるのである。教唆や幇助について無理に責任範囲を広げなくても，まさしく709条によって対応が可能なのである。

4 　共同不法行為と過失相殺

問題の所在　　最後に，やや特殊な問題として，共同不法行為あるいは不法行為責任の競合が認められる場合の過失相殺について，考えておくことにしよう。2名の共同不法行為者がおり，被害者にも過失があったという場合，被害者から加害者への請求において，過失相殺はどのように用いられるのかという問題である。

前提として，以下のようなケースを想定してみよう。

4 　共同不法行為と過失相殺　　487

> **設例IV-9**　1つの事故において，加害者 Y_1 の過失：加害者 Y_2 の過失：被
> 害者 X の過失＝1：4：1であった。

　設例IV-9 において，X から Y_1 ならびに Y_2 に対する損害賠償請求は，どの
ような範囲で認められるのだろうか。

　こうした設例は，よく用いられるが，実は，こうした設例の設定の仕方自体，
あとで検討するように，かなり無理がある（三当事者の過失割合をこのような形で
決定することができるということ自体，ひとつのフィクションを採用しているからであ
る）。しかし，この点は，ひとまずおいて，まずは，この設例を前提に考えて
みよう。こうした場合に，問題をどのように解決するかについては，いくつか
の可能性がある。

①　絶対的過失相殺

　ひとつは，絶対的過失割合を出発点とする考え方である（以下，「絶対的過失
相殺」と呼ぶ）。これによれば，Y_1 は，全損害の6分の1を固有の責任として
負担し，Y_2 は，6分の4をやはり固有の責任として負担する。そのうえで，
Y_1 と Y_2 との間に共同不法行為等によって不真正連帯の関係が認められるので
あれば，Y_1 と Y_2 は，いずれも，全損害の6分の5を，X に対する関係で負
担することになる。逆にいえば，6分の1については，X が自ら負担せざるを
得ず，Y_1 と Y_2 のいずれに対しても転嫁できない。この結果，過失相殺割合は，
$(Y_1＋Y_2)$：X＝5：1という図式で理解されることになる。

　そして，Y_1 と Y_2 との間では，両者の負担部分に応じて求償権が生じる。な
お，Y_1 と Y_2 との間に連帯の関係が成立しないのであれば，X は，Y_1，Y_2 に
対して，それぞれの固有の負担部分に該当するもののみを請求できることにな
る。

②　相対的過失相殺

　もうひとつの考え方は，「相対的過失相殺」と呼ばれるものである。この考
え方によれば，過失相殺は，それぞれの当事者間ごとに処理される。本モデル
の場合であれば，X が Y_1 に対して損害賠償請求を行う際には，Y_1：X＝1：1
で過失相殺を行う（5割の賠償請求が認められる）。他方，X が Y_2 に対して損害

賠償を行う場合には，$Y_2 : X = 4 : 1$ の割合での過失相殺がなされる（損害の8割の損害の賠償が認められる）。

なお，一見したところ，自己の過失割合が6分の1に限定される①の絶対的過失相殺の方が被害者に有利に見えるが，この点は，必ずしも明らかではない。

なるほど，②の相対的過失相殺であれば，Xは，いずれに対して賠償請求をなす場合でも，①の場合より大きな過失相殺がなされる。しかし，この②において，Xの損害賠償請求権の上限がどこに設定されるのかということは，自明ではない。

絶対的過失相殺の場合，Xの過失割合とされた部分については，Xは誰にも転嫁することができない。

他方，相対的過失相殺の場合，Xが Y_1 との関係で負担しなければならない部分について（損害の5割），Y_2 に対してどのような請求をなし得るのかという点についてはブランクのまま残されているのである。最終的に，Y_1 と Y_2 から，損害の全額の賠償を得られるのであれば（Xは Y_1 に対して5割の賠償を求めた後，残りの5割については，Xとの関係で8割の損害を負担しなければならない Y_2 に賠償を求めることができるとすれば），最終的に6分の5の賠償しか得られない①より，むしろ有利だということになる。

判例の立場　さて，こうした問題について判例がどのような立場を示しているかであるが，この①と②に相当するそれぞれの最高裁判決を見出すことが可能である。

まず，以下の判決は，相対的過失相殺が原則であるとする。

> 事例研究　**最判平成13年3月13日民集55巻2号328頁→** *477頁*
> この事案については，すでに共同不法行為の部分で取り上げたが，ここでは，過失相殺の仕方に焦点を当てて見ることにしよう。原審が自動車事故と医療過誤を分別したうえで，それぞれについての過失相殺を独立に考えたのに対して，最高裁は，2つの不法行為の加害者の連帯を認めたために，その過失相殺がどのようになされるのかが問題となった。
> 最高裁は，「本件は，本件交通事故と本件医療事故という加害者及び侵害行為を異にする2つの不法行為が順次競合した共同不法行為であり，各不法行為については加害者及び被害者の過失の内容も別異の性質を有するものである。ところで，過失相殺は不法行為により生じた損害について加害者と被害者との間においてそれぞれの過失の割合を基準にして相対的な負担の公平を図る制度であるから，本件のような共同不法行為においても，過

4　共同不法行為と過失相殺　　489

失相殺は各不法行為の加害者と被害者との間の過失の割合に応じてすべきものであり，他の不法行為者と被害者との間における過失の割合をしん酌して過失相殺をすることは許されない」として，相対的過失相殺が原則となることを示した。

他方，以下の判決は，絶対的過失相殺による処理を認めた。

> **事例研究** **最判平成 15 年 7 月 11 日民集 57 巻 7 号 815 頁→** **重判 H. 15［民 14］・水野謙**
>
> まず，前提となる事故の経緯は，以下のとおりである。① Y の被用者 A は，片側一車線の本件道路上に，Y 車を路側帯から走行車線にはみ出るような状態で，非常点滅表示等を点灯させずに駐車させていた。X₁ の被用者 B は，X₁ の保有する X 車を運転して，本件道路を走行し，Y 車を避けるため，中央線からはみ出して進行したところ，反対方向から制限速度である時速 40 km を上回る時速 80 km 以上で進行してきた C の運転する C 車と衝突した。本件道路は，終日駐車禁止の交通規制がされていたが，追越しのための右側部分はみ出し禁止の交通規制はされていなかった。また，本件道路の構造上，C の進行方向からは，早期に X 車を発見することは容易ではなかった。② A には非常点滅表示灯等を点灯させることなく，Y 車を駐車禁止の車道にはみ出して駐車させた過失，B には X 車を対向車線にはみ出して進行させた過失，C には速度違反，安全運転義務違反の過失がある。A，B，C の各過失割合は 1 対 4 対 1 である。
>
> 最高裁は，「複数の加害者の過失及び被害者の過失が競合する 1 つの交通事故において，その交通事故の原因となったすべての過失の割合（以下「絶対的過失割合」という。）を認定することができるときには，絶対的過失割合に基づく被害者の過失による過失相殺をした損害賠償額について，加害者らは連帯して共同不法行為に基づく賠償責任を負うものと解すべきである。これに反し，各加害者と被害者との関係ごとにその間の過失の割合に応じて相対的に過失相殺をすることは，被害者が共同不法行為者のいずれからも全額の損害賠償を受けられるとすることによって被害者保護を図ろうとする民法 719 条の趣旨に反することになる」とした。

このような 2 つの判決の関係をどのように説明するかが問題となる。

ひとつの説明の仕方は，平成 15 年判決は，絶対的過失割合が認定できる場合のものであり，他方，平成 13 年判決はそれができない事案についてのものだというものである。これによって，一応，現在の判例の状態は矛盾を含むわけではないということは説明される。もっとも，そのうえで，以下の 2 つの問題が残ることは指摘しておかなくてはならない。

① 絶対的過失割合が認定できる場合

まず，絶対的過失割合が認定できるというのはどのような場合なのだろうか。なるほど平成 15 年判決のような 1 つの交通事故のケースにおいて絶対的過失割合が認定しやすく，他方，平成 13 年判決のように，交通事故と医療過誤と

いった性格の異なる事故が異時的に生じている場合にそれが困難だというのはイメージとしてはわかる。しかし，平成13年判決においても，原審は，絶対的過失割合の認定と見られることを行っているのである。絶対的過失割合を認定できる場合とそうではない場合というのが，それほど明確な基準で分かれるわけではない。そうだとすると，上記のような区別を前提としても，それぞれ具体的な事案においては，これがいずれのケースなのかという判断が求められることになるし，その判断の基準が必要だということになる。

② 絶対的過失割合が認定できると絶対的過失相殺が用いられる理由

　もうひとつの問題は，なぜ，絶対的過失割合が認定できると，絶対的過失相殺が適用されるのかという問題である。これが認定できない場合に，相対的過失相殺しか使えないというのは確かにそのとおりだろう。しかし，絶対的過失割合が認定できるからといって，相対的過失相殺が適用できないという関係にはない。冒頭に挙げた **設例Ⅳ-9** は，まさしく絶対的過失割合が認定されたということを前提とする設例なのであり，その設例を用いて，絶対的過失相殺と相対的過失相殺の両方の説明が可能であったのである。むしろ，両者において一貫して相対的過失相殺を用いる方が公平だと考える余地もあるのであり，絶対的過失割合が認定できるから絶対的過失相殺なのだというのは，説明としては十分ではない。

本書の立場──**判例の理解**　　上記の2つの問題はいずれも困難な問題であるが，ひとつの説明の仕方としては，以下のようなものが考えられるのではないだろうか。

　平成15年判決における被害者の過失というのは，衝突事故における過失であり，それは，被害者の過失としての性格も有する一方，相手方の法益から見れば，加害者としての過失としての性格も有している。このような性格を有する被害者の態様は，一方的な加害者と一方的な被害者という図式の中におさめることが必ずしも適当ではなく，むしろ，横並びの加害者（であり同時に被害者である者）の過失と理解することが考えられる（たとえば，ABCの3人が爆弾を回すというフルーツバスケット（！）をしたとしよう。その場合，Aのところでそれが爆発したという場合，結果だけから，BCが加害者であり，Aの関与は過失相殺で扱う

4 共同不法行為と過失相殺　　491

というのは，適切ではないだろう。そこでは，むしろ，ABC の 3 人全員を加害者と見るべきである）。

　そうだとすれば，ここでの問題は，賠償請求の問題ではなく，むしろ，求償と同質のものだということが考えられる。平成 15 年判決をそのような観点から理解するのであれば，①の基準の問題については，1 つの事故に向けた同質性があるか否かというものが，一応考えられることになるだろう。そして，②については，まさしくすでに述べたとおり，ここでの賠償と過失相殺というのが，実質的には，相互の求償関係としての性格を有するものである以上，3 人の加害者が存在する場合と同様に，3 つの過失割合を比較して問題を解決するということが正当化されるということになる。求償の場面では，自己の過失割合によって決まる部分については何人にも転嫁できないのは当然だということになる。

　以上のような理解からは，単純に絶対的過失割合がわかれば絶対的過失相殺によるというわけではなく（横並びの加害者と理解することができるような状況が必要とされる），相対的過失相殺の原則としての意義が再認識されるべきだということになろう。

　ところで，少し異なる視点から，絶対的過失割合について考えておきたい。それは，訴訟のあり方に即して考えるならば，絶対的過失割合が明らかにされるということは，むしろ例外的であり，且つ，そこで明らかにされたということの意味も限定的なものにすぎないのではないかという点である。

　被害者 X が，加害者の 1 人である Y_1 のみを被告とする損害賠償請求訴訟を提起した場合（必要的共同訴訟ではないから，Y_1 のみを被告として訴えることに障害はない），別の加害者 Y_2 の過失割合というのは，その訴訟における当然の争点となるわけではない。この場合，比較的容易に共同不法行為責任が成立することに照らせば，Y_2 の過失が明らかになることは，Y_1 の責任を拡張することにつながる。こうした状況において，Y_1 から，絶対的過失相殺をもたらす Y_2 の過失についての主張立証がなされることは期待されない。他方，X にしてみれば，Y_1 との訴訟では，Y_2 の過失を明らかにすることによって，その訴訟での過失相殺割合を縮減することは可能であるが，それは同時に最終的に得られる賠償額の上限が画される可能性がある（後述のように，後の訴訟をどの程度拘束

492　　第Ⅳ部　複数の賠償義務者をめぐる法律関係／第 2 章　共同不法行為

するかという問題はあるが）。その意味では，絶対的過失割合を持ち出すことは，Xにとっても必ずしも有利なわけではない。このように見てくると，当事者において，訴訟に参加していない者の過失を明らかにするということは，むしろ当然には期待されないような構造になっているということになる。

さらに，かりに絶対的過失割合が認定されたとしても，その事件において結論を導くうえで前提とされた当事者の過失割合は，XY_2間の訴訟における判断を拘束するものではない。実際，Y_2自身が参加していない訴訟においてY_2の関与がどの程度明らかにされるのかは疑わしく，その意味で，そうした訴訟の判断に拘束されないことにも十分な合理性がある。

設例IV-9 が，フィクションであると述べたのも，このような背景があるからである。従来の議論においては， 設例IV-9 のようなものを自明の初期条件として議論される傾向があった。しかし，以上の点は十分に意識される必要があるだろう。

5 共同不法行為と使用者責任

問題の所在　2人の者が，共同不法行為によって責任を負う場合もあれば，その中の1人が715条の使用者として責任を負う場合もあり，その場合の法律構成の違いがどのような具体的相違をもたらすのかについては，すでに説明した→【_前提となる事業_】_209頁_。

ここでは，共同不法行為者に使用者がいたという場合を考えてみよう。問題となるのは，以下のような場合である。

> 設例IV-10　工事現場で働いていた甲と乙は，それぞれの過失によって事故を起こし，丙を負傷させた。甲には，使用者Aがおり，甲はAの指示にしたがって，その工事現場で働いていた。
>
> 設例IV-11　工事現場で働いていた甲と乙は，それぞれの過失によって事故を起こし，丙を負傷させた。甲には，使用者Aがおり，甲はAの指示にしたがって，その工事現場で働いていた。同様に，乙は，使用者Bの指示にしたがって，働いていた。
>
> 設例IV-12　工事現場で働いていた甲は，自らの過失によって事故を起こし，丙を負傷させた。甲は，直接の雇い主であるA（下請業者）の指示にしたがって，その工事現場で働いていたが，工事現場では，

5　共同不法行為と使用者責任　493

> 元請業者であるＢの指示にしたがって作業をしていた。

共同不法行為者の１人と他の不法行為者の使用者との関係　　この中，設例
Ⅳ-10 では，甲または乙が損害全額を丙に賠償した場合に，乙または甲に対し
て求償できるということは当然である（共同不法行為者の間の求償問題）。

それ以外に，ここでは，乙が全額賠償した場合に，甲の使用者であるＡに
対して求償することができるのか，逆に，Ａが全額賠償した場合に，乙に対
して求償することができるのか，求償することができるとすれば，それはど
のような範囲なのかという問題が考えられる。

①　乙からＡへの求償

共同不法行為者の１人である乙は，甲の使用者であるＡに対して求償をす
ることができるのだろうか。Ａは，甲の不法行為について代位責任を負って
いるという視点から理解するのであれば，乙から甲への求償が認められるのと
同じ範囲で，Ａへの求償も認めるということが考えられる。一方，代位責任
といっても，それはあくまで被害者との関係のものにすぎず，実際に不法行為
をなした共同不法行為者の１人である乙からの求償をただちに正当化するもの
ではないという考え方もあり得ないわけではない。

判例は，このような事案において，乙との関係でも，「使用者と被用者は一
体をなす」として，負担部分を超える範囲で乙からＡへの求償を認めた（最判
昭和 63 年 7 月 1 日民集 42 巻 6 号 451 頁→*百選Ⅱ（8 版）［97］・大澤逸平*。なお，2017 年の改
正により，共同不法行為については，連帯債務の規定が適用されるので，自己の負担部
分を超える範囲に限定されず，負担部分に応じた求償が認められることになる。442 条）。

②　Ａから乙への求償

Ａの責任が甲の不法行為についての代位責任だということからは，Ａから
乙への求償が可能であるということも問題はない。Ａが，甲自身の有してい
る乙への求償権と同じ内容を，乙に対して行使できるのは当然である（最判昭
和 41 年 11 月 18 日民集 20 巻 9 号 1886 頁は，被用者と第三者との過失割合によって定
められる第三者の負担部分について使用者の求償を認める）。

なお，Ａは，それを超えて乙に対して全額を求償できるのかという問題を

考えることはできる。つまり，代位責任を負うにすぎないＡは，直接の加害者である甲に対して，原則として全額の求償ができるのであり，やはり直接の加害者である乙に対しても全額の求償ができるのではないかとも考えられるからである。この場合，全額の求償に応じた乙は，甲に対してあらためて求償することになる。しかし，Ａから乙に対する全額の求償を認めることは法律関係を複雑にするというだけではなく，甲と乙の責任を基本として考え，その甲側にＡを位置づけて，Ａと甲を一体として理解するという上記判例からも，Ａの有する乙への求償権は，甲が有するものと同じ範囲にとどまると理解すべきである。

　共同不法行為者の使用者相互の関係　　それでは，設例Ⅳ-11 でのＡとＢとの間の求償関係はどのようになるのだろうか。これについては，代位責任という考え方を徹底させるのであれば，甲と乙の関係に対応した法律関係を，ＡとＢについて認めることになる。したがって，先に全額の賠償をしたＡは，甲と乙の負担部分に応じて，Ｂに求償をすることになる。

　こうした場合に，甲，乙，Ａ，Ｂという四当事者の負担部分を考え，いわば4人の共同不法行為者がいるかのように求償関係を処理するという方法も可能性としては考えられる。使用者責任の固有責任としての性格を考えるのであれば，あり得ない解決ではない。

　しかし，最高裁は，後述のように，こうした考え方をとらず，代位責任という観点からのみ，この問題を解決するという方向を示した（後掲 事例研究 最判平成3年10月25日）。

　1人の不法行為者の複数の使用者相互の関係　　設例Ⅳ-12 は，厳密にいえば，共同不法行為とは関係がない。単に，複数の使用者相互の関係ということであり，直接の加害者が1人しかいない場合にも問題となる。

　この場合には，使用者責任の代位性から何らかの結論を導くことはできない。

　最高裁は，これについては，各使用者の負担部分を「被用者である加害者の加害行為の態様及びこれと各使用者の事業の執行との関連性の程度，加害者に対する各使用者の指揮監督の強弱などを考慮して定める」とし，その負担部分を超える範囲での求償を認めた（後掲 事例研究 最判平成3年10月25日）。ここで

5　共同不法行為と使用者責任　　495

は，過失割合によって負担部分を決めるという通常の共同不法行為の場合の負担部分の決定と同質の作業がなされていると考えられる。なお，この場合に，負担部分を超える求償に限定されるのか，負担部分に応じた求償が可能なのかは，このように必ずしも共同不法行為とは言えない賠償義務者間の関係についても，2017年の改正による連帯債務の規定が適用されるのかによって決まることになる（ただし，前掲最判平成13年3月13日のような現在の判例を前提とすれば，共同不法行為の成立は広く肯定され，その場合には，こうした疑義は生じない）→ *【2017年の債権法改正と複数の賠償義務者間の関係】465頁*。

事例研究 最判平成3年10月25日民集45巻7号1173頁→ *百選II（5版・新法対応版）〔84〕・浦川道太郎*

　上記の設例と同様，AとBとの過失によって工事現場での事故が発生し，Cが負傷したという事案において，この損害を賠償したXが，Yに対して求償をしたというものである。Xは，Aの使用者であり，Yは，AB両方の使用者であるということが前提になっている。

　原審は，事故に関係した者ならびに使用者らの負担部分をいわば横並びに決定し，その負担部分を前提として，求償関係を一挙に解決するという立場を示した。

　それに対して，最高裁は，以下のように判示した。

　①　「複数の加害者の共同不法行為につき，各加害者を指揮監督する使用者がそれぞれ損害賠償責任を負う場合においては，一方の加害者の使用者と他方の加害者の使用者との間の責任の内部的な分担の公平を図るため，求償が認められるべきであるが，その求償の前提となる各使用者の責任の割合は，それぞれが指揮監督する各加害者の過失割合に従って定めるべきものであって，一方の加害者の使用者は，当該加害者の過失割合に従って定められる自己の負担部分を超えて損害を賠償したときは，その超える部分につき，他方の加害者の使用者に対し，当該加害者の過失割合に従って定められる負担部分の限度で，右の全額を求償することができる」。

　②　「一方の加害者を指揮監督する複数の使用者がそれぞれ損害賠償責任を負う場合においても，各使用者間の責任の内部的な分担の公平を図るため，求償が認められるべきであるが，その求償の前提となる各使用者の責任の割合は，被用者である加害者の加害行為の態様及びこれと各使用者の事業の執行との関連性の程度，加害者に対する各使用者の指揮監督の強弱などを考慮して定めるべきものであって，使用者の一方は，当該加害者の前記過失割合に従って定められる負担部分のうち，右の責任の割合に従って定められる自己の負担部分を超えて損害を賠償したときは，その超える部分につき，使用者の他方に対して右の責任の割合に従って定められる負担部分の限度で求償することができるものと解するのが相当である」。

　最高裁の判示の中，①に当たる部分が，**設例IV-11** に対応し，②に当たる部分が，**設例IV-12** に対応する。すなわち，複数の加害者のそれぞれの使用者間

の求償の前提となる負担部分は，直接の加害者の過失割合によって決まる。これは使用者責任の代位責任という性格から説明される。他方，1人の加害者について複数の使用者がいる場合の相互の求償関係においては，代位責任という視点は機能せず，事業執行との関連性や指揮監督の強弱といったより具体的な基準によって負担部分が定まるということになる。なお，本判決の「自己の負担部分を超えて」という部分が，今後，どのように扱われるのかという問題があることについては，すでに繰り返し触れたとおりである。

第Ⅴ部　消滅時効

2017年の債権法改正と消滅時効　今までに説明してきた部分においても，2017年の債権法改正によって影響を受ける部分はあった（中間利息の控除や不真正連帯債務等）。もっとも，それらは不法行為に関しての直接の改正ではなかった。それに対して，以下で説明する消滅時効は，改正において直接の対象とされた部分である。

以下の説明においては，2017年の改正後の規定を前提に説明し，必要に応じて，それまでの状況について触れることにしよう。

消滅時効に関する規定の概観　724条は，①「被害者又はその法定代理人が損害及び加害者を知った時から3年間行使しないとき」（同条1号），②「不法行為の時から20年間行使しないとき」（同条2号）の二つの場合に，「不法行為による損害賠償の請求権は……時効によって消滅する」とし，損害賠償請求権が消滅することを規定している。

以下では，まずこうした二つのタイプの消滅時効（短期消滅時効と長期消滅時効）について説明していくことにする。なお，改正前の724条は，「不法行為による損害賠償の請求権は，被害者又はその法定代理人が損害及び加害者を知った時から3年間行使しないときは，時効によって消滅する。不法行為の時から20年を経過したときも，同様とする」と規定しており，実質的にはほとんど変わらないようであるが，2017年の改正により，長期消滅時効も「消滅時効」であるということがより明確に規定されたものである。この点は，従前の判例とは異なるものであり，法改正が判例に対して積極的に介入した例として位置づけることができる。

2017年の改正では，それに加えて，新たに724条の2という規定が設けられた。これは，「人の生命又は身体の侵害による損害賠償請求権」については，

上記の短期消滅時効の期間を5年間とする特則を定めるものである。この規定だけではわかりにくいが，一般の債権の消滅時効における改正（166条1項1号，167条）とあいまって，生命・身体侵害を理由とする損害賠償請求権については，債務不履行と不法行為のいずれの構成によっても，主観的起算点から5年間，客観的起算点から20年間という消滅時効で統一されることを内容とするものである。これについても，以下で説明することにしよう。

1 主観的起算点からの消滅時効（短期消滅時効）

3年間の期間制限　　724条1号は，以下のような期間制限である。

---

① 起算点　被害者またはその法定代理人が損害および加害者を知った時
② 期　間　3年間（ただし，724条の2により，生命・身体侵害による損害賠償請求権については5年間とされる）

加害者を知った時　　判例は，「民法724条にいう『加害者ヲ知リタル時』とは，同条で時効の起算点に関する特則を設けた趣旨に鑑みれば，加害者に対する賠償請求が事実上可能な状況のもとに，その可能な程度にこれを知った時を意味するものと解するのが相当であり，被害者が不法行為の当時加害者の住所氏名を的確に知らず，しかも当時の状況においてこれに対する賠償請求権を行使することが事実上不可能な場合においては，その状況が止み，被害者が加害者の住所氏名を確認したとき，初めて『加害者ヲ知リタル時』にあたるものというべきである」とする（最判昭和48年11月16日民集27巻10号1374頁→ *百選 II（8版）［108］・建部雅*）。また，使用者責任の消滅時効の起算点については，被害者が，(1)使用者，(2)使用者と加害者との使用関係に加えて，(3)当該不法行為が使用者の事業の執行につきなされたものであると一般人が判断するに足りる事実を認識することが必要だとされる（最判昭和44年11月27日民集23巻11号2265頁）。

損害を知った時　　他方,「損害を知った時」が問題となるケースとしては,名誉毀損のように名誉を低下させるような行為があったとしても,そのことを知らなかったような場合である。判例は,「記事が実際に掲載されたこと,すなわち同被上告人が上告人の名誉を毀損し,不法行為に基づく損害が発生したことを現実に認識」した時を基準とする（最判平成14年1月29日民集56巻1号218頁→*重判H. 14 [民9]・新美育文*）。

加害者を知った時の起算点と同様,被害者が実際に損害賠償請求権を行使することができるという点に焦点を当てたものである。

なお,不法行為に基づく損害賠償請求権自体は,被害者がそれを知っていたか否かにかかわらず,原則として,不法行為の時に発生する。したがって,上記の名誉毀損の例においても,そうした記事が掲載されたことを被害者が知った時から消滅時効の期間は開始するが,記事が掲載された時に不法行為の損害賠償請求権は成立し,そこから遅延利息が生ずることになる。

主観的起算点をめぐるその他の問題　　消滅時効の主観的起算点としての「損害を知った時」については,特に損害の発生や顕在化がどのようになされるのかという点で,いくつかの問題がある。

① 継続的不法行為の場合

継続的不法行為の場合には,それによって日々発生する損害について,被害者がその各々を知った時が起算点とされる（大連判昭和15年12月14日民集19巻2325頁）。もっとも,上記判例は,不法占有に関するものであり,日々新たに生ずる損害を観念することができる,継続的不法行為によって生ずる損害を切り分けられない場合,あるいは切り分けが困難な場合も考えられる。たとえば,排出された有害物質を継続的に体内に取り込んで,そうした有害物質が蓄積し,健康被害が発現したという場合,日々の蓄積をそれぞれ切り離して独立の損害とみることは困難であり,また適当とも思われない。こうした場面では,発生した健康被害を損害とみて,それを認識した時が消滅時効の起算点となると考えるべきであろう（いわゆる「福岡じん肺訴訟」において,安全配慮義務違反による債務不履行責任が問題となった最判平成16年4月27日判時1860号152頁は,安全配慮義務違反によりじん肺にかかったことを理由とする損害賠償請求権の消滅時効に関し

て，じん肺によって死亡した場合の損害賠償については，死亡の時が消滅時効の起算点となるとする）。

②　後発した後遺症等

また，不法行為後相当期間を経過して発現した後遺症についての消滅時効も問題となる。こうした後遺症については，そもそも当初の段階で一定の解決がなされていた場合に，なお新たに発生した後遺症が賠償責任の対象となるかという問題があるが→【*後遺症と示談*】*391 頁*，賠償責任の対象となるとしても，当初の被害発生を主観的起算点とする消滅時効が完成している場合，どのように扱われるのかが問題となるからである。最判昭和 42 年 7 月 18 日民集 21 巻 6 号 1559 頁は，「被害者が不法行為に基づく損害の発生を知った以上，その損害と牽連一体をなす損害であって当時においてその発生を予見することが可能であったものについては，すべて被害者においてその認識があったものとして，民法 724 条所定の時効は前記損害の発生を知った時から進行を始める」とする一方で，「受傷時から相当期間経過後に原判示の経緯で前記の後遺症が現われ，そのため受傷時においては医学的にも通常予想しえなかったような治療方法が必要とされ，右治療のため費用を支出することを余儀なくされるにいたった」場合には，治療に要した費用の損害賠償について消滅時効は，その治療を受けるまで進行しないとした。

2 不法行為の時（客観的起算点）からの消滅時効（長期消滅時効）

20 年間の期間制限　　一方，724 条 2 号は，以下のような期間制限を定めている。

> ①　起算点　不法行為の時
> ②　期　間　20 年間

消滅時効としての期間制限　　この 20 年間の期間制限も，短期消滅時効と同様，消滅時効であるが，その点を明確にしたという点に，2017 年の債権法改正の意義がある。もっとも，改正前の 724 条後段も，短期消滅時効に関する

前段を受けて、「不法行為の時から20年を経過したときも，同様とする」と規定していたのであり，外形的な違いはそれほど大きくはない。実際，立法者は，前段も後段も消滅時効だと考えていた。

　しかし，こうした短期と長期を定める期間制限について，長期の期間制限は消滅時効ではなく，除斥期間だという見解が有力となり，判例も除斥期間だという立場を明確にした（最判平成元年12月21日民集43巻12号2209頁→ *重判H.1 [民法9]・松久三四彦*）。2017年の改正は，こうした判例の立場をとらず，消滅時効だということを再度明確に示したものだと理解することができる（724条本文において，1号，2号ともに，「時効によって消滅する」として，いずれも消滅時効であることについて疑義を残さないようにした）。

　したがって，除斥期間だということを前提とする議論について，もはや詳しく論じる必要はないが，そうした改正の意義を明らかにするという観点から，従来の状況について，ごく簡単に確認しておくことにしよう。

　まず，前提として，消滅時効と除斥期間の違いを簡単に確認しておこう。除斥期間というのは，民法の中で規定されているわけではないが，一般に，(1)当事者の援用を必要としない，(2)中断や停止（改正により，時効の完成猶予，更新として，制度が改正された）が認められないといったことが挙げられる。このような除斥期間は，債権成立から長期間が経過したこと自体によって，法律関係を確定させようとするものであり，公益的な視点に立つルールとされる。それゆえにこそ，当事者の援用は必要ではなく，また，当事者の行動や個別事情による中断や停止を認めないとされるのである。

　上述のとおり，最判平成元年12月21日は，20年の期間制限を消滅時効ではなく，除斥期間だとしたが，こうした扱いは多くの問題を生じさせることになった。特に，加害者の行為によって被害者の権利行使が困難となったような場合においても，消滅時効のように当事者の援用が必要ではないために，期間経過の事実の主張を信義則違反や権利濫用だとして退けることができず，実際上も公平な結論を維持できないといった問題が強く意識されるようになった（平成元年判決は，まさしく，「除斥期間の性質にかんがみ，本件請求権が除斥期間の経過により消滅した旨の主張がなくても，右期間の経過により本件請求権が消滅したものと判断すべきであり，したがって，被上告人ら主張に係る信義則違反又は権利濫用の主張は，主張自体失当であ」るとしている）。

2　不法行為の時からの消滅時効　503

こうした中で，判例も単純に期間の経過で権利を消滅させることが適当ではない場合について，改正前の時効の停止の規定を用いて，実質的な軌道修正を図ってきた（被害者が不法行為によって心神喪失の常況に陥り，法定代理人の選任が遅れたこともあって，権利行使が遅れたという事案に関する最判平成10年6月12日民集52巻4号1087頁→ *百選II（5版・新法対応版）[99]・大塚直*，殺人事件の加害者が被害者の死体を隠したため，相続人が被害者の死亡を知ることができず，相続人が確定しないまま殺害の時から20年が経過したという事案に関する最判平成21年4月28日民集63巻4号853頁）。

以上のような状況をふまえると，2017年の改正は，平成元年判決以来の判例を変更するという側面も有するが，同時に，すでに平成元年判決を貫徹することができず，判例自体が揺らいでいたという状況をふまえたものだという評価も可能だろう（なお，長期の期間制限については，除斥期間と解する立場が有力だと説明したが，平成元年判決以降は，除斥期間だとする立場はほとんど見られなくなっていた）。

不法行為の時　　ところで，724条後段において重要な意味を持つのは，「不法行為の時」である。前段の「損害及び加害者を知った時」に比べると，被害者らの認識等が問題とならない分，より明確な基準であり，そのような客観的な時点を基準とできるという部分に，前段と異なる後段の意義がある。

もっとも，この「不法行為の時」については，少し立ち入って考えると，問題がないわけではない。多くの場合には，加害者の行為の時点と損害発生の時点は一致するだろうが，これが分離する場合，いずれの時点を基準とするかが問題となるからである。

この点については，加害行為時説と損害発生時説がある。最判平成16年4月27日民集58巻4号1032頁「筑豊じん肺訴訟」→ *百選II（8版）[109]・林誠司*は，「加害行為が行われた時に損害が発生する不法行為の場合には，加害行為の時がその起算点となると考えられる。しかし，身体に蓄積した場合に人の健康を害することとなる物質による損害や，一定の潜伏期間が経過した後に症状が現れる損害のように，当該不法行為により発生する損害の性質上，加害行為が終了してから相当の期間が経過した後に損害が発生する場合には，当該損害の全部又は一部が発生した時が除斥期間の起算点となると解すべきである。なぜな

ら，このような場合に損害の発生を待たずに除斥期間の進行を認めることは，被害者にとって著しく酷であるし，また，加害者としても，自己の行為により生じ得る損害の性質からみて，相当の期間が経過した後に被害者が現れて，損害賠償の請求を受けることを予期すべきであると考えられるからである」とし，基本的に損害発生時説の立場をとっている（最判平成18年6月16日民集60巻5号1997頁は，乳幼児期に受けた集団予防接種によるB型肝炎について，予防接種時ではなく，発症時が起算点となるとする）。

短期消滅時効の起算点については，「権利を行使することができる時」と規定されているが（166条1項），権利行使が可能な時点が基準となるということについては，長期消滅時効においても基本的に異ならないはずである。損害賠償請求権の成立要件として損害の発生があることに照らせば，損害の発生を伴っておらず，単に，行為がなされたという時点を基準とすることは合理的なこととは考えられない。なお，「行為」という文言を重視する見解もあるが，717条の所有者責任を考えれば，このような説明を維持することは困難である。責任要件に該当する事象によって損害が発生するという経緯を「不法行為」だと考えれば足りるだろう。

なお，損害が顕在化していない時点で，加害者に対する損害賠償請求権の行使を認めるか否かということは，別途，検討すれば足りる（すでに抽象的な損害が生じていると構成するか，将来の損害についての損害賠償を例外的に認めるかといった問題である。しかし，かりにこうした例外的取扱いが認められるとしても，そうした例外をもって，権利行使可能時と考えるべきではないだろう）。

ところで，最後に述べた点について，少し，頭の体操の意味もこめて，次のような問題を考えてみよう。

> **設例Ⅴ-1**　Yは，21年後に爆発するように時限爆弾をセットしてから，ただちに自殺した。21年後に爆弾が爆発し，Xが重傷を負った。

ずいぶん気の長いはなしであるが，「21年後」というのがミソである。この場合，行為時を基準とするのであれば，長期消滅時効が完成してしまう。こうした場合，Yが生存しているのであれば，継続的に，「爆弾を除去しなかった」という不法行為を認定することによって，そうした不作為の不法行為を基

2　不法行為の時からの消滅時効　505

準時とすることによって，問題の解決が可能となるかもしれない。しかし，この場合，Ｙはすでに生存しておらず，Ｙ自身のそうした不作為の不法行為を認定することはできない。この場合，Ｙの不法行為を理由とする損害賠償請求権は，どのようになるのであろうか。

　実は，この問題は，724条後段をめぐる問題なのではなく，その背景には，不法行為による損害賠償請求権がいつ成立するのかという基本的な問題がある。消滅時効や除斥期間が問題とならない以下の事案で考えてみよう。

> **設例Ⅴ-2**　飛行機に搭乗していたＹは，時限爆弾をセットしてから，ただちに服毒自殺した。Ｙの死亡後，爆弾が爆発し，飛行機は墜落して，Ｘらは死亡した。

　この場合，損害賠償請求権が成立するのが，Ｙが行為をした時点とするのであれば，Ｙがそうした損害賠償債務を負担し，それがＹの相続人に承継されることになる。しかし，すでに説明したように，結果が発生していない時点で損害賠償請求権が成立するということについては，否定的な見方を示した。そうなると，損害発生時を基準とせざるを得ないが，一方，この時点では，権利義務の帰属主体としてのＹは存在していない。飛行機の墜落は，結局，誰にも責任を帰属できないという天災だということになる。もっとも，人為的な操作によって，人災となるか，天災となるかをコントロールできるということ自体，奇妙と言わざるを得ないであろう。

　解釈論的な可能性としては，①抽象的な不法行為責任（抽象的な損害賠償債務）は，損害発生を含まない原因行為時に発生するが，長期消滅時効は損害発生を含む「不法行為」時から起算されるという理解（したがって，当該抽象的な損害賠償債務は相続され得る），②損害賠償債務は損害発生を含む「不法行為」時（加害者死亡後）に発生するが，不法行為をなしたという法的地位（あるいは自ら付与した原因を除去する作為義務）が相続の対象となるといった理解（したがって，やはり相続人が損害賠償債務を負担する）が考えられそうである。まあ，これはこれで相続人にはエライ迷惑なことではある。

506　第Ⅴ部　消滅時効

3 生命・身体の侵害についての消滅時効の特則

生命・身体の侵害についての責任──不法行為と債務不履行責任の統一化

2017年の改正によって，新たに724条の2が規定された。すなわち，同条は，「人の生命又は身体を害する不法行為による損害賠償請求権」の短期消滅時効は5年間だとする特則を定めるのである。もっとも，そうか，生命・身体の侵害は重要だから，短期消滅時効を長く設定したのだと理解することだけでは，この改正の意義の半分程度しか理解したことにならない。

この改正は，「人の生命又は身体の侵害による損害賠償請求権」については，一般的な債権の短期消滅時効の10年間（166条1項2号）を20年間だとする特則（167条）とセットになっており，両者をふまえて理解する必要があるのである。

と言われても，なおピンとこないという顔をしている諸君が多いので（見えるんです！），全体像を確認しておくことにしよう。

> ① 不法行為の損害賠償請求権の消滅時効（724条）
> (a) 短期消滅時効　　損害・加害者を知った時から3年間
> (b) 長期消滅時効　　不法行為の時から20年間
> ② 一般の債権の消滅時効（166条1項）
> (a) 短期消滅時効　　権利を行使することができることを知った時（主観的起算点）から5年間
> (b) 長期消滅時効　　権利を行使することができる時（客観的起算点）から10年間

これを見ると，短期消滅時効は一般の債権の消滅時効の方が長く，長期消滅時効は不法行為の損害賠償請求権の消滅時効の方が長いということがわかるだろう。

結局，生命・身体の損害賠償請求については，167条が長期消滅時効を20年間とし，724条の2が短期消滅時効を5年間とすることによって，それぞれ長い方に合わせられることになったのである。つまり，生命・身体の侵害を理由とする損害については，それを不法行為責任として追及する場合でも，債務

不履行責任として追及する場合であっても，短期消滅時効は5年間，長期消滅時効は20年間という形で統一が図られたのである。

生命・身体侵害の損害賠償についての特則の意義　どのような法律構成によっても，消滅時効の点では異ならないということになると，少なくとも，消滅時効は，いずれの法律構成を選択するのかという際の判断要素としては重要な意味を失うことになる。安全配慮義務の嚆矢となった最判昭和50年2月25日民集29巻2号143頁→*百選II（8版）[2]・吉政知広*は，まさしく消滅時効期間の違いをふまえて，不法行為責任と債務不履行責任が異なる場面であったが，今後は，こうした状況は，基本的には生じないことになるものと考えられる。

　基本的には，と少々自信がなさそうに書いたのは，不法行為の短期消滅時効についての「被害者又はその法定代理人が損害及び加害者を知った時」（724条1号）と，一般の債権の短期消滅時効の「債権者が権利を行使することができることを知った時」（166条1項1号）が完全に一致するのか，不法行為の長期消滅時効についての「不法行為の時」（724条2号）と一般の債権の長期消滅時効についての「権利を行使することができる時」（166条1項2号）が完全に一致するのかについて，やや確信が持てない部分が残るからである。実質的には違いがなく，また2017年の改正の趣旨もふまえれば，法律構成によってそれぞれの起算点がずれるという状況は避けるべきだと思われるが，なお見落としている点がないか，今後の状況を慎重に見守りたい。

第Ⅵ部　訴訟における不法行為法

　　要件事実の意味　　要件事実というのは，民法などの実体法に規定された法律効果の発生要件に該当する具体的事実である。訴訟の場面で，主張責任や立証責任の配分を考えるうえで前提となる。たとえば，（不法行為法ではなく売買から例をとるか）売主が買主に対して代金の支払いを求めるという場合，原告である売主はどのようなことを主張立証しなければならないのか，それに対して，買主はどのような反論ができるのかということを明らかにしていくものである。この例であれば，以下のように説明される（このような単純なケースについても説明の仕方は複数あり，ここではその1つを例として取り上げるだけである）。

【請求原因事実】
　代金の支払いを求める売主は，以下の事実を主張立証しなくてはならない。これを「請求原因事実」と呼ぶ。

> ①　売買契約を締結したこと
> ②　売買代金額

　これを見て，「売買契約を締結したとしても，いつ代金を払うことになっていたか証明しなくてもいいの？」と思う人もあるかもしれない。しかし，555条は，「売買は，当事者の一方がある財産権を相手方に移転することを約し，相手方がこれに対してその代金を支払うことを約することによって，その効力を生じる」と規定しているだけで，契約と同時に代金を支払うのが原則であり，履行期が別に定められている場合には，それは買主の方で積極的に立証しなくてはならないと考えるのである。

この点も含めて，買主の反論として考えられるものをいくつか挙げてみよう。

---

③　そもそも売買契約を締結していない（そんなこと知らん！）。

④　これはだまされて買わされたんだ！

⑤　間違って買ってしまったんだ！

⑥　履行期がまだ来ていないぞ！

⑦　とっくに払っている！

　この本は不法行為法の教科書なので，細部にわたる説明は避けたいが，この反論の中には，性質が異なるものが含まれている。

【否　　認】

　まず，上記の中，③は「否認」と呼ばれる。つまり，請求原因事実①を真っ向から否定する主張である。①も認められるし，③も認められるということはあり得ない。つまり，そこでは1つの事実（契約があったかなかったか）が問題となっているにすぎず，1つの立証責任しか考えることはできないからである。

　もう少し説明しよう。①で，Xは，売買契約を締結したということについて立証責任を負っている。他方，③について，Yが，売買契約を締結していないということについて立証責任を負うとしたら，どうなるのだろうか。立証責任というのは，立証責任を負っている事実を立証できなかったら，その事実はないと扱われるものである。この場合，売買契約が締結されたか否かについて，裁判官がよくわからないという判断に至った場合，①を前提とすれば，「売買契約はなかった」とされることになる。他方，③についてYが売買契約を締結していないということについての立証責任を負うとすれば，「売買契約はあった」とされることになってしまう。これでは，売買契約があったとするのか，なかったとするのかの問題は解決できないまま残ってしまう。このように，1つの事実について相反する2つの立証責任を認めた場合，問題は解決できなくなってしまうのである。

　この場合，①について原告である売主に立証責任があるとしているのだから，③は単なる反論として主張すればよいだけであり，契約が成立したか否かについてはっきりしない状況に持って行けば，否認の目的は達成されるのである。

510　　第VI部　訴訟における不法行為法

【抗　　弁】

　それに対して，④⑤⑥⑦は，いずれも，①や②とは両立し得る事実である。④の場合，契約は成立したが，それは詐欺によるのだと買主は主張するのであるから，詐欺を理由として契約を取り消し（96条），代金の支払いを免れることができる。また，⑤の場合，やはり契約は成立したが，錯誤を理由として取り消し（95条），契約の効力を否定することになる。また，⑥の場合には履行期について特約があることを，⑦の場合にはすでに弁済して債務が消滅していることを，買主の側で主張立証することになる。

　ここで問題となっているのは，意思表示の合致による契約の成立それ自体とは別の事実を手がかりにして代金の支払いを免れるということである。これらを「抗弁」と呼ぶ。ここでは，①とは別の立証責任を考えることができる。一般に，権利を基礎づける事実については，その権利を行使しようとする者（この例では売主）が主張立証責任を負うのに対して（上記の①②），権利の発生を妨げる事実である④⑤⑥や，いったん発生した権利が消滅したという事実である⑦については，義務者とされる者（この例では買主）が主張立証責任を負うとされる。

　本書の中でも，立証責任については，色々な場面で触れてきた。そうした立証責任が，実際の訴訟の場面でどのように機能するのかということを要件事実は示してくれると言うことができそうである。
　実体法上の要件とされるものであっても，その中には，自ら積極的に立証しなければならないものもあり，他方，その要件が欠けるということを相手方が立証しなければならないというタイプのものもある。その意味で，要件事実は，実体法の理解と実際の訴訟をつなぐ性格を有しており，重要な意味を持っている。

　不法行為訴訟における要件事実　　そのような要件事実であるが，どうも不法行為法に限っては，あまりうまく機能していないようにも見える。機能していないというのが言いすぎであるとすれば，あまり意識されていないと言ってもいい。実際，各種の要件事実に関する教科書等を開いてみても，不法行為法

に関する説明は，おどろくほど簡素である。

　不法行為法の勉強の最後に，この点について，少し説明しておくことにしよう。

　不法行為法における要件事実については，まず，以下の2つを確認しておくべきであろう。

　①　不法行為法における要件事実というのは，それほど複雑ではない。契約関係における要件事実に比べると，はるかに単純である。その意味で，あまり不安を抱く必要はない。

　②　次に，初学者はしばしば誤解しがちであるが，民法という実体法の解釈を抜きにして，どこかに桃源郷のような要件事実論（ワールド）が存在するわけではない。実体法の解釈において示されたルールを，訴訟という場面において実践するための道具が要件事実であり，あるいは，主要事実なのである。実体法の解釈を離れて，要件事実自体が抽象的に決まるわけではない。

　さて，この中，②は，少し深刻な事態をもたらす。なぜなら，要件事実を細部にわたって展開していくためには，実体法上の解釈論が確立していることが必要である。

　ところが，不法行為法は，いままで見てきたように，また，本書の冒頭でも断ったように，論者によってその基本的な枠組みから異なり，実にさまざまな見解が対立している。過失の意味や権利や損害の意味も異なり，違法性という要件が必要だとする見解もあればそれを否定する見解もある。権利侵害と損害が別々の要件だとする考え方もあれば，そうではないとする考え方もあるのである。

　そのような状況では，要件事実についても確定的なことを述べることはできないし，従来，不法行為法の要件事実として説明されてきたところも，現在の不法行為理論においては，もはや支配的地位を有していない，かつての伝統的な見解を前提とするものとなっている。もっとも，それはそうした要件事実のテキストの執筆者が不勉強だというわけではなく，このように実体法上の議論が混乱している状況では，ほかに書きようがないからである。

512　第Ⅵ部　訴訟における不法行為法

前置きが長くなったが，こうした点を確認したうえで，不法行為訴訟における要件事実について簡単に説明をしておくことにしよう。以下では，被害者から加害者に対する，過失を理由とする709条に基づく損害賠償請求を前提として説明していく。

1 請 求 原 因

709条の文言　まず，709条という条文の文言に照らすならば，原告が損害賠償を被告に請求するうえでの請求原因事実というのは，以下のものだということになりそうである。実際，このように説明するものが多い。

> ① 被告の故意または過失
> ② 原告の権利または法律上保護される利益の侵害
> ③ 原告に損害が発生したこと
> ④ ①と③の損害の発生との間に因果関係が存在すること
> ⑤ 具体的な損害額

規範的要件事実としての過失　しかしながら，このような説明では十分ではなく，また，適切ともいえないだろう。まず，過失というのは，弁済とか，履行期徒過とかと同様のレベルで「事実」として存在するわけではない。これは，高度に抽象的で，規範的な評価を伴うものである。この過失のようなものを「規範的要件事実」という（規範的要件事実の典型例としては，たとえば「公序良俗違反」，「権利濫用」などが挙げられる）。したがって，過失という事実を立証するのではなく，過失と評価される事実を立証していかなければならないということになる。

　もっとも，過失と評価される事実をどのように探求するのかといえば，過失とは何なのかという規範的な問題（本書の中で論じてきたような過失の概念をめぐる解釈問題）に帰着せざるを得ない。
　伝統的な見解によれば，予見義務違反という事実であり，「○○を予見すべきであったのに，それを予見しなかった」という事実が要件事実だということ

1 請 求 原 因　513

になる。この場合，予見可能性は要件事実の一部を構成するものとして位置づけられることになろう。

　他方，本書のように，結果回避に向けた客観的態様としての行為義務違反を過失と理解するのであれば，そうした行為義務違反に該当する事実が要件事実だということになる。後者の立場では，一定の行為義務の存在を前提として，それに違反したという事実（義務違反行為）が立証されなくてはならない。予見可能性は，独立に要件事実の一部を構成するのではなく，結果回避に向けてどのような行為義務があったのかという規範的問題の一部を構成するものとして位置づけられることになる。

　このように見てくると，過失の立証責任については，2つの点を意識すべきだということになろう。

　第1に，すでに述べたとおり，規範的要件事実として，単に，過失の立証責任を論ずれば足りるわけではなく，過失の存否という評価を基礎づける具体的な事実の立証責任を論じる必要があるということである（もっとも，多くの場合に，「過失の立証責任」という言い方をするし，本書でも使ってきている。これは，このような規範的要件事実としての立証という性格をふまえたものだということになる）。

　第2に，この問題が，単に，いわゆる要件事実論のレベルで決着がつくような問題ではなく，実体法上の解釈問題として解決されざるを得ない問題であるという点である。初学者は，ときに要件事実論に過大な期待を抱いて，実体法上の解釈問題が要件事実論の前で色あせ，あるいは，要件事実論によって容易に解決できるような錯覚を抱く。しかし，過失をどのように理解するのかということは，すぐれて実体法上の解釈問題としての性格を有するのであり，要件事実論によって解決されるような性格のものではないということは強調しておきたい。

　なお，過失判断の前提となる行為義務は1種類しかないわけではなく，実際には，1つの事故を回避するためには，さまざまな形での回避の可能性があるのが一般的であろう。ここでは，原告は，その中の1つの義務について裁判官を説得し，それに違反する事実を立証することができれば，この点に関する要件事実の立証に成功したということになる。

514　　第VI部　訴訟における不法行為法

権利または法律上保護される利益の侵害／損害　　②権利または法律上保護される利益の侵害と，③損害の発生をそれぞれ独立の要件事実として位置づけることについても，問題がある。

このような区別は，損害について差額説をとる場合には，意味のある区別である。たとえば，所有権侵害といった権利侵害はあるが（②は認定される），しかし，財産状態の差額としての損害（③）はないという場合は考えられるからである。

しかし，損害事実説を前提とする場合，②と③は，いずれも事実としての不利益であり，その区別をする必要はない。ここでも，不法行為法上の要件事実をどのように設定するのかという問題は，実体法の解釈問題として検討されるべきものだということになる。なお，問題とされる（不）利益が法的に保護されるべきものであるのか（単に一般的な問題としてのそれだけではなく，たとえば，利益の違法性といった問題も含む）というのは，規範的な評価の問題であり，要件事実の問題ではない（行為義務違反の場合には，規範的な問題としての義務の内容の確定を経ないと，義務違反に該当する事実は認定できなかった。それに対して，ここでは不利益の事実というのは，その利益が法的にどのように評価されるのかという問題と切り離して認定することができる）。

因果関係　　因果関係の立証についても，同様に，実体法上の問題が先行して存在する。ここでは，特に，2つの問題を指摘しておこう。

まず，かりに因果関係の判断の仕方（たとえば条件関係）については争いがないとしても，何と何との因果関係を考えるかという点で，立場が大きく異なる。差額説を前提とした損害を考え，不法行為とそうした損害との因果関係を考えるというのと，不法行為と事実たる損害との間の因果関係を考えるのではまったく異なる。あるいは，事実としての損害を考える場合でも，その事実としての損害をどのように認識するかで異なってくる。「余命の喪失」を損害として考えるのであれば，どれだけ生きられたのか不明である以上，不法行為と損害との間の因果関係は認定できないと判断することが考えられる→【*医療過誤における因果関係の立証*】*297頁*。

次に，伝統的な見解における相当因果関係のような問題をどのように位置づけるのかという点である。不法行為の成立→【*相当因果関係*】*173頁*と賠償範囲→【*相当*

1　請求原因　　515

*因果関係説の意味】338頁*の両方で相当因果関係が要件とされ，そうした相当因果関係が過失と同様の意味での規範的要件事実であるとすれば，要件事実の問題のどこかにこれが位置づけられることになる。他方，この問題を，事実的因果関係，保護範囲に区別して考えれば，事実的因果関係は事実の問題として要件事実となるが，保護範囲は法の解釈の問題として当事者の主張立証を必要とすることなく，裁判官の規範的判断によって解決されることになる（もちろん，そうした規範的判断をなす裁判官を説得することが，訴訟においては求められる。しかし，それは「立証責任」の問題ではない）。

具体的な損害額　　具体的な損害額は，不法行為の要件事実を説明するテキストにおいて要件事実のひとつとして挙げられるのが一般的である。もっとも，この意味も，必ずしも明らかではない。差額説を前提として考えるのであれば，損害の認定の中で，どれだけの金額の損害が発生したのかということはすでに定まっているはずである。他方，損害の金銭的評価において裁判官の裁量性を強調するのであれば（その裁量性については，全面的な裁量性を強調する立場から，本書のように考えられる複数の算定方法からの選択という裁量に限定するものまである），そもそも当事者の立証になじむような性格のものではないということになる（ただし，合理的な算定方法の立証責任が原告にあり，それのひとつである逸失利益に即した算定方法で，被害者の年齢や収入等を立証責任の対象とするということは考えられる）。

　この点は，要件事実という観点からは，なお問題が残る部分だと思われる。なお，原告が具体的な損害額を主張しない以上，裁判官は，どのような範囲で賠償額を認容したらよいか困るではないかという疑問があるかもしれないが，それは，基本的に処分権主義をめぐる問題であって，要件事実の問題ではない。

現在の判例の立場と要件事実　　ずいぶんと色々な説明をしてきた。そして，その中では，実体法上の解釈問題によって，要件事実をどのように考えるのかが決まってくるという関係を説明してきた。

　これに対して，要件事実というのは，実務におけるツールである。学者の抽象的なはなしや見解の対立などどうでもいいから，普通の実務における要件事実を説明してくれという声もあるかもしれない。もっともな要求なのだが，し

かし，実務における不法行為の解釈論というのも，それほどはっきりと定まっているわけではないのである。

なるほど，ある時期までは，伝統的な見解をおおむね基礎として運用されてきた。しかしながら，最高裁判例を含めて，判例の立場は急速に流動的になってきている。かつては当然のように位置づけられていた差額説についても，現在の判例が本当にそのような立場を堅持しているのかは疑問とされる（前掲の最判平成11年2月25日→ *298頁* のほか，不法行為後の別原因による被害者の死亡に関する前掲最判平成8年4月25日→ *408頁* など）。

現在の不法行為法理論の対立は，判例を離れて学説のレベルだけで抽象的に論じられているわけではない。むしろ，見解の対立の背景には，多くの場合，判例をどのように位置づけるのか，どのように解釈するのかという点に争いがあるのである。

なるほど，要件事実論に関するテキストを読むと，不法行為に関する要件事実についてもっと簡潔にまとめているが，それは，現在の判例実務をふまえたうえで本当にそうなっているというわけではなく，まずは伝統的な見解を前提として整理するとこうなるということを示しているだけなのである。その点は，誤解がないようにお願いしたい。

2　抗　弁

一般的な抗弁　　他方，抗弁となるものとしては，以下のようなものが挙げられる。まず，不法行為を理由とする損害賠償請求に対する一般的な抗弁としては，以下のようなものが考えられる。

① 過失相殺の抗弁
  原告（または原告側の者）にも過失があり，過失相殺されること，または，

② 消滅時効の抗弁
  原告またはその法定代理人が損害および被害者を知った時から3年を経過し（短期消滅時効），または，不法行為の時から20年が経過し（長期消滅時効），被告が消滅時効を援用したこと，または，

③　弁済の抗弁

被告が損害の全部または一部をすでに賠償したこと，または，

④　損害の消滅の抗弁

損害の全部または一部がすでに填補されていること

　もっとも，過失相殺は，すでに説明したように→【*過失相殺の訴訟上の位置づけ*】433頁，過失相殺を基礎づける事実についての立証責任は原告側にあるが，過失相殺をするか否か自体は，裁判官の裁量的判断によるのであり，当事者の主張は必要とされていない。その点では，現在の判例を前提とする限り，過失相殺は，厳密な意味での抗弁ではないことになる。

　事件類型に応じた抗弁　　上記のような一般的な抗弁のほか，請求原因に応じた抗弁もある。

　たとえば，714条，715条，717条等のただし書において規定されている一定の注意を払った等の事実は，それぞれの責任を追及する場合の抗弁となる（もっともすでに言及したとおり，こうした抗弁はそう簡単に認められるわけではなく，これらの規定は実質的には無過失責任に近いものとなっている）。

　なお，712条，713条に基づいて責任能力がないとの主張立証が，一般的な抗弁となるのか，限定された類型における抗弁なのかは，やはり，責任能力の解釈問題に帰着する。伝統的な見解のように責任能力を過失の前提能力という位置づけをなす場合，あるいは，責任能力規定は弱者保護規定としての性格を有するが，それは加害者の「行為」が問題となる責任類型においてのみ妥当するという立場に立つ場合には，その抗弁は，過失責任ならびに中間責任についてのみ認められるものだということになる（717条の所有者責任については認められない）。他方，弱者保護という政策目的を有するものであり，適用されるべき類型は限定されないという立場に立つのであれば→【*責任能力の射程*】178頁，一般的抗弁のひとつに位置づけられることになる。

　┌─**コラム**─　**不法行為法の答案の書き方**

　コラムは，この本の中で実は一番気合いを入れた部分である。魂の叫びと言ってもいい（あんまりよくないのもある）。にもかかわらず，「最後のコラムが『答案の書き方』では嫌だ！」，「でも，やっぱり，書きたい！」「書いた方がウ

518　第Ⅵ部　訴訟における不法行為法

ケル！（気がする）」ということで，書くことにする。

　まず，悪い答案のタイプを2つ挙げよう。

　I型　不法行為法では過失の有無が問題となるような場合が多い。そうした場面で，不法行為責任の成否を問われたのに対して，過失の意義や議論状況を説明し，その事案における過失の有無を詳細に検討し，そして，「したがって，Yは不法行為責任を負う」というタイプのものである。「そんなに詳細に検討しているんだったら，何が悪いの？」って思われるかもしれない。悪いのである。だって，損害についても，因果関係についても触れていないんだもん。つまり，この答案のように，過失の有無しか検討しないで，不法行為責任の成否が決まるんだったら，過失＝不法行為ということになってしまうではないか。簡単でもいいから，他の要件がそなわっていることには触れる必要があるのである。このI型の答案を目にすることは，特に初学者の場合には少なくない。ちなみに，因果関係や権利侵害，損害でも同じような例は考えられるのであり（損害だけしか検討していない答案），過失に限ったことではない。

　II型　もうひとつは，これと対照的である。この答案は，「709条の不法行為の要件は，①故意または過失，②権利侵害，③損害の発生，④因果関係である」といった調子で書き始め（そのこと自体は別に悪いことではない），①から順次，説明を加えていき，問題の事案において，その要件が具わっているかを検討していく。このII型は，それ自体として別に問題があるわけではないが，以下のようなパターンに陥ることが少なからずある。

　II-あ型　まず，①から始まって順次，各要件の意義を詳細に定義し，説明していくというものである。気持ちはわかる。基本的な概念は大事だし，それぞれの要件の意義に議論がある以上，どのような理解を前提にしているのかを示さなくてはならない（本文にもそれとおぼしきことを書いた）。それはそうだ。しかし，ちょっと待て，それをやると，比較的分量が多くなる。ちなみにこの教科書は，500頁余りあり，それなりに書くのに時間はかかっている。少なくとも，2時間とか3時間では書いていない。「それと同じことをやろうとしているのだよ，君！　もし，それを本当にしちゃったら，私の立場はどうなるんだ！」はぁはぁ……。このII-あ型については，これ以上論じていると興奮しそうなので，やめる。

　II-い型　さて，気持ちを落ち着けて，次のII-い型であるが，これはII-あ型とは対照的に淡々と，以上の4つの条件を示して，それぞれの内容を要件事実のテキストに書かれているようなことを述べて，問題の事案にそれを当てはめていくという作業を行う。II-あ型の熱さとは対照的で，実に淡々としている。このような答案は，要件事実を学び始めたばかりの諸君の答案で，比較的よく目にするようである。決して熱くならず，実にクールに，①における過失について，過失に該当する事実が要件事実となることを説明し，それが請求

2　抗　弁　519

原因事実であり賠償を請求する者が立証責任を負うことなどを説明していく。場合によっては，間接反証等，さらに高度な立証についてのことも語られる。かっこいい，いかにもプロフェッショナル。でも，ちょっと待てよ，この問題，未熟児網膜症についての光凝固法に関する厚生省報告書が出た昭和50年以前に，光凝固法を使わなかったという事案についてのお医者さんの責任を問題としているんだけど，そのことは「どこに書いてあるの？」。書いてない。これには理由がないわけではないと思う。要件事実に少し接触した諸君は，しばしば要件事実に即して答案を書きたくなる。その気持ちはわからないではない。たしかに，要件事実に即して答案を書くことによって，問題が鮮やかに整理され，見通しがよくなるという場合もあることは間違いない。要件事実それ自体が，訴訟という場面で紛争解決の見通しをよくするために開発されたものなのだから当然ともいえる。要件事実を通して，すべての問題をとらえることができるような気もしてくる。しかし，そうではない。過失に該当する事実は，要件事実の問題であるとしても，過失に該当するか否か，過失の前提となる予見義務（予見義務違反説）はどの程度の水準のものなのか，過失の前提となる行為義務（行為義務違反説）はどのような内容のものなのか，そもそも過失とは予見義務違反といった加害者の心理状態なのか，行為義務違反という加害者の客観的な行為態様なのかは，いずれも要件事実以前の法的評価の問題なのである。つまり，Ⅱ-い型は，要件事実に気を取られるあまり，肝心の法的評価のレベルでの問題が問われているということが，頭からすっぽり抜け落ちてしまったのであろう。

悪い答案のはなしを書いてきた。実は，悪いところを指摘するのは（人の悪口を言うのは），非常に簡単である。しかし，「それではどうすればいいのか？」というと結構むずかしい。「ふむふむ，悪いところを改善すればよいのだよ」という答えも考えられるが，そういう答えをするときは，答える方もどうしたらいいのかあまりわかっていないという場合が少なくない（私の場合）。さて，このあたりでやめると筆者としては安全なのだが，やっぱり，答案の書き方を教わったという気はしないのではないかと思う。

で，書く。しかし，ここからあとは，著者のかなり個性的な理解が前提となっている可能性がある。したがって，それをふまえて読んでほしいし，かりにこれを手がかりに答案を書いて，期末試験や司法試験，公務員試験等に落ちても，「当方はいっさい責任を負いません」→コラム 責任を負いません287頁（本免責条項が有効かについては是非検討してほしい。有効だという結論を祈る！）。

まず，考えられるのは，Ⅱ-い変形型である。上記のとおり，不法行為の要件事実についての基本的な説明をふまえたうえで，その中の「過失と評価される事実」の判断の前提として，その具体的な問題との関係で必要とされる範囲で，過失の意味や判断の仕方に触れるということは可能である。その場合，過

不足ない要件事実に即した答案ということはできそうである。

　もっとも，本文でも述べたとおり，不法行為における要件事実が何なのかということ自体，ものすごく怪しい。要件事実の教科書で不法行為法についての説明が少ないのは，不法行為責任の要件事実が確立していないからだし，たまに書かれている説明は，不法行為法学のここ何十年間かの議論は無視したものであったりする。

　それでは，要件事実とかあまり神経質に考えずに，不法行為責任についての判断をする場合，いったい何が示されなくてはならないのだろうか（ここからあと，普遍的に承認されていることではありません。要注意！　警告しましたよ。読むのは自由です。しかし，読むか読まないか，信じるか信じないかは，自己危険に基づく行為 Handeln auf eigene Gefahr です）。

　実は，不法行為法との長いつきあい（不法行為との長いおつきあいではない。念のため）の中で，どのような立場を前提としても，不法行為の要件としては，以下の 3 つのものがあるのではないかと感じている。

---

①　責任を基礎づける要件（故意や過失，工作物の瑕疵等）
②　損　害
③　責任を基礎づける要件と損害との間の因果関係

---

　②の損害が差額説か損害事実説かといったようなことは聞かないでほしい。上記のとおり，どのような立場を前提としても，上記の 3 つは認められるだろうということである。ある説を前提とすれば，②はただちに金額を意味することになるかもしれないし，別の見解ではそうではないかもしれない。ある立場は，権利侵害を①の要件で理解するかもしれないし，別の立場は，権利侵害と損害を区別せずに，②の要件として理解するかもしれない。しかし，結果的に，いずれの立場をとったとしても，① ② ③は不法行為の成立のために欠くことができない要件として理解されていると考えられる。

　このように考えるとすれば，自分が依拠する立場と整合的な用語や概念を用いながら，この 3 つの要件が揃っていることをきちんと説明すれば足りるということになりそうである（要件のひとつにしか触れないと I 型の答案になる）。もちろん，実際の問題においては，この中の①（でも② ③のいずれでもいい）のみが主たる問題となっているということはあるだろう。その場合には，それを十分に検討しつつ，要件全体をきちんとカバーしておきたいのであれば，残りの 2 つについて適宜説明する（すでに示された事情から明らかであるとすればそのように。示された事情から明らかではないとすれば，それに対応した立証責任をふまえつつ結論を導けばよい）ということでよいのではないだろうか。

　ところで，学生諸君の答案を見ていると，この中で，多くの場合にかわいそうな地位に置かれているのが②の損害である。これに触れない答案にもしばし

ばお目にかかる。過失や因果関係に比べると華やかさに欠けることは確かであろう。しかし，不法行為法の最も基礎となる要件は，損害にほかならない。私だったら，②の損害の発生についてきちんと説明したうえで，それに対応する形で①の過失の前提となる義務を論じ，③の義務違反と結果との関係を見ていくという構成をとるのではないかと思うが（こういう順番の把握自体，損害から出発して義務を考えるといった一定の立場を前提にしている），さて，読者諸君の考えはどうだろうか。

3 不法行為に関する要件事実の今後の方向

事件類型ごとの要件事実という考え方　ところで，これまでかなり抽象度の高い説明をしてきたが，事件類型ごとに，事件の性質に即した要件事実を考えていくという方向も考えられるのではないかと思われる。

たとえば，取締法規違反の不法行為が問題となるような事件類型では，「過失」を堅持するのではなく，「違法性」という言葉と概念（この場合は法規違反という意味での文字通りの違法性）を使って要件事実を設定していくという方向も，十分にあり得ると思われる。

こうした事件類型に即した要件事実を整理していくというのは，今後の課題ではあるが，見通しはそれほど暗いわけではない。100年を超える判例の積み重ねは，不法行為法に関する膨大な判断を集積している。また，学説の対立といっても，基本的な概念等においては激しく対立が見られるものの，個別的な部分では，説明の仕方は違っても，実際の結論や取扱いは異ならないというものも少なくない。

事件類型ごとの要件事実という視点から，次に，名誉毀損とプライバシー侵害の場合を手がかりに，少し考えていくことにしよう。

名誉毀損とプライバシー侵害の要件事実　名誉毀損とプライバシー侵害は，不法行為法の教科書の中ではいつもセットになって説明される。保護法益としては人格的利益という点で共通しており，同一の表現行為によって，この両方が害されるという場合も少なくないことから，両者をいっしょに説明していき，必要に応じて，その違いを検討していくという説明は，十分に合理的なもので

522　第VI部　訴訟における不法行為法

ある。しかし，両者の保護の仕方は，要件事実という観点から見ると大きく異なっている。それを以下に説明していくことにしよう。

名誉毀損の場合　すでに本書においても説明してきた名誉毀損の成否に関する判例の立場→*【名誉毀損の成否の判断のプロセス】115頁*を要件事実という観点から整理すると，以下のようにまとめることができるだろう。

---

① 　請　求　原　因
　　　被告の表現行為（事実の摘示）による原告の名誉の毀損（＝原告の社会的評価の低下）
② 　抗　　弁
　　　当該表現行為における事実が公共性を有するものであり，且つ，公益目的からなされ，且つ，真実であること（真実性の抗弁），または，真実と信ずるにつき相当な理由があること（相当性の抗弁）

実は，現在の判例を前提とすると，請求原因はこれだけではないかと考えられる。この「原告の名誉の毀損」という中に，「社会的評価の低下」という損害を見出すことができ，また，「被告の表現行為による」という中に行為と損害との因果関係を見出すことはできるだろう。しかし，故意または過失に相当する判断はどこにいったのだろうか。

実は，これらは抗弁の中で取り上げられている。判例は，真実性の抗弁によって違法性が阻却され，相当性の抗弁によって故意または過失が阻却されるとする。ここでは，伝統的な違法性と有責性要件との2分説が前提となっていると理解されるが，本書のような立場であれば，いずれも過失の成否のレベルの問題と位置づけられることになろう。いずれにしても，ここではそうした過失（や違法性）は，請求原因のレベルではなく，抗弁のレベルで扱われているのである。

このこと自体について，要件事実論の立場から十分に合理的な説明がされているわけではない。709条を単純に適用するだけでは，このような構造にならないだろう。このような要件事実の設定は，709条を問題解決の実体法的な手がかりとしつつ，判例法によって確立されたという評価が可能であるように思

3　不法行為に関する要件事実の今後の方向　523

われる。

プライバシー侵害の要件事実　　他方，プライバシー侵害についての判例の立場は異なる。下級審裁判例のレベルでは，名誉毀損における判断形式を借用するというものもあったが，最高裁は，これを明示的に排除している→【<u>プライバシー侵害の不法行為の成否</u>】<u>131頁</u>。プライバシー侵害でも名誉毀損でも，人格的利益の保護と表現の自由との緊張関係があり，それに対して適切な衡量を行わなければならないという点は同じである。

　しかし，名誉毀損では，人格的利益の侵害があれば原則として不法行為責任が成立するとしつつ，その衡量は抗弁のレベルで行われることになる。

　他方，プライバシー侵害では，「被撮影者の上記人格的利益の侵害が社会生活上受忍の限度を超えるものといえるかどうかを判断して決すべきである」（最判平成17年11月10日民集59巻9号2428頁）というように，それは請求原因事実たる権利侵害ないし損害のレベルで判断されることになるのである。こうした背景には，名誉とプライバシーとを比較したときに，後者は前者に比べて具体的内容が確立しているとは言えず，表現の自由という対抗価値との衡量において，その利益の要保護性が弱まるという実質的な価値判断があると考えられる。

　ここでは，同じ性格を有する問題が，一定の衡量作業を経たうえで，要件事実というレベルではまったく異なる部分に位置づけられていることになる。

要件事実に関する今後の方向　　不法行為法の対象はきわめて広範囲に及び，その事件類型も非常に多様である。そうした多様性を無視して，709条というごく簡単な条文だけをにらみながら，要件事実を考えるということがどれだけ意味があるのかは疑わしい。

　また，過失や損害，因果関係といったごく基本的な概念に基本的な対立があり，それが当面解決されるとは思われない以上，要件事実を考えるための前提条件すら確保されていないのではないかという点も，すでに述べたとおりである。

　しかし，要件事実の最も基本的な機能は，当事者が訴訟における立証の手が

524　第Ⅵ部　訴訟における不法行為法

かりとするという点にある。そうした要件事実の機能に即して考えるのであれば，それらの整理がまったく不可能だというわけでもないように思われる。

　判例によって709条をいわば組み換えるような形で展開された名誉毀損の要件事実は，そのひとつの例であろう。

　しかし，それ以外の事件類型においても，過失といったレベルからもう一段落としたレベルにおける事実を手がかりとして，当事者の立証のプロセスを整理することは，かなりの程度まで可能であるように思われる。これらは，交通事故の場合であれば，道路交通法違反の事実のように，従来は，それ自体が直接過失を構成する事実としてではなく，過失に相当する事実があったことを推定する事実といった形でより間接的なものとして位置づけられてきた。しかし，まさしくこうした事実のレベルにおいて，多くの判例の積み重ねによって，事件類型に応じて，それなりに確立した運用がなされてきている可能性がある。その間接的な事実について当事者の一方が立証責任を負担するということ自体については，それを過失に位置づけるか，違法性に位置づけるかという議論の対立とは一応切り離して判断することが可能であり，基本的な概念の対立とは距離を置くことも可能である。

　709条というのは，他の領域における規範に比べると，はるかに抽象度が高い，包括的な規範である。だとすると，現実にある不法行為法は，判例法によって形成されているという見方もできるかもしれない。そうだとすると，そうした事件類型ごとに展開してきた判例法を対象として要件事実を考えるという方向は，それほど不合理なものではない。そのように理解される要件事実は，従来の不法行為責任に関する要件事実とは性格の異なるものかもしれないが，当事者にとっての立証活動の手がかりとなり，裁判官の紛争についての判断のプロセスを確保するという意味で，まさしく不法行為法における要件事実として理解することができるのではないだろうか。これは今後の不法行為法の役割だと考えられる。

3　不法行為に関する要件事実の今後の方向　525

事 項 索 引

あ

愛好利益　395
act of God　11
安全配慮義務　75, 76, 83, 305–

い

意　見　117–119
意思責任　43
慰謝料　80, 113, 155, 168, 169, 259, 315, 321,
　　　　331, 373, 390, 394
　　──の相続　331
　　遺族固有の──　33, 114, 308
　　死亡による──　334
　　負傷による──　334
慰謝料請求権　150
　　遺族固有の──　335, 336
　　近親者の──　324, 325
萎縮効果　236
遺族年金　418
遺族の範囲　335
一時金賠償　404
一人会社　325
一部免除　287
逸失利益　114, 163, 168, 328–331, 373, 380,
　　　　389, 393, 397, 399, 400, 402, 516
　　──の相続　328
　　外国人の──　378
一身専属性　332
一般的人格権　138
一般的生活危険　367, 371
一般法　31
一般法人法　188, 229
一般予防　19, 20
違　法　26
違法性　41, 44, 45, **85**–, 94, 98, 174, 232, 274,
　　　　275, 522
違法性一元論　95
違法性阻却事由　94, 98–100, 274, 275, 288,
　　　　　　　　289, 297

違法性理論　90
医療過誤　83, **290**–
医療慣行　293
医療水準　54, 292, 300
　　臨床医学の実践における──　293
医療水準論　291
因果関係　27, 171
　　──の規範的性格　176
　　──の競合　352, **448**–
　　──の推定　484
　　──の対象　298
　　──の立証　297, 354, 515
　　──の立証責任　355
　　──の立証責任の転換　360
　　成立要件としての──　171, 175
因果的行為論　36, 180
インフォームド・コンセント　297

う

vis major　11
請　負　228
宇奈月温泉事件　63
運行供用者　256, 258
　　──の責任　258, 264, 265
運行供用者性　259
運行支配　257
運行利益　257
運転者　258

え

営業活動の自由　121
営業権　111
営業の自由　110
営造物責任　254
疫学的因果関係　298, 356
延命期間　299

お

大阪アルカリ事件　46, 48
大阪方式　386

527

公の営造物　255

か

外形標準説　215, 218, 230
　　——の限界　216
外形理論　215, 230, 257
外国人旅行者・外国人労働者　378
　　不法滞在の——　379
介護費用　404, 405
会社法　229
解除条件説　320
蓋然性　341
貝採り事件　408
開発危険の抗弁　270, 359
加害行為時説　504
加害者を知った時　500
拡大損害　266
確認規定　324
確率的心証論　156, 298, 357–359, 360
加算的競合　481
瑕　疵　241, 255
　　工作物の——　241
　　設置または管理の——　255
瑕疵担保責任　266, 269
過　失　26, 37, 232
　　——の意義　44
　　——の一応の推定　84
　　——の種類　51
　　——の推認　267
　　——の立証　17, 81–
　　——の立証責任　8, 13, 16
　　医師の——　291
　　選任監督についての——　15
過失責任　15, 200
過失責任主義　5–, 37, 430
　　——の積極的側面　5–7
過失相殺　80, 181, 223, 227, 363, 414, **422–**,
　　　　　487, 491, 518
　　——の類推適用　**442–**, 450
　　加害者の帰責事由と——　429
過失相殺割合　488
過失能力　177
過失不法行為　39, 178, 179
過失割合　497

casum sentit dominus　2
河　川　255
家族共同体被害者説　330
家庭内暴力　309
カルネアデスの板　278
環境に関する利益　113, 157
監護者　191
患者の同意　288, 297
間接義務　425
間接占有者　254
間接的な損害　160
間接的な利益　160
間接被害者　107, 322–
完全賠償原理　339, 340, 345, 365, 367
監督義務　196, 211
監督義務者　**190–**, 200
　　——の責任　185, 188
監督者　200
　　複数の——　200
監督者責任　73, 189, **190–**, 205, 225, 226
　　無能力者の——　189
関連共同性　**471–**

き

機会の喪失　155, 156
企業損害　322, 325
危険性関連説（危険連関説）　366, **367–**
危険性連関　474
危険責任　10, 9, 15, 206–209, 253, 429, 430
帰国旅費事件　343
帰責原理　5–, 13, 15, 37, 43, 49
帰責事由　216
起訴便宜主義　23
期待稼働年数　374
期待可能性　243
期待権侵害　300
規範的要件事実　513
義務射程説　**362–**
逆求償　224, 225
逆相続　397
客観説　46, 241, 242, 245
客観的過失概念　74, 75
客観的関連共同性　472, 474, 478
客観的起算点　502

客観的責任　200
求　償　227, 236, 438, 461, 463, 492, 494, 497
求償関係　222, 227, 228, 431, 461, 464, 492
　　──の簡略化　432
求償権　222
　　──の制限　222
求償制限　233
求償問題　494
急迫不正の侵害　276, 277
競合避止義務　110
教　唆　70, 485
強制保険　22, 258, 260, 261
共同行為　484
共同不法行為　210, 211, 227, 360, **471**-
　　──の類型化　474
　　　意思的──　475
　　　加害者不明の──　483
　　　関連的──　475
　　　独立的──　475
極限概念説　330
寄与度　475, 476
寄与度減責　478
虚　名　120
緊急避難　98, 99, 276
　　　刑法上の──　276
　　　不法行為法上の──　277
　　　民法上の──　276

く

盟神探湯　15
具体説　257
具体的過失　51, 52, 295
具体的な損害額　516
国立マンション訴訟　157
クロロキン薬害訴訟控訴審判決　76

け

敬愛追慕の情　129
軽過失　71
景観権　158
景観利益　158
刑事責任　80
刑事手続　23
継続説　408

刑罰法規　45
刑　法　23
契約責任　290
結果違法　93, 275
結果回避義務　327
結果回避義務違反　48
結果回避義務違反説　46, 51, 241, 242, 245,
　　　　　　　　247, 255
欠　陥　269, 270
原因において自由な行為　187, 190
健　康　113
現在の危難　276, 278
原状回復　18
原状回復的措置　453
原状回復的損害賠償　155, 305
権　利
　　　──の不可侵性　106
　　　財産的な──　102
　　　非財産的な──　102
権利外観法理　216, 217
権利行使の意思表示　332
権利侵害　27, **85**-, 99, 165
　　──の違法性徴表機能　98
権利侵害から違法性へ　**85**-, 101
権利生成機能　101
権利的構成　455, 457
権利濫用　233, 503
　　──の禁止　62, 63

こ

故　意　37
　　──の自招行為　41
　　──の定義　40
故意責任　78, 79, 430
故意不法行為　39, 41, 81
故意または重過失　233, 236, 284, 287
　　──に関する免責　284
行　為　26, 36
行為違法　93
行為義務違反　514
行為義務違反説　46, 51, 66, 67, 71, 94, 180,
　　　　　　　242, 327
後遺障害　403, 404
行為適格　36, 180

事 項 索 引　　529

好意同乗　258
行為能力　182
公　害　74, 454, 457
交換価値　395, 402, 411
公共性　455
公共団体　231
攻撃型　240, 245
　　——の瑕疵　243
公権力の行使　232, 236
工作物　241, 244
　　——の瑕疵　26
工作物責任　31, 239, **240**-, 254
工作物占有者の責任　14, 252
控除後相殺説　437, 441
控除前相殺説　436, 441
後続侵害　366, 370
後続損害　366
公訴時効　23
公表権　145
抗　弁　434, 511, **517**-
　　過失相殺の——　517
　　消滅時効の——　517
　　損害の消滅の——　518
　　弁済の——　518
抗弁説　257
公務員　231, 232
　　——の不法行為　232
合理人　45, 52, 75
コースの定理　172
国道43号線訴訟　457
個人責任
　　公務員の——　233
　　法人の役員等の——　230
国家賠償法　188, 231, 232, 239, 254
国家無答責　231
子供の損害賠償請求権　313
個別損害項目積み上げ方式　163
婚姻関係の破綻　312

さ

債　権　104
　　——の相対性　105, 106
　　——の対人性　105
債権侵害　39, 79, 105

財産権　**103**-
財産状態差額説　162, 409
財産的損害　103, 168
債務不履行　219, 290, 339, 340, 468
債務不履行責任　30, 33, 82, 219, 423
差額説　103, 162-166, 169, 171, 338, 372, 397,
　　402, 403, 409, 410, 412, 413, 415, 417, 515
差止め　112, 139, 145, 319
　　名誉権に基づく——　457
差止請求　**454**-
残念々々事件　332

し

シカーネの禁止　45
時間的間隔説　330
指揮監督関係　228
事　業　209, 211
　　——の適法性　211
事業の執行について　213, 215
時　効　503
　　——の援用　503
　　——の中断　503
　　——の停止　503
自己決定権　150, 152
　　——の侵害　300
　　家族形成に関する——　314
　　患者の——　289
　　契約の締結に関する——　304
自己決定権侵害　151-155
　　——の補完的な機能　153
事故補償制度　263
自殺幇助　281
事実（行為）的不法行為　217
事実上の推定　84
事実的因果関係　348, **349**-
　　——の立証　354
事実の摘示　118, 119
自主規制　128
市場価格　395
市場占有率責任　360
市場占有率における責任　359
死傷損害　396
自然公物　255
事前差止め　457

530　**事 項 索 引**

自然人　320

自然力の競合　449

失火責任法　71, 225

疾　患　443, 445, 446

実現可能性　243

児童虐待　310

児童虐待防止法　310

自動車損害賠償責任（自賠責）保険　22, 260, 265, 401

自動車損害賠償保障法　239, 256, 257

自動車保有者の責任　**256–**

支配可能性　218

氏名表示権　145

社会的相当性　288

社会的評価　114, 120, 452

──の低下　523

社会保障的性格　440

謝罪広告　452

重過失　71, 73, 226

週刊文春事件　127

自由競争　112

──の原理　42, 108, 110

重合的競合　480, 481, 482, 485

重太郎即死事件　330, 331

収入の増加　403

修復的司法　24

修理費用　394

主観説　44, 241, 242

主観的過失概念　74

主観的過失論　74

主観的関連共同性　472, 474

主観的起算点　500

主観的共同目的　463

宿泊約款　284

主張責任　509, 511

受忍限度（論）　60

守備ミス型　240, 243–246

準委任契約　56

準事務管理　21, 413

純粋財産損害　95

使用関係　208

消極損害　113, 168, 170, 373, 392, 404, 410

──の相続　328

条件関係　173–176, 350

条件公式　173, 176, 349, 350, 353, 354

使用者責任　14, 73, 188, 189, **203–**, 230, 233, 252, 264, 291, **493–**

　暴力団組長の──　209

肖像権　133–135, 146

少年店員豊太郎事件　185, 204

消費者契約法　286, 302

情報提供義務違反　153

情報プライバシー権　130

消滅時効　306, **499–**

　主観的起算点からの──　500

　生命・身体の侵害についての──特則

　　　　　　　　　　　　　506

　不法行為の時（客観的起算点）からの──

　　　　　　　　　　　　　502

職業選択の自由　110

職務を行うについて　230

除斥期間　503–

職権探知主義　434

初任給賃金　386

処分権主義　516

所有権侵害　165

所有権の放棄　249, 250, 251

所有者が危険を負担する　2

自力救済　289

事理弁識能力　426–429, 433, 435, 448

事理弁識能力不要説　426

心因的素因　442

侵害不当利得　21

人格権　137, 145

人格承継説　330

人格遡及説　320

人格存続説　330

人格的利益　134

新過失論　94

信義則　62, 219, 223, 233, 503

信玄公旗掛松事件　62–64

親権者　191

親権代行者　191

人工公物　255

真実性の抗弁　115, 124, 523

人　損　258

身　体　113

身体的素因　443, 444

事項索引　531

身体的特徴　　443-445

新潮45事件　　127

信頼責任　　49, 50

信頼の原則　　50

信頼保護　　230

す

推知報道の禁止　　127

末川博　　90

せ

請求原因事実　　17, 135, 509, 524

請求権競合　　57, 72, 304, 305

請求権競合説　　31, 32

制限人格説　　320

制限賠償原理　　340, 345

制　裁　　20, 23

制裁機能　　19, 22, 235, 390

制裁法　　25

精神上の障害　　186

生成途上の権利　　101, 149

製造業者　　267

　　実質的表示――　　268

　　表示――　　268

　　部品・原材料――　　269

製造物責任　　74, 239, **266**-

製造物責任法　　266, 267

製造物の欠陥　　269

正当業務行為　　98, 288

正当防衛　　98, 99, **276**-

　　刑法上の――　　276

　　不法行為法上の――　　277

　　民法上の――　　276

成年後見人　　191

政府の補償事業　　261

生　命　　113

生命保険　　419, 420

責任関連　　367

責任制限特約　　284

責任制度　　427, 429

責任阻却事由　　276, 289

責任能力　　**176**-, 190, 202, 206, 275, 425, 426,
　　　　　429, 448

　　未成年者の――　　181, 184

責任の弁識能力　　427, 429

責任の補充性の要件　　196

責任保険　　261

責任無能力者

　　――の監督義務者の責任　　14

　　精神的な障害による――　　191

責任を弁識する能力　　178, 182, 186, 187

積極損害　　113, 163, 168, 170, 171, 328, 373,
　　　　　392, 394, 404-407, 410

　　――の相続　　328

　　将来の――　　373

絶対権　　48

絶対権侵害　　93, 100

絶対的過失相殺　　488, 490, 492

絶対的過失割合　　490

絶対的効力事由　　463, 464, 470

設置・管理の瑕疵　　241

説明義務違反　　153

善管注意義務　　56, 57

全年齢平均賃金　　386

全部免除　　286

専門家

　　――の過失　　54

　　――の責任　　54

占有者　　253

占有補助者　　253, 254

善良なる管理者　　52, 56

そ

素因減責　　444, 445, 449

相関関係理論　　45, 91

葬儀費用　　114, 394

相殺後控除説　　436, 437, 441

相殺前控除説　　437, 441

相続構成　　337, 397, 398, 400, 402

相続人　　322

相対的過失相殺　　488

相対的過失相殺の原則　　492

相当因果関係　　173-176, 202, 314, 325, 326,
　　　　　341, 365, 366, 407, 414-416,
　　　　　435, 445, 460, 476, 478, 515

相当因果関係説　　**338**-

　　――に対する批判　　344

相当性の抗弁　　116, 122-124, 523

相当程度の可能性　300
組織過失　77
損益相殺　414, **415**–
損　害
　　——の金銭的評価　81, 164, 170, 318, 348,
　　　　372–, 402, 412, 435, 460
　　——の公平な分担　223
　　——の種類　167, 169
　　——を知った時　501
損害事実説　163, 165, 167, 170, 318, 338, 372,
　　　　402, 407, 409, 410, 412, 416, 515
損害発生時説　504
損害塡補機能　**18**–, 235
損害賠償　317
　　——の範囲　80, 318, **338**–
損害賠償請求権の相続　**327**–
損害分担割合　223, 224
損害保険　420

た

代　位　420, 421, 437, 440
代位責任　77, 188, 204, 208, 222, 225, 227, 494
第一次権利侵害　367, 370
第一次損害　367, 370
対外的関係　461
大学湯事件　44, 87, 140
対抗問題　109
胎　児　320
対人賠償保険　263
対内的関係　461
代表者　229
対物賠償保険　263
対物防衛　277, 279
代理監督者　195, 200
短期消滅時効　500
単純悪意　109
男女雇用機会均等法　375, 378
担保物権　104

ち

遅延損害金　308
蓄積損害　273
筑豊じん肺訴訟　504
知的財産権　140, 141, 146

遅発損害　273
注意義務の軽減　57
中間最高価格　342, 343
中間責任　**13**–, 74, 81, 83, 178, 179, 189, 196,
　　　　200, 205, 227, 246, 252, 258
　　事実上の——　202, 203
中間利息の控除　374, 380, 382
中間利率　380, 382
抽象説　257
抽象的過失　46, 51, 295
中断説　408
注文者の責任　228
懲戒権　310
長期消滅時効　502
調査義務　68
懲罰的損害賠償　19, 20, 25
直接侵害　367
直接被害者　323, 327
著作権　140, 141
著作者人格権　145
治療機会の喪失　300
治療費　162, 168
賃金センサス　375

つ

通　風　157
通謀虚偽表示　217
美人局　311
妻は他人か？　259

て

定期金賠償　404, 406
停止条件説　320
訂正記事　115
貞操義務　311, 313
貞操権　313
DV 防止法　310
適当な処分　317
転送義務　294

と

同一性保持権　145
東京方式　386
桃中軒雲右衛門事件　86, 87, 140

事項索引　　533

動物保有者の責任　239, 252
特別法　31
特別予防　19
特許権　140
ドメスティック・バイオレンス　309
取消し　302, 303, 305
　　詐欺による──　302
取締法規　95, 96
　　──の違反　95, 522
取引的な不法行為　301

な

内部関係　222

に

西原道雄　396
西原理論　396, 401, 402
二重譲渡　109
二重取引　108
日常生活危険　367, 371
日曜日のサッカー事件　347, 362
日　照　157
日照権　113
入院費　162, 168
任意保険　260, 263
認識ある過失　40

の

「ノンフィクション逆転」事件　61, 132

は

廃棄物　252
　　──をめぐる法律関係　251
賠償額の調整　**413**-
賠償範囲　171
陪審制度　352
背信的悪意者　109
パブリシティ　146
パブリシティ侵害　135
反対解釈　324
ハンドの公式　58-60, 62, 68, 82, 95, 97, 102,
　　　　　　108, 144, 289, 293, 302

ひ

被害者
　　──からの直接請求　262
　　──の過失　181, 424, 426, 428, 429
　　──の死亡　403
　　──の承諾　98, **280**-, 363
　　──の素因　442, 446, 447
　　──の同意　281
　　──の能力　448
被害者側の過失　431, 491
被害者側の過失法理　431
控えめな算定方法　169
ひき逃げ　260
非財産的損害　103, 168, 171, 321
非財産的な利益　150
被侵害法益　285, 287
飛驒川バス転落事故　449
必要費控除　393
否　認　510
表見代理　49, 217
表現の自由　115, 119, 121, 127, 130, 132, 524
表見法理　216, 217, 230
被用者
　　──の責任能力　206
　　──の不法行為　206
標準人　45, 51, 52, 75
平等原則　378
平井宜雄　348, 414

ふ

force majeure　11
不可抗力　11
富喜丸事件　342, 343
複数の使用者　495
不作為の因果関係　351
不真正連帯債務　221, 432, 463, 469, 482, 485
付随義務　306
附帯私訴　24
負担部分　228, 431, 463, 469, 494, 497
　　過失割合に応じた──　228
普通法　345
物　権　103
物権的請求権　455

534　事 項 索 引

物上代位　104

物損（物的損害）　258, 411

不貞行為　310, 313

不当利得　27, 413

部分的因果関係　450, 451

部分的因果関係論　358, 359

不法行為の時　504

　　──からの消滅時効　502

不法行為法構成　455

不法行為法上保護されるべき利益　27

不法な利益　161

扶養義務　337

扶養構成　337, 398, 400, 402

扶養利益　337, 400

　　──の侵害　398

プライバシー　130, 131, 134, 135

フリーライド型の不法行為　20, 413

分割債務　461

　　──の原則　461

文書提出命令　85, 298, 357

へ

平均人　52

平均賃金センサス　374, 393, 397, 402

　　全労働者の──　375

　　男女別の──　375

併行給付　417, 440, 441

ベイズの定理　358

別原因による死亡　404

別表方式　401

弁護士費用　392

弁済のリスク　462

ほ

法益侵害　300

法規違反の行為　90

幇　助　70, 485

法条競合説　32

報償責任　9-11, 15, 206-209, 224, 429

法　人　321

　　──の過失　47, 74-

　　──の責任　**229-**

　　──の名誉　115

法定解除条件説　320

法定停止条件説　320

法定利率　381, 382, 388

　　民事──　381

法的な見解の表明　119

法と経済学　172

法律行為法　302-305

法律上の原因　27

法律要件分類説　17

保管者　253

保護に値する信頼　216

保護範囲　348, 352, **362-**, 415, 460, 474, 476

保護範囲説　**362-**, 367

保護法益　103

保護目的　326, 364

保護目的説　364

補充的責任　188, 201, 205, 247

補　償　2

　　賠償と──　4-

北方ジャーナル事件　456

ホフマン方式　384-389

保有者　256

本人損害負担の原則　2, 190

み

未熟児網膜症　293

未成年後見人　191

未成年者　181, 191, 202, 275

光清撃つぞ事件　185, 204

未必の故意　40

民事手続　23

む

無過失責任　8, 9, 178, 247, 258, 424

　　事実上の──　213

　　実質的な──　205

無過失の立証責任　13

無償寄託　52, 57

無体財産権　140

無断運転者　257

無保険車　260

め

名　誉　114

　　──を回復するのに適当な処分　114

事項索引　535

社会的評価としての—— 115
名誉回復措置 452
名誉感情 115
名誉毀損 114, 130, 317, 319, 321, 452, 523
　刑法における—— 116
　事実の摘示による—— 117
　死者の—— 129
名誉権 457
免責 252
免責事由 257
免責条項 73, 282, 287
免責約款 **280-**
免責立証 8

も

目的的行為論 36, 180
モムゼン 345
モリネウス 344, 345

ゆ

有責性 44
有責性関連 367
輸血拒否 151, 152
jus commune 345

よ

要件事実 **509-**
　プライバシー侵害の—— 522, 524
　名誉毀損の—— 522
予見可能性 66-70, 327, 339, 341, 369, 514
予見義務違反 44, 48, 513
予見義務違反説 44, 50, 67, 71, 74, 242
予防機能 19, 22

ら

ライセンス契約 148
ライプニッツ方式 384-389
「落日燃ゆ」事件 129

り

利益帰属性 218
利益追求型不法行為 20

利益の不法性 161
利益吐き出し型の損害賠償 412
履行補助者の過失 219, 291
立証責任 13, 14, 77, 100, 209, 211, 246, 290,
　298, 354, 434, 509, 511, 516
　——の軽減 298
　——の転換 13, 14, 81, 189, 271, 298, 357
　過失の—— **16-**, 227, 307
立証妨害 85
　——の法理 298
利用価値 395, 402, 411
良心の自由 452
両親の責任 205
隣人訴訟 55

る

類推解釈 324
累積的競合 481

れ

例外規定 324
連帯債務 461, 463, 482
連帯債務者 463
連帯責任 471

ろ

労災給付 417, 420
労働者の引抜き 110
労働争議 110
労働能力喪失説 407, 410
労働能力の喪失 164, 408
ロス疑惑 116, 125
　——をめぐる名誉毀損 126
ロス疑惑事件 121
wrongful birth 314
論評 117-119

わ

我妻栄 90
笑う相続人 397, 399
割合的因果関係 450, 451
割合的因果関係論 358, 359

判 例 索 引

* 「事例研究」欄で取り上げたものは，頁番号を太字で示している。

大 審 院

大判明治 38・12・8 民録 11・1665 ……………114

大判明治 43・6・7 刑録 16・1121 ……………394

大判大正元・12・6 民録 18・1022 ……………241

大判大正 3・7・4 刑録 20・1360

（桃中軒雲右衛門事件）……………86

大判大正 3・10・2 刑録 20・1764 ……………278

大判大正 4・3・10 刑録 21・279 ……………106

大判大正 4・5・12 民録 21・692

（少年店員豊太郎事件）……………204

大判大正 5・6・1 民録 22・1088 ……………241

大判大正 5・12・22 民録 22・2474

（大阪アルカリ事件）……………46, 47

大判大正 6・10・20 民録 23・1821 ……………31

大判大正 6・2・22 民録 23・212 ……………208

大判大正 6・4・30 民録 23・715

（光清撃つぞ事件）……………183, 204

大判大正 8・3・3 民録 25・356

（信玄公旗掛松事件）……………**62**

大判大正 10・2・3 民録 27・193

（光清撃つぞ事件）……………204

大判大正 14・11・28 民集 4・670

（大学湯事件）……………87

大判大正 15・2・16 民集 5・150

（重太郎即死事件）……………**330**

大連判大正 15・5・22 民集 5・386

（富喜丸事件）……………**342**, 395

大判昭和 2・5・30 法律新聞 2702・5 ……………332

大判昭和 2・6・15 民集 6・403 ……………208

大判昭和 3・6・7 民集 7・443 ……………241, 245

大判昭和 3・8・1 民集 7・648 ……………434

大判昭和 7・10・6 民集 11・2023

（阪神電鉄事件）……………321

大判昭和 8・5・17 法律新聞 3561・13 ……………332

大判昭和 10・10・5 民集 14・1965

（宇奈月温泉事件）……………63

大判昭和 11・5・13 民集 15・861 ……………335

大判昭和 12・2・12 民集 16・46 ……………328

大判昭和 12・8・6 判決全集 4・15・10 ……………333

大連判昭和 15・12・14 民集 19・2325 ……………501

最高裁判所

最判昭和 30・4・19 民集 9・5・534 ……234, 234

最判昭和 30・5・31 民集 9・6・774 ……………110

最大判昭和 31・7・4 民集 10・7・785 ……………452

最判昭和 31・7・20 民集 10・8・1059

（多摩の上海事件）……………116

最判昭和 31・12・18 民集 10・12・1559 ……246

最判昭和 32・3・5 民集 11・3・395 ……………40

最判昭和 32・4・30 民集 11・4・646 ……………208

最判昭和 32・7・16 民集 11・7・1254 ……………216

最判昭和 33・8・5 民集 12・12・1901 ……………**336**

最判昭和 34・7・30 民集 13・8・1209 ……………395

最判昭和 34・11・26 民集 13・12・1573

……………23, 431, 432

最判昭和 35・4・14 民集 14・5・863 ……………220

最判昭和 37・2・27 民集 1・2・407

（鬼ごっこ事件）……………197

最判昭和 37・11・8 民集 16・11・2216 ……………241

最判昭和 37・12・14 民集 16・12・2368

……………208, 384

最判昭和 39・1・28 民集 18・1・136 ……115, 168

最判昭和 39・2・4 民集 18・2・252 ……216, 219

最判昭和 39・2・11 民集 18・2・315 ……………257

最判昭和 39・6・24 民集 18・5・854 ……426, **447**

最判昭和 39・6・24 民集 18・5・874 ……169, 415

最判昭和 39・9・25 民集 18・7・1528 ……………419

最判昭和 40・9・24 民集 19・6・1668 ……………254

最判昭和 40・11・30 民集 19・8・2049 ……………216

最判昭和 40・12・7 民集 19・9・2101 ……………289

最判昭和 41・6・21 民集 20・5・1078 ……………434

最判昭和 41・6・23 民集 20・5・1118

……………115, 116

最判昭和 41・7・21 民集 20・6・1235 ……………208

最判昭和 41・11・18 民集 20・9・1886

……………462, 469, 494

最判昭和 42・5・30 民集 21・4・961 ……………220

537

最判昭和 42・6・27 民集 21・6・1507 ……432
最判昭和 42・6・30 民集 21・6・1526 ……226
最判昭和 42・7・18 民集 21・6・1559 ……502
最判昭和 42・11・1 民集 21・9・2249 ……334
最判昭和 42・11・2 民集 21・9・2278 ……217
最判昭和 42・11・10 民集 21・9・2352
  ………………………………………169, 403
最判昭和 43・3・15 民集 22・3・587 ………391
最判昭和 43・4・11 民集 22・4・862 ………392
最判昭和 43・4・23 民集 22・4・964
  （山王川事件）………………………………473
最判昭和 43・8・27 民集 22・8・1704 ……374
最判昭和 43・10・3 判時 540・38 ……394, 416
最判昭和 43・11・15 民集 22・12・2614 …325
最判昭和 43・12・24 民集 22・13・3413 …228
最判昭和 44・2・6 民集 23・2・195
  （水虫レントゲン事件）………………………356
最判昭和 44・2・27 民集 23・2・441 ………392
最判昭和 44・2・28 民集 23・2・525 …394, 432
最判昭和 44・7・8 民集 23・8・1407 ……65
最判昭和 44・11・27 民集 23・11・2265 …500
最判昭和 45・2・12 判時 591・61 ………229
最判昭和 45・7・24 民集 24・7・1177 ……416
最判昭和 45・12・18 民集 24・13・2151 …114
最判昭和 46・4・23 民集 25・3・351 ………241
最判昭和 47・5・30 民集 26・4・898 ………259
最判昭和 47・6・27 民集 26・5・1067 ……**157**
最判昭和 47・11・16 民集 26・9・1633 …124
最判昭和 48・6・7 民集 27・6・681 ………343
最判昭和 48・11・16 民集 27・10・1374 …500
最判昭和 49・3・22 民集 28・2・347 ………202
最判昭和 49・4・25 民集 28・3・447
  （帰国旅費事件）………………………………**343**
最判昭和 49・12・17 民集 28・10・2040 …335
最判昭和 50・1・31 民集 29・1・68 ………**421**
最判昭和 50・2・25 民集 29・2・143
  ………………………………76, 305, 307, 308, 508
最判昭和 50・10・3 交通民集 8・5・1221 …371
最判昭和 50・10・24 民集 29・9・1417
  （東大病院ルンバール事件）………………**355**
最判昭和 51・3・25 民集 30・2・160 ………432
最判昭和 51・7・8 民集 30・7・689 ………**223**
最判昭和 51・9・30 民集 30・8・816 ………84
最判昭和 52・10・25 判タ 355・260 ………234

最判昭和 53・10・20 民集 32・7・1500
  ………………………………………384, 415
最判昭和 54・3・30 民集 33・2・303 …312, 314
最判昭和 55・12・18 民集 34・7・888 ……308
最判昭和 56・1・27 民集 35・1・35 ………112
最判昭和 56・2・16 民集 35・1・56 ………307
最判昭和 56・2・17 判時 996・65 ………433
最判昭和 56・11・27 民集 35・8・1271 ……208
最大判昭和 56・12・16 民集 35・10・1369
  （大阪国際空港公害訴訟）…………………60
最判昭和 56・12・22 民集 35・9・1350 ……403
最判昭和 57・3・4 判時 1042・87 …………464
最判昭和 57・3・30 判時 1039・66 ………293
最判昭和 58・4・1 判時 1083・83 ………253
最大判昭和 61・6・11 民集 40・4・872
  （北方ジャーナル事件）……………………**456**
最判昭和 62・1・19 民集 41・1・1 ………375
最判昭和 62・1・22 民集 41・1・17
  （京阪電車置き石事件）……………………486
最判昭和 62・7・10 民集 41・5・1202 ……418
最判昭和 63・1・19 判時 1265・75 ………293
最判昭和 63・1・26 民集 42・1・1 ………65
最判昭和 63・2・16 民集 42・2・27 ………159
最判昭和 63・4・21 民集 42・4・243 ………442
最判昭和 63・6・1 民集 42・5・277
  （自衛官合祀事件）…………………………159
最判昭和 63・7・1 民集 42・6・451 …465, 494
最判平成元・4・11 民集 43・4・209 ………**439**
最判平成元・12・8 民集 43・11・1259
  （鶴岡灯油訴訟）………………………………97
最判平成元・12・21 民集 43・12・2209……503
最判平成 2・11・8 判時 1375・65 …………**244**
最判平成 3・10・25 民集 45・7・1173
  ………………………………208, 495, **496**
最判平成 4・6・25 民集 46・4・400 ………443
最判平成 4・12・18 判時 1446・147 ………41
最大判平成 5・3・24 民集 47・4・3039
  ………………………………………393, 418
最判平成 5・4・6 民集 47・6・4505 ………**399**
最判平成 5・9・21 判時 1476・120 ………393
最判平成 6・2・8 民集 48・2・149
  （「ノンフィクション逆転」事件）……61, **132**
最判平成 6・2・8 民集 48・2・373 …………250
最判平成 7・1・24 民集 49・1・25 …………226

最判平成 7・6・9 民集 49・6・1499
　（姫路日赤未熟児網膜症事件）・・・・・・・・・・・・**293**
最判平成 7・7・7 民集 49・7・1870
　（国道 43 号線訴訟）・・・・・・・・・・・・・・・・・・・・**457**
最判平成 7・7・7 民集 49・7・2599
　（国道 43 号線訴訟）・・・・・・・・・・・・・・・・・・60, 457
最判平成 8・1・23 民集 50・1・1 ・・・・・・・・・・・**292**
最判平成 8・3・26 民集 50・4・993 ・・・・・・・・**312**
最判平成 8・4・25 民集 50・5・1221 ・・・・・・・・**389**
最判平成 8・4・25 民集 50・5・1221
　（貝採り事件）・・・・・・・・・・・・・・・・・・**403, 408, 409**
最判平成 8・4・25 民集 50・5・1221 ・・・・・・・・**517**
最判平成 8・5・31 民集 50・6・1323 ・・・409, **416**
最判平成 8・10・29 民集 50・9・2474 ・・・・・・・**443**
最判平成 9・1・28 民集 51・1・78 ・・・・・・・・・・・**379**
最判平成 9・5・27 民集 51・5・2009
　（夕刊フジ事件）・・・・・・・・・・・・・・・・・・・・・・・・**116**
最判平成 9・5・27 民集 51・5・2024 ・・・・・・・・・**124**
最判平成 9・7・11 民集 51・6・2573 ・・・・・・・・**19**
最判平成 9・9・9 民集 51・8・3804 ・・・118, **122**
最判平成 9・9・9 判時 1618・63 ・・・・・・・・・・**433**
最判平成 10・4・30 判時 1646・162 ・・・・・・・・**286**
最判平成 10・6・12 民集 52・4・1087 ・・・・・・**504**
最判平成 10・9・10 民集 52・6・1494
　・・・・・・・・・・・・・・・・・・・・・・・・・・・**464, 465, 466**
最判平成 11・2・25 民集 53・2・235 ・・・298, **517**
最判平成 11・10・22 民集 53・7・1211 ・・・・・・**393**
最判平成 11・10・26 民集 53・7・1313 ・・・・・・**123**
最判平成 11・12・20 民集 53・9・2038 ・・・・・・**405**
最判平成 12・2・29 民集 54・2・582 ・・・・・・・・・**151**
最判平成 12・3・24 民集 54・3・1155
　（電通事件）・・・・・・・・・・・・・・・・・・・・・・・・・・・**444**
最判平成 12・9・22 民集 54・7・2574 ・・・・・・**300**
最判平成 12・11・14 民集 54・9・2683 ・・・・・・**393**
最判平成 12・11・14 判時 1732・83 ・・・・・・・・**393**
最判平成 12・12・19 （沖縄事件）・・・・・・・・・・・**209**
最判平成 13・3・13 民集 55・2・328
　・・・・・・・・・・・・・・・・・・・・**477, 479, 480, 489, 496**
最判平成 13・11・27 民集 55・6・1154 ・・・・・・**153**
最判平成 14・1・29 民集 56・1・185 ・・・・・・・・**117**
最判平成 14・1・29 民集 56・1・218 ・・・・・・・・**501**
最判平成 14・1・29 判時 1778・49 ・・・・・・・・・・**117**
最判平成 14・9・24 判時 1802・60
　（「石に泳ぐ魚」事件）・・・・・・・・・・・・・・・・・・・・**457**

最判平成 15・2・28 判時 1829・151 ・・・・・・・・**284**
最判平成 15・3・14 民集 57・3・229 ・・・・・・・・**127**
最判平成 15・7・11 民集 57・7・815 ・・・・・・・・**490**
最判平成 15・9・12 民集 57・8・973
　（早稲田大学江沢民講演会名簿提出事件）
　・・・・・・・・・・・・・・・・・・・・・・・・・・・・・・・・・・・・・・**131**
最判平成 15・10・16 民集 57・9・1075
　（テレビ朝日ダイオキシン訴訟）・・・・・・・・・・・**116**
最判平成 15・11・11 民集 57・10・1466 ・・・**294**
最判平成 15・11・14 民集 57・10・1561 ・・・・・**54**
最判平成 16・2・13 民集 58・2・311
　（ギャロップレーサー事件）・・・・・・・・・・・・・・・**142**
最判平成 16・4・27 民集 58・4・1032
　（筑豊じん肺訴訟）・・・・・・・・・・・・・・・・・・・・・・**504**
最判平成 16・4・27 判時 1860・152
　（福岡じん肺訴訟）・・・・・・・・・・・・・・・・・・・・・・**501**
最判平成 16・7・15 民集 58・5・1615 ・・・・・**118**
最判平成 16・11・12 民集 58・8・2078
　（京都事件）・・・・・・・・・・・・・・・・・・・・・・・・・・・**210**
最判平成 16・11・18 民集 58・8・2225 ・・・・・**154**
最判平成 16・12・20 判時 1886・46 ・・・・・・・**419**
最判平成 17・6・14 民集 59・5・983 ・・・381, **388**
最判平成 17・11・10 民集 59・9・2428
　・・・・・・・・・・・・・・・・・・・・・・・・・・・・・61, **133, 524**
最判平成 18・3・30 民集 60・3・948
　（国立マンション事件）・・・・・・・・・・・・・・・・・・**157**
最判平成 18・6・16 民集 60・5・1997
　・・・・・・・・・・・・・・・・・・・・・・・・・・・・・・・・**355, 505**
最判平成 18・9・4 判時 1949・30 ・・・・・・・・・・**112**
最判平成 19・1・25 民集 61・1・1 ・・・・・・・・・・**234**
最判平成 19・3・20 判時 1968・124 ・・・・・・・・**112**
最判平成 19・4・24 民集 61・3・1102 ・・・・・・・・**65**
最判平成 19・4・24 判時 1970・54 ・・・・・・・・・・**433**
最判平成 19・7・6 民集 61・5・1769 ・・・・・・54, **55**
最判平成 20・6・10 民集 62・6・1488 ・・・・・・**422**
最判平成 20・7・4 判時 2018・16 ・・・・・・・・・・**433**
最判平成 21・4・28 民集 63・4・853 ・・・・・・・・**504**
最判平成 21・9・4 民集 63・7・1445 ・・・・・・・・・**65**
最判平成 22・2・26 判時 2076・44 ・・・・・・384, **388**
最判平成 22・3・25 民集 64・2・562 ・・・・・・**110**
最判平成 22・6・17 民集 64・4・1197 ・・・・・・**416**
最判平成 22・9・13 民集 64・6・1626 ・・・・・・**419**
最判平成 23・2・25 判時 2108・45 ・・・・・・・・・・**300**
最判平成 23・12・8 民集 65・9・3275 ・・・・・・**141**

判 例 索 引　　539

最判平成 23・4・22 民集 65・3・1405 ……303
最判平成 23・4・28 民集 65・3・1499 ……117
最判平成 23・7・15 民集 65・5・2362 ………65
最判平成 24・2・2 民集 66・2・89
（ピンクレディー事件）……………146
最判平成 25・4・12 民集 67・4・899 ………**271**
最大判平成 27・3・4 民集 69・2・178 ……419
最判平成 27・4・9 民集 69・3・455
（サッカーボール事件）…………**197, 200**
最判平成 28・3・1 民集 70・3・681
（JR 東海事件）…………………**186, 192**
最決平成 29・1・31 民集 71・1・63 ……136

高等裁判所

仙台高判昭和 32・7・5 不法下民昭和 32 年度・
　上 155 …………………………………333
大阪高判昭和 37・5・17 判時 308・22 ……234
名古屋高金沢支判昭和 47・8・9 判時 674・25
　（イタイイタイ病事件第 1 次訴訟）………391
名古屋高判 49・11・20 高民集 27・6・395
　（飛騨川バス転落事故）……………**449**
東京高判昭和 54・3・14 高民集 32・1・33
　（「落日燃ゆ」事件）………………**129**
東京高判昭和 63・3・11 判時 1271・3
　（クロロキン薬害事件）………………76
高松高判平成 3・6・25 判時 1406・28 ……378
東京高判平成 8・1・30 判時 1580・111 ……155
福岡高那覇支判平成 9・12・9 判時 1636・68
　（沖縄事件）……………………**209**
大阪高判平成 12・2・29 判時 1710・121
　（新潮 45 事件）…………………127
名古屋高判平成 12・6・29 判時 1736・35
　（週刊文春事件）………………127
東京高判平成 13・8・20 判時 1757・38
　………………………………**376, 378**
東京高判平成 13・10・16 判時 1772・57 …377
大阪高判平成 15・10・30 裁判所ウェブサイト
　（京都事件）……………………**210**
大阪高判平成 16・3・18 判時 1889・48 ……202
知財高判平成 17・10・6 裁判所ウェブサイト
　（YOL 事件）……………………143
知財高判平成 18・3・15 裁判所ウェブサイト
　（通勤大学事件）………………143
東京高決平成 28・7・12 判時 2318・24 ……136

地方裁判所

大阪地判昭和 30・2・8 下民集 6・2・240 …183
東京地判昭和 32・12・24 不法下民昭和 32 年
　度・上 385 ……………………………333
徳島地判昭和 37・9・10 訟月 8・11・1595
　………………………………………183
東京地判昭和 39・9・28 下民集 15・9・2317
　（「宴のあと」事件）…………………130
新潟地判昭和 46・9・29 判時 642・96
　（新潟水俣病事件）……………**60, 357**
東京地判昭和 46・10・11 判時 644・22 ……234
津地四日市支判昭和 47・7・24 判時 672・30
　（四日市ぜんそく事件）………………356
熊本地判昭和 48・3・20 判時 695・15
　（熊本水俣病事件）………………76
名古屋地判昭和 48・3・30 判時 700・3
　（飛騨川バス転落事故）………………**449**
福岡地判昭和 52・10・5 判時 866・21
　（カネミ油症事件）………………76
東京地判昭和 53・8・3 判時 899・48
　（東京スモン事件）………………66
東京地判昭和 54・9・18 判時 945・65 ……314
新潟地判昭和 57・7・29 判時 1057・117 ……64
津地判昭和 58・2・25 判時 1083・125
　（隣人訴訟）………………………55
東京地判昭和 58・7・22 判時 1100・89 ……315
東京地判昭和 61・9・16 判時 1206・7 ……335
東京地判平成元・4・24 判タ 707・231 ……233
札幌地判平成元・9・28 判時 1347・81
　………………………………**200, 201**
東京地判平成 4・7・8 判時 1468・116 ……315
名古屋地判平成 4・12・16 判タ 833・242 …379
東京地判平成 5・8・31 判時 1479・149 ……379
大阪地判平成 6・3・29 判時 1493・29 ……**266, 271**
大阪地判平成 7・7・5 判時 1538・17
　（西淀川大気汚染訴訟）………………481
東京地判平成 8・3・27 判時 1591・58 ……183
沖縄地判平成 8・10・23 判時 1605 号 114 頁
　（沖縄事件）……………………**209**
大阪地判平成 11・6・9 家月 51・11・153
　（新潮 45 事件）…………………127
名古屋地判平成 11・6・30 判時 1688・151
　（週刊文春事件）………………127

京都地判平成 14・9・11 判時 1820・100
　（京都事件）………………………**210**
神戸地判平成 25・7・4 判時 2197・84　……265

さいたま地決平成 27・12・22 判時 2282・78
　……………………………………136

初版のあとがき　お世話になった方々の幸せを祈って

　思いのほか，完成までに長い時間を要した本書をようやく書き終えて，少し
ほっとしている。

　ところで，本書の冒頭には，すでに「はしがき」を書いている。「はしがき」
というのは，その本の性格や執筆の意図を示しつつ，必要な謝辞等を書くのが
一般的だろう。だいたい格調高く，きちんと礼儀正しい文章で書かれている。
本書のはしがきも，そのつもりで書いた。でも，もうちょっと書きたい。でき
たら，お礼の言葉だって，もう少し書きたい。で，書くことにする。

　はしがきにも書いたが，本書ができあがるにあたっては，有斐閣の田顔さん
と植田さんには，本当にご苦労をかけたのではないかと思う。本書は，読んで
貰えればわかるように，どうもあまり格調高い書物とは言えない。低俗だ，品
位に欠けると言われても，返す言葉もない。有斐閣の企画時点での了解を得る
時点では，そんなことはわからなかったので，原稿を受け取って読んだときに，
田顔さんが，持った湯呑みをぽとりと落とし，どれほど茫然としたかを考える
と，その悲惨さはあまりある。また，植田さんは，編集者としてのスタートを
切って間もないところであったが，原稿をなかなか手ばなさない，校正もいっ
こうに進まないに著者に苦労した挙げ句，ようやく校正が届いたと思ったら，
掟破りの原稿差替まであるのを見て，コーヒーカップを手元から落とし，目の
前がまっくらになったのではないかと推察している。お二人には，心からのお
礼というより，衷心よりのお詫びを申し上げたい。田顔さんと植田さんが，今
回の忌まわしい体験を克服して，編集者としての幸せをつかんで頂くことを心
から祈る次第である。なお，植田さんは，同僚の手嶋君のゼミの出身でもある。
その感謝の意味を込めて，あまり脈絡はないが，コラムの一部には，手嶋君に
も登場してもらった。

　本書の原稿ならびに校正段階では，本当に大勢の方にお世話になった。大学
院生の舩越さんと杉山君は，本書の全体の構成から，内容，字句，さらには，
「タイタニック」のラストシーンの訂正まで，貴重な意見を寄せてくれた。ま
た，法科大学院の３年生諸君にかけた負担もなまなかのものではない。市橋君
からの連絡があったのは，原稿をできるだけ多くの方に読んで貰いたいと思っ
ていたときのことである。筆者の親しい方たちの書かれたあ　　る　　本を
素材として勉強会をしているが，手伝ってほしいとのこと。すでに，その一部
は，同僚の磯村先生が担当されていた。もちろん，心優しい磯村先生は，純粋
なボランティアとして，快く引き受けられたのである。しかし，私は，基本的
に，誰よりも自分がかわいい。おもわず，「しめた！」と考えた。「市橋君，そ
れなら，その代償というわけではないんだが（めいっぱいそうだが），できる
だけ原稿を大勢に読んで貰いたいと思っていてね。まぁ，なんだな，その……
ボランティアを何人かの諸君にお願いできないだろうか」とお願いした次第で
ある。かくして，市橋君の指揮のもと，第１陣（この第１陣，第２陣の布陣と，

542

各布陣の中での分担はすべて市橋君の采配による。武田の騎馬隊，ローマの騎兵軍団みたいで実にかっこよかった）として，市橋君，岩本君，岡田君，木村君，竹内君，名倉君，水野君，山田君の8人が内容を含めたチェックを，そして，第2陣として，笠松君，武政さん，蝶野君，塚口君，寺山さん，中嶋君，長崎君，森下さんの8人が，校正を主として，ひとは……もとい，ボランティアとして協力してくれた次第である。第1陣の締切は，こちらの都合で，2006年12月24日の夜と指定していたのであるが，クリスマスイブの深夜，次々に届く校正のファイルには，思わず涙したものである。さらに，そのファイルに全面的な原稿の書き換えまで必要な重要な指摘が多々あるのを見て，さらに再び，（自分に）涙した。これらの気持ちよい諸君の明るい幸せな将来を心から祈りたい。

　それから，本書を書くにあたって，もちろん本当に多くの方の著書，論文を参考にしているし，また，研究会等での報告や議論から影響を受けた部分も多い。特に，神戸大学法科大学院の同僚で大阪地裁判事でもある大島眞一先生のご報告（交通法学会関西支部研究会），大阪大学助教授の田中宏治君のご報告（神戸大学民法判例研究会），龍谷大学助教授の若林三奈さんのご報告（交通法学会関西支部研究会，早稲田21世紀COE研究会），早稲田大学助手の根本尚徳君のご報告（神戸大学民法判例研究会，早稲田21世紀COE研究会）からは，直接の影響や強い示唆を受けている。本来は該当の箇所で，そのことを記載すべきであるが，本書の体裁から適切な形で示すことができなかった。ここでその幸せを祈り，お礼を述べることでご容赦頂きたい。

　なお，本書を書いていて，やはり心の中で意識していたのは，研究者として歩み始めた頃からの先輩，友人達がすでに書かれていた教科書であった。潮見さん（京都大学）の重厚でパワフルな教科書，山本敬三君（同）の緻密で美しい教科書，手嶋君（神戸大学）の優しく語りかけるような温かみのある教科書，佐久間君（京都大学）の端正で透明度の高い教科書等である。どれも意識しながら，でも，結局，自分の書けるものしか書けなかったというのが，書き終えた後の素直な感想である。ただ，こうした先輩や友人たち，そして，「はしがき」にも書いたとおり，尊敬できる同僚に恵まれたことは，自分の研究生活を基底から支えてくれているのだと思う。やはり，お礼を述べるとともに，先輩，同僚，友人達の幸せを祈る次第である。

　この本の中では，著書の学生時代からの恩師である前田先生の説にしたがわなかった部分もいくつかある。弟子としては，恩師の説を少しでも乗り越えたいとも思うのであるが，結局，肩に力ばかり入ってあまり成功していないようである。それにもっと大きなところで，結局は，前田先生のてのひらのうえで，孫悟空よろしく暴れたような気がしていただけのような気もする。本当に尊敬できる恩師に対する適切な感謝の言葉は容易に見つかるものではない。前田先生から時折りかかってくる電話は，筆者にとって何より楽しいものであるが，

初版のあとがき

今後も，ますますお元気な電話がかかってくることを願ってやまない。

　さて，最後に，少しだけ個人的なことを書かせて頂きたい。昨年の3月1日，私の母が突然逝ってしまった。本書の企画自体は，数年前にはじまったものであり，信州の安曇野で一人暮らしをしていた母もこの本の完成を楽しみにしていた。母に，この本を見せることができなかったことが悔やまれてならない。せめて，1周忌にと思ったが，それにすら間に合わせることができなかった。もっとも，かなりきまじめな性格で，日頃から息子の羽目を外したふるまいをいつも心配していた母であるので，こんなあとがきを読んだら，「お前，こんなものを書いて大丈夫かい？」と，きっと心配したことであろう。でも，その心配する顔を見たかったように思う。その幸せを祈る機会，幸せを実現する機会を永遠に失ってしまった。親不孝であったと思う。　　　（2007年3月執筆）

著者紹介

窪田充見（くぼた あつみ）

1960年　長野県に生まれる
1983年　京都大学法学部卒業
現　在　神戸大学大学院法学研究科教授

（主　著）

『過失相殺の法理』1994年，有斐閣
『ヨーロッパ不法行為法1・2』（クリスチャン・フォン・バール著／編訳）1998年，弘文堂
『家族法（第3版）』2017年，有斐閣

不法行為法〔第2版〕
The Law of TORTS, 2nd ed.

2007年4月20日　初　版第1刷発行
2018年4月10日　第2版第1刷発行
2024年1月30日　第2版第6刷発行

著　者　　窪　田　充　見
発行者　　江　草　貞　治
　　　　東京都千代田区神田神保町2-17
発行所　　株式会社　有　斐　閣
　　　　郵便番号 101-0051
　　　　https://www.yuhikaku.co.jp/

印刷・株式会社理想社　製本・大口製本印刷株式会社
Ⓒ2018, Atsumi KUBOTA. Printed in Japan
落丁・乱丁本はお取替えいたします。

★定価はカバーに表示してあります。

ISBN 978-4-641-13722-6

[JCOPY] 本書の無断複写(コピー)は，著作権法上での例外を除き，禁じられています。複写される場合は，そのつど事前に，(一社)出版者著作権管理機構(電話03-5244-5088, FAX03-5244-5089, e-mail:info@jcopy.or.jp)の許諾を得てください。